湖北省学术著作出版专项资金资助项目
北京语言大学梧桐创新平台资助项目（中央高校基本科研业务费专项资金），项目批准号：16PT07

中国学术档案大系

主编　陈文新

简帛学档案

魏德胜　编著

图书在版编目(CIP)数据

简帛学档案/魏德胜编著.—武汉：武汉大学出版社,2016.9
中国学术档案大系/陈文新主编
 ISBN 978-7-307-17821-2

 Ⅰ.简… Ⅱ.魏… Ⅲ.①简(考古)—档案学—研究—中国 ②帛书—档案学—研究—中国 Ⅳ.G279.2

中国版本图书馆 CIP 数据核字(2016)第 095057 号

责任编辑：朱凌云　　责任校对：李孟潇　　版式设计：马　佳

出版发行：武汉大学出版社　(430072　武昌　珞珈山)
（电子邮件：cbs22@whu.edu.cn　网址：www.wdp.com.cn）
印刷：武汉中远印务有限公司
开本：720×1000　1/16　印张：43　字数：638 千字　插页：2
版次：2016 年 9 月第 1 版　　2016 年 9 月第 1 次印刷
ISBN 978-7-307-17821-2　　定价：98.00 元

版权所有，不得翻印；凡购我社的图书，如有质量问题，请与当地图书销售部门联系调换。

目 录

前言：简帛与简帛学 …………………………………………（1）

百年来简帛学经典论著评介 ………………………………（107）
  纸未发明前之中国书 ………………………［法］沙 畹（109）
  【评介】……………………………………………………（122）
  《流沙坠简》序、跋 …………………………………王国维（130）
  【评介】……………………………………………………（138）
  居延汉简考释·释文之部（存目） …………………劳 榦（160）
  【评介】……………………………………………………（160）
  汉晋遗简偶述（存目） ………………………………陈 槃（183）
  【评介】……………………………………………………（183）
  关于令史弘的文书（存目） ………………［日］森鹿三（187）
  【评介】……………………………………………………（187）
  两汉经济史料论丛（存目） …………………………陈 直（192）
  【评介】……………………………………………………（192）
  长沙出土战国缯书新释（存目） ……………………饶宗颐（208）
  【评介】……………………………………………………（208）
  汉简考述（存目） ……………………………………陈梦家（222）
  【评介】……………………………………………………（222）
  居延出土的诏书册与诏书断简（存目） ………［日］大庭脩（252）
  【评介】……………………………………………………（252）
  居延汉简中的"省卒"（存目） ………………………于豪亮（265）
  【评介】……………………………………………………（265）

· 1 ·

汉代行政记录(存目) ……………………………[英]鲁惟一(268)
【评介】 ……………………………………………………… (268)
云梦秦简初探(存目) ………………………………… 高　敏(279)
【评介】 ……………………………………………………… (279)
简牍学要义(存目) ………………………………… 马先醒(290)
【评介】 ……………………………………………………… (290)
长沙子弹库战国楚帛书研究(存目) ……………… 李　零(298)
【评介】 ……………………………………………………… (298)
居延汉简研究(存目) …………………………[日]永田英正(307)
【评介】 ……………………………………………………… (307)
简帛佚籍与学术史(存目) ………………………… 李学勤(329)
【评介】 ……………………………………………………… (329)
封检题署考略 ……………………………………… 李均明(337)
【评介】 ……………………………………………………… (347)
谈谈辨释汉简文字应该注意的一些问题(存目) …… 裘锡圭(357)
【评介】 ……………………………………………………… (357)
睡虎地秦简日书的内容、性质及相关问题 ………… 刘乐贤(369)
【评介】 ……………………………………………………… (383)
居延汉简中的"功"与"劳" ………………………… 胡平生(388)
【评介】 ……………………………………………………… (396)
居延汉简的断简缀合和册书复原(存目) ………… 谢桂华(404)
【评介】 ……………………………………………………… (404)
从额济纳河流域的食粮配给论汉代谷仓制度(存目)
　　……………………………………………… [日]富谷至(409)
【评介】 ……………………………………………………… (409)
王家台秦简"易占"为《归藏》考 …………………… 李家浩(414)
【评介】 ……………………………………………………… (425)
从简牍看汉代的行政文书范本——"式"(存目) … 邢义田(432)
【评介】 ……………………………………………………… (432)

荆门包山楚卜筮简所见神祇系统与享祭制度 ………… 陈　伟(440)
【评介】……………………………………………………(456)
论简帛文献的新词新义研究价值 ……………… 张显成(465)
【评介】……………………………………………………(480)
从悬泉汉简看两汉西域屯田及其意义 …………… 张德芳(485)
【评介】……………………………………………………(501)

百年来简帛论著提要 ………………………………… (505)

简帛学百年大事记 …………………………………… (645)

后记 …………………………………………………… (680)

前言：简帛与简帛学

一

简牍、帛书，汉民族把它们作为文字的载体，究竟始于何时，现在还无法确定。有学者据甲骨卜辞、钟鼎文字中的"册"、"典"等字形，认为在殷商时期就已经使用简帛了。我们目前所见到的最早实物是战国早期的遗物。20世纪以后，出土的战国楚简、楚帛书，以及秦、两汉、魏晋的简牍、帛书数量巨大，总数约有30万件。其中时代最早的是1978年发掘出土的曾侯乙墓竹简，时间约为公元前433年或稍晚，属战国早期。出土的两汉时期的简帛数量和种类都很多，反映了这一时期简帛的使用更加频繁。魏晋以后，随着造纸技术的进步，纸张逐渐取代了简帛。从战国到魏晋，简帛的使用至少有一千年的历史。

从出土实物来看，简帛主要有这样几个种类：

1. 竹简

是简帛的最基本的种类。出土数量很多，如郭店楚简、睡虎地秦简、银雀山汉简、张家山247号墓汉简等都是竹简。

2. 木简

也称为"札"，出土地主要集中在北方，可能是由于北方产竹较少。如甘肃、内蒙古等地汉代烽燧屯戍遗址中出土的大都是木简。南方也偶见，如湖南省龙山县里耶镇出土的3万多枚秦简很多是木简。

3. 木牍

比一般的简札要宽。简札一般只写一行字，而木牍至少写三五行，多的有几十行。也是简帛中常见的种类。如江苏连云港东海县尹湾 6 号汉墓出土 23 方木牍。湖南龙山里耶秦简、安徽天长西汉墓、湖南长沙走马楼三国吴简中都有数量众多的木牍。

4. 竹牍

这个名称是模仿木牍而来的。顾名思义，就是比较宽的竹简，可容多行字。竹牍罕见，湖北江陵凤凰山 168 号汉墓出土的一枚竹牍，宽 4.1~4.4 厘米，长 23.2 厘米，上书 66 字。

5. 两行

指比简札稍宽，可写两行字的简。甘肃等地的汉代屯戍简牍中多见，而且在屯戍简牍中也常见这一名称："☐绳十丈，札二百，两行五十。"(《居延汉简释文合校》10.8)

6. 觚

是将圆木棍削出多个平面，形成可在几个平面上书写的棱柱体。这也主要见于西北屯戍简牍，有三面、四面，甚至六面、八面。

7. 检

也称"封检"。机密公文、书信等用上下两片木牍做成，下牍称函，用以书信，上牍称检，封盖函牍，检上有三道捆绳的刻沟和置封泥的方孔，以便绳封，绳结置于方孔中，加封泥盖印。《说文》："检，书署。"徐铉注："书函之盖，三刻其上，绳缄之，然后填以泥，题书其上而印之也。"传送财物时施于囊袋上的封检，只有一片木牍，中间凹下，以便绳封盖印。在长沙东牌楼古井中就出土多枚封检，西北屯戍简牍中也可见到。

8. 柿

也称"削衣"。古人删改文字时，把原有的文字用书刀削去，这些被削下来的薄片就是"削衣"。在西北屯戍简牍中多见，很多是从古人的垃圾堆中出土的。

9. 楬

也称"签"。就是标签。马王堆 1 号汉墓就出土了 49 枚木楬，木楬顶端有两个穿绳用的小孔，系在随葬的竹笥上，标明竹笥内所装的随葬品。西北屯戍简牍也可见写有各种防御装备名称的木楬。

10. 帛书

也称"缯书"，即用于书写的丝织品。著名的如长沙子弹库楚帛书、长沙马王堆3号汉墓帛书等，西北汉代屯戍地也出土了几件帛书。相对来说，帛书出土的数量较少，可能因其价格昂贵，使用并不普遍。

简帛的形制，过去有很多学者据典籍的记载作过归纳总结，如汪继培《周代书册制度考》、王国维《简牍检署考》等，随着简帛出土的日益增多，据出土实物检讨简帛制度的成果也多见，如陈梦家《由实物所见汉代简册制度》，胡平生、马月华《简牍检署考校注》等。

竹简、木简的长度，汉代古籍中多有记载，唐·贾公彦《仪礼疏》："郑作《论语序》云：《易》、《诗》、《书》、《礼》、《乐》、《春秋》策皆二尺四寸，《孝经》谦半之，《论语》八寸策者，三分居一，又谦焉。"颜师古《汉书注》："檄者，以木简为书，长尺二寸。"据发掘出土的实物，战国时期的遣册简，简之长短似乎与墓主人的身份有关，如曾侯乙墓出土的遣册简长70厘米~75厘米，约合当时的三尺多，望山2号墓遣册简长64厘米，仰天湖遣册简长22厘米。秦汉时期的文书简，则多23厘米左右，合当时的一尺左右。如尹湾汉简《神乌傅(赋)》、《行道吉凶》等。简的宽度大多在1厘米左右。木牍以秦汉时期的为多，长度多为23厘米左右，合当时的一尺。如睡虎地4号秦墓出土的两封木牍家书，正合古人所谓"尺牍"之说，尹湾出土24枚木牍，都为23厘米长。木牍宽度多为五六厘米，尹湾的木牍都是6厘米宽。

帛书的宽度主要决定于当时缯帛的幅宽，从目前出土的帛书看，战国秦汉时的幅宽都在48厘米左右。帛书一种是整幅的，如子弹库楚帛书(现46.2厘米)，马王堆汉墓帛书《老子》乙本；另一种是半幅，即约24厘米，如马王堆汉墓帛书《老子》甲本、《春秋事语》、《战国纵横家书》、《足臂十一脉灸经》、《五十二病方》等。帛书的长度则取决于内容的多寡，如《战国纵横家书》长约192厘米，《春秋事语》长约74厘米。

简牍的制作方法也屡见于典籍。《论衡·量知》说："夫竹生于山，木生于林，未知所入。截竹为筒，破以为牒，加笔墨之迹，乃成文字，大者为经，小者为传记。断木为椠，片之为板，力加刮削，乃成奏牍。"制作竹简时还要经过"杀青"的环节，因新竹有水分，易腐朽，且易生虫，难以保存，所以制竹简时必须用火烤干竹内水分。也称"汗青"、"汗简"。《后汉书·吴佑传》李贤注曰："杀青者，以火炙简令汗，取其青易书，复不蠹，谓之杀青，亦谓汗简。"《太平御览》卷六〇六引应劭《风俗通义》："刘向《别录》：杀青者，直治竹作简书之耳。新竹有汁，善折蠹，凡作简者，皆于火上炙干之。陈、楚间谓之汗。汗者，去其汁也。吴越曰杀，杀亦治也。"出土实物也证明了古人的这种说法。陈梦家《汉简缀述·由实物所见汉代简册制度》："武威出土竹简，书写于竹里（即所谓笨）的一面，经久未有虫蛀伤，出土后风化劈裂，裂处暴起成丝，此可证书写以前经过杀青的手续。同出土木简，除少数因坠入棺侧受潮弯曲以外，十分之九以上平直不曲，则此等简亦先经风干而后上书的。"此外，陈梦家还怀疑，木简制作时可能有"用特殊液体涂染的手续"，类似纸书的"染黄"。竹简多写于竹子黄的一面，即竹里，也有两面写字的，如云梦睡虎地秦简日书甲种。

　　简的编连。若干竹简、木简，用编绳编连成简册。因年代久远，出土的简册大多编绳朽坏，简册散乱。但都会留下编绳的痕迹。也偶见因出土地气候干燥而完整保存下来的简册，这主要见于西北甘肃、内蒙古等地出土的屯戍遗简之中，如1930年出土于甘肃的居延汉简中著名的《永元器物簿》，额济纳汉简中的《专部》册等，都是上下两道编绳的木简册。让我们得以一窥汉代简册的原貌，异常珍贵。西北出土的木简册编绳大都是细麻绳，而竹简册有用丝纶的，如云梦睡虎地秦简、临沂银雀山汉简等，据腐朽的遗迹看，编绳都是丝纶。《史记·孔子世家》："孔子晚而喜《易》，序《象》、《系》、《说卦》、《文言》。读《易》，韦编三绝。""韦编"，前人或以为是以皮绳编简，恐不确。似应读为"纬编"更合适。"纬编"就是编绳，这和我们看书，翻得太多，书会散开来，是一样的道理。散开来重编，就可能遗漏、错乱，因此古书有"脱简"、"错简"就不难理解了。根据简的长度，有两道编绳，或三道、四道，甘肃武威出土的《仪礼》简，长56厘米，合当时的二尺四寸，从编绳痕迹看有五道丝纶。简册有先编后写，也有先写后编的，这从编绳痕迹是否压在字迹上可以判断出来。为了防止竹简上的编绳上下滑动，在编绳处有时会刻有契口。简册编好后，要用刀将两端削齐，《说文解字》："等，齐简也。"简册所编连的简数不可能太多，以方便阅读。所以，古代的文章都是单篇流传，以卷为单位。如《史记》："人或传其(韩非)书至秦。秦王见《孤愤》、《五蠹》之书，曰：'嗟乎，寡人得见此人与之游，死不恨矣！'"可见韩非的书是以《孤愤》、《五蠹》这样的单篇传到秦国的。将单篇文章汇集成书是从汉代刘向、刘歆等人开始做的。简册平时是收卷起来的，可以把文章的开头卷在里面，也可以从文章的最后一支简开始卷，所以我们有时见到篇题写在最后几支简的背面，如睡虎地秦简日书乙种，最后一支简的背面写了"日书"二字。也有时会见到在开始的几支简的背面写有篇题，如张家山汉简中"二年律令"篇题目就写在第一支简的背面。这样都是为了在收卷后篇题露在外面便于查找。如果一卷中有多篇文章，就不便都写在简的背面，于是简的正面就写有篇题，前后用墨钉或空格与正文隔开，而另用一块木牍专门写篇题，在竹书收卷后悬挂于简册外，类似于标签，也有人称之为目录简。如银雀山汉简中就有5块这样的木牍，上书《孙子兵法》等的篇题。为保护简册，外面还可包以布囊，《说文解字》："帙，书衣也。"

帛书在写好后，有的是折叠的，如子弹库楚帛书。也有用一根木棍为轴把帛书收卷在轴上，类似于后代的卷轴装，如马王堆汉墓帛书《春秋事语》。

简牍上的字都是毛笔用墨写上去的。过去有人误以为简上的字是用刀在简牍上刻出来的。实则上古时代的书刀主要是用于削改简牍上的字，而不是用来刻字的。古书中还有"漆书"的记载，那也不是用漆写字，而是形容墨色光亮如漆，还是墨书。出土简帛时常同时出土毛笔、墨、研、研石、书刀等成套文具。

简帛上文字的字体多属隶书。战国简帛、秦简上的文字还有较浓厚的篆书的痕迹，笔画多圆转，称为"楚文字"、"秦隶"。汉代简帛上的文字渐少圆转，而出现波磔，汉代中期以后的字就是标准的"八分书"了。西北屯戍简牍中多草书，因内容是家信、文书草稿、邮驿记录等，不需严谨工整，故草率随意。汉末三国以后的简帛文字则波磔渐少，呈现出楷书的意味。

简帛上除了文字以外，还有些符号。一是与句读相关的钩识符，常是画一斜线，用于可能会读错的地方，如数字一、二、三之间，姓名之间，睡虎地秦律中也偶见，以达到法律语言的严谨。二是重文及合文符号，一般是在字的右下画两横线或一横线。重文符如睡虎地秦律中"毋敢择＝行＝钱＝布＝者"，读作"毋敢择行钱布，择行钱布者"；合文符如睡虎地日书中"货＝"，读作"货贝"。三是标示符号，多是标示标题、标示章节等，多作圆墨点、方墨点、三角形墨点等。四是核校符号，多用于领取财物，审核器物等，如《居延新简》："尉史李崇，十月禄大黄布十三枚，十月辛未自取。卩。"意思是俸禄已领。"卩"，陈梦家认为是"领"字的简文，陈槃释为"印"，陆锡兴释为"已"，何双全认为这是"划押或拘校符号"，不是文字。简帛中还有个别符号表意不明，如睡虎地日书中有一似"召"字而下面的"口"填实，不知什么意思。

有些出土的简帛上有图画，如子弹库楚帛书上除了文字外还有12个代表月份的神图，四角有青、赤、白、黑四棵树木，所以也有人称之为帛画。湖南长沙还出土了两幅战国时期的帛画，即《人物龙凤帛画》、《人物御龙帛画》，后者与楚帛书出土于同一座墓。这两幅帛画上没有文字，内容或是表现灵魂升天的情景。马王堆汉墓出土文物中也有汉代帛画，帛书《导引图》即有图有文字，还有《神图》、《园寝图》等帛画，另有地形图一幅。简牍上也偶见图画。如：睡虎地秦简上就有用于占卜的人形图，西北屯戍简牍中也见到画有人形的木牍。尹湾汉墓中出土的木牍"神龟占"，也画有龟形。在湖北枣阳九连墩战国古墓出土1359枚竹简，篾黄一面空白，篾青一面绘画，单元纹样呈三角形变形凤鸟纹，没有文字，十分罕见。

二

因为20世纪之前出土的简帛实物都不存世，所以一般所谓的"简帛学"都着眼于20世纪之后出土的简帛材料。简帛学就是研究简帛的学问。初师宾《简牍学百年思考》中对简帛学的定义："以简牍时代和简牍载体为主的文字文物为研究对象范围，在历史唯物主义和唯物辩证法的指导下，运用考古、历史、文字、文献学等多学科的知识方法，发现并整理、研究其形式、内容，恢复其真实历史面貌的一门专学。"①

简帛学，当然研究的对象就是简牍帛书。但这个看似简单的问题，目前学界的看法并不一致。比如《竹木春秋》提到，除常说的简牍外，还有草简、石简、帛书、玉简、墙皮书、古纸文书等。"可以说自战国至魏晋这一历史时期，除传世的典籍文献外，所有从地下出土的载有文字的遗物，不论汉文或少数民族语言，都可纳入简牍学科研究的领域，统称为简牍。"②沈颂金《二十世纪简帛学研究》也说："其研究对象包括自战国至魏晋这一历史时期，出土于地下的各种质材不一，形制各异，名称不同，文字有别，记载有文字的考古遗物，诸如竹木简牍、帛书、盟书、骨楬、石经、金节、玉版、铜符、纸籍之类。"③简帛学是否该囊括这些对象，有必要进一步明确。

简帛文献，首先要明确是出土文献。过去我们接触较多的主要是传世文献，也就是从古代流传下来的典籍。虽经历代毁损，绝大部分图书不复存在，但流传至今的仍可以说是汗牛充栋。

出土文献主要有甲骨卜辞、金文石刻、简牍帛书、敦煌石室遗书等。其中金石出土较早，加之有不少传世器物，历代受重视，很早就形成了金石学。而其他则多为晚近的发现。

王国维1925年暑假在清华大学作过一次公开演讲，就是后来在《清华周刊》350期上发表的《最近二三十年中国新发现之学问》一文，他指出："古来新学问起，大都由于新发现。有孔子壁中书出，而后有汉以来古文家之学；有赵宋古器出，而后有宋以来古器物、古文字之学。"王国维认为在当时的最近二三十年有四大发现："今之殷墟甲骨文字，敦煌塞上及西域各处之汉晋木简，敦煌千佛洞之六朝及唐人写本书卷，内阁大库之元明以来书籍档册。此四者之一已足当孔壁、汲冢所出。"④

---

① 《简牍学研究》第三辑，甘肃人民出版社2002年，第237页。
② 王震亚：《竹木春秋》，甘肃教育出版社1999年，第36页。
③ 沈颂金：《二十世纪简帛学研究》，学苑出版社2003年，第8页。
④ 傅杰编：《王国维论学集》，中国社会科学出版社1997年，第207页。

简帛的出土，汉代以来不断见于记载，如孔子壁中书、汲冢竹书等。但古代出土的简帛实物今天都看不到了，而流传下来的整理本，存在诸多疑问，其研究也应归入古籍整理，即传世典籍研究，而非简帛学研究范畴。简帛学的研究对象是20世纪以来出土的，今天还可见实物的简牍、帛书等。

国内出土的简牍，还有部分非汉文的。王国维的这次演讲，还讲了"中国境内之古外族遗文"。故也有人称之为"五大发现"。主要有梵文、佉卢文、吐火鲁语等。包括石刻、简牍、纸文书等。有些是与汉文简牍同时出土的，如20世纪初斯坦因在新疆、甘肃等地所获。其中，非汉文的简牍，应纳入简帛学研究范围。只是现在从事这方面研究的学者还不多。

此外，还有中国境外出土的简帛文献，如朝鲜平壤汉乐浪郡故址木札、韩国咸安城山山城木简、日本奈良平城京木简，甚至英国、意大利等欧美国家也有简牍出土。① 这部分文献，如果是用汉字书写的，与中国古代文化特别是汉晋之前的文化相关的，应归入简帛学，只是目前符合这一条件的不多。

帛书一直是较贵重的，使用少，且不易保存，出土实物相对于简牍来说数量很少。目前最早的是出土于长沙子弹库的"楚帛书"。

从出土情况看，简帛实物主要用于战国至魏晋时期，更早的还没有发现。简帛学研究的对象也可大致框定在这个范围内。上承甲骨、金文，下启唐宋纸质典籍。魏晋以后的简帛也偶有出土发现，但一般简帛学不再关注。

目前很多学者把时间作为确定简帛学研究范围的重要尺度，如前面我们提到的《竹木春秋》、《二十世纪简帛学研究》等，这值得进一步讨论。

现有的从战国到魏晋时期的出土文献，种类繁多。除简帛外，大宗的如：①金文，如汤余惠编有《战国铭文选》（吉林大学出版社1993年），孙慰祖、徐谷富编有《秦汉金文汇编》（上海书店1997年）。②

---

① 参看大庭脩著，徐世虹译：《汉简研究》，广西师范大学出版社2001年，第225页；沈颂金：《二十世纪简帛学研究》，学苑出版社2003年，第8页。

石刻,如石鼓文、诅楚文、中山国守丘刻石、峄山刻石、泰山刻石、琅琊刻石、会稽刻石、莱子侯刻石等,东汉的石刻文字就更多了,像熹平石经、曹全碑等长篇巨制。③玺印、封泥,罗福颐主编《古玺汇编》(文物出版社1981年),孙慰祖主编《古封泥集成》(上海书画出版社1994年),周晓陆、路东之编《秦封泥集》(三秦出版社2000年)。④货币文字,张颔《古币文编》(中华书局1986年)。⑤盟书,主要有侯马盟书、温县盟书等。还有些陶文、瓦书等。

这些出土文字是否都属简帛学研究的对象,很有必要讨论。

我们觉得,它们绝大部分不能纳入简帛学的范围。金文、石刻,以及玺印、封泥、货币文字,应属金石学范畴。战国以后的金文,虽没有商周金文的宏篇大制,不属于金文的主体,但有其特色,已经引起了很多学者的关注。① 相对而言,石刻文献不太受重视,文字多属隶书等今文字,时间的跨度也很大,内容多是墓志等,近年来已有学者总结其文献价值②,也有学者尝试运用石刻语料研究汉语词汇史。③

金文、石刻,以及玺印、封泥、货币文字,都是铸刻而成,或是与铸刻有关。而简帛文献是用笔书写而成的,有明显的差异。唐以后,有学者以为简牍上的字是刀刻的,则是一个极大的误会。目前出土的简牍都是墨书,未见有刀刻的。

盟书,也称载书。侯马盟书、温县盟书,据研究都是春秋时期晋国之物,参加盟誓的人,举行仪式,把誓词写在玉版上,杀牲祭祀,挖坑放进祭牲,加玉版其上,埋在地下,以取信于鬼神,加强内部的团结。材质虽是石片,但并非刻的,而是写的。因而,把它归入刻石或是简帛,似乎都有困难。我们倾向于归入石刻类。也就是说,归入

---

① 如汤余惠编有《战国铭文选》(吉林大学出版社1993年),孙慰祖、徐谷富编有《秦汉金文汇编》(上海书店1997年)。

② 参见毛远明:《碑刻文献学通论》,中华书局2009年。

③ 如刘志生:《东汉碑刻复音词研究》,华东师范大学博士学位论文2005年;吕志峰:《东汉石刻砖瓦等民俗性文字资料词汇研究》,华东师范大学博士学位论文2005年;周建娇:《东汉砖文虚词研究》,华东师范大学博士学位论文2006年等。

金石学范畴。如果把盟书纳入简帛学，则目前所见的简帛实物的时代就要往前推，不是一般所说的战国时期，而是春秋时期。从时代来看，盟书与现有的简帛也不太一致。李学勤就认为侯马盟书不属简帛研究的范围。①

通过以上探讨，我们可以明确，简帛学与甲骨学、金石学、敦煌学并列，这些学科的研究对象相互并无交叉。书写于竹、木、帛等材料上的文字，可以明确属简帛学研究的对象，而铸刻于甲骨、金石之上的文字则可以明确地说不属于简帛学研究范围。

需要讨论的还有纸质文书。出土的两汉时期纸文书，一般称为古纸文书，以区别于蔡伦造纸以后逐渐普及的纸文书。目前的古纸文书主要出土于新疆、甘肃、内蒙古等地，数量较小。一般习惯上把甘肃、内蒙古等地与简牍同时出土的古纸文书纳入简帛学范围，这有其便利之处，而且量很小，不影响学科整体内容。但严格来说，我们觉得可以把这部分古纸文书放在"敦煌吐鲁番文书"之中。"敦煌学"涉及的文书基本是纸质的，除敦煌藏经洞中出土的之外，主要就是新疆、甘肃等地陆续出土的。从时代来说，比简帛文献稍晚，主要是在晋至唐五代。为以手写为主的纸文书时代，下接宋以后的印刷书籍。把"敦煌吐鲁番文书"上推至两汉的古纸文书，使纸文书的发展史更趋完整，这也是很自然的事。现在"敦煌学"学者已经在这样做了。

此外，还有些特殊种类的文书。如敦煌悬泉置出土的墙壁书。即当年题写在墙壁上的字迹，有学者认为就是简牍中常见的"扁书"。因目前没有专门研究此类文字的，且与简帛同时出土，故可以纳入简帛学。

以上所论，是所谓狭义的简帛学，或者说是现代简帛学，是简帛学的核心部分。而广义的简帛学则包括古今中外所有涉及简牍、帛书的论著，如孔宅壁中书的发现和研究，汲冢竹书的发现研究等。古代对简帛的研究从汉代就开始了，是为现代简帛学的奠基、前奏。只是古代的简帛研究还较零散，内容狭窄，还不足以成为独立的学科。另外还可以包括前面提到的境外出土的简帛文献。

---

① 李学勤：《简帛佚籍与学术史》，江西教育出版社2001年，第7页。

简帛学分期，目前尚无为大家普遍接受的看法。沈颂金分为四个阶段：1914—1930 年为萌芽期，1931—1949 年为创始期，1950—1978 年为发展期，1979—2000 年为繁荣期。① 我们在此基础上进行了一些调整。从汉代开始，典籍中就有简帛出土的记载，历代史不绝书。但 20 世纪前出土的简帛都湮没不存，这段时间我们姑且称为"前简帛学时代"。20 世纪初以来简帛学的一百多年，可以分为三个阶段。20 世纪的前五十年为第一阶段，1901—1929 年是外国人在西北探险考古的时期，1930—1949 年是中国人开始科学考古发掘的时期。这 50 年简帛出土地局限于西北屯戍遗址，简帛学关注的资料主要出土于汉代长城遗址沿线。这一时期出土的简帛收藏于中国大陆的数量极少，主要存于中国台湾及英国伦敦。第一阶段的简帛研究已经初具规模，在简文释读、史地研究、烽燧考察等方面成就突出。学者已经完全认识到简帛史料的价值，在学界已产生极大影响。而时局的动荡也极大限制了研究的深入，有幸目睹简牍实物甚至是照片的，都为数甚少。公开印刷出版的释文也只在小范围内流通。当然，第一阶段分期的依据也与 1949 年新中国建立有一定关系。政治的大变革，势必反映在学术研究中。1949 年以后中国台湾有了简帛的研究，有了大批简帛的收藏。而新中国建立后中国大陆发掘出土的简帛都收藏于大陆的各大博物馆。1950—1979 年，这是简帛学的第二个阶段。随着社会的稳定，学术研究正走上正轨。各地百废俱兴，土木工程建设中大量简帛被发现，楚简、秦简、魏晋简牍帛书，记录被一次次刷新，报道中屡屡见到"第一次"，第一次发现楚简，第一次发现成篇的典籍，如此等等。正当学界兴奋异常，准备大干一场，史无前例的"十年动乱"打碎了很多人的梦。简帛整理被迫停顿，学术成果无处发表，专家学者被迫害，甚至含冤而去。所以第二阶段的划分也多少与政治氛围相关。在这一阶段，中国台湾的简帛研究从无到有，成果丰硕，引人瞩目。日本的汉简研究也迅速崛起，培养了一批在国际汉学界有影响的汉简研究专家。综合以上状况，我们把第二时期称为简帛学的低潮期。1980 年以后为简帛学的第三阶段，大批材料的公布，

---

① 沈颂金：《二十世纪简帛学研究》，学苑出版社 2003 年，第 30 页。

政治上的拨乱反正，都为学术发展扫清了障碍。加之大量重要简帛材料的出土，使得简帛研究走向繁荣。中国、日本、韩国、欧美都有大量研究者，中国大陆自然成为简帛学研究的中心。我们把第三阶段称为简帛学的发展期。

三

目前我们见到的简牍、帛书，都是20世纪以后出土的。而从历史上看，至少汉代就开始出土简帛文献了。但20世纪前出土的这些简帛都已经散佚了，我们只能从史书上看到零星记载，其中真伪杂陈，我们也疑而不能辨。简帛的整理研究是与其出土相伴出现的。我们把20世纪前称为"前简帛学时代"。

在古代典籍中多次提到简帛的出土，著名的有两次，一次是孔子壁中书的发现，一次是汲冢竹书。

汉武帝末年（一说汉景帝时），鲁恭王坏孔子宅，于壁中得竹书。于是引发了一场持久的、余响直至清末的今古文经学之争。

《汉书·艺文志》载："古文尚书者，出孔子壁中。（师古曰：《家语》云，孔腾字子襄，畏秦法峻急，藏《尚书》、《孝经》、《论语》于夫子旧堂壁中。而《汉记尹敏传》云孔鲋所藏。二说不同，未知孰是。）武帝末，鲁共王坏孔子宅，欲以广其宫，而得古文《尚书》及《礼记》、《论语》、《孝经》凡数十篇，皆古字也。共王往入其宅，闻鼓琴瑟钟磬之音，于是惧，乃止不坏。孔安国者，孔子后也，悉得其书，以考二十九篇，得多十六篇。（师古曰：壁中书多，以考见行世二十九篇之外，更得十六篇。）安国献之。遭巫蛊事，未列于学官。刘向以中古文校欧阳、大小夏侯三家经文，《酒诰》脱简一，《召诰》脱简二。（师古曰：召读曰邵。）率简二十五字者，脱亦二十五字，简二十二字者，脱亦二十二字，文字异者七百有余，脱字数十。书者，古之号令，号令于众，其言不立具，则听受施行者弗晓。古文读应尔雅，故解古今语而可知也。"

孔安国是这批简牍的整理者，他把整理成果献给朝廷后，恰遇宫廷内部发生变故，未能立于学官，也就未能在世间流传。这批古文经书就收藏于宫廷，刘向还见到这批材料，校读过《尚书》。但因为没有传抄本，一般认为在西晋时就失传了。东晋时有人作伪献书，就留下一段真假古文《尚书》的公案。

汉代，于秦禁书之后，汉初惠帝时就有"除挟书之律"。武帝"开献书之路"，"建藏书之策，置写书之官，下及诸子传说皆充秘府"（《汉书·艺文志序》）。各地多有献书，这些书当然都是简牍、帛书的本子。而这些简帛有的是民间私藏的，也有偶然发掘所得。秦博士伏生，素习《尚书》，汉时写出记得的篇章。但也有说他在秦时把《尚书》藏于壁间，汉惠帝后拿出传授，传为二十九篇，因为已转写为隶书，故称今文《尚书》。西汉时，河间献王也藏有不少古文典籍。武帝末，民有得《尚书·泰誓》于壁间，献之（《尚书正义》引刘向《别录》，《论衡·正说篇》记载是汉宣帝时）。而且西汉皇家秘府藏有大量各地所献古籍，刘向等曾利用皇家藏书校订古籍（《汉书·艺文志》）。北平侯张仓献《春秋左氏传》（《说文解字叙》），杜林在西州得漆书《古文尚书》（《后汉书·杜林传》），还有传世的《史籀篇》（参王国维《史籀篇疏证·叙录》）。许慎《说文解字》也保留了大量古文字形。各地所献古籍及民间流传的古本，大多在王莽之乱和献帝西迁中亡佚。

《晋书·束皙传》："初，太康二年，汲郡人不准盗发魏襄王墓，或言安釐王冢，得竹书数十车。其《纪年》十三篇，记夏以来至周幽王为犬戎所灭，以事接之，三家分，仍述魏事至安釐王之二十年。盖魏国之史书，大略与《春秋》皆多相应。其中经传大异，则云夏年多殷；益干启位，启杀之；太甲杀伊尹；文丁杀季历；自周受命，至穆王百年，非穆王寿百岁也；幽王既亡，有共伯和者摄行天子事，非二相共和也。其《易经》二篇，与《周易》上下经同。《易繇阴阳卦》二篇，与《周易》略同，《繇辞》则异。《卦下易经》一篇，似《说卦》而异。《公孙段》二篇，公孙段与邵陟论《易》。《国语》三篇，言楚、晋事。《名》三篇，似《礼记》，又似《尔雅》、《论语》。《师春》一篇，书《左传》诸卜筮，师春似是造书者姓名也。《琐语》十一篇，诸国卜梦妖怪相书也。《梁丘藏》一篇，先叙魏之世数，次言丘藏金玉事。《缴书》二篇，论弋射法。《生封》一篇，帝王所封。《大历》二篇，邹子谈天类也。《穆天子传》五篇，言周穆王游行四海，见帝台、西王母。《图诗》一篇，画赞之属也。又杂书十九篇：《周食田法》、《周书》、《论楚事》、《周穆王美人盛姬死事》。大凡七十五篇，七篇简书折坏，不识名题。冢中又得铜剑一枚，长二尺五寸。漆书皆科斗字。初发冢者烧策照取宝物，及官收之，多烬简断札，文既残缺，不复诠次。武帝以其书付秘书校缀次第，寻考指归，而以今文写之。晳在著作，得观竹书，随疑分释，皆有义证。迁尚书郎。"

《荀勖传》："及得汲郡冢中古文竹书，诏勖撰次之，以为《中经》，列在秘书。"

《帝纪第三·世祖武帝炎》："（咸宁五年）汲郡人不准掘魏襄王墓，得竹简小篆古书十余万言，藏于秘府。"

《志第六·律历上》："又武帝太康元年，汲郡盗发六国时魏襄王冢，亦得玉律。"

这可能是古书中记载的规模最大的一次简牍出土。晋武帝的太康二年是公元281年，《武帝纪》云在咸宁五年（279年），《律历志》又说在太康元年（280）。汲郡即现在河南的汲县。几十车古代的简牍，可谓多矣。这批简牍里边，有很多当时已经看不到的书籍，也有一些当时还在流传的书籍。当时晋武帝还是很重视，派了当时一些有名的学者去整理，比如荀勖、束晳等。这批整理出来的书籍，一般称为"汲冢竹书"，但大部分都失传了，可能是因为"藏于秘府"，未能在民间流传。只有《穆天子传》完整地流传至今，《纪年》十三篇，即后来称为《竹书纪年》的，传本据考证不是汲冢原书，被称为《今本竹书纪年》，《四库提要》考之甚详，言"反复推勘，似非汲冢原书"；失传的古本，经清代以来很多学者辑录，成《古本竹书纪年》，今天可见的就是这个辑本，即残本。汲冢竹书是中国历史上一次很重要的出土文献，可惜的是流传下来的只有这一本半书。

由于古代简帛的出土没有受到学术界的重视，甚至遭到当时居于主导地位的学术势力的抵制，再加上皇室只是着眼于其统治地位，汉代的巫蛊之祸、王莽之乱等内外变故，以及晋世的战乱，都影响了其成果的推广。结果是整理的成果不知所终，处于若存若亡的状态，今本古文《尚书》公认是伪作，《古本竹书纪年》也只能借助于辑佚。古代不乏大宗简牍的出土，且历代都有出土的记载，可以想见还有大量的出土简牍被忽视、被毁坏。当时的文物意识、保护技术都没能使得这些简牍实物保存下来。其研究也仅限于释文与年代考证，研究范围十分狭窄，其整理研究也无持续性和规范性，因此，那时的简帛研究还没有独立于文献研究，尚处于前简帛学时期。

此后，古代简帛的发现还有多次。举其要者有：晋元康年间所得汉明帝显节陵中的策文、南齐出土的楚简、北周发现的居延汉简、北宋政和年间发现的东汉永初二年的讨羌檄书等。

晋武帝元康年间，有人在嵩山下得到一枚竹简，上面写有两行蝌蚪文，人们"传以相示，莫有知者"，经博学的尚书郎束晳确认，系东汉明帝显节陵中的策文（《晋书·束晳传》及《世说新语·雅量》注引《文士传》）。刘宋升明二年（478年）冬，于延陵县（今江苏武进）季子庙的井中得一木简，长1尺，宽2分，"上有隐起字曰：庐山道人张陵再拜，诣阙起居。简木坚白，字色乃黄"（《南史·齐高帝纪》）。南齐建元元年（479年），襄阳楚王冢出土战国时期竹简书《考工记》十余简（《南齐书·文惠太子传》）。北周末年，从居延一间古屋遗址中发掘出书写有字的竹简，这是见于史籍中最早发现的居延简（《太平广记》卷368引唐牛僧孺《玄怪录》）。北宋崇宁初，在甘肃皋兰之天都山，获载有东汉章帝章和年号的木简札，简的形制上广下狭，长约汉尺一尺，字体为草书，用朱笔写成，内容系标明物品及其数量，如缣若干匹、绵若干、钱米若干等（《邵氏闻见后录》卷27）。北宋政和年间，陕右出土东汉安帝永初二年的讨羌檄书，这是中国古代所发现简牍中惟一幸存内容的一道檄书，殊足珍贵（见黄伯思《东观余论》卷上和赵彦卫《云麓漫钞》卷7及陶宗仪《古刻丛钞》）。

以上简牍的出土，均非有计划的考古发掘，而是偶然的发现，且实物亦已荡然无存，我们只能从有关文献记载中约略知其梗概。

这些"古文"，虽然在当时并未受到足够的重视，原物早已不知所终，但还是有一定流传。除皇家图书馆收藏外，外界尚有抄本流传，而且有铭铜器、石刻等也时有发现，如汤盘、孔悝鼎、石鼓文等。历代皆有些好作"奇字"者，还有偶然传下来的"古文"本，过去多讥其为不经，如张揖《集古文》，朱育《集奇字》，徐邈《集古文》，苏文昌《奇字集》、《证俗古文》，马日䃺《集群书古文》等。魏正始年间刻"三体石经"，用战国古文、篆、隶三种字体，今有残石发现。唐代"碧落碑"，碑文主要是篆书，间有古文奇字。阳华严铭，也保存了一些古文字形。郭忠恕《汗简》，汇集了当时流传的各种来源于简牍等的古文字形，为我们释读简牍文字有一定帮助。郭忠恕，五代至北宋初人。《汗简》征引材料七十一种，如《古文尚书》、石经、《说文解字》、碧落碑等，大都已失传。依《说文》体例，按偏旁据字形排列，存字 2961 个。《汗简》虽受到明清学者的质疑，认为其古文字形是杜撰的，但我们把它与 20 世纪后出土的战国秦汉简帛字形比较后，可以肯定这些传世古文字形大都是有依据的。可参看黄锡全《汗简注释》（武汉大学出版社 1990 年）。

  在前简帛学时期，值得关注的事件，一是孔安国对孔子壁中书的考释；二是晋荀勖、和峤、束晳等人整理"汲冢竹书"。北宋以后，金石学渐兴，学者考释石刻、钟鼎之余，也偶及简牍。陆锡兴《宋代永初汉简的整理和研究》(《简帛研究》2002—2003)，详述北宋时汉简的出土、流传及考释研究。黄伯思（1079—1118 年)《东观余论·法帖勘误下·汉简辨》："近岁关右人发地得古瓮，中有东汉时竹简甚多，往往散乱不可考，独永初二年讨羌符文字尚完，皆章草书，书迹古雅可喜。"宦官梁师成得到部分，可能就是两枚，不久就上石，这样可以保存书迹，以广流传。梁师成身居高位，仿书高手，有条件延请优秀匠师，可以推想，永初汉简的石本是高度保真的。在近代西方照相技术没有进入中国之前，石本是最有效的保存墨迹的办法，而且，可以取得数量众多的拓印副本，真迹得以广泛的流传。黄伯思所见是梁之石本，"石本乃就简上摹得者"。赵卫彦谓"得其模本示余"，此"模本"本来是指双钩填墨本的，但是，宋代也混称拓印的副本。所以，赵见到的和黄伯思一样，也是石本。黄伯思记录的释文如下：

> 永初二年六月丁未朔，二十日丙寅，得车骑将军莫府文书，上郡属国都尉、二千石守丞廷义、县令三水，十月丁未到府受印绶，发夫讨畔羌。急急如律令。

黄伯思据此考订出史书的三处错误,"于戏,千载之下,幸是简偶存得以考正范史所书之误,是以君子贵乎博学而多识也"。

永初简的研究很有意义,从简的摹拓、流布,到考释、研究,虽涉及简牍的数量有限,但研究方法已很全面,值得注意。

四

简帛学肇始于20世纪初。法国汉学家沙畹《纸未发明前之中国书》(1905年)、《丹丹乌里克、尼雅、安迪尔发现的汉文文书》(1907年)、《斯坦因在东土耳其斯坦沙漠中所获汉文书》(1913年)及中国学者王国维《简牍检署考》(1912年),罗振玉、王国维《流沙坠简》(1914年)的出版,日本学者香川默识《西域考古图谱》(1915年),德国汉学家孔好古《斯文·赫定在楼兰发现的汉文写本及零星物品》(1920年)的问世,这一系列成果标志着简帛学的建立。20世纪以来,由于西北简帛发现的刺激,学术界对简帛文献的重视超过以往任何时期,任何一次大发现都会引起学术界的震动,人们在发掘秦汉遗址、墓葬时,发掘者对简帛的出土充满期盼。甚至有多次明确以发掘简帛为目的的考古行动。在这种氛围中,发掘时简帛实物被忽略、毁坏的可能已经几乎不存在了,残篇断简都被奉为至宝,这也促使简帛发现的数量突飞猛进。当然,偶然性也是存在的,对此,人们总爱说"地不爱宝"。到目前为止,出土简帛总量超过30万枚,分布地域广阔,历史时期主要是从战国至魏晋。而且国外也不断有简帛出土的报道。

20世纪是简帛大发现的世纪,也是简帛学逐步建立的时期,对中国学术产生了巨大的促进作用。

受近代学科分类与学术独立发展的影响,这一百年来简帛的发掘与研究是在一种科学规范的指导下进行的,不仅出土简帛大都得到妥善保存,而且其研究范围也更加广泛、明确,作为一门学科的性质愈益突出。

王国维1922年(壬戌)作《库书楼记》(收入《观堂集林》卷23)已经提出了后来所谓的"四大发现":"光宣之间我国新出之史料凡四,

一曰殷墟之甲骨，二曰汉晋之简牍，三曰六朝及有唐之卷轴，而内阁大库之元明及国朝文书实居其四。"1925 年暑假王国维在清华大学作过一次公开演讲，就是后来在《清华周刊》350 期上发表的《最近二三十年中国新发现之学问》一文，后经过改定，收入《静庵文集续编》。加入了"中国境内发现的古外族遗文"，形成所谓"五大发现"。

作为 20 世纪四大发现之一的简牍与帛书，迄今已逾百年。比起甲骨学、敦煌学两门国际性的显学而言，简帛研究显得有点冷落。只是到了 20 世纪 80 年代之后，随着简牍和帛书发现数量的激增，其学术价值才日渐被国内外学者所重视。

近代简帛学，发端于一些西方所谓探险家 19 世纪末、20 世纪初在中国西北沙漠中进行考古发掘盗取宝藏的活动。随着西方工业国家殖民扩张的需要，一批热衷于探险的西方人涉足中国新疆、甘肃等地的古代遗址，在进行地理测绘的同时，攫取当地的大量宝藏，致使我国数量惊人的文物流失他国，而众多古代遗存因疯狂盗掘而损毁严重。

首先要提到的是英籍匈牙利人斯坦因（Marc Aurel Stein 1862—1942），他从 1900 年至 1931 年，先后四次进入中国西北的新疆、甘肃等地进行考古探险。

斯坦因 1862 年生于匈牙利首都布达佩斯一个犹太人家庭，他的父母却让他专门接受了基督教的洗礼。他们这样做的目的是为儿子开辟自由之路。斯坦因 10 岁时就被送到德国上学，他表现出超常的语言天赋。在学校里学会了德语、英语，还精通希腊文和拉丁文，后来他在莱比锡和维也纳上大学时又学会了梵文和波斯语，21 岁时取得了大学博士学位。1884 年后赴英国伦敦大学、牛津大学、剑桥大学深造，开始涉足考古学和东方语言学。斯坦因 1887 年至英属印度，在旁遮普担任学监。1898 年，斯坦因向印度政府呈交了一份去西域考古探险的建议书。他在建议书中说："据历史记载所知，今和田地区曾经是古代的佛教文化中心，近年古代文书、钱币、雕刻等的发现已充分说明，经过对这些古遗址的系统发掘，将会得到对于古代印度文化研究极为重要的发现……因此，我计划中旅行的目标是：从考古学的角度对和田及其周围的古代遗址进行考察，寻找能够揭示其历史的资料，收集货真价实的古代遗物。"

1900年，在印度和英国政府的批准及支持下，他开始了第一次中亚考察探险。

1900—1901年的第一次中亚考察，斯坦因主要发掘了和田和尼雅两地的古代遗址，在尼雅出土了40多枚汉文简牍，524枚佉卢文木牍，以及梵文、于阗文等文书，还有大量其他文物。1901年7月斯坦因返回英国伦敦。随即在伦敦出版了《中国新疆考古地理考察初步报告》。1904年出版个人旅行记为《沙埋和阗废墟记》（新疆美术摄影出版社1994年译本）；1907年出版其考古报告《古代和田》（山东人民出版社2009年译本）。所获汉文简牍由法国汉学家沙畹（Edouard Chavannes，1865—1918年）整理，撰成《丹丹乌里克、尼雅、安迪尔发现的汉文文书》一文，1907年附于《古代和田》一书后出版。

这是现代简帛学史上第一批发掘的汉文简牍。据考，第一枚汉文简牍发现于1900年12月。《沙埋和阗废墟记》："此后不久，证实了我的这一猜测。好像是要证实我的有关该房屋居民的猜测，首次发现了汉文文书。那是根红木棍，长约14英寸，宽约1英寸，两面都削平了一部分，各有几竖行大约12个汉字，大部分墨迹已很模糊。根据仅有的几个较清晰的字，无法解释它们的意义，但看来或许这个木棍曾被用作符木，使它用来记述确定的数量。"① 在《古代和田》中也有类似的记载。② 经胡平生、邓文宽等学者的研究，③ 这枚木简是斯坦因于1900年12月在丹丹乌里克发现的，编号为"D.V.5"号（=S.5891）。正面："[日辰]思[略]纳青壹硕（石）壹斗伍升了，六年九月二十五日官检怀珍惟。"背面："■青一石一斗五升，阿闭婆，

---

① 斯坦因：《沙埋和阗废墟记》，新疆美术摄影出版社1994年，第198页。
② 斯坦因：《古代和田》，山东人民出版社2009年，第281页。
③ 胡平生：《20世纪出土的第一支汉文简牍》，《文物天地》2000年第5期；邓文宽：《〈20世纪出土的第一支汉文简牍〉献疑》，《中国文物报》2001年2月7日；胡平生：《再说20世纪出土的第一支汉文简牍》，《中国文物报》2001年4月11日；邓文宽：《〈20世纪出土的第一支汉文简牍〉新释》，《中国文物报》2001年5月30日。

青一石一斗惟。"内容大概是，某年某月某日之辰时，思略（人名）缴纳青麦一石一斗五升。勾检官史怀珍于六年九月廿五日进行勾检，审核无误，于是署名并画上了"了"形勾检符号。判官富惟谨署名认可。背面是另两笔同一性质的账目，富惟谨也署名认可。其内容属于"账历"，故可定名为《唐思略等纳青麦历（木简）》。此简年代，从其他资料可知思略活动年代在公元777—788年，而富惟谨以"判官"身份署名的文书多在公元798、801和802等年份（《唐研究》第3卷第349页）。此二人名字又同时出现于 D.V.5 号木简上。而勾检官史怀珍既出现于这枚木简上，又与富惟谨同时出现于斯文·赫定24号文书上。综合这些因素推测，木简上史怀珍所署"六年九月廿五日"，或为贞元六年（790年），或者更晚。我们曾提到，简帛学研究的对象是魏晋以前的①，而这枚木简是唐代的，所以，一般简帛学著作很少提到。斯坦因在新疆、甘肃等地发掘的汉文简牍时代甚至有晚到元明时期的②，这些发现证明，边疆地区简纸并用的时间比内地要长得多。

　　1900年发现的汉文简牍不具有典型性，那么魏晋及魏晋以前的简牍最早是什么时候发现的呢？1901年1月2月间，斯坦因就在尼雅遗址发现大量魏晋时期汉文简牍。"这些汉文木简的用料和形状都明显相同……汉字都写在又窄又薄的木片上。""通过沙畹的阐释，甚至非汉学家都很容易认识到其特殊的古文物研究的意义和历史价值。"③数量有50枚。沙畹《丹丹乌里克、尼雅、安迪尔发现的汉文文书》第二部分收尼雅简49枚，有1简为原断裂的两简的缀合。罗振玉、王国维《流沙坠简》在补遗部分收录44简，因有几简文字模糊而未录。关于其年代，林梅村认为其中有东汉时期的："有些文书虽无纪年，但从其他方面可判断相对年代。如尼雅 N.V. 遗址所出木简，均为工整的汉隶书写，研究者一致认为系汉代墨迹。联系尼雅遗址最

---

① 魏德胜：《简帛学的研究对象》，《中国文化研究》2007年秋之卷。
② 邢义田：《英国国家图书馆藏明代木牍试释》，《英国国家图书馆藏斯坦因所获未刊汉文简牍》，上海辞书出版社2007年，第99页。
③ 斯坦因：《古代和田》，山东人民出版社2009年，第376页。

早的遗存在东汉时期，因此推测这些木简很可能是东汉遗物。"[1]因此，我们可以把1901年作为现代简帛学的起点。

1904年斯坦因加入英国籍。

1906—1908年的第二次中亚考察，除重访和田和尼雅遗址外，斯坦因还沿塔里木盆地南沿，发掘了楼兰（Lou—lan）和米兰（Miran）遗址。1907年在敦煌附近长城沿线掘得大量汉简（705枚）。走访莫高窟，拍摄洞窟壁画，并从王道士手里骗走藏经洞出土文献二十四箱、绢画和丝织品等五箱。1909年斯坦因返回伦敦。1912年发表其旅行记《契丹沙漠废址记》（春风文艺出版社2004年译本）。1921年出版正式考古报告为《西域考古记》（广西师范大学出版社1995年译本），一译《塞林提亚》。

第二次探险所得汉简，依旧由法国人沙畹整理，于1913年出版《斯坦因在东土耳其斯坦沙漠中所获汉文文书》。当时在日本的王国维和罗振玉，根据沙畹所寄赠照片，整理研究，1914年在日本出版了著名的《流沙坠简》，后来陆续有修订。这两部著作的出版，标志着现代简帛研究的开端。

1913—1915年的第三次中亚考察，斯坦因沿塔里木盆地南沿东行，发掘和田、尼雅、楼兰等遗址，而后进入甘肃，发掘敦煌酒泉间的长城烽燧，获得大量汉简，于烽燧遗址掘得48枚，于安西、酒泉采得104枚。再到莫高窟，从王道士手中获得570件敦煌藏经洞写本。并深入居延，发掘黑城子和吐鲁番等地遗址，最后，又调查发掘了部分库车遗址，然后出中国国境，往东部伊朗考察。1916年回到印度。1928年出版其考古报告《亚洲腹地考古记》（全四卷）（广西师范大学出版社2004年译本）。

1918年，沙畹去世。斯坦因第三次探险所得汉文简牍，由沙畹的学生马伯乐（Henri Maspero，1883—1945）整理，马伯乐邀请留法学生张凤参与释文考订。1925年张凤回国，马伯乐把沙畹及他所作的考释、简牍照片等送给张凤，并约定在马伯乐的书出版前不以资料示人，当时约定的时间是三年。马伯乐高估了自己的能力，三年中，他

---

[1] 林梅村：《楼兰尼雅出土文书》，文物出版社1985年，第8页。

的书并未能写成出版。张凤久久不见马氏整理文本出版，经不住国内学人的一再请求，公布了这批资料。1931年，由上海有正书局出版《汉晋西陲木简汇编》，分初编、二编，初编是经沙畹考释过的简牍，只发表了照片；二编是首次公布的斯坦因第三次考察所得，张凤做了考释说明，并介绍了出土地的情况。这本书收简牍2000多枚，学术价值很高，使中国学人第一次较全面地了解了被斯坦因掠走的出土于西北边地的汉晋简牍，而且有些资料在以后马伯乐出版的书中也未收入。但张凤也因此被马伯乐以侵犯其知识产权为由告上国际法庭。张凤据理力争，最终赢得诉讼。第二次世界大战中，马伯乐病逝于纳粹德国的集中营。直到1953年，马氏去世后，才公开出版了他的著作《斯坦因第三次中亚探险所获汉文文书》。

斯坦因的第四次中亚考察于1930年至1931年在中国新疆进行，由美国哈佛大学和英国大英博物院联合资助。这次考察开始于1930年8月11日，斯坦因在这一天离开英属印度克什米尔首府斯利那加，踏上通往中国新疆省的吉尔吉特道。斯坦因的第四次中亚考察自始至终都受到中国学术界的坚决反对，受到中国各级政府（包括南京国民政府和新疆省政府）的多方阻拦。最终只在新疆进行了涉及考古学、地理学、气象学、人种学等方面的考察旅行，发掘了一些遗址，搜集到一批文物。在1930年11月11日至1931年4月25日最后一次绕行塔克拉玛干大沙漠之后，斯坦因看到实在无法按照原定方案实施他的考古发掘和其他考察计划，只好灰溜溜地离开新疆，又经吉尔吉特道，于1931年7月2日返回斯利那加，结束了他的第四次中亚考察。斯坦因在结束第四次中亚考察之后，出于种种考虑，没有撰写出版过任何有关这次考察的初步报告书、考察游记或详尽报告书。

在斯坦因第四次中亚考察结束后，英国伦敦麦克米兰公司曾于1933年出版过一部关于斯坦因前三次中亚考察的概述性著作，书名为《在古代中亚的道路上——在亚洲腹地和中国西北部三次考察活动简述》（On Ancient Central Asian Tracks：Brief Narrative of Three Expeditions in Innermost Asia and North-wesern China）（向达译《斯坦因西域考古记》，中华书局1936年出版），但其中也没有涉及斯坦因的第四次中亚考察。由于当事人的沉默，原始资料和研究论著的匮乏，国际学术界长期以来对斯坦因第四次中亚考察的详情细节了解甚少。斯坦因在尼雅掘获一些汉文文书等文物,当时只带走了文物的照片,文物寄存在英国驻喀什领事馆。后迫于各方压力,文物被交给了新疆地方政府。但之后这些文物就下落不明了。① 一些汉文文书的照片后来在英国国家图书馆被发现,王冀青在20世纪90年代作过初步考释。② 2007年,上海辞书出版社出版汪涛、胡平生、吴芳思主编的《英国国家图书馆藏斯坦因所获未刊汉文简牍》也收入了这部分简牍的释文。

1943年10月,斯坦因卒于阿富汗。

三次中亚探险所获敦煌等地出土文物和文献,主要入藏伦敦的英国博物馆、英国图书馆和印度事务部图书馆,以及印度德里中亚古物博物馆(今在新德里的印度国立博物馆)。

斯坦因所获的汉文文书,第一次考古探险所获的纸文书、木简,其中时代在隋唐前后的部分,属敦煌吐鲁番文书的范畴。东汉、魏晋简纸文书,以及第二、第三次考古探险在汉代长城遗址所获简帛则大都是两汉时期屯戍边关的将士留下的遗物,这部分是简帛学关注的重点,也是《流沙坠简》的主体部分。这部分材料后来一般称为"敦煌汉简"。据1991年中华书局出版的甘肃省文物考古研究所编《敦煌汉简》,这部分简帛共计897件,大部分是木简,极少竹简,至少有4件帛书,其中两件是汉代的书信(1871、1872)。一件完整,一件稍残。系同一个叫政的人写给幼卿君明的两封信,另2件写有零星文字(1555、1970)。还有4件麻纸残片(1971、2169、2420、2421),可能是书信类,疑为魏晋遗物。"敦煌汉简"绝大部分为汉代遗物。所见最早年号为西汉武帝天汉三年(前98年),最晚年号为东汉顺帝永和二年(137年),尚见西汉宣帝、元帝、成帝、平帝、孺子婴、新莽

---

① 参考王冀青:《奥莱尔·斯坦因的第四次中央亚细亚考察》,《敦煌学辑刊》1993年第1期;王冀青:《斯坦因第四次中国考古日记考释》,甘肃教育出版社2004年;孙波辛:《斯坦因第四次来新之经过及所获古物考》,《中国边疆史地研究》2003年第1期。

② 王冀青:《斯坦因第四次中亚考察所获汉文文书》,《敦煌吐鲁番研究》第3卷,北京大学出版社1998年。

及东汉光武帝、明帝、章帝、安帝、顺帝年号,有极少量简的用语及书法风格与汉简有区别,疑为东汉以后物。由于上述简牍大多出于障隧遗址,故其内容大多与屯戍活动相关。对研究当时的政治经济具有重要参考价值。

但前期公布的这些简帛并不是斯坦因所获的全部,大英博物馆还有大量未公布的材料,很长一段时间,很多学者都试图揭开这个谜题,包括日本学者大庭脩,中国学者郭锋、裘锡圭等,但都未果。斯坦因收集到的文物大都入藏于伦敦的印度事务部和大英博物馆。20世纪70年代,英国国会通过了一项议案,将大英博物馆中的图书馆分出来,成立英国国家图书馆。斯坦因藏品中的文书部分亦划归图书馆,原印度事务部的档案也一并归属英国国家图书馆。英国国家图书馆的新馆于1998年在伦敦市圣潘科司(St. Pancras)地区建成。目前,斯坦因藏品作为该馆的特藏,妥善地保存在该馆地下书库里。

20世纪90年代,日本学者大庭脩又再次对英国国家图书馆收藏的简牍进行整理研究,发表了《大英图书馆藏敦煌汉简》一书,基本上包括了沙畹和马伯乐已公布过的所有汉代简牍,重新做了简文考释,并附加了300余幅原来没有发表过的木简照片。但未能获准对未刊布的那部分简牍进行拍照研究。

直到2000年前后,中国文物研究所胡平生教授到伦敦,与英国国家图书馆合作,开始给这些未刊布的简牍拍照。2003年英国国家图书馆国际敦煌项目决定用高精度数码相机拍摄这批未刊简牍,同时对每一枚残简都确定了新的编号。英国伦敦大学亚非学院汪涛教授、中国文物研究所胡平生教授为简牍作了释文。2007年12月上海辞书出版社出版了汪涛、胡平生、吴芳思主编的《英国国家图书馆藏斯坦因所获未刊汉文简牍》,这本书由三部分组成:第一部分主要是英国国家图书馆所藏从未公布过的简牍图版和释文,简号从OR8211/993开始,至OR8211/3835,其中有没有文字而略去的,有空缺的,实收简牍总共2039枚。第二部分:研究篇。收入了当今中国和日本学界研究这批简牍最具权威的学者的研究论文六篇,他们是裘锡圭、胡平生、李均明、邢义田、张德芳、籾山明。第三部分:附录。收入了斯坦因第四次中亚考察所获汉文简牍图版及释文,共26枚。这批简牍大都是削衣类，残存片言只语，但有些可以跟原已发表的简牍缀合，内容也很重要。第四次考察所获的26枚简牍发掘于中国新疆尼雅遗址，只有照片而简牍实物已在中国流失。至此，斯坦因四次考察所获的汉晋汉文文书基本发表完毕，为研究者提供了完整的宝贵资料。

其次要提到的是瑞典人斯文·赫定（Sven Anders Hedin 1865—1952年）。斯文·赫定1885年毕业于斯德哥尔摩普萨拉大学，后赴德国深造，师从首次提出"丝绸之路"名称的李希霍芬教授。斯文·赫定曾进行过两次中亚考察：第一次1893—1897年，历时四年，跨越新疆塔克拉玛干大沙漠到达塔里木南端的和田。回国后，发表了长篇调查报告《穿越亚洲》。第二次始于1899年，历时三年，经俄国进入新疆塔里木，1900年3月抵达著名的楼兰古城，旋即进入藏东，而于一年后复来楼兰发掘，在楼兰、尼雅、罗布泊等遗址发掘了一批汉文简牍、纸文书及大批佉卢文木简，计36张汉文纸文书及120枚汉文木简。1902年6月越过帕米尔高原经俄国回到瑞典斯德哥尔摩，回国后1903年发表《中亚与西藏》的报告。1904年至1907年陆续发表《1899—1902年中亚考察科学成果》八卷，其中第二卷《罗布淖尔》专门叙述楼兰古城的发掘经过。斯文·赫定在中国所获简牍曾委托德国人卡尔·希姆莱（Karl Himly）研究，后因希姆莱去世，又转由另一德国学者奥古斯特·孔好古（August Conxady）完成。1920年，孔好古在斯德哥尔摩出版了《斯文·赫定在楼兰发现的汉文写本及零星物品》，公布了这批文书。

斯文·赫定在楼兰、尼雅遗址发掘出土的简牍与纸文书绝大部分为魏晋时期遗物。所见纪年以曹魏嘉平四年（252年）的残纸为最早，以前凉建兴十八年（403年）的木简为最晚，此外还有曹魏元帝的景元、咸熙，西晋武帝的泰始、怀帝的永嘉年号等。尼雅遗址所出木简以工整汉隶书写者，或属东汉墨迹。楼兰、尼雅出土木简与残纸主要是魏晋时期西域长史统辖西域，进行屯戍活动时的公私文书；此外还有《左传》、《战国策》、《孝经》、《急就章》、《九九术》等古籍及各式医方、历谱的残篇断简。1985年，文物出版社出版林梅村编《楼兰尼雅出土文书》，收录了斯文·赫定在楼兰、尼雅遗址出土的汉文简牍、纸文书，共计277件。

再次需介绍的人物是日本的大谷光瑞（1876—1948年）。大谷光瑞是日本佛教真宗派西本愿寺的第22代掌门，1899年至1901年，他访问了中国、印度、英国、法国、德国、俄罗斯、瑞典等国，受到斯坦因等人的影响，组建了一支探险队，从1902年8月至1914年5月，先后三次亲率或派遣渡边哲雄、橘瑞超、野村荣三郎等人带领探险队深入中国西北地区进行探险考察，大量窃取、掠夺我国地上地下文物宝藏。所得文物包括佛典、经籍、史料、西域文字的文书、绘画、雕塑、染织、刺绣、古钱、印本等。1914年，因严重的财政危机，大谷光瑞被迫辞去西本愿寺掌门。大谷探险队所得简帛文书，主要是楼兰、尼雅遗址出土的。关于有名的"李柏文书"的发现过程，我们现在能看到的资料甚少。1908年，大谷光瑞派橘瑞超和野村荣三郎进行第二次中亚考察。橘氏负责丝绸之路南道，野村负责考察北道，1909年两人在库尔勒分手。橘瑞超南行考察楼兰、尼雅一带遗址，核查斯文·赫定发现的楼兰古城遗址。途中，于该城西南50公里处无意发现了海头故城（当时还误认为是斯文·赫定发现的楼兰故城），掘获了木简5枚，纸文书39件，其中就包括著名的"李柏文书"。大谷光瑞考察队成员大都没受过基本的科学训练，他们的日记只是一些旅程记录，缺乏文物出土的详情，以至引起"李柏文书"发现地点之争。香川默识后来将大谷文物编为两卷本的《西域考古图谱》（1915年），介绍了部分文书。1985年，文物出版社出版林梅村编《楼兰尼雅出土文书》，收录了橘瑞超第二次中亚考察在海头古城所获44件文书。

"李柏文书"包括两件基本完整的书信，分别长23厘米（约相当于晋代一尺），宽27厘米；长23厘米，宽39厘米。以及一些残片。林梅村认为这些残片属一表三书。① 李柏是十六国时期，前凉派遣到西北的西域长史，长史是当地的军事首领。他于公元328年到达罗布泊地区。当时前凉统治者为张骏，赵贞为晋戊己校尉，驻高昌。由于赵贞不肯依附前凉，所以前凉的西域长史李柏策划讨伐他，《晋书·张骏传》："西域长史李柏请击叛臣赵贞，为贞所败。议者以柏造谋

---

① 林梅村编：《楼兰尼雅出土文书》，文物出版社1985年，第5页。

致败，请诛之。骏曰：'吾每以汉世宗之杀王恢，不如秦穆之赦孟明。'竟以减死论，群心咸悦。"李柏文书的发现，不仅与史书记载相合，还补充了李柏到海头后曾与焉耆王联系共谋发兵攻打赵贞事，为我们研究史实提供了详实的第一手资料。其发现地点，橘瑞超当时误认为是楼兰，他结束考察后到印度见到大谷光瑞，大谷将他带到欧洲见斯坦因。斯坦因把他发现的"李柏文书"等材料和楼兰发现的文书相比较，认为字体类似，进而臆断这批文书出自楼兰。对此，王国维在《流沙坠简序》中断然否定："余由斯氏所得简牍及日本橘瑞超氏于此所得之西域长史李柏二书，知此地决非古楼兰。其地当前凉之世，实名海头，而《汉书·西域传》及《魏略·西戎传》之居庐仓，《水经注》之龙城，皆是地也。"橘瑞超在楼兰的调查记录多已焚毁，幸而他保存下了一张文书发现地点的照片。在"李柏文书"发现五十周年之际，橘瑞超将这张照片给森鹿三等人传阅。森鹿三查对斯坦因报告后发现，这张照片摄下的古城根本不是楼兰，而是斯坦因所编的LK古城，即海头。1959年森鹿三在《龙谷史坛》杂志上撰文《李柏文书的出土地点》，确定发现地为海头城。王国维在《流沙坠简序》中还考证出海头城前凉时是西域长史的治所。

这一时期，中国学者在西北考察中也偶获零星简牍。1920年，周炳南在敦煌小方盘古城玉门关外的沙滩中掘得木简17枚。周氏自云"1920年春军次旅行时掘得敦煌西北玉门关城外之沙滩中"，但未说明其具体地点及方位。17枚木简中仅有1枚完整，余皆残断。木简以松木为之，长23厘米，宽1厘米。木简时代系西汉末至东汉时期。其内容为屯戍记事，已不能连贯成册。原简现藏敦煌博物院。1990年文物出版社出版的由李均明、何双全合编的《散见简牍合辑》及1991年甘肃人民出版社出版的由吴礽骧、李永良等释校的《敦煌汉简释文》均收录了该批木简的内容。

1926年10月，瑞典人斯文·赫定再次来到中国，为德国汉莎航空公司开辟上海—柏林的欧亚航线对中国内陆进行考察，随他来华的是一支由瑞典人、德国人及丹麦人组成的探险队。1927年1月中国外交部批准了探险申请，并给予支持。北京学术界对此表示抗议，并成立中国学术团体协会，向政府施压。经过谈判磋商，1927年4月

26日，斯文·赫定与设在北京的中国学术团体协会就考察事宜达成协议，并订立了合作办法。协议签字仪式在北京大学举行，参加仪式的中方人员有：周肇祥、马衡、黄文弼、刘半农、徐炳昶等。周肇祥、斯文·赫定分别代表中瑞双方在协议上签字。协议内容有19条，决定在中国学术团体协会的领导下组成"西北科学考察团"。团员由中外科学家组成，中外团长各一人，中方团长后来由北京大学教务长徐炳昶（徐旭生）担任，外方团长由斯文·赫定担任。考察费用由斯文·赫定承担，考察事项主要是地质学、地磁学、气象学、天文学、人类学、考古学、民俗学等。禁止将文物带到海外，采集品留在中国。凡直接或间接对于中国国防国权上有重要关系之事物，一概不得考察。不得以任何借口毁损有关历史、美术等建筑物。本协议办法之解释，应以中文为准。"西北科学考察团"的组建在近代学术研究史上具有划时代的意义。

1927年5月9日，徐炳昶、斯文·赫定率领这支由中外科学家组成的考察团从北京出发，乘火车前往内蒙古，开始了漫长的西北考察征途。整个考察分为三个阶段。据斯文·赫定本人的记述，1927年5月至1928年5月，是对从内蒙古到新疆乌鲁木齐沿途所进行的考察，财政资助由德国汉莎航空公司提供，成员包括德国的航空专家、瑞典和中国的科学家。1928年夏至1933年秋，是在新疆境内具体的科学考察，期间大部分的财政资助是由瑞典政府承担的，还有相当一部分是由德国汉莎航空公司及包括斯文·赫定在内的几位热心人士承担的，考察成员有瑞典、中国、德国、丹麦的科学家。上述期间，考察团在新疆有许多重要发现，收获巨大。1933年10月21日，斯文·赫定受国民政府铁道部的委托，又一次从北京启程，乘汽车前往内蒙古和新疆，任务是探察从中国东部沿海修建两条公路贯通中国内陆直到新疆的可行性，这次考察的经费由中国政府提供，参加的成员是中国和瑞典的科学家；其间还进行了有关考古、动物学、植物学及地理学方面的研究，进行了地图绘制和气象调查；这次汽车考察于1935年4月结束。

这三个阶段共历时8年的中外联合科学考察，在中国近现代科学史上有着十分重要的意义，对国际学术界也产生了不小的影响。领导并参加前期考察工作的徐炳昶于 1930 年出版了《徐旭生西游日记》，一直领导和主持考察工作的斯文·赫定在 20 世纪的三四十年代先后出版了《长征记》、《亚洲腹地探险八年》、《马仲英逃亡记》。其他考察团员大多也有文集或考察日记出版。考察结束后，斯文·赫定主持汇集《中瑞西北科学考察团报告集》，计 55 卷（册），是这次考察的最终成果。考察过程中拍摄的照片、纪实影片、画的速写图画、绘制的路线图、地形图也是极珍贵的历史资料。①

1930 年，中国考古学家、西北科学考察团团员黄文弼在罗布淖尔的默得沙尔得木简 71 枚。默得沙尔原为居卢訾仓故址，属西域都护。木简中有黄龙（BC49）、永光（BC43—BC39）、元延（BC12—BC9）等纪年简，可知其为西汉时遗物。此后他又在额济纳河畔的一个古堡中获得汉代简数枚、在吐鲁番城西 20 公里的古交河的雅尔岩获木牍数枚、在木札特河畔的拜城和色尔佛洞得版牍 10 枚。1948 年黄氏出版了中国西北科学考察团丛刊之一《罗布淖尔考古记》一书，发表了所获的 71 枚汉简内容。书之第四篇，名《木简考释》，分以下专题：一、释官。二、释地。三、释历。四、释屯戍。五、释廪给。六、释器物。七、释古籍。八、杂释。九、简牍制度及书写。这批简牍记载的西域职官中武职甚多见，为研究西域都护、戊己校尉、部曲编制提供了第一手资料。如黄文弼考证云："戊己原为两部：戊部居车师前部，在乌垒之左；己部居龟兹城南，在乌垒之右，则简文之左右二部，亦即《后汉书》之戊己二校。"简文见"车师戊校"即证戊校居车师。简文屡见"居卢訾仓"，尤其一函封见"居卢訾仓以邮行"的记载，估计出简之默得沙尔当设有名叫"居卢訾仓"的仓储。简牍尚见各式通行文书及日记、器物簿、校士名籍、历谱等。这批简牍的释文亦收入林梅村、李均明合编之《疏勒河流域出土汉简》（文物出版社 1984 年）附录。

1930 年 4 月，西北考察团成员、瑞典考古学家贝格曼（Folke

---

① 参考中国新疆维吾尔自治区档案馆、日本佛教大学尼雅遗址学术研究机构编：《中瑞西北科学考察档案史料》，新疆美术摄影出版社 2006 年；刘进宝：《中瑞西北科学考察始末》，《丝绸之路》2002 年第 8 期。

Bergman)在额济纳河流域发现一枚木简,此后考察团又在古居延旧地进行大规模的考古发掘。这次考察,范围在北起宗间阿玛、南至毛目约 250 公里及布肯托尼至博罗松治约 60 公里间,共发掘了 32 处遗址,开挖了 586 个坑位,其中 20 处 463 个坑位出简、12 处无简,获简总数达 10000 余枚,是 20 世纪上半叶出土数量较多的一批,震惊海内外。出土简牍较多的地点有大湾、地湾和破城子三处,计大湾 1500 枚、地湾 2000 枚、破城子 5216 枚。关于这次考察发掘的情况,详见 1956 年至 1957 年索马斯达勒姆(B. Sommarstrom)在瑞典出版的《内蒙古额济纳河流域考古报告》上、下册。

其中破城子(A8)出土帛书 2 件(23.5、576.1),地湾(A33 肩水候官)出土帛书 3 件(353.1、A33:6·70·20、21[疑即乙附 50、乙附 51])。《居延汉简补编》补充了 1 件帛书 * 72.1,据简号,应为破城子(A8)出土,这样,居延汉简中共有 6 件汉文帛书。另大湾(A35)出土西夏文帛书 1 件。

这批简牍的出土地点,位于汉代张掖郡居延县,因此这批简牍就以"居延汉简"而闻名中外。

这批汉简于 1931 年 5 月末运至北京,由刘半农、马衡,瑞典学者高本汉、法国学者伯希和等进行清理研究。傅振伦、傅明德协助整理。高本汉、伯希和实际未参加工作,刘半农因公务繁忙而无暇参与,实际工作的就只有马衡。1934 年刘半农去世。1935 年后又由向达、劳榦、贺昌群、余逊等先后参加整理。1936 年,西北科学考察团将劳榦、余逊的部分释文用晒蓝图纸晒印成册,世称"晒蓝本"。"晒蓝本"分上、下册,台北"中央研究院历史语言研究所"有收藏。据字迹,上册释文是劳榦所作,下册释文是余逊所作,两册释文有部分重复。① 除劳、余二人的释文外,还可见贺昌群《释文稿本》15 册,马衡《释文稿册》3 册及"释文签"4877 页。② 1937 年抗战爆发,整理工作中辍。是年秋,在上海商务印书馆的简牍照片毁于战火。简牍由

---

① 马先醒:《晒蓝本汉简释文中之复出简及其有关问题》,《简牍学报》第 2 期,简牍学会 1975 年。

② 见《居延汉简甲乙编》上册"编辑说明",中华书局 1980 年。

沈仲章几经周折从天津经海路运到香港大学图书馆，而后沈仲章又将木简拍照、剪贴、编号、排版、编号索引，准备用于出版。其中一套照片寄给了迁到四川的中央研究院历史语言研究所，由劳榦用于继续研究。1941年太平洋战争爆发，香港沦陷，在港准备用于出版的简牍照片第二次毁于战火。简牍由沈仲章、徐森玉，香港大学蒋梦麟校长、袁同礼馆长，及时任国民政府驻美大使的胡适协助运到美国，藏于国会图书馆。

抗战期间，简牍实物装在箱中四处避难，无法利用。用于出版的原版照片又两次毁于战火。只有马衡和劳榦各自有一套不完整的照片副本。据劳榦说，在大后方避难时，在北京所做的释文等都没有随身携带，《居延汉简考释自序》："在北平未沦陷以前，由马叔平（马衡）、向觉明（向达）、贺昌群、余让之（余逊）诸先生和我作了一部分释文，也因北平沦陷失去。"而用于研究的照片是1940年沈仲章由香港寄去的。1943年，劳榦根据手头的反体照片在四川整理出版了石印本《居延汉简考释》释文之部。1944年又出版了《居延汉简考释》考证之部。两书在当时印刷条件的限制下各只印了300册，且均未附简牍照片。劳榦《居延汉简考释自序》："现在的释文就是根据原简的反体照片写成的。这些反体照片是制版的原底，由商务印书馆摄影，并由沈仲章先生经手拍摄的，为写成今体，并且为校对和分类，我已经费去时间两年多，但其中的辨认和排比，有许多地方尚未做到完全满意的地步。又在摄影的时候底片常有损坏，晒像也有损坏和遗失。再由香港经过舟车的转折，关吏的检查，寄到昆明，数目上编制上是不能和原简照片剪贴复照的成书完全一致，这一点是无可如何的。"

1949年11月，上海商务印书馆出版印刷了劳榦两册铅字本《居延汉简考释》释文之部。

居延汉简是中国科学地发掘简牍的开始。内容属西北屯戍简牍，是两汉时期戍守西北长城沿线的官兵遗留下来的，是汉代张掖郡居延、肩水两都尉的各种文书档案，记录了该地区的政治、经济、军事等各方面的情况，是研究汉代社会历史的珍贵资料。

1942年，前中央研究院、中央博物院、北大文科研究所等组织西北史地考察团，辛树帜任团长，下分历史组、地理组和植物组。向达、劳榦等参加，8月从昆明出发，9月抵兰州，10月到敦煌，在敦煌停留9个月，主要考察了敦煌的阳关、玉门关及额济纳河流域汉代长城和烽燧遗址。这次考察对劳榦研究居延汉简帮助极大。他后来写了《汉代兵制及汉简中的兵制》(《中央研究院历史语言研究所集刊》第10本，1942年)、《汉代社祀的源流》(《中央研究院历史语言研究所集刊》第11本，1943年)、《汉简中的河西经济生活》(《中央研究院历史语言研究所集刊》第11本，1943年)、《两关遗址考》(《中央研究院历史语言研究所集刊》第11本，1943年)、《释汉代之亭障与烽燧》(《中央研究院历史语言研究所集刊》第19本，1948年)等重要论文。这些文章都是根据汉简所记，结合文献史籍记载，再加上实地考察所得，从全方位、多角度对汉代政治、经济、军事、历史地理等方面的问题作了详细的考证，其研究成果至今仍是研究汉代历史和文化的主要参考资料。《居延汉简考释》考证之部序："三十一年夏(1942年)于役塞上，获访遗踪，坠简残编，多可比证。次年度陇南归，董理旧稿，写成释文四卷。"1944年史地考察团历史考古组再赴河西地区进行考古调查时，夏鼐、阎文儒在敦煌西北之小方盘城遗址附近掘得76枚汉简，还有1枚刻字的木梳。夏鼐1947年11月作《新获之敦煌汉简》①，刊布了48枚简的图版及释文考释，文中称还有若干字迹模糊的残简，据收藏地台湾"中央研究院历史语言研究所"介绍，共获简76枚。同年夏鼐在《中央日报》文史周刊70期发表《太初二年以前的玉门关位置考》，提出他对于玉门关位置的看法，不同意沙畹、王国维有关玉门关位置从敦煌以东移至敦煌以西的观点。1945年11月夏鼐、阎文儒于武威南山剌麻湾掘获木简13枚，其中7枚有字迹，只有1枚字迹清晰，现也收藏于台湾"中央研究院历史语言研究所"。汉简出土情况见阎文儒《河西考古杂记》(《文物参考资料》1953年第12期)。1998年台北《"中央研究院历史语言研究所"专刊》99，简牍整理小组编《居延汉简补编》收录了以上两批简牍的照片和释文。

---

① 1948年发表于《中央研究院历史语言研究所集刊》第19本；收录于《考古学论文集》，科学出版社1961年；又见于《考古学论文集》(外一种)上、下，河北教育出版社2000年。

在这一阶段对汉简进行研讨的重要论著还有贺昌群的《流沙坠简校补》(国立北平图书馆馆刊 8 卷 5 号,1934 年;又收入《图书季刊》2 卷 1 期,1935 年)、《流沙坠简补正》(《图书季刊》2 卷 1 期,1935 年)、《烽燧考》(《国立北京大学四十周年纪念论文集乙编上》,1940 年),陈直的《木简考略》(石印本,1932 年)、《汉晋木简考略》(《摹庐丛著》之一,石印本,1934 年),陈邦福的《汉魏木简义证》(《亿年堂丛书》,石印本,1934 年),马衡的《记汉居延笔》(《国学季刊》3 卷 1 期,1932 年),傅振伦的《道院简牍说》(《考古社刊》第 6 期,1937 年)、《汉武年号延和说》(同上),陈槃的《汉简遗简偶述》(《中央研究院历史语言研究所集刊》第 16 本,1948 年)、《汉简遗简偶述续稿》(《岭南学报》10 卷 1 期,1949),严耕望的《两汉郡县属吏考》(《中国文化研究汇刊》2 期,1942 年)及补证《中国文化研究汇刊》3 期,1943 年)。这些成果,一方面是对简牍释读、简牍制度、文书语言、古籍辑佚等进行探讨;但更多的、更重要的是把简帛文献作为历史文献,与传世文献互相参证。这一阶段的讨论主要集中于敦煌汉简、居延汉简,而这批屯戍简牍引起的讨论重点是两汉时期西北边地的地理,如玉门关址、长城遗址、丝绸之路、西北四郡的设置、楼兰古城、道里远近等;其二,就是有关烽燧制度,如坞障形制、烽火传递、烽台排列、守御器物、将士生活、戍卒轮换等。所以,这批简牍有关两汉军事的最多,同时也涉及边地物价、军民诉讼、官吏设置、饮食医药等,有关汉魏政治制度、经济生活、社会文化等各方面,极大地扩展了汉魏历史文化研究的内容。

这一阶段发现的帛书,除了以上提到的斯坦因发掘的敦煌汉简中的 4 件,以及居延汉简中的 6 件之外,最重要的要数长沙子弹库出土的楚帛书。①

1942 年年初,任全生等一群盗墓者在长沙子弹库发现一个洞,便一起去盗掘。任全生在新中国成立后 1953 年加入湖南省文物工作队,在后来的马王堆汉墓等考古发掘中,作出了重要贡献。他曾向博

---

① 参见李零《楚帛书的再认识》,《中国文化》1994 年第 10 期。又见《李零自选集》,广西师范大学出版社 1998 年。

物馆同事说起当年盗挖子弹库楚墓的过程，我们才得以了解当时的一些情况。盗墓者找到了一批铜兵器、漆器、木人及一些残碎的纺织品。在盗墓者眼中，以铜器、木器最为抢手，所以纺织品被盗墓者当成废品一并送给了古董商唐鉴泉。唐鉴泉原经营制衣缝纫，兼营古玩，所以人称"唐裁缝"，后来则专门经营古董生意。商承祚得知后，打算购买，正在联系时，湖南著名古董商蔡季襄从外地回来，迅速以3000元法币将帛书和其他文物买下。

蔡季襄刚拿到帛书时，帛书被折叠成数层，放在一个竹篓里，底下还有很多破碎不堪的帛书小块。随后，蔡将帛书上的泥土和污秽用毛笔洗干净，将帛书展开，命其子蔡修涣对其进行临摹，1945年，蔡将帛书的考释成果印成书，名为《晚周缯书考证》。

蔡季襄1974年8月21日写给商承祚的信，详细讲述了楚帛书流入美国的经过。因为帛书上面许多文字模糊不清，1948年（商承祚在信上写了一个问号，并将"8"改为"6"，疑为1946年），蔡季襄携带帛书到上海，想为帛书拍摄红外线照片，显示出一部分文字。蔡找到"金才记古玩店"，托店主找一家有红外线摄影的照相馆拍摄帛书。柯强（John Hadley Cox）托人引见，主动找上门来。柯强的公开身份是雅礼（今译耶鲁）中学教师，冒充"文化考古学者"，长期掠夺长沙文物。陈梦家为商承祚《长沙古物闻见记》写的《序》中说："民国二十五六年间，美国雅礼大学毕业生柯强君，执教于长沙雅礼中学，得钱左诸君之力，大事购藏，满载而归。二十八年三月至五月，以其所得展览于雅礼大学之美术馆，余得见其长沙古物说明书一小册。"蔡季襄将帛书带到柯强住处时，柯强借故相机镜头出了毛病，要蔡把帛书多留一天。第二天，蔡向柯索要帛书，没想到，柯已擅自托人将帛书带回美国了。

另一说是蔡季襄托柯强在美国兜售帛书，两人签下一个协议，写明帛书价值1万美元，柯当场支付1000美元，余下的钱等售出后再付。

蔡后来打听到，当时长沙湘鄂印刷公司经理吴爱泯的儿子吴存柱在美国哥伦比亚读书，是柯强的学生。蔡立刻写了一封信给吴存柱，请他向柯强询问帛书下落。隔了很久，吴存柱回信，说与柯强见面了,但柯强绝口不提退还帛书,只是说当时协议上定的1万美元价格太高,只愿出6000美元,希望蔡把价格压低一点。蔡立刻去信告诉吴存柱,说帛书无论如何不能卖,请柯强马上将帛书寄回,自己则退还1000美元的定金。后来吴存柱回信说,柯对退还帛书一事含糊其辞、不愿答复,也不愿意按协议付款。蔡季襄明白,楚帛书实际上是被抢走了。

1955年,蔡季襄以湖南省人民代表大会列席代表身份,在大会上将柯强盗骗帛书的经过作了讲述,并将当年被迫和柯强签订的契约上交给了省文化厅。同年,为核实蔡所述内容的真实性,湖南省博物馆派高至喜赴北京找吴存柱——当时吴存柱在北京大学任教授。高至喜没有见到吴存柱本人,但吴存柱知道高至喜的来意后,写了一份证明材料,并将1946年至1948年和蔡的通信通过校人事部交给了高至喜,表明蔡季襄所说确为实情。1974年,蔡季襄在写给商承祚的信中表示,虽然时隔近30年,自己仍希望能打上一场跨国官司,为祖国追回楚帛书。当时柯强尚在世。1982年,高至喜赴美国参加学术会议,在纽约大都会博物馆见到了展出的楚帛书原件,并量得尺寸为高38.5厘米,宽46.2厘米。

20世纪80年代中叶,时任湖南省博物馆副馆长的高至喜将蔡季襄所写的材料,以及当年吴存柱的证明及往来信件,一起整理好,上交给国家文物局,希望能想办法追回楚帛书,但没有结果。现在,蔡季襄、柯强已先后逝世,楚帛书在美国也几经转手,追回的希望已近渺茫。

经李零在美国的调研我们得知,柯强将帛书带到美国后,向美国各大博物馆兜售,均告失败,即使价钱压到7500美元也无人购买。1949年将帛书寄存美国纽约大都会博物馆(The Metropolitan Museum),残片放在华盛顿的一个库房。1964年,寄存期满后,售予纽约古董商戴润斋。1966年,戴氏将帛书售予赛克勒,1966—1987年,存放于美国纽约大都会博物馆。1987年至今存放于赛克勒美术馆。

商承祚原收藏了一些楚帛书残片,20世纪90年代,商的家属将其捐赠给了湖南省博物馆。残片最长处约4.6厘米,最宽处约1.7厘米，上有14个字。

子弹库楚墓的帛书，亦称"绢画"、"时占神物图卷"等。高38.5厘米，宽46.2厘米。整个幅面由三部分文字组成：当中是书写方向相反的两段文字，一段13行，一段8行；四周是作旋转状排列的十二段边文，每一方占三段，四方交界处用青、赤、白、黑四木隔开，每段各附有一神怪图形。文字中有一些朱色填实的方框，是用来划分章次的标志，中间两大段各分为三章，边文十二段分为十二章。

帛书文字，根据曾宪通所撰《长沙楚帛书文字编》（中华书局1993年）统计，甲篇（8行）267字，其中重文合文9例，残文23字，缺2字；乙篇（13行）412字，其中重文合文8例，残文29字，缺7字；丙篇273字，其中合文2例，残文21字，缺21字。总之，连重文合文在内，帛书文字共计952字，其中残损不明结构者73字，缺佚者约30字。整幅帛书原文估计在960字左右。

楚帛书字体是战国时期流行的楚文字，帛书的内容各部分不同。通常将中间的八行当作甲篇，十三行当作乙篇，四周边文则是丙篇。甲篇属神话传说，主要讲天地四时的来历，涉及伏羲、女娲及其所生四子，还有炎帝、祝融、帝俊、共工等神话人物。乙篇主要讲天灾变异，告诫人们"敬天顺时"。丙篇的十二章，每章代表一个月份，从"取"至"荼"共十二月，分别讲述各月之宜忌。

五

1950—1979年简帛学第二阶段的研究可分为对旧出简帛的研究与对新出简帛研究两部分。而对旧出简帛的研究又可分中国台湾的简牍研究、中国大陆的简牍研究，以及日本等其他国家的简牍研究。

（一）对旧出简帛的研究

这一时期对已出简帛的研究主要集中于敦煌简、居延简等西北屯戍简牍，以及子弹库楚帛书。

1949年劳榦等人随"中央研究院"去了台湾，台湾开始有了汉简的研究。

1957年劳榦先生将简牍照片在台湾出版了《居延汉简》图版之部，大家才第一次得以见到汉简的原状。1960年出版《居延汉简——考释之部》。

战后，1965年由胡适经手，美国将寄存在美国国会图书馆的居延汉简归还中国台湾，存于台北"中央研究院历史语言研究所"。在多年的辗转运输中，可能有部分流失。

至此，劳榦基本完成了居延汉简资料的刊布，并进行了初步研究。出版了居延汉简的"释文之部"、"考释之部"、"图版之部"，其中"考释之部"是修订版，在修订过程中，"只就和原来考证有关部分，加以增订和排次。排次的方法，过去是按页数的，现在为着头绪清晰，加以分类。至于近来许多年研究的成果，如果全部加入考证部分，便会显着体例上轻重失次，只有等将来有机会再整篇的印出，现在不把它们一缩短，算作考证"（《居延汉简考证序》）。也就是说，修订主要是重新编排，内容上变动不大。劳榦所写的长篇论文都没有编入。

劳榦在这一时期还写了不少有关汉简的论文，如《汉代的县制》，载《国立"中央研究院"院刊》1954年第1期；《汉代的西域都护与戊己校尉》，载《"中央研究院历史语言研究所"集刊》第28本上，1956年；《论汉代玉门关的迁徙问题》，载新竹《清华学报》1960年新2卷1期；算是对《居延汉简考证》的延伸。

陈槃集多年研究汉简的成果，1975年出版《汉晋遗简识小七种》（《"中央研究院历史语言研究所"专刊》63）。包括《汉晋遗简偶述》、《汉晋遗简偶述之续》、《汉简剩义》、《汉简剩义之续》、《汉简剩义再续》、《居延汉简中所见的汉代人的身型与肤色跋》、《敦煌木简符箓试释》七部分。主要涉及简牍制度、典章制度、官私文书的考证，钩沉索隐，旁征博引，颇显考据功力。

马先醒，劳榦的学生，1972年以《汉代两京研究》获得博士学位，"在贞一先生(劳榦)指导下撰写博士学位论文时，曾颇称引简牍资料"①。1974年创办《简牍学报》，专门刊布简牍研究成果。1977年，

---

① 马先醒：《简牍学要义》，简牍学社1980年印行。

成立台北简牍学会，这是中国第一个简牍研究的专门社团。马先醒希望把台湾建成世界简牍研究中心。马先醒的研究对象主要是居延汉简以及简牍学，成为劳榦之后台湾简牍研究的领军人物。

其他台湾学者对汉简的研究，如高平子对汉简历法的研究：《汉简式日历释义》、《流沙坠简中一组汉简历年期的考定》；杨希枚对"黑色人"的研究：《论汉简及其他汉文献所载的黑色人》；费海玑对王莽简的研究：《汉简研究谈》(《学宗杂志》第4卷第3期，1963年)、《居延新简述略》(《大陆杂志》第28卷第4期，1964年)；王梦鸥编的文字编：《汉简异文编：居延汉简校证》、《汉简文字类编》、《汉简异体文编》；曾参加西北科学考察团的刘衍淮写的考察回顾：《额济纳河沿岸汉代边防的遗迹》(《台湾省立师范大学学报》第1号，1967年)；施之勉对秦汉郡县的研究：《秦三十六郡有内史考》(《大陆杂志》第2卷第11期，1951年)、《河西四郡建置考》(《大陆杂志》第3卷第5期，1951年)；张春树对边地士卒的研究：《居延汉简所见的"牧士"——汉简论集之一》(《大陆杂志》第30卷第9期，1965年)、《汉代边地上乡和里的结构——居延汉简论集之二》(《大陆杂志》第32卷第3期，1966年)、《居延汉简所见汉代人的身型与肤色——汉简论集之三》(《庆祝李济先生七十岁论文集》，1967年)、《汉代边塞上吏卒的日常工作——汉简论集之四》(《食货月刊》第1卷第2期，1971年)。这些研究都是基于劳榦的居延汉简释文，可见劳榦对台湾的汉简研究可谓居功至伟。

对于居延汉简的研究还缺少重要的一环，就是考古发掘报告。在西北科学考察团原定的计划中，发掘报告由瑞典考古学家贝格曼完成，但不幸贝格曼在发掘报告完成前就去世了。1956年至1958年，由瑞典斯德哥尔摩民族学博物馆东洋部部长索马斯特罗姆(Ba Sommastrom)根据贝格曼的记录编成《内蒙古额济纳河流域考古报告》出版发行。汉简的出土地点就有了可靠的依据。

对敦煌汉简的研究，1953年，伦敦大英博物馆出版了马伯乐的《斯坦因第三次中亚探险所获汉文文书》。但因1932年张凤已编印了《汉晋西陲木简汇编》，发表了斯坦因第二、第三次探险所获汉文简牍，有些甚至是马伯乐这本书中所没有的，因此，马氏这本书的影响就不大了。

大陆方面，1959年，中国科学院考古研究所在陈梦家的主持下，依据马衡的148版图片，由科学出版社出版了《居延汉简甲编》，该书包括2555枚简牍的照片、释文和索引。

陈梦家(1911—1966年)从1960年左右开始进行简帛研究，除主持编印《居延汉简甲编》、《武威汉简》外，还写了大量论文，徐苹芳高度评价了陈梦家汉简研究成就："陈梦家先生原治甲骨卜辞和金文铜器，1960年起研究汉简，从研究武威仪礼简开始，进而研究居延汉简，主要是结合考古学的发现探讨居延边塞组织和烽燧的分布，对烽燧制度、居延史地、汉简历谱等都作过研究，仅用三、四年的时间便撰写了十四篇汉简论文。"①到陈梦家1966年去世，其中有5篇公开发表。1980年这些文章编成《汉简缀述》一书，由中华书局出版。王子今说："由于陈梦家的工作成绩，中国大陆的简牍研究，在20世纪60年代并不落后于海外，而此后大陆地区的简牍学，也因此具有了基本的学术基础和科学导向。"②

陈直(1901—1980年)，1934年即出版石印本《汉晋木简考略》，开始关注汉简的研究。1950年至1960年，出版《两汉经济史料论丛》(陕西人民出版社1958年)、《汉书新证》(天津人民出版社1959年)，发表《居延汉简甲编释文校正》(《考古》1960年第4期)、《居延汉简甲编释文校正(续)》(《考古》1960年第10期)、《汉晋过所通考》(《历史研究》1962年第6期)、《论居延汉简八事》(《北京大学学报》1963年第4期)、《居延第一批汉简与汉史的关系》(《西北大学学报》1979年第1期)等，对敦煌汉简、居延汉简的释文进行了全面校订，并进行了一些专题研究，以汉简证汉史，以史籍论汉简，将出土文献与传世史书融为一体，在史学研究上独树一帜。

其他学者对汉简的研究，如陈邦怀《居延汉简甲编校语》(《考古》1960年第10期)、《居延汉简甲编校语增补》(《考古》1961年第8

---

① 徐苹芳：《汉简的发现与研究》，《传统文化与现代化》1993年第6期。
② 王子今：《陈梦家与简牍学》，《简帛研究汇刊》第2辑，中国文化大学文学院、简帛学文教基金会筹备处2004年。

期)、《居延汉简考略》(《历史教学》1964年第2期),于豪亮《居延汉简甲编补释》(《考古》1961年第8期)、《居延汉简中的省卒》(《文物》1963年第11期)、《居延汉简校释》(《考古》1964年第3期),邵友诚《居延汉简札记》(《考古》1962年第1期),高自强《汉代大小斛(石)问题》(《考古》1962年第2期),沈元《居延汉简牛籍校释》(《考古》1962年第8期),陈公柔、徐苹芳《大湾出土的西汉田卒簿籍》(《考古》1963年第3期),金少英《汉简臆谈》(《甘肃师范大学学报》1963年第3期),以释文修订为主,兼及若干专题。

总体来看,20世纪60年代,中国大陆的汉简研究,既有陈梦家、陈直等这样的大家,也有人数众多的研究群体,仍然处于领先水平。但在1966年后,"文革"影响中国大陆汉简研究几乎达20年,而这段时间,中国台湾的汉简研究,以及日本的中国简牍研究风生水起,走在前列。而中国大陆在简牍方面的研究,更多地集中于新出简帛的研究。

日本的汉简研究开始于20世纪50年代。① 1951年森鹿三在京都大学人文科学研究所创立居延汉简研究班,1952年,他们从日本文部省获得一笔经费,课题为"整理黑城附近出土的汉代文书以及据出土汉代文书综合研究汉代史"。他们研读劳榦的《居延汉简考释·释文之部》。该所参加人员有贝冢茂树、藤枝晃、天野元之助、日比野丈夫、米田贤次郎、吉田光邦、冈崎敬、伊藤道治、川胜义雄等,所外参加者有宇都清宫吉、大岛利一、佐藤长、大庭脩、平中苓次、守屋美都雄、布目潮风、白井平太等。他们只用了短短一年时间,便于1953年3月在《东洋史研究》上出版了专号《居延汉简研究特集》,汇编了研究班的第一批研究成果。两年后,又于1955年出版了《居延汉简研究特集》的第二集。代表作是森鹿三的论文《关于令史弘的文书》。在这篇论文中,森鹿三教授在汉简中挑出所有包括这位弘的资料,然后,试图说明弘与其有联系的人们之间的关系。

到20世纪50年代末,劳榦的《居延汉简·图版之部》(1957年)

---

① 以下有关论述主要参考了赵汝清:《日本学者简牍研究述评》,《简牍学研究》第1辑,甘肃人民出版社1997年。

和中国科学院考古研究所的《居延汉简甲编》(1959年)相继问世，日本学者得以根据原简照片研究汉简，立即成立了以森鹿三为中心的"轮流读解会"。他们根据图版照片，结合木简的宽窄长短、文字大小、笔迹异同书写格式等，重新解释简文。后来，永田英正、町田章、平冈武夫以及伦敦大学的鲁惟一也参加了"轮流解读"工作，他们不仅纠正了原释文的一些错误，对汉简进行更广泛的系联、复原，而且利用简牍提供的史料，从社会生活各个角度研究汉代历史，发表了一系列颇有影响的论文和专著。截至80年代初期，在中国简牍方面有著述的学者达六七十人之多，各种论文、译文和专著达数百篇部，为日本培养了一批研究汉简的专家。其"讲读班"制度作为一种成功的范例，还影响了中国学界。

森鹿三是日本简牍研究领域德高望重的老前辈，他把汉代简册的复原工作视为对日本军国主义在侵华战争期间两次烧毁居延汉简照片图版的一种补偿。他的研究方法主要是"集成木简文书"的归纳法，即通过各种方式考证、恢复简牍和复原简册，然后再阐述问题。其集成法主要有四：1. 以木简上经常出现的人名为线索来收集散简资料；2. 以木简的形状、笔迹等为线索加以整理；3. 考证木简的相同出土地点并以此为线索来集成；4. 按简牍所载纪年扩大线索进行归纳，等等。也就是把属同一类型相同内容的木简编组研究。1953年发表了一篇短文《关啬夫王光》。该文只搜集到与王光有关的四枚木简，证实关啬夫王光是甘露元年前后的人物。1955年发表了《关于令史弘的文书》一文，首先将与弘有关的20枚汉简检出，汇集在一起，分类排队，然后上下左右连锁推证，最后判明这个令史的姓名为范弘，籍贯为修行县孤山里人，爵位为公乘，曾担任过甲渠尉史，及其任职期间的升降情况、职权范围、俸禄多少等。1957年森鹿三先生又发表了《关于居延汉简里出现的马》。在看到简牍照片之后，更可以根据木简的形状、笔迹等扩大系联的范围，用这种方法又写了《居延汉简集成——特论第二亭食簿》、《论居延出土的卒家属廪名籍》、《居延出土的王莽简》等，1975年，他将主要研究论文汇集为一部专著《东洋史研究——居延汉简篇》。

大庭脩，日本关西大学教授，日本研究汉文简帛最有成就的学者之一。20世纪50年代参加森鹿三组织的"汉简研究班",研究方向之一是继承森鹿三的简册复原方法,发表《材官考——汉代兵制之一斑》(《龙谷史坛》第36号,1952年)、《论汉代的论功升进》(《东洋史研究》第12卷第3号,1953年)、《论挈令》(同上)、《汉代官吏的任事规定——以休假为中心》(《圣心女子大学论丛》第4集,1954年)、《汉代关所与护照》(《关西大学东西学术研究所论丛》第16辑,1954年)、《汉代的啬夫》(《东洋史研究》第14卷第1、2号合刊,1955年)、《论汉代官吏的兼任》(《圣心女子大学论丛》第9集,1957年)等。1961年复原成功《元康五年诏书册》后,提出了融考古学、古文字学、文书学为一体的复原简牍册书的操作原则:出土地相同,笔迹相同,质材相同,内容相关。在这一原则的指导下,册书复原研究成为他简牍学基础研究的重要对象,诏书令册、骑士简册、檄书册等均有涉及。研究方向之二是有关秦汉法制,关注中国新出秦汉简帛的研究,如睡虎地秦简、居延新简等。还积极撰写简牍类普及性读物,亲自编订多种研究目录,为初学者提供方便。

永田英正,日本滋贺大学教授,20世纪60年代开始研究汉文简牍,在集成和复原简册方面也卓有成绩。60年代,他的主要论文有《居延汉简烽燧考——特以甲渠候官为中心》、《论礼忠简与徐宗简——平中苓次氏算赋申报书说的再探讨》等。到70年代,永田英正先生集成木简复原简册的研究进入高峰期,发表的论文主要有《试论居延汉简所见候官——以破城子出土的"诣官"簿为中心》、《居延汉简集成(一)》、《居延汉简集成(二)》和《居延汉简集成(三)》等。利用居延汉简的图版照片,参照释文,按原简的形状、书写位置、笔迹等,力求把同类简牍复原为简册。

日本著名简牍学者还有米田贤次郎、藤枝晃、日比野丈夫、田中有、市川任三、好并隆司、伊藤道治、镰仓重雄等。

日本在20世纪70年代前后的汉简研究是很成功的,在国际汉学界有很大影响。

这一时期,西方学者研究汉简的很少。其中成绩突出的是鲁惟一。鲁惟一(Michael Loewe),1922年出生。1963年获得了伦敦大学的博士学位。同年他进入剑桥大学执教,直到1990年退休。曾任剑桥大学东亚系主任,现为剑桥大学荣休教授。1961—1962年在日本参加了森鹿三组织的"居延汉简研究班"。他的名作《汉代行政记录》,是1963年向伦敦大学申请博士学位的论文,就是利用古文书学研究居延汉简等材料中的汉代行政制度。从古文书学的角度来研究居延汉简为日本的森鹿三首创,但在鲁惟一手中得到继承和发展光大。学界人士认为,鲁惟一是居延汉简研究中绕不开的人物。鲁惟一古文书学研究的关键之处,在于作者导入的考古学研究视角。他突破了汉简分类与整理的方法,首先根据一枚完整简牍的标准写法,确定哪些属于断简,然后以一定书式、书法笔迹、出土地点等,作为同类简牍的归纳标准。这本著作,就是利用这种方法,把从居延汉简中挑选出来的710枚简牍,复原成43份文书,在居延汉简研究、古文书学研究等领域均有重要的意义。当然,由于当时可确定出土地点的简牍非常有限,作者的集成与复原,自然就有很大的局限性。这篇博士论文1967年出版,至今仍被誉为西方汉简研究的代表著作之一。

对长沙子弹库楚帛书的研究也一直是国际汉学界的热点。

楚帛书面世以后,有许多照片和摹本流传,根据李零的归纳①,主要有三种来源:一是蔡季襄目验实物而由其子蔡修涣摹写的摹本,最早见于蔡季襄的《晚周缯书考证》(1945年)。根据这个摹本进行研究的还有:蒋玄佁《长沙"楚民族及其艺术"》第二卷(美术考古学社专刊之一,上海今古出版社1950年)、陈槃《先秦两汉帛书考》(《"中央研究院历史语言研究所"集刊》第24本,1953年)、郭沫若《关于晚周帛画的考察》(《人民文学》1953年第11期)、饶宗颐《长沙楚墓时占神物图卷考释》(《东方文化》1卷1期,香港中文大学出版社1954年)、董作宾《论长沙出土的缯书》(《大陆杂志》10卷6期,1955年)、李学勤《战国题铭概述(下)》(《文物》1959年第9期)、钱存训《书于竹帛》(芝加哥大学出版社1962年)等。二是华盛顿弗利尔美术馆(The Freer Gallery of Art)的全色照片及其摹本,最早见于日本学者梅原末治《近时出现的文字资料》(1954年),但只摹写了一部分;至饶宗颐《长沙出土战国缯书新释》(1958年)才有该照片的全摹本。据

---

① 参见李零:《长沙子弹库楚帛书研究》,中华书局1985年。

之研究的还有澳大利亚学者巴纳德《楚帛书初探——新复原本》(1958年)。李学勤《补论战国题铭的一些问题》(《文物》1960年第7期)首次将周边十二段文字与《尔雅》的十二月名联系起来,解决了帛书释读的一大难题。陈梦家《战国楚帛书考》(1962年),香港学者郑德坤《中国考古》卷三(1963年),安志敏、陈公柔《长沙战国缯书及其有关问题》(《文物》1963年第9期),商承祚《战国楚帛书述略》(《文物》1964年第9期),日本学者林巳奈夫《长沙出土战国帛书考》(《东方学报》36卷,1964年),陈邦怀《战国楚帛书文字考证》(1965年),饶宗颐《楚缯书十二月名核论》(《大陆杂志》第30卷第1期,1965年)据目验原帛书写成。三是纽约大都会博物馆的红外线照片及其摹本。红外线照片有三种:(1)原大照片一幅,(2)放大2.2倍之叠印照片六幅,(3)放大十二倍之接印照片一百一十幅。这些照片及其网格摹本曾在1967年美国哥伦比亚大学举行的"古代中国艺术及其在太平洋地区之影响"的学术会议上展出和发送,据之进行研究的成果有:日本学者林巳奈夫《长沙出土战国帛书考补正》(《东方学报》37卷,1966年),澳大利亚学者巴纳德《楚帛书及其他中国古代出土文书》、《楚帛书——翻译和笺注》(1974年),严一萍《楚缯书新考》(《中国文字》26—28册,1967—1968年),饶宗颐《楚缯书疏证》(《"中央研究院历史语言研究所"集刊》第40本上,1968年)。

这些研究除了讨论帛书的出土时间、地点外,主要的是对帛书文字的考释,内容的梳理,由此确定帛书的性质。通过这些研究,个别字词由于帛书的残损而不能确定外,基本内容已经清楚。研究者除中国大陆、台湾学者外,中国香港的饶宗颐、澳大利亚学者巴纳德、日本林巳奈夫都是多次著书立说,可见楚帛书的研究早已成为国际汉学大家关注的焦点之一。

(二)新出的简帛以及研究

新中国成立以后,伴随着各地土木工程建设,出土了大批简帛。这些新出简帛有这样一些特点:

一是墓葬出土简帛逐渐成为主流。第一期出土简帛基本是在西北汉代长城沿线遗址。

二是都是由中国人发掘的，出土的文物都保存在中国大陆的各博物馆。

三是出土了大量楚简、秦简，这是以前没有的，把简牍实物的年代大大提前。如1965—1966年湖北江陵望山1号楚墓，1978年曾侯乙墓，1975年睡虎地简。秦代时间较短，留下的文献不多，所以秦简异常珍贵。

四是南方墓葬中简牍的大批出土，使出土地的范围扩大了，不再仅局限于西北屯戍地。湖南、湖北成为简帛出土的大省。

五是大量竹简的出土，不像第一个时期主要是木简。

六是典籍的出土，如1959年甘肃武威《仪礼》简，1972年山东临沂银雀山汉墓《孙子兵法》，1973年河北定县《论语》简等。

七是大量帛书的出土。即湖南长沙马王堆3号汉墓帛书。

20世纪70年代前后，对新出简帛的研究逐渐成为中国大陆学者的重点。

研究热点主要有：新出楚简、睡虎地秦简、银雀山汉简、居延新简等。

1951年，中国科学院考古研究所于10月派遣工作队前往长沙进行考古发掘，工作队由夏鼐、安志敏、王伯洪、石兴邦、王仲殊、陈公柔、钟少林7人组成，夏鼐任队长，领导工作。五里牌406号战国墓出土竹简38枚，属遣策类。1957年科学出版社出版《长沙发掘报告》，公布了竹简的照片、摹本、释文和考释。

1953年7月，在湖南省长沙市南门外仰天湖战国楚墓中出土竹简43枚。简文内容为遣策类。1953年第12期《文物参考资料》上刊登了湖南省文物管理委员会写的《湖南省文管会清理长沙仰天湖木椁楚墓发现大量竹简彩绘木俑等珍贵文物》一文，公布了该墓墓葬及出土文物情况。1954年第3期《文物参考资料》刊登了《长沙仰天湖战国墓发现大批竹简及彩绘木俑雕刻花版》。1957年第2期《考古学报》发表了湖南省文物管理委员会撰写的《长沙仰天湖第25号木椁墓》，较详细介绍了该墓竹简出土情况，并发表了部分简影照片。1955年群联出版社出版了史树青的专著《长沙仰天湖楚简研究》。1957年上海出版社出版了饶宗颐的专著《战国楚简笺证》，专门论述了所出竹简的内容和性质。

1957年，河南信阳长台关楚墓出土竹简148枚，第1组共119枚，内容是与死者生前事迹有关的短文；第2组共有竹简29枚，属遣策类。1959年河南人民出版社出版了由河南省文化局文物工作队编的《河南信阳楚墓图录》一书，集中刊布了该墓出土的器物及竹简图录。

1965—1966年，湖北江陵望山1号楚墓出土竹简，经拼接缀合后，竹简总数共207枚，内容主要是墓主卜筮祭祷的记录。1966年春，湖北省文化局文物工作队又对望山2号楚墓进行了发掘。出土竹简经拼接缀合后，总数共66枚，内容属遣策类。1966年第5期《文物》杂志刊发了湖北省文化局文物工作队写的《湖北江陵三座楚墓出土大批重要文物》一文。

1973年湖北江陵藤店1号楚墓出土竹简24枚，属遣策类。1973年《文物》第9期有介绍。1978年湖北江陵天星观1号楚墓出土竹简70余支，属卜祷与遣策类。1982年《考古学报》第1期有介绍。

1978年湖北随县曾侯乙墓出土竹简共240多枚，约6600字，大都保存完整，属遣策类。该墓属战国早期，是目前已出土竹简中时代最早的。

这一时期出土的楚简，资料大多没能及时公布，一定程度上影响了学界的研究。20世纪70年代中期后，因各地陆续出土了大量珍贵简帛，整理工作引起国家重视。中山大学承担了部分楚简的整理工作，中山大学中文系古文字研究室成立了楚简整理小组，于1976—1977年，油印《战国楚简研究》（一至六期），第一期：《一篇浸透着奴隶主思想的反面教材——谈信阳长台关出土的竹书》（又发表于《文物》1976年第6期）、《江陵昭固墓若干问题的探讨》（又发表于《中山大学学报》1977年第2期）。第二期：《信阳长台关战国墓楚竹简第一组竹书考释》、《信阳长台关战国墓楚竹简第二组遣策考释》。第三期：《湖北江陵望山一号楚墓竹简〈札记〉考释》、《湖北江陵望山二号楚墓竹简〈遣策〉考释》。第四期：《长沙仰天湖二十五号楚墓竹简〈遣策〉考释》、《长沙五里牌四〇六号楚墓竹简〈遣策〉考释》、《长沙杨家湾六号楚墓竹简考释》。第五期：《战国楚竹简概述——战国楚竹简汇编前言》(又发表于《中山大学学报(社会科学版)》1978年第4期)。第六期：《战国楚竹简文字略说》(马国权)、《楚月名初探》(曾宪通)、《释毛》(陈炜湛)、《缂丝史的珍贵资料》(张振林)、《从战国楚简看楚文化》(张维持)。

中山大学的楚简整理小组由商承祚发起领导，成员有：陈炜湛、张振林、曾宪通、孙稚雏、马国权、张维持等。整理涉及的楚简共七批，出土于六座墓葬：1. 湖南长沙五里牌四〇六号墓，1952年发掘；2. 长沙仰天湖二十五号墓，1953年发掘；3. 长沙杨家湾六号墓，1954年发掘；4. 河南信阳长台关一号墓，出竹简两批，1957年发掘；5. 湖北江陵望山一号墓，1965年发掘；6. 江陵望山二号墓，1965年发掘。整理的成果除已发表的文章外，商承祚准备以《战国楚竹简汇编》为题出版，但直到1991年去世都未能如愿。1994年其子商志馥整理商承祚遗稿，1995年由齐鲁书社出版。分图版、摹本、考释、字表四部分。

这一时期对楚简的研究还有，陈直《楚简解要》(《西北大学学报》1957年第4期)，史树青《信阳长台关出土竹书考》(《北京师范大学学报》1963年第4期)，朱德熙、裘锡圭《信阳楚简考释》(《考古学报》1973年第1期)，主要考释楚简文字。

第二个热点是睡虎地秦简。1975年12月湖北云梦睡虎地11号秦墓出土了大量的秦代竹简，无论以竹简的数量，还是竹简的内容来看，都是20世纪70年代我国文物考古的重大收获。该墓为秦始皇三十年左右的墓葬，竹简原藏棺内，保存较好，字迹清晰，出土时只有少数残断，简文的文字是毛笔墨书秦隶，书法别具一格。国家文物局决定将云梦秦简解到北京，进行科学保护和整理。1976年3月16日，法律史学家陈抗生教授等4人把秦简安全护送到了北京沙滩红楼。秦简到达北京后，文物出版社立即成立了"云梦秦简整理小组"，进行秦简文字的整理和研究。1976年3月28日，《人民日报》、《光明日报》以及全国各省市自治区的党报同时在头版头条刊发了新华社关于云梦大批秦简出土的消息，并附有秦简照片和考古人员的工作照。在李学勤先生的领导下，陈抗生、于豪亮、舒之梅、李均明、曾宪通等专家学者参加了释文和整理。这批竹简总计有1155枚(另残片

80枚），经过整理，简文的内容有如下十种：①《编年纪》、②《语书》、③《秦律十八种》、④《效律》、⑤《秦律杂抄》、⑥《法律答问》、⑦《封诊式》、⑧《为吏之道》、⑨《日书》甲种、⑩《日书》乙种。其中《语书》、《效律》、《封诊式》、《日书》四种书简上原有书题，其他几种书题是整理小组拟定的。《文物》杂志1976年第5期刊登了季勋写的《云梦睡虎地秦简概述》，《文物》杂志1976年第6期发表了由湖北省孝感地区第二期亦工亦农文物考古训练班撰写的《湖北云梦睡虎地11号秦墓发掘简报》，同期《文物》杂志还刊登了由云梦秦简整理小组整理的《云梦秦简释文（一）》。《文物》杂志1976年第7期发表了《云梦秦简释文（二）》。《文物》杂志1976年第8期发表了《云梦秦简释文（三）》。文物出版社1977年出版了由睡虎地秦简整理组编的《睡虎地秦墓竹简》八开线装本，该书中未收两种《日书》，其他内容都收了进来，并对简文作了简注。1978年文物出版社又出版了由整理小组编的平装32开本《睡虎地秦墓竹简》一书，该书未收《日书》甲、乙种，也没有图版照片，对简文也作了简注和语译。1981年文物出版社出版了由云梦睡虎地秦墓编写组写的《云梦睡虎地秦墓》一书，全面详细地介绍了睡虎地11号秦墓等的墓葬时代、形制、出土文物等情况，并发表了有关的文物照片。1990年文物出版社又出版了由秦简整理小组编的《睡虎地秦墓竹简》八开精装本。书中全部收录了睡虎地11号秦墓出土的十种竹书，并附有图版、释文、注释。竹简的图版照片按原大影印。书中除《编年记》，《为吏之道》，《日书》甲、乙种外，都试加了白文语译。

同时，云梦睡虎地4号秦墓出土了两块木牍，出土时一枚保存完好，长23.1厘米，厚0.3厘米；另一枚下段残缺，木牍残长17.3厘米，宽2.6厘米，厚0.3厘米。均两面书写墨迹文字。牍文内容为士卒黑夫与惊写给中的家信。这是我国目前发现的最早的两封家信实物。据考证，这两封家信均写于秦始皇二十四年（前223年）。《文物》杂志1976年第9期刊登了由湖北省孝感地区文物考古训练班写的《湖北云梦睡虎地十一座秦墓发掘简报》，报道了该墓出土木牍的情况，并附有两块木牍的释文。

云梦秦简整理效率之高实属罕见。1975年12月出土，1976年就发表了除《日书》外的释文，1981年出版全部图版，这一方面是由于秦简内容的重要，秦始皇时期的法律文书是此前从未见过的，举世震惊。另一方面是整理的体制得力，汇集各地专家，打攻坚战，所以释文的质量很高。此后，这种举国体制被打破，因而如此高效率、高质量的简帛整理工作再难重现。

自1976年始，"秦简热"波及全球汉学界。《文物》杂志1976年第6期发表田昌五《秦国法家路线的凯歌——读云梦出土秦简札记》、吴树平《〈秦律〉是新兴地主阶级反复辟的锐利武器》；《文物》第7期发表上海市重型机械制造公司工人历史研究小组《从云梦秦简〈大事记〉看秦统一六国和反复辟斗争》，林甘泉《〈秦律〉与秦朝的法家路线——读云梦出土的秦简》；《文物》第8期发表北京新华印刷厂活版车间工人理论组、中国科学院历史研究所《中国史稿》编写组《云梦秦简——秦始皇巩固新兴地主阶级专政的重要历史见证》。《文物》杂志配合秦简释文连续三期发表相关文章，早期文章受当时的政治影响，多理论说教，甚至成为人身攻击的工具。但也有为数不少的文章较有价值，如黄盛璋《云梦秦简〈编年记〉初步研究》（《考古学报》1977年第1期）、陈直《略论云梦秦简》（《西北大学学报》哲学社会科学版1977年第1期）、高恒《秦律中隶臣妾问题的探讨》（《文物》1977年第7期）、吴白匋《从出土秦简帛书看秦汉早期隶书》（《文物》1978年第2期）、郑实《啬夫考——读云梦秦简札记》（同上）、高敏《关于秦时服役者的年龄问题探讨——读云梦秦简札记》（《郑州大学学报》1978年第2期）、傅振伦《云梦秦墓牒记考释》（《社会科学战线》1978年第4期）、吴荣曾《从秦简看秦国货币关系发展状况》（《文物》1978年第5期）、郑良树《读云梦大事记之史料价值》（《故宫季刊》12卷3期，1978年）、熊铁基《秦代赋税徭役制度初探》（《华中师范学院学报》1978年第1期）、黄盛璋《云梦秦简辨正》（《考古学报》1979年第1期）、高敏《"有秩"非"啬夫"辨——读云梦秦简札记兼与郑实同志商榷》（《文物》1979年第3期）、熊铁基《释〈南郡守腾文书〉——读云梦秦简札记》（《中国史研究》1979年第3期）、熊克《〈吏谁从军〉解——读云梦秦简札记》（《中国史研究》1979年第3期）、熊铁基《秦代的邮政制度》（《学术研究》1979年第3期）、高敏《论〈秦律〉中的"啬夫"

一官》(《社会科学战线》1979年第1期)、陈抗生《秦法和秦人执法——读〈睡虎地秦墓竹简〉浅识》(《江汉论坛》1979年第3期)、朱绍侯《秦军功爵制简论》(《河南师大学报》1979年第6期)、林剑鸣《从云梦秦简看秦代的法律制度》(《西北大学学报》1979年第3期)。

利用秦简讨论秦律，在中国大陆学术界已经形成热潮，并出现了研究秦简的第一本专著，高敏《云梦秦简初探》，河南人民出版社1978年出版。同时，在中国台湾以及邻国日本，也已经积极介绍研究秦简，如邢义田《"云梦秦简"简介——附：对"为吏之道"及墓主喜职务性质的臆测》(《食货月刊》1979年第9期)。

第三个热点就是马王堆三号汉墓帛书。1972年湖南省发掘了长沙市马王堆1号汉墓。出土竹简共312枚，木楬49枚。内容为记载随葬器物的清单(遣策)，这是迄今所见遣策中简数最多的一种。1973年12月至1974年年初，发掘了2号和3号两座汉墓。根据2号墓出土的印章，确定2号墓主是西汉长沙国丞相軑侯利苍，1号墓是其妻子，3号墓是他们的儿子。3号墓中出土了一批具有重要历史价值的古代竹木简牍和帛书，根据该墓出土的一件纪年木牍，可以断定该墓下葬的年代是汉文帝前元12年(前168年)。3号汉墓共出土竹木简600多枚，这批简牍保存得非常完整，字迹也十分清楚。其中220枚为古代医书，内容可以分为4种书，发表时分别题为《十问》(竹简)、《合阴阳》(竹简)、《杂禁方》(木简)、《天下至道谈》(竹简)。《天下至道谈》原简有书题，其余三种原简皆无书题，现在的书名为马王堆帛书整理组所拟定。这四种书的内容皆与房中和养生有关。其余皆为遣策，记载的是该墓随葬器物的名称和数量。其中有车骑、乐舞、奴仆、侍从以及所持兵器、仪仗、乐器等。遣策所记绝大部分与出土实物吻合，仅有3块木牍所记的侍从和车骑，不见相应实物，却见于棺室东面的壁画上。

该墓还出土了一大批极为珍贵的帛书，一次考古发掘中出土如此多的帛书，可谓是空前的。出土帛书有两种形式，一种是写在通高为48厘米的整幅帛上，折叠成长方形，放在漆盒下层的一个格子里，折叠的边缘已有断损。另一种帛书是写在通高为24厘米的半幅帛上，卷在长条形木片上，出土时压在两卷竹简下面。帛书因年久而粘连，破损比较严重。佚书大部分没有标明篇题。这批帛书的资料大致可分为四十多篇。计有：《老子》甲本、乙本，《周易》，《战国纵横家书》，《春秋事语》，《五十二病方》，《导引图》等。

《人民日报》、《光明日报》、《湖南日报》等都刊文予以重点介绍。1974年第7期《文物》杂志发表了由湖南省博物馆和中国科学院考古研究所合写的《长沙马王堆二、三号汉墓发掘简报》，同年第9期《文物》杂志又刊登了晓菡写的《长沙马王堆汉墓帛书概述》，《文物》1974年第10期发表了《〈老子〉乙本卷前古佚书释文》，《文物》1974年第11期发表了《老子》甲乙本及《五星占》释文，1975年第4期发表了《战国策》(后称《战国纵横家书》)释文，《文物》1975年第6期发表了古医书释文(一)、《文物》1975年第9期发表了古医书释文(二)，《文物》1977年第1期发表了《春秋事语》释文、《文物》1977年第8期发表了《相马经》释文，《文物》1984年第3期发表了《六十四卦》释文。1976年文物出版社出版了由马王堆帛书整理组编的平装32开本帛书《老子》、《战国纵横家书》、《经法》(包括《老子》乙本卷前古佚书《十大经》、《称》、《道原》)简注本。

配合释文，《文物》杂志也发表了系列文章，如唐兰《〈黄帝四经〉初探》(1974年第10期)，高亨、池曦朝《试谈马王堆汉墓中的帛书〈老子〉》(1974年第11期)，凌襄《试论马王堆汉墓帛书〈伊尹·九主〉》(同上)，刘云友《中国天文史上的一个重要发现——马王堆汉墓帛书中的〈五星占〉》(同上)，杨宽《马王堆帛书〈战国策〉的史料价值》(1975年第2期)，谭其骧《二千一百多年前的一幅地图》(同上)，马雍《帛书〈别本战国策〉各篇的年代和历史背景》(1975年第4期)，唐兰《马王堆帛书〈却谷食气篇〉考》(1975年第6期)，谭其骧《马王堆汉墓出土地图所说明的几个问题》(同上)，钟益研、凌襄《我国现已发现的最古医方——帛书〈五十二病方〉》(1975年第9期)，邱锡昉《〈老子〉在战国时可能只有一种道家传本》(1976年第11期)等。可谓盛况空前。一般这些配发的文章，多介绍新出简帛的内容、初步认识、价值等。

同时，中国港台及日本学界立即予以关注，出版了诸多论文，有徐复观《帛书〈老子〉所反映出的若干问题》(《明报》10卷6期，1975

年)、《帛书老子》(河洛图书出版社 1975 年)、《帛书战国策》(河洛图书出版社 1977 年)、波多野太郎《马王堆出土老子考》(《东方宗教》47,1976 年)等。李学勤《记在美国举行的马王堆帛书工作会议》(《文物》1979 年第 11 期),介绍了 1979 年 6 月在美国加利福尼亚大学(伯克利)举行的马王堆帛书工作会议,同时也介绍了欧美对马王堆帛书的研究情况:"美国的'中国学'界,一开始就非常重视马王堆帛书的发现。在美国,首先系统介绍帛书整理和研究的动态的,是《古代中国》(Early China)杂志。这个杂志是美国古代中国研究会(The Society for the Study of Early China)主办的,是一种每年出版一期的学术通讯。杂志在 1975 年创刊,第一期就刊有《近期〈文物〉、〈考古〉关于马王堆二、三号墓的文章撮要》,详细评介了帛书出土、整理和研究的经过。以后各期又发表一系列有关帛书的文章,促进了美国学术界对这项重大考古发现的研究。"

第四个热点就是山东临沂银雀山汉墓出土的竹简兵书。1972 年 4 月间,山东省博物馆和临沂文物组在临沂银雀山发掘了 1 号和 2 号两座西汉墓葬。竹简主要出土于 1 号墓葬,共编 7500 余号,整简数量不多,大部分是残片。1 号汉墓出土的竹简内容主要是古书类,一部分是现在还有传本的古书,大部分是佚书。前者主要有《孙子》、《尉缭子》、《晏子》、《六韬》等书。其中除了《孙子》十三篇外,其他几种似乎原来都不是足本。佚书类主要有:一、《孙膑兵法》,《汉书·艺文志》中称《齐孙子》,简本不全。二、见于《汉书·艺文志》兵阴阳家下的《地典》。三、唐勒、宋玉论驭赋(疑为宋玉赋佚篇)。四、其他兵书。五、论政和论兵的文章多篇,篇名有《十官》、《五议》、《务过》、《为国之道》、《起师》等。六、有关阴阳、时令、占候之书,如《曹氏阴阳》等。七、相狗书、作醢法等杂书。1 号墓中还出土了一些木牍和木牍残片,经缀合,这些残片原物当分属五块木牍。其中第一块木牍断裂为二,经缀合后完整无缺。长 22.9 厘米,宽 4.6 厘米。上面抄列《守法》、《要言》、《库法》、《王兵》、《市法》、《守令》、《李法》、《王法》、《委法》、《田法》、《兵令》及《上篇》、《下篇》等十三个篇题。分三栏抄写。出土时木牍的腰部尚有残存的系绳。这种木牍疑为捆在简册书帙外面的题签。第二块木牍共由六块残片缀合,残长22.3厘米,宽43厘米。此牍系《孙子兵法》的篇题木牍,分三栏抄写,上列《势》、《九地》、《虚实》、《用间》、《七势》等篇题。第三块木牍是由九块残片缀合而成的,残长22.3厘米,宽4.5厘米,分四栏书写。上列《将败》、《兵之恒失》、《效贤》、《为国之过》、《持盈》等篇题。第四块木牍是由四块残片缀合而成,残长17.8厘米,宽4.3厘米,分三栏书写。上列《曹氏》、《禁》等篇题。第五块木牍是由三块残片缀合而成,残长4.3厘米,宽3厘米,分二栏书写。上列《分士》、《兴理》、《三乱》、《三危》、《亡里》等篇题。银雀山2号墓中仅出土西汉武帝"元光元年历谱"32枚简,竹简大部完整。

一座墓葬中出土了如此多的先秦古籍,十分罕见。《人民日报》、《光明日报》、《大众日报》等都给予重点报道。这批竹简出土后不久即运往北京,由国家文物局文物保护科学技术研究所、山东省博物馆和故宫博物院的同志们进行了清洗、编号、照相等工作。1974年,国家文物局专门抽调了中华书局、中国历史博物馆、故宫博物院、北京大学、中山大学、中国社会科学院、山东省博物馆的一些专家学者成立了"银雀山汉墓竹简整理组"专门从事竹简的整理工作。1974年第2期《文物》杂志上刊登了由山东博物馆和临沂文物组合写的《山东临沂西汉墓发现〈孙子兵法〉和〈孙膑兵法〉等竹简简报》。1974年第12期《文物》杂志上刊登了临沂银雀山汉墓竹简整理组(下文简称整理组)《临沂银雀山汉墓出土〈孙子兵法〉残简释文》。1975年第1期《文物》杂志发表了整理组整理的《临沂银雀山汉墓出土〈孙膑兵法〉释文》。1976年第12期《文物》杂志发表了整理组整理的《临沂银雀山汉墓出土〈王兵〉释文》。1977年第2期《文物》杂志发表了整理组整理的《银雀山简本〈尉缭子〉释文(附校注)》。1975年1月,文物出版社出版了由整理组整理编辑的《银雀山汉墓竹简(壹)》(内容包括《孙子兵法》和《孙膑兵法》竹简的图版、摹本、释文、注释,八开线装一函十册)。1975年2月文物出版社又出版了由整理组编辑的《孙膑兵法》32开普及单行本。1976年文物出版社又出版了由整理组编辑的《孙子兵法》32开普及单行本。

同时,《文物》杂志也发表了一批研究文章,1974年第2期刊登许获《略谈临沂银雀山汉墓出土的古代兵书残简》,罗福颐《临沂汉简概述》；第3期刊登詹立波《〈孙膑兵法〉残简介绍》，陈久金、陈美东《临沂出土汉初古历初探》，任继愈《〈孙膑兵法〉的哲学思想》；1975年第3期刊登杨伯峻《孙膑和〈孙膑兵法〉杂考》等。

中国港台和日本学者也很关注这批竹简兵书，有魏汝霖《对大陆汉墓出土"孙膑兵法"之研究》（《东方杂志》10卷，1976年），贝冢茂树《〈孙子〉出土的学术意义》（《朝日新闻》1974年4月22日），大庭脩《临沂汉简的历史背景》（《每日新闻》1974年5月1日），《竹简兵法》（河洛图书出版社1975年）等著作出版。

第五个引起关注的是"居延新简"和马圈湾敦煌汉简。1972—1974年，由甘肃省文化厅文物处、甘肃省博物馆文物队、酒泉地区及当地驻军等单位组成了居延考古队，对额济河流域的居延汉代遗址进行了初步发掘，试掘重点是三处不同类别而面积较小的遗址，即北部地区的甲渠候官（今称破城子，发掘代号为EP）、甲渠塞第四燧（EPS4）和南部肩水金关（EJ）。总掘面积为4500平方米，共出土汉简19400枚。这次新出土的居延简就其数量和内容而言，都远远超过了以往出土的居延汉简。纪年简的上限始于西汉昭帝始元时期，下限至西晋武帝太康四年，西汉武帝时期之前和汉光武帝建武八年以后的简数量极少。出土"棨信"一件，是一张21×26厘米的红色编织物，上写"张掖都尉棨信"六字。居延新简的整理工作始于1975年春，先由甘肃省博物馆文物工作队等单位对全部居延新简进行了清理，初步写出了释文，并按出土探方或房屋依次记录了每枚简牍的形制、材质、尺寸、简文等，为它们建立了详细的资料档案。1978年起，在国家文物局的领导下，组织了甘肃省博物馆、国家文物局古文献研究室和中国社会科学院历史研究所等单位的同志前后进行了为时数年的整理工作。

居延新简最显著的特点是出土了大量的简册，其数量之多、内容之丰富、价值之珍贵均是前所未有的。有的仍编联成册，有的编绳虽已朽断，但出土时仍保持册形，有的虽已散落，但还可以编联成册。1978年第1期《文物》杂志刊登了由甘肃居延考古队写的《居延汉代遗址的发掘和新出土的简册文物》一文，并发表部分遗址、简册照片，对这次试掘甲渠候官（破城子）、甲渠塞第四燧和南部的肩水金关三处遗址的情况进行了首次报导。同期《文物》还刊登了由徐苹芳写的《居延考古发掘的新收获》一文，对新出土的简牍作了较详细的分类介绍，同时还和以前发现的居延旧简进行了比较研究，说明新出简牍的价值所在。此外，在同期《文物》杂志上还发表了由居延考古队简册整理组整理的《〈建武三年候粟君所责寇恩事〉释文》。肖亢达《"粟君所责寇恩事"简册略考》、俞伟超《略释汉代狱辞文例——一份治狱材料初探》这两篇文章，及上述徐苹芳的论文都对"候粟君所责寇恩事"册书作了探讨。李学勤《谈"张掖都尉棨信"》，对"棨信"的形制、功用等作了研究，认为在肩水金关遗址发现的"张掖都尉棨信"具有传令启闭关门的功用。1979年第1期《文物》杂志发表了由甘肃居延简整理组整理的《居延汉简"候史广德坐罪行罚檄"》释文。1979年第2期《考古》杂志发表徐元邦、曹延尊《居延出土的"候史广德坐不循行部"檄》，对其中的一些词语作了考释，并简介了《塞上烽火品约》中的两枚简。1979年第4期《考古》杂志上发表了由居延考古队简册整理组整理的《"塞上烽火品约"释文》。同期发表了薛英群的考释文章《居延〈塞上烽火品约〉册》。徐苹芳在同年《考古》杂志第5期发文《居延、敦煌发现的〈塞上烽火品约〉——兼论汉代的烽火制度》加以讨论。此外，裘锡圭在《中国史研究》1979年第4期发表文章《关于新发现的居延汉简的几个问题》，方诗铭在《中国历史博物馆馆刊》1979年第1期撰文《释"秦胡"——读新出居延汉简"甲渠言部吏毋作使属国秦胡卢水士民"书札记》，陈仲安在《文史》第7辑（中华书局1979年）发文《关于〈粟君责寇恩简〉的一处释文》，都对新出的居延汉简作了研究。

1979年甘肃省博物馆文物队（现为文物考古研究所）与敦煌县文化馆组成汉代长城调查组，在敦煌县西北95公里，东距小方盘城11公里，西距后坑2.7公里，北距疏勒河8公里处的马圈湾发现了一座斯坦因当年考察经过时被遗漏的烽燧遗址。同年9月16日文物工作队对此遗址进行了科学发掘，历时20多天，共开探方19个，发掘面积1900平方米，其中有15个探方出土了简牍。共出土简牍1217枚，绝大多数是用红柳和胡杨木做成的木简，竹简极少，共16枚。有帛书1件，系出入关津的"传"。释文："尹逢深，中骰左长传一，帛一匹，四百卅乙朱币。十月丁酉，亭长延寿，都吏稚，鈠。"最早的纪年简为元康元年（前65年）。简牍内宣、元、成、哀各代都有；而以平帝至王莽时期居多，占一半以上。最晚的纪年简牍为王莽始建国地皇二年（21年）。这是继20世纪初斯坦因之后敦煌汉简的一次重要发现。

第六个热点就是在甘肃武威出土的系列简牍。1959年7月，甘肃省博物馆在河西走廊东部武威市新华乡缠山村磨嘴子发掘了6号墓。共出土竹木简600余枚，其中完整的有385枚，残简约有225枚。少量为竹简，多数为木简。经过整理，发现该批木简的内容为古代文献《仪礼》的部分篇章。这些简文可分为三个部分：甲本是七篇《仪礼》，木简；乙本是一篇《服传》，它和甲本的《服传》是相同的钞本，只是木简稍短而狭，字小而密；丙本是抄在竹简上的《丧服》经。甲本共398枚简，存有七个篇名：《士相见》第三，计16枚简；《服传》第八，计57枚简；《特牲》第十，计49枚简；《少牢》第十一，计45枚简；《有司》第十二，计74枚简；《燕礼》第十三，计51枚简；《泰射》第十四，计106枚简；其中只有《士相见》一篇保存完整，其余六篇均有损失，共约缺24简。甲、乙、丙三种《仪礼》共有九篇，总存字数约有27400余字。这是20世纪以来首次发现篇章完整的典籍类简册，它不仅使我们看到汉代写本《仪礼》，还使我们看到了汉代所诵习经书的式样，对我们研究汉代的简册制度提供了极其珍贵的资料。另有11枚短木简，内容是术数宜忌类。1960年第5期《考古》杂志发表了由甘肃省博物馆写的《甘肃武威磨嘴子6号汉墓》一文，介绍了该墓出土的木简情况。同年第8期《考古》杂志还发表了甘肃省博物馆写的《武威汉简在学术上的贡献》一文，全面介绍和论述了简本《仪礼》出土的意义和价值。

甘肃省博物馆在发掘磨嘴子6号汉墓后，又继续发掘了磨嘴子18号汉墓，出土了木简10枚。出土时还有数枚系在鸠杖上。从残存的迹象看，10枚木简当初应皆系在鸠杖的一端。出土王杖长近2米。10枚简为一完整的册书。内容为西汉宣帝、成帝时关于"年始七十者授之以王杖"的诏书和案例，以及墓主人受王杖等。后来大家习称"王杖十简"。1960年第9期《考古》杂志发表了甘肃省博物馆写的

《甘肃武威磨嘴子汉墓发掘简报》及考古研究所编辑室撰写的《武威磨嘴子汉墓出土王杖十简释文》。

中国科学院考古研究所陈梦家在1960年6、7月间来到兰州,协助甘肃博物馆整理武威出土的汉简,进行临摹、缀合等技术性工作,并作进一步的研究,写了释文、校记和叙论。"叙论"对墓葬的形制、"仪礼简"的价值、简册制度等进行了讨论。其中"由实物所见汉代简册制度"一节后收入《汉简缀述》。同时,他还对6号墓所出的日忌杂占简、18号墓出土的王杖十简以及4号墓、15号墓、22号墓、23号墓出土的柩铭镇墓券也做了考释,经反复修改,于1962年定稿为《武威汉简》。1964年,中国科学院考古研究所、甘肃省博物馆编著的《武威汉简》一书由文物出版社出版。

1972年11月,甘肃武威旱滩坡汉墓出土简牍92枚。其中木简78枚,木牍14枚。这批木简的内容全属医方类,每一条目列方名、病名、症状、药物名、用药剂量、服药方法、针灸穴位、禁忌等。共存医方十多个,方剂中所列药物有一百多种,中有69种见于《神农本草经》,11种见于《名医别录》,还有20多种为上述两医书中所未收。该墓葬还出土了鸠杖,可以推测该墓墓主可能是一个具有一定社会地位并从事医药事业的老中医。1973年第12期《文物》杂志刊登了甘肃省博物馆、武威县文化馆合写的《武威旱滩坡汉墓发掘简报——出土大批医药简牍》。1975年10月,文物出版社出版了由甘肃省博物馆和武威县文化馆合编的《武威汉代医简》一书,全部发表了这批医简材料,其中包括图版、摹本、释文、注释以及由中医研究院医史文献研究室撰写的《武威汉代医药简牍在医学史上的重要意义》一文。

1979年9月,武威县文物管理委员会在保护调查重点文物时,征集到近年在磨嘴子汉墓出土的《王杖诏书令》木简26枚。这是继1959年出土《王杖十简》后又一重要发现。经调查与《王杖十简》同出一墓地。每简背面署有编码"第一"至"第廿七",惜"第十五"已遗失,原册实有27简。该册记载有关尊敬长老,抚恤鳏寡,抚恤孤独、残疾以及高年赐杖、处决殴辱受杖者等五份诏书,末简署"右王杖诏书令"六字。

除以上研究热点外,还有一些新出的简帛。重要的有,1973年河北省文物管理处和定县博物馆在河北定县40号汉墓（西汉中山怀王刘修墓）发掘出的大批竹简。由于盗掘者在墓中引起大火，盗墓人惊骇逃出，致使该墓中的一些重要文物得以保存。这批竹简虽因过火炭化，却避免了腐朽，同时也因盗扰火烧，又受到了严重的损坏。竹简出土后于1974年6月送至北京保护整理。1976年6月，文物出版社邀请当时的马王堆帛书整理组成员协助整理定县竹简（编号、写释文）。经过整理，发现这批竹简内容多为先秦文献，极其珍贵。计有：①《论语》620枚简，多为残简。释文共有7576字，不足今本《论语》的二分之一。其中残存文字最少的为《学而》篇，仅有20字；残存文字最多的为《卫灵公》篇，有694字，可达今本本篇的77%。②《儒家者言》共存竹简104枚。竹简出土时已经残断，长短不一。其内容是对儒家忠、孝、礼、信等道德的阐发。还有《太公》、《文子》、《起居记》、《日书》、占卜等残简。目前资料尚未完全公布。

1973年在湖北省江陵纪南城凤凰山发掘了三座汉墓，共出土竹简428枚，木牍9枚。8号汉墓头箱底部出土竹简176枚，内容是遣策。9号汉墓出土竹简80枚，内容也是遣策。10号汉墓出土竹简172枚，内容是契约账簿一类。《文物》杂志1974年第6期上刊登了由长江流域第二期文物考古工作人员训练班撰写的《湖北江陵凤凰山西汉墓发掘简报》。同期《文物》杂志还刊登了由黄盛璋撰写的《江陵凤凰山汉墓简牍及其在历史地理研究上的价值》和由弘一撰写的《江陵凤凰山10号汉墓简牍初探》两文。1975年江陵凤凰山167号汉墓出土遣策74枚木简。《文物》1976年第10期发表《江陵凤凰山167号汉墓发掘简报》及《凤凰山167号汉墓遣策考释》两文。

1977年安徽省阜阳市博物馆在阜阳双古堆1号汉墓中发掘出大批简牍，墓主是西汉第二代汝阴侯夏侯灶。卒于文帝十五年（前165年）。阜阳汉墓出土有竹简、木简和木牍，大部分非常破碎，但是它包含的内容却相当丰富，经过清理，发现有《诗经》、《周易》、《苍颉篇》、《年表》、《大事记》、《万物》、《作务员程》、《行气》、《相狗经》、辞赋、《刑法》、《日书》等。此外还出土了一些干支表残片。其中《苍颉篇》现存基本完整的字有541个。这是《苍颉篇》亡佚近千年后最大的一次发现。《诗经》整理出一百多个破碎的简片，包括今本

《诗经·国风》中的近六十篇诗和《小雅》中的《鹿鸣》、《伐木》等,但遗憾的是已无一首完好者,有的仅存篇名。《周易》有三百多个破碎的简片。其他篇章也都仅存残简。1978年第8期《文物》刊登了安徽省文物工作队、阜阳地区博物馆、阜阳县文化馆写的《阜阳双古堆西汉汝阴侯墓发掘简报》,报道了这一墓葬情况和《诗经》、《苍颉篇》、《刑德》的部分照片。

1979年青海大通县上孙家寨115号汉墓出土大批木简,共计有240枚。内容可分作:①兵法类;②军法、法令、军爵类;③篇题目录。其性质为某兵书,还是某些兵书的摘抄,目前尚不能确定。

之所以把这个时期定为"低潮期",是因为中国大陆的简帛研究几乎是在1960年代中期之后戛然而止,缺乏深入的、成系统的研究。表面看,各地陆续有多宗重要的简帛文献出土,热点纷呈,成果也不少。但多是介绍性的,学者也是随着热点的转移而改变自己的研究兴趣,很少有人在一个点上花多年时间"坐冷板凳"。像中国台湾的劳榦,从20世纪30年代起给居延汉简做释文,此后几十年专注于此,心无旁骛,到20世纪50年代就开始集中爆发式地形成系列研究成果。陈梦家虽然研究汉简时间不长,但也在居延汉简研究等方面有突破性的成就。前人的成功经验值得我们认真总结。从客观方面来说,政治运动的大环境没有给大家学习、钻研的条件,夸张点说,是"毁了一代人",造成学术界的"青黄不接"。20世纪70年代的沉寂并不说明中国学人不努力,学术需要培育、蓄势。虽然可能存在先天不足,但学术环境一旦转暖,一些学者就会沿着自己的研究方向前行。这也为20世纪80年代之后中国简帛学的大发展奠定了坚实的基础。

六

20世纪80年代之后,承前期多批重要简帛的出土、整理,大家越来越感觉到,我们幸运地处于一个真正的"大发现"的时代。王国维早就说过,古来新学问,大多由于新发现。大批珍贵资料接踵而至,可以说是令人眼花缭乱、目不暇接。于是,"重写"成了热门谈资,"重写思想史"、"重写学术史"、"重写数学史"、"重写法律史"……宋代以后的疑古思潮，至清代而鼎盛，现在也有学者提出"走出疑古时代"。

此外，20世纪80年代以后，大量新简帛的出土，带动了简帛研究向更深更广的方向发展。这一时期的特点可概括为：一、大批整理的简帛资料公开，可资利用的材料空前丰富。二、新出土一批重要简牍资料。三、形成一系列研究热点。四、涌现一批研究专家，出现一批高水平成果。五、研究趋向多元化。六、中国大陆成为简帛研究的中心。下面分别详述之。

（一）大批整理的简帛资料公开，可资利用的材料空前丰富

在20世纪80年代之前，学者能够利用的出土简帛资料极少，主要集中在有机会接触简帛的少数整理者，而一般学者无缘得见庐山面目。20世纪80年代之后，学术研究逐渐得以恢复，学术交流走上正常化，诸多学术禁区被打破。前期出土的简帛资料开始重新整理并完整公布。相对来说，80年代之后，一般学者所能利用的资料极大丰富了，无论是过去出土的，还是新出土的，都能见到完整的、准确的图文资料，由此带动了相关学科的快速发展，使简帛的深入研究成为可能，从而催生了一次次学术界瞩目的焦点。

如"居延汉简"，虽然是20世纪30年代出土的，但劳榦早期的释文印刷量极小，1957年劳榦出版《居延汉简·图版之部》，这种状况得以改观，但大陆一般学者难以有机会看到，影响了进一步的研究。1959年科学出版社出版了中国科学院考古研究所编的《居延汉简甲编》（《考古学专刊》乙种第8号），但并非完璧。直到1980年，中国科学院考古研究所在《居延汉简甲编》的基础上，参考劳榦的《居延汉简·图版之部》，及索马斯达勒姆的《内蒙古额济纳河流域考古报告》（上、下册），整理出版了《居延汉简甲乙编》。该书分上、下两册。上册为甲乙两编的图版，共计475版，包括1930年出土的当时可见的全部居延汉简照片。下册为释文以及附录和附表，附录包括"居延汉简的出土地点与编号"、"额济纳河流域障隧述要"。附表有"居延汉简的出土地点表"等，居延汉简研究有了可靠的资料。

1981 年，台北简牍学会马先醒等在劳榦《居延汉简》图版及释文之部的基础上，对释文做了校订与补充，在《简牍学报》第 9 期以专刊的形式刊布《居延汉简新编》。

1987 年，谢桂华、李均明、朱国照在《居延汉简甲乙编》的基础上做了释文校订，由文物出版社出版了《居延汉简释文合校》上、下册。

1988 年，台北"中央研究院历史语言研究所"成立简牍整理组，对藏于该所的居延汉简重新进行整理，工作中利用了红外阅读仪及电脑，1998 年公布了阶段性成果《居延汉简补编》，收录了劳榦《居延汉简》图版之部及考释之部未收或刊布不全的部分，还包括居延地区以外的一些简牍，计有：一、劳书未发表者。二、劳书有释文，缺漏图版者。三、台北图书馆所藏居延汉简。四、1930 年、1934 年黄文弼发现，现藏于该所的 58 枚罗布淖尔简。五、1944 年夏鼐、阎文儒在敦煌小方盘城北郭小丘上所掘，现藏于该所的 76 枚汉简。六、1945 年 11 月夏鼐、阎文儒于武威南山剌麻湾所获，现藏于该所的 7 枚木简。

同样，20 世纪初出土的"敦煌汉简"，除了西方人刊布的资料之外，最早著录的是《流沙坠简》，此后有 1931 年《汉晋西陲木简汇编》。或是零散，或是不准确，都难如人意。到 1984 年，文物出版社出版了林梅村、李均明编的《疏勒河流域出土汉简》，始有较可靠的资料，但还是没有图版。直到 1991 年《敦煌汉简》的出版，才改变了这种局面。《敦煌汉简》上册为图版和摹本，下册为释文、简牍编号索引、敦煌马圈湾汉代烽燧遗址发掘报告。包括斯坦因发掘已公布的及 1979 年马圈湾发掘的等全部敦煌简牍。

2007 年 12 月上海辞书出版社出版了汪涛、胡平生、吴芳思主编的《英国国家图书馆藏斯坦因所获未刊汉文简牍》，发表了过去未曾公布的斯坦因所获汉晋敦煌简牍。这最后公开的部分多属又薄又碎的削衣一类，过去英国方面为谨慎起见一直秘不示人。这次整理属中英双方合作，学界从此得见早期发掘的敦煌汉简的全部。1990 年以后出土的敦煌悬泉汉简尚未完整公布材料。

1972 年出土的居延新简，材料也陆续公布。1988 年甘肃省文物考古研究所编，薛英群等注，兰州大学出版社出版的《居延新简释粹》，公布了部分简牍的释文，并作了标点、注释，包括甲渠候官、甲渠塞第四燧、肩水金关三个遗址出土的。1990年，文物出版社出版了甘肃省文物考古研究所等编的《居延新简——甲渠候官与第四燧》，只有释文，没有图版。1994年，中华书局出版甘肃省文物考古研究所、甘肃省博物馆、中国文物研究所、中国社会科学院历史研究所编的《居延新简——甲渠候官》(全二册)，公布了甲渠候官、甲渠塞第四燧出土的全部简牍的图版、释文。简牍总数达8409枚。2011年，中西书局出版由甘肃简牍保护研究中心、甘肃省文物考古研究所、甘肃省博物馆、中国文化遗产研究院古文献研究室、中国社会科学院简帛研究中心编《肩水金关汉简》(壹)，收录1973年肩水金关出土的简牍2351枚，包括上册彩色图版，中册红外线图版，下册释文。2012年《肩水金关汉简》(贰)出版。计划分五卷公布全部肩水金关简。

湖北云梦睡虎地11号秦墓竹简1975年出土，1990年文物出版社出版了由秦简整理组编的《睡虎地秦墓竹简》八开精装本。书中全部收录了睡虎地11号秦墓出土的十种竹书，并附有图版、释文、注释。竹简的图版照片按原大影印。书中除《编年记》、《为吏之道》、《日书》甲乙种外，都试加了白文语译。原墓中已折断散乱的竹简尽可能地做了缀合和复原，并根据文句衔接和出土位置等情况进行了编排，不能确定编排次序的则按内容性质分类试排。

在楚简整理方面，1953年出土的长沙仰天湖楚简，郭若愚《长沙仰天湖战国竹简文字的摹写和考释》(《上海博物馆集刊》第二期，上海古籍出版社1986年)作了进一步考释。2000年，文物出版社出版《长沙楚墓》发表其中39枚简的照片及全部释文，采用了郭文的摹本。

河南信阳长台关楚墓竹简1957年出土，1986年，文物出版社出版了由中国社会科学院考古研究所编的《信阳楚墓》，完整详细地公布了该墓出土的文物、竹简情况及器物竹简的图版、竹简释文等。

1965—1966年出土的湖北江陵望山1号楚墓竹简，1966年出土的湖北江陵望山2号楚墓竹简，20世纪70年代初，整理工作重新开始，并约请了北京大学的朱德熙、裘锡圭等专家重新对这批竹简进行考释和研究。1976年完成了这两批楚简的全部整理工作，并写出了《望山楚简释文与考释》初稿，后又几经修改，于1987年完成了全书的定稿工作。1995年中华书局出版了由湖北省文物考古研究所和北京大学中文系合编的《望山楚简》一书，完整地公布了这批竹简的照片和释文，并附有对简文的考证。

1978年出土的湖北随县曾侯乙墓竹简，文物出版社1981年出版了由湖北省博物馆编的《随县曾侯乙墓》一书，详细介绍了该墓出土文物及竹简的情况。

1995年齐鲁书社出版的商承祚《战国楚竹简汇编》，也收录了上述几批楚简。

2009年经济科学出版社出版了陈伟等著《楚地出土战国简册[十四种]》，收录了20世纪80年代之前出土的望山简（2批）、曾侯乙简、长台关简、五里牌、仰天湖简、杨家湾简等，在全面整理过去的照片、实物的基础上，作了新的释文。

1972年山东临沂银雀山发掘出土的汉简，1985年第4期《文物》杂志发表了银雀山汉墓竹简整理组整理的《银雀山竹书〈守法〉〈守令〉等十三篇》释文。整理组编成《银雀山汉墓竹简》一书，计划分三辑出版。第一辑包括《孙子兵法》、《孙膑兵法》、《尉缭子》、《六韬》、《晏子》以及《守法守令》等十三篇，有图版、摹本、释文、注释，于1985年由文物出版社出版。第二辑为《佚书丛残》，文物出版社2010年出版，有图版、摹本、释文、注释。第三辑包括全部散碎竹简、篇题木牍及《元光元年历谱》，尚未出版。另外，1985年，文物出版社出版了吴九龙编的《银雀山汉简释文》一书，内容包括了银雀山1号、2号汉墓全部出土的竹简、木牍释文。该书按原简出土顺序号编排，没有图版，只录原简释文。书前有叙论，介绍了两座墓葬的形制及出土竹简的学术价值，书后附有《元光元年历谱》复原图及《银雀山汉简校注本分类目录》。在银雀山汉简内容尚未全部公布之际，该书有一定参考价值。

1973年河北定县40号汉墓出土的汉简，资料尚未完全公布，1981年第8期《文物》杂志发表河北省文物研究所撰写的《河北定县

40号汉墓发掘简报》，同期《文物》杂志还刊登了国家文物局古文献研究室、河北省博物馆、河北省文物研究所、定县汉墓竹简整理组联合撰写的《定县40号汉墓出土竹简简介》一文，对该墓出土的竹简的形制、内容做了大致的介绍，同时还刊布了简文中《儒家者言》的释文。1997年文物出版社出版了由河北省文物研究所和定县汉墓竹简整理小组合编的定州汉墓竹简《论语》一书。书中对出土简本《论语》的版本、文句也做简单的介绍，同时还对《论语》的全部释文做了简单的注释和校勘。

1973年在湖南长沙马王堆出土的汉简、帛书，1980年文物出版社出版了八开精装本《马王堆汉墓帛书》（壹），其中包括《老子》甲本及卷后古佚书《五行》、《九主》、《明君》、《德圣》、《老子》乙本及卷前古佚书《经法》、《十大经》、《称》、《道原》的图版、释文和注释；1983年又出版了八开精装本《马王堆汉墓帛书》（叁），其中包括《春秋事语》和《战国纵横家书》的图版、释文和注释；1985年又出版了八开精装本《马王堆汉墓帛书》（肆），其中包括3号墓出土的帛书、竹简本全部医书，即《足臂十一脉灸经》、《阴阳十一脉灸经》甲本、《脉法》、《阴阳脉死侯》、《五十二病方》、《却谷食气》、《阴阳十一脉灸经》乙本、《导引图》、《养生方》、《杂疗方》、《胎产书》、《十问》、《合阴阳》、《杂禁方》、《天下至道谈》的图版、释文和注释。目前，第二卷尚未出版。

1977年安徽阜阳双古堆1号汉墓中发掘大批简牍，1983年第2期《文物》杂志发表了由文物局古文献研究室、阜阳地区博物馆组成的阜阳汉简整理组写的《阜阳汉简简介》，对出土竹简的内容作了全面的介绍。同期《文物》还刊登了整理组整理的《阜阳汉简〈苍颉篇〉释文》，及胡平生、韩志强合写的《〈苍颉篇〉的初步研究》。1984年第8期《文物》杂志又发表了由整理组整理的《阜阳汉简〈诗经〉释文》及胡平生、韩志强合写的《阜阳汉简〈诗经〉简论》一文，对竹简简本《诗经》作了全面介绍和论述。1988年第4期《文物》杂志发表了整理组整理的《阜阳汉简〈万物〉释文》和胡平生、韩志强合写的《〈万物〉略说》。1988年5月上海古籍出版社出版了由胡平生、韩志强合著的《阜阳汉简〈诗经〉研究》一书，全部发表了竹简《诗经》的照片和释文,并附有竹简文字的摹本和简本《诗经》的复原图。书中对简本《诗经》作了较全面的研究。上海古籍出版社 2004 年出版了韩志强《阜阳汉简〈周易〉研究——附〈儒家者言〉章题、〈春秋事语〉章题及相关竹简》,发表了《周易》的照片、摹本和释文,并作了较全面的研究,还发表了一号木牍《儒家者言》章题和二号木牍《春秋事语》章题的照片、摹本、释文和初步考释。

1979 年青海大通县上孙家寨 115 号汉墓出土简牍,1981 年第 2 期《文物》杂志刊登了由青海省文物考古工作队写的《青海大通县上孙家寨 115 号汉墓》,详细介绍了该墓出土木简的情况。同期《文物》杂志还刊登了由国家文物局古文献研究室和大通上孙家寨汉简整理小组共同整理的《大通上孙家寨汉简释文》以及由朱国照写的《上孙家寨木简初探》一文,对木简内容进行了初步的研究。1993 年文物出版社出版了由青海省文物考古研究所编的《上孙家寨汉晋墓》一书,书中较详细地介绍了 115 号汉墓的时代、形制以及出土文物的情况,并全部公布了该墓出土的木简照片及释文。

以上是前期出土而这个时期新公布图版、释文等材料的。20 世纪 80 年代以后,又有大批重要简帛出土。

(二) 新出土一批重要简牍资料

新出楚简主要有:

1981—1989 年考古发掘了湖北江陵九店 56 号楚墓,出土一批竹简。1995 年科学出版社出版了荆州博物馆编的《江陵九店东周墓》,全面报导了该墓及出土竹简的情况,公布了释文和照片。同时该书中也报导了 M621 及 M411 的墓葬时代、形制以及出土文物的情况。这批楚简的内容自 13 号简至 124 号简,属术数方面的内容,与云梦秦简《日书》性质相同。具体有楚建除家言:每季三个月中哪些天干日是吉日,利于做什么工作,哪些天干日是不吉日,不利于做什么工作;有记巫术活动者;有记建筑住宅等方位对人产生的吉凶事宜,属于相宅之书的内容等。还有大部残简,不能系联,简文内容不能通读。从残文来看,也当属术数类内容。这批楚简的出土说明选择时日吉凶的书籍早在战国时期的楚国就已流行了。自 1 号简至 12 号简,记载了与农作物有关的内容，有作物名与数量，可能是遣策一类的。621号墓中发掘出一批残断的竹简，共有127枚，由于残断过甚，这批竹简已不能缀连成文，内容不详。411号墓也出土了竹简2枚。一简完整，一简残缺，字迹不清。2000年中华书局出版湖北省文物考古研究所、北京大学中文系编《九店楚简》。李家浩为竹简作了释文与考释。

1987年湖北荆门包山2号楚墓出土竹简，《文物》杂志1988年第5期发表了由湖北省荆沙铁路考古队包山墓地整理小组写的《荆门市包山楚墓发掘简报》，同期发表包山墓地竹简整理小组《包山2号墓竹简概述》，介绍了出土竹简的情况。1991年文物出版社出版了《包山楚简》，有图版、释文、注释等。这批简的内容有三类：文书类、卜筮祭祷类、遣策类。其中文书类最受关注，这些文书属司法类，原有篇题的《集箸》、《集箸言》、《受期》、《疋狱》四种。《集箸》即集著，共13枚简。是有关验查名籍的案件记录。《集箸言》有简5枚（简14—18），是有关名籍纠纷的告诉及呈送主管官员的记录。《受期》共61枚简（简19—79），是受理各种诉讼案件的时间与受理时间及初步结论的摘要记录。一般以一枚简记一件事。《疋狱》即记狱，共23枚简（简80—102），是关于起诉的简要记录。另外有94枚简没有篇题，按内容大致可以分为三组。第一组共17枚简（简103—119）。这组简是关于子司马及令尹子士、大师子繡以楚王之令，令有关官员贷金以籴种的记录（简103，105）。第二组是一些案件的案情与审理情况的详细记录，以及呈送给左尹的情况汇报。第三组共35枚简（简162—196），是各级司法官员经手审理或复查过的诉讼案件的归档登记。

1987年出土湖南慈利楚简，《文物》1990年第10期发表《湖南慈利石板村36号战国墓发掘简报》，内容为典籍类，如《国语·吴语》、《逸周书·大武》、《管子》、《宁越子》等，目前资料尚未公布。

1993年湖北荆州郭店1号楚墓出土重要楚简，共804枚，有字的共730枚，有13000余字，大部分完好，少部分残断。内容丰富，包含有多种古籍，主要是道家学派与儒家学派的著作。出土时各篇古籍皆无篇题，发表时的篇题是整理者根据竹书内容拟加的。计有《老子》甲、乙、丙本,《太一生水》,《缁衣》,《五行》,《鲁穆公问子思》,《穷达以时》,《唐虞之道》,《忠信之道》,《性自命出》,《语丛》等组。《文物》杂志1997年第7期刊登了湖北省荆州博物馆写的《荆州郭店一号楚墓》,1998年5月,文物出版社出版了由荆州市博物馆编的《郭店楚墓竹简》,刊布了竹简的图版、释文、考证。

1994年上海博物馆从香港文物市场收购一批楚简,是年秋,香港友人捐赠给上海博物馆一批同类竹简。这批竹简完残共约1200余枚,字数达35000余字,内容总共有80余种,包括原存书题20余篇,全部是秦始皇焚书坑儒之前、原始的、第一手的战国古籍。2001年开始,上海古籍出版社出版《上海博物馆藏战国楚竹书》(一)。分图版、释文考释两部分。图版有每篇排列图版和放大3.5倍的彩色图版。其中凡与《郭店楚简》重篇的,释文后都附有《上博简》与《郭店楚简》对照的图版。第二册,2002年出版。第三册,2004年出版。第四册,2004年出版。第五册,2006年出版。第六册,2007年出版。第七册,2008年出版。第八册,2011年出版。第九册,2012年出版。

1994年5月河南省驻马店市新蔡县葛陵村东北部发掘战国楚平夜君成墓,出土一批竹简。共计1300余枚。主要内容是卜筮祭祷,另有十余枚为遣策。2003年郑州大象出版社出版《新蔡葛陵楚墓》,发表了全部简牍的照片和释文。

2009年经济科学出版社出版陈伟等著《楚地出土战国简册[十四种]》,对包山楚简、郭店楚简、九店楚简、曹家港楚简、葛陵楚简、夕阳坡楚简等进行重新整理,发表了新的释文。

2002年12月湖北枣阳九连墩战国古墓出土竹简1359枚,蔑青一面绘画,单元纹样呈三角形变形凤鸟纹,画纹凸起呈黑色,似由生漆掺和黑色颜料构成。简策画的性质待研究。《简帛》第2辑(上海古籍出版社2007年)发表胡雅丽的论文《九连墩"简策"画概述》。

2008年7月清华大学获捐楚简2100余枚,内容主要是典籍,包括《尚书》等。2011年1月上海文艺出版集团中西书局出版《清华大学藏战国竹简(壹)》,2012年出版《清华大学藏战国竹简(贰)》、《清华大学藏战国竹简(叁)》。

2009年，浙江大学受捐一批战国楚简，内容主要是《左传》的部分篇章，另有少量术数类简。浙江大学出版社2011年12月出版《浙江大学藏战国楚简》，公布了全部材料。

2010年1月湖北沙洋严仓獾子冢出土一批楚简，数量有2000多枚，主要是遣策和卜筮祭祷简。

新出秦简主要有：

1986年甘肃天水放马滩1号秦墓出土460枚竹简，大多数保存完整，字迹清晰。内容为《日书》甲、乙两种，志怪故事。《文物》1989年第2期刊登了发掘报告，以及何双全《天水放马滩秦简综述》。中华书局2009年出版甘肃文物考古研究所编《天水放马滩秦简》，发表了全部资料。

1989年湖北云梦龙岗6号秦墓出土竹简150余枚，木牍1方。简牍残断严重，内容为秦律。2001年中华书局出版中国文物研究所、湖北省文物考古研究所编《龙岗秦简》，发表了全部资料。

1993年湖北荆州沙市区关沮周家台30号秦墓出土竹简381支，内容为历谱、星占、医方等。2001年中华书局出版湖北省荆州市周梁玉桥遗址博物馆《关沮秦汉墓简牍》，发表了周家台秦简及萧家草场26号汉墓35枚遣策竹简的全部资料。

1993年湖北江陵王家台15号秦墓出土竹简800余枚，主要内容为《效律》、《日书》和易占。《文物》杂志1995年第1期刊登了荆州地区博物馆写的《江陵王家台15号秦墓》，报导了该墓出土的文物及简牍情况，发表了少量竹简内容和照片。其他资料尚未公布。

2002年湖南龙山县里耶镇古城遗址出土37000枚秦简，有字简约17000余枚。内容主要是官府档案。《文物》2003年第1期发表《湖南龙山里耶战国秦代古城一号井发掘简报》。文物出版社2012年出版《里耶秦简(壹)》。

2007年湖南大学岳麓书院入藏一批秦简，共2098枚，内容主要有法律文书、占梦书、算术书等。2008年8月香港一收藏家将其所购藏的76枚秦简捐赠岳麓书院。《文物》2009年第2期发表陈松长《岳麓书院所藏秦简综述》，上海辞书出版社2011年出版《岳麓书院藏秦简(壹)》、《岳麓书院藏秦简(贰)》。

2010年北京大学受捐一批秦简牍,竹简762枚,其中约300枚两面写字,木简21枚,木牍6枚,竹牍4枚,木觚1枚。共计794枚。另有骰子1枚,算筹61根,残片若干。有秦始皇三十一年质日简。内容有历谱、日书、算书、田书、医方等。《文物》2012年第6期发表北京大学出土文献研究所《北京大学藏秦简牍室内发掘清理简报》、《北京大学藏秦简牍概述》等。

新出汉魏简牍有:

1983—1984年湖北江陵张家山247、249、258号汉墓出土一批竹简。247号墓竹简1236枚,内容为汉律、法律文书、医书等。249号墓主要是《日书》,258号墓主要是历谱类。《文物》1985年第1期刊登了荆州地区博物馆《江陵张家山汉简概述》。文物出版社2001年出版《张家山汉墓竹简(二四七号墓)》,公布了247号墓竹简的照片和释文。

1985年和1988年,张家山127号、136号汉墓,出土一批竹简,约1130枚。内容为《日书》、《功令》、典籍等,《文物》1992年第9期发表荆州地区博物馆《江陵张家山两座汉墓出土大批竹简》。

1992年甘肃敦煌悬泉遗址出土2万多件简牍、帛书、纸文书,以及泥墙上的墨书"月令诏条"。《文物》2000年第5期刊登《甘肃敦煌汉代悬泉置遗址发掘简报》、《敦煌悬泉汉简概述》、《敦煌悬泉汉简释文选》等。上海古籍出版社2001年出版胡平生、张德芳《敦煌悬泉汉简释粹》。中华书局2001年出版中国文物研究所、甘肃省文物考古研究所《敦煌悬泉月令诏条》。其他资料尚待公布。

1993年江苏连云港东海县尹湾汉墓出土24枚木牍和133支竹简,内容为东海郡上计集簿、东海郡吏员簿等官府文书、杂占、历谱、遣策、神乌傅(赋)等。1996年第8期《文物》杂志刊登了《江苏东海县尹湾汉墓群发掘简报》、《尹湾汉墓简牍概述》、《尹湾汉墓简牍释文选》等。1997年中华书局出版了由连云港市博物馆、社科院简帛研究中心等单位合编的《尹湾汉墓简牍》,发表了全部简牍的照片、释文等。

1996年湖南长沙走马楼22号古井出土大批三国简牍,约14万枚。内容主要是官府文书。《文物》1999年第5期刊载长沙市文物工作队、长沙市文物考古研究所《长沙走马楼J22发掘简报》，以及《长沙走马楼简牍整理的新收获》、《长沙走马楼三国孙吴简牍三文书考证》等。1999年文物出版社《长沙走马楼三国吴简——嘉禾吏民田家莂》，收录发掘报告，公布了2141支木莂的释文和图版。2003年出版《长沙走马楼三国吴简·竹简（壹）》，公布了万余枚竹简的释文和图版。2007年出版《长沙走马楼三国吴简·竹简［贰］》，2008年出版《长沙走马楼三国吴简·竹简（叁）》，2011年出版《长沙走马楼三国吴简·竹简（肆）》。

1997年走马楼出土东汉简牍数百枚，内容主要是官府文书。

1999年湖南省沅陵虎溪山一号汉墓出土竹简1336枚，内容为《日书》等。《文物》2003年第1期刊登湖南省文物考古研究所等编《沅陵虎溪山一号汉墓发掘简报》。

1999—2002年内蒙古额济纳旗出土500余枚汉简，为汉代屯戍简牍。2005年广西师范大学出版社出版《额济纳汉简》，公布了全部资料。

2000年湖北随州孔家坡汉墓出土785枚竹简，内容为《日书》、历谱等。文物出版社2006年出版《随州孔家坡汉墓简牍》，发表了资料。

2002—2004年，湖北荆州印台9座西汉墓葬中清理出竹木简2300余枚，木版60余方，内容分为文书、历谱、编年记、日书、律令、遣策等。文物出版社2009年出版的《荆州重要考古发现》中收录《印台墓地出土大批西汉简牍》一文，介绍了简牍的发现情况并公布了24支竹简的照片。

2003年湖南长沙走马楼8号古井出土三四千枚西汉简牍，内容为西汉武帝早期长沙国的行政文书。《出土文献研究》第七辑（上海古籍出版社2005年）发表《2003年长沙走马楼西汉简牍重大考古发现》。

2003—2004年，湖南省郴州市苏仙桥龙门池古井遗址发掘出大量汉晋简牍，有1000余枚，内容是官府文书。《出土文献研究》第七辑（上海古籍出版社2005年）发表《湖南郴州苏仙桥J4三国吴简》，公布了140枚简。

2004年长沙东牌楼7号古井出土426枚简牍，属东汉时期的邮亭文书。《文物》2005年第12期发表长沙市文物考古研究所《长沙东牌楼7号古井(J7)发掘简报》，文物出版社2006年出版长沙市文物考古研究所、中国文物研究所《长沙东牌楼东汉简牍》，公布了全部简牍的图版、释文。

2004—2005年，广州南越国宫署遗址的古井内出土100余枚南越国木简，是西汉时南越国官府档案。《考古》2006年第3期发表《广州市南越国宫署遗址西汉木简发掘简报》。

2004年安徽天长西汉墓出土木牍34片，书写约2500字。内容为户口簿、算簿、书信、木刺、药方、礼单等。《文物》2006年第1期发表《安徽天长西汉墓发掘简报》。

2006年11月湖北云梦睡虎地77号汉墓出土2100多枚竹简。内容为质日、日书、书籍、算术、法律等。《江汉考古》2008年第4期发表《湖北云梦睡虎地M77发掘简报》。

2008年甘肃省永昌县水泉子5号汉墓出土1400余枚木简。内容为《苍颉篇》、《日书》等。《文物》2009年第10期发表甘肃省文物考古研究所《甘肃永昌水泉子汉墓发掘简报》，以及张存良、吴荭《水泉子汉简初识》。

2009年北京大学受捐3300多枚汉简，内容有《老子》、《苍颉篇》、《日书》、医方等。《文物》2011年第6期发表《北京大学藏西汉竹书概说》、《北大汉简〈苍颉篇〉概述》、《北大藏西汉竹书〈赵正书〉简说》等。上海古籍出版社2012年出版《北京大学藏西汉竹书》2，公布了汉简《老子》材料。

(三)形成一系列研究热点

这一时期的简帛研究呈现出繁荣大发展的景象。成果异彩纷呈，在各个领域都有广泛深入的研究。多元化、专门化的特点较突出。我们以下分专题简要作些总结。

1. 简帛的语言文字研究。简帛文献作为出土文献，其断代基本确定，有的甚至可以确定大致的年代。与传世文献相比，避免了辨伪的程序，所以成为汉语史研究、汉字史研究的第一手资料。过去史学界把史料分为同时资料、后时资料两类，同时资料即产生于那个时代的第一手的材料，没有经过历代流传过程中传抄增删修订的变异，是那个时代真实可靠的东西，这当然就是指出土文献一类的资料。而后时材料虽也产生于那个时代，但是历代流传下来的，在流传过程中的后人人为改变的部分我们无法控制，也无法准确把握。由于同时材料的缺乏，汉语史的研究，特别是秦汉时期的汉语研究，过去主要依赖后时材料。随着简帛文献大量出土，这种材料严重匮乏的窘境已现缓解的曙光。

1961年黄盛璋《两汉时代的量词》①即主要据居延汉简、敦煌汉简归纳了汉代量词的数量，认为这一时期汉语的量词已经在先秦的基础上有了很大的发展。而大规模利用简帛语料作汉语史研究还是在20世纪80年代之后。

刘钊、叶玉英《利用古文字资料的上古音分期分域研究述评》②对利用简帛文献研究汉语语音史作了总结。刘宝俊《马王堆出土帛书〈老子〉乙本卷前古佚书用韵研究》③，再次证明了董同龢关于战国楚语东阳、之幽、鱼侯、真耕合韵的结论④，并认为先秦时期楚方言冬近于东，战国以后东、冬、阳三部互通成为楚方言的一个特色，幽部兼通东、冬、阳三部是上古楚方言的又一特色。李玉《秦汉简牍帛书音系研究》⑤也指出了楚方言的一些特点，如微部字都转入歌部字，真和文、微和脂、幽和宵常常通假，缉和叶、祭和月两两关系密切，先秦鱼、侯两部在楚方言里可能正趋于合流，等等。臧正一据尹湾汉简《神乌赋》的用韵特点，并结合扬雄《方言》以及《淮南子》、《释名》、《楚辞》、《老子》等资料，认为鱼侯、之鱼、脂微的通假与合韵

---

① 黄盛璋：《两汉时代的量词》，《中国语文》1961年第8期。
② 刘钊、叶玉英：《利用古文字资料的上古音分期分域研究述评》，《古汉语研究》2008年第2期。
③ 刘宝俊：《马王堆出土帛书〈老子〉乙本卷前古佚书用韵研究》，《语言研究》1996年增刊。
④ 董同龢：《与高本汉商榷"自由押韵"说兼论上古楚方言特色》，《"中央研究院历史语言研究所"集刊》七本四分册，1939年。
⑤ 李玉：《秦汉简牍帛书音韵研究》，当代中国出版社1994年。

是楚方言的特点。① 赵彤《战国楚方言音系研究》②，利用简帛等出土文献，结合传世文献，系统总结了楚方言的声、韵、调。刘宝俊《〈秦汉帛书音系〉概述》③认为帛书音系是战国秦汉时代楚地的方言音系，并构拟了声韵系统。赵诚《临沂汉简的通假字》④，据临沂银雀山汉简中的通假字指出了战国秦汉之际齐语的一些特点，如脂与微、支与之尚未完全分开，齐方言中有一部分晓母字读为唇音，晓、匣与见、溪群关系较近等。汪启明《临沂汉简〈孙膑兵法〉用韵研究》⑤通过研究临沂银雀山汉简《孙膑兵法》的用韵，归纳出一些齐方言的语音特点，如齐音中入声和阴声、阳声都有关联；耕真、真元相押，反映了齐方言真元音近、真耕音近，即-n、-ŋ相混；入声韵尾-k和-t相混；之脂、脂微通押，齐语此三部音近。《银雀山汉墓竹简〈孙膑兵法〉通假字分析》⑥认为黄侃提出的"章系归端"、"庄系归精"在齐语中也能得到验证。姜允玉《中山王铜器铭文中的音韵现象初探》⑦勾勒了中山国语音在声韵调上的一些特点。周祖谟《汉代竹书与帛书中通假字与古音的考订》⑧据马王堆帛书和银雀山汉简的通假字考订了汉代声母系统。时建国《从临沂汉简、长沙帛书通假字再证古声十九纽》⑨从银雀山汉简、长沙楚帛书的通假字验证了黄侃古

---

① 臧正一：《尹湾汉简〈神乌赋〉音韵研究》，《古文字与古文献》试刊号，1999年。
② 赵彤：《战国楚方言音系研究》，北京大学博士学位论文2004年。
③ 刘宝俊：《〈秦汉帛书音系〉概述》，《中南民族学院学报》1986年第1期。
④ 赵诚：《临沂汉简的通假字》，《音韵学研究》第2辑，中华书局1986年。
⑤ 汪启明：《临沂汉简〈孙膑兵法〉用韵研究》，《汉小学文献语言研究丛稿》，巴蜀书社2003年。
⑥ 汪启明：《银雀山汉墓竹简〈孙膑兵法〉通假字分析》，《汉小学文献语言研究丛稿》，巴蜀书社2003年。
⑦ 姜允玉：《中山王铜器铭文中的音韵现象初探》，《古汉语研究》2003年第1期。
⑧ 周祖谟：《汉代竹书与帛书中通假字与古音的考订》，《音韵学研究》第1辑，中华书局1984年。
⑨ 时建国：《从临沂汉简、长沙帛书通假字再证古声十九纽》，《西北师大学报》1993年第6期。

音十九纽的可靠性,指出古声十九纽在秦汉之际的齐楚两大方言区仍然成立。李玉《秦汉简牍帛书音韵研究》,据简帛文献中的通假字、异文材料、韵文材料等,参考汉语方言和汉藏语的一些语言,运用概率统计法,得出了个韵部、声类、声调的频率和几率,多有创获。如把邪母一分为三,论证了古汉语可能存在清鼻音和清边音,论证了pl—、ml—等多个复辅音,对战国秦汉的楚方言、秦陇方言、蜀方言、齐鲁方言等特点也作了讨论。张洁《张家山汉简通假字所反映的西汉时期声母特点》①据张家山汉简通假字指出西汉时期语音在声母上的一些特点,如:禅母为塞音,船母是浊塞音;书母除了清塞音一读外,可能还有小部分的复辅音 stj—;等等。赵振兴、陈灿《〈周易〉通行本与帛书本异文声母研究》②也指出了一些西汉时期声母特点。

  除了利用简帛文献探讨战国秦汉时期汉语的音韵特点外,黄耀坤《音韵学与简帛文献研究》③举例说明运用音韵方法处理简帛文献,对简帛文献整体的研究有重要的意义。一是运用用韵情况来判断时代和地域,如虞万里《尹湾汉简神乌傅笺释》④,其中就有一节专门讨论"神乌傅用韵及其撰作时代推测"。认为"用韵基本上反映出西汉江淮一带语音特色"。刘宝俊《马王堆出土帛书〈老子〉乙本卷前古佚书用韵研究》一文利用韵脚分析,提出那些古佚书的作者有可能是晚周秦汉江淮一带的楚人。⑤ 郑家恩《马王堆汉墓帛书〈老子〉乙本卷前古佚书之用韵探讨》⑥里有一小节《从四佚书的用韵情况判断其书时代和地域》,将写

---

  ① 张洁:《张家山汉简通假字所反映的西汉时期声母特点》,《简帛语言文字研究》第 2 辑,巴蜀书社 2006 年。
  ② 赵振兴、陈灿:《〈周易〉通行本与帛书本异文声母研究》,《古汉语研究》2003 年第 3 期。
  ③ 黄耀坤:《音韵学与简帛文献研究》,《古汉语研究》2005 年第 2 期。
  ④ 虞万里:《尹湾汉简神乌傅笺释》,《榆枋斋学术论集》,江苏古籍出版社 2001 年。
  ⑤ 刘宝俊:《马王堆出土帛书〈老子〉乙本卷前古佚书用韵研究》,《语言研究》1996 年增刊。
  ⑥ 郑家恩:《马王堆汉墓帛书〈老子〉乙本卷前古佚书之用韵探讨》,《问学二集》,香港中文大学中文系 1997 年。

作时代上推至战国中期。黄耀坤认为银雀山汉简《唐勒》反映的"侯之通押"是西汉的语音特征。据郭店楚简《缁衣》，可将所谓"连珠体"的产生上溯至战国时期。

汉语语法史研究，较早的研究论文主要集中于 1975 年出土的《睡虎地秦墓竹简》，如：曾仲珊《〈睡虎地秦墓竹简〉中的数词和量词》①，王锳《云梦秦墓竹简所见某些语法现象》②，王锳《就冯春田同志的商榷致〈语言研究〉编辑部的信》③，以及冯春田的系列论文：《关于秦墓竹简中有无"补充式"以及"疑问句代词宾语的位置"问题——与王锳同志商榷》④、《〈睡虎地秦墓竹简〉某些语法现象研究》⑤、《秦墓竹简某些语法现象分析》⑥、《秦墓竹简选择问句分析》⑦、《秦简语法札记》⑧等。高一勇《秦简"法律答问"问句类别》也分析了秦简《法律答问》中各种问句的类别⑨。魏德胜《〈睡虎地秦墓竹简〉语法研究》⑩是简帛文献语法史研究的第一部专书，复音词分析部分，举例探讨了部分复音词的结构，对复音词作了全面统计分析，指出云梦秦简的复音词具有复杂化、多新词等特点。数量和称代部分，认为秦简在数量范围的表达上高度精密，以适应法律语言的需要。共有 17 种表达方式，如"自……以上"，表大于某数，并包括这个数；"过……以上"，表大于某数，但不包括这个数。"自……以

---

① 曾仲珊：《〈睡虎地秦墓竹简〉中的数词和量词》，《求索》1981 年第 2 期。
② 王锳：《云梦秦墓竹简所见某些语法现象》，《语言研究》1982 年第 1 期。
③ 王锳：《就冯春田同志的商榷致〈语言研究〉编辑部的信》，《语言研究》1983 年第 1 期。
④ 冯春田：《关于秦墓竹简中有无"补充式"以及"疑问句代词宾语的位置"问题——与王锳同志商榷》，《语言研究》1983 年第 1 期。
⑤ 冯春田：《〈睡虎地秦墓竹简〉某些语法现象研究》，《中国语文》1984 年第 4 期。
⑥ 冯春田：《秦墓竹简某些语法现象分析》，《语言研究》1986 年第 1 期。
⑦ 冯春田：《秦墓竹简选择问句分析》，《语文研究》1987 年第 1 期。
⑧ 冯春田：《秦简语法札记》，《语言学论丛》18 辑，商务印书馆 1993 年。
⑨ 高一勇：《秦简"法律答问"问句类别》，《古汉语研究》1993 年第 1 期。
⑩ 魏德胜：《〈睡虎地秦墓竹简〉语法研究》，首都师范大学出版社 2000 年。

下",小于某数,包括这个数;"不盈……以下",小于某数,但不包括这个数。虚词部分,罗列了全部虚词的用法,并讨论了一些虚词的发展变化。句法功能、省略复指范围则探讨了句法表达上的一些特点。

大西克也《马王堆帛书〈五十二病方〉的语法特点》①,通过描写《五十二病方》的若干语法现象来评价它在汉语语法史上的地位,指出其中的使令句特点极其突出,不用"使"字,是历史上最早专用"令"字的资料;其中的补语句一般不用介词。张丽君《〈五十二病方〉物量词举隅》把《五十二病方》的物量词概括为四类加以论述。②徐莉莉取材于《马王堆汉墓帛书(肆)》,考察了十一种帛书和四种简书中的称数法。③

吉仕梅《秦汉简帛语言研究》④,主要涉及《睡虎地秦墓竹简》和居延汉简等,对云梦秦简的量词、副词、介词、连词以及汉简的量词等进行了分类研究。周守晋《出土战国文献语法研究》⑤,从时间表达、连接成分、否定形式三部分,对战国时期的简帛文献中的相关表达方式作了系统研讨。

张国艳《居延汉简虚词研究》⑥,分代词、副词、介词、连词、语气词、助词、叹词、词缀等类别,对每个虚词都进行用法描写及历史传承的研讨。还有五篇专题研究:居延汉简的"乃"和"乃",居延汉简"并"、"并"及相关字用法考察,从居延汉简否定副词的使用情况探讨"弗"衰弱的原因,关于假设连词"节"、"即"的研究——兼谈《墨子·备城门》诸篇的写作时代,居延汉简表数量范围副词概说——兼谈表数量范围副词的历史发展。刘波《包山楚简语言研

---

① 湖南省博物馆编:《马王堆汉墓研究论文集》,湖南出版社1994年。
② 张丽君:《〈五十二病方〉物量词举隅》,《古汉语研究》1998年第1期。
③ 徐莉莉:《马王堆汉墓帛书(肆)所见称数法考察》,《古汉语研究》1997年第1期。
④ 吉仕梅:《秦汉简帛语言研究》,巴蜀书社2004年。
⑤ 周守晋:《出土战国文献语法研究》,北京大学出版社2005年。
⑥ 张国艳:《居延汉简虚词研究》,华东师范大学博士学位论文2005年。

究》①，对复音词作了结构分析，对虚词按类作了叙述。

词汇的系统性相对较难把握，故简帛词汇研究的成果稍少些。大量对简帛词语的训释考订，属于语文学的范畴，这些考释与自汉唐以来的古书词语训诂一脉相承，对理解简帛文义提供了极大帮助，是水平极高的研究成果。如劳榦、陈槃、陈直、裘锡圭等对居延汉简词语的疏通，刘信芳、曾宪通、孔仲温、刘乐贤、刘钊、黄文杰、陈伟武、孟蓬生等对楚简、秦简词语的考证，都影响深远，为语言研究奠定了基础。

张显成《先秦两汉医学用语研究》②，从词汇学的角度，运用马王堆帛书、武威医简、阜阳汉简、居延汉简、敦煌汉简、望山楚简等出土简帛资料与传世文献结合，对中医词语作了考释。从词语结构、引申途径等方面将中医词语的内部结构揭示出来，研究方法、论证过程、研究结果都富有创新意义。

魏德胜《〈睡虎地秦墓竹简〉词汇研究》③，从新词语、法律宜忌等专业词汇、同义词等方面讨论了云梦秦简对汉语词汇史研究的价值。其数量较大的新词语或是罕见于同期其他文献，或是早于其他文献几百年上千年，如"白汤"，白开水，《汉语大词典》首例用的是《水浒传》。

王颖的《包山楚简词汇研究》④以词义考释为主，按名词、动词、形容词、数词、量词、副词、介词、连词等词类分类，列出所有词语，单音节在前，复音词在后，除名词和数量词外，每个词都作具体解释分析。后有"包山简同义词用法"、"包山楚简与睡虎地秦简用词的差别"及"对《汉语大词典》的订补"三节专题研究。

朱湘蓉《秦简词汇初探》⑤，对睡虎地秦简、放马滩秦简、龙岗秦简、周家台秦简、岳麓书院藏秦简（一）等材料的词汇，分构成研

---

① 刘波：《包山楚简语言研究》，北京师范大学硕士学位论文2005年。
② 张显成：《先秦两汉医学用语研究》，巴蜀书社2000年。
③ 魏德胜：《〈睡虎地秦墓竹简〉词汇研究》，华夏出版社2002年。
④ 王颖：《包山楚简词汇研究》，厦门大学硕士学位论文2004年，厦门大学出版社2008年。
⑤ 朱湘蓉：《秦简词汇初探》，中国社会科学出版社2012年。

究、演变研究、分类研究、应用研究几个部分，探讨了单音词、复音词、新词新义、法律词汇、日书词汇、文书词汇、医药词汇、词义考释与注释等内容。

秦汉简帛也给汉字史研究带来了新材料。战国及秦简帛已明显有隶书迹象，因此隶变的上限就上推至战国中期①，隶变的过程是漫长而复杂的。传统所谓从大篆到小篆、隶书这样一种线性的发展过程就受到了挑战。小篆是始皇时代由李斯等根据大篆而改定的，据出土简帛可知，小篆出现的时代古隶也已经成熟，所以小篆和隶书并不是前后传承的关系。殷伟仁《从出土简牍看篆隶关系》将周秦两汉的字体发展概括为：大篆—古隶—隶书（八分）。② 除了秦国外，战国时期其他诸侯国也出现隶变的迹象，从目前出土较多的楚简看，曾侯乙墓竹简、信阳楚简、望山楚简、包山楚简、楚帛书等，字形都趋向扁方，与金文、大篆已迥然不同。③

《说文》研究也因简帛文献的大量出土而辟出一条新路。主要是简帛文献与《说文》互证的"新证"研究。黄潇潇《秦汉简帛文献与〈说文〉新证》④总结了出土文献印证《说文》的研究成果。裘锡圭的《〈说文〉与出土古文字》一文，通过大量例证说明《说文》中那些不见于传世古书的字形和字义恰与古文字资料相合，指出"《说文》对出土古文字的研究的重要性实际上超出了一般人的估计，同时也说明只有通过出土古文字才能比较充分地认识《说文》的巨大价值"。⑤ 刘钊的《谈考古资料在〈说文〉研究中的重要性》列举60个出土古文字资料，特别是简帛资料印证《说文》的例子，证明了出土古文字资料在《说文》中的重要作用：第一，《说文》中的一些名物训释过于简单，以致今人难以了解，而出土的古器物实物恰能增强我们的认识；第二，《说

---

① 赵平安：《隶变纵横谈》，《历史教学》1992年第9期。
② 殷伟仁：《从出土简牍看篆隶关系》，《历史教学》1992年第2期。
③ 刘凤山：《隶变研究》，首都师范大学博士学位论文2006年。
④ 黄潇潇：《秦汉简帛文献与〈说文〉新证》，北京语言大学博士学位论文2008年。
⑤ 裘锡圭：《〈说文〉与出土古文字》，《说文解字研究》第一辑，河南大学出版社1991年。

文》在传抄过程中遗漏了一些字,而古文字数据证明这些字早已产生;第三,《说文》中一些小篆经历演进已看不出原始的形体结构,却可以通过古文字数据看到解决的线索;第四,古文字数据可以用于校正《说文》经历代传抄而产生的讹误。① 李天虹的《说文古文校补29则》②对《说文》古文的研究成果作了总结,认为此前的研究集中在以古文纠正《说文》讹变字形上,此文则另辟蹊径用古文字数据增补《说文》遗漏的古文,其研究不仅充实了战国文字数据,而且对研究战国文字也有一定的作用。李天虹的《说文古文新证》③则是运用战国古文字数据校订《说文》古文的一篇重要论文。王贵元的《〈说文解字〉新证》④一文利用新近出土的秦汉简帛、铜器铭文等古文字资料佐证《说文》说形,文章用"新证"做题,表明古文字与《说文》的互证研究已经走出了此前的"疑古"时期,古文字数据不只是用来校正《说文》之误,也被用作支持《说文》说解的有力证据,对《说文》价值的评判更为客观,此外,本文中广泛利用秦汉简帛资料研究《说文》也启发了此后的研究者。魏德胜的论文《以秦墓竹简印证〈说文〉说解》⑤、《云梦秦简与〈说文〉的用字》⑥皆以睡虎地秦简中的用例证明《说文》,为《说文》中一些长期以来无文献用例支持的字提供了例证。连劭名的一系列论文《〈说文解字〉新证四则》⑦、《〈说文解字〉新证五则》⑧、

---

① 刘钊:《谈考古资料在〈说文〉研究中的重要性》,《中国古文字研究》第一辑,吉林大学出版社1999年。
② 李天虹:《说文古文校补29则》,《江汉考古》1992年第4期。
③ 李天虹:《说文古文新证》,《江汉考古》1995年第2期。
④ 王贵元:《〈说文解字〉新证》,《古汉语研究》1999年第3期。
⑤ 魏德胜:《以秦墓竹简印证〈说文〉说解》,《中国语文》2001年第4期。
⑥ 魏德胜:《云梦秦简与〈说文〉的用字》,《简帛语言文字研究》第一辑,巴蜀书社2002年。
⑦ 连劭名:《〈说文解字〉新证四则》,《北京教育学院学报》2002年第1期。
⑧ 连劭名:《〈说文解字〉新证五则》,《北京教育学院学报》2003年第2期。

《〈说文解字〉新证九则》①以甲骨文、金文以及简帛文献对《说文》中的解释作新的论证。张显成的《〈说文〉收字释义文献用例补缺——以简帛文献证〈说文〉》以先秦西汉简帛文献补缺《说文》所收字所释义不见于传世文献者,不但证明了许慎收字释义并非向壁虚造,同时也说明出土简帛文献具有重大的语料价值。②李守奎的《〈说文〉古文与楚文字互证三则》(2002)举例论证了《说文》古文与郭店楚简文字可与战国楚文字互证。陈徽治的《70年代出土的竹简帛书对〈说文解字〉研究之贡献》③通过实例总结了70年代出土的竹简帛书对《说文解字》研究的贡献,主要有两点:一是补《说文》中失收之重文,二是补证段氏之说。王贵元的《张家山汉简与〈说文解字〉合证——〈说文解字校笺〉补遗》④"运用张家山汉简数据考校《说文》,有些是校正今本《说文》讹误者,有些是证明后人皆以为《说文》误而实际不误者"。王贵元以出土文字与《说文》合证的另一篇代表作是《〈说文〉古文与楚简文字合证》,文章指出:"《说文》古文的主体与楚简文字为同时期文字,字形绝大多数相同,楚简文字可证《说文》古文字形之传讹与误释,《说文》古文可助楚简文字的释读。"⑤列举了16个例子以证明。董莲池的《古汉字形义探索三篇》⑥利用地下出土的古文字数据,对见于《说文》中的厚、履、尚三个字的形义重新作了探索。陈秉新的《〈说文〉与古文字互证分类例说》研究了《说文》与古文字的互证情况,全文从12个方面举例说明:第一,古文字证《说文》释义;第

---

① 连劭名:《〈说文解字〉新证九则》,《北京教育学院学报》2003年第3期。

② 张显成:《〈说文〉收字释义文献用例补缺——以简帛文献证〈说文〉》,《古汉语研究》2002年第3期。

③ 陈徽治:《70年代出土的竹简帛书对〈说文解字〉研究之贡献》,《漯河职业技术学院学报(综合版)》2003年第1期。

④ 王贵元:《张家山汉简与〈说文解字〉合证——〈说文解字校笺〉补遗》,《古汉语研究》2004年第2期。

⑤ 王贵元:《〈说文〉古文与楚简文字合证》,《中国文字研究》第1辑,大象出版社2008年。

⑥ 董莲池:《古汉字形义探索三篇》,《中国文字研究》第6辑,广西教育出版社2005年。

二，《说文》释义证古文字；第三，《说文》古文证古文字；第四，《说文》籀文证古文字；第五，《说文》或体证古文字；第六，古文字补正《说文》阙疑；第七，古文字补正《说文》佚字；第八，古文字与《说文》谐声互证；第九，古文字证《说文》不识初文之误；第十，古文字证《说文》以假借为本字之误；第十一，古文字证《说文》释本义之误；第十二，古文字证《说文》析形之误。① 师玉梅的《出土文献证〈说文〉形声字的讹变与误断》②指出《说文》中一些小篆字形发展以致失去了原有的造字理据，许慎据此作解不免产生错误。文中从"误认声符"、"非形声字误以为形声"、"形声字误以为会意"、"形声兼会意误以为仅是会意或形声"四个方面举例论证许氏释形之误，以古文字材料指正其字形的讹变。张新艳《古文字形体讹变与〈说文〉谐声》③研究了古文字形体讹变对《说文》谐声的影响："或催生新的声符，或导致某些声符消亡。"并认为这些谐声判断上的失误与字形讹变有关。杨秀恩的《〈说文解字〉"说解重文"今证》④界定了"说解重文"的概念，"是指东汉许慎《说文解字》一书在既列字形、又有说解的正篆、重文之外，又在说解中记录的一些古文字重文"。指出历代"说文学"研究者已对"说解重文"有所研究，但囿于所见古文字资料有限，只能主观臆测。该文则依据出土古文字数据证明许慎记录的这些"重文"是字字有据的。杨安的《〈说文解字〉重文考略》⑤通过大量的例子证明，《说文》重文中有一些可以和古文字字形契合，《说文》古文为战国时期的文字，并分析了重文与古文字形差异的原因，认为主要原因在于讹误。张学城的《〈说文〉古文研究》（2010）"通过将《说文》古文和楚

---

① 陈秉新、李立芳：《〈说文〉与古文字互证分类例说》，《说文学研究》第一辑，崇文书局 2004 年。
② 师玉梅：《出土文献证〈说文〉形声字的讹变与误断》，《考古与文物》2007 年第 6 期。
③ 张新艳：《古文字形体讹变与〈说文〉谐声》，《语言研究》2009 年第 1 期。
④ 杨秀恩：《〈说文解字〉"说解重文"今证》，《宁夏大学学报》2009 年第 2 期。
⑤ 杨安：《〈说文解字〉重文考略》，《牡丹江大学学报》2009 年第 1 期。

简文字相比对","发现很多《说文》古文具有楚系文字的特点"。进而指出"《说文》古文主要来源于古文经写本,但这并不是唯一来源,可能还有鼎彝等其他古文字数据"①。张会的《银雀山汉简字形与汉字源流辨正》②将银雀山汉简字形分别与《说文》所载小篆、籀文、古文等以及睡虎地秦墓竹简等字形进行比较,在此基础上提出小篆和隶书均来源于战国秦文字,二者是并存的,并据此描述了古汉字发展演变的历程。杨艳辉《〈说文〉新附字新考例——以敦煌汉简为主要材料》③,以敦煌简印证了《说文》新附字。郝慧芳《张家山汉简用字与〈说文解字〉义证》④用张家山汉简印证了《说文》几个字的释义。黄潇潇《秦汉简帛文献与〈说文〉新证》⑤以 14 种简帛文献,与《说文》比照,为一些《说文》中所收而传世文献中罕见的文字找到了文献用例。

从 2002 年起,由张显成主编的《简帛语言文字研究》陆续出版了 6 辑,刊载了一大批简帛语言文字研究的成果,在学界产生较大影响。

李均明等著《当代中国简帛学研究(1949—2009)》,总结了近年来的简帛研究热点,以下讨论主要参考了这部著作。

2. 古籍辨伪。由来已久的疑古思潮至晚清而尤盛,对流传下来的古籍的辨伪范围不断扩大。张心澂《伪书通考》收伪书 1300 多部。简帛古书的出土为研究古书真伪提供了可信的参照。儒家"六经"是否形成于孔子时代,历来受到大家的质疑。郭店楚简《六德》:"观诸《诗》、《书》则亦在矣,观诸《礼》、《乐》则亦在矣,观诸《易》、《春

---

① 张学城:《说文》古文研究,《安徽大学学报(哲学社会科学版)》2010 年第 5 期。

② 张会:《银雀山汉简字形与汉字源流辨正》,《古汉语研究》2010 年第 2 期。

③ 杨艳辉:《〈说文〉新附字新考例——以敦煌汉简为主要材料》,《乐山师范学院学报》2006 年第 8 期。

④ 郝慧芳:《张家山汉简用字与〈说文解字〉义证》,《北方论丛》2007 年第 4 期。

⑤ 黄潇潇:《秦汉简帛文献与〈说文〉新证》,北京语言大学博士学位论文 2011 年。

秋》则亦在矣。"可见战国中期已有完整的六经的说法，并与《庄子·天运篇》、《天下篇》次序一致。《庄子·天运》："孔子谓老聃曰：丘治《诗》、《书》、《礼》、《乐》、《易》、《春秋》六经，自以为久矣，孰知其故矣。"《庄子·天下》："其在于《诗》、《书》、《礼》、《乐》者，邹鲁之士，搢绅先生多能明之。《诗》以道志，《书》以道事，《礼》以道行，《乐》以道和，《易》以道阴阳，《春秋》以道名分。其数散于天下而设于中国者，百家之学时或称而道之。"这也侧面印证了《庄子》的成书当亦不晚。江陵张家山 136 号墓出土竹简有《盗跖》篇，"跖"字写作"貑"，过去对《盗跖》篇的疑伪也就不攻自破了。阜阳汉汝阴侯墓出土竹简亦有《庄子》杂篇 8 简，是目前所见最早《庄子》写本，不晚于西汉文帝时代。① 《史记·老子韩非列传》言庄子"作《渔父》、《盗跖》、《胠箧》，以诋訾孔子之徒，以明老子之术"。司马迁亲见庄子之书也为张家山汉简、阜阳汉简所证实。② 上博简《孔子诗论》也证明了孔子编订《诗》的事实。《清华大学藏战国竹书》有《尚书》的若干篇章，也弥足珍贵，可恢复一些篇章的原貌，证实清人对古文《尚书》辨伪的成果。

阜阳汉简有《诗经》的残篇，武威汉简有《仪礼》的部分篇章，郭店楚简、上博简各有《礼记·缁衣》一篇，这些都对儒家经典的早期成书过程研究有极重要的价值。上博简《周易》、马王堆帛书《周易》的出土，也为《史记》记载的孔子晚年喜爱《周易》找到了比较可靠的证据，甚至孔子作《易传》也有可能。《苍颉篇》的残简见于居延汉简、敦煌汉简、居延新简等西北屯戍简中，阜阳汉简更是有 100 余简，541 字；北京大学藏西汉简牍中有 70 余简，1230 字。宁赫《〈苍颉篇〉研究》③发现《说文》的按部首编排汉字明显受《苍颉篇》影响。

银雀山《孙子兵法》、《孙膑兵法》的出土，解决了两位孙子的千

---

① 韩自强等：《阜阳出土的〈庄子·杂篇〉汉简》，《道家文化研究》第 18 期，三联书店 2000 年。
② 《饶宗颐二十世纪学术文集卷三·简帛学》，中国人民大学出版社 2009 年；廖明春：《〈庄子·盗跖篇〉探源》，《文史》第 45 辑，中华书局 1998 年。
③ 宁赫：《〈苍颉篇〉研究》，东北师范大学硕士学位论文 2005 年。

年谜案。《尉缭子》、《晏子》、《六韬》的出土，都否定了它们是伪书的论断。

3. 儒学研究。郭店楚简、上博简、清华简的出土、公布，引发了早期儒学研究的国际热潮，在国内、国外多次召开学术讨论会。1998年5月美国达慕斯大学举办了世界首次郭店简《老子》的学术讨论会，与会的各国30余位代表对郭店简道家、儒家论著展开讨论，产生了较大的国际影响。1999年10月在武汉大学召开"郭店楚简国际学术研讨会"，100多位各国学者参加研讨。2006年6月在武汉大学召开"新出楚简国际学术研讨会"，120多位各国学者参加，对郭店简、上博简的文化思想进行了深入探讨。这样的研讨会还有很多，会议及各类研读班还出版了多部专题论文集，综述文章也屡见不鲜，仅就郭店楚简而言，发表的论文就有千余篇，专著几十部。① 这些都说明了出土的战国秦汉简帛对儒学研究的推动。

对于郭店简儒家文献的学派归属，李学勤等学者认为主要属思孟学派，《缁衣》、《五行》、《鲁穆公》三篇为子思所作，《成之闻之》、《性自命出》、《六德》、《尊德义》四篇也与子思有关。② 李泽厚、陈来等学者认为，郭店简为儒家后学的言论汇集，不属于一个特定学派。③ 早期赞同属子思学派的学者占多数，如姜广辉、杨儒宾、李景林、王葆玹、周凤五、李天虹、叶国良等纷纷撰文证成李学勤说。程元敏《礼记·中庸、坊记、缁衣非出于〈子思子〉考》④认为《缁衣》、《子思子》有相同的文字是由于它们取材一致，不是郭店简直接从《子思子》引。《缁衣》为刘瓛所作，与子思无关。李存山《"郭店竹简与思孟学派"复议》⑤认为郭店简内部各篇表述的思想倾向不一致，不属

---

① 王永平：《郭店楚简研究综述》，《社会科学战线》2005年第3期。
② 李学勤：《先秦儒家著作的重大发现》，《中国哲学》第20辑，辽宁教育出版社1999年。
③ 李泽厚：《初读郭店竹简印象记要》，《中国哲学》第21辑；陈来：《郭店简可称"荆门礼记"》，《人民政协报》1998年8月3日。
④ 程元敏：《礼记·中庸、坊记、缁衣非出于〈子思子〉考》，《张以仁先生七十秩寿庆论文集》上册，学生书局1999年。
⑤ 李存山：《"郭店竹简与思孟学派"复议》，《儒家文化研究》第1辑，三联书店2007年。

一个学派。程、李二文动摇了"思孟学派说"的根基，学界的倾向也发生逆转，多数学者又回到七十子后学论集的说法上来。

由于对郭店楚简、上博楚简所属学派的争论，大家开始怀疑后代用儒家、道家等界限来给先秦诸子定性①是汉代学界的分类成果。这似乎又走到另一个极端。《汉志》的"九流十家"还是有客观基础的，并不是人为硬性分出的类别，而是根据诸子的价值取向而作出的判断。"杂家"的存在就是表明也有杂取各家学说而成的一类。

《韩非子·显学》说："自孔子之死也，有子张之儒，有子思之儒，有颜氏之儒，有孟氏之儒，有漆雕氏之儒，有仲良氏之儒，有孙氏之儒，有乐正氏之儒。"《汉志》"儒家类"也收录《漆雕子》、《宓子》、《景子》、《世子》、《魏文侯》、《李克》、《公孙尼子》、《孟子》等，这些著作大多散佚，我们今天知道的儒家是极其片面的，所以我们也很难确定出土的儒家文献属哪个派别。

4. 道家学说。历史上对老子其人异说很多，老子是一人还是多人，《老子》书是一人所作，还是道家后学陆续连缀而成，讫无定论。出土简帛文献中道家书有郭店《老子》甲、乙、丙本，及《太一生水》；上博楚简《恒先》、《彭祖》；马王堆汉代帛书《老子》甲、乙本，及其前后的古佚书；北京大学藏西汉竹书《老子》。对郭店《老子》的性质，学界有"辑选"、"来源"、"并行文本"三说。王博认为郭店本是《老子》的摘抄②，裘锡圭赞同王说，认为当时已有完整的《老子》文本③。来源说者郭沂认为郭店《老子》是原始状态，为春秋时老聃所作，是今本的始祖④。日本学者池田知久同意郭说，认为郭店《老子》正处

---

① 李锐：《论上博简〈鬼神之明〉篇的学派性质——兼说对文献学派属性判定的误区》，《湖北大学学报》（哲学社会科学版）2009 年第 1 期。

② 王博：《关于郭店楚墓竹简〈老子〉的结构与性质——兼论与通行本〈老子〉的关系》，《道家文化研究》第 17 辑，三联书店 1999 年。

③ 裘锡圭：《郭店〈老子〉简初探》，《道家文化研究》第 17 辑，三联书店 1999 年。

④ 郭沂：《从郭店楚简〈老子〉看老子其人其书》，《哲学研究》1998 年第 7 期。

于形成过程中，是后世本的基础①。并行文本说者认为，《老子》早期分篇流传，尚未汇编为一书②。

马王堆帛书《老子》先《德经》，后《道经》，与传世本相反。第一种认为帛书本为古本，今本为后世变化而成③；第二种看法认为古本就存在两种次序④；第三种看法是原本《道经》在前，帛书本属后起⑤。《老子》乙本前的四篇古佚书，唐兰认为即《汉志》著录的《黄帝四经》，得到一些学者的赞同。⑥ 裘锡圭对此表示要慎重，目前没有直接的证据证明它们就是《黄帝四经》。⑦

《太一生水》，多数学者认为是道家著作。李学勤认为出自关尹一派⑧，罗炽说是楚国黄老道家的作品⑨，谭宝刚认为是老聃所作⑩。目前看来，应为道家后学的作品，与《老子》的思想有一定差异。其宇宙生成理论也引起学界的讨论，对"太一"的认识也有宇宙

---

① 池田知久：《尚处于形成阶段的〈老子〉最古文本》，《道家文化研究》第17辑，三联书店1999年。

② 谷中信一：《从郭店老子看今本老子的完成》，《郭店楚简国际学术研讨会论文集》，湖北人民出版社2000年。

③ 韩仲民：《长沙马王堆汉墓帛书概述》，《文物》1974年第9期；尹振环《帛书老子与老子术》，贵州人民出版社2000年。

④ 高亨、池曦朝：《试谈马王堆汉墓中的帛书老子》，《文物》1974年第11期。

⑤ 李学勤：《严遵〈指归〉考辨》，《历史文献研究》新6辑，北京师范大学出版社1995年。

⑥ 陈鼓应：《关于〈黄老帛书〉四篇成书年代等问题的研究》，《马王堆汉墓研究文集》，湖南出版社1994年。

⑦ 裘锡圭：《马王堆〈老子〉甲乙本卷前后佚书与"道法家"》，《中国哲学》第2辑，三联书店1979年；《马王堆帛书〈老子〉乙本卷前古佚书并非〈黄帝四经〉》，《道家文化研究》第3辑，上海古籍出版社1993年。

⑧ 李学勤：《荆门郭店楚简所见关尹遗说》，《中国文物报》1998年4月29日。

⑨ 罗炽：《〈太一生水〉辨》，《湖北大学学报》（哲社版）2004年第6期。

⑩ 谭宝刚：《〈太一生水〉乃老聃遗著》，《古墓新知》，国际炎黄文化出版社2003年；《再论〈太一生水〉乃老聃遗著》，《徐州师范大学学报》（哲社版）2004年第4期。

"最最开始"说、"宇宙终极创生"说、"巫术神秘力量"说等。李学勤从术数的角度对《太一生水》进行了解读,认为太一是北辰之神的别名,太一之星常居北极,而在传统的术数之学中,北方对应于五行的水。① 李零对"太一生水"和"太一行九宫"进行了比较,认为《太一生水》是从宇宙生成的关系讲太一,即推天地、阴阳、四时、寒暑、湿燥之源为水为太一,终端是循环不已的"岁",它是以生成链条来描述这一过程,强调的是造化过程的起点。而"太一行九宫"则是一种圆圈,它更强调的是四时循环的过程和过程的结果,即"岁"。两者其实是对同一过程的不同描述,一个强调"因",一个强调"果",正好互为表里。②

上博简《恒先》,也是道家作品。讲宇宙生成,而未使用"道"的概念。李学勤等认为"恒先"即为"道"。郭店简以"太一"、"恒先"来指称宇宙的本原,与《庄子》等不同。③

5. 术数类文献。简帛术数文献主要是"日书"。1975 年出土的《睡虎地秦墓竹简》出现"日书"篇题,我们因此得以对这类文献定名。目前已出土的有二十多批,大多系残简。比较完整的有九店楚简日书、睡虎地秦简日书甲乙种、放马滩秦简日书甲乙种、随州孔家坡汉简日书,材料都已公布。

饶宗颐、曾宪通《云梦睡虎地日书研究》④分门别类地对日书中常见的一些术数问题作了较为详细的解释。刘乐贤《睡虎地秦简日书研究》在整理小组成果的基础上,对日书进行全面的训释,并从文献学、术数史、社会史等角度对睡虎地日书作了全面的描述和分析,其《简帛数术文献探论》对 2000 年之前公布的术数类材料作了一次较为

---

① 李学勤:《〈太一生水〉的术数解释》,《道家文化研究》第 17 辑,三联书店 1999 年。
② 李零:《郭店老子校读记》,北京大学出版社 2002 年。王永平:《郭店楚简研究综述》,《社会科学战线》2005 年第 3 期。
③ 参见曹峰:《〈恒先〉研究综述——兼论〈恒先〉今后研究的方法》,《中国哲学史》2008 年第 4 期。
④ 饶宗颐、曾宪通:《云梦睡虎地日书研究》,香港中文大学出版社 1982 年。

全面的讨论。孙占宇在博士论文《放马滩秦简日书整理与研究》中，对放马滩秦简日书甲、乙种作了校释、疏证、内涵阐释等工作。陈炫玮《孔家坡汉简日书研究》重在对孔简日书的校释理解，并征引传世文献与之对读，对我们阅读和理解孔简日书颇有益处。程少轩《放马滩简式占古佚书研究》对放简中不见于其他日书的乐律、式占、天文等术数内容做了进一步的解读，并补充了简文。

对日书的术数内容作探讨的论文多达数百篇。李学勤、刘乐贤、李零、程少轩将睡虎地、孔家坡、放马滩等日书结合起来分析，并指出古代"十二禽"、"三十六禽"系统与后世十二生肖存在某些关系的一致性。① 戴念祖、谷杰、陈应时等根据放马滩秦简日书乙种中律学的材料，对古代律数的推算、生律的次序、生律法等问题作了较多的讨论。② 刘钊的《秦简中的鬼怪》③对睡虎地日书《诘咎》篇中的二十多种鬼名进行了考证。刘信芳《〈日书〉驱鬼术发微》④则指出驱鬼术是古人寻求精神慰藉的一种手段。饶宗颐《秦简中的五行说与纳音说》(《古文字研究》第 14 辑，中华书局 1986 年)、李学勤《睡虎地秦简中的〈艮山图〉》(《文物天地》1991 年第 4 期)、郑刚《〈睡虎地秦简日书疏证〉导论》(中山大学 1989 年硕士学位论文)、刘乐贤《睡虎地秦简日书中的"往亡"与"归忌"》(《简帛研究》第 2 辑，法律出版社 1996 年)、金良年《云梦睡虎地秦简〈日书〉"啻"篇研究》(《中华文史论丛》第 51 辑)、张铭洽《云梦秦简〈日书〉占卜术初探》(《文博》1988 年第 3 期)、《秦简〈日书〉之"建除法"试析》(《陕西历史博物馆馆刊》

---

① 李学勤：《简帛佚籍与学术史》，江西教育出版社 2001 年，第 156 页；刘乐贤：《睡虎地秦简日书研究》，文津出版社 1994 年，第 324 页；李零：《中国方术考(修订本)》，东方出版社 2001 年，第 216~231 页。

② 戴念祖：《试析〈律书〉中的乐律与占卜》，《中国音乐学》2001 年第 2 期；谷杰：《从放马滩秦简〈律书〉再论〈吕氏春秋〉生律次序》，《音乐研究》2005 年第 3 期；陈应时：《从放马滩秦简〈律书〉再论〈吕氏春秋〉的生律法——兼评〈从放马滩秦简《律书》再论〈吕氏春秋〉生律次序〉》，《音乐研究》2005 年第 4 期。

③ 刘钊：《秦简中的鬼怪》，《中国典籍与文化》1997 年第 3 期。

④ 刘信芳：《〈日书〉驱鬼术发微》，《文博》1993 年第 4 期。

第 7 辑)、胡文辉《〈日书〉起源考》(《简帛研究》第 2 辑,法律出版社 1996 年)、《释"岁"——以睡虎地秦简〈日书〉为中心》(《文化与传播》第 4 期,海天出版社 1996 年)、《秦简日书数术的探讨》(《中国历史学会史学集刊》第 27 期)、尚民杰《秦简〈日书〉与五行学说》(《文博》1997 年第 2 期)、《〈日书〉"男女日"与"生子"》(《文博》2000 年第 1 期)、连劭民《云梦秦简〈诘〉篇考述》(《考古学报》2002 年第 1 期)、孙占宇《简帛日书所见早期数术考述》(《湖南大学学报》2011 年第 2 期)、姜守诚《放马滩秦简〈日书〉"行不得择日"篇考释》(《鲁东大学学报》2012 年第 4 期)等,也从术数史的角度填补了日书相关研究的空白。

从社会史的角度来研究的也较多。李学勤《睡虎地秦简〈日书〉与楚、秦社会》①从睡虎地秦简日书入手,探讨秦、楚社会制度的差异。林剑鸣《秦汉政治生活中的神秘主义》②、贺润坤《从云梦秦简看秦的吏治》③以日书来考察秦汉时期的政治生活。王子今《睡虎地秦简〈日书〉秦楚行忌比较》、《睡虎地秦简〈日书〉所见行归宜忌》根据日书对战国秦汉时期的交通状况作了讨论。④ 贺润坤利用日书对秦国的农、林、牧业、民间救灾专门作了讨论。⑤ 还有学者利用日书考察秦国的风俗习惯、宗教信仰。工藤元男《睡虎地秦简所见秦代国家与社会》(上海古籍出版社 2010 年)从"法和习俗"这一社会史研究视角,对睡虎地秦简所见秦律与《日书》作了全新的解读。吴小强《试论秦人婚姻

---

① 李学勤:《睡虎地秦简〈日书〉与楚、秦社会》,《江汉考古》1985 年第 4 期。
② 林剑鸣:《秦汉政治生活中的神秘主义》,《历史研究》1991 年第 4 期。
③ 贺润坤:《从云梦秦简看秦的吏治》,《西安石油学院学报》1993 年第 1 期。
④ 王子今:《睡虎地秦简〈日书〉秦楚行忌比较》、《睡虎地秦简〈日书〉所见行归宜忌》,分别载《秦文化论丛》第 2 辑(西北大学出版社 1993 年)、《江汉考古》1994 年第 2 期。
⑤ 贺润坤:《从〈日书〉看秦国的谷物种植》,《文博》1988 年第 3 期;《云梦秦简所反映的秦国渔猎业》,《文博》1989 年第 3 期;《从云梦秦简〈日书〉看秦民间的灾变和救灾》,《江汉考古》1994 年第 2 期。

家庭生育观念》(《中国史研究》1989 年第 3 期)、《〈日书〉与秦社会风俗》(《文博》1990 年第 2 期)、《论秦人的多神崇拜特点》(《文博》1992 年第 4 期)认为日书中的记载展现出了秦人家庭婚姻、生育观念、多神崇拜等多方面特点。有关这方面的重要论著还有王桂钧《日书所见早期秦俗发微》(《文博》1988 年第 4 期),蒲慕州《睡虎地秦简日书的世界》(《"中央研究院历史语言研究所"集刊》第 62 本第 4 分,1993 年),刘增贵《秦简〈日书〉的出行礼俗与信仰》(《"中央研究院历史语言研究所"集刊》第 72 本第 3 分,2007 年),刘道超《秦简〈日书〉择吉民俗研究》(《广西师范大学学报》2004 年第 3 期),郝振楠《〈日书〉所见秦人鬼神观念述论》(《中国古代社会与思想文化研究论集(第三辑)》2008 年),吕亚虎《出土简帛数据所见巫术浅析》(科学出版社 2010 年)等。

6. 简帛文献与古代文学。上博简《孔子诗论》记述孔子删定《诗经》的言论,是诗学的重要文献。郭店简多处引《诗经》,阜阳汉简出土《诗经》残简,都是《诗经》文学的新资料。①

天水放马滩秦简中的《志怪故事》,与《搜神记》等有相似性,伏俊琏根据明清文人的辑录在汲冢竹书中发现了战国时期的志怪小说②,两相印证,说明中国同类文学作品起源很早。

尹湾汉墓出土《神乌赋》,使赋出民间说得到印证。与后世及敦煌的《鹧雀赋》、《鹰兔赋》、《燕子赋》,可谓一脉相承。③ 先秦时期,"语"作为一种文体已有了一定的发展,已出土二十余种,如《春秋事语》等,对于我们认识"语"文体的演变有启发意义④。七十子后学是

---

① 于茀:《金石简帛诗经研究》,北京大学出版社 2004 年。
② 李学勤:《放马滩简中的志怪故事》,《文物》1990 年第 4 期;伏俊琏:《战国早期的志怪小说》,《光明日报》2005 年 8 月 26 日。
③ 伏俊琏:《从新出土的〈神乌赋〉看民间故事赋的产生、特征及在文学史上的意义》,《西北师范大学学报》1997 年第 6 期。
④ 俞志慧:《语:一种古老的文类——以言类之语为例》,《文史哲》2007 年第 1 期;王青:《古代"语"文体的起源与发展——上博简〈曹沫之阵〉篇题的启示》,《史学集刊》2010 年第 2 期。

中国文学史上第一个有共同文风的散文流派,是诸子说理散文的起点。① 睡虎地秦简《为吏之道》与《荀子·成相》体例完全相同,是地道的民间文学。②

7. 简帛文献与科技史研究。简帛文献对于中国的中医、数学等科技史研究产生极大推动。《武威汉代医简》记录医方30多个,记载了针灸的穴位、针刺深度、留针时间等,反映了汉代中医的水平。③ 阜阳汉简《万物》,讲各种药物的疗效、机理,对研究中医药物学及自然科学都有重要价值。④ 张家山汉简《脉书》、《引书》,叙述人体经脉及主要病症,以及用导引术治疗疾病、保健养生的理论及应用,很有实用价值。马王堆帛书《足臂十一脉灸经》、《阴阳十一脉灸经甲本》、《脉法》、《阴阳脉死候》、《五十二病方》、《阴阳十一脉灸经乙本》、《却谷食气》、《导引图》、《养生方》、《杂疗方》、《胎产书》等大量中医典籍,对中医、中药、养生学、经脉学都产生重大影响。其《导引图》与张家山汉简《引书》可配合使用,相互发明。⑤ 居延汉简、敦煌汉简等西部屯戍简牍中也发现零星医药简,有些可能是兽医方,对科技史研究也有一定价值。

岳麓书院藏秦简、张家山汉简都发现了完整的数学著作,都采用问题集的形式,每题由问、答、术三部分组成,与传世的《九章算术》有密切联系,把中国的数学史向前推进了几百年,中国在战国时期即产生了成熟的数学著作,确立了中国在国际数学史中遥遥领先的地位。

有关简帛算术书校读的成果也很丰富,我们来看一个例子,涉及《说文解字》、《九章算术》、《睡虎地秦墓竹简》、《张家山汉简》、

---

① 陈桐生:《从出土文献看七十子后学在先秦散文史上的地位》,《文学遗产》2005年第6期。
② 陈良武:《出土文献与〈荀子·成相篇〉》,《长安大学学报》2008年第3期。
③ 《武威汉代医简》,文物出版社1975年。
④ 胡平生、韩自强:《〈万物〉略说》,《文物》1988年第4期。
⑤ 李学勤:《〈引书〉与〈导引图〉》,《文物天地》1991年第2期;高大伦:《张家山汉简〈引书〉研究》,巴蜀书社1995年。

《岳麓书院藏秦简》等。

《说文》："糳，稻重一柘为粟二十斗，为米十斗曰毇，为米六斗大半斗曰糳。"

"粝，粟重一柘，为十六斗太半斗，舂为米一斛曰粝。"

"繫，粝米一斛舂为九斗曰繫。"（段注改为：粝米一斛舂为八斗曰繫。）

"毇，米一斛舂为八斗也。"（段注改为：毇，粝米一斛舂为九斗也。）

"粺，毇也。从米卑声。"

段注根据《九章算术·粟米章》："粟米之法：粟率五十，粝米三十，粺米二十七，繫米二十四。"改"毇"的说解为"粝米一斛舂为九斗也"，改"繫"的说解为"粝米一斛舂为八斗曰繫"，也就是说，把"毇"与"繫"二字互换了。清儒多有类似之说，如朱骏声《说文通训定声》甚至径直说"稻重一柘为粟二十斗，为米十斗曰粝，为米九斗曰毇，为米八斗曰繫，为米六斗大半斗曰糳"。

简言之，粟、粝、粺（毇）、繫几种米的比率：

《说文》　　粟∶粝∶繫∶毇∶糳＝50∶30∶27∶24∶16

《九章》　　粟∶粝∶粺∶繫＝50∶30∶27∶24

其中，"粺"、"毇"，据《说文》，是同一种米。段玉裁为调和二者的矛盾，就改了《说文》，与《九章算术》一致。

云梦秦简出土后，发现有《睡简·秦律十八种》："［粟一］石六斗大半斗，舂之为粝米一石；粝米一石为凿（繫）米九斗；九［斗］为毇（毇）米八斗。稻禾一石，为粟廿斗，舂为米十斗；十斗糳，毇（毇）米六斗大半斗。"（依整理小组校正）

《睡简》　　粟∶粝∶繫∶毇∶糳＝50∶30∶27∶24∶36

《睡简》的比率与《说文》一致。睡简整理小组、裘锡圭等都认为，段注把"毇"与"繫"二字互换，是臆改，《说文》本不误。而《说文》的"糳"与"毇"，当依《睡简》，对调。① 陈抗生认为《九章算

---

① 裘锡圭：《考古发现的秦汉文字资料对校读古籍的重要性》《中国社会科学》1980年第5期。

术》传抄有误。① 裘锡圭则表示存疑。

问题并没有就此结束。邹大海研究发现,说《九章算术》系后人传抄致误,这种可能性几乎不存在,因为,经校算,不仅粟米章的相关问题都按此比例计算,而且《九章算术》全书也都按此比例计算。那么,有没有可能是后来的学者根据"粟米之法"中抄错的数据改动了汉《九章算术》其他问题的数据呢?这种可能性也是微乎其微的。②

更加有说服力的证据是,1983—1984 年出土的湖北江陵张家山汉墓(M247)竹简就有中国早期的数学著作《算数书》。2001 年文物出版社出版了张家山二四七号汉墓竹简整理小组整理的《张家山汉墓竹简(二四七号墓)》,全面公布了二四七号汉墓竹简的照片和释文。同时,整理者彭浩出版了《张家山汉简〈算数书〉注释》(科学出版社2001 年)。其中"程禾"条曰:

程曰:禾黍一石为粟十六斗泰(大)半斗,舂之为粝₌米₌一₌石₌,(粝米一石)为䊪₌米₌九斗₌,(䊪米[九]斗)为毇(毇)米八斗。 王

程曰:稻禾一石为粟廿(二十)斗,舂之为米十斗,为毇(毇)粲米六斗泰(大)半斗。麦十斗,𪎭三斗。

程曰:麦、菽、荅、麻十五斗一石,禀毇(毇)䊪者,以十斗为一石。

张家山二四七号汉墓竹简整理小组认为,《算数书》"粲"为衍文。邹大海认为,张家山汉简不误,而是整理小组断句不对,应读为:"舂之为米十斗为毇(毇),粲米六斗泰(大)半斗。"这样,张家山汉简的比率为:

粟:粝:䊪:毇:粲 = 50:30:27:24:16

---

① 陈抗生:《"睡简"杂辨》,中国历史文献研究会:《中国历史文献研究集刊》第一集,湖南人民出版社 1980 年,第 165~175 页。
② 邹大海:《从〈算数书〉和秦简看上古粮米的比率》,《自然科学史研究》2003 年第 22 卷第 4 期。

因而《说文》也不应据《睡简》改，错的是《睡简》，"粲""毇"二字误倒。《睡简》和张家山汉简都证明《说文》关于"毇""糳"的说法不误，那么，《九章算术》就有问题了。对此，邹大海解释说，《九章》中与毇米比率相同的是糳米，而《算数书》内，糳米和粺米的比率相同。因此，《说文》以粺为毇的说法是后起的，在汉初或更早的时候，粺米和毇米是两种米，《九章》中取粺米之率为27，应有很早的渊源。糳米和粺米则原来是同种精度的米。这一点还有一证。秦简说"禀毇粺者，以十斗为石"，而《算数书》"程禾"条作"禀毇糳者，以十斗为一石"，两处除"一石"与"石"的差别（意思显然是一样的）外，只有"粺"、"糳"互换的区别。或许粺和糳是不同地域的人对同种精度的米的不同称号。①

王贵元也同样认为，张家山汉简应读为："春之为米十斗为毇（毇），粲米六斗泰（大）半斗。"《说文》不应据《睡简》改，而是《睡简》"粲""毇"二字误倒。②

《岳麓书院藏秦简（贰）》也有相当数量的简文涉及谷米换算的问题："以粺求粟，廿七母五十实。以粟求粺，五十母廿七实。以毇（毇）求米，八母十实。以米求毇（毇），十母八实。"（86正）依邹大海的看法，这里的"粺"相当于"糳"，则换算比率与《说文》、《睡简》、张家山汉简都一致。"以粺求毇（毇），九母八实。以毇（毇）求粺，八母九实。以稻米求毇（毇）粲米，三母倍实。以毇（毇）米求稻米，倍母三实。"（87正）为求得与《说文》、张家山汉简一致，肖灿认为："'毇粲'中的'毇'可能是多余的字，'以毇米求稻米'中的'毇米'则可能是'粲米'。"③这样的校改是否合理，存疑。

8. 有关西北汉代屯戍制度的研究。自从20世纪初斯坦因在汉长城遗址发掘出简帛文献开始，屯戍研究一直是热点之一。在新时期，由于敦煌马圈湾简、居延新简、额济纳汉简、敦煌悬泉汉简的不断发现，简牍数量由过去的一万余枚增加到五万余枚，研究随之也向更深

---

① 邹大海：《出土〈算数书〉校释一则》，《东南文化》2004年第2期。
② 王贵元：《张家山汉简与〈说文解字〉合证》，《古汉语研究》2004年第2期。
③ 肖灿：《〈岳麓书院秦简·数〉研究》，湖南大学博士学位论文2010年。

广的方向发展。

1979年至1982年,甘肃省文物考古研究所进行了三次考察。1987年进行了普查。1992年至1995年又对疏勒河流域的汉代烽燧遗址进行了全程考察,长城500余公里,烽燧228座,障城45座,古城遗址32座。比斯坦因所见烽燧多134座。① 2006年和2008年,中国大陆、台湾、香港三地学者分别考察了居延及敦煌烽燧遗址,运用GPS全球定位系统对烽燧遗址的位置进行核实,与过去贝格曼、罗仕杰等的资料对照,发现若干遗址的定位有出入。② 另外,中国台湾学者罗仕杰于1998年8月对居延遗址进行了实地考察。日本宫宅洁、角谷常子于1997年对遗址做过考察。日本水间大辅、柿沼阳平、川村潮、楯身智志于2006年9月对烽燧遗址做过考察。德国孟斯特大学纪安诺也曾考察过烽燧遗址。③ 多次考察的成果,让我们对烽燧对应的编号更加明确,而对应的汉代烽燧名称则有助于我们部分恢复汉代长城防御线。对于个别有争议的,还需进一步确定。如罗仕杰、魏坚、邢义田认为是T9的遗址,也有学者认为是A6或A5,而这个遗址是汉代的第十六燧,还是第十七燧,大家看法也不同。

边塞的组织系统,陈梦家《汉简缀述》及《居延汉简甲乙编》都有了较全面的研究,后人续有增补。对于其整体规模大家的统计数据相去较远。所使用的兵器等可通过"守御器簿"得到具体的数据。居延新简中的"相利善刀剑册",引起大家的兴趣。④ 烽具是大家历来关注的焦点之一。新材料公布后,特别是居延新简中有一份完整的"塞上烽火品约",推动了研究的深入。吴礽骧《汉代烽火制度探索》,初

---

① 《疏勒河流域汉代长城考察报告》,文物出版社2001年。
② 《居延敦煌汉简出土遗址实地考察论文集》,上海古籍出版社2012年。
③ 参见邢义田:《全球定位系统(GPS)、3D卫星影像导览系统(Google Earth)与古代边塞遗址研究》,《地不爱宝》,中华书局2012年。
④ 钟少异:《古相剑术刍议》,《考古》1994年第1期;马明达:《居延汉简〈相剑刀〉册初探》,《敦煌学辑刊》第3辑;陈力:《〈居延新简〉相利善刀剑诸简选释》,《考古与文物》2002年第6期。

师宾《居延烽火考述——兼论古代烽号的演变》①检讨了过去对烽火制度的研究，把烽火信号分为五类：烽、表、烟、苣火、积薪。对信号的运用和传递有些新发现。

9. 律令、法制研究。过去由于史料缺乏，我们对秦汉法制研究只能依据旁证材料作一些归纳、推测。随着云梦秦简秦律、龙岗秦简秦律、张家山汉简汉律以及包山楚简的法律文书的发现，我们直接看到了秦汉法令的原貌，有了据以研究的第一手资料。学者们还从居延简、敦煌简中辑出汉代法令残篇，王杖十简、王杖诏书令等，也包含了律令条文。相关的材料还有：青川郝家坪秦代木牍《为田律》、江陵王家台秦简《效律》、岳麓书院藏秦简《秦律杂抄》与《秦令杂抄》、张家界古人堤遗址汉律及汉律目录、上孙家寨汉简"军法"、"军令"等。②相关研究迅速成为简帛研究的重要部分，出版的专著有：栗劲《秦律通论》(山东人民出版社 1985 年)、高恒《秦汉法制论考》(厦门大学出版社 1994 年)、《秦汉简牍中法制文书辑考》(社会科学文献出版社 2008 年)、孔庆明《秦汉法律史》(陕西人民出版社 1992 年)、刘海年《战国秦代法律管窥》(法律出版社 2006 年)、张伯元《出土法律文献研究》(商务印书馆 2005 年)、曹旅宁《秦律新探》(中国社会科学出版社 2002 年)、《张家山汉律研究》(中华书局 2005 年)等，还有刘海年、杨一凡总主编，刘海年、杨升南、吴九龙主编《中国珍稀法律典籍集成》甲编第一册《甲骨文金文简牍法律文献》，李均明、刘军主编甲编第二册《汉代屯戍遗简法律志》(科学出版社 1994 年)。中国台湾学者也出版了几部专书：傅荣珂《睡虎地秦简刑律研究》(商鼎文化出版社 1992 年)、徐富昌《睡虎地秦简研究》(文史哲出版社 1993 年)、吴福助《睡虎地秦简论考》(文津出版社 1994 年)。日本学者的专著有：大庭脩《秦汉法制史研究》(上海人民出版社 1991 年)、富谷至《秦汉刑罚制度研究》(广西师范大学出版社 2006 年)、籾山明《中

---

① 初师宾：《居延烽火考述——兼论古代烽号的演变》，《汉简研究文集》，甘肃人民出版社 1984 年。

② 骈宇骞、王任林：《出土简牍法律文书述略》，《中国典籍与文化》2011 年第 4 期。

国古代诉讼制度研究》(上海古籍出版社 2009 年)等。

对司法文书的研究。刘信芳《包山楚简司法术语考释》①，结合典籍，释读了包山简的一些词语。陈槃《汉晋遗简偶述》谓"爰书"具备两种性质：一为"自辨书"，二为"证书"。日本学者大庭脩同样根据居延汉简中的简文对爰书作出了解释，他认为居延汉简中有"爰书"字样的简文，并不是真正的"爰书"，凡是将个人私事向官府的申诉改易为口辞之书的东西都可以叫做"爰书"。② 刘海年《秦汉诉讼中的"爰书"》③认为"爰书"不仅是"录囚辞文书"，其内容要广泛得多。是关于诉讼案件的诉词、口供、证词、现场勘察、法医检验的记录以及其他有关诉讼的情况报告。高敏《释"爰书"》④认为"爰书"是审讯者对犯人被笞掠时的原因的原始记录，自然也是犯人口供的原始记录，也是刑讯中有关原告起诉书、被告供辞、审讯情况、审讯过程及向上级呈报等的原始记录。籾山明《爰书新探——兼论汉代诉讼》⑤认为爰书具有公证书的功能："换言之，由担任官吏为了公证某件事的事实而做成的文书，就是爰书。因为它与证明的事实有关，所以在诉讼时能成为证据(如自证爰书)，另一方面，它有时又与诉讼完全无关(如秋射爰书)，因此，我认为刘海年、高敏氏等基于张晏注，将爰书仅限定于与诉讼有关的见解，有失狭窄。但与此相反，大庭脩氏接受苏林和颜师古的说法，将爰书定义为'以文书代换其口辞'的见解，又过于含混，反而失去了它的本质。诚如本稿中已论述清楚，爰书既不是单纯的供述记录，也不是事实报告书。"胡留元、冯卓慧《爰书、传爰书考》⑥也将爰书分为诉讼与非诉讼类，不仅适用于刑事，也适用于民事。

---

① 刘信芳：《包山楚简司法术语考释》，《简帛研究》第二辑，法律出版社1996 年。
② 《圣心女子大学论集》(十三)，1958 年。
③ 刘海年：《秦汉诉讼中的"爰书"》，《法学研究》1980 年第 1 期。
④ 高敏：《释"爰书"》，《益阳师专学报》(哲社版)1987 年第 2 期。
⑤ 籾山明：《爰书新探——兼论汉代诉讼》，《简帛研究译丛》第 1 辑，湖南出版社 1996 年。
⑥ 胡留元、冯卓慧：《爰书、传爰书考》，《烟台大学学报》(哲学社会科学版)1990 年第 1 期。

张家山汉简《二年律令》，其"二年"的解释，有多种说法。整理小组力主"吕后二年"说，成为学界主流看法。张建国《试析汉初"约法三章"的法律效力——兼谈"二年律令"与萧何的关系》①提出"高祖(汉)二年"说。曹旅宁《张家山247号墓汉律制作年代新考》根据律文不避汉惠帝刘盈之讳，确定制定年代当在惠帝元年前。② 中国台湾学者邢义田《张家山汉简〈二年律令〉读记》③提出汉惠帝二年说，认为墓主于惠帝元年病免，携律令回乡，一病不起，家人雇书手抄录律令陪葬。徐世虹对各家观点作了总结，认为他们立论角度有异，汉初立法，后代修订。④

学者们还就秦汉律令体系、刑罚等进行了广泛讨论。

10. 社会制度研究。简帛文献还涉及土地制度、赋税制度、户籍制度、官吏制度等社会层面的内容。这方面的研究也很活跃。

王恩田《临沂竹书〈田法〉与爰田制》⑤、张金广《从银雀山竹书〈田法〉等篇中看国家授田制》⑥等认为"井田制"以后，从战国以后普遍实行授田制，土地国家所有，受田的农民是中国第一代的小农。也有人认为战国时授田制并不普遍，土地所有制是多种形式并存，而以土地私有制为主。⑦ 第三种看法是国家授田和封建土地私有制并存。如高敏《从云梦秦简看秦的土地制度》。⑧

---

① 张建国：《试析汉初"约法三章"的法律效力——兼谈"二年律令"与萧何的关系》，《法学研究》1996年第1期。

② 曹旅宁：《张家山247号墓汉律制作年代新考》，《出土文献研究》第6辑，上海古籍出版社2004年。

③ 邢义田：《张家山汉简〈二年律令〉读记》，《燕山学报》2003年第15期。

④ 徐世虹：《九章律再认识》，《沈家本与中国法律文化国际学术研讨会论文集》，中国法制出版社2005年；《近年来〈二年律令〉与秦汉法律体系研究述评》，《中国古代法律文献研究》第3辑，中国政法大学出版社2007年。

⑤ 王恩田：《临沂竹书〈田法〉与爰田制》，《中国史研究》1989年第2期。

⑥ 张金广：《从银雀山竹书〈田法〉等篇中看国家授田制》，《管子学刊》1990年第4期。

⑦ 祝瑞开：《汉代的公田和假说——附说秦的"受田"和"租"、"赋"》，《西北大学学报》1980年第2期。

⑧ 高敏：《从云梦秦简看秦的土地制度》，《云梦秦简初探》，河南人民出版社1979年。

《二年律令》再次引起人们对土地制度的热议。朱绍侯《吕后二年赐田宅制度试探——〈二年律令〉与军功爵制研究之二》等提出"名田制",即根据爵位的高低赐给田宅。高敏《从张家山汉简〈二年律令〉看西汉前期的土地制度——读〈张家山汉墓竹简〉札记之三》①认为西汉前期是"授田制",农户的田宅所有权仍在官府。李恒全《汉代限田制说》②认为国家承认土地私有,但对土地转让、买卖和继承有一定限制,不同等级规定不同的数量限额。

　　长沙走马楼三国简公布后,引起大家对"常限田"、"余力田"、"火种田"的讨论。一般认为涉及的土地为国有,规定农民耕种的限额,即"常限田",行有余力,可申请多种,即"余力田"。③

　　高敏《秦汉的户籍制度》④认为秦以后户籍制度渐趋完备,是征发徭役、征收赋税的依据。孙筱《秦汉户籍制度考述》认为⑤秦以后,户籍登记逐渐制度化,尤其对成丁登记十分严格。

　　以上分 10 个方面对 1980 年后的简帛研究热点作了介绍,挂一漏万,还有很多重要成果未能一一提到。随着简帛出土数量的激增,内容极大丰富,研究的重点除了简帛制度本身,以及语言文字以外,就是简帛文献所涉及的各方面的内容。可以说研究呈现出多元化的趋势。我们对过去总结较少的语言文字方面的研究用力稍多,其他稍略,大家可以参考相关的研究综述。也有些领域成果偏少,有学者提到在会计学、统计学、军事学、地理交通学等方面尚待开拓。⑥

---

① 高敏:《从张家山汉简〈二年律令〉看西汉前期的土地制度——读〈张家山汉墓竹简〉札记之三》,《中国经济史研究》2003 年第 3 期。
② 李恒全:《汉代限田制说》,《史学月刊》2007 年第 9 期。
③ 于振波:《走马楼吴简所见佃田制度考略》,《湖南大学学报》2003 年第 6 期。
④ 高敏:《秦汉的户籍制度》,《求索》1987 年第 1 期。
⑤ 孙筱:《秦汉户籍制度考述》,《中国史研究》1992 年第 4 期。
⑥ 李均明等:《当代中国简帛学研究(1949—2009)》,社会科学出版社 2011 年。

(四)涌现一批研究专家,出现一批高水平成果

这一时期,随着研究的深入,以简帛研究为主的专家比以往任何时期都多,成为简帛研究繁荣的一大标志。他们主要的简帛研究成果都发表于20世纪80年代以后。2002年5月,中国台湾中华文化大学历史系召开"第二届简帛学术讨论会",对十五位重要的简帛研究学者进行了评价,他们是:劳榦、马先醒、王国维、商承祚、裘锡圭、何四维、鲁惟一、大庭脩、罗振玉、于豪亮、高敏、陈直、饶宗颐、陈梦家、林剑鸣。简帛学的第一阶段(1900—1949年),基本没有以简帛研究为主的学者,法国汉学家沙畹对中国古代史料的关注更多的是石刻,接触简牍有一定偶然性。罗振玉、王国维也以金石、甲骨等史料为主。第二阶段(1950—1979年),开始有劳榦这样的简帛大家,他的研究成果以居延简为核心。陈梦家的研究,简帛类的也占据了重要地位。

第三阶段(1980—)研究者数量多,专家多。他们以研究机构、高校、出土地等为中心而相对集中,形成多个集团。以下就这一群体作一扫描,下一章中有介绍的这里从略。

社科院简帛研究中心:这是中国大陆第一个简帛研究的专业机构,成立于1995年3月,代表了中国大陆的最高水准。主办《简帛研究》和《简帛研究译丛》两份简帛研究的专业性刊物(后《简帛研究译丛》并入《简帛研究》),研究人员有:李学勤、谢桂华、李均明、卜宪群、杨振红、赵平安、邬文玲、马怡等。现任主任卜宪群。现李学勤、李均明、赵平安已进入清华大学出土文献研究与保护中心工作。

清华大学出土文献研究与保护中心成立于2008年,主要工作是整理清华大学藏战国竹简。研究人员有:李学勤、李均明、赵平安、李守奎、刘国忠等,中心主任李学勤。清华大学思想文化研究所研究人员有廖明春等。

赵平安,1963年出生于湖南邵东。1995年至社科院历史所作博士后研究,联系导师李学勤。出站报告为《秦西汉印章研究》。出站后,任社科院历史所和简帛研究中心研究员、古文字和古文献专业研究生导师。2009年调入清华大学人文社科学院历史系,任教授。主

要论著有:《隶变研究》(河北大学出版社 1993 年)、《〈说文〉小篆研究》(广西教育出版社 1999 年)、《新出简帛与古文字古文献研究》(商务印书馆 2009 年)、《金文释读与文明探索》(上海古籍出版社 2011 年)等。

李守奎,现为清华大学文学院教授。主要论著有:《楚文字编》、《〈说文〉古文与楚文字互证三则》、《江陵九店第 56 号墓竹简考释四则》、《楚玺文字六考》、《表意字的表达功能与古文字考释》等。

廖明春,1993 年至清华大学工作,现任历史系及思想文化研究所教授。对马王堆汉墓帛书、郭店楚简、上海博物馆藏楚简等都有深入研究。简帛研究方面的论著主要有:《帛书易传初探》(文史哲出版社 1998 年)、《新出楚简试论》(台北古籍出版社 2001 年)、《郭店楚简老子校释》(清华大学出版社 2003 年)、《出土简帛丛考》(湖北教育出版社 2004 年)等。

武汉大学简帛研究中心 2005 年成立。中心主办《简帛》集刊和"简帛"网站,承担教育部社会科学研究重大课题攻关项目"楚简综合整理与研究"、"秦简综合整理与研究"等。研究人员有:陈伟、李天虹、刘国胜、彭浩、宋华强、萧圣中、晏昌贵等,现任中心主任陈伟。

北京大学出土文献研究所,主要工作是整理北京大学藏汉简、秦简。所长朱凤瀚。

甘肃省简牍博物馆,成立于 2012 年 12 月 12 日,隶属于省文物局。取代 2007 年成立的甘肃简牍保护研究中心。主要承担对甘肃省出土简牍的收藏保管、保护修复、整理研究和展示利用等职责。研究人员有:吴礽骧、何双全、张德芳、初师宾、岳邦湖等。馆长张德芳。

吴礽骧(1934—2004 年),湖北省天门市人。1961 年北京大学历史系毕业,曾任甘肃省文物考古研究所汉简研究室主任,研究员,长期从事田野考古工作,主持和参加了灵台百里两周墓、酒泉和嘉峪关晋墓、敦煌马圈湾汉代烽燧遗址、金塔地湾汉代城障遗址、敦煌悬泉汉代邮驿遗址等处的考古发掘。为进一步摸清河西汉长城情况,吴礽骧先生不顾年事已高,深入沙漠、戈壁,连续十余年进行河西汉长城遗址调查。1995年退休。主要论著有：《河西汉塞调查与研究》、《敦煌汉简释文》(合著)、《敦煌汉简》(合著)、《汉代蓬火制度探索》、《河西汉塞》、《汉代玉门关及其入西域路线之变迁》、《汉代出入关制度考略》等。

何双全，1952年6月生，甘肃天水人。1976年毕业于四川大学历史系。甘肃省简牍博物馆副馆长、研究员。曾主持过甘肃天水秦简、敦煌悬泉汉简、甘肃武威汉墓、敦煌晋唐墓等大型考古发掘，参加居延新出土汉简的整理与研究。主要论著有：《居延新简》(合著，文物出版社1990年)、《居延新简释粹》(合著，兰州大学出版社1989年)、《散见简牍合辑》(合著，文物出版社1991年)、《双玉兰堂》上下集(兰台出版社2001年)、《新出简牍文书的整理与研究》(《中国史研究动态》1986年第2期)、《塞上烽火品约诠释》(《考古》1985年第6期)、《天水秦简综述》、《天水放马滩出土地图初探》(《文物》1989年第2期)等。1993年成立国际简牍学会，出任第一届会长，编辑出版《国际简牍学会刊》。

初师宾，1937年9月生，山东省烟台市人。1961年毕业于山东大学历史系历史专业，后入甘肃省博物馆工作，曾任甘肃省文物工作队副队长、省博物馆馆长。以田野考古调查、发掘、研究见长，兼治史学、古文字等。发表《居延都尉俸例考》、《汉边塞守御器备考略》、《居延烽火考述》等。

复旦大学出土文献与古文字研究中心成立于2005年1月20日，是复旦大学直属的实体性的研究机构。研究人员有：裘锡圭、刘钊、汪少华、施谢捷、陈剑等，中心主任为刘钊。

岳麓书院收藏一批秦简。研究人员有：陈松长、于振波、许道胜等。

陈松长，主要从事楚汉文化、楚汉简帛、玺印书法等方面的研究工作。参与整理岳麓书院藏秦简。主要论著有：《马王堆汉墓文物》(合著)、《马王堆帛书艺术》、《长沙马王堆西汉墓》、《帛书史话》、《简帛选粹》、《香港中文大学文物馆藏简牍》、《马王堆帛书〈刑德〉研究论稿》、《马王堆帛书竹简文字编》等。

于振波，主要研究秦汉社会史、秦汉简牍。主要论著有：《秦汉法律与社会》、《走马楼吴简初探》、《走马楼吴简续探》等。

长沙简牍博物馆是长沙市政府为专题保护1996年长沙出土的14万枚孙吴时期纪年简牍而斥巨资打造的一个文化品牌,2002年11月16日,长沙简牍博物馆正式批准成立。2007年11月8日,长沙简牍博物馆正式对外免费开放。研究人员有宋少华等。

在各高校工作的简帛学者还有:中国人民大学王贵元、孙家洲、王子今、魏坚,北京师范大学李运富,首都师范大学刘乐贤、蔡万进,中国政法大学林剑鸣、徐世虹,北京语言大学魏德胜,西南大学张显成,四川师范大学魏启鹏,四川大学高大伦,中山大学曾宪通,华南师范大学曹旅宁、白於蓝,西北师范大学李宝通,吉林大学李守奎、冯胜君,安徽大学徐在国、刘信芳,贵州省委党校尹振环等。

王子今,中国人民大学国学院教授。简帛学著作有:《简牍史话》、《睡虎地秦简〈日书〉甲种疏证》(湖北教育出版社2003年)等。

蔡万进,现任首都师范大学历史系研究员、中国社会科学院简帛研究中心兼职研究员。主要从事秦汉历史、考古与简帛学研究,主要论著有:《尹湾汉墓简牍论考》、《张家山汉简〈奏谳书〉研究》等。

魏启鹏,任教于四川师范大学。简帛学论著主要有:《马王堆汉墓帛书〈德行〉校释》、《马王堆汉墓医书校释》二册(成都出版社1992年)、《楚简老子柬释》(台北万卷楼台图书公司1999年)、《简帛〈五行〉校笺》(台北万卷楼图书公司2000年)、《居延〈愚吏〉简校笺》、《帛书〈天文气象杂占〉的性质和纂辑年代》、《前黄老形名之学的珍贵遗篇——读帛书〈伊尹九主〉》、《马王堆古佚书中的道家与医家》、《帛书〈系辞〉骈枝》、《帛书〈易传〉窥管》、《帛书〈十大经〉补笺》等。

林剑鸣(1935—1997年),曾任中国秦汉史研究会会长、陕西省文物管理委员会副主任。主要论著有:《秦史稿》、《秦汉史》、《简牍概述》、《秦国发展史》、《秦汉社会文明》等。

徐世虹,现任中国政法大学教授,博士生导师。主要论著有:《中国法制通史·战国秦汉卷》(主编,合著)(法律出版社1999年)、《张家山汉简二年律令所见汉代的继承法》(《政法论坛》2002年第5期)、《张家山二年律令简所见之损害赔偿规定》(《华学》第6辑,紫禁城出版社2003年)、《对两件简牍法律文书的补考》(《中国古代法律文献研究》第2辑，中国政法大学出版社2004年)、《"三环之"、"刑复城旦春"、"系城旦春某岁"解——读二年律令琐记》(《出土文献研究》第6辑，上海古籍出版社2004年)等。

冯胜君，现任吉林大学古籍研究所所长，博士生导师。研究方向为古文字学、历史文献学、中国近现代学术史。主要论著有：《郭店简与上博简对比研究》(线装书局2008年)、《二十世纪古文献新证研究》(齐鲁书社2006年)、《谈谈郭店简〈五行〉篇中的非楚文字因素》(《简帛》第1辑，2006年)。《有关战国竹简国别问题的一些前提性讨论》(《古文字研究》第26辑)、《从出土文献看抄手在先秦文献传布过程中所产生的影响》(《简帛》第4辑，2009年)等。

徐在国，现为安徽大学中文系教授，汉语言文字研究所所长。研究方向为古文字学。主要论著有：《隶定"古文"疏证》(安徽大学出版社2002年)、《战国文字编》(合著，福建人民出版社2001年)、《传抄古文字编》(上、中、下)(线装书局2006年)、《新出楚简文字考》(合著，安徽大学出版社2007年)、《楚帛书诂林》(安徽大学出版社2010年)、《楚简文字拾零》(《江汉考古》1997年第2期)、《楚简文字新释》(《江汉考古》1998年第2期)、《读楚系简帛文字编札记》(《安徽大学学报》1998年第5期)等。

刘信芳，安徽大学历史文献学教授，博士生导师。研究领域涉及古文字学、简帛学。主要论著有：《包山楚简解诂》、《子弹库楚墓出土文献研究》、《孔子诗论述学》等。

尹振环，现为贵州省委党校教授，主要从事《马王堆帛书老子》的研究工作。1998年、2000年、2006年先后由贵州人民出版社出版了《帛书老子辨析》、《帛书老子与老子术》、《今本〈老子〉五十七个章中的模糊点》。2001年由中华书局出版了《楚简老子辨析》。

在各研究机构的简帛学者还有：国家图书馆研究院汪桂海，中国文化遗产研究院王素，中国社会科学院李玉，湖南省文物考古研究所张春龙、彭浩，阜阳考古研究所韩自强，湖北省博物馆陈振裕，中华书局骈宇骞，河北省文物研究所张守中等。

王素，现任中国文物研究所研究员，国家级有突出贡献专家。长期从事出土文献与传世文献的整理与研究。先后参加《吐鲁番出土文书》(释文本全10册、图文对照本全4卷)、《长沙走马楼三国吴简》(全约16卷)的整理,有论著多种。

陈振裕,1989年3月任湖北省文物考古研究所所长。参与睡虎地秦简等考古发掘。主编《云梦睡虎地秦墓》、《云梦睡虎地秦简文字编》、《江陵望山沙冢楚墓》、《中国漆器全集》第一卷第二卷、《湖北战国秦汉漆器》等。

骈宇骞,从事古籍整理、秦汉史、古文字、出土简帛的研究工作。曾参加过由国家文物局组织的银雀山汉简、马王堆帛书的整理工作。主要著作有:《二十世纪出土简帛综述》、《银雀山汉简晏子春秋校释》、《简帛文献概述》、《简帛文献十讲》、《银雀山汉简文字编》等。

中国台湾、香港著名简帛学者有饶宗颐、张光裕、马先醒、吴福助、邢义田、廖伯源、陈文豪、吴昌廉等。

这一时期,由于出土的简帛种类激增,公布的材料日渐增多,学者的研究触角伸向各个方向,研究内容、研究方法等都呈现多元化的趋势,且热点多,持续时间长。在研究多元化的同时,也出现专业化的趋向,学者们开始专注于自己熟悉的领域,精耕细作。研究内容上有词语考释、文字研究、语言研究、思想史研究、儒学研究、道家研究、法律文书研究、数学史研究、经济史研究、政治制度研究、军事史研究、官吏制度研究、社会制度研究、土地制度研究、典籍研究、文书研究、简牍制度研究等;据时段划分有战国简帛、秦简、汉代简帛、三国吴简等;学者们很多是多年研究其中一个方面,或是几个相关的方面,甚至有专门研究某一出土地的简帛,如马王堆帛书、银雀山汉简、走马楼吴简、睡虎地秦简等。整体的多元化与个体的专门化,正是简帛学研究空前繁荣的具体表现。

百年来简帛学经典论著评介

纸未发明前之中国书
Les livres chinois avant l'invention du papier①

[法]沙 畹

人皆知纸为中国人之发明,第多不知发明者为何人,间尝考之,其人盖名蔡伦,时在纪元一百零五年也。其事见《后汉书·蔡伦传》,据云:"自古书契多编以竹简,其用缣帛者谓之为纸,缣贵而简重,并不便于人。伦乃造意,用树肤麻头及敝布鱼网以为纸,元兴元年奏上之,帝善其能,自是莫不从用焉。故天下咸称蔡侯纸。"

按蔡伦之造纸并非混合诸物以造纸,乃以一物造一纸也。故《格致镜原》引《舆服志》云:"蔡侯纸用故麻名麻纸,木皮(按即楮皮Broussonetia papyrifera)名谷纸,故渔网名网纸。"但予遍考《后汉书》、《晋书》、《旧唐书》、《宋史》等史书之《舆服志》,皆未见此文,不知《格致镜原》何所本也。有纸以后始有今之书,然纸未发明以前,中国之文字依何物以见耶?考中国古代有"竹帛",兹二物者即中国之古书也,竹帛之名中国史书不少见之,纪元前百年时,东方朔答客难,有"著于竹帛"之语(见《前汉书·东方朔传》)。纪元前82年时,李陵告苏武有"今足下还归,扬名于匈奴,功显于汉室。虽古竹帛所载,丹青所画,何以过于卿"等语(见《前汉书·苏建传》)。邓禹(纪元2年至58年时人)告光武有"但愿公威德加于海内,禹得效功尺寸,垂功名于竹帛耳"等语(见《后汉书·禹传》)。

---

① Journal Asiatique Series 10 Vol. 5. Chavannes, Edouard(1905). 译文载《图书馆学季刊》5卷1期,1931年。冯承钧译。

(译者按《淮南子·本经训》亦有"著于竹帛，镂于金石"之语。)

前所引各例皆为竹帛，即为中国古书之证。兹分别说明于下。

一 帛书

竹与帛二物用竹时多，盖竹虽重而价贱，帛虽轻而价贵也，据予所知，中国用竹简以载文字似在用帛之前，盖虽毛笔始可书帛，顾毛笔之发明在秦始皇时（纪元前221年至前210年），则始皇以前似无帛书，且亦无可考之证据可引也。

据《蔡伦传》所载，纸之名原为作书用书帛之称。至蔡伦为纸之后，始有新义。纸字从系，可见其非今之纸也。但予以为蔡伦以前别有丝屑所制之纸，与丝织之帛为二物，不可混而为一，《后汉书》语焉不明，兹为疏解于下。

《说文》一书成于纪元百年时，则在蔡伦造纸之前也，其纸字之定义云"絮一箈也"，别言之，丝屑一帘也。按今中国制纸，以竹编细帘置于木框之中，以框浸于满盛纸泥之桶内，取框出桶，帘上荐有纸泥，泥干即成为纸。古人之以丝屑制法，纸应相似也。《说文》箈字定义曰"潎絮簀也"。潎字之定义曰"于水中击絮也"。综合以上诸义，昔人造纸，先以屑茧置于水中，击之使解，粗者浮于水面，细者击之成泥，然后以细帘盛之，泥干则纸成矣。此亦段玉裁（1735年至1805年时人）之说也，其说云：(《说文解字注》卷十三"纸"字下)"按造纸于漂絮、其初丝絮为之，以箈荐而成之，今用竹质木皮为纸，亦有致密竹帘荐之是也"。

《说文》中，纸字之外别有"纸"字，其纸字之定义曰："纸，丝滓也。"似含有以滓作纸之义，则《说文》中之纸与纸音虽异，而义实同也。

由是观之，蔡伦之作纸，盖改良制纸之方法，与多数之发明家相类也。其主要之功绩，即在贱值之物质，代贵价之材料，而其结果较佳也。特帘上荐泥成软薄坚固之叶之法，蔡伦以前，早已有人创之矣。

蔡伦以前之纸，吾人尚乏材料可供参考。但《前汉书（卷九十七下)外戚传》所载,纪元前十二年时之"赫蹄书"、应劭(纪元二世纪时人)注曰:"赫蹄,薄小纸也。"疑即丝屑所制之纸。

丝制之纸,既引《说文》证明其存在,然不可与帛书混而为一,帛书别为一物也。帛书之名,屡见于史,《史记·封禅书》所载,少翁为帛书以饭牛,其例一也。书可饭牛,其为帛上作书可知,盖丝纸入胃必化也。《前汉书·苏达传》载,纪元前八十二年时,常惠教汉使,谓单于言天子射上林中,得雁足有丝帛书,言武等在某泽中,其例二也。雁足之书,应亦是帛上写书也。

准是以观,史书言帛书之事常,言丝纸之事寡,似丝纸在蔡伦造纸之前,存在之时间似不久也。

以帛作书,可舒卷,后代之书文称卷,似本于此,与拉丁文Volumen之义,同一沿革也。司马迁之《史记》,成于纪元前九十年时,其司马相如传有云:"长卿未死时为一卷书。"此事在蔡侯纸之前,其书即为一卷,必为帛书,及蔡侯纸发明之后,书仍因袭卷名,盖书为书卷,非书本也。及书本兴,尚以卷名者,非复古义矣。

二　木简

蔡侯纸发明之前,中国之书有帛书,帛书之前有竹简,此竹帛二字之原来也。但竹简之外,尚有木简,此亦学者从未研究之物也。考《中庸》一书,为五世纪孔子之孙孔伋所集,内有云:"文物之政,布在方策。"又考《仪礼·聘礼》云:"百名以上书于策,不及百名书于方。"郑玄(127年至200年时人)注:"方,板也;策,简也。"板亦作版,观字形,简及策为竹制、方及板者为木制,顾竹中空,径圆,不大可用,以制为简之平板必甚狭,至木板则不然,其式可宽,其名曰方,其形必方,即不然必为长方形,考《续皇清经解》所引近人刘宝楠(殁于1855年)之语曰:"称方者,当谓其形正方也。"方与策之不同,可以见已。

据前引《仪礼·聘礼》"百名以上书于策,不及百名书于方"之文,载文字者,有方、有策,方义已释于前,策义郑玄因已释为简,然不止一简也,考贾公彦(唐永徽时人,即650年至655年)《仪礼义疏》

曰："简谓据一片而言，策是编连之称，以其百名之下书之于方，若今之祝板，不假连编之策，一板书尽。"

贾氏以古之方，形如唐之祝板，顾唐之祝板，又与今之祝板相同，观今之祝板，即可知古之方之形式矣。十四五年前，予在北京，会于杜宗(Dudgeon)医生处，见两祝板，杜君曾诊视宫内某内监之疾，因以得之，一板为蓝色，一板为红色，上书满文祝词，此种祝板，应于祭祀时焚之，所以告天也。古代之方，似不仅用以书载祭祝之文，他事亦用之，特因习惯之流传，他事易以别物，而祝词仍书于板上耳。方之所载，不及百名，而方又无编连之说，则方文之简章，不成书籍可知，所载之文，类君皆王制诏之文祭祀祷祝之词，质言之，专用之公文书也。《论语》有云"或负版者"，郑玄注曰："负版者，持邦国之图籍。"图者，即《周礼·秋官》司约之丹图，《周礼》云："司约掌邦国及万民之约剂、治神之约为上，治民之约次之，治地之约次之、治功之约次之，治器之约次之，治挚之约次之，凡大约剂书于宗彝，小约剂书于丹图。"宗彝者，似即孟子所说之"宗庙之典籍"，负版者所持载图籍之版，盖即昔之国家行政法规，故孔子敬礼之。

三　竹简

纸未发明前之书，据《蔡伦传》所载"古书契多编以竹简"之文，其为竹简可知，则竹简之重要，亦从可知矣。

竹简之长度，据孔颖达(574—648年时人)《左传序》云："郑玄注《论语序》以《钩命决》云：《春秋》二尺四寸书之，《孝经》一尺二寸书之。"（按希尔特 Hirth 氏曾据《金石索》以算周尺，约合二十三公分半，秦汉古尺约合十七公分又十分之三，汉末尺约合二十九公分又三分之一。）贾公彦是证其说曰："郑作《论语序》云：《易》《诗》《书》《礼》《乐》《春秋》，策皆尺二寸，《孝经》谦半之，《论语》八寸策者，三分居一又谦焉。"贾说似略有误，《论语》八寸，比《孝经》谦三分之一，则《孝经》长一尺二寸，《孝经》又较《易》《诗》等书谦半，则《易》《诗》等书应有二尺四寸，贾氏之"皆尺二寸"应改为二尺四寸，不特与本文之说不相矛盾，即与孔颖达之说，亦相符也。

郑玄所记竹简之尺寸，乃纪元前二一三年始皇所焚书之尺寸，则秦时书之尺寸，吾人知之矣。秦以前书之尺寸，又有若干耶？

秦以前书之尺寸，吾人可据以寻求之材料，不无可疑之点，姑引率于后，以俟证明。

《穆天子传》一书，于公元前299年瘗藏于汲县古冢之中，至公元281年发冢所得之书也，自为秦以前之书，晋荀勖校定其书，为序（陈逢衡《竹书纪年集证》节引）云："古文穆天子传者，太康一一年（281年）汲县民不准盗发古冢所见书也，皆竹简素丝编。以臣勖前所考定古尺度其简，长二尺四寸，以墨书、一简四十字。"吾人并不以《穆天子传》为伪书，特荀勖考定之古尺，是否正确，不无可疑耳？或者彼已有经书竹简皆长二尺四寸之成见，姑认为二尺四寸，亦未可知也。

此外尚有两种材料，可以引据，但信用尤低，此一年代似不如人言之远，此一无确定之证明，当公元465年至471年间，"时襄阳有盗发古冢者，相传云是楚王冢，大获宝物、玉履、玉屏风、竹简书，青丝编，简广数分，长二尺，皮节如新，盗以把火自照，后人有得十余简，以示抚军王僧虔，云是科斗书，《考工记·周官》所阙文也"（《南齐书》卷二十一，《南史》卷二十二），如襄阳之冢为楚王冢，其书应为纪元前五〇五年至纪元前二七八年间之书，盖当是时间楚都郢城（今湖北宣城县）也。但既出自传闻，是否为楚王冢不可知也。至《考工记》又为汉代（公元前155年至前130年）晚出之书，此种材料，不无可疑也。

又据《南史》卷四云，宋顺帝升明二年，即纪元四七八年，在武进县吴季札庙附近地中，得一木简，长一尺，广二分，上有"庐山道人张陵再拜诣阙起居"十二字。此种发现，无科学价值，实因萧道成明年篡位，故意伪造此简，以示前定，此种伪造之物，汉代有之，兹特师其故技耳。

东汉之竹简，吾人可据蔡邕（纪元133年至192年时人）之《独断》一书确知其尺寸，据云："汉天子命令，一曰策书，二曰制书，三曰诏书，四曰戒书，策书、制书长二尺，短者半之，其次一长、一短，两编，下附篆书，起年月日，称皇帝曰以命诸侯王三公，其诸侯王公之薨于位者,亦以策书诔谥其行而赐之,如诸侯之策,三公以罪免,亦赐策文,体如上策,而隶书,以尺一木两行,唯此为异者也。"

据蔡邕所记,策书长者二尺,短者一尺,一长一短,两编,免三公之策书,长一尺一寸。

按前汉时天子书牍,亦为一尺一寸,据《史记·匈奴列传》,文帝(公元前179年至157年)遗单于书牍,以尺一寸,而单于遗汉书以尺二寸,牍及印封皆令广大长,云云。

牍字之义,《说文》曰,书版也。颜师古(579年至645年时人)注曰:"牍,木简也。"(《前汉书》)又曰:"形若今之木笏,但不挫其角耳。"(《说文解字注》引)据前引各说,牍与简版有别,不可混而为一也,天子之牍尺一,臣民之牍一尺,故云尺牍(《史记·仓公传》"缇萦通尺牍"),今通名书信为尺牍,盖本于此耳,牍不仅书信用之。凡木板竹简之文,有时亦通名曰牍,《前汉书·高帝纪》"折券弃责"语下,颜师古注曰:"以简牍为契券。"又《外戚传》元延元年(纪元前十二年)"手书对牍背"语下,颜师古注曰:"牍,木简也,时以为诏记问之,故令于背上书对辞。"杜预《春秋序》曰:"大事书之于策,小事简牍而已。"

制书诏书戒书之尺寸,蔡邕虽未明言,似亦为一尺一寸,下述之文,可以引证也,《后汉书》常以"尺一"二字代诏书,如"即尺一出升","尺一拜用,不经御省",章怀太子李贤注曰:"尺一之板,谓诏策也。""尺一选举"注曰:"版长尺一,以写诏书。"皆明言诏书长一尺一寸也。

军用之简名檄,今本《说文》曰:"二尺书也。"然段玉裁《说文解字注》曰:"尺二书。"二说以段氏之说为是,考《后汉书》章怀太子注引《说文》曰:"檄木简为书,长尺二寸。"又《前汉书》颜师古注曰:"檄者,以木简为书,长尺二寸,用征召也。"皆为尺二寸。况尺二之制,古常用之,如《孝经》简长尺二,前已言之,又考《后汉书》注"神主以木为之,方尺二寸,穿中央,连四方,天子主长尺二寸,诸侯主长一尺"可以证明,尺二之制不仅限于一物也。

秦代经书制为二尺四寸,汉因之。东汉之经简皆长二尺四寸也。

考《后汉书·曹褒传》"章和元年（87年）敕曹褒，依礼条正班固所上叔孙通《汉仪》十二篇，褒既授命，乃广以为百五十篇，写以二寸四书简"，其证一也。又《周盘传》（纪元121年）"周盘令其二子曰：若命终之日……编二尺四寸简，写《尧典》一篇，并刀笔各一，以置棺前，示不忘圣道"，其证二也。

汉代注简之制，似略有别，考《前汉书·杜周传》有"三尺法"，孟康（三世纪时人）注曰："以三尺竹简书法律也。"杜周武帝时（即纪元前140年至前87年间）人也，又《朱博传》曰："如太守汉吏奉三尺律令以从事耳，亡奈生所言圣人道何也。"朱博成帝时（纪元前32年至7年间）人也。如上所述汉代法简，洵长三尺欤。王应麟（1223年至1296年时人）之《困学纪闻》（卷六），以为三尺者，言其整也，应长二尺四寸，此说与桓宽《盐铁论》之说同，宽汉宣帝时（纪元前73至49年间）人，所著《盐铁论》卷十二《诏圣篇》云："二尺四寸之律古今一也。"又云"非二尺四寸之律异"，可见三尺法云者，言其约，实长二尺四寸也。

试再根据前此研究之结果，以求周代竹简之尺寸，前引之《穆天子传》，据杨勋之考定，以其简长二尺四寸，吾人曾疑为臆测，不足据也。郑玄所引《钩命决》以为《易》《诗》等经长二尺四寸，《孝经》长一尺二寸，《论语》长八寸，此种简书，为始皇帝焚余之物，为人所藏，汉代始出也。汉人所用之钞写之简，一遵旧制，吾人可以断言，秦汉之间，长短同也，顾汉代诸简，凡关于经书礼制法律军书神主诸简版，仍用旧制，此外未经旧制所限者，天子之诏策则崇其制，定为二尺、尺二、尺一，由是可以推想凡关于宗教礼法之简，秦代必亦未变周制。

简书之长度，既已说明于前，兹再考其宽度，予前曾言竹简为竹材所限，可狭不可宽，兹引证二说以见其宽度，其一简宽数分（襄阳古冢之简）、其一广二分（吴季札庙旁之伪简），姑不论此种竹简之真伪，竹简之狭可知，故孔颖达注《春秋杜预序》曰："简之所容，一行字耳。"

孔颖达之说，是证者颇多也，贾公彦《仪礼义疏》引郑玄《尚书注》曰："三十字书一简之文。"《左传》服虔（三世纪时人）注曰："古文篆书一简八字。"《前汉书·艺文志》曰:"刘向以中古文校欧阳大小夏侯三家经文,酒诰脱简一,召诰脱简二,率简二十五字者,脱亦二十五字,简二十二字者,脱亦二十二字,文字异者,七百有余,脱字数十。"

一简之字数如前所举,诸文所记有八字、二十二字、二十五字、三十字,皆可证简字一行之说,但亦有字两行者,前引之《穆天子传》"一简四十字",是否两行,不可知,然《晋书·束晳传》则明言两行也,据云:"时有人于嵩高山下得竹简一枚,上两行科斗书,传以相示,莫有可知者,司空张华以问晳,晳曰,此汉明帝显节陵(按《后汉书》引《帝王记》曰:显节陵在洛阳东南三十七里)中策文也。检验果然。"汉策文字有两行者,予前引蔡邕独断"以尺一木两行"一语,可互证也。

两行字简,固确有之,然大多数为一行字简也,一面空白,一面有字。

每简只能书二三十字,字多者须用多简、古时数简名曰策。(此非汉代策书之策,乃简策之策。)释策之说甚多,贾公彦《仪礼义疏》曰:"百名以上书于策,不及百名书于方。"其一说也。杜预《春秋序》曰:"大事书于策,小事简牍而已。"又一说也,策亦作册,孔颖达疏曰:"单执一札谓之为简,连编诸简乃名为策。牍乃方版,版广于简,至若别本之册,乃象其编简之形。"孔疏又曰:"一行可尽者书之于简,数行乃尽者书之于方,方所不容者乃书于策。"《左传·襄公二十五年》(公元前548年)传曰:"太史书曰,崔杼弑其君,崔子杀之,其弟嗣书,而死者二人,其弟又书,乃舍之。南史氏闻太史尽死,执简以往,闻既书矣,乃还。"又一说也。太史所书者,仅五字,故执简以往,不云执策以往也。

每简有字一行,集多简而成书,以物编连之,编连之物,或以丝,如前所述之素丝编、青丝编是已。或以皮,《史记·孔子世家》云,孔子晚而喜《易》,读《易》韦编三绝,是已,又据《续皇清经解》刘宝楠之说曰:古人以漆书竹简,约当一篇即为编列,以韦束之(译者按著者所引刘氏之书何名,未经说明,疑即《论语正义》)。

"弟""第"二字,昔日似皆为韦编简书之称,据《说文》云:"弟,韦束之次第也。"又据孔颖达《诗疏》引《说文》云:"第,次也,字从竹弟。"故刘宝楠云:"从古字之象,疑弟指韦束之次言,第则指竹简言。"

竹简之书,束以丝韦,易为虫蚀腐,所以古简几尽不留传于今,今日尚存者,惟新疆沙中发见三世纪之简束而已,发见者为司坦 M. A. Stein 及赫丁 Sven Hedins 二君。(可参考 Archaeological exploration in Chinese Turkestan. -Sand buried ruins of Khotan. Karl Himly, -Sven Hedins Ausgrabungen am alten Lop-nor 等书。)

简书甚狭小,易于遗失,前引之《前汉书·艺文志》所志之《尚书》脱简,其一例也,即使简书完全,设所束之韦丝断绝,竹简错乱,再次第之,颇费时间,且亦难事,盖简字甚少,整理不易也,近代评论家,常有发见次第错误之事者,如《论语》"割不正不食,席不正不坐"二语,《史记》《孟子》《韩诗外传》《说文》诸书所引,皆二语相连,然今本《论语》,二语之中,多七十字,故近人潘维城云:"疑错简也。"(译者按潘氏著有《论语古注集笺》)

竹简尚有不便之处,其量太重,故蔡伦云,缣贵而简重也,《史记·秦始皇本纪》有云,"上至衡石量书",每石百二十斤,书之重可知矣。

四　书契

竹简木板之制,已说明于前,尚应考究者书写之方法耳,但于考究书写方法之前,须分别文字及较古之记事方法,质言之,未有文字之时记载之方法耳。

《易经·系辞》曰:"上古结绳而治,后世圣人易之以书契。"孔安国(殁于纪元前92年)《尚书序》曰:"古者伏羲氏之王天下也,造书契以代结绳之政。"书之真伪,姑不论,古人未有文字时,以结绳为记事之方法,似无可疑也,昔日秘鲁土人亦用此法,十二世纪时中国有一部分土人,此俗尚存也,朱熹(1130年至1200年人)曰:"结绳今溪洞诸蛮犹有此俗,又有刻板者,凡年月日时以至人马粮草之数,皆刻板为记,都不相乱。"(所引之书为《图书集成》,并未注明何书。)

溪洞在今湖南西北之辰州沅州永顺等地，于960年顷，为宋朝所征服，朱熹此记，不特使吾人得悉今日尚存之古代结绳方法，而且使吾人得悉溪洞蛮人记事之法，如结绳刻板二事，并无文字也，由是吾人发生一种问题，即由结绳至书契之间，似乎有刻板一事，如溪洞诸蛮之过渡方法，别言之，应寻究书契之前，是否有不成文之契约也。

观契字之形，即象古人用刀刻画竹木以立约，是以1833年刊朱允倩之《说文通训定声》（卷十三）曰："按丰画竹木为识也，刻之为㓞，上古未有书契，刻齿于竹木以记事，丨象竹木，彡象齿形。"则古人立约是以刀刻木为据也。（译者按《释名》曰，契刻也，刻识其数也，义亦同也。）

券字之义，与契字同从刀关声，应用时有时作券，有时作契，有时契券二字连用。

即在文字通行已久之后，立单简之契约，尚有用刻木方法者，观下文可以知之，考《管子》（纪元前685年至前643年人，按《管子》一书之撰述，在管子之后）《轻重篇》曰："子大夫有五谷菽粟者，勿敢左右，请以平贾取之，子与之定其券约齿，釜鏂之数，不得为侈夺焉。"又《列子》曰："宋人有游于道，得人遗契者，归而藏之，密数其齿，告邻人曰，吾富可待矣。"

凡契约必有两方当事人，所以契约分为两半，两方各持一半，债权者执左券，债务者执右券，《老子》第七十九章曰："是以圣人执左契，而不责于人。"《史记·田敬仲完世家》，纪元前312年苏代谓田轸曰："公常执左券以责于秦韩。"《礼记·曲礼》曰："献粟者执右契。"皆可见券契之分左右也。

两家欲证明契约，则合其券，合券者，合其刻画之齿也，此种契约，与昔日吾国面包商肉商酒商之契Taille相类，法国学院字典释其义曰："以一平分两半之小杖，买者与卖者刻画所买卖之面包肉酒之数量于其上。"

如欲取消契约，债权者只折其券可矣，是以解约名曰折券，考《史记·高祖本纪》曰："好酒及色，常从王媪武负贳酒……岁竟此两家常折券弃责。"是其例也。

此种刻木之契约，只限于单简可记之契约，设契约之容体复杂。

当然求助于文字，由是券契一变而为券书，或书契焉，考《周礼·天官·小宰》之职，"听取予以书契"，《史记·孟尝君列传》冯驩"召诸取钱者能与息者皆来，不能与息者亦来，皆持取钱之券书合之"，皆此类书契也。

据《孟尝君列传》之文，券虽变为券书，然左右合券之制仍存，一如今日支票之有存根，前日之无字券，亦仍旧适用也，又《左传·襄公十年》（纪元前563年）传，"使王叔氏与伯舆合要，王叔氏不能举其契"，亦为书契之一种。

《说文》定券字之义曰："券别之书，以刀判契其旁，故曰书契。"别言之，书契上有书文，有刻画之契也，段玉裁《说文解字注》定其义曰："两家各一之书牍，分刻其旁，使可两合以为信。"义亦同也。考《周礼·地官》"质人掌稽市之书契"，郑玄注曰："书契取予市物之券也，其券之象，书两札刻其侧。"贾公彦疏曰："其侧若今画指也。"吾人之身体测量事务所，设置不久，而中国指纹之利用，已久于兹矣，盖各人之指纹不同，欲个人之有识别，留指纹之法最良，贾氏言若画指者，犹言刻木之效与画指同也。

由是观之，吾人可为结论曰，名书契之契约，亦用刀刻画于其侧，是为古代之遗俗，无文字时即以刻木为契约，但无一事可以证明刻木之刀，即刻字之刀耳。文字与刻画，盖为二事也，顾自书契之法完全不用之后，后人于古代书契不甚了然，由是揣想，刻木之刀，亦即刻字之刀，又因郑玄之注，遂发生一种误解，吾人不能不为之辩明于下也。

五　书刀

考《周礼·考工记》："筑氏为削，长尺博寸，合六而成规。"郑玄注曰："削，今之书刀也。"当郑玄之时，尚用书刀，人尽识之，故未详述其用，顾五百年后，木板竹简，早已不存，书刀亦久失其用，郑玄之说，遂不免为后人误解，是以贾公彦臆为疏曰："郑玄今之书刀者，汉时蔡伦造纸，蒙恬造笔，（按恬为秦人不当云汉时也。）古者未有纸笔，则以削刻字，至汉虽纸笔，仍有书刀，是古之遗法也。"是贾公彦即以书刀为刻字所用之刀，宋人王应麟之《困学纪闻》（卷四）亦循其误，故曰："古未有笔，以书刀刻字于方策，谓之削，鲁为诗书之国，故《考工记》以鲁之削为良。"

贾王二氏之说，深印于人心，故今人直以作书为削牍。

但吾人于他处又获有削误之刀，并非刻字之笔之证，有人欲调和此二说，而以削有两用，予以为削只能用以削字，至书写之具，则有笔，特与今日之笔名同而实异耳。

按古之筐箧为简策必须之物，考《前汉书·张安世传》曰："尝亡书三箧，诏问莫能知，唯安世识之，具作其事，后购求得书以相校，无所遗失。"《后汉书·刘盆子传》曰："闻古天子将兵称上将军，乃书札为符曰上将军，又以两空札置笥中。"注曰："札，简也，笥，箧也。"可见古时箧之功用，又考《渊鉴类函》引《汉书》曰：（按《前汉书》卷五十九无此文）"张安世持橐簪笔，事孝武帝，数十年见谓其忠谨。"

注曰："橐，契橐也，近臣负橐簪笔，从备顾问，或有所记。"则盛书之物，箧之外又有橐也。

又考《后汉书·刘盆子传》曰："公卿皆列坐殿上，酒未行，其中一人出刀笔书谒欲贺，其余不知书者起往请之。"注曰："古者记事书于简册，谬误者以刀削而除之，故曰刀笔。"《王充传》曰："乃闭门潜思，绝庆吊之礼，户牖墙壁，如著刀笔，著《论衡》八十五篇。"按《渊鉴类函》引谢承撰《后汉书》，所志略有不同，据曰："王充于宅门户墙挂各置笔砚简牍，见事而作，著《论衡》八十五篇。"

观以上所引各书，刀笔明为二物，刀之功用在削，笔之功用在书，不待辩而自明矣。

六　笔

古人既以笔书，顾毛笔据闻创自蒙恬（译者按《博物志》亦曰蒙恬造笔），恬，秦始皇时人也，始皇殁于纪元前 210 年前，恬亦续死，在此时之前，所用者为何笔耶？今人所名之笔，乃秦以后之笔，第笔字秦以前有之，不能谓秦以前无笔也，《礼记·曲礼》曰："不律谓之笔。"《战国策·齐六》(公元前249年时)："君王后病且卒，诫建曰，群臣之可用者某，建曰，请书之，君王后曰善，取笔牍受言。"《韩诗外传》(卷七)曰：赵简子(殁于公元前458年)有臣曰，周舍立于门下三日三夜。简子使问之曰，子欲见寡人何事，周舍对曰，愿为谔谔之臣，墨笔操牍从君之过。

前引之四书，为秦以前书，皆证明秦以前有笔，其笔与今笔不同，全以竹为之，以笔尖点漆墨写书，兹引数说以证之。元代吾邱衍之《学古编》云："科斗书乃字之祖，像虾蟆子形，上古无笔墨，以竹挺点漆书竹上，竹硬漆腻，画不能行，故头粗尾细，似其形耳。"乾隆(1748年)钦定《周官》万疏"筑氏为弱"条下疏云："《曲礼》史载笔，《尔雅》不律谓之笔，笔之名由来已久，非蒙恬始造也，古帛书铭旌之类，及缋画之事，非可刀刻，必有笔为之，终古但用竹，故笔字从竹，至蒙恬乃用兽毛耳。"其说甚是，惟同一著作中疏书刀之义，则误以书刀可在帛上书字，可在简上刻字，段玉裁《说文解字注》(卷八)曰："聿下曰，所以书也，楚谓之聿，吴谓之不律，燕谓之弗，秦谓之笔，此云墨，书墨也，盖笔墨自古有之，不始于蒙恬，箸于简帛谓之书，竹木以漆，帛必以墨，用帛必不起于秦汉也，周人玺书印章，必施于帛，而不可施于竹木，然则古不专用竹木信矣。"段之说又较精审，古人有笔以漆书竹木，以墨书帛也。

予之私见以为简书似始于秦始皇时，盖惟有毛笔始能帛书也，但从此无须再事证明者，秦以前笔以竹为之，用以书竹简木板，初点漆为书，后易以墨也。

刻漆书之存在，又足以实证前说欤，《晋书·束晳传》载，279年或281年时，于汲冢中得竹简，"漆书，皆科斗字"。诸简瘗于公元前299年，时在蒙恬之前也，诸书似不尽漆书，尚有墨书，荀勖《穆天子传序》云："以墨书。"又可证明先用漆，至有字之后，漆墨兼用也，汲冢之书，似非伪造，由是可以证明毛笔发明之前，字非刀刻，乃用漆墨写书，其笔应为一种竹制尖笔，《后汉书》杜林(殁于47年)亦载有一事，传曰："林前于西州得漆书古文《尚书》一卷。"予颇疑此书之非真，伪造者故以漆书见其古也。

毛笔发明之前，中国文字不以刀刻，实用竹制尖点漆墨书之，观中国字体可以知之，(《说文》所收之字体为小篆，秦相李斯所作也，增损大篆籀文谓之小篆，亦曰秦篆，篆籀之前，尚有古文。)竹木上之字，设为刀刻纵横必顺木之纤维，则其字必方过于今之毛笔楷书，乃古文笔画多圆，惟一之解释，则除予前所言之以竹木制尖笔点色作书外，实无他法也。

中国古时缣帛价贵，而木板仅限于公文书，大致多用竹笔所书之竹简，每简仅有字一行，已具述于前也。此为吾人研究所得之结论，证以司坦氏在新疆发掘之成绩，完全相符也。司坦氏在尼雅城之北，发见许多木简，盖当时一行政官厅之公文档册也，简长二十一二公分，每简有字一行，其间杂有一柽木所制之木笔，其上端饰以骨丸，昔之中国人即用此物作书，用笔既异，故其字体与今体不同，此种木简，即古代中国通行之书籍也，其不同者，中国本部多用竹，而新疆则用木，此盖为斯地土产所限，不足以为异也，据《唐书》所载于阗人"以木为笔"，则木笔至七世纪时尚适用于新疆也，尼雅城之简，有一简为269年物，吾人借以知蔡侯纸发明百六十余年后，尚用木笔也。此在远地，犹有说也，居内地纪元二百年时之郑玄，尚用书刀，可见亦用竹简，尼雅城之木简，盖为晚出之样本，犹之千余年后之中国书也。

【评 介】

这是法国汉学家沙畹(Edouard Chavannes，1865—1918)于1905年发表于《亚洲人杂志》10卷5期上的一篇文章，是现代简帛学创立的标志性成果之一。之所以我们认定它与现代简帛学相关，是因为它明确指出斯坦因、斯文·赫定在中国西北发掘出了汉文简牍。

这篇译文我们主要依据《图书馆学季刊》5卷1期所载，但原文校对粗疏，错字甚多，我们据文义作了修订，并改用了现在的新式标点。

文章首先考定了东汉蔡伦造纸的事实。认为在"蔡侯纸"出现前，中国人书写材料为"竹帛"。并引《汉书》、《后汉书》为证。

一、帛书。这部分认为"纸"原义为丝絮作的薄片，蔡伦之前已有以丝絮造的纸，"纸"与"紙""音虽异，而义实同"。帛书可卷，故后代称书为卷，这与拉丁语有类似的引申。

二、木简。认为于竹简外，尚有木简。这确是沙氏的卓识，也许是受斯坦因、斯文·赫定等人发现木简的启发。

三、竹简。这部分是全文的重点。首论竹简的长度、宽度，主要是依据典籍的记载，如唐代孔颖达的《左传序》引汉代《钩命决》："《春秋》二尺四寸书之，《孝经》一尺二寸书之。"认为秦汉经书简长二尺四寸，法律简也是二尺四寸，皇帝的诏书简一尺一寸，军用之"檄"一尺二寸。简之宽度则有容一行者，容两行者。数简编联则为"册"。这一节还明确提到斯坦因、斯文·赫定（原文译作"司坦"、"赫丁"）。

四、书契。这部分主要讨论古代契约是用刀刻齿以做记号。但刻齿之刀是否也用来刻字呢？

五、书刀。这节回答了上节的问题。贾公彦《周礼疏》："古者未有纸笔，则以削刻字。"这是误说。沙氏指出了贾公彦的错误，明确提出书刀是删改错字用的，书写则用毛笔。

六、笔。这节论述了简帛书写的工具。

在20世纪初，法国汉学家沙畹的这篇论文，显示了他深厚的汉文功底，以及高超的研究能力，不愧是当时欧洲顶级的汉学家。这篇论文应该说受到英国人斯坦因、瑞典人斯文·赫定在中国西北发现汉文简牍的触发，沙畹是最早研读这批简牍的专家。斯坦因虽然发掘了这批简牍，但他不懂汉文，所以委托沙畹考释这批简牍。这篇论文对欧洲人来说，是关于中国古代文书的启蒙篇，所以斯坦因在他的第一次中亚考古报告《古代和田》中不仅引用了沙畹的简牍考释成果，也引述了沙畹的这篇论文。

沙畹文中多次引用《说文解字》及段注，如"纸，絮一箈也。""箈，澈絮簀也。""纸，丝滓也。""牍，书版也。""弟，韦束之次第也。""券别之书，以刀判契其旁，故曰书契。"等等。《说文解字》是东汉经学大家许慎所作，他融合了当时的今文经、古文经，创立了以汉字偏旁部首为纲的体例，用540部首统领近万汉字，开创了汉字字书的先河，写成了这部千古不朽的经典。他对每个汉字的解释主要以字形为依据，重在揭示汉字的本义。所以，沙畹每每引用《说文解字》，就增强了这篇论文的说服力。因为许慎的解说于古有据，于今可帮助我们理解古代的生活文化，常可使人豁然开朗。《说文解字》在古代也有很多学者进行研究解读，其中最突出的就属清代的《说文解字》"四大家"：段玉裁、朱骏声、桂馥、王筠。段玉裁著有《说文解字注》，在"四大家"中最有成就，他纠正了很多《说文解字》在历代传抄过程中出现的错误。沙畹在论文中也多次引用段注，特别是段注修订《说文解字》的部分，精彩纷呈。如"檄"字："今本《说文解字》曰：'二尺书也。'然段玉裁《说文解字注》曰：'尺二书。'二说以段氏之说为是。"沙氏不仅能用《说文解字》，而且能用段注否定今本《说文解字》，这对西方汉学家来说，确属不易。再如，说"券"字："段玉裁《说文解字注》定其义曰：'两家各一之书牍，分刻其旁，使可两合以为信。'"说"笔"字："段玉裁《说文解字注》（卷八）曰：'聿下曰，所以书也，楚谓之聿，吴谓之不律，燕谓之弗，秦谓之笔，此云墨，书墨也，盖笔墨自古有之，不始于蒙恬也，箸于简帛谓之书，竹木以漆，帛必以墨，用帛必不起于秦汉也，周人玺书印章，必施于帛，而不可施于竹木，然则古不专用竹木信矣。'""四大家"中的朱骏声，字丰芑，号允倩，所以沙畹称之为朱允倩："是以 1833 年刊朱允倩之《说文通训定声》（卷十三）曰：'按聿画竹木为识也，刻之为韧，上古未有书契，刻齿于竹木以记事，丨象竹木，彡象齿形。'"信手拈来，引用自如。

除《说文解字》外，文中引用中国古代经典更是触目皆是。计有《汉书》、《后汉书》、《史记》、《中庸》、《仪礼》、《周礼》、《论语》、《南史》、《南齐书》、《独断》、《盐铁论》、《晋书》、《孟子》、《韩诗外传》、《管子》、《列子》、《老子》、《左传》、《困学纪闻》、《礼记》、《战国策》、《学古编》、《唐书》等二十多种，而提到的《图书集成》、《渊鉴类函》都是中国学者尚难以翻检的大部头类书。《续皇清经解》更是卷帙浩繁的丛书，收清代学者解经之作二百多部。文中还说到《钩命决》、《穆天子传》、《考工记》、《尔雅》等古籍。甚至近人的著作，沙氏也曾寓目，说《论语》，竟引证了潘维城的《论语古注集笺》，这本书可能很多中国学者都未必知道。在当时没有什么检索工具可利用的情况下，沙畹在一篇论文中娴熟地征引如此丰富的中国典籍文献，令人叹服。

值得注意的还有，沙氏很注意运用这些文献的古注，也就是古代学者对典籍的注释。如说到《仪礼·聘礼》时引了汉代郑玄的注及唐代贾公彦的《仪礼义疏》，引《论语》后也附有汉代郑玄注，引《汉书·高帝纪》"折券弃责"，则用了唐代颜师古的注。引《后汉书》则用了章怀太子李贤注，引《汉书·杜周传》"三尺法"，用了孟康注："以三尺竹简书法律也。"如此等等，不胜枚举。流传下来的这些古注都是精华，当然也偶有疏漏，沙氏也敏锐地发现并进行驳难。如说到竹简的长度，贾公彦说"郑作《论语序》云：《易》《诗》《书》《礼》《乐》《春秋》，策皆尺二寸，《孝经》谦半之，《论语》八寸策者，三分居一又谦焉。"沙畹批评说："贾说似略有误，《论语》八寸，比《孝经》谦三分之一，则《孝经》长一尺二寸，《孝经》又较《易》《诗》等书谦半，则《易》《诗》等书应有二尺四寸，贾氏之'皆尺二寸'应改为二尺四寸，不特与本文之说不相矛盾，即与孔颖达之说，亦相符也。"又如，说到古代简牍上的字是刀刻还是墨书，他又批评贾公彦说："顾五百年后，木板竹简，早已不存，书刀亦久失其用，郑玄之说，遂不免为后人误解，是以贾公彦臆为疏曰：'郑玄今之书刀者，汉时蔡伦造纸，蒙恬造笔，（按恬为秦人不当云汉时也。）古者未有纸笔，则以削刻字，至汉虽纸笔，仍有书刀，是古之遗法也。'是贾公彦即以书刀为刻字所用之刀。"还说："宋人王应麟之《困学纪闻》（卷四）亦循其误。"今天看来，都说得很有道理。

沙氏熟悉中国的典籍，所论多精当。但也有一些明显的失误。如认为秦蒙恬造"笔"，而秦前没有帛书，这显与事实相违。这主要是迷信"蒙恬造笔"之说而致误。全文中第六部分"笔"，所论错误最多。他认为，毛笔发明前，汉人是用竹木削尖，蘸漆书写，因而形成头粗尾细的所谓"蝌蚪文"。不仅引了古籍中的"漆书"、"科斗字"，还提到斯坦因在西北发掘出古代的这种"木笔"："其间杂有一柽木所制之木笔，其上端饰以骨丸。"这似乎颇有说服力，容易迷惑人，必须加以分析。古籍中的"漆书"就是墨书，并不是以漆为书。现在已经在战国时期的墓葬中发掘出了墨粒和毛笔，证明汉人早已是用笔墨书写了。现在发现的战国时期的竹简、帛书也都是墨书，没有例外。"科斗字"是古人不认识先秦的古文字，看起来圆转弯曲，与当时平直的隶楷不同。斯坦因发现的木笔也不是汉族人使用的，而是新疆古代外族人使用的。斯坦因在当地发掘了大量婆罗米文、佉卢文、于阗文等，从这些文字字形看，就是用这种木笔书写的。而且斯坦因明确说这种木笔也是使用墨水的。当然斯坦因认同沙畹的说法，认为汉文简牍也是用这种木笔书写的。在当时是否存在这种可能，还需进一步研究讨论。可以参看斯坦因《古代和田》中文译本，山东人民出版社2009年出版。

我们没有对沙畹的这些引文一一核对原书，也许有字句上的错漏，但一百多年前，一个法国的汉学家，能写出这样的文章，我们只能是由衷地钦佩。无独有偶，时隔几年，1912年，中国学者王国维写了《简牍检署考》，也据典籍记载考证了秦汉的简帛制度，在这篇文章中，也提到斯坦因发掘出汉文简牍的事。王国维写完《简牍检署考》，曾誊录一份寄给沙畹，这已经是沙畹发表《纸未发明前之中国书》六七年之后了。不知道王国维是否读过沙畹的这篇文章，现在看来可能并未读过。

当然，沙畹最重要的贡献，是释读了斯坦因在第一次、第二次中亚考察中所获汉文简牍。斯坦因1907年出版了其第一次中亚探险的考古报告《古代和田》。所获汉文简牍由法国人沙畹整理，撰成《丹丹乌里克、尼雅、安迪尔发现的汉文文书》(Chinese Documents from The Sites of Dandan-Uiliq, Niya and Endere) 一文，附在《古代和田》(Ancient Khotan, Detailed Report of Archaeological Explorations in Chinese Turkestan) 一书后。文章据文书出土地分三部分，第一是在丹丹乌里克发掘的文书，有18件，都是纸文书，时间在唐代前后，纪年文书有"贞元六年"（公元790年）、"大历十七年"（公元782年），大历只有十四年，可能是边地不知改元。第二部分是尼雅文书，49件，都是木简，时代当魏晋，早的可能到汉末，纪年的有"泰始五年"（公元269年）等，沙畹除了作了释文解释外，还对"焉耆"、"龟兹"、"大宛"、"康居"等古地名作了考证。第三部分是安迪尔文书，只有五件。安迪尔发现的文书多是吐蕃文佛经等，汉文书较少。《古代和田》一书附录中公布了所获文物的照片，包括这批汉文文书。与简帛相关的主要是尼雅木简文书。第二次探险所获由沙畹作了考释，于1913年在英国出版了研究专著 Les dócuments chinois decouverts par Aurel Stein dans les sables du Turkestan oriental，该书以出土地点分为三编，共收集简牍及纸文书991件。其中敦煌汉简705枚，有年代者及年代可考者98枚，年代约为自汉武帝天汉三年（公元前98年）至汉顺帝永和二年（公元137年）。同时，沙畹将他的考释手稿寄给在日本的罗振玉，罗与王国维撰成《流沙坠简》，于1914年在日本出版。

沙畹是学术界公认的19世纪末20世纪初世界上最有成就的汉学大师，被誉为国际汉学巨擘。他早年受业于巴黎高等师范学院，那时就对中国学产生浓厚的兴趣，由此确定了毕生的学术方向。1889年，他以法国公使随员的身份赴华。在华期间，他利用业余时间从事汉语学习和汉学研究。1893年他应召回国，任法兰西学院汉学讲座教授。1907年再次赴华做文化考察。1918年在巴黎去世。他一生短暂，终年尚不过53岁。然而，他在汉学研究方面成绩斐然。博洽的知识和优异的汉文理解力使沙畹对艰涩难懂的古代档案情有独钟，中国档案史料这座资源宝库成为他毕生研究不竭的源泉，尤其是他对大量的石刻档案和简牍档案进行解读和考证，形成了累累硕果，并留下了许多经典著作。

他是西方学者中最早关注碑刻文献的学者。他利用在华工作之便，收集了大量碑刻资料，写成《两汉时期的石刻》、《中亚的十种汉文碑铭》、《华北考古记》等著作，与学生伯希和深入研究了九姓回鹘可汗碑，合写《摩尼教流行中国考》。对于投龙简的研究是沙畹对石刻碑铭研究的终结，投龙简是道教的礼仪，在玉石或金属简上写刻祈愿文，放入山洞或泉口，希望龙能将它们带往天上。沙畹整理和翻译了8—10世纪的简文。他的论文《投龙简》是第一篇有关道教仪式研究的论文。因此，沙畹被视作道教学研究的开山鼻祖。

沙畹从1901年始接触汉简，考释了斯坦因两次中亚探险所得的汉文简牍，他是现代第一个考释出土简牍的学者。这些简牍距今已有两千年左右，多系断简残编，文字漫灭残泐。要弄懂它们，不仅需要有古文字学的基础，而且必须具备古代典籍制度和古典文献方面的知识。他为此付出了极大的艰辛。日本学者大庭脩对此做出了很高评价:"接触到原简以后,我深深感受发表了首次释读汉简结果的沙畹教授有卓越的才能,他付出了很大的努力,其价值是不可估量的。"据(瑞典)马悦然《我的老师高本汉》,沙畹在考释中,曾得到蔡元培的帮助。① 1911年,侨居日本的罗振玉给沙畹写信,请沙畹把斯坦因采集的简牍的照片寄给他。沙畹复信说,他的释文原稿正在付印,不久即可出版。第二年即寄来了校正本。罗、王二位学者根据照片订正了部分释文,于1914年在日本出版了《流沙坠简》一书,这本书在简牍研究上的贡献是卓著的,成为近代简牍学的奠基之作,使后世简牍研究顺着一条正确的路子发展下去。然而,作为这批简牍的首次解读者,沙畹的功绩是不可抹煞的。甚至可以说,在某种意义上,是沙畹催生了中国的简牍学。

沈颂金曾评价说:"作为法国汉学家,沙畹对中国历史的研究颇有造诣,在当时西方汉学界可算作首屈一指的大师,但是,他毕竟以外邦人的身份研究中国古文献,对汉晋时期的典章制度、地理沿革、军事术语等或有隔阂,因而误释、漏释之处甚多。如将'承书从事'这一诏书习语释为'奉书行事';军事名词'完坚折伤'释作'守望折伤';'任城国亢父县'中'亢父'地名误为'古父'等等,不胜枚举。王国维逐一予以纠正,皆属精当。法国另一位著名的汉学家伯希和也指出:沙畹为斯坦因考察团搜集的中国资料所写的著作,必须要添上这些中国学者的修正和补充。"②

沙畹的成就可以概括为:(1)作为简帛学的开创者,筚路蓝缕之功不可忽视,在艰难的条件下,考释所获不可不谓巨大。(2)已经注意到简帛文献的历史学价值。其纪年简的考释准确无误,也帮助斯坦因确定了这些遗址的准确年代。(3)引起学术界对简帛文献的关注。

---

① 马悦然:《我的老师高本汉》,李之义译,吉林出版集团有限责任公司2009年,第172页。
② 沈颂金:《二十世纪简帛学研究》,学苑出版社2003年,第80~81页。

沙畹简帛学主要论著目录：

1. Les livres chinois avant l'invention du papier(《纸未发明前之中国书》)，Journal Asiatique Series 10 Vol.5(《亚洲人杂志》10卷5期)。

2. Chinese Documents from The Sites of Dandan-Uiliq，Niya and Endere(《丹丹乌里克、尼雅、安迪尔发现的汉文文书》) Appendix A，Part II，Ancient Khotan(《古代和田》附录A第二部分)。

3. Les dócuments chinois decouverts par Aurel Stein dans les sables du Turkestan oriental，Oxford(牛津)1913年。

《流沙坠简》序、跋

王国维

《流沙坠简》序

　　癸丑岁暮，始于罗叔言先生处读斯坦因博士所得之汉晋简牍及沙畹博士考释之书。时先生方写定《殷虚书契后编》，又以世人亟欲先睹是简也，乃属国维分任考订，握椠逾月，粗具条理，乃略考简牍出土之地，弁诸篇首，以谂读是书者。

　　案古简所出，厥地凡三：一为敦煌西北之长城，二为罗布淖尔北之古城，其三则和阗东北之尼雅城，及马咱托拉拔拉滑史德三地也。敦煌所出，皆两汉之物；出罗布淖尔北者，则自魏末以讫前凉；其出和阗旁三地者，都不过二十余简，又皆无年代可考；然其古者犹当为后汉遗物，其近者亦当在隋唐之际也。今略论诸地古代之情状，而阙其不可知者，世之君子以览观焉。

　　汉代简牍出于敦煌西北，其地当北纬四十度，自东经九十三度十分至九十四度三十分之间；出土之地，东西绵亘一度二十分。斯氏以此为汉之长城，其说是也。案秦之长城，西迄临洮；及汉武帝时，匈奴浑邪王降汉，以其地为武威、酒泉郡（元狩三年），后又分置张掖、敦煌郡（元鼎六年），始筑令居以西列四郡、据两关焉。此汉代筑城事之见于史者，不言其讫于何地也。其见于后人纪载者，则法显《佛国记》云：敦煌有塞，东西可八十里，南北四十里。《晋书·凉武昭王传》云：玄盛乃修敦煌旧塞东西二围（"东西"疑"东北"之讹），以防北虏之患；筑敦煌旧塞西南二围，以威南虏。案唐《沙州图经》，则沙州有古塞城、古长城二址。塞城周回州境，东在城东四十五里，西在城西十五里，南在州城南七里，北在州城北五里。古长城则在州北六十六里，东至阶亭烽一百八十里，入瓜州常乐县界；西至曲泽烽二百一十二里，正西入碛，接石城界云云。李暠所修，有东西南北四围，当即《图经》之古塞城。法显所见，仅有纵横二围，其东西行者，或即《图经》之古长城，而里数颇短，盖城在东晋之末当已颓圮，而《图经》所纪东西三百九十里者，则穷其废址者也。此城遗址，《图经》谓在州北六十二里，今木简出土之地，北纬四十度稍北，准其地望，正唐《沙州图经》所谓古长城也。前汉时分置三都尉于此都尉之下，又各置候官。由西而东，则首玉门都尉下之大煎都候官、玉门候官（汉龙勒县境），次则中部都尉所属之步广候官、万岁候官（汉敦煌县境），又东则宜禾都尉所属各候官（汉效谷、广至二县境。说均见本书《屯戍丛残·烽燧类》考释中）；又东入酒泉郡，则有酒泉西部都尉所治之西部障，北部都尉所治之偃泉障；又东北入张掖郡，则有张掖都尉所治之遮虏障。疑皆沿长城置之。今酒泉、张掖以北，长城遗址之有无，虽不可知，然以当日之建置言之，或宜如是也。今斯氏所探得者，敦煌迤北之长城，当《汉志》敦煌、龙勒二县之北境，尚未东及广至界。汉代简牍即出于此，实汉代屯戍之所，又自边郡通西域之孔道也。

长城之说既定，则玉门关之方位亦可由此决。玉门一关，《汉志》系于敦煌郡龙勒县下，嗣是则《续汉书·郡国志》、《括地志》、《元和郡县志》、两唐书《地理志》、《太平寰宇记》、《舆地广记》，以至近代官私著述，无不以汉之玉门关为在今敦煌西北，唯《史记·大宛列传》云：太初二年，贰师将军李广利伐大宛，还至敦煌，请罢兵，益发而复往。天子闻之大怒，而使使遮玉门曰，军有敢入者辄斩之。贰师恐，因留敦煌。沙畹博士据此以为，太初二年前之玉门关，尚在敦煌之东；其徙敦煌西北，则属后日之事。其说是也。案《汉志·酒泉郡》有玉门县，颜师古注引阚骃《十三州志》，谓汉罢玉门关屯，徙其人于此。窃疑玉门一县，正当酒泉出敦煌之孔道，太初以前之玉门关，当置于此。阚骃徙屯之说，未必确也。嗣后关城虽徙，而县名尚仍其故，虽中更废置，讫于今日，尚名玉门，故古人有误以玉门县为玉门关者。后晋高居诲使于阗记云：至肃州后渡金河，西百里出天门关,又西百里出玉门关。高氏所谓玉门关,实即自汉迄今之玉门县也(唐之玉门军亦置于此,而玉门关则移于瓜州境。《元和志》云,玉门关在瓜州晋昌县西二里,而以在寿昌县西北者为玉门故关。则唐之玉门关复徙而东矣)。汉时西徙之关,则《括地志》始记其距龙勒之方向、道里曰:玉门关在县(汉之龙勒,在唐为寿昌县)西北一百十八里(《史记·大宛传》正义引)。《旧唐书·地理志》、《元和志》、《寰宇记》、《舆地广记》均袭其文。近日秀水陶氏《辛卯侍行记》,记汉玉门、阳关道路,谓自敦煌西北行六十里之大方盘城,为汉玉门关故地。又谓西七十里有地名西湖,有边墙遗址,及烽墩数十所,斯氏亦于此发见关城遗址二所,一在东经九十四度以西之小盐湖,一在东经九十三度三十分,相距二十余分,与大方盘城及西湖相去七十里之说相近。然则当九十四度稍西者,殆即陶《记》之大方盘城,当九十三度三十分者,殆即陶氏所谓西湖耶?沙畹博士疑九十四度稍西之废址,为太初以前之玉门关;而在其西者,为后日之玉门关。余则谓太初以前玉门关,当即酒泉郡玉门县,如在东经九十四度、北纬四十度间,则仍在敦煌西北,与《史记·大宛传》之文不合,而太初以后之玉门关,以《括地志》所记方位道里言之,则在唐寿昌县西北百一十八里。今自敦煌西南行一百四十里,有巴彦布喇泛,陶氏以为唐寿昌县遗址;自此西北百一十八里迄于塞上,则适在东经九十四度、北纬四十度之间,则当九十四度之废址,遗为太初以后之玉门关,而当九十三度三十分者,当为玉门以西之他障塞。盖汉武伐大宛之后,西至盐泽,往往起亭。又据《沙州图经》,则古长城遗址且西入碛中,则玉门以西,亦当为汉时屯戍之所,未足据以为关城之证也。故博士二说之中,余取其前一说。但其地为《汉志》龙勒县之玉门关,而非《史记·大宛传》之玉门,则可信也。其西徙之年,史书不纪。今据斯氏所得木简(《屯戍丛残》第一页),则武帝太始三年,已有玉门都尉护众文书,其时关城当已西徙于此,是岁上距太初二年不过十岁,是其西徙必在李广利克大宛之后(太初四年),西起亭至盐泽之时也。可知斯氏长城玉门关之说确非臆造,吾侪得由斯氏之探索,沙氏之考证,以定玉门关之方位,与其西徙之时,则二氏之功巨矣。

至魏晋木简残纸,则出于罗布淖尔涸泽之北稍西,于东经九十度当北纬四十度三十一分之地。光绪庚子,俄人希亭始至此地,颇获古书札。后德人喀尔亨利、孔拉第二氏据其所得遗书,以是城为古楼兰之墟。沙畹博士考证斯坦因博士所得遗物,亦从其说。余由斯氏所得简牍及日本橘瑞超氏于此所得之西域长史李柏二书,知此地决非古楼兰。其地当前凉之世,实名海头,而《汉书·西域传》及《魏略·西戎传》之居庐仓,《水经注》之龙城,皆是地也。何以知其非古楼兰也?曰:斯氏所得简牍中,其中言楼兰者凡三:一曰:帐下将薛明言,谨按文书前至楼兰□还守堤兵(本书《屯戍丛残》第三页),此为本地部将奉使楼兰后所致之文书,盖不待言。其二曰,八月廿八日,楼兰白疏悚惶恐白(本书《简牍遗文》第四页)。其三曰,楼兰□白(同上)。而细观他书疏之例,则或云十月四日具书,焉耆玄顿首(同上);或云敦煌具书畔毗再拜(同上第五页),皆于姓名前著具书之地。以此推之,则所云楼兰白疏悚惶恐白者,必为自楼兰所致之疏;其书既自楼兰来,则此地不得为楼兰矣。此遗物中之一确证也。更求之地理上之证据,亦正不乏。《水经注·河水》篇云:河水东径墨山国南,又东径注宾城南,又东径楼兰城而东注河水,又东径于泑泽,即《经》所谓蒲昌海也,云云。按河水者,今之宽车河及塔里木河;泑泽与蒲昌海者,今之罗布淖尔也。则楼兰一城,当在塔里木河入罗布淖尔处之西北,亦即在淖尔西北隅,此城则当淖尔东北隅。此其不合者一也。古楼兰国,自昭帝元凤四年徙居罗布淖尔南之鄯善后,国号虽改,而城名尚存。《后汉书·班勇传》,议遣西域长史将五百人屯楼兰,西当焉耆、龟兹径路,南强鄯善、于阗心胆,北扞匈奴,东近敦煌。《杨终传》亦言,远屯伊吾、楼兰、车师、戊己。《魏略》言过龙堆到故楼兰。皆谓罗布淖尔西北之楼兰城,故东方人之呼淖尔也,曰泑泽、曰盐泽、曰蒲昌海;而自西方来者,则呼之曰牢兰海,《水经注》引释氏《西域记》:南河自于阗于东北三千里至鄯善,入牢兰海是也。自西方来者,大抵先经楼兰城而后至罗布淖尔,故名此淖尔曰牢兰海(《括地志》作穿兰,字之误也)。此又楼兰在淖尔西北之一证。此其不合二也。故曰:希、斯二氏所发现淖尔东北之古城,决非古楼兰也。然则其名可得而言之欤?曰:由橘氏所得李柏二书观之,此地当前凉之世，实名海头。李柏二书，其中所言之事同，所署之月日同，所遣之使者同，实一书之草稿，可决其为此城中所书，而非来自他处者也。其一书曰：今奉台使来西，月二日到此。"此"字旁注"海头"二字。其二曰：诏家见遣口来慰劳诸国，月二日来到海头。或云"此"，或云"海头"，则此地在前凉时名曰海头，固无可疑。海头之名，诸史未见，当以居蒲昌海东头得名，未必古有此称也。求古籍中与此城相当之地，唯《水经注》之龙城足以当之。《水经注·河水》篇：蒲昌海水积鄯善之西北，龙城之东南。龙城故姜赖之墟，胡之大国也。蒲昌海溢，荡覆其国，城基尚存而至大，晨发西门，莫达东门，云云。其言颇夸大难信，然其所记龙城方位，正与此城相合。又据其所云姜赖之墟，可以推知此城汉时之名焉。按列代史书，绝不闻有姜赖国，惟两汉之际，由玉门出蒲昌海孔道以达楼兰、龟兹，中间有居庐仓一地。居庐、姜赖，皆一声之转，准以地望，亦无不合。何以言之？《汉书·西域传》乌孙乌就屠袭杀狂王，自立为昆弥。汉遣破羌将军辛武贤将兵万五千人至敦煌，遣使者按行表，穿卑鞮侯井以西；欲通渠转谷，积居庐仓以讨之。孟康曰：卑鞮侯井，大井六通渠也，下流涌出，在白龙堆东土山下。井之下流在白龙堆东土山下，则上流必在其西，而居庐仓则又西焉，其地望正与此城合。《魏略·西戎传》（《魏志·乌丸传》注引）云：从玉门关西出，发都护井，回三陇沙北头，经居庐仓，从沙西井转西北过龙堆，到故楼兰，转西诣龟兹，为西域中道。案今敦煌塞外沙碛，如腰鼓形，从东南至西北分为二区，中有最细之处，古人或总称之曰白龙堆（如上所引《西域传》注孟康注），或总名之曰三陇沙；（《广志》，流沙在玉门关，东西二千里、南北数百里，有断石曰"三陇"。则似以三陇沙为沙碛总名。）而《魏略》之文殊为分晰，其在东南者谓之曰三陇沙，而在西北者则专有白龙堆之名。今所见古城适在二区之间，腰鼓最细处之西北，又当玉门、楼兰间之古道，则其为汉之居庐仓又无可疑也。又观《魏略》、《水经注》所纪淖尔以北之地，仅有二城：其在西者，二书均谓之楼兰；则在东者，舍居庐、姜赖奚属矣？然则此城之称曰居庐、曰姜赖，为汉时之旧名；曰海头，则魏晋以后之新名；而龙城则又西域人所呼之异名也（《水经注》所纪似本释氏《西域记》。观"晨发西门，暮达东门"二语可知为西方人所记也)。此地自魏晋以后,为西域长史治所,匈奴人呼单于所居曰龙城,长史专制西域,故西域人遂呼之曰龙城矣。

  至此城之为长史治所,亦有数证:橘氏所得李柏二书,既明示此事;斯氏木简中,有书函之检署曰,因王督致西域长史张君坐前,元言疏(《简牍遗文》第一页)。又有出纳簿书曰,西域长史文书事郎中阙□(《屯戍丛残》第十一页)。一为抵长史之书,一则著长史之属,此二简皆不著年月,不能定其为魏晋或为前凉之物,然参伍考之,则魏晋间已置西域长史于此,不自前凉始矣。按《后汉书·西域传》,西域长史实屯柳中,以行都护之事(后汉之初,亦放西京之制,以都护统西域,未几而罢。后班超以将兵长史平定西域,遂为都护,未几复罢。嗣是索班以行敦煌长史,出屯伊吾。索班没后,班勇建议遣西域长史屯楼兰,延光三年卒,以勇为西域长史,出屯柳中,不置都护。自是长史遂摄行都护事矣)。故《汉书》纪西域诸国道里,以都护治所乌垒城为据,而《后汉书》所纪,则以长史所治柳中为据。逮汉末中原多事,不遑远略,敦煌旷无太守且二十岁(《魏志·仓慈传》)。则柳中之屯与长史之官必废于是时矣。魏皇初元年,始置凉州刺史(《张既传》),并以尹奉为敦煌太守(《阎温传》)。三年,鄯善、龟兹、于阗各遣使贡献,西域遂通,置戊己校尉(《文帝纪》),以行敦煌长史张恭为之(《阎温传》)。而西域长史之置不见于《纪》、《传》,惟《仓慈传》言,慈太和中迁敦煌太守,数年卒官。西域诸胡闻慈死,共会聚于戊己校尉及长吏治下发哀。长吏二字,语颇含混,汉末西域除西域长史、戊己校尉外,别无大官,魏当仍之,则长吏二字,必长史之讹也。又据斯氏所得一简云:西域长史承移今初除,月廿三日当上道。从上邽至天水,以简中所记地名考之,实为自魏时至晋太康三年间之物(见《屯戍丛残》考释)。恐西域长史一官,自黄初以来,已与戊己校尉同置矣,唯其所治之地,不远屯柳中而近据海头,盖魏晋间中国威力已逊于两汉盛时,故近治海头,与边郡相依倚,此又时势所必然者矣。至前凉时,西域长史之官始见于史(《晋书·张骏传》),而《魏书·张骏传》则又称为西域都护,传言分敦煌、晋昌、高昌三郡,西域都护、戊己校尉、玉门大护军三营为沙州,以西胡校尉杨宣为刺史(《晋书·地理志》亦引此文,错乱不可读)。案前凉时,西域有长史,无都护,都护二字必长史之讹。或以其职掌相同而互称之。斯氏所得一简云:今遣大侯究犁与牛诣营下受试(《屯戍丛残》第三页)。称长史所居为营下,此又《魏书·张骏传》之三营,其一当为西域长史之一证也。此三营者,戊己校尉屯高昌(《晋书·张骏传》,初戊己校尉赵贞不附于骏,至是骏击禽之,以其地为高昌郡),玉门大护军屯玉门,而西域长史则屯海头,以成首尾之势,则自魏晋暨凉,海头为西域重地,盖不待言。张氏以后,吕光、李暠、沮渠蒙逊父子迭有其地。后魏真君之际,沮渠无讳兄弟南并鄯善,北取高昌,此城居二国之间,必尚为一重镇。逮魏灭鄯善、蠕蠕,据高昌,沮渠氏亡,此城当由是荒废。郦氏注《水经》时遂有海水荡覆之说,而顾周隋以前,碛道未闭,往来西域者尚取道于此,故善长得而记之。然非希、斯诸氏之探索,殆不能知为古代西域之重地矣。

其余木简,出于和阗东北尼雅城北及马咱托拉拔拉滑史德二地者,为数颇少。尼雅废墟,斯氏以为古之精绝国。案今官书,尼雅距和阗七百十里,与《汉书·西域传》、《水经注·河水》篇所纪精绝去于阗道里数最近,而与他国去于阗之方位道里相去颇远,则斯氏说是也。《后汉书·西域传》,光武时,莎车王贤诛灭诸国,贤死(明帝永平四年)之后,遂更相攻伐,小宛、精绝、戎卢、且末为鄯善所并,故范史纪西域诸国无精绝传。今尼雅所出木简十余,隶书精妙,似汉末人书,尚在永平以后。其所署受书之人,曰王、曰大王、曰且末夫人(盖且末王女为精绝王夫人者),盖后汉中叶,精绝仍离鄯善而自立也。考释既竟,爰序其出土之地并其关于史事之荦荦大者如右;其戍役情状与言制度名物者,并具考释中,兹不赘云。甲寅正月之晦,海宁王国维序于日本京都之吉田山东麓寓庐。

《流沙坠简》跋

余为《屯戍丛残》考释,属稿于癸丑岁杪,讫甲寅正月而就。二月以后,从事写定,始得读斯坦因博士纪行之书,乃知沙氏书中,每简所加罗马数字,皆纪其出土之地,而其地大都具于斯氏图中。思欲加入考释中，而写定已过半矣。

据斯氏书，则前所考释有当补正者二，有可佐证者四，兹略举之。沙氏叙录称，汉简出土之地起于东经九十三度十分，迄于九十四度三十分，拙序据以为说。今览斯氏图，则出土之地实东迄于九十五度二十分，此当补正者一也。拙序述白龙堆沙碛仅据旧图，今览斯氏图，则敦煌塞外沙碛其形不类腰鼓形。其近塞者即《魏略》之三陇沙，其在蒲昌海迤北者，即《魏略》之龙堆。方位虽同而地形则异，此当补正者二也。拙序以九十四度稍西之地为汉之玉门关，今玉门各简皆出于敦十四之地，斯氏图中各废址虽无署敦十四字样者，然其署敦十二、敦十五、敦十七三地均在九十四度稍西。则敦十四一地当在其间。图中所谓古城者，当即是地，此可为佐证者一也。前考定烽燧次第全据简文，今据其所出之地知前由文字所考定者多与实际冥合。且各燧之度分今又得据斯氏之图定之。顾由所出之简以定其地之名，亦有当审慎者。异地具书自署地名，一也。记事之中偶涉他地，二也。唯器物之楬所署之地，则以本地之物署本地之名，毫无疑义。今以此法求之，则自东徂西，首利汉燧，为斯氏图中敦三十四之地；次万岁显武燧，即敦二十六之地，而万岁扬威燧之即敦二十七、吞胡燧之即敦二十八（中部都尉治此），可由是决之矣；次平望青堆燧，即敦二十二乙之地；次平望朱爵燧，即敦十九之地；次玉门，即敦十四，次玉门候官下所属诸燧，当谷即敦十三；广新，即敦十二；显明，即敦八；又次则大煎都候官下属诸燧，凌胡燧，即敦六乙；厌胡燧，即敦六丙（以下均缘器物类储简所出地）；而广武之为敦五，步昌之为敦六甲，广昌之为敦六丁，亦可由是决之矣。由是沙漠中之废址，骤得而呼其名，断简上之空名，亦得而指其地，此其可为佐证者二也。魏晋木简所出地，余序中定为《水经注》之龙城。其地既为龙城，为姜赖之墟，则其为汉之居庐仓更无可疑，此其可为佐证者三也。余前序中疑《魏书·张骏传》之西域都护营为西域长史营之误。近读斯氏《古于阗志》中所载晋初木简，有"西域长史营写鸿胪书"一语，可知《魏书·张骏传》之三营，其一确为西域长史营，又可知魏晋之间确已置西域长史。此其可为佐证者四也。今姑记其大要于篇后，其烽燧图与木简出土之地表则俟他日补之。甲寅上巳后二日海宁王国维跋。

【评 介】

文字据中华书局1993年影印1934年修订本。

王国维(1877—1927年),字伯隅、静安,号观堂、永观,浙江海宁盐官镇人。我国近现代在文学、美学、史学、哲学、古文字、考古学等各方面成就卓著的学术巨擘,国学大师。早年专注于西方哲学、美学的研讨,在中国文学、戏曲研究等方面有突出贡献。中年之后主要从事出土文献的考据,钻研甲骨卜辞、钟鼎金文、汉晋简牍,在中国史学、古文字等方面多有发明。学界对王国维评价甚高。陈寅恪《清华大学王静安先生纪念碑铭》:"惟此独立之精神,自由之思想,历千万祀,与天壤而同久,共三光而永光。"郭沫若:"留给我们的是他知识的产物,那好像一座崔嵬的楼阁,在几千年的旧学城垒上,灿然放出了一段异样的光辉。"伯希和:"中国近代之世界学者,惟王国维及陈先生(陈垣)两人。"胡适:"南方史学勤苦而太信古,北方史学能疑古而学问太简陋……能够融南北之长而去其短者,首推王国维与陈垣。"

一、关于《流沙坠简》

1913年(癸丑)末,旅居日本的罗振玉、王国维收到法国汉学家沙畹寄来的资料,即英人斯坦因第二次中亚考古探险中所得汉文简牍,随即二人放下手头正在写作的《殷虚书契后编》,投入简牍的整理考证。1914年(甲寅)初写成,名曰《流沙坠简》,当年在日本出版。1914年京都东山学社出版的《流沙坠简》,共七卷,包括图版一卷,考释三卷,补遗图版一卷,考释一卷,附录一卷。1916年,附加"补正",收入《学术丛编》,在天津出版。此后,罗、王二人又重加考订,增加了斯坦因在和阗所获木简,于1934年在上海又重印《流沙坠简》的校正本,是为《永慕园丛书》增订本,包括《流沙坠简》四卷、补遗一卷,并附考释、附录。1993年,中华书局根据1934年修订本,又重印了《流沙坠简》。这是20世纪中国人完成的第一项简帛研究成果,是现代简帛学诞生的标志。鲁迅先生于1922年11月6日在《热风·不懂的音译》一文中称:"中国有一部《流沙坠简》,印了将有十年了。要谈国学,那才可以算一种研究国学的书。开首有一篇长序,是王国维先生做的,要谈国学,他才可以算一个研究国学的人物。"

斯坦因第二次中亚考古探险在西北甘肃等地获得的简牍,主要是在汉代长城遗址发掘出土的,是汉代屯戍边关的将士留下的遗物。罗振玉在1913年年末写给王国维的一封信中说:"古简牍粗阅一过,拟分为三大类:一小学、方技、术数书,二西域屯戍丛残,三简牍遗文,而总名之曰《流沙坠简》。弟拟编第一三两种,其第二种最繁赜,非先生任之不可。分类命名是否得当,祈高明教之。"①

据中华书局影印本,《流沙坠简》开篇是"罗振玉序"、"王国维序",然后是"图版",分小学术数方技书、屯戍丛残、简牍遗文三部分,图版未编号。再然后是"考释"。篇后是"王国维跋"。收录的是沙畹书中考释的530余件出土文书,大部分为汉晋木简,也有部分魏晋的纸文书。小学术数方技书65件,其中有1药方残纸;屯戍丛残共计390件,其中廪给类有1残纸,杂事类有1残纸,器物类有1残纸1帛书;简牍遗文部分86件,纸文书较多,计45件,帛书2件,都是私人书信。正文部分共考释简牍541件,其中有2件为1页纸文书的正反两面,分隶屯戍丛残、简牍遗文,所以实际共有简纸文书540件。比图版多出几件,因为沙畹书中有数简仅录释文,而图版缺失,罗、王只能照录释文,或据文理略加疏通。接着是"流沙坠简补遗",分"图版"和"考释"两部分,图版收录木简48枚,考释了其中44枚,"下尚有木简三,书函一,则无字可辨"。王国维说是斯坦因《古于阗废址考》中所录,即斯坦因1907年出版的《古代和田》,是斯坦因第一次探险于尼雅遗址所获,也由沙畹考释。"附录"考释了日本大谷光瑞在西北所获的"李柏文书"4纸,以及斯坦因书中所绘出土简牍遗址示意图,王国维据此考定各遗址的名称和所出简牍,制成表格,并对此前的各烽燧次第考释进行了补正。

考释部分主要是联系传世文献以及其他出土文献,分析简牍遗文的独特价值,如"小学术数方技书"类涉及苍颉篇、觚的形制、历日、建除历注、九九术、医方等。"简牍遗文"类涉及书信的习用语、章

---

① 《罗振玉王国维往来书信》,东方出版社2000年,第9页。

草等。这两节属罗振玉考释的部分。

《屯戍丛残》的考释是全书的精华，分为簿书类、烽燧类、戍役类、廪给类、器物类、杂事类六部分。开屯戍简牍分类之先河。簿书类考释了文书的形制、诏书、长史、封泥、露布、官制、邮驿制度等，认为"'承书从事下当用者'乃汉时公文常用语。《三王世家》、《孔庙置百石卒史碑》、《无极山碑》均有此语，犹后世所谓主者施行也。"又"'敢言之'者，下白上之辞"下也举了《汉书·王莽传》、《论衡》、《孔庙置百石卒史碑》例证。在论证中，涉及典籍、金石等文献，特别是出土文献，再如论王莽新朝年号"始建国"时，"宋韩缜家藏莽铜斗铭云：始建国天凤上戊六年。侯钲铭及潍县陈氏藏常乐卫士上元士铜饭帻皆云始建国地皇上戊二年是也"。

烽燧制度当然是核心问题，烽燧类考证了烽、燧、表、炬、扁书、符等，多有卓识。如论"候官"云："都尉之下各置候官以分统其众，亦谓之军候，亦单谓之候。候官之名始见于《汉书·地理志》，即上所谓'步广候官'是也。《续汉志》张掖属国下亦有候官，又会稽郡下之东部侯国，《吴志·虞翻传》作'东部侯官'，盖即会稽都尉下之候官。由是观之，则都尉之下大抵有候官矣。其秩略当校尉下之军候，《续汉志》大将军营五部，部校尉一人，比二千石。部下有曲，曲有军候一人，比六百石。都尉名秩与校尉相当，则都尉下之候官当即校尉下之军候。扬雄所谓'东南一尉，西北一候'，尉为都尉，候则候官也。此与下'斥候'之候名同而实殊，斥候之候仅有候长、候史，皆百石以下之官；候官则有候、有候丞，其下又有造史，如右简所记是也。"值得注意的还有，以简牍出土地，考定烽燧的相对位置："综上二十四简，燧候之名共得二十，而见于他简者，曰万岁显武燧，曰平望青堆燧，曰平望朱爵燧，曰玉门关燧，曰富昌燧，曰安汉燧，曰虎猛燧，曰西部候，曰北部候。其不著燧候名者，曰受降，曰利汉，曰富贵，为数共三十有二。其沙氏书印本所无，而但见于其释文中者，曰大煎都燧，曰美水燧，曰服胡燧，曰安田燧，曰通望候，曰获虏，曰斥地，并前共三十有九。以其次序言之，则宜禾之临介最居东方，西入中部都尉境，则自东而西曰万岁扬威，曰万岁显武，曰吞胡东部，曰吞胡西部，曰步广，曰平望，次西入玉门都尉境则有玉门关燧，及显明、广新、当谷诸燧，次西则有大煎都之广武、步昌、凌胡、厌胡、广昌五燧，而候官所治之大煎都燧与候丞所治之富昌燧，则不知其在五燧之东西。其余燧候虽无可考，然以出土之地言之，当在步广、玉门左右。而破胡、服胡二燧或在吞胡之西，高望、通望两候疑居平望之侧，此又从命名上所得想象者也。"虽然烽燧名还不够丰富，次第也不够准确，但这种超越文字证据，而提到从出土地考证烽燧的位置，为西北简牍史地研究开辟了新路，后来在劳榦、陈梦家等学者的努力下，逐渐形成融考古于简牍研究之中的研究方法。

而烽燧间传递信息的手段，提出"表"为不燃之烽。"然而举之谓之烽，不然而举谓之表。夜则举烽，昼则举表。"并指出，《墨子·号令篇》之"垂"，孙诒让《闲诂》以"垂"为"表"之误，是对的。又下"戍役类"中以简文之"马矢"证《墨子·备城门》篇的"马夫"为"马矢"之误。这都是以汉简纠正典籍中的误字，可为定论。

第三戍役类，述戍边的制度及戍卒的情况。如考证"骑士"为"汉兵之一种"。《汉书》等典籍中，"良家子"都来自三辅六郡，充当羽林军。而汉简中的例子则不然。所以王国维说："良家子，汉人成语。不必三辅六郡始有之，亦未足为羽林兵戍边之证。"对于不明了的则阙如，如"天田"下说："天田未详。"

廪给类，为政府为戍卒发放粮食的记录。考证了"穬麦"、"苃"等。

器物类，考证了兵器、衣物、车器等。如据简的形制考定为标签："右简之形与第五简相似而小，又其上有穿，疑即系于弩上者。……今时之书有所表识，谓之楬橥。《广雅》：'楬橥，杙也。'此种简则用以系，而不以杙。然无论或系或杙，所以表识其物则一也。"谓"承弦"为"副弦"，备用弦，得到大家认同。考证"有方"为兵器，并引《墨子》、《韩非子》为证，也是正确的。

第六杂事类，考"在旁某某"，相当于券契中的"中人"，证明人。据历法，考证简文或有误写。券契中有书"同"于中而一剖为二，所以有的简有半个"同"字。如此等等。

"补遗"部分所收录的44枚木简，是斯坦因第一次中亚考察在尼雅所获汉文简牍。沙畹作《丹丹乌里克、尼雅、安迪尔发现的汉文文书》(Chinese Documents from the Sites of Dandan-Uiliq, Niya and Endere),原文收49枚简,王国维因有几简文字模糊而未录。因其中有"鄯善焉耆龟兹疏勒"等西域属国,王国维考为西域诸民族所建的一些国,并述及它们与汉的关系。"案西域内属诸国,前汉末分至五十,后汉并为十余,至魏时仅存六七。《魏略》言:且末、小宛、精绝、楼兰皆并属鄯善,戎卢、扜弥、渠勒、皮穴皆并属于阗,尉犁危须山王国皆并属焉耆,姑墨、温宿、尉头皆并属龟兹,桢中、莎车、竭石、渠沙、西夜、依耐、蒲犁、亿若、榆令、捐毒、休修皆并属疏勒,且弥、单桓、毕陆、蒲陆、乌贪诸国皆并属车师,则魏时西域内属诸国惟存鄯善、于阗、焉耆、龟兹、疏勒、车师六国而已。"又考"过所","过所者,后汉以来行旅券之称。周时及汉初谓之曰传,《周礼·司关》:'凡所达货贿者,以节传出之。'郑注:'传,如今移过所文书。'《汉书·文帝纪》'除关毋用传',张晏曰:'传,信也。若今过所也。'《释名》:'传,转也。转移所在,执以为信也。'过所,过所至关津以示之也。则传与过所同物而异名。但过所之称起于后汉耳。汉时过所或用帛或用木,其用帛者谓之繻,《汉书·终军传》关吏予军繻是也。用木者谓之棨,《说文》:'棨,传信也。'《释名》:'棨,诣也。'以棨语官司所至诣也。《宋书·谢庄传》又谓棨信"。过所中会记录过关者的人名、年龄、物色、衣服、车马等。王国维考证了"袴褶"等名物。"补遗"部分所考重点就是以上三个方面。

"附录"部分,先考证了日本橘瑞超在西域所获"李柏文书"。共录4纸,其中2封完整、2封已残。王国维考证出西域长史李柏见于《晋书·张骏传》。第一残纸,是李柏上张骏表稿。后三纸乃一事之草稿,乃李柏写给焉耆王的书信。橘瑞超说此文书发掘于楼兰,而王国维据文书中"二日到此"的"此"旁注"海头",确认发掘地为海头城,而非楼兰。后一部分录斯坦因所绘发掘地示意图,以及王国维所制发掘地编号与烽燧遗址、出土简牍的对应关系表。

《流沙坠简》作为现代简帛学标志性的成果,历来受到大家的重视。罗、王纠正了沙畹的诸多误释,并作了进一步考证,使敦煌汉简的价值得以凸显。在考释过程中,王国维充分利用出土文物资料(如汉代碑刻、买地券等），结合文献资料，运用文字、音韵、典制、地理、官制、语言等多方面知识，就这批木简所涉及的屯戍情况与制度、名物作了翔实的考证。这是第一部有图影和随文考释的汉简著作，对后来西北史地和简帛学的发展，均具有开创之功。

罗、王首次采用分类的方法研究汉简，资料编排及考证皆显眉目清晰。罗振玉《集蓼编》："本朝经史考证之学冠于列代，大抵国初以来多治全经，博大而精密略逊。乾嘉以来多分类考究，则较密于前人。余在海东，与忠悫论，今日修学宜用分类法。"同类数简相互关联，使研究更加深入。如《苍颉篇》4 简，沙畹分散于各处，编为299、567、639、313，《流沙坠简》则将这 1 完 3 残 4 简集中起来，使失传千年的《苍颉篇》现出一斑。《急就篇》残简的情况与此类似。在分类的基础上，不同类的简也相互照应，前后彼此呼应，有效地解决了分类的一些弊端。如《屯戍丛残》类的一张纸文书，为"简牍遗文"类一纸的背面。"烽燧类"1—5 简考释官制，引用了"简牍遗文"类的简 15。

罗、王在整理简牍时，显然借鉴了传统的文献整理的方法。就是比较互证，写以今文。对字形的考释充斥于全篇之中。虽然汉晋简牍不算难认，但历经千年，文字漫漶，加之当年皂隶之徒信手涂鸦，草率写就，错漏都在所难免。罗、王凭借深厚的国学功底，一一梳理。如小学类"力牧"简，原简图版缺失，沙畹释文"黄肃问囗囗囗曰官毋门者何也囗囗"，罗振玉于"肃"下注："沙氏释肃，依文理观之，当为帝字。"于"问"下三缺字，罗注："按文义，当是于力墨三字。"于句末两缺字，注："按文义，当为力墨二字。"

罗琨《罗振玉、王国维与流沙坠简》说："对简牍佚文排比编次，恢复其原貌，追求其渊源，就要与传世文献比勘。为此，求得这些历史遗存时间和空间的坐标是十分必要的。"[①]时间上主要参考纪年简，这些年代问题沙畹的考证基本正确，这也为斯坦因确定遗址的年代提供了准确信息。而地理位置，王国维除了据简文考证外，也非常重视

[①] 罗琨：《罗振玉、王国维与流沙坠简》，《简帛研究》第 3 辑，广西教育出版社 1998 年。

斯坦因的考古报告，复制了斯坦因的位置示意图，体现了他超前的研究方法及创新意识，已经把考古信息放在了重要的位置上。徐萍芳评价说："他很注意把汉简的内容与敦煌汉代烽燧遗址的情况联系起来，力图恢复汉代烽燧的排列和组织，这是极有见识的。"①

罗、王首创了简帛学研究道路，筚路蓝缕，为功甚著。其意义并不仅存在于具体的考释之中，他们的研究精神，钻研态度，都会永存于世，激励我们不断探索。

二、王国维在《流沙坠简》序、跋中的发明

这篇序文集中展示了王国维利用屯戍简牍考证西北史地的心得。字字珠玑，堪称经典。这篇序文的主旨，罗振玉在序中已有所概括："乃知遗文所记，裨益甚宏。如玉门之方位、烽燧之次第、西域二道之分歧、魏晋长史之治所、部尉曲侯，数有前后之殊，海头、楼兰，地有东西之异，并可补职方之记载，订史氏之阙遗。"(《流沙坠简》罗序)其中主要讨论了四个问题：一是汉代长城遗址，二是汉代玉门关址，三是海头城，四是西域长史。

汉代长城遗址，斯坦因已有所发明，王国维据汉代史书，以及后代文献记载，如法显《佛国记》、《晋书·凉武昭王传》、唐《沙州图经》等，显示了历代对长城遗址的记载。汉代玉门关址问题是法国汉学家沙畹提出来的，他依据《史记·大宛列传》，认为汉之玉门关初在敦煌以东，后西徙。王国维同意其说，并进一步论证，且探讨了玉门关与玉门县之别。"吾侪得由斯氏之探索，沙氏之考证，以定玉门关之方位，与其西徙之时，则二氏之功巨矣。"现在看来，玉门关当初是否位于敦煌以东，还有些疑问。有关海头城，王国维纠正了沙畹、斯坦因等人以其地为楼兰的错误，王国维的这一结论当无疑义。论证西域长史，利用了日本橘瑞超在西北所得"李柏文书"，及屯戍简牍，讨论了西域长史的设置。王国维的这些讨论引起了后来众多学者利用屯戍简牍讨论西北史地问题的热潮，影响深远，为简牍研究指出了一条正确的道路。

跋文是王国维在读了斯坦因的考古报告之后写的，主要是补正此

---

① 徐萍芳：《汉简的发现与研究》，《传统文化与现代化》1993年第6期。

前的一些说法，如汉简出土地等。这篇跋文值得关注的是，王国维已经意识到考古资料对简牍研究的意义，而此前罗振玉与王国维考证简牍主要依赖的是文字资料，这种考据之学，与清代的朴学一脉相承，只不过罗王有简牍这种新材料。根据考古资料，王国维发现可以印证他此前的考据，"前考定烽燧次第全据简文，今据其所出之地知前由文字所考定者多与实际冥合。且各燧之度分今又得据斯氏之图定之"。可以进一步证实他对烽燧遗址的考定。王国维又依据斯坦因的地图，结合自己的考证，绘制了烽燧位置草图并制表，把有关简牍系于每一烽燧遗址之下，"今以符号（指斯坦因标注的发掘地点）为纲，而著其燧名及所出木简于下，列为一表，非徒供观览之便，亦以弥考释之阙云尔"。这确是王国维的一大创举。这一图一表，虽然目前看来显得粗疏，但已表明王国维对考古资料的重视，利用非文字的资料融入考据，显示出对清代以来的考据学的重大突破。这种研究方法也成为简牍学的优良传统。

三、王国维《简牍检署考》

1912 年春，寓居日本的王国维开始撰写《简牍检署考》，到是年 10 月定稿。在写作过程中由日本学者铃木虎雄译为日文，在京都文学会的杂志《艺文》1912 年 4、5、6 号上连载。5 月 31 日，王国维又将《补正》抄寄铃木，《艺文》第 6 号上有《补正》一节。1912 年年末，王国维曾抄写一份寄给法国汉学家沙畹："岁暮，闻法国沙畹教授方研究斯坦因所得古牍，复写一本赠之。"这篇论文首先是以日语发表的，修订后的中文稿 1914 年载于《云窗丛刊》中。中国国家图书馆收藏了王国维《简牍检署考》第四稿手稿。可能早在 1908 年，罗振玉、王国维就已经听说了斯坦因西域探险发掘汉晋简牍的事。此时，他们正等待沙畹寄来简牍资料。王国维写作《简牍检署考》也正是为日后考释简牍作准备。文中多次提到斯坦因发掘简牍事，如："匈牙利人斯坦因于敦煌西北长城址所得木札，长汉尺一尺，广半寸许。余所见日本橘瑞超所得于吐峪沟者，大略相同（未及以汉尺量之）。其书或一行或二行，此当为最狭之牍矣。""余观斯坦因所得刻上书牍，而悟其为汉斗封检之制。"再如："唯斯坦因所得于阗古牍，则检上皆刻通绳处三道，每道以绳一周或二周。"也正因为其已经用出土的简牍实物印证论点,我们认定这篇论文为现代简帛学的奠基作之一。胡平生、马月华《简牍检署考校注》(上海古籍出版社 2004 年),可以参看。

论文开端讨论简册的名称,如"册"、"策"、"简"、"方"、"版"、"牍"、"牒"、"札"等,作为引论。

第二部分论简册的长度。"古策有长短,最长者二尺四寸,其次二分而取一,其次三分取一,最短者四分取一。"这就是后来学界总结的"分数倍数"说。王国维还提出"以策之大小为书之尊卑"。就是说,最重要的经典为二尺四寸,其次递减。《左传疏》云:"郑元注《论语序》,以《孝经钩命决》云'《春秋》二尺四寸书,《孝经》一尺二寸书',故知六经之策,皆长二尺四寸。"

然后讨论简的容字。"若一简行数,则或两行,或一行。字数则视简之长短以为差,自四十字至八字不等。"

第四部分讨论简册的字体。上古用篆书,"然则事大者用策,篆书;事小者用木,隶书,殆为通例"。

次论书写工具。"汉之书刀,殆用以削牍,而非用以刻字。"据典籍记载,古用墨书,"则战国以后,殆无有用刀刻者矣"。

第六部分论及简册的编联。"策之编法,用韦或丝。"编简时,为防滑动,就在简编绳处刻契口,"汉、魏以后,两简相连之处,并作鐱缝。颜师古《匡谬正俗》:'款缝,此语言元出魏晋律令。《字林》本作"鐱,刻也"。古未有纸之时,所有簿领,皆用简牍,其编连之处,恐有改动,故于缝上刻记之。承前以未,呼为鐱缝。'"

第七部分论牍的形制。"牍之未成者为椠。"牍之最长者也为椠,三尺。其次为檄,长二尺。其次为牍,长一尺。又其次则为五寸,门关之传是也。简之长短皆为二十四的分数,牍的长度则是五的倍数。秦有六寸之符,则是简之最短者。牍的容字,"若九行若七行若五行",汉代"广者为牍,狭者为奏"。

第八部分论"籥"、"笞"、"觚"这些不太常见的书写材料。《说文》:"籥,书僮竹苦也。"又云:"颍川人名小儿所书写为苦。"《急就篇》颜师古注:"觚者,学书之牍,或以记事,削木为之,其形或六面,或八面,皆可书。"

以上主要研讨了简牍制度。而简牍的使用始于何时，王国维说："殷人龟卜文字及金文中，已见'册'字，则简策之制古矣。"而帛书的使用与简牍的时代没有先后。王氏首创的这一论断至今仍是学界的共识。我们目前发掘出土的简帛最早都是战国时期的遗物。当然这不是简帛开始使用的时代，简帛的时代至少始于殷商，甚至可能更早。

简牍的封检法，"则于牍上复加一板，以绳缚之"。"其所用以封之板，谓之检。"再施泥于封检匣中，加印章。王国维考证了历代封禅大典所用玉册玉检的形制，也有"以囊盛书，而后施检"，"绳缄之法，亦无定制"。自一周至五周都有。斯坦因所发掘的木检多是三周。封泥的使用，在很长一段时间内都无人知其制度，过去虽有封泥出土，但大家都误以为是印范。吴式芬（1796—1856年）《封泥考略》始认定为"封泥"。

封检上的题署，"亦不可得而详"。"则检上所题，但所予之人与所通之物，不题予者姓名也。"

王国维《简牍检署考》考订详实，为学界推重。余嘉锡《书册制度补考》："考书册制度者，《诂经精舍文集》中有汪继培、徐养原《周代书册制度考》，余鹗《汉唐以来书籍制度考》，其文皆略而不详。其后有叶德辉《书林清话》中，书之称册、书之称卷、书之称本、书之称叶数篇。及日本人岛田翰《书册装潢考》、法人沙畹《纸未发明前之中国书》诸篇，皆不免有舛误。至近世王静安先生作《简牍检署考》，而后简策之制大明。"李学勤《书于竹帛·序》评价说："王国维先生在1912年，以大半年时间，四易其稿，著成《简牍检署考》一卷，主要依据新发见简牍实物与文献记述，互相印证，创获甚多，妙义纷呈。"胡平生《简牍检署考校注》："《简牍检署考》就是而后逐渐萌生的'中国简牍学'的奠基石，它为一门新学问的诞生进行了理论与文献的准备。虽然当时出土简牍的数量不多，王国维亲眼所见者更是有限，但我们如今读起这篇论文来，都不能不为作者渊博的知识，缜密的考证，敏锐的眼光，崭新的思维，科学的方法而感到折服。"

四、二重证据法

随着出土文献的不断涌现，王国维与"二重证据法"再一次成了学界的热点。专论也不少见。①一般都认为"二重证据法"是王国维首创。其实不然。"二重证据法"就是以地下材料和书面材料互相比较、印证，从古代到近代，不少人都在这样做，并不是王国维发明的新方法。王国维所说的"地下材料"，就是出土的文字材料，不包括考古所得的非文字信息。

"二重证据法"的先决条件是有出土文献。王国维非常重视出土文献，他 1925 年在著名的《最近二三十年中中国新发现之学问》一文中说："古来新学问起，大都由于新发现。有孔子壁中书出，而后有汉以来古文家之学；有赵宋古器出，而后有宋以来古器物、古文字之学。惟晋时汲冢竹简出土后即继以永嘉之乱，故其结果不甚著，然同时杜元凯注《左传》、稍后郭璞注《山海经》，已用其说；而《纪年》所记禹、益、伊尹事，至今成为历史上之问题。然则中国纸上之学问赖于地下之学问者，固不自今日始矣。"②虽然这段话大家耳熟能详，但其中"固不自今日始矣"常被忽视。这里已经明确了中国历史上对出土文献利用的概况。也可以说，王国维向我们交代了"二重证据法"的来源。

循着王国维给我们指明的这条路，我们简单回顾一下中国历史上文献出土的情况，以及古人对出土文献的利用。就目前所见，历史上大规模出土文献始于西汉初年，秦禁之后，汉惠帝时即有"除挟书之律"，就是普通百姓藏书不再有罪。《汉书·艺文志序》："汉兴，改秦之败，大收篇籍，广开献书之路。"武帝"于是建藏书之策，置写书之官，下及诸子传说皆充秘府"。大规模征集图书，各地多有献书，

---

① 吴怀祺：《王国维的二重证据法和古史新证论》，《河北学刊》1987 年第 5 期；胡厚宣：《王国维的"二重证据法"》，《历史教学问题》1988 年第 3 期；刘毅：《二重证据法新论》，《南方文物》1997 年第 3 期；陈其泰：《王国维"二重证据法"的形成及其意义》（上、下），《北京行政学院学报》2005 年第 4、5 期；等等。

② 姚淦铭、王燕主编：《王国维文集》第四卷，中国文史出版社 1997 年，第 33 页。

这些书当然都是简牍、帛书的本子。而这些简帛有的是民间私藏的，也有偶然发掘所得。如秦博士伏生，把《尚书》藏于壁间，惠帝后拿出传授，传为二十九篇，因为已转写为隶书，故称今文《尚书》。①西汉时，河间献王也藏有不少古文典籍。武帝末，民有得《尚书·泰誓》于壁间，献之（《尚书正义》引刘向《别录》，《论衡·正说篇》记载是汉宣帝时）。最有名的当属"孔子壁中书"。《汉书·艺文志》载："古文尚书者，出孔子壁中。武帝末，鲁共王坏孔子宅，欲以广其宫，而得古文《尚书》及《礼记》、《论语》、《孝经》凡数十篇，皆古字也。"因而，西汉皇家秘府藏有大量各地所献典籍，刘向等曾利用皇家藏书校订书籍，《汉书·艺文志》："刘向以中古文校欧阳、大小夏侯三家经文，《酒诰》脱简一，《召诰》脱简二。率简二十五字者，脱亦二十五字，简二十二字者，脱亦二十二字，文字异者七百有余，脱字数十。"所谓"中古文"，就是皇家秘府收藏的用战国古文字书写的古籍。

汉代精通儒家经典的许慎作《说文解字》，也明确提到对出土文献的利用，除上述简帛外，还有金文，《说文解字叙》："郡国亦往往于山川得鼎彝，其铭即前代之古文。"《说文解字》中就保留了很多古文字形，与我们现在见到的出土文献中的字形往往相合。

汉代对出土文献的利用主要是整理、校疏。孔安国整理孔子壁中书藏于秘府，刘向父子校书也是充分利用了出土的简牍、帛书，有些书可能就是出土文献的整理本。

晋代，最重要的当然就是"汲冢竹书"。从史书的记载看，"汲冢竹书"最著者当属发现了大量佚书，即早已失传的典籍。朝廷也委派了几位知名学者整理，写出了释文。或许如王国维所说，这批资料在随后的"永嘉之乱"中散失殆尽，流传下来的只有一部《穆天子传》。《竹书纪年》只能通过清代以后的辑佚本以窥片言只语，处于存佚之间，其可信程度大打折扣，使我们至今对于周召共和、西周王年等重大历史问题仍陷入迷途。今天很多学者提出应重视《竹书纪年》残存的内容，考古发掘也证实，今河南省辉县、汲县等地正是战国时期魏

---

① 蒋善国：《尚书综述》，上海古籍出版社1988年，第21页。

国王室及贵族的墓地。

由汉至唐，秉承《说文解字》的传统，以收集古文字为主的专书不断出现。如汉末魏初张揖《集古文》，东吴朱育《集奇字》，魏晋徐邈《集古文》，后齐颜之推《证俗奇字》，唐代林罕《集字》，裴光远《集缀》，等等。这些书多散佚，今存五代末北宋初郭忠恕《汗简》，收集北宋之前流传的古文字共三千多个，为北宋以后利用出土古文字材料打下一定基础。①

"二重证据法"的应用始于金石学形成的宋代。欧阳修《集古录目序》："因并载夫可与史传正其阙谬者，以传后学，庶益于多闻。"《与刘侍读书》："又因得与史传相参验，证见史家阙失甚多。"②黄伯思《东观余论·汉简辨》："简书甚明，乃当时文字，又日月首尾相应，非如史之先后差谬，宜以简所书为正。于戏，千载之下幸是简偶存，得以考正范史所书之误，是以君子贵乎博学而多识也。"这些议论已经明确提出运用出土文献以证史书之阙失，正是"以地下之新材料补正纸上之材料"。

"在金石材料的使用上，宋代学者提倡将金石文献与传世文献相对照进行研究，'考其异同，参以他书'，或由金石文献发现传世文献的讹误，或由传世文献来订正金石文献上的错误。""事实上，宋代学者已经初步实践了这种'取地下之遗物和纸上之遗文相是正'的'二重证据法'，这是一种很有价值的实践。"③

宋代金石学家对金石文献，特别是汉唐以来墓志等有意虚夸的"谀辞"也有清醒的认识，也常据典籍指出出土文献中的谬误。如欧阳修《集古录跋尾》卷九据史书考订唐代碑刻所谓"紫衣金印"的误说。又《集古录跋尾》卷五"唐卫国李靖碑"："唐初承陈隋文章衰敝之时，作者务以浮巧为工，故多失其事实，不若史传为详。"既重视出土文献，而又不唯新文献是从，充分注意出土金石文献自身的特殊性，作

---

① 参见黄锡全：《汗简注释》，武汉大学出版社1990年，第10页。
② 《文忠集》卷一百四十八。
③ 马晓风：《简论宋代金石学的兴起与发展》，《图书馆理论与实践》2008年第1期。

出科学分析。这种实事求是的优良学术传统，值得我们继承。

其中黄伯思等人对永初汉简的整理研究值得我们关注。①他们不仅对简文作了摹拓、释文，使我们在千年之后得见宋代出土汉简的风采；更重要的是，黄伯思《东观余论·汉简辨》据汉简，成功考定了范晔《后汉书·安帝纪》中三处时间的误记。在宋代金石证史的学术潮流中，因汉简出土极少，成功以简文论证史书之缺失所以显得很突出。我们也可以把它与汉晋对出土简牍的利用作一比较，宋代学术的进步显而易见。

汉唐以来，对古文字古器物的认识渐趋理性，汉代许慎在《说文解字叙》中批评的那种对古文字持否定态度的学者已经少见。所以，汉代的古文经学从表面上看似乎始终处于劣势，但实际上其影响是深远的，贾逵、许慎等一批精于古文经学的学者以他们的成果引领了学术的主流，晋唐以来，汲冢竹书、石鼓文等古文资料的出土，都受到学界的重视。在这样的学术背景下，宋代形成金石学，以金石文献证史，也可以说是水到渠成，其条件已经具备。

王国维对宋代金石学也有深入研究，评价极高，1914年作《宋代金文著录表》，1926年在《宋代之金石学》一文中认为宋代金石学远超元明，某些方面的成就甚至在清代学者之上。至于宋人以出土文字考订史实，他说："至于考订石刻，则欧（阳修）、赵（明诚）、黄（伯思）、洪（适）诸家多翔实审慎……既据史传以考遗刻，复以遗刻还正史传，其成绩实不容蔑视也。"②这里虽没有明言"二重证据法"，实已寓于其中。

宋代金石学的成就，在出土文献越来越受重视的今天，很有必要重新进行评价。宋代金石学者在搜集整理、著录流传、文字史实考订等方面，确实已经相当完备。所缺少的就是所见材料还不够丰富，特

---

① 王国维原著，胡平生、马月华校注《简牍检署考校注》，上海古籍出版社2004年，第45页；陆锡兴：《宋代永初汉简的整理和研究》，《简帛研究（2002—2003）》，广西师范大学出版社2005年。

② 姚淦铭、王燕主编：《王国维文集》第四卷，中国文史出版社1997年，第126页。

别是两汉之前的文字资料数量极少，真伪相参，直接影响了他们的学术视野，以及他们研究范围的广泛性及所作结论的可靠性。这是时代的局限，丝毫不影响有宋一代金石学成就的伟大。"二重证据法"的发明也应归于宋代的金石学家。

元明之际，著录、考证金石的著作不多，如元代吾邱衍《学古编》、《周秦刻石释音》，明代都穆《金薤琳琅》，郭宗昌《金石史》等，多著录而少考证，成就远在宋人之下，不足论矣。

清代是金石学的又一个高峰，学术上踵迹宋儒，一脉相承。清初顾炎武《金石文字记原序》："及读欧阳公《集古录》，乃知其事多与史书相证明，可以阐幽表微，补阙正误，不但词翰之工而已。"可见清代金石学在一开始就秉承了宋代以金石文字考订史实的传统。而且清人收集的金石更广、更多，考证的范围也涉及经史子集各种文献。宋人利用出土资料重在证史，而清人则于史之外，遍及群书，特别是在文字音训、儒家经典的考订上，成就斐然。其整体成就当在宋人之上，对古器物的辨伪也远胜宋代。王国维极推崇宋代之金石学，谓成就或在清儒之上，那只是他的偏爱。

一个有名的例子就是关于《尚书》"宁王"的考订。①金石学家王懿荣、吴大澂、孙诒让、方浚益等人，利用金文"文"字形类似于"宁"，认为《尚书》"宁王"、"宁考"、"宁武"、"前宁人"中，"宁"为"文"之误。这一结论虽也有学者提出异议，但学界基本认可。更主要的是，这种研究方法基于出土文献的实际，论定流传了两千年的经典中的误字，扎实可靠，实是应用"二重证据法"的一个范例。

而明确讨论以金石文献考订经史的，也比比皆是。钱大昕《潜研堂文集·关中金石记序》："金石之学，与经史相表里……盖以竹帛之文，久而易坏，手抄板刻，展转失真；独金石铭勒，出于千百载以前，犹见古人真面目，其文其事，信而有征，故可宝也。"王鸣盛《十七史商榷序》："又搜罗偏霸杂史、稗家野乘、山经地志、谱牒簿录，以及诸子百家、小说笔记、诗文别集、释老异教，旁及于钟鼎尊彝之

---

① 参见裘锡圭：《谈谈清末学者利用金文校勘〈尚书〉的一个重要发现》，《古代文史研究新探》，江苏古籍出版社1992年。

款识、山林冢墓、祠庙伽蓝、碑碣断缺之文,尽取以供佐证。"从清初的顾炎武,直到清后期的阮元、钱大昕、王懿荣、吴大澄等,对以出土文献考证经史,一直是孜孜以求。叶昌炽《语石》卷六有"辑录碑文一则"、"碑版有资考订一则",总结据石刻辑录文集,以及考订经史,"至于订史,唐碑之族望,及子孙名位,可补宗室宰相世系表;建碑之年月,可补朔闰表;生卒之年月,可补疑年录;北朝造像记,可补魏书释老志……"对石刻补史作了详细考论。

王国维生当清末,耳濡目染乾嘉朴学,同时受到东渐之西学的影响。而他学术上的引路人罗振玉于古文献,特别是出土文献,贡献卓著。王国维适逢出土文献大发现的时代,殷墟甲骨大规模发掘和著录,汉晋遗简为西人斯坦因等大量掘获。而罗振玉是清代著名金石学家,王国维早年研习西学,后随罗振玉专攻金石甲骨等古文字,受罗振玉之托总结考订宋代金石学文献,著录研究新发现的各种金石甲骨资料。所以他精熟宋儒金石研究方法,并给予了极高评价,再运用到他考订甲骨、金石文献之中,西学的背景又使他把这些考订工作上升到方法论的高度,提出"二重证据法"。这样的大环境决定了王国维晚年的学术道路。王国维1913年所著的《明堂庙寝通考》初稿即写道:"故今日所得最古之史料,往往于周秦两汉之书得其证明,而此种书亦得之亦自证明焉。吾辈生于今日,始得用此二重证明法,不可谓非人生之快事也。"① 1925年在清华研究院授课时王国维再次系统阐释了"二重证据法"。②陈其泰认为:"它(二重证据法)作为一种重要的治史观念和方法,是20世纪初年中西学术交融和新史料大量发现刺激之下的产物,此为其所具有的强烈的时代性。而此一观念和方法于中国传统学术亦非毫无关系,而是存在着一定的渊源继承关系,乾嘉考史名家钱大昕利用碑刻史料与历史文献互相比勘解释对考证元史问题等项得到创获,可视为'二重证据法'的萌发。但钱氏因时代的关系,没有达到自觉运用阶段,所利用的材料和以之研究的领域都

---

① 罗振玉:《雪堂丛刻》第十一册,民国四年(1915)罗氏铅印本,第2页。
② 王国维:《古史新证》,载《王国维文集》第四卷,中国文史出版社1997年,第1页。

很有限，也未能解决对于历史研究具有重要意义的大问题。"①从学术史的角度，把"二重证据法"与中国学术传统相联系无疑是正确的，但一方面是对清代金石学的评价实在有失公允，实则不仅在清代，远在宋代的金石学家对所谓的"二重证据法"的应用就是很自觉的了，他们完全是有意识地把出土金石材料与传世的史籍相印证。到清代金石学家们研究的领域应该说已经很广泛了。另一方面，溯源工作也做得还远远不够，应远溯至宋代金石学，那才是源。只有这样我们才能明白为什么王国维如此偏爱宋代金石学。

王国维的贡献在于，其一，将"二重证据法"明确作为史学方法提出，影响巨大。方法论的缺失是中国古代学术的弊端之一。王国维提出"二重证据法"后，经陈寅恪等学术大师的推介，整个中国学术界都推崇备至，并努力实践。其发挥的作用早已突破了史学的范围，文学、哲学、语言学、文字学、学术史等诸多领域都可见"二重证据法"的身影，这应当归功于王国维的大力提倡。王国维不是这种方法的第一个实践者，但他是第一个总结并提出这一名称的大师。王国维总结并定名为"二重证据法"，受惠于文献大规模出土这一历史机遇，同时也为研究出土文献指明了正确道路。在王国维身后，甲骨、简帛以及敦煌吐鲁番文书偶遇一次又一次重大发现，这也许是王国维不曾预料到的，对这些出土文献的深入研究也有"二重证据法"的功劳。当然，考古学的发展也使这些出土文物具有了更深层次的意义，使我们比以往任何时候都更加重视出土文献。

其二，身体力行，成就卓著。王国维运用甲骨卜辞、钟鼎金文、简牍帛书这些新发现的出土文献，解决了中国历史上的若干重大问题。卜辞之于殷商史，简牍之于汉代边疆史地，都开拓了中国学术研究之一个方面，这是学术大师级的贡献。甲骨学、简帛学都已成为国际显学，这些学科的创立，都与王国维及"二重证据法"分不开。

王国维的"二重证据法"直接来源于宋代之金石学，这符合学术发展的规律，它不可能凭空产生。这一点王国维自己也多次提到，

---

① 陈其泰：《王国维"二重证据法"的形成及其意义》（上、下），《北京行政学院学报》2005年第4、5期。

"然则中国纸上之学问赖于地下之学问者，固不自今日始矣"，这句大家都熟知的论断就是明证。"二重证据法"并非王国维首创，但这丝毫不影响王国维作为国学大师的地位。

今天已有些学者对"二重证据法"作了反思①，李学勤指出："王国维先生提出二重证据法，在中国学术史上具有重要意义。不过，他所说的地下材料，主要是指有文字的部分。他在《最近二三十年中中国新发见之学问》里列举了 19 世纪末到 20 世纪初的四项重大发现，都是文字资料，用这些文字资料与传世文献对照研究，固然是很重要的；但实际上，新发现的考古材料实可划分为有文字与没文字的两类。没有文字的考古材料，如遗址、墓葬、建筑、服饰、器物等，同样可用来印证古书。"②这段论述切中要害，指出了"二重证据法"的软肋。这也是历史局限造成的。近代考古学的产生具有划时代的意义，考古学使我们对历史的认识大大延伸了。20 世纪初，考古学在中国的影响尚未引起王国维的注意，其学术视野尚未触及考古学的范围，所以文字资料以外的古代遗存所提供的信息未能纳入其研究内容。王国维近承乾嘉之学，其对甲骨、金文、简牍的释读、考订过程，对典籍的运用，都显示出深厚的"小学"根柢。③但从另一方面说，离开语言文字他就无从考证了。二重证据都是文字证据，所谓"地上之材料"就是传世典籍，所谓"地下之材料"就是出土文献，这是前考古学时代的必然结果。实则"地上之材料"和"地下之材料"除文字外，尚有很多可资利用之材料。因而，现在有"三重证据法"、"多重证据法"等名目。诸如考古学、民族学、人类学、生物学等为我们提供的证据，已非"地上""地下"所能概括。这是学术发展的必然，我们可以清楚地看出这些方法与王国维"二重证据法"一脉相承的传承关系。

---

① 陈荣军：《二重证据法考论》，《求索》2008 年第 4 期。
② 李学勤、裘锡圭：《新学问大都由于新发现》，《文学遗产》2000 年第 3 期。
③ 吴怀琪：《王国维的二重证据法和古史新证论》，《河北学刊》1987 年第 5 期。

五、罗振玉对简帛学的贡献

罗振玉(1866—1940年),清末学者。字叔言、叔蕴,号雪堂,晚年更号贞松老人。对中国古代文献的保存、传承作出了卓越贡献。在甲骨文研究者中,罗振玉占有重要地位,为"甲骨四堂"之一,是甲骨学的奠基者。他搜集、保存、印行了大批原始资料,率先正确地判定了甲骨刻辞的性质及出土处之地望,考释出大量的单字,首创了对卜辞进行分类研究的方法。与王国维一起,确证了甲骨文中的合书的现象。在金文研究方面,他也搜集了大量的资料,收藏大量碑碣墓志、金石拓本、法帖、书画等。对保存、推介明清内阁大库档案起了决定性作用,为敦煌学的奠基人。宣统元年,他到北京的伯希和处,看到伯希和所获敦煌写卷,并得知藏经洞仍有数千卷文书,乃力促学部电令甘督查封石室,将所余遗书悉数解送京师,使这批宝藏于宣统二年秋,运抵北京,最后入藏于京师图书馆。对于流散的敦煌文也留心购存,所得文书及海外藏卷照片,大多收入《鸣沙石室佚书》、《鸣沙石室佚书续编》、《鸣沙石室古籍丛残》、《敦煌石室遗书三种》、《贞松堂西陲秘籍丛残》、《敦煌石室碎金》、《敦煌零拾》、《沙州文录补》、《敦煌石室遗书》、《佚籍丛残初编》、《石室秘宝》等书中。

他还和王国维将斯坦因在敦煌、罗布泊等地发现的汉晋木简照片汇为《流沙坠简》,并做考释。罗振玉对简帛学的贡献,第一是,独具慧眼,对搜求、保存、流传、刊布斯坦因所获汉文简帛,不遗余力,当居首功。《流沙坠简》罗序:

> 光绪戊申(1908年),余闻斯坦因博士访古于我西陲,得汉晋简册,载归英伦。神物去国,恻焉疚怀。越二年,乡人有自欧洲归者,为言往在法都见沙畹博士方为考释云,且版行,则又为之色喜,企望成书,有如望岁。及神州乱作,避地东土,患难余生,著书遣日。既刊定《石室佚书》,而《两京遗文》犹未寓目。爰遗书沙君,求为写影。嗣得报书,谓已付手民,成有日矣。于是望之又逾年,沙君乃亟寄其手校之本以至。爰竭数夕之力读之再周,而叹曰,古简册出于世,载于前籍者,凡三事焉,一曰晋之汲郡,二曰齐之襄阳,三曰宋之陕右。顾蝥冢遗书亡于今文之

写定，楚邱竹简毁于当时之炬火；天水所得沦于金源，讨羌遗刻仅存片羽。异世间出，澌灭随之。今则斯氏发幽潜于前，沙氏阐绝绪于后。千年遗迹，顿还旧观。艺苑争传，率土咸颂。两君之功可谓伟矣。顾以欧文撰述，东方人士不能尽窥，则犹有憾焉。因与同好王君静安分端考订，析为三类，写以邦文。校理之功，匝月而竟。乃知遗文所记，裨益至宏。如玉门之方位，烽燧之次第，西域二道之分歧，魏晋长史之治所。部尉曲侯，数有前后之殊；海头、楼兰，地有东西之异。并可补职方之记载，订史氏之阙遗。若夫不觚证宣尼之叹，马夫订墨子之文。字体别构，拾洪丞相之遗；书迹递迁，证许浈长之说。此又名物艺事，考镜所资。如斯之类，偻指莫罄。惟是此书之成，实赖诸贤之力。沙氏辟其蚕丛，王君通其衢术。僧虔达识，知周官之阙文；长睿精思，辨永初之年月。予以谫劣，滥与编摩，蠡测管窥，裨补盖鲜。尚冀博雅君子为之绍述，补阙纠违，俾无遗憾。此固区区之望，亦两博士与王君先后作述之初心也。爰弁简端，用绍来者。

于此可见罗氏对汉简的重视、期盼，以及得到简影之后的欣喜，读之再周，对简牍的价值分析恰如其分。这篇序文显然是在考订之后写的，并概括了王序的主旨。以罗振玉的声望，以王国维的学识，《流沙坠简》刊布后，影响甚巨。罗振玉的推波助澜之力显而易见。

第二，《流沙坠简》中，"小学术数方技书"归罗氏考释。小学类，先考证了《苍颉篇》，四字一句，十五句，六十字为一章。"若以三棱之觚写之，则一觚正得一章，与班史所记适合。则此简之为《苍颉》殆无疑矣。国朝任、孙诸家采辑古籍所引《苍颉篇》，所得皆单字，罕见成文句者。此虽仅存四十言，然均文句相属，恨任、孙诸家不得见也。"次考《急就篇》。存8简，得字一百十九。《急就篇》现存，罗氏以简本校皇象本、颜师古注本，"互有得失"。"由是观之，古人写书多随意用世俗通行之字，虽字书且然。不似后人点画之严矣。"考证觚之形制，"从方柱之两顶角剖而为二，则为两觚。故三面之中二狭而一广。又观觚上有穿，明为联属之用"。术数类，首释"力牧"，详考典籍中有关记载，依托为黄帝臣，属兵阴阳书。次考历谱，重点考释其中的历注，如"建除"、"伏"、"反支"、"八魁"等。他从汉简历谱上记有初伏、中伏、后伏和腊的现象，联系史籍所载，证明自秦德公开始的六月三伏之节和冬日"腊祭"，在汉代已演变成"朝野重伏"和"腊祭百神"的社会习俗。他对历谱中的十二日、血忌、反支等历法问题作了考证，勾勒出比较系统的汉代人日常生活里的各种禁忌规律。又考"九九术"，属算术书。吉凶宜忌残简，关于大时、小时，及生子简，两简较完整，其余三简残甚。罗考引《淮南子·天文训》："大时者，咸池也；小时者，月建也。"方技类，主要是医方，考订了"茈宛"等药名。对《苍颉篇》、觚的形制、历注等考释，语多精当，有所发明。

第三，对"简牍遗文"的考释。罗氏谓："然藉以知书体之变迁，窥简牍之体式，其裨益亦甚巨。"这部分主要是私人书信，考释了一些汉代书信的套话，"伏地再拜，当是汉时书式"。考订"幸"的字形："又简猃字即幸字，诸简中幸字多从犬，然皆上犬下羊，此简则著犬于羊侧。汉印中有大利长幸等语，其幸字上皆从犬，与篆书从夭作不合。前人不敢确定为幸字。然汉石刻中幸字皆从犬，无从夭者。今证以诸简，知汉人隶书幸字，无一与篆文合者，是可异也。"二帛书，其一完好，乃名为政的人写给幼卿君明的信，殊为难得。"书中适衣进食，与第六简近衣进御酒食，语略同。殆汉人书简中习用语，亦犹后人之言加餐耶。"45件纸文书，魏晋以后遗物。论及章草、隶楷等书体发展："其章草书具年月者，则如《屯戍丛残·廪给类》第十一简，有建武三十一年字；第十二简有永平十一年字样。然则前人谓章草始于章帝殆不然矣。"

从这些考释可见，罗振玉的国学功底相当深厚。他联系典籍文献，考释汉晋简牍，把这些出土材料与传世文献相印证，可以说是相得益彰。既据典籍读懂了简牍，又从简牍中发现了散佚的典籍，据简牍校正了典籍的讹误。每一点发现都令人欣喜，每一个发明都彰显了简牍遗文的独特价值。罗振玉无论就简牍宏观价值的把握，还是对微观字词的考释，都表现出非凡的洞察力。

罗振玉、王国维简帛学主要论著目录：

1.《简牍检署考》，王国维著，日本京都文学会《艺文》杂志4、5、6号，1912年；《云窗丛刊》，1914年。

2.《流沙坠简》，罗振玉、王国维著，日本京都东山学社1914年。

3.《流沙坠简考释补正》，王国维著，上海仓圣明智大学广仓学窘丛书本1916年。

4.《苍颉篇残简跋》，王国维著，《学卫丛编》23期，1917年。

5.《流沙坠简序》，王国维著，《学卫丛编》24期，1917年。

6.《流沙坠简后序》，王国维著，《学卫丛编》24期，1917年。

7.《敦煌简跋十四则》，王国维著，《观堂集林》卷17，1923年。

8.《罗布淖尔北所出前凉西域长史李柏书稿跋》，王国维著，《观堂集林》卷17，1923年。

9.《罗布淖尔东北古城所出晋简跋》，王国维著，《观堂集林》卷17，1923年。

10.《尼雅城北古城所出晋简跋二首》，王国维著，《观堂集林》卷17，1923年。

11.《流沙坠简》（增订本），罗振玉、王国维著，《永慕园丛书》，1934年。

12.《王观堂先生全集》，王国维著，文华出版公司1968年。

13.《简牍遗文序》，罗振玉著，《罗雪堂先生全集初编》1，文华出版公司、大通书局影印，1968年。

居延汉简考释·释文之部(存目)

劳榦

【评介】

　　劳榦(1907—2003年),历史学家。湖南省长沙人,1907年出生于陕西省商县。1930年北京大学历史系毕业。曾在美国哈佛大学从事研究工作。历任"中央研究院历史语言研究所"助理研究员、副研究员、研究员。1949年去台湾,兼任台湾大学、台湾师范大学教授。1958年当选为台湾"中央研究院"院士。1962年到美国加州大学任教授。1975年从加州大学退休后为荣誉教授。1982年被聘为台湾大学历史研究所客座教授。2003年8月30日病逝于美国洛杉矶。

　　1930年,西北科学考查团在居延故地汉代长城遗址发现1万多枚简牍,世称"居延汉简"。1936年,原西北科学考察团首先将劳榦、余逊二先生的部分考释用晒蓝纸印刷成册出版,即《晒蓝本汉简释文》,所考释的汉简约占总数的三分之一,这是最早的居延汉简释文稿本。抗战期间,部分研究人员避难于西南后方,1943年、1944年,受中英庚款基金董事会资助,劳榦在四川南溪镇石印出版了《居延汉简考释》。其中《释文之部》四册,是简文的释读;《考证之部》二册,是对简文的初步研究。1949年,上海商务印书馆出版铅印的《居延汉简考释·释文之部》。该书按居延汉简的出土地点和内容重新分类,全书分为"文书"、"簿册"、"信札"、"经籍"、"杂类"五项,无考证部分,书后增附敦煌汉简校文。后来劳榦否认这是他对石印本的修订之作。大庭脩《森鹿三先生与木简研究》写道:"据劳榦先生说,第二种铅印本虽然用了他的名义,但不是他的著作。"①《汉简研究》写道:

---

① 大庭脩:《森鹿三先生与木简研究》,《中国史研究动态》1980年第2期。

"但劳榦氏来日时，在发言中否定了自己与该版本的关系。"①这可能有政治方面的因素。因为在 1960 年出版的《居延汉简考证·序》中有这样一句话："在中华民国三十七年，排校释文部分时，准备把考释部分重行铅印。"显然这个铅印本是劳榦自己 1948 年排定的。劳榦到台湾后，于 1957 年出版了《居延汉简·图版之部》，将战前的校正图版印本全部影印出来，与 1949 年商务印书馆的《居延汉简·释文之部》用了同一个序号。共 630 页，精装本一册，平装本三册。1978 年再版时，增加了再版序言。1959 年《"中央研究院历史语言研究所"集刊》第三十本上刊载了《居延汉简考证》，1960 年又出版了《居延汉简·考释之部》，一册，释文 250 页，考证 76 页，与集刊所载内容基本一致。该书按照片的排列顺序，将释文编上统一号码，并对 1945 年石印版本的释文做了若干修订，再加上考证部分，释文后仍附 1949 年本的敦煌汉简校文，这便是劳榦最后的定本。1986 年再版，有劳榦的《居延汉简考释重订再版序》。书后附了 145 页的英文摘要。北京图书馆出版社 2007 年据 1943 年、1944 年的石印本影印出版了《居延汉简考释·释文之部》、《居延汉简考释·考证之部》，使得这部居延简最早的释文、考证著作为现代学界更多的人享用。

劳榦的《居延汉简考释自序》是他研究居延简多年的一个初步总结，全面概括了他研究居延简所涉及的方方面面。

序言首先介绍了他据以研究的照片的来源："再由香港经过舟车的转折，关吏的检查，寄到昆明，数目上编制上是不能和原简照片剪贴复照的成书完全一致。"这一点可纠正一些人的说法。常见一些文章谈到劳榦使用的照片时，就想当然地认为这些照片是他离开北京时随身携带的。从这篇序文我们可以知道，他当时用的照片是居延简运到香港后，为了出书而由商务印书馆拍摄的，由沈仲章从香港寄到四川。劳榦的这篇写于 1942 年的序中说："为写成今体，并且为校对和分类我已经费去时间两年多。"所以寄照片的时间当是 1940 年初前后。

第二，是简牍分类问题。序文明确说，他的分类是据《流沙坠

---

① 大庭脩：《汉简研究》，徐世虹译，广西师范大学出版社 2001 年，第 262 页。

简》的分类损益而来："这个设计是变通王国维设计的《流沙坠简》分类而成。"他认为《流沙坠简》的分类标准不一，各类之间多寡不均衡。计分"文书"、"簿籍"、"信札"、"经籍"、"杂类"五篇。在这五篇中按照"种类"中的"性质"再分出若干小类，即文书中按"性质"析出"书檄"、"封检"等小类，簿籍中分出"钱谷"，"烽燧"等小类。据劳榦《居延汉简考释·释文之部》，分类的细目如下：

一、文书
书檄类
封检类
符券类
刑讼类
二、簿录
烽燧类
戍役类
疾病死伤类
钱谷类
器物类
车马类
酒食类
名籍类
资绩类
簿检类
计簿类
杂簿类
三、信札
四、经籍
历谱类
小学类
六艺诸子类
律令类

医方类

术数类

五、杂类

有年号者

无年号者

劳榦对《流沙坠简》分类的批评有一定道理。罗振玉、王国维面对的只有530多枚简，所以分类当然是粗疏的。劳榦则释读了近万枚汉简，所以分类上明显感到罗、王的问题，这是自然的。屯戍类简数量剧增，劳氏一分为二，并增设"杂类"处理类别不明的一些简。分类上的改进，也促使研究更加明晰，对后来的研究也影响深远。汉简分类研究一脉相承，罗王、劳榦之后，鲁惟一《汉代行政记录》(1967年)、永田英正《居延汉简研究》(1989年)、李天虹《居延汉简簿籍分类研究》(2003年)、李均明《秦汉简牍文书分类辑解》(2009年)都进行过类似研究，以李均明为例，他分书檄、律令、簿籍、录课、符券、检楬六类，他将劳榦的"文书"类下的三小类都独立出来，将"经籍"中的"律令"也独立出来，将"簿籍"中的"资绩类"独立为"录课"类，继承关系也很明显。

第三，由于缺乏考古报告，"因此对于简牍中提到的烽燧名称一律不敢妄为排比"。根据记忆中的西北科学考察团考古地图，确认出土汉简较多的破城子为当年的甲渠候官，而红城子为肩水候官。并据简文及典籍文献，认为居延的障塞约修筑于汉武帝太初年间(公元前104—前101年)，"所以根据以上各条是居延塞在太初时修筑的"。而起初经营居延障塞的，劳榦认为是伏波将军路博德。认为居延简中所称的"将军"，很可能就是路博德。"博德屯居延始于太初三年，至晚到天汉二年。""所以从太初元年起至路博德死时为止，据本传都是将兵屯居延。博德死年不可知，但截至天汉二年尚存，当时屯往居延已有六年，可见博德屯住居延或较六年尚长。因此居延亭障，都有自博德经手开建的可能。汉简中有一次称将军，有一次记载将军的用器(见簿册器物类)颇疑指的便是这个故伏波将军。"至于居延障塞废弃的时间，劳榦考证认为当是东汉光武帝建武年间。"所以居延汉简截至建武六年七月，应当和这件事有关。即居延的若干障塞，很有因为这个并职的诏令而撤废的可能。""所以说居延诸塞的一部分，曾在建武三十几年中罢省或不算太武断的。"

劳榦对屯田的考证，"综以上各史料，汉代早有屯边的计划，至武帝开辟河西之后并用着军屯和民屯，粮食不足时仍要仰仗内地"。而居延简对研究屯戍的价值："正史对于边塞屯戍的事，只能记载一点广泛的一般原则，其具体事实的供给，则要倚赖发现的新史料。必须利用正史和新史料来钩距参伍，才可以得着事实的真像。"汉代的户籍制度，"汉代军制和'保甲'制度是有密切关系的"。

烽燧制度自然是居延简的核心问题。"关于烽燧的制度，在未发现汉简以前是无从想象的，现在有敦煌和居延两批汉简，对于汉代的烽燧所有的严密组织是可以清理了。"烽燧组织架构大致是："一郡的烽燧分做几个都尉管理的部，都尉是承受太守指挥的。都尉以下有候官，候长和隧长。候官之下候长之上间设障尉，管理分司的烽燧，候官仿照县的组织；置有掾属，候长为百石有秩，可以比乡啬夫，隧长管一隧之事，可以比亭长。戍卒的数目据敦煌和居延汉简，大致一处最少三人，若多可以到三十人。"

劳榦引证唐代的烽燧制度，应当说，唐代的烽燧制度与我们今天看到的汉代简牍中反映的状况类似。"白日放烟，夜则放火。"若遇阴雨雾霾，则派遣士卒通告临近的烽火台，并且详细规定了寇贼的数量与放烽的数量之间的关系。劳榦论说唐代烽式："其中大体可分为九段，即烽燧的设置，烽燧的组织，烽火的种类，放烽火的程序，放烽火的方法，烽火报警的规律，传警，密号，更番法。以上大致都可从汉代制度中溯到来历。"而汉唐之间的差异，"是汉代的烽台较小较密，唐代的烽台较大较稀"。"汉代烽火的种类，有积薪，炬火和烽烟三类，另外尚有布制的烽表。显然的汉制比唐制复杂。大约烽燧用于白日，炬火用于晚间，积薪日夜并用，另外尚有烽表的设备。"

日本学者大庭脩在《森鹿三先生与汉简研究》中评价劳榦对居延汉简的研究："在研究居延汉简上立下最大功绩的应是劳榦先生。他在日军侵略下的中国的最恶劣环境下进行研究，读了一万件简文，附上考证，他通过这种形式完成了研究工作。并且在他出版了关于《居延汉简考释》的释文和考证两部以后,从一九四四年起,利用汉简所作的研究论文,就像决堤一样涌现出来。他的《汉简中的武帝诏》、《汉简中的河西经济生活》、《汉代兵制及汉简中的兵制》、《释汉代之亭障与烽燧》等各篇论文同一九三九年《从汉简所见之边郡制度》一样,是居延汉简释读经验和研究的汇编,同时又网罗了能够利用汉简来肯定的一些主要问题。"

劳榦是居延汉简研究的开创者,继承了罗振玉、王国维的研究方法,对汉简进行分类排比,发掘其中蕴含的经济军事、社会生活的各方面,以及反映的汉代的简册制度。因为掌握的材料数倍于罗、王,所以创获也更为丰富,成就也更大。

《居延汉简考释·释文之部》后附"敦煌汉简校文"。校正了沙畹、罗、王等人释文的错误,《敦煌汉简校文序》内容如下:

> 敦煌汉简的释文第一个作者是沙畹,以后王国维作《流沙坠简》,有许多有价值的订正。最近贺昌群也曾作一番校正的功夫,登载在北平图书馆的季刊上。① 不过其中仍然有不少的地方可以重新订正的。而且王氏未必尽是,沙氏未必尽非。贺氏所校正的究竟分量不算太多,订正本的重作是不容或缓的事。又王氏的排列只可说自成一家言,不如沙氏就原来号数排列为可据。贺昌群氏说王氏所得即其所失,是很有意思的。现在本篇的校文完全以沙氏的排列为主,加上新释的校文,至于王贺两氏所订正的,也完全加入,重要的异同再写在书眉上。关于校文部分,此次新校正的文字在字旁加"＊"号,王氏的改正部分加"·"号,沙氏与王氏不同处,但沙氏对的加"。"号,贺氏校正部分加"△"号,以醒眉目。又王氏对原次虽加割裂,但其书考释仍然是非常有用的,为检查方便计,仍然将王氏排列的次第注在每号的下面。只有急就章和历谱二类王氏亦列在前面,归罗振玉考释,不难检查,所以也就不再注出次第了。中华民国二十九年一月

---

① 序中所说贺昌群文为《流沙坠简校补》,载《北平图书馆馆刊》8卷5期,1934年。

释文后还附有"居延汉简考释索引之一·简号索引"。

文中对《流沙坠简》的分类排列略有微词，可以说是劳榦考虑不周。事实上，劳榦居延汉简释文的排列仍是以类为序，走的仍是罗、王的路子，只是校正敦煌汉简释文时，延续了沙畹的排列方式。这两种排序的方式各有利弊。分类编排利于对相关内容分类考证；依考古出土编号排列，利于研究考古信息，如出土地点、层位等，也方便与图版对照，进行断简缀合、简与简的编连等。《流沙坠简》重在考证，所以分类排列是最佳选择。"敦煌汉简校文"只录释文，按原编号排列也是不错的。

《居延汉简考释·考证之部》，1944 年出版的石印本，是依照 1943 年石印本释文的顺序排列的，没有考证的略去。如"考证"第一条，录释文第四："牛车不载诣官具对光叩头死罪对曰光不敢禀吏☐。"然后对其中"牛车"作了考证。而 1960 年在台湾出版的《居延汉简考释》，考证部分则按考证的内容作了分类，眉目更加清晰。类别如下：

　　甲、简牍之制
　　　　封检形式
　　　　检署与露布
　　　　露布
　　　　版书
　　　　符券
　　　　契据
　　　　编简之制
　　乙、公文形式与一般制度
　　　　诏书
　　　　玺印
　　　　小官印
　　　　刚卯
　　　　算赀

殿最

别火官

养老

抚恤

捕亡

刺史

都吏司马

大司空属

地方属佐

文武吏

期会

都亭部

传舍

车马

行程

丙、有关史事文件举例

汉武诏书

五铢钱

王路堂

王莽诏书用月令文

西域

羌人

丁、有关四郡问题

四郡建置

禄福县

武威县

小张掖

居延城

居延地望

戊、边塞制度

边郡制度

烽燧

　　亭障

　　坞场

　　邸阁

　　兵器

　　屯田

　　将屯

　　农都尉

　　罪人徙边

　　内郡人与戍卒

　　边塞吏卒之家属

　　雇佣与客

己、边郡生活

　　粮食

　　谷类

　　牛犁

　　服御器

　　酒与酒价

　　塞上衣着

　　缣帛

　　襜褕

　　社

　　古代记时之法

　　五夜

庚、书牍与文字

　　书牍

　　"七"字作"桼"

　　苍颉篇与急就篇文

　　可见，考证分为七类。原著第一条有关"牛车"的考证就归入乙类的"车马一"，而具体内容没有大的改动。我们就按照这个新的分类来简述劳氏考证的价值。

第一类乃有关简牍制度者。简牍中有一类一头厚、一头薄的封检，中有封泥匣，劳氏推测为橐囊所用，这还没有实物证实，有待进一步考察。而封检题署，劳氏以为上书大字为受书者，下小字为发信者，如："肩水候。章曰张掖都尉章。四月丙辰，驿北卒宗以来。"（54.25）"肩水候"为收信者，而"张掖都尉"为发信者，是收信后录自封泥，而"四月丙辰，驿北卒宗以来"则是收信后记录收到的时间、送信人。劳氏认为简文中常见的"扁书"，即"版书"。对于"符传"，劳榦有长篇考证。"传者，就过关之事而言；符者，就传上可以相合之证信而言。"居延简中有的符传较正规，如："始元七年闰月甲辰，居延与金关为出入六寸符，券齿百。从第一至千。左居官，右移金关。符合以从事。●第八。"（65.7）也有的较简略。根据简文，可以看到不同符传的用途。出入关卡的，则要写明人的姓名、身份、随行人员、物品等，如："永光四年正月己酉，橐佗延寿□长孙时符。妻大女，昭武万岁里孙第卿，年廿一。子小女，王女，年三岁。弟小女，耳，年九岁。皆黑色。"（29.1）"符传之属，汉世或曰符，或曰传。"劳氏引证了《汉书》等史料。符传之制历代沿用，"共制历代皆有因革"。或以铜，或以玉，或以竹，还有用金牌的，用牙璋的。宫门以符出入，也是从汉代就有。

券契之属，劳氏先引了《流沙坠简》的考释，然后说："从诸条观之，诸契券可见者凡有数事。（一）凡卖物者常为内地人，买物者常为障塞之吏，而障塞吏以名籍观之，率为边郡人。（二）官衣赋与私人者，亦得售卖。（三）卖衣物亦署券，且有人保证之。（四）保证者酬质为沽酒二斗，二斗之酒价为十钱。"简文中还常见简牍书绳的记载，"案简牍之用绳者，一为编策，一为封书"。劳氏因而详考典籍中有关简牍编连的记载，以及封函的形状。

第二类，官府文书。居延简、敦煌简中都有诏书，劳榦考证了三通诏书，诏书一：

□史大夫广明下丞相，承书从事，下当用者，如诏书。书到言，□□郡大守、诸侯相，承书从事，下当用者，如诏书。书到，明白布告☐ ☐到，令遣害郡县，以其行止☐如诏书律令。
　　书到，言。/丞相史☐ ☐下领武校、居延、属国、部、农都尉、
　　县官，承书☐ (65.18)

劳榦考订"此简当在昭帝元平元年至宣帝本始二年"，即公元前74—前72年。"广明"即御史大夫广明，《汉书》本传："宣帝初立，代蔡义为御史大夫。"由简文及其他出土文献可以考订汉世诏书的格式："汉世诏书应有三部分，最前为奏，次为诏书本文，最后为诏书下行于内外官署之文。其见于史籍者多经删略，往往仅留诏书本文而删其余语。"

诏书二：

　　二月丁卯，丞相相下车骑将军、将军中二千石、二千石、郡大守、诸侯相，承书从事，下当用者，如诏书。少史庆、令史宜王、始长。(10.30)

劳榦考订其为宣帝神爵元年(公元前61年)物。

诏书三：

　　八月辛丑，大司徒官下小府，安汉公、大傅、大司马、大师、大保、车骑☐ (53.1A)
　　置监御史，☐主☐中二千石、州牧、郡大守、诸侯相，承书从事下当☐ (53.1B)

劳榦原只引了正面，而遗漏了背面，现补全。"此元始元年至三年诏也。大司徒宫即马宫。"即汉平帝时诏书，公元1年至3年。

"印玺"、"小官印"，考证了啬夫的官印为小官印。《汉官仪》："孝武元狩四年，令通官印方寸大，小官印五分。""刚卯"，汉时佩戴的饰物，《汉书》注引服虔曰："刚卯以正月卯日作，佩之，长三寸，广一寸四分，或用玉，或用金，或用桃，著革带佩之，今有玉在者，铭其一面，曰正月刚卯。"晋灼曰："刚卯长一寸，广五分，四方，当

中央从穿作孔，以采丝萁其底，如冠缨显蕤。"居延出土二刚卯，木质，形制与古注合。

> 候长觻得广昌里公乘礼忠，年卅。小奴二人，直三万。大婢一人，二万。轺车二乘，直万。用马五匹，直二万。牛车二两，直四千。服牛二，六千。宅一区，万。田五顷，五万。●凡訾直十五万。(37.35)

"此行算赀之记录。"据《史记》等，汉代家贫则不得推择为吏。此例候长礼忠，訾直十五万，算是中等以上的资产。《汉书·景帝纪》："后二年五月诏：'今訾算十以上乃得官。'"注：服虔曰："十算，十万也。"居延简中就有很多因贫寒而遭罢官的。如："贫急，软弱不任职，请□免，可补者名如牒。书□。"(231.29)

"殿最"则是每年上计，评出优劣。"别火官"则是汉代每年改火的习俗。"养老"是居延简中一些有关汉代皇帝尊重长者的诏书，如："月存视其家，赐肉卌斤、酒二石，甚尊宠。郡大守、诸侯相、内史所明智也。不奉诏，当以不敬论。不智。"(126.41，332.23，332.10A、B)"抚恤"则是对于战时伤亡者给予优抚。"捕亡"，是悬赏抓捕逃亡者的文书。"刺史"则考证了这个官职的出现。"都吏司马"则考订了"都吏"与"司马"二官职，"都吏即督邮"，"司马都尉属官。""大司空属"是考订汉代"大司空"一职的出现。"地方属佐"则讨论汉代地方官员的下属。"文武吏"是汉代考核官员时的一种评价。"期会"言汉代官员期会制度。"传舍"则详考汉代邮驿制度，并及唐代记载。"车马"考订"牛车"、"方相车"等。"行程"是汉代邮驿有时间规定。总之，第二部分，汇总了各种官府的文书，并考证了相关问题。

第三类，有关史事文件举例。汉武帝诏书与《汉书》所载一致。"五铢钱"则是汉武帝颁行五铢钱的诏书。"王路堂"是王莽时所下诏书。王莽诏书中有文字与《月令》一致。"西域一"论《汉书·傅介子传》载傅介子诛杀楼兰王事。"西域二"言郑吉任鄯善以西校尉事。"西域三"言乌孙小昆弥事。"羌人"所引简文与前"抚恤"节同，此则言羌人进犯事。

第四类，有关四郡问题。所言河西四郡敦煌、张掖、酒泉、武威。劳榦发现《汉书》中四郡设置时间有异，《武帝纪》言元狩二年置武威、酒泉，元鼎六年置张掖、敦煌。而《地理志》云，武威郡太初四年开，张掖郡太初元年开，酒泉郡太初元年开，敦煌武帝后元年分酒泉置。无一相符。"纪志相违，无一同者。"且《汉书·食货志》、《史记》等更有异说。"河西四郡设置之年代，就史汉所记诸说观之，既岐互至此。"清代学者如齐召南、钱大昕等皆从《武帝纪》。劳氏考，酒泉置郡在武威前，酒泉置郡当从《武纪》元狩二年（公元前121年），据简文，武威设郡在昭帝元凤三年（公元前78年）之后。张掖，亦当从《武纪》为元鼎六年（公元前111年）。敦煌郡则置于太初时期（公元前104—前101年）。其下讨论玉门关的位置，这一问题沙畹、王国维都先后论及。二人皆主张玉门关曾由敦煌以东而迁至以西，这样来解释《史记·李广利传》"天子闻之大怒，而使使遮玉门曰：军有敢入者辄斩之。贰师恐，因留敦煌"。但夏鼐、向达不同意这一看法，夏鼐《新获之敦煌汉简》①认为玉门关一直在敦煌以西，未曾迁徙。劳榦反驳了夏、向之说，认为沙畹及王国维的观点是正确的。"禄福县"，酒泉郡治，在晋以后改称福禄。"居延城"，考居延城内有遮虏障等，并以实地考察资料为据。"居延地望"，考订居延的位置，引清代何秋涛《蒙古游牧记》对汉居延地的考证。据简文，劳榦认为黑城为居延遗址。

第五类，边塞制度。"边郡制度"，言边郡太守，文书下都尉，都尉候官及障塞尉，候官下候长，边郡的组织结构。"烽燧一"，边地烽燧，劳榦据简文总结为："一曰表，或作㡓，以缯布为之，色赤与白。二曰烟。三曰苣火。四曰积薪。其所举之时，则积薪日夜兼用，表与烟用于昼，苣火则用于夜也。""烽燧二"，依照《流沙坠简》的考证，排定简文所见各烽燧的相对位置。"烽燧三"，则考释几封官府文书。"亭障"："隧指亭隧之建筑，而烽指其所举之候表。隧常

---

① 夏鼐：《新获之敦煌汉简》，《中央研究院历史语言研究所集刊》第19本，1948年。

就亭而置，相去十里，而城障亦复加筑土台以通烽火，统称之则为亭障。""坞堡一"："以上诸简并记亭隧之事，亭或曰亭，或曰隧，或曰亭隧。亭外之小城或曰坞，或曰壁，或假辟为壁，其实一也。""坞堡二"，居延亭障都有本名，有时为了简洁也以数名，如"卅燧"、"廿一燧"等。坞，《说文》："小障也，一曰库城也。""邸阁"，据简文，一燧常三四人。多的有五六人、十数人。"戍卒守望而外，则有治园、伐木、削木、伐茭、造绳、制墼、修亭、养马诸事，而农田之事则不及之。盖军田别有田卒为屯垦事，而农令主之。"简文中所言"邸阁"，劳氏考证说："储粮之邸略同于阁，故亦曰邸阁矣，今居延沿河汉障遗址，城内皆有楼柱及楼枕木之迹，连属城面四方，玉门关遗址亦然。其楼当即邸阁。又居延简内言及仓令库令，其仓库当即以邸阁为之，亦可推测而知也。"所言大致不误。

兵器一，首释弓弩。涉及弩的各部，如臂、郭、弦、检、深目、幒，幒为贮弩之囊。矢有二，一曰槀矢，一曰茧矢。"盛矢之器或称兰，或称服。"弩之射准称为"深目"。有方，王国维认为是兵器，劳榦进一步申说："又据墨子，有方与长兵之矛同用于战船，则有方应亦为长兵矛戟之属。""有方者，即矛刃上之铁横方，亦即是矛头之戟。其铁横方即戟之铁刃也。前引三一一·二简'有方一，刃生'，知有方为有刃之兵器，今以此证之，则有方之刃，亦铁戟之刃矣。"基本上解决了"有方"的形制，使得千年疑案得以冰释。另有斧、椎、枪等。狗也是守御必需的。兵器二，释"铜鍭"，"鍭者，金镞之重者，镞重则前重后轻，所以陷坚也"。

屯田，言及简中有关屯田的记载，有官员守农令，引额济纳河水灌溉。简中言及西河边郡十一"农都尉"，《续百官志》云："农都尉，武帝置，于边郡主屯田殖田谷。"汉时都尉除农都尉外，尚有郡都尉、关都尉、属国都尉，共四种。据《汉书》载，汉代七边郡，共十四都尉，其中有三个属国都尉，一都尉主骑，《盐铁论·复古篇》有"扁水都尉"，当为"肩水"之误，不见于载籍，当是误脱。这余下的十一个都尉正与简文相合，虽不敢说一定都对，但当大致不误。

罪人徙边，简中提到故大司马博陆侯霍禹，因罪为龙勒士伍，属敦煌。与《汉书》所载合。汉世因罪而徙边的典籍记载很多。

内郡人与戍卒,"汉代兵制,凡天下男子皆服役,自二十三起,至五十六免。其兵役之类别凡三,正卒,戍卒,更卒是也。正卒者,天下人皆当为正卒一岁,北边为骑士,内郡为材官,水处为楼船士,其服役之年,由都尉率领,由太守都尉都试以进退之。一岁罢后,有急仍当征调也。戍卒者,天下人一生当为戍卒一岁。其在京师,屯戍官卫,宗庙,陵寝,则称卫士,其为诸侯王守宫卫者亦然,其在边境屯戍候望者,则称戍卒"。据居延简,田卒、戍卒、河渠卒多内郡人,骑士多边郡人。简中"罢卒"则是服役期满回归故里的士卒。边塞吏卒有携带家人者,官府提供粮食。雇佣与客,"按汉世雇佣之制或曰庸或曰僦"。亦谓之保、客、从。

第六类,边郡生活。粮食,详细论及汉代粮食的价格,石米有贵至万钱,也有贱至数钱。一般的价格,西汉石米当为百钱,谷为七八十钱;东汉石米当为二百钱,谷为百钱。简文的记载大致相合。简文中所见谷类,有谷、粟、麦、穈程、黍、穄、秫、豆,而不见稻。"黍应分为二类,其黏者谓之黍,其不黏者谓之穄,穄之别名为穈及穈程也。"牛犁,根据简文中"相牛"的文字,推测边郡屯田当施行牛耕。

服御器,"将军器记"等简,罗列了将军等人日常所用器物,种类繁多:

  将军器记。大案七。小案十。圈五。大杯十一。小杯廿七。大盘十。小盘八。小尊二。大尊二。大权二。小权二。具目三。樫程二。衣箧三。(293.1, 293.2)

  故画于三。黑墨于四。羹于一。故中盘一。□小栝五十,其五枚破。赤墨画代二,其一枚破。赤栝七具。白栝十七具。墨著大栝廿。(89.13A)

  大苇箧一。托八具。蕙秋坐四。狗三枚,大小。故黑墨小栝九。书箧一。故大栝五,缺故。写娄一,封完。(89.13B)

  器踈。缓瓦一。更于一。笥一。于二。鍣一。酒栝十。小画栝十。卮一。瓶一。盆二。斗去卢二。三斗去卢一。小盆一。赞一。□二。盖二。炊帚一□ □一□ □主各一□(220.18)

劳榦首先引了典籍中以及汉代墓葬中出土的明器的状况，与简文所列相类，"盖汉时死者所葬，亦即生人所用"。各种材料相对照，简文的器物大致可得其情形。其中杯较多，如："大杯十一。小杯廿七。""小桮五十，其五枚破。""赤桮七具。白桮十七具。墨著大桮廿。""酒桮十。小画桮十。"等等。"圈"即杯圈，《孟子》作"桊"。"更"即"錞于"。《淮南子》许慎注："錞于，大钟也。"去卢，即△卢，《说文》："△卢，饭器，以柳作之，象形。"或作筐、筥、簏。

酒与酒价，汉代人好饮酒，劳榦遍引《史》、《汉》诸传记，"操以上各条具见汉代宴会以置酒为主，而牛羊鸡黍皆下酒之物"。敦煌汉简 776："酒一石八斗，直二百七十。"可见当时的酒价。

塞上衣着一，从简文看，屯戍士卒衣物短缺，"☐方秋天寒，卒多毋私衣"（478.5）。塞上衣着二，考释简中出现的各种衣物名称。《流沙坠简》："袍者，衣之有著者，《玉藻》'纩为茧，缊为袍'是也。衣之有著者必具表裹，其无著则有复有单。复者谓之袭，谓之褶。单者谓之䌹，亦谓之禅衣，单衣即禅衣也。"劳榦："今案衣之有著者，即今人所称丝绵袍是也。然古之丝绵之类别又与今异。今之丝绵皆新丝所成，由茧而制，则今之所谓袍，古之所谓纩也。纩较袍为暖，《左传》称'三军之士，昔如挟纩'是已。缊则由废绵所制，故《论语》称'衣敝缊袍与衣狐貉者立，而不耻者，其由也欤？'废绵由旧缣帛漂水为絮以制成，即《庄子》所言之洴澼絖，中国造纸之发明，实亦由此而渐进者也。袭与袍之不同，虽由于无著与有著，然汉简中有'布复袍'一语则布之复者亦得称袍，不尽由于著之有无。盖袭与袴每连称，则袭者短衣之谓。王国维之《胡服考》言之已详。则袍者自是长衣，不论有著与无著，惟有著但称为袍，无著者称为复袍而已。袍之单者，则称为禅衣或襜褕，不称为袍也。"

缣帛，敦煌简有一帛书："任城国亢父缣一匹，幅广二尺二寸，长四丈，重廿五两，直钱六百一十八。"（1970A）王国维云："右三十一字书于缣上，案任城国章帝元和元年建，亢父其属县也。缣者，《说文》云：'并丝缯也。'幅广二尺二寸为幅，长四丈为匹。"劳榦就匹法、缕法、帛价、产地等又进行了详细的考释。襜褕，是一种禅衣。

《释名》："衣裳上下相连属也。"襌衣，《方言》曰："古谓之深衣。"劳榦："古妇人衣上下连属而男子则否，惟襜褕上下连属有类于妇人衣。""汉世襜褕虽非礼服，然在常服中尚为华贵者。"

社，居延简中可见汉人社祠之事。劳榦为考典籍中有关"社祠"的记载。

古代记时之法，简文中常见一日中时刻的记载，曰：夜半、鸡鸣、平旦、日出、食时、东中、日中、日昳、下餔、日入、黄昏、人定等，汉时一昼夜为一百刻，"昼夜百刻之法分配十二时，无论如何分法皆为勉强。故哀帝时用夏贺良伪书，改漏刻为百二十，后王莽亦用之，虽皆出于禁忌小数，亦取其便也。然莽死其法亦废"。五夜，"汉制分夜为五夜，即后世之五更也"。简文可见"丙夜一火"、"丁丙夜一火"等记录。

第七类，书牍与文字。书牍一，宣与幼孙书。书牍二，宣与少卿书；政与子覆书。劳榦一一考订书信中的人物、事件等。"七"作"桼"，"汉人七多假为桼，莽衡亦作桼，与简文同"。《苍颉篇》与《急就篇》文，《流沙坠简》亦曾考订，可见塞上士卒以其为课本学习。《苍颉篇》失传多年，赖出土简牍使我们一睹其完整的句章。《急就篇》文亦可与今本校订。

劳榦的《居延汉简考释》确立了他在汉简研究上的地位，成为居延简研究的第一人。他是第一个对居延简进行系统研究的学者。1930年居延简出土后，先后接触并进行释读的学者很多，据资料记载先后释读的人除劳榦外还有：刘半农、瑞典学者高本汉、法国学者伯希和、傅振伦、傅明德、贺昌群、向达、马衡、余逊等，现存的释文稿本作者就有马衡、贺昌群、余逊等，但坚持研究的只有劳榦一人，并一直坚持了几十年。这种坚守值得我们尊敬。这也是他成功的原因。日本学者大庭脩在《森鹿三先生与汉简研究》中评价劳榦对居延汉简的研究："在研究居延汉简上立下最大功绩的应是劳榦先生。"[1]他的这项研究成果影响了很多人，包括日本的简牍研究界。徐苹芳说："他在《流沙坠简》的基础上使简的分类更加详密，大体上概括了居延

---

[1] 大庭脩：《森鹿三先生与汉简研究》，《中国史研究动态》1980年第2期。

简的类别。他研究的范围广泛，研究的方法基本上是在王国维所创立的方法上更加完善，通过对居延汉简的研究来恢复汉代历史。在居延汉简的研究上，劳榦先生作出了巨大的贡献。"①他的贡献可以概括为：

第一，为学界提供了完整的资料。从 1937 年抗战爆发，到 1965 年居延简回归台湾，人们无法接触到原简，而学界可资研究的资料就是劳榦提供的释文和图版，虽然 1959 年中国科学院考古研究所陈梦家等利用马衡的 148 版图片，约 2500 多枚简牍，由科学出版社出版了《居延汉简甲编》，该书包括 2555 枚简牍的照片、释文和索引，其中也有劳榦书中没有的照片和释文。但与劳榦的书相比，数量上还不到三分之一。而且计划中的"乙编"迟迟不能面世，直到 1980 年才由中华书局出版了《居延汉简甲乙编》。而劳榦《居延汉简考释》1949 年版及 1960 年版的释文后都附有"敦煌汉简校文"，在全面释读居延简的基础上，纠正了过去沙畹、罗振玉、王国维的误释，成为当时最全面的、最准确的西北屯戍简牍的标准文本。除了马衡等早期直接接触过居延简的几个学者外，大家的研究都仰赖这部释文及图版。国际学术界都因此获益良多，不管是日本的森鹿三、大庭脩，还是英国的鲁惟一，都由此入手研究居延简，所以他们都对劳榦有极高的评价，也就不足为怪了。大庭脩说："我们通过劳榦汉简图版之部及甲编照片，对简牍呈何种形状，是完整的还是断片，文字在简牍的什么位置，已能从较广阔的角度认清简文所传达的意思，而且对劳榦及甲编的误释能予以判断，从此汉简研究进入了新阶段。还有，以前孤立地被对待的简牍，现在开始认识到，把同笔文字或同质木材的二枚以上木简可续成册书。也就是说，根据简牍照片，有些简牍能复原成册，由书写格式可同类组编。由此，已处于停滞状态，认为任何新研究已断无可能的汉简研究，呈现了新的生机。"②高度评价了劳榦的图版对日本简牍研究的作用。甚至可以说，日本的简册复原的研究主导了日

---

① 徐苹芳：《汉简的发现与研究》，《传统文化与现代化》1993 年第 6 期。
② 大庭脩：《我的汉简研究四十年》，《简牍学研究》第 2 辑，甘肃人民出版社 1998 年。

本简牍研究几十年,而这一研究的基石就是劳榦的释文及图版。

第二,劳榦继承王国维提出的"二重证据法",结合典籍考订史实。一方面为简文的释读找到依据;另一方面,更为重要的是正史、补史,运用简文纠正典籍记载的错误,更多的是补充典籍中没有的,或是不够详细的部分,以显示其独特的价值。在这方面罗、王导夫先路,劳榦继之而发扬光大。这是劳榦汉简研究的主要贡献。正如日本学者大庭脩所说,1944年后劳榦"利用汉简所作的研究论文,就像决堤一样涌现出来"。我们先看一下这些论文的题目:

《从汉简所见之边郡制度》(《中央研究院历史语言研究所集刊》第8本2分册,1939年)

《汉简中之武帝诏》(《图书季刊》新5卷2、3期,1944年)

《汉简中的河西经济生活》(《中央研究院历史语言研究所集刊》第11本,1944年)

《两关遗址考》(《中央研究院历史语言研究所集刊》第11本,1944年)

《汉代社祀的源流》(《中央研究院历史语言研究所集刊》第11本,1944年)

《汉代边塞的概况》(《边政公论》3卷1期,1944年)

《两汉刺史制度考》(《中央研究院历史语言研究所集刊》第11本,1944年)

《论汉代的内朝与外朝》(《中央研究院历史语言研究所集刊》第13本,1948年)

《居延汉简考证补正》(《六同别录》下册,1946年。又载《中央研究院历史语言研究所集刊》第14本,1948年)

《论汉代之陆运与水运》(《中央研究院历史语言研究所集刊》第16本,1948年)

《汉代察举制度考》(《中央研究院历史语言研究所集刊》第17本,1948年)

《释汉代之亭障与烽燧》(《中央研究院历史语言研究所集刊》第19本,1948年)

《敦煌及敦煌的新史料》(《大陆杂志》1卷3期,1950年)

《大石与小石》(《大陆杂志》1卷3期,1950年)

《汉代的亭制》(《"中央研究院历史语言研究所"集刊》第22本,1950年)

短短几年时间,写出如此多的、有分量的研究论文,都得力于劳榦对居延简的熟悉,并结合传世史料进行挖掘。后来这些论文汇编为《劳榦学术论文集甲编》1976年由艺文印书馆出版。《两关遗址考》,即考订玉门关、阳关的历史沿革,重点是玉门关址。沙畹、王国维先后认定玉门关原在敦煌城以东,汉武帝太初年间(公元前104—前101年)发兵大举进攻西域的异族政权,玉门关随之西迁至敦煌城以西。对这一基本推断,劳榦是同意的。但具体到玉门关旧址及新址的位置,他不同意王国维的看法。"这一条是沙畹发现的,在他著的《敦煌木简》,指明是在斯坦因发现的九十四度稍西的废址。不过他发现这一条太史公的记载虽然很重要,但他的指出地望却被王国维氏误会了,沙氏书中明指出来是TXIV,即现在称为小方盘的一个地方,王国维的《流沙坠简序》加以驳正,这是不必的。又王氏指出旧关认为即现在的玉门关,那就更不对了。"①

涉及烽燧制度的主要是《从汉简所见之边郡制度》②、《释汉代之亭障与烽燧》③两篇论文。边郡组织,官府结构同一般郡县。而烽燧组织,隶属于都尉。下辖候官,候官有丞、障塞尉、令史、士吏,候官以下有候长,候长有候史;候长下有燧长。关有啬夫,有佐;库亦有啬夫。啬夫有小官印。最早的烽燧记载当为《墨子·号令》:"候无过十里,居高便所树表。表三人守之,北至城者三表,与城上烽燧相望。昼则举烽,夜则举火。"又引《史记》、《汉书》论昼夜烽燧,结论是:"今以汉简证之,则烽用于昼,苣火用于夜,而积薪则昼夜兼用。"后一篇文章,首论障塞等防御工事,对应烽燧组织。对强落、

---

① 劳榦:《两关遗址考》,《中央研究院历史语言研究所集刊》第11本,1944年,第287页。

② 劳榦:《从汉简所见之边郡制度》,《中央研究院历史语言研究所集刊》第8本2分册,1939年,第159~180页。

③ 劳榦:《释汉代之亭障与烽燧》,《中央研究院历史语言研究所集刊》第19本,1948年,第501~522页。

天田作了准确的解释，强落，又称虎落，是用竹木等扎成的障碍型防御工事；天田则是在城外地表铺设细沙，以侦测往来行人及车马的踪迹。解决了自汉代以来对这一问题的误解。然后解释了亭障的建筑形式，以及烽火的使用。劳榦利用居延汉简对汉代历史的研究，不管是在军事、地理、经济等宏观问题，还是在"天田"、"有方"等微观考释上，都取得了前所未有的成就，多发前人所未发。

第三，在学术界起到引领的作用。劳榦的研究在20世纪40年代就引起了国际史学界的关注。1949年去台湾以后，成为岛内简帛研究的领军人物，为台湾培养了大批研究专才，在他的带领下，中国台湾的简帛研究风生水起，一度成为国际简帛研究的中心。他多次去日本、美国讲学，是美国加州大学教授，台湾大学历史研究所客座教授，美国哈佛大学客座教授，享受了学术界的诸多荣誉。

劳榦1985年作《汉晋西陲木简新考》，系考证张凤1930年有正书局出版的《汉晋西陲木简汇编》。全书分图版、释文、考证三部分，附校记。考证有八篇：（1）急就篇残牍；（2）东堂与汉代建筑；（3）守狗；（4）晋代之道士符附论中国早期符契；（5）天高与地广；（6）七言诗、七言诗与楚辞、汉镜、五言诗；（7）烽品约；（8）二十八宿残简。对斯坦因第三次中亚探险考古所获汉简作了考释。

劳榦简帛学主要论著目录：

1.《晒蓝本汉简释文》（与余逊合作），中央研究院历史语言研究所1936年。

2.《从汉简所见之边郡制度》，《中央研究院历史语言研究所集刊》第8本2分册，1939年。

3.《汉代兵制及汉简中的兵制》，《中央研究院历史语言研究所集刊》第10本，1942年。

4.《汉武后元不立年号考》，《中央研究院历史语言研究所集刊》第10本，1942年。

5.《居延汉简考释序目》，《中央研究院历史语言研究所集刊》第10本，1942年。

6.《居延汉简考释·释文之部》，中央研究院历史语言研究所四川南溪石印本，线装四册，1943 年。

7.《汉代社祀的源流》，《中央研究院历史语言研究所集刊》第 11 本，1943 年。

8.《两汉刺史制度考》，《中央研究院历史语言研究所集刊》第 11 本，1943 年。

9.《两关遗址考》，《中央研究院历史语言研究所集刊》第 11 本，1943 年。

10.《汉简中的河西经济生活》，《中央研究院历史语言研究所集刊》第 11 本，1943 年。

11.《居延汉简考释·考证之部》，中央研究院历史语言研究所四川南溪石印本，1944 年。

12.《汉代边塞的概况》，《边政公论》3 卷 1 期，1944 年。

13.《汉简中之武帝诏》，《图书季刊》新 5 卷 2、3 期，1944 年。

14.《居延汉简考证补正》，《六同别录》下册，1946 年。

15.《论汉代的内朝与外朝》，《中央研究院历史语言研究所集刊》第 13 本，1948 年。

16.《居延汉简考证》补正，《中央研究院历史语言研究所集刊》第 14 本，1948 年。

17.《论汉代之陆运与水运》，《中央研究院历史语言研究所集刊》第 16 本，1948 年。

18.《汉代察举制度考》，《中央研究院历史语言研究所集刊》第 17 本，1948 年。

19.《释汉代之亭障与烽燧》，《中央研究院历史语言研究所集刊》第 19 本，1948 年。

20.《居延汉简考释·释文之部》，商务印书馆 1949 年铅印本。

21.《敦煌及敦煌的新史料》，《大陆杂志》1 卷 3 期，1950 年。

22.《大石与小石》，《大陆杂志》1 卷 11 期，1950 年。

23.《汉代的亭制》，《"中央研究院历史语言研究所"集刊》第 22 本，1950 年。

24.《关于汉代官俸的几个推测》，《台湾大学文史哲学报》3 期，1951 年。

25.《汉代的雇佣制度》,《"中央研究院历史语言研究所"集刊》第 23 本上,1951 年。

26.《中国书籍形式的进展》,《今日世界》10 期,1952 年。

27.《汉代郡制及其对于简牍的参证》,《台湾大学傅故校长纪念论文集》,1952 年。

28.《简牍中所见的布帛》,《学术季刊》1 卷 1 期,1952 年。

29.《汉代常服述略》,《"中央研究院历史语言研究所"集刊》第 24 本,1953 年。

30.《汉朝的县制》,《"中央研究院"院刊》1 期,1953 年。

31.《玉佩与刚卯》,《"中央研究院历史语言研究所"集刊》第 27 本,1956 年。

32.《汉代的西域都护与戊己校尉》,《"中央研究院历史语言研究所"集刊》第 28 本上,1956 年。

33.《居延汉简·图版之部》,《"中央研究院历史语言研究所"专刊》第 21 本,1957 年。

34.《说简牍》,《幼狮学报》1 卷 1 期,1958 年。

35.《居延汉简考证》,《"中央研究院历史语言研究所"集刊》第 30 本上,1959 年。

36.《居延汉简考释之部》,《"中央研究院历史语言研究所"专刊》第 40 本,1960 年。

37.《论汉代玉门关的迁徙问题》,《清华学报》新 2 卷 1 期,1960 年。

38.《汉代的"史书"与"尺牍"》,《大陆杂志》21 卷 1、2 期,1960 年。

39.《从木简到纸的应用》,《"国立中央图书馆"馆刊》新 1 卷 1 期,1965 年。

40.《近六十年之秦汉史研究》,《华学月刊》10 期,1972 年。

41.《汉代的军用车骑和非军用车骑》,《简牍学报》11 期,1985 年。

42.《汉晋西陲木简新考》,《"中央研究院历史语言研究所"单刊甲种》27,1985 年。

汉晋遗简偶述(存目)

陈 槃

【评 介】

陈槃(1905—1999 年),著名历史学家。字盘庵,号涧庄,广东五华人。广州中山大学文学院国文系毕业,受傅斯年之召入中央研究院历史语言研究所。1949 年去台后,任台湾大学文学院教授、"中央研究院"院士、史语所第一组主任。早年研治古谶纬之学,发表多篇论文和七组《书录解题》,晚年修订为《古谶纬研讨及其书录解题》。早岁从顾颉刚先生受《春秋》,于春秋二百四十年史事,烂熟于胸臆。认为所谓的《春秋》笔法,其实多为鲁国旧史常用之辞,无关笔削微言。研习两周史地,撰《春秋大事表列国爵姓及存灭表撰异》、《不见于春秋大事表之春秋方国稿》二书。一生"撰著繁富,持论惟谨"。过去其著作多在台湾出版,大陆不易觅得。近年上海古籍出版社与史语所合作,在大陆出版《陈槃著作集》,嘉惠学林。

《汉晋遗简偶述》,1947 年刊于《中央研究院历史语言研究所集刊》第 16 本。之后又续作《汉晋遗简偶述之续》(《"中央研究院历史语言研究所"集刊》第 23 本下,1952 年),《汉简剩义》(《"中央研究院历史语言研究所"集刊》外篇第四种上册,1960 年),《汉简剩义之续》,(《清华学报》新 2 卷 2 期,1961 年),《汉简剩义再续》,(《"中央研究院历史语言研究所"集刊》第 43 本 4 分册,1971 年)。1975 年汇集成《汉晋遗简识小七种》,作为《"中央研究院历史语言研究所"专刊》第 63 本出版。内容除以上的五种外,增加了(六)"居延汉简中所见的汉代人的身型与肤色"跋;(七)敦煌木简符箓试释。所论以居延汉简为主,多是短篇札记。上海古籍出版社 2009 年影印出版。这部书反映了陈槃简帛研究的主要成果,我们据此作简要述评。

从内容看，主要有这几个方面：一、简牍制度。作为一种古老的书写材料，简牍有其独特的书写方式与用语，由于年代久远，今人已感到陌生，对简牍上一些常用词语、符号、书体书式及文书结构的解释，成为简牍研究中的一个重要内容。如"以空格或圆点为标界"，讨论简牍中自然划分的部分；再如"由汉简句读、标识，因论古人之'离经辨志'"，"汉人句读与标识，或以空圈，或以圆点，或以斜竖一笔作✓，或以横画作一，或则于断句处空一格"。再如"二横画表示叠字"。二、汉代公文用语。居延简中有大量官府往来的文书，其中有些特殊词语，如"爰书"、"文毋害"、"如律令"、"不知何一男子"等。"夏至寝兵更水火不听事五日及其他"，解释了这份诏书中"抒井"、"除隧"等词语。三、私文书。居延简中发现了一些边郡兵卒往还的书信，其习惯、用语与后世不同，如"书启就题作答"，汉晋有在来信后写回信的习惯。再如"慰劳之辞"，书信中常见表慰问的话语，汉简中有"甚苦"、"劳苦"等。再如"书启称信"、"书疏称信"、"书启称不备"、"汉晋人书启不定作八行"等条目，都讨论了汉晋书信格式。四、烽燧制度，这是居延简核心内容之一，如"塞上军吏亦治民事"，言及边郡组织结构。再如"守狗"、"有方"等，言及守御。五、术数类。即汉时有关择日、占卜一类的内容，如"耳鸣目瞤书"、"令人不宜子孙六畜五谷"，皆术数家宜忌之术。再如"粗制木偶"，对居延简中的人面画作了分析，认为是类似于后世桃符一类的插于门户以避邪的物件。六、邮驿类，当时往来于边地的军民需符传，传递文书的士卒有专门规定，"符传"、"汉符传六寸本古制"、"过所"等即讨论了类似于通过关津的通行证。"亭与传舍"则是讨论旅途中提供食宿的规定。"中程、不中程"是传递文书规定的时间。"邮驿之制"汇集了几枚收发文书的记录简，"凡文书之主名、来历、去向及收发之时间，并有详细记载，以备考核、案验"。七、其他。文中对居延简的一些疑难词语进行了释读，于读者帮助极大。如"拘校"、"释炅"、"方相车"、"施刑即弛刑"、"车子、车父、车卒"等，都言而有据，令人信服。

陈槃还发表过《先秦两汉帛书考》，《三订先秦两汉简牍考》，主要钩稽历史典籍中记载的先秦两汉简帛事宜，很见功力，一些文献是他人很少提及的，其中也说到楚帛书、汉居延简等新近出土的材料。

陈槃是史学名家，故其简帛研究也是以考证历史见长。但主旨是以史证简，即运用历史典籍帮助我们正确理解汉简，读懂汉简。如居延汉简常见"扁书"，《汉简剩义之续》："简册之文之县于门户者，皆可以扁称之，上引汉简之所谓扁是也。汉代凡诏令书教之等须使吏民周知者，每署书木版，悬乡市里门亭显见处。《风俗通》佚文：'光武中兴以来，五曹诏书题乡亭壁，岁补正，多有阙误。永建中，兖州刺史过翔笺撰卷别，改著板上。'"扁书之制就找到了汉代的依据，胡平生因之认为敦煌悬泉出土的泥壁书即"扁书"。每每引经据典，条分缕析，所论多稳妥，再如论女名"恶女"，即亚女，次女；释"炅"为热；释"帠"为箭靶；释"细君"为女子名；释"周生"为复姓；等等。都言之有据，可为定论。

但千虑之失也偶见。如《汉晋遗简偶述·拾柒》释"☐☐衣。诊视毋木索兵刃处，☐☐☐审，它如爰书。敢言之"(27.1A)中的"兵刃"为"癸丑"；《汉简剩义·叁》释"☐凤二年秋以令射，发十二矢，中帠六，当"(202.18)中"发十二矢"为"以十二矢为一发"。白璧微瑕，《汉晋遗简识小七种》对阅读汉简，特别是居延汉简有很大帮助。

陈槃简帛学主要论著目录：

1.《汉晋遗简偶述》，《中央研究院历史语言研究所集刊》第16本，1947年。

2.《居延汉秋射爰书两简述证》，《中央日报》1947年8月4日。

3.《〈居延汉秋射爰书两简述证〉补记》，《中央日报》1947年8月18日。

4.《汉晋遗简札记》，《中央日报》1947年9月29日。

5.《汉晋遗简偶述续稿》，《中央研究院历史语言研究所集刊》第16本，1947年，《岭南学报》10卷1期，1948年。

6.《略记史籍中所见的木人——汉晋遗简偶述》，《大公报》1949年11月30日。

7.《试略论居延汉粗制木人》，《大公报》1949年12月7日。

8.《由汉简中之军吏名籍说起》，《大陆杂志》2卷8期，1951年。

9.《汉晋遗简偶述之续》，《"中央研究院历史语言研究所"集刊》第23本下，1952年。

10.《先秦两汉帛书考》，《"中央研究院历史语言研究所"集刊》第24本1册，1953年。

11.《先秦两汉简牍考》，《学术季刊》1卷4期，1953年。

12.《古竹简在文书方面之使用》，《大陆杂志》6卷4期，1953年。

13.《汉简碎义》，《大陆杂志》15卷4期，1957年。

14.《汉简剩义》，《"中央研究院历史语言研究所"集刊》外篇第四种上册，1960年。

15.《汉简剩义之续》，《清华学报》新2卷2期，1961年。

16.《我所知道的汉简》，《中美月刊》10卷1期、《自由谈》16卷3期，1965年。

17.《楚缯书疏证跋》，《"中央研究院历史语言研究所"集刊》第40本上，1968年。

18.《敦煌木简符箓试释》，《"中央研究院民族学研究所"集刊》32期，1971年。

19.《汉简剩义再续》，《"中央研究院历史语言研究所"集刊》第43本4分册，1971年。

20.《汉晋遗简缀小》，《食货月刊》复刊2卷9期，1972年。

21.《汉晋遗简识小七种》，《"中央研究院历史语言研究所"专刊》第63本，1975年。

22.《三订先秦两汉简牍考》，《"中央研究院历史语言研究所"集刊》54卷2本，1983年。

23.《汉晋遗简识小七种》，上海古籍出版社2009年。

关于令史弘的文书(存目)

[日]森鹿三

【评　介】

　　森鹿三(1906—1980年)，日本兵库县人。1926年进入日本京都大学文学部史学科学习，受教于内藤湖南、羽田亨、小川琢治门下。1929年从东洋史学专业毕业，1937年开始任教于京都帝国大学文学部，并在1963—1967年、1969—1970年两度出任京都大学人文科学研究所所长。森鹿三的学术专长在简牍文书和中国历史地理学。

　　1947年11月出版的《东光》杂志第2期发表森鹿三《最近中国学术界的动向》，介绍了劳榦有关居延汉简的研究，是日本学界最早对居延汉简及其研究进行介绍的论文。1951年森鹿三在京都大学人文科学研究所创立居延汉简研究班，这也是日本第一个以简帛为对象的研究班。研究班、读书班等方式也为日人继承，成为日本简帛研究的一个优秀传统，甚至影响了中国台湾和大陆的简帛研究界。

　　这个研究班也开创了日本研究中国汉简的一条新路，即简牍集成。1953年3月出版的《东洋史研究》第12卷3期发表《居延汉简研究特集》。森鹿三作《居延汉简研究序说》，叙述了居延汉简的发现、解读和研究的经过，以及研究班的研究概况。另发表论文《关啬夫王光》，这篇文章虽短，但初步展现了森鹿三简牍集成的研究方法。这篇论文以关啬夫王光这一人物为线索，系联了4支简，证实了关啬夫王光是甘露元年前后的人物。

　　《关于令史弘的文书》，发表于1955年的《东洋史研究》第14卷1、2期合刊，1975年同朋社出版的《东洋学研究——居延汉简篇》收录，1983年中国社会科学出版社出版《简牍研究译丛》第一辑载姜镇庆中译本。我们依据的就是这篇译文。

论文首先收集了封检中有关令史弘的简,一共有9条。再根据第(10)、(11)简,确定这个令史弘姓范。据(12)简,得出他是修行县人,并推测修行县属张掖郡。根据这支简知道范弘在任令史前曾任尉史,爵位为公乘。

据简(14),范弘担任过甲渠候官的令史,同一支简中还出现了"第十一候长郑强"。并且郑强也曾担任过尉史。与令史弘一同署名的人还有尉史信。简(19)是令史弘审核第廿三谷仓中的余粮。推测他大概掌管甲渠候官的钱粮。

下面,试图通过其他人来探讨令史弘所处的年代。与令史弘在同一简上出现的人还有:吕宪、王宪、徐辅、王忠国、李胜。与其中吕宪、王宪同现于一简的人有孙猛、咸宣、王充、王强、令史唐、尉史蒲。其中"王充"应是与尉史强出现于同一简的"王充"的误写。

王充是甲渠候官第四候的候长。简(V)记载了甘露四年,甲渠候长王充代理甲渠候官,向上级呈报文书。由此印证令史弘,以及相关的尉史强、尉史信、尉史蒲、尉史熹、令史唐、吕宪、王宪、王忠国、李胜、王霸、孙猛、咸宣、徐辅、徐迁、郑强、虞护等人,都生活在甘露年间。

这是一篇日本简牍集成研究的名作。1953年写《关啬夫王光》时,只集成了四支简,但开创了以人名为线索研究居延简的方法。大庭脩评价说:"森先生所著以《关啬夫王光》为题的杂录,是一篇短文,只有一页,作为具体地说明研究汉简的方法论的文章,是有很大分量的。它是利用居延汉简的人名索引(作为一项研究工作而制成的)而取得的成果,文章以光这个人名为解决问题的关键来搜集的四件木简,证实了关啬夫王光是甘露元年前后的人物,其十一月的文书是簿书的断片。"[①]而关于令史弘的这篇文章规模要大得多,居延简直接提到令史弘的约20简,文中引述的相关的简还有30多简。这样的研究方法并非完全无懈可击,居延简常出现有名无姓的记录,这为我们判断是否为同一人带来困难,况且也不能排除同名现象的存在。但森鹿

---

① 大庭脩:《森鹿三先生与木简研究》,姜镇庆译,《中国史研究动态》1980年第2期。

三常常运用旁证来降低这种风险。

劳榦 1957 年在中国台湾出版了《居延汉简·图版之部》，给日本的汉简研究带来了新气象。他们可以根据简牍的图版来研究文字大小、宽窄长短、笔迹等信息，森鹿三据之写了另一篇重要论文《居延汉简的集成——特别是关于第二亭食簿》(1959 年)。根据简的出土地、笔迹、内容等系联了瓦因托尼出土的通泽第二亭月食簿。后来，陈公柔、徐苹芳 1963 年写了《瓦因托尼出土廪食简的整理与研究》(发表于 1982 年《文史》第 13 辑)；何家英《瓦因托尼出土之汉代食簿一》，夏自华《瓦因托尼出土之汉代食簿二》，赖惠兰《瓦因托尼出土之汉代食簿三》(《简牍学报》第 7 期，1980 年)，都集成了同一批简牍。

森鹿三简牍研究的重要论文还有：《论居延汉简所见的马》，收集了有关马的 56 枚简，联系汉代其他史料，叙述了边地的马政。《论居延出土的卒家属廪名籍》，根据简的形式和内容，讨论了粮食配给的数量。《居延出土的王莽简》，提出王莽时代的简有明确的形式上的特征，如特别的官职名、地名等，以及官吏的"禄"，粮食的"斛"，数字"三"、"桼"、"二十"、"三十"等，为简牍的断代找到了客观依据。虽然后来有学者发现在王莽之后的简中存在这样的写法，但毕竟为居延简的断代作出了重要贡献。

森鹿三对日本简牍研究作出了开创性的贡献。首开日本研究汉简之风气，使日本的简牍研究从无到有，并走上一条独特的发展之路，造就了日本汉简研究重视简牍集成、重视基础研究资料、重视普及的自身特色。每一次得到新的研究资料，学界都集中一段时间、集中若干学者，认真研读原始资料，并持续跟踪，及时发布最新研究成果，编辑成果目录，指导学界的研究。虽然森鹿三没有在简牍集成研究上作出突出成绩，但沿着这条路走的大庭脩、永田英正等都蔚然成家，在国际汉学界产生很大影响。

我们还应该指出，森鹿三是一个正直、有良知的学者，他一直把简册集成复原工作作为日军侵华期间两次炸毁居延简照片图版的一种补偿，他说，居延简的印刷出版，"能不能由那些原来把它的照片图版烧毁和损害了两次的人设法予以完成呢"。他的这种思想也影响了后来的日本学者，大庭脩及夫人1993年访问中华书局时，决定捐赠资助《居延新简》的出版，他在赠词中写道："我是在森教授的指导下开始汉简研究的，值此《居延新简》出版之际，我身负恩师的遗愿，在此捐赠若干元，以资助是书的刊行。我衷心祈愿日中永远友好。"

森鹿三简帛学主要论著目录：

1.《最近中国学术界的动向》，《东光》第2期，1947年11月。

2.《得到〈居延汉简考释〉的感想》，京都大学《学园新闻》3月26日号，1951年。

3.《整理黑城子附近出土汉代文书以及根据出土汉代文书综合研究汉代史》，《综合研究报告集录（昭和27、28年度）·人文篇》，1953年。

4.《居延汉简研究序说》，《东洋史研究》第12卷3期，1953年。

5.《长沙出土的汉简》，《东洋史研究》第12卷3期，1953年。

6.《关啬夫王光》，《东洋史研究》第12卷3期，1953年。

7.《简牍研究文献目录》，《东洋史研究》第12卷3期，1953年。

8.《关于令史弘的文书》，《东洋史研究》第14卷1、2期合刊，1955年。中译本见《简牍研究译丛》第一辑，姜镇庆译，中国社会科学出版社1983年。

9.《简牍研究文献目录补遗》，《东洋史研究》第14卷1、2期合刊，1955年。中译本见《简牍研究译丛》第一辑，姜镇庆译，中国社会科学出版社1983年。

10.《长沙出土的竹简》，《墨美》55期，1956年。

11.《论居延简所见的马》，《东方学报（京都）》27卷，1957年。中译本见《简牍研究译丛》第一辑，姜镇庆译，中国社会科学出版社1983年。

12.《居延出土的木简》，《墨美》67期，1957年。

13.《论居延出土的一个册书》，《石浜先生古稀纪年东洋学论丛》，1958年。

14.《汉晋木简》，《书道全集》2，平凡社1958年。

15.《居延的早期简》，《墨美》92期，1959年。

16.《居延汉简集成——特别是关于第二亭食簿》,《东方学报(京都)》29卷,1959年。

17.《西域出土的墨迹》,《书道全集》3,1959年。

18.《关于楼兰出土的李柏文书》,《书道全集》3,1959年。

19.《李柏文书的出土地》,《龙谷史坛》45,1959年。

20.《读新刊〈居延汉简甲编〉》,极东书店《书报》22、23,1960年。

21.《论居延出土的卒家属廪名籍》,《立命馆文学》180,1960年。中译本见《简牍研究译丛》第一辑,金立新译,中国社会科学出版社1983年。

22.《论居延汉简特别是地湾出土简》,《史林》44-3。

23.《论敦煌和居延出土的汉历》,《史泉》22,1961年。中译本见《简牍研究译丛》第一辑,姜镇庆译,中国社会科学出版社1983年。

24.《居延出土的王莽简》,《东方学报(京都)》33,1963年。中译本见《简牍研究译丛》第一辑,姜镇庆译,中国社会科学出版社1983年。

25.《论新出土木简、石刻》,《书道全集》26,1967年。

26.《汉晋简牍》,《书道艺术》别卷3,1973年。

27.《东洋学研究——居延汉简篇》,《东洋学研究丛刊》23-2,同朋舍出版,1975年。

两汉经济史料论丛(存目)

陈 直

【评　介】

　　陈直(1901—1980年)，原名邦直，字进宧(宜)，号摹庐。中国现当代著名历史学家、考古学家。生前任西北大学历史系教授、考古教研室与秦汉史研究室主任，西北大学学术委员会委员，西安市文物管理委员会委员，陕西省政协委员，陕西省社联顾问，陕西省史学会顾问，中国考古学会理事，中国秦汉史研究会筹备小组组长等职。祖籍江苏镇江，后迁居江苏东台。出生于一个家境贫寒的读书人家庭。青年时做过学徒、家庭教师、县志编辑、义学教员等。曾考取清华研究院，因家境贫困，未能就读。在极艰难的条件下，他坚持学术研究，完成了多种著述。解放后，经著名学者、教育部部长马叙伦推荐，由西北大学校长侯外庐约请，自1950年开始执教于西北大学历史系，直到谢世。他的治学，直接师承清代朴学的传统，同时深受王国维近代考据学二重证据法的影响，既重文献资料，亦重考古资料，提出了"使文献与考古合为一家"、"使考古为历史服务"的学术主张。①

　　陈直研究资料可参考陈文豪《陈直研究资料目录及综述》。②

　　陈直简帛研究的论著很多，主要有《两汉经济史料论丛》、《居延汉简研究》等。

　　《两汉经济史料论丛》，陈西人民出版社1958年出版，收文章五

---

① 直生：《中国著名历史、考古学家——陈直先生》，《西北大学学报》(哲学社会科学版)1990年第4期。

② 《简牍学研究》第4辑，甘肃人民出版社2004年。

篇：《两汉屯戍研究》、《关于两汉的手工业》、《盐铁及其他采矿》、《关于两汉的徒》、《汉代的米谷价及内郡边郡物价情况》。1980年陕西人民出版社再版，加入《两汉工人的类别》，后附《两汉工人题名表》，共六篇文章。2008年中华书局新版。

这本著作利用居延简、敦煌简，以及《史记》、《汉书》等文献，钩稽了两汉手工业的发展，具有填补空白的意义。

一、西汉屯戍研究。（一）屯戍的一般情况，烽燧制度是重要部分："举燧用四种方法：一曰表，或作逢，以缯布为之，色赤与白。二曰烟。三曰苣火。四曰积薪。其所举之时，则积薪日夜兼用，表与烟用于昼，苣火则用于夜也。"所用兵器，"守御器簿"详载各物。"戍卒与田卒的分别。其初总称戍卒，到戍所后，则分为戍卒、田卒、河渠卒、障卒、守谷卒等种，因职守的性质不同，名称亦随之改变。"（二）屯田的记载，据《汉书》，"西汉移民实边，已是屯田制度的开端。屯田的名称，始于桑弘羊。屯区至为广泛，举其大者如赵充国屯田敦煌、酒泉，冯奉世屯田陇西，陈汤以屯田吏士立功西域之类"。（三）戍卒的日常生活，简文中有买卖衣物的记载。烽燧有医师，有药函，简文中有医方。简中有《苍颉篇》、《急就篇》等识字课本，则戍卒有文化学习。（四）结束语。"我此次增补屯戍一般情况方面，收获比较大的，是屯戍大量用徒及弛刑士问题，官吏奖罚可以用缗钱来计算问题，边郡使用黄金问题，屯田凿井问题，皆是《汉书》所未载的。"

二、关于两汉的手工业。"我国古代手工业做出来的成品，虽有伟大的成就，在正史中记载得很少，尤其两汉的手工业，在《史记》《汉书》中材料更少。我写作本文的动机，是在一九五五年秋间。有友人研究中国古代经济史，他对我说，讲到秦汉的手工业，几乎无话可讲，尤其东汉是空白点。我说，两汉手工业在文献上记载的是少，出土古物方面却很多，试看两汉哪一件古器物，不是经过手工业的过程；并略述情况，与他共同研究了一番。一九五六年二月间，即开始写作。我的宗旨，是发挥两汉人民在手工业方面的高度成就。由纺织手工业，到造纸墨笔砚的手工业，共十四篇，篇后有小结，最后有结束语。""每一部门，意在全面叙述发展过程，注重在官府手工业的掌握,与私人作坊的经营,包括原料的产地、成品的色质、制造的方法、价值的贵贱及外销互市等。重在用古物材料来证明事实,但必须引用文献方能说明情况的,仍引用文献。"(一)纺织业。有官府的手工业,有私人的作坊。"两汉的纺织手工业,就考古发掘的材料来看,是相当发达的。从染色到花纹,从花纹到织机的技术,几乎无样不精。"(二)漆器业。"两汉人对漆器的重视,比铜器要高出好几倍,器具之可以漆制的,无不做成漆器。"(三)制盐业。"盐铁专卖,为汉武帝时主要经济政策之一。"(四)冶铁业。"两汉铁工,为官府手工业重点之一。武帝元封元年(公元前一一零年)实行盐铁官卖以后,各郡国铁官统由大司农设有铁市长丞专管理其事。而京兆尹、左冯翊、右扶风各设有铁官长丞。东汉除仍设铁官长丞外,由太尉掾属兼管。"各地考古发掘出土汉代的铁器,发现的汉代冶铁作坊遗址,都很多。(五)铸钱业。"汉代官府铸钱与制盐、冶铁一般称为三大手工业。"(六)铜器业。汉代铜器多精巧,如错金银的铜虎符等。"上述银、锡、铅三工,在汉代当包括在铜工之内,未必分工,但在现时研究方面,不能不加以区别。"(七)兵器制造。"两汉的兵器,戈戟等间或使用,主要以弩机为重点。弩机开始于战国,发展于秦汉魏晋,衰落于南北朝。两汉铸造兵器的官府手工业,在西汉则为少府属官的尚方令,在东汉则在太仆属官的考工令,及少府属官的尚方令。"(八)铜镜铸造。"铜镜为两汉手工业重点之一。合金的原料,为铜、锡、铅三种。原料多用丹阳的产品。"(九)度量衡器制造。"度量衡的官府手工业由大司农主管,由大都会的市长检定。"(十)玺印制造。"汉印的质料以铜为主体,其他有金、银、铁、铅、玉、水晶、水石、石、陶泥、琉璃、骨、漆、犀角、象牙等类。""汉代金属手工业主要在铜工。我因为铜工的范围很大,除官府铸钱手工业与制盐冶铁联系外,其余拣选比较重要的,分成铜器、兵器、铸镜、度量衡、玺印五种来写,实质是相互不可分割的。"(十一)陶器业。"陶器价值比漆器铜器为低,为一般人民所需用。除官府制造大量砖瓦之外,而私人的作坊,注重在陶质的用器及明器。""汉代统治阶级用器,首在漆器,次则铜器,对于陶器,不甚注意,所注意的,是因建筑材料的需要,重点趋向在砖瓦。使用的程序,先用瓦,后用砖。"(十二)造舟、造车、木器、竹器、编草等业。"造舟的官府手工业，在西汉初期由船司空主管，三辅范围以内则由辑濯令丞主管。庐江的楼船官则专主造楼船。"汉画像石上可见车的形象。在墓葬及古代遗址中也有汉代木器的出土。（十三）雕石、琢玉业和画工。东汉留存的碑石较多，如熹平石经等。霍去病墓的石雕为公元前1世纪的作品。中山靖王刘胜墓出土两件金缕玉衣，十分精美。这些都反映了汉代工匠的技艺。（十四）造纸墨笔砚业。出土文物有西汉的古纸，至东汉蔡伦复改进推广集其大成。居延曾出土汉代的毛笔。（十五）结束语。"我所写的关于两汉的手工业的文章共十四篇，而金属工业，由铜到铁，占了六篇。看看汉代人民手工业品的成就，真是五花八门，各尽所能。在我研究范围之外的，还有造乐器，制旌旗，造铠甲，制帷帐，造妇女首饰用具，造车马饰，造酒酱，造脂粉化妆品等，皆未列论。我的主要写作，是文献与考古相结合，倘若全凭文献，采用《史》、《汉》及类书，就形成一笔流水账式，便缺少生气勃勃。""两汉手工业发展的过程可分为四个阶段：第一阶段在西汉初期，是为紊乱时期；第二阶段在西汉中期武帝时，是为繁荣发达时期；第三阶段，在西汉中期以后，至东汉初中期，是为继承繁荣时期；第四阶段在东汉末期，是为衰落时期，惟造纸业独发达。"

三、两汉工人的类别。一为官府手工业工人，一为私人作坊工人。官府手工业者分为工、卒、徒三种，在当时区别很严格。工来源于自由民、破产的农民，卒是服徭役者，徒则是犯罪被罚做工的。随着技艺的发展提高，分工越来越细。作品上有时题有工匠名，以便检查。根据题名，制"两汉工人题名表"，共三百一十六人，见于典籍的仅十余人，余皆出于出土古物。

四、盐铁及其他采矿。（一）西汉初期的盐铁业概况。武帝年间置盐铁官，盐铁专卖制度渐趋完善，各郡县设盐官、铁官。（二）金矿。汉代黄金多，而金矿记载少。（三）银铅矿。"《汉书·地理志》注记载，西汉犍为郡朱提县出银，益州郡律高县山出银铅，益州郡贲古县西羊山出银铅。《续汉书·郡国志》记载，东汉益州郡律高县監町山出银铅，益州郡贲古县西羊山出银铅，益州郡双柏县出银，犍为蜀国朱提县出银。此两汉开采银铅矿之可考者。"（四）锡矿。自秦时江南即以产锡闻名。(五)铜矿。两汉产铜地史籍记载较多,如西汉丹阳郡等。(六)石炭矿。即煤,两汉时已大量用煤。(七)石油矿。《汉书·地理志》:"上郡高奴县注有洧水肥可蘸。"颜师古注:"蘸古燃火字。"水肥即今之石油矿。《汉书》所记,止有高奴一县,到了六朝时已发现多处。现今玉门油矿,据《水经注》所引《博物志》,在西晋时已经开采。

五、关于两汉的徒。(一)徒的刑名及一般概况。《汉旧仪》(孙氏《平津馆丛书》辑本)卷下云:"凡有罪各尽其刑。男髡钳如城旦,城旦者治城也;女为舂,舂者治米也,皆作五岁。完,四岁。鬼薪,三岁。鬼薪者,男当为祠祀鬼神,伐山之薪蒸也,女为白粲者,以为祠祀择米也,皆作三岁。罪为司寇,司寇男备守,女为作如司寇,皆作二岁。男为戍罚作,女为复作,皆一岁到三月。"徒罪不满期,而不带刑具工作的,称为弛刑,或弛刑徒。《汉书》及居延简中都常见。(二)徒的工作范围。徒的工作多不固定,可以制盐冶铁,可以采铜铸钱,可以建筑宫殿房屋,可以修桥铺路,可以修陵、戍边。(三)徒的日常生活。徒穿的是粗布制的衣服,所谓七稷布、八稷布。每月的口粮粟三石,合大石一石八斗,比一般人少二斗。他们有收入、积蓄,甚至可以放债。(四)徒的性质分析。徒与服徭役的卒、可买卖的奴婢都不同。(五)结束语。从经济角度分析,秦汉已是封建社会,尚存奴隶社会残余。

六、汉代的米谷价及内郡边郡物价情况。(一)秦汉米谷价。在社会动荡饥荒时米至石数万钱,而太平丰收年景则石米数钱。(二)汉代内郡的物价情况。据《九章算术》等可见汉代一般的物价。(三)西汉边郡的物价情况。居延简中载边地物价数据甚多。米价约一百钱,布价每丈合二石米价。

总之,《两汉经济史料论丛》对于研究汉代经济生活的各方面有重要参考价值。其研究方法为我们树立了样板。

《居延汉简研究》,天津古籍出版社1986年初版,中华书局2009年作为《慕庐丛著》再版。全书有五部分:居延汉简综论、居延汉简解要、居延汉简释文校订、居延汉简甲编释文校订、居延汉简系年。

《居延汉简综论》是各部分中最后写成的,置于卷首,带有总结性质。有文章38篇,附杂论两则。《自序》:"因事名篇,钩稽贯串,与汉代流传之古籍,互相印证。全部简文,皆一一加以探索。其中举烽燧方式,与敦煌罗布淖尔两简,有共同之点,王、黄诸家,论述已详,故本文从略。至于汉晋过所、上计制度、秦汉爵名、亭长、社祭五篇,系通考性质,以文献为经,以简文为纬,映带交错。俾对于考证某一个问题时得到整个系统之了解,与其他各篇,体例微有不同。"

其一、居延屯田性质。居延屯田纯属军屯,分两个体系,在西汉中晚期采用包租制,敦煌在魏晋时采用合作制。奖励家属开垦,故有一部分私田,可以买卖。其二、举烽燧方式。"余稽合王、黄、劳三家之说,取其是者,而订其疑者,定作两汉举烽燧之法有四:一曰烽,即桔槔头兜零所焚之火。二曰燧,又曰积薪,即敌人已追近烽火台时所焚之烟。三曰表,以缯布为之,色赤与白,其作用与烽同。四曰苣火,即一束之薪草,或灌以油脂。比较言明且清。"其三、戍卒来源。主要叙述汉代的徭役制度。其四、俸钱与口粮。候官每月三千,候长每月一千二百,隧长每月六百。不同时期还有变化。口粮一般是每月三石三斗三升少。小石一石折合大石六斗。凡不言大小者皆为小石。口粮折合大石二石。其五、赵过代田法在居延的推行。《汉书·食货志》:"过能为代田,一亩三甽,岁代处,故曰代田,古法也。""过试以离宫卒田其官壖地,课得谷皆多其旁田,亩一斛以上,令命家田,三辅公田,又教边郡及居延城。"居延简中有代田的记载。其六、算收家赀与官吏考绩之得算负算。汉初规定"赀算十以上乃得为官",景帝改为"赀算四得官",《汉书》应劭注:"十算十万也。"据居延简,边郡官吏之考绩,亦用算收计算,可补《汉书》所未及:"甲渠候障。大黄力十石弩一,右渊强一分,负一算。八石具弩一,右弭生,负一算。六石具弩一,空上茧,负一算。六石具弩一,衣不足,负一算。坞上望火头三,不见所望,负三算。墱上望火头二,不见所望,负二算。□□弦一,脱,负二算。凡负十一算。"(52.17+82.15)其七、张掖太守与农都尉及属国都尉的关系。涉及屯田的边郡都尉都可称农都尉,属国都尉事涉屯田者可称属国农都尉。其八、农民起义的新史料。"元康元年十二月辛丑朔壬寅,东部候长长生敢言之候官。官移大守府所移河南都尉书曰：诏所名捕及铸伪钱、盗贼、亡未得者牛延寿、高建等廿四牒。书到，廆"(20.12A)这是通缉牛延寿等的文书，他们可能像项梁起义一样，借铸钱而打造兵器。如此之类的抓捕文书在居延简中也有几例。其九、汉晋过所通考。这一节是陈直重点考证的内容之一，分五部分：（一）过所之制度开始于西汉武帝太初时。（二）过所的作用与传的关系："有过所无传，则询查周折，有传无过所，则宿食无所。"（三）陈请过所及批发手续。（四）过所公牍中的习俗语，如"当舍传舍"、"毋苛留止"等。（五）东汉至魏晋时过所之沿用。其一〇、符传通考。竹符有六种性质：（一）出入关津之符，（二）出入宫禁之符，（三）征召劳役之符，（四）缴巡省查之符，（五）征召臣工之符，（六）车两之封符。其一一、邮驿制度。"步递曰邮，马递曰驿。"传递文书有定时。其一二、名籍制度。汉有名数，《汉书》颜师古注："名数，户籍也。"其一三、天田制度。戍边吏卒的工作有日迹，即查看天田有无人马足迹。其一四、上计制度通考。时间为上年的十月至本年的九月，十月上计，以秦以十月为岁首，汉因而未改。携贡品、山川土地图形、名籍等。其一五、秋射制度。居延简载有秋射律令："●功令第卌五：候长、士吏皆试射，射去埻　弩力如发弩，发十二矢，中□矢六为程，过六矢赐劳十五日。"(45.23)"●功令第卌五：士吏、候长、蓬隧长常以令秋试射，以六为程，过六赐劳矢十五日。"(285.17)其一六、葆宫与直符制度。其一七、秦汉爵名通考。其一八、亭长通考。其一九、汉晋社祭通考。其二〇、戍卒的日迹。其二一、戍卒的服装。其二二、贳卖衣服的券约。其二三、边郡黄金布帛代替货币问题。其二四、居延简中所见庸工价值。其二五、车父的助边。其二六、汉廷吏将的屯田张掖。其二七、居延的物价。其二八、西汉几道重要的诏书。其二九、王莽的四诏书。其三〇、居延简所见的汉律。其三一、居延简所见的簿检。其三二、居延简所见官名通考。其三三、居延简所见地名通考。其三四、居延简所见汉代典章与公牍中习俗语。其三五、科技的应用。其三六、西汉书札的形式。其三七、《苍颉》、《急就篇》的残简。其三八、《汉书·赵充国传》与居延简的关系。

《居延汉简解要》，是按照劳榦1949年商务印书馆出版《居延汉简考释·释文之部》的顺序，考证了其中的一些条目。先列劳榦的释文，释文没有简号，只有劳榦书的页码和行数，然后是"直按"，陈述陈直的考证。形式上类似劳榦1944年石印本的《居延汉简考释·考证之部》。但劳榦后来把考证部分按内容分类，1960年重新出版，眉目显得清晰些。不知道陈直后来写《居延汉简综论》时是否也有想分类的意思，但最终还是没有实行。因而个别内容与《居延汉简综论》略有重复，如"秋射"、"烽燧制度"、"过所"、"农民起义"等。所讨论的问题大致有：一、职官。涉及官制的较多，如：都尉、啬夫、小官印、司马、候官、库令、都吏、假佐、城尉、塞曹史、大司空、主吏、左右丞、印绶吏、督邮掾、劝农掾、骑司马、屯司农丞、农都尉、关都尉、千人丞、千人令史、塞尉、尉史、士吏、大尹、市掾、别田令史，等等。二、典章制度。官吏秋射、言变事、烽燧制度、符传制度、官员休假等。三、词语解释，包括习用词语。如："可见折伤为西汉人之习俗语。""此解何二字，在汉代古籍之始见，居延简解何凡五见，语气均相合，即作什么解释之意。为汉人公牍中之习俗语。颜注模糊不清，且失之迂曲。""知党与二字，为两汉人之习俗语。""《史记》功臣表云'积日曰阅'，谓积日陈报所存器具也，盖为汉人之习俗语，不见于文献。""承书从事，下当用者。为两汉公牍末尾之习俗语。""田作盖为两汉人之习俗语。""中程与不中程，皆两汉人之习俗语。""一七三页，亦有不知何男子之简文。《论衡·实知篇》'孔子将死，遗谶书曰，不知何一男子，自谓秦始皇'云云，与简文正合，此当时之习俗语。""车安放疑为支车之物，为当时之习俗语。"再如释"软弱"曰："直按：《汉书·孙宝传》云：'软弱不任职。'《王尊传》云：'尊子伯，亦为京兆尹，坐耎弱不胜任免。'与本简正同，盖为两汉人公牍中之习俗语。"如此之类甚多。陈直所谓"当时之习俗语"，就是指汉代常用词语。四、对字形的考释。如："赤菫疑为赤纁之省文，菫为熏字之别写。""循治为修治之假借字。""《隶释》卷一，韩敕修孔庙礼器碑侧，有河南偃师题名，偃字作匽，与本简同。又《汉书·礼乐志》，修文匽武，颜师古注，匽古偃字。""诟表为钩表之假借字，《说文》诟或作詢，与钩字音形皆相近。"五、对人名的考释。汉代有些人名较特殊，其他时代少见，如"去病"之类，陈直都联系《汉书》等典籍，或是汉印等出土材料来印证。再如：胜胡、和、汉强、非调、利亲、自为，等等。

以上的总结还不足以概括《居延汉简解要》的全部，然由此一斑可窥见其大概。现在看来，也有个别论断欠妥的。如释"将军器记"简："桱程原简为桱桯之误写，谓桱木小几也。《广韵》，桱木似杉而硬，《说文》：'桯，床前几。'《方言》：'江淮之间曰桯。'皆与本简义合。"裘锡圭《鋞与桱桯》①释为竹筒一类的器皿。再如"直按：令史贯簪取者，谓贯簪一支，已由令史代为取去。"根据句法陈说不通，《居延汉简释文合校》作"佐史贯赞"。另一条类似的简，陈直释："贯赞即贯簪，用以贯发，《汉书·邓通传》所谓一簪不得随身是也。"贯簪当为人名，在居延简中出现多次。再如释"有方"："劳榦氏谓有方即戈戟之类，然《墨子·备高临篇》，有'矢端如戈'，《备穴篇》有'一弩一戟一椎斧'各文，与有方分明为四物，知劳氏之说，未可信也。"这里对劳榦的批评恐不妥，《墨子》中有方与戈、戟同时出现，并不能否定有方为戈戟一类的兵器，一类并不是说是同一种兵器。再如释"常枼"："直按：常乐作常枼，为当时之别体，与近日福建崇安县汉城遗址出土之常枼万岁瓦当写法相同，盖为西汉末期之物。"枼当释为世或叶，释为乐于字形难通。

陈直依据的是劳榦的释文，没有看到图版，所以释文有不完善的，这不全是陈直的责任。所以我们在引用时要用新的释文本校正，不能照录陈直的释文。我们上文在录相关释文时已按《居延汉简释文合校》做了改动。陈直按旧释文考释，有的就出了偏差，我们举一例。陈录简文："十一月丁巳卒廿四人。其一人作长。三人养。一人病。二人积苇。右解除七人。凡作十人，伐苇五百□苟人伐卅。与□五千五百廿苟。"（133.21）"直按：《说文》：'苟，小草也。'与本简伐苟义不合，当为筊字之假借。《考工记》，妢胡之筊，谓伐取竹箭也。"而《居延汉简释文合校》上一"苟"字作"率"，下一作"束"，字改释后就文从字顺，陈释不妥；另"凡作十人"当作"定作十七人"。

《居延汉简研究》的第三部分"《居延汉简释文》校订"，是修订劳

---

① 裘锡圭：《鋞与桱桯》，《文物》1987年第9期。

榦1943年出版的石印本《居延汉简考释·释文之部》的。陈直的校订主要是依据文例，即其他简文，而不是图版。今天我们能够看到《居延汉简甲乙编》中完整的图版，也有较好的释文本《居延汉简释文合校》，还有中国台湾"史语所"据红外成像技术重新拍摄的照片，出版了阶段性成果《居延汉简补编》。因此，陈直的校订已经没有多少利用的价值。但我们可以看到他仅仅利用文例就发现了释文中那么多疑点，作出的校订有的与图版一致，可见其对简文相当熟悉，并具有深厚的古文功底。

  第四部分，"《居延汉简甲编》释文校订"。除陈直的意见外，还汇集了于豪亮、陈邦怀文章的内容。这部分的校订大多可信，为后来的释文所采纳。

  最后一部分是"居延汉简系年"。考证居延简中有年代可考者，首列年代，下列这一时间的简文，然后作必要的考释。时代最早的是武帝太初二年三月十五日，最晚的是光武建武十六年六月十七日。后附和帝永元年号简。

  陈直的简帛研究的特色也是很明显的，其一，出土文献与传世文献的有机结合，"二重证据法"的有效运用。陈氏自诩为王国维的私淑弟子，他对王国维的研究方法确是得到了真传，并发扬光大。不管走的是考释词句、梳理典章制度的乾嘉以来的朴学之路，还是开创两汉经济史料研究的崭新之路，都是左右逢源，娴熟地运用《史记》、《汉书》等传统文献，同时对居延简、敦煌简等出土简帛也是爬罗剔抉，挖掘出别人忽略的材料。"二重证据法"对古史的研究是卓有成效，屡试不爽。陈直常说："使文献与考古合为一家。"他所说的"考古"主要是指考古发掘所得到的文字材料，这也与王国维的认识是一脉相承的。他把这两种文字材料融会贯通，已经达到炉火纯青的地步。一方面是在研究出土文献时，用传世文献来佐证，以加深我们对简帛资料的理解，陈直在《居延汉简解要·结束语》中说："《汉书》对于边郡屯戍情况，只在《赵充国》、《郑吉》、《西域》、《匈奴》等传，纪载一点广泛原则，至于具体事实，则非依赖敦煌、居延两简不可。二简之中，居延简尤占主要地位。所记典章制度，经济生活各方面，无一不与文献相联系。考古不脱离文献，始能从考古材料中，看出西汉边郡社会局部的面貌,有一部份,也能看出汉廷政治的面貌。"这在《居延汉简研究》、《两汉经济史料论丛》两部著作中我们已经有了深刻认识。另一方面,他在研读典籍时,也充分利用出土文献,开启了一条新路。所著《史记新证》、《汉书新证》就是这方面的代表。黄留珠在《陈直先生的治学精神和学术思想》中,总结了陈直所著《汉书新证》的研究方法,梳理了其中使用的出土文献,大体有十四种类型:(一)用汉碑、汉印确定《汉书·百官公卿表》未载之官名。(二)以汉碑材料考证州郡县属吏名称。(三)用封泥、玺印考证地理名称之误字。(四)用封泥、玺印考证姓氏。(五)以木简、汉印订正人名。(六)用铜器、瓦当印证宫殿名称。(七)以汉简对照文献,确定某些物价。(八)以古器物为权衡来疏证典制。(九)以汉碑校勘《汉书》,揭开《汉书》所用古字的奥秘,指出其为东汉时隶体别书或假借字。(十)通过金石刻辞考订汉代避讳之义。(十一)以汉瓦、玉器、铜器考证两汉习俗用语。(十二)以现存地面古迹考订文献记载。(十三)通过汉简考证汉代军事设施。(十四)以封泥、玺印、刻辞考订颜师古注文之误。① 这一研究方法使传世典籍与出土简帛相得益彰,应该说这方面陈直比王国维全面。王国维在考证研究甲骨卜辞、金文石刻、简牍帛书等出土材料时,充分利用了《史》、《汉》等文献,但尚未以出土文献系统疏证过哪部传世典籍。

其二,陈直深厚的家学渊源,为他日后的研究奠定了基础。有人说陈直是实践乾嘉朴学传统的最后一人。这种说法虽不很确切,但有一定道理。他没有在国内名校就读过,更没有飘洋过海求学异域的经历,他考取过清华研究院,但可惜家资无力供给。他从小接受的是传统的私塾教育,祖辈、父辈虽不富有,但都学养深厚。陈直少年时代起就通读《史记》、《汉书》,并且坚持每隔两年就读一遍。因此很多学人吃惊于陈直能熟背《汉书》,连注释都一字不差。这样的功夫在当代学者中恐怕没有几人。所以陈直二十四岁时即写就了《史汉问答》这样的专书。家学使他受益终生,可以说他的天地就是靠着一本

---

① 黄留珠:《陈直先生的治学精神和学术思想》,《人文杂志》1991年第3期。

《汉书》打出来的。他一生命运坎坷，青少年时未能如愿进名校求学，中年时遭遇战争动荡，步入老年时又赶上"十年动乱"，且妻丧儿残。但逆境中他一次次无畏搏击，好在遇到马叙伦、侯外庐伯乐识马，聘请他一个没有学历且年近半百的学者进入西北大学执教，让他有了施展才华的舞台。1955年至1966年，是他创作的旺盛时期，完成了《两汉经济史料论丛》（陕西人民出版社1958年出版）、《汉书新证》（天津人民出版社1959年出版）、《史记新证》（完成于1958年，天津人民出版社1979年出版）、《居延汉简研究》（完成于1959—1962年，因各种原因至1986年天津古籍出版社出版）等专著，他一生中的主要研究成果都写成于这段时间。发表于这一时期的论文约有44篇。参加社科院分配的点校《汉书》的工作，承担其中难度较大的《志》、《表》部分，不仅出色地完成了任务，还帮助其他同事查资料，解决疑难问题。与冉昭德共同主编《汉书选》，作为高校历史学专业"史学名著选读"教材。他的学术研究以秦汉历史为核心，史学、考古学是他用力最勤的园地。"十年动乱"时期他的文稿被当成"四旧"而付之一炬。但他竟凭着顽强的毅力，克服常人难以想象的困难，重写文稿，并加以修订。为避免被毁，他竟然誊抄文稿四份，上千万字的篇幅，用毛笔一丝不苟誊写，《摹庐丛书》十八种，写成193册，分送西北大学图书馆、陕西省图书馆等四家单位。这样的壮举，举世罕见。黄留珠说："世界上著名的学者，生前能把自己的著作做如是整理者，实不多见。"①

其三，对考古资料的关注。抗战期间，陈直逃离被日寇占领的家乡江苏东台，绕道香港，经昆明、贵阳、成都，抵达陕、甘。此后在兰州、西安等地金融机构供职，从事与研究毫无关系的文牍工作。虽然生活艰难，离乡背井，但他仍一心向学。谋生的同时，利用西北秦汉故地的优势，致力于搜罗秦汉瓦当、货币、玺印、陶器等文物，作为考史之资料，故又号弄瓦翁。他没有罗振玉、刘鹗、端方等那样的经济实力，搜集甲骨、钟鼎等重宝，但"他以学者的敏锐目光，从古

---

① 黄留珠：《陈直先生的治学精神和学术思想》，《人文杂志》1991年第3期。

董商手中，挽救保护了许多稀世国宝。仅以陶器为例，他节衣缩食，竟收藏至二百余件，其中如居摄二年陶瓶、咸里高昌陶鼎、永承大灵瓦、羽阳千秋瓦、天毋极瓦范、苏解鸟陶器盖、野鸡范、大前右足范、杨字板瓦、肖将军府瓦片等，皆为罕见之珍品"。① 著名学者李学勤曾对陈直的贡献作总结："我们知道汉代文物极为零散繁多，真是所谓片砖残瓦，散金碎玉，而陈先生却积几十年的功力，加以汇集萃聚，一一与文献相印证，为汉代研究别开生面。"②解放后在西北大学他为学校建设考古专业尽心尽力，四处搜寻文物筹建学校文物陈列室，带学生去考古现场体验学习，亲自讲授考古学通论，披荆斩棘，辛勤耕耘。他培养造就了一个个考古学战线的精兵强将，西北大学的考古学专业也随之蜚声海内外。在考古行业工作的学生还时时回来向陈先生请教，他也总是耐心讲解指导，给他们满意的答复。陕西考古研究所所长石兴邦就是他的学生，石兴邦回忆说："陈先生以精研《汉书》享誉海内，我们所发现的秦汉遗存，他非常重视，每每问及有关发现和情况，一有新获，他就揣摩观察，寻找真释，确实到了乐以忘忧、不知老之将至的境地。我们常常提供他所要的资料（多是砖瓦、铜石的文字花纹标本），供他研究，并请他指导。说真的，我自己有关长安附近秦汉时代的史迹掌故和知识，多是从他的耳提面命中获得的。70年代前半期，我们在发掘杨家湾汉墓时，在汉长陵陪葬区发现了许多秦汉瓦当，有的颇为珍贵，记得群众平整土地时在一个陪葬区发现了'齐国'、'齐国宫当'字样的瓦当，其字迹古朴浑厚，有古隶风，确系两汉前期物。但其谁属？我们讨论了多次未获完满解答。后请教于他，他根据史籍记载和当时历史背景，毫不犹豫地指出：这像是汉武帝儿子刘闳的墓，刘闳曾被封为齐王，因年少未就国而死于长安，陪葬长陵。这些瓦当是陵园建筑用瓦。他还给我们指出材料的出处、卷号，以及历史情况。后来我们也请教于其他方面，都

---

① 黄留珠：《陈直先生的治学精神和学术思想》，《人文杂志》1991年第3期。

② 李学勤：《陈直先生其人其事》，载《陈直先生纪念文集》，西北大学出版社1992年。

赞服他的考证是可靠的。"①

其四,为秦汉下层人民树碑立传。新中国建立后,随着马克思的唯物史观在史学界深入人心,陈直也受到极大感染。据说他在给一位青年同志的复信中曾这样说:"我们治秦汉史,与一般学者有所不同,搞人民史,搞手工业史,不搞帝王家谱。"②"自来文献记载我国古代人民的作品,皆歪曲了事实,总说是统治阶级创造的。《吕氏春秋》的作者用一句'作者之谓圣'的话做定义,仿佛不是'圣人'就不可能有创作。笔纸两种,就是其中最显明的例子。笔在殷墟甲骨文片上,有写成未刻的文字,有露出笔锋的痕迹,可能彼时已经有笔。最近长沙楚墓中,发现有毛笔,在战国时已普遍用笔,远在俗传蒙恬造笔之前。纸在最初,用丝质杂造。西汉时已有薄小的纸。居延木简中,已发现在蔡伦之前的纸。蔡伦不过是加以改良,并非创始的人。在文献上总要说'恬笔伦纸',将劳动人民积累经验的创作,一概加以否定。就是汉代的笔工,只能知道路扈人,纸则毫无稽考,仅宣传蔡侯纸、左伯纸而已。墨、砚创造的时代,还是不能断定,尚有待于地下材料证明。"③《两汉经济史料论丛》集中反映了陈直写人民史、手工业史的成就。其中《关于两汉的手工业》、《两汉工人的类别》、《盐铁及其他采矿》、《关于两汉的徒》都是直接实践其人民史学观的代表作。这本著作的出版,使得秦汉手工业史基本一片空白的历史一去不复返了。该书初版于1958年,1980年再版时加入了《两汉工人的类别》一文,后附《两汉工人题名表》。这篇文章"乃作者独具匠心之作。前者在考察大量文献记载与考古资料的基础上,将两汉工人划分为官府手工业及私人作坊两大类,分别就私人作坊、工人技艺的发展与提高,工官设置,工人范围的扩大,官府手工业铸器的存在与分工问题,画工、寺工、供工、并工问题,工官署中主要器与兼作器的

---

① 石兴邦:《陕西考古界的指津良师——纪念尊敬的陈直先生》,载《陈直先生纪念文集》,西北大学出版社1992年。

② 黄留珠:《陈直先生的治学精神和学术思想》,《人文杂志》1991年第3期。

③ 陈直:《关于两汉的手工业》,《两汉经济史料论丛》,陕西人民出版社1980年。

区别，官民工互助，京师考工令拨工帮助郡国，大司农工巧奴，官工兼多门技艺，一工兼两工，漆工工龄，工人题名次序、称呼、位置诸问题及义工、辈工、佣工等多方面的内容展开了论述。文中作者高度称赞了工人的创造性劳动，歌颂了他们的高贵品质和团结合作的精神，尖锐揭露了当时工人'能造各器而不能享用各器'的社会不合理的现实，并对士大夫贱视工人的现象作了批判。后者收集了汉代工人题名三百一十六个，其中见于文献者仅十余人，其他皆从出土古物中发现。表中详细罗列了工别、籍贯、时代、题名作品及所见著录等情况。古今中外史家当中，如此精心为工人树碑立传者，实属仅见。"①陈直把他学习马列唯物史观的成果落实到具体科学研究实践中，务实肯干，为撰写新史学观的中国历史提供了范本。

陈直简帛学主要论著目录：

1.《汉封泥考略》，《艺观》第3期，1927年。

2.《木简考略》，石印本，1932年。

3.《汉晋木简考略》，《摩庐丛著》之一，石印本，1934年。

4.《楚简解要》，《西北大学学报》1957年第4期。

5.《玺印木简中发现的古代医学史料》，《科学史集刊》第一辑，科学出版社1958年。

6.《两汉经济史料论丛》，陕西人民出版社1958年。1980年增订版。

7.《"居延汉简甲篇"释文校正》，《考古》1960年第4期。

8.《关于"居延汉简的发现和研究"一文的商榷》，《考古》1960年第8期。

9.《"居延汉简甲篇"释文校正(续)》，《考古》1960年第10期。

10.《甘肃武威磨咀子墓出土王杖十简通考》，《考古》1961年第3期。

11.《武威汉简文学弟子题字的解释》，《考古》1961年第10期。

---

① 黄留珠：《陈直先生的治学精神和学术思想》，《人文杂志》1991年第3期。

12.《简谈居延汉简》,《光明日报》1962 年 1 月 20 日。

13.《居延汉简概述》,《历史教学》1962 年第 4 期。

14.《六十年来我国发现竹木简概述》,《历史教学》1962 年第 9 期。

15.《汉晋过所通考》,《历史研究》1962 年第 6 期。

16.《论居延汉简八事》,《北京大学学报》1963 年第 4 期。

17.《略论云梦秦简》,《西北大学学报》1977 年第 1 期。

18.《居延第一批汉简与汉史的关系》,《西北大学学报》1979 年第 1 期。

19.《〈墨子·备城门〉等篇与居延汉简》,《中国史研究》1980 年第 1 期。

20.《摹庐丛著七种》,齐鲁书社 1981 年。

21.《居延汉简研究》,天津古籍出版社 1986 年初版,中华书局 2009 年作为《摹庐丛书》再版。

22.《文史考古论丛》,天津古籍出版社 1988 年。

长沙出土战国缯书新释(存目)

饶宗颐

【评　介】

　　饶宗颐(1917—　)，字固庵、伯濂、伯子，号选堂，生于中国广东省潮安县，从祖籍来说饶先生是在潮州文化环境中成长起来的客家人后裔。他在历史学、考古学、文学、经学、翻译、教育，以及书画、音乐等方面都卓有建树，被誉为"国学大师"。

　　饶宗颐幼承家学，1935年18岁续成其父所著《潮州艺文志》，同年受聘于国立中山大学广东通志馆，1943年至1945年，任西迁广西的无锡国专教授，1946年任广东文理学院教授，1947年至1948年任汕头华南大学教授兼文史系主任，1949年10月起移居香港。自1952年至1968年，历任香港大学中文系讲师、高级讲师、教授，1968年至1973年任新加坡大学中文系首任讲座教授兼系主任，1973年至1978年任香港中文大学中文系讲座教授兼系主任至退休。退休后，分别任香港大学、香港中文大学荣誉讲座教授。这期间，他先后赴印度班达伽东方研究所、法国国立科学中心、美国耶鲁大学研究院、法国远东学院、法国高等研究院、日本京都大学及北京大学、台北"中研院"等多所大学、研究机构从事研究工作，1962年获得法国法兰西学院汉学儒莲奖，1974年获得法国远东学院院士；1993年12月获法国索邦高等研究院人文科学博士，为该院建院125年颁授的第一位人文科学博士；并获法国文化部艺术及文学勋章，2000年获特别行政区政府颁授香港最高荣誉"大紫荆勋章"。

　　饶宗颐在简帛研究方面也成果丰硕。早在20世纪50年代，他就撰有《战国楚简笺证》、《长沙出土战国缯书新释》等著作，是我国研究战国简帛的先驱者之一。80年代初与曾宪通教授合作，集中研究楚地出土文献，先后出版《云梦秦简日书研究》、《楚帛书》、《楚地出土文献三种研究》等简帛学著作，还首创汉简编年体系，主编《敦煌汉简编年考证》、《新莽简辑证》、《居延汉简编年》。2003年台北新文丰出版股份有限公司编辑出版《饶宗颐二十世纪学术文集》20册，2009年中国人民大学出版社出版简体字版。其中第3卷为简帛学，收录论著有：《简帛文薮》，选录简帛学重要论文，《长沙楚帛书研究》，《睡虎地秦简〈日书〉研究》，《敦煌汉简编年考证》，《新莽简辑证》。

《长沙出土战国缯书新释》，1958年作为《选堂丛书》之一在香港出版，全面考释了长沙子弹库出土的楚帛书。饶氏一直关注楚帛书的研究，2003年出版的《学术文集》中的《长沙楚帛书研究》，集其历年考释之大成。他说："余于楚人文化若有夙嗜。长沙出土帛书，论之再四。"1954年发表《长沙楚墓时占神物图卷考释》，（《东方文化》1卷1期），1958年出版《长沙出土战国缯书新释》，1969年发表《楚缯书疏证(陈槃跋)》(《"中央研究院历史语言研究所"集刊》第40本上册），1985年香港中华书局出版《楚帛书》，2003年出版的《饶宗颐二十世纪学术文集》是他第五次全面修订考释。其间所作的短篇论文就更多了，如：《楚缯书十二月名覆论》(《大陆杂志》30卷1期，台北1965年）,《缯书之摹本及图像》(《故宫季刊》3卷2期，台北1968年），《楚帛书天象再议》(《中国文化》第3期，香港中华书局1990年12月），《长沙子弹库残帛文字小记》(《文物》1992年第11期）。"爰就多年积累、研讨所得，取旧作《疏证》，删除繁芜，益以新知，并参时贤近著，泐成此篇。自念矻矻穷年，锲而不舍，复不惜多次订补；帛书文字，希望自此可以通读。非敢谓为定本，后来居上，览者或有取焉。"我们下面主要根据新释本讨论其成就。全文共分六部分：

一、楚帛书新证。隶定楚帛书的释文，并作考释。后缀以总结性文字。（一）隶定考释。以居中的八行为甲篇，叙述楚先祖世系。居中十三行为乙篇，述日月四时的运行。四周的十二段文字为丙篇，述十二个月的宜忌。（二）帛书的哲学思想。饶氏将楚帛书与"死海经卷"相比较，认为具有重要哲学价值："西方学者以楚帛书之发现，与死海经卷(Scrolls of Dead Sea)具有同等价值。缯书于1942年9月在长沙子弹库木椁墓出土,死海经卷于1947年春在Jericho发现(距死海南约七英里),后于帛书5年,死海经卷之年代,约当公元前2世纪至公元68年,而帛书年代,依长沙发掘经验,凡有陶敦(簋)伴出之楚墓,年代较早,可能为战国中期,帛书墓葬出品,即属此类,故比死海经卷为早。死海经卷中言及光明黑暗之战争,其神秘之传说,所以申明神之真实,神之光荣及正直。帛书除述楚祖先与洪水开辟神话之外,对于日月星辰运行之变动及神民关系问题,言之再三,叮咛周至。故帛书内容,对于古代宗教哲学思想,极为重要。"并提出以下几点:四时不忒,"天行有常,则下民安泰"。神民异业,"楚祖先重和黎,世叙天地,分别负责上天之神及下地之民"。敬之观念,"由于神民地位上下之悬殊,民之对神必持敬之态度"。(三)语法与文体。帛书中有章节号,合文重文号,发语词"曰"、终语词"思"都值得注意。四字为句,多数有韵。文后饶氏总结道:"此文初刊于1968年《史语所集刊》第四十本。陈槃先生跋,誉为'胜义络绎,深造有得,精思卓识,可谓难能'。然凿险缒幽,间亦有未安者。兹全部改写。三熏三沐,稍免愆尤。积三十年,方克折中群言,成此短篇。弥感考释之业,非殚毕生之力,未易奏厥肤功。愧曩日之浅尝,叹精力之虚掷。""近二年来,楚帛书在国内已掀起研究热潮。陈梦家旧作在《考古学报》刊出之后,继之有李零之专书,何琳仪之《通释》,曹锦炎之考《月令篇》,朱德熙有《考释》五事,吴九龙论禾字,胜义纷披,皆有可取之处。今酌采其说,以修订前作。他若高明之文,主张宜将八行之文定为上篇,作为全文开端。然后层次方合逻辑。又援引《天文志》,以明缯书之性质,与拙论'以帛书为楚国天官书之逸篇'完全吻合。可以纠正诸家以十三行为首之误解,兹特著其说于此。"

二、楚帛书十二月名与《尔雅》。(一)缯书原物小记。述于戴润斋处目验帛书的经过。(二)四时与月名。帛书有春夏秋冬四时,秉司春,虘司夏,玄司秋,荼司冬。(三)十二月名与《尔雅》。述《尔雅》十二月名与楚帛书丙篇的关系。《尔雅》月名与帛书多相符合。(四)附论。《尔雅》月名旧无说,帛书可证其确有根据。

三、楚帛书之内涵试说。"关于帛书之内涵及其性质,向来有月令说、明堂说及历忌说各种不同论法。"李零《长沙楚帛书研究》认为属月令历忌一类。帛书言十二月之宜忌，以兵事及嫁娶为主。知其杂有兵阴阳家言。"帛书分三部分，其排列次序先后，诸家意见亦不一致。"饶氏从蔡季襄的摆放位置，以南为上，居中八行为甲篇，十三行为乙篇。"帛书十二月之排列，以月建属寅之孟陬为正月。"

四、楚帛书象纬及德匿解。"子弹库帛书所记述者为楚天官书之逸篇"，（一）晨祎即辰纬。（二）乱失其行。（三）绲绌与土（星）。（四）孛岁及星宿见伏。（五）匿——与德匿。附楚史札记二则：（一）祝融、共工与噎——楚先世之神话。（二）沮尾、睢泽与楚人之开国。

五、帛书丙篇与《日书》合证。丙篇的十二月宜忌与《史记·天官书》、《睡虎地秦墓竹简·日书》中"稷辰"相近。如："（正月）取月……乍□北征，衞（帅）有咎。"此类文字，在《史记·天官书》中见到不少，如云："起师旅，其率必武。"帛书衞字，与禹鼎同，通作帅。以帛书证《天官书》"其率必武"，当读"其帅必武"乃合。再如三月"秉司春"，与云梦简"稷辰"相合。"以上春季自取（陬）、女至秉三名，以合天象之二十八舍，即自壁至斗，于四象中正当北方玄武之位。"饶氏总结为："总而论之，丙篇依《月令》而志每月之宜忌，星宿与下土，精气相属，垂象以示吉凶。楚之占星家，自唐昧、甘德以来，所记亦复凌杂米盐，惜其书久已沦丧，赖帛书尚存其端倪。云梦秦简，事虽入秦，仍承楚俗，故其言多若合符节。文字微异者，如楚曰'祭'曰'享祀'，而秦曰'祠'；楚曰豙（致）女，秦曰家（嫁）女。至于'作大事'、'作土事'著语多同，而'水'及'百事'二端，有赖秦简以昭其微旨。本篇取两者合证，略发其凡。尚望方闻，理而董之。"

六、长沙子弹库残帛文字小记。昔商承祚藏帛书残片，存十余字。可读为"左唇耕，相星光"。

文后附楚帛书黑白照片，六幅叠印，即每页为照片的六分之一，六幅合为一完整的帛书图版。

《睡虎地秦简〈日书〉研究》，这也是饶氏多年关注的论题。1982年出版《云梦秦简日书研究》（与曾宪通合著），1983年发表《秦简日书中夕字含义的商榷》，1985年发表《秦简中之五行说及纳音说》，1987年发表《秦简中"稗官"及如淳称魏时谓"偶语为稗"说——论小说与稗官》，1993年北京中华书局出版《楚地出土文献三种研究》（与曾宪通合著）。

《睡虎地秦简〈日书〉研究》部分，介绍云梦秦简日书出土的情况，并言《史记·日者列传》久佚，褚少孙所补只述及楚人，并非完帙，日书正可补其缺失。正文部分考释日书十八事。（一）建除家言。秦简日书建除安排与《淮南子·天文训》基本一致。秦简详列各日的吉凶，这是以前没见过的。如"建日，良日也，可以为啬夫，可以祠。利枣（早）不利莫（暮），可以入人，始寇（冠），乘车。有为也，吉"。《日书》中另有两套不同的建除系统。（二）稷辰。饶氏释《日书》的"稷辰"即《史记·日者列传》之"丛辰"，是他一大创见。稷辰有一套新的日名及其吉凶。（三）玄戈、招摇。《开元占经》引石氏赞"招摇、玄戈主胡兵"。（四）反枳（反支）。《后汉书·王符传》："公车以反支日不受章奏。"李贤注云："凡反支日用月朔为正。戌、亥朔一日反支，申、酉朔二日反支，午、未朔三日反支，辰、巳朔四日反支，寅、卯朔五日反支，子、丑朔六日反支，见《阴阳书》也。"与《日书》合。反支乃忌日，诸事不宜。（五）归行。往亡、归行，都是忌出行、回家的日子。（六）禹符、禹步、《禹须臾》。后世道教书籍悉见禹步。《抱朴子·仙药》篇详解禹步之法云："禹步：前举左，右过左，左就右；次举右，左过右，右过左；次举右，右就左，左就右。"（七）啻、赤啻（帝）。"啻为室"之啻，当读为适，啻为室，犹言适宜为室耳。啻之相反义为谪。而"赤啻"当读为"赤帝"。（八）衣、裂。裂即制。《日书》常见"材衣"，材即裁。（九）诘。驱除各种鬼怪，其中"饿鬼"也见于汉译佛典，乃"借旧名以翻梵语者"。（十）梦、貄﨑、宛奇。考貄﨑、宛奇乃伯奇，或是穷奇，见《续汉书·礼仪志》等。（十一）日辰十二时异名。《日书》记一日十二时之名："〔鸡鸣丑，平旦〕寅，日出卯，食时辰，莫食巳，日中午，暴未，下市申，舂日酉，牛羊入戌，黄昏亥，人〔定子〕。"为目前十二时制最早的记载。（十二）日虒。"日虒、日施、日下稷皆日斜之异名。"（十三）十二生肖。《日书·盗者》有完整的十二兽名，与后世十二生肖基本一致。（十四）人日。日书有"人良日"，是人日之名起于先秦。（十五）木日与木忌。日书有"木良日"，此是五行属木之日。（十六）马禖祝辞。即祭祀马神的祝辞，祭祀以求马之无病肥壮。(十七)临官、冠带。"《隋志》有逸名《拜官书》三卷及《临官冠带》书一卷，由《日书》知其渊源之远。"(十八)楚月名称夕。秦十月，楚称冬夕，又作中夕；十一月称屈夕，十二月称援夕。其义不易明。考《尚书大传》中《洪范五行传》有岁之朝、岁之中及岁之夕。郑注："自正月至四月为岁之朝，自五月至八月为岁之中，自九月至十二月为岁之夕。"故楚呼十月为冬夕，十一月为屈夕，十二月为援夕。

附论：苌弘执数之学。据《史记》、《淮南子》等，周时苌弘以术数见长。"秦简《日书》，殆即'执数'、'小数书'之类。"敦煌文献中也有建除等术数文献。

《日书》研究的意义。"研究《日书》有两点意义。《日书》中如秦楚月名对照表可看出秦楚历法的同异，日数和夕数的七式，对于时间的划分，是出于合理的观测，有充分天文学的根据，又如招摇、玄戈宿名，和甘、石《星经》可相印证，这些都可为考古天文学(archaeo-astronomy)补充一些资料。其次如禹符、禹步等记载的提前，可以追溯古巫术与道教的关系，帮助宗教史解决一些难题。""决定日辰在行动上之吉凶。其形成原理和习俗之宜忌趋避如何演变之轨迹，经诸家深入钻研，逐渐明了。如出行之事以属金、水之日为宜，土日则不吉，以金能生水，土克水故也。大抵不离干支之运用与方隅之对冲、五行之生克及岁星之方向诸原则。因日书之出土为秦汉礼俗之研究，增入无数新资料。"

附一：云梦秦简《日书》剩义。《日书》云："癸丑、戊午、乙未，禹以取梌山之女日也。"《尚书》作"辛壬、癸甲"，不同。《楚辞·天问》王逸注："辛酉日娶，甲子日去而有启。"《水经·淮水注》当涂县城下引《吕氏春秋》曰："禹娶涂山氏女，不以私害公。自辛至甲四日后，往治水。故江淮之俗，以辛、壬、癸、甲为嫁娶日也。禹墟在山西南，县即其地。"《日书》有"八门"，实开后代奇门遁甲之先河。"娶妻的避忌甚多，见于秦简的这些例子。在古文献上尚难取得印证。"日者说的"往亡"在日书中称"亡日"、"亡者"，与后世通书的往亡日一致，"如果不是出土的资料，决无人肯相信往亡的忌日早在秦代以前已经由日者加以推定的"。

附二：秦简《日书》中夕(桼)字含义初探。楚月名称十月为冬夕，十一月为屈夕，十二月为援夕。《尚书大传》载一年中一至四月为朝，五至八月为中，九至十二月为夕。

饶宗颐简帛学研究的成就可以概括为以下几点：

一、自觉地实践"二重证据法"，广泛征引传世典籍印证、解读出土文献，特别是出土的战国简帛文献。翻开他的论著，各种文献触目皆是。如《尚书》、《仪礼》、《周礼》、《礼记》、《周易》、《左传》、《国语》、《老子》、《穀梁传》、《战国策》、《尔雅》、《说文解字》、《说文系传》、《方言》、《古本竹书纪年》、《论语》、《庄子》、《韩非子》、《淮南子》、《墨子》、《文子》、《吕氏春秋》、《潜夫论》、《抱朴子》、《列子》、《楚辞》、《史记》、《汉书》等，可以说不胜枚举。不仅是先秦两汉的经书、子书、史书，就是两汉及以后的纬书、佛典、道藏等，也经常涉及，如《马王堆〈阴阳五行〉之〈天一图〉》，第七节为"天一家与道书《龙首经》、《金匮玉衡经》，就大量引用道教经典。顺便讨论一下另一个问题。饶氏有一篇论文《谈三重证据法——十干与立主》，谈道："值得特别提出的是甲骨文。在甲骨文中有许多关于商代先公先王的记载，在时间上应该属于夏代的范畴，可看作是商人对于夏代情况的实录，比起一般传世文献来要可靠和重要得多。我们必须而且可以从甲骨文中揭示夏代文化某些内容。这是探索夏文化的一项有意义的工作。总之，我认为探索夏文化，必须将田野考古、文献记载，和甲骨文的研究三个方面结合起来。即用'三重证据法'（比王国维的'二重证据法'多了一重甲骨文）进行研究，互相抉发和证明。倘能在这方面做出成绩，那么，我们对于夏代情况的了解，将会更加具体而全面。那时来讨论夏文化的有关问题，就可说是适时了。我们期待着这一天早日到来。"这里非常明确，所谓"三重证据法"，即考古、文献和甲骨文的结合，是为了讨论夏文化，如果把它作为一般的研究方法，可能并不妥当。王国维的"二重证据法"，即"地下材料"和"地上材料"，所谓的"材料"都是文字，不能把"地下材料"等同于考古。李零曾说过："所谓'纸上之史料'是指《诗》、《书》等古书；'地下之材料'是指殷墟甲骨和商周金文。即使时间扩大一点,再加上西域汉简、敦煌卷子,其研究也还是以文字为中心。"①大家熟知的,王国维利用甲骨卜辞,成功地解决了商王的世系,纠正了《史记》的缺失,这就是"二重证据法"的范例。把甲骨文独立于"二重证据法"之外,是不妥的。如果一定要谈"三重证据法",可以在出土文字材料(如甲骨卜辞、金石、简帛等)、传世典籍这二重证据之外,增加考古所得的非文字材料,即考古发掘的层位、发掘器物的纹饰、年代的测定等。李零说:"这才是近代史学的认识过程。"②饶氏说的"三重证据法"有其特定语境,不能泛化。

二、用其他出土文献论证简帛文献。涉及甲骨卜辞、金文,有的是以简帛证简帛。如《从郭店简追踪古哲之"重言"》,论证"重言"就用了《庄子》、马王堆《易传·缪和》等,为证《庄子·盗跖》不伪,"司马迁说他'作《渔父》、《盗跖》、《胠箧》,以诋訿孔子之徒,以明老子之术'。江陵张家山136号墓(汉文帝时)中有《盗跖》竹简,'跖'字写作'貚'。《盗跖》一向被认为是赝品,但汉初已为人所诵习。马其昶《庄子故》引王安石说'此篇之赝,不攻自破'可知其不然。司马迁亦亲见其书,言自可信"。论证"天一"时,引用了《武威医简》、《秦骃玉简》等。特别是敦煌石室文献,饶氏是敦煌学大家,所以引用敦煌文献是得心应手。如《马王堆〈阴阳五行〉之〈天一图〉》:"《史记·天官书》云:'中宫天极星,其一明者,太一常居也;旁二星三公,或曰子属。'太一所居之天极星与天一星,其星象已见于东汉墓壁画,说者谓天一即西洋星座之天龙座龙尾α、χ两星间,近χ稍前,正对北斗口之七、八、九三颗小星,构成一个尖端对着天极星(小熊座的β星)的近似于等边之三角形。敦煌 P. 二五一二'《石氏中官》:北极五星、钩陈六星皆在紫微中。天一一星,紫微宫门外。太一一星,天一南相近。'此一天一星在纬书中称之曰阴德。"同篇论"天一":"按唐《大和八年甲寅岁具注历》(P. 二七六五)云:'今年干木支火纳音水,太岁在寅,大将军在子,太阴在子,岁刑在巳,岁破申。'此记不嫁女,与马王堆此《太一图》之不可'取(娶)'妇相同。此

---

① 李零:《简帛古书与学术源流》,三联书店2004年,第10页。
② 李零:《简帛古书与学术源流》,三联书店2004年,第10页。

称天一为大兄,地位在太岁之上。可见西汉人不以太岁与天一为一物。王符《潜夫论》称太岁、将军为天吏。符,安定临泾人(今甘肃镇原),武威简即其生活地区,盖敦煌一带汉代阴阳家思想流行已甚普遍。唯此图出自长沙,时代更早,楚有黄缭、唐眛、南公,兵阴阳家言,战国以来久已盛行矣。"各种文献可谓信手拈来,指向其论点。

三、域外文献的运用。这是饶氏很独特的地方。他通晓英文、法文、古梵文等多种外语,尤其对印度文学情有独钟,所以在论证中自然而然就想到印度古籍。如《帛书丙篇与〈日书〉合证》论古代星占,"古印度亦以二十八宿为占候。《阿闼婆吠陀》第十九卷七与八两诗篇皆举'二十八舍'之名,且向麦粒星座(Abhijit,即天琴座α)、人足星座(Sranastha,即天鹰座α)祈福(W. D. Whitney 英译云:'Let Abhijit give me what is auspicious; Let C, ravana and the C, ravishthas make good prosperity.'十九、七、四)。于星宿祈禳禳灾,中外固一揆也。帛书所以特记参、娄、张诸宿者,以值此三宿都'百事吉',尾则不然,值尾则'百事凶',故云'迟乃咎'"。论证"天一"时,"不知世界上古代表示正直、秩序、永恒等法理的抽象名词,背后都有神明为主宰。印度《吠陀》的 rta 义为'规律',在《梨俱吠陀》篇章中代表 rta 之神即有 Agni(火神阿抵尼)和 Vsruna 之辈(见《梨俱》Ⅰ,一,八)。在我国古代,太一亦是同样的情形。太一既是道和万物的最高原则和主宰,亦被视为'元神总万物者'(见高诱《淮南子注》);而太一在西汉被称为'天神贵者'(《史记·封禅书》谬忌奏祠太一方语)。所以太一可以下行九宫,与天帝资格可以相比。可见抽象观念之神化,是神道设教时代借神立训的普遍情形"。《论帛书〈要〉篇损益的天文意义》说到马王堆中有关《易传》的出土:"《易》为群经之首,如果在西方,对于 Bible 有悠长重视的历史传统来说,马王堆的《易》书出土,不知要如何隆重去表彰它,起码应该举行一个首次发行的典礼,不至于无声无息地把它摆在道家研究的刊物中而予以公布,这似乎表现我们对于先人经典的无视!"论耳鸣目润杂占时,就谈到古罗马、希腊等:"又鼻嚏目瞤之占术,古代西方亦有之。荷马时代之希腊及古罗马均有以打喷嚏为预占之事。在《奥特赛》(Odyssey)第十七卷,Penelope 见 Telemachus 高声喷嚏,即以为吉兆。在西亚克里托斯(Theocritus)《牧歌》中，失恋之牧羊人，谴责亚玛丽里(Amaryllis)，其右眼跳动，以为是佳兆降临，均其著例。此世界言民俗学(folklore)者，类能道之，附著以供参考。"

当然，以上三个方面的文献常常是综合运用，这一点在《马王堆〈阴阳五行〉之〈天一图〉——汉初天一家遗说考》这篇长文中表现得特别明显。

四、知识面极宽，涉及的简帛文献也较多，除了用力极勤的《楚帛书》、睡虎地秦简《日书》外，还考释过《郭店楚简》、曾侯乙墓竹简、马王堆汉墓简帛等。关注的多术数文献，运用古代音律、天文、历法等知识加以研究。术数类文献多年来都乏人问津，很多方面都鲜为人知，饶氏竟能触类旁通，其触角所及令人叹为观止。《秦简中的五行说与纳音说》系一篇长文，论述了如下内容：（一）五行与三合局，论《日书》、《墨子》的五行相生相克说。（二）纳音与《禹须臾》，"这是纳音的结果，纳音的手续，是把六十甲子，按照六甲的次序，配合十二律、五行之五音而成"。"宋元人也喜欢谈纳音，沈括、洪迈、高似孙、罗泌、陶宗仪等等，人所共知。"饶氏言"人所共知"的，实际上很少有人接触。《论天水秦简中之"中鸣"、"后鸣"与古代以音律配合时刻制度》也说到"纳音"："虽资料不完全，但可看出秦时《日书》中纳音的办法，事实比我们向来所认识与想象加倍复杂。"《银雀山简〈天地八风五行客主五音之居〉初探》也谈"纳音"："配五音之风，所值日辰，如宫风之庚子、辛丑、庚午、辛未、戊申、乙酉，并非杂乱不加伦次，实为依据五行区别阳律、阴吕（如子为黄钟，丑则为大吕），再以隔八相生为壬申、癸酉，由下复隔八相生而为庚辰、辛巳而终于亥，自一阳之甲子，遍历五行，而六十甲子与十二律配搭成一体系，此即所谓'纳音'。"再如《马王堆〈刑德〉乙本九宫图诸神释——兼论出土文献中的颛顼与摄提》，所言"九宫图"，"在四仲图中，壬午、丙午、庚午、甲午、刑德之神在夏至为上（上）天，亦作大天，冬至为卅昌。汝阴太乙九宫占盘'夏至上天，冬至叶蛰'，夏至之名与此相同而冬至则异。《五经异义》所引欧阳说与《尔雅·释天》称冬为上天，又复不同。至于冬至卅昌一名他书未见，太乙占盘与《灵枢经》均作叶蛰（之宫），窃疑卅昌或即后来祥气之'昌光'。昌光名出纬书《河图》，班固《西都赋》：'仰寤东井之精，俯协《河图》之灵。'《后汉书》章怀注引《河图》曰：'昌光出轸，五星聚井。'《尚书纬·帝命验》：'昌光出轸巳图之。'郑注谓火星当起冀轸之野(《古微书》本)。《广雅·释天》：'祥气第一即昌光。'《符瑞图》：'昌光者，瑞光也，见于天汉，高受命，昌光出轸。'(《御览》八七二休征部一引) 卄字读为爺，爺从卄得声，与光同纽字，卄昌为'昌光'之倒言，帛书《刑德》为汉初写本，时称卄昌，不作昌光，拙见可备一说。"又《居延简术数耳鸣目瞤解》，饶氏考汉以后文献《西京杂记》："夫目瞤得酒食，灯火华得钱财，乾鹊噪而行人至，蜘蛛集而百事喜，小既有征，大亦宜然。故目瞤则祝之，火华则拜之，乾鹊噪则喂之，蜘蛛集则放之。"蔡邕《广连珠》云："臣闻目瞤耳鸣，近乎小戒也；孤鸣犬噑，家人小妖也。犹忌慎动作，封镇书符，以防其祸。"并说："考耳鸣之占，渊源颇远，殷时已有之。《小屯乙编》五四〇五板文云……"《隋书·经籍志》五行类，梁有《嚏书》、《耳鸣书》、《目瞤书》各一卷，亡。并不著撰人。此类占书，隋已失传。但饶氏于敦煌卷子中觅得踪迹。巴黎国家图书馆藏伯希和所得卷子 2621 号背面录有杂占书："备记'占耳鸣、耳热、心动、卜惊、面热、目瞤'等法。"又 3735 号背面有云："占人手痒目瞤耳鸣等法在后也。"居延简及敦煌卷子的发现，使这一近乎失传千年的杂占法又呈现在眼前。

五、重视当代学人的研究成果。饶氏学贯中西，著作对于当代学者的研究亦非常熟悉，常拿来为己所用。他是最早全面研究楚帛书的学者之一，但在修订自己的论著时，列举陈梦家、李零、何琳仪、曹锦炎、朱德熙、吴九龙、高明等人的论著，说："胜义纷披，皆有可取之处。今酌采其说，以修订前作。"引用马王堆《易传·要》时，用了《续修四库全书》帛书释文，并讨论了廖明春的原本、日本池田知久的注释、邢文的解释等。《论帛书〈要〉篇损益的天文意义》在讨论"至日"时说："殷卜辞的记载，以'至日'与'弜至日'对举为文，见于《甲骨合集》二二〇四六、二九七〇一、二九七〇二及《小屯南地》二二七一、四五八二诸片，分明有'至日'之占卜。所谓'弜至日'，意思是指非(不是)至日，并不是说不要至日(常玉芝在《殷商历法研究》书中对弜至日的解说，似稍拘泥)。殷人是否能用土圭来测日影以定日至,如董作宾之说,尚无法证明,但当时的农人从耕稼经验去体验一年之间日之长短,不是没有可能的。《尚书·尧典》记'日中星鸟,日永星火,宵中星虚,日短星昴',似已有四时四中星的测定。《尧典》时代,已能确定二分、二至的时间点,照竺可桢天文学上的考察结果,与近人多次反复讨论,其说大致可从(参见邢文:《尧典星象历法与帛书四时》,载《华学》,第3期)。"这里就用了多位学者的意见。

刘乐贤说:"比较而言,饶先生的简帛学著作没有甲骨学、敦煌学著作那样多,但他在简帛学上的贡献和影响却很大。饶先生的简帛研究,与他的甲骨文研究、敦煌文书研究一样特色鲜明,创获甚多。"①总结饶氏简帛研究的特点为"快而新"、"深而广"、"锲而不舍、精益求精"。对新材料极其敏感,下手快,成果多。发前人所未发,解决了楚帛书、秦日书、屯戍简等方面的很多难题,为学界领航指路。

饶宗颐简帛学主要论著目录:

1.《战国楚简笺证》(油印本),京都1954年。

2.《长沙楚墓时占神物图卷考释》,《东方文化》1卷1期,香港1954年。

3.《长沙出土战国楚简初释》(油印本),京都1955年。

4.《战国楚简笺证》(长沙仰天湖楚简摹本),上海出版社1957年。

5.《战国楚简笺证(修订本)》,《金匮论古综合刊》,香港1957年。

6.《长沙楚墓帛画山鬼图跋》,《金匮论古综合刊》,香港1957年。

7.《居延零简》,《金匮论古综合刊》,香港1957年。

8.《楚简续记》,《金匮论古综合刊》,香港1957年。

9.《居延汉简目瞤耳鸣解》,《大陆杂志》13卷12期,台北

---

① 刘乐贤:《饶宗颐与简帛研究》,《博览群书》2010年第3期。

1957年。

10.《新莽职官考》,《东方学报》1期,新加坡1957年。

11.《长沙出土战国缯书新释》,《选堂丛书》,香港1958年。

12.《楚缯书十二月名覆论》,《大陆杂志》30卷1期,台北1965年。

13.《缯书之摹本及图像》,《故宫季刊》3卷2期,台北1968年。

14.《楚缯书疏证(陈槃跋)》,《"中央研究院历史语言研究所"集刊》第40本上册(四十周年纪念号),台北1969年。

15.《云梦秦简〈日书〉研究》(与曾宪通合著),香港中文大学中国文化研究所中国考古艺术研究中心专刊之三,1982年。

16.《秦简日书中夕字含义的商榷》,《中国语言学报》创刊号,北京1983年。

17.《谈马王堆帛书周易》,《明报月刊》总223期,香港1984年7月。

18.《读阜阳汉简诗经》,《明报月刊》总228期,香港1984年12月。

19.《楚帛书》,香港中华书局1985年。

20.《秦简中的五行说与纳音说》,《古文字研究》第14辑,北京1986年。

21.《秦简中"稗官"及如淳称魏时谓"偶语为稗"说——论小说与稗官》,《王力先生纪念论文集》,香港中国语文学会1987年编。

22.《楚帛书天象再议》,《中国文化》第3期,香港中华书局1990年。

23.《长沙子弹库残帛文字小记》,《文物》1992年第11期。

24.《马王堆〈刑德〉乙本九宫图诸神释——兼论出土文献中的颛顼与摄提》,《江汉考古》1993年第1期。

25.《楚地出土文献三种研究》(与曾宪通合著),中华书局1993年。

26.《敦煌汉简编年考证》,《补资治通鉴史料长编稿系列》(与李均明合著),台北新文丰出版公司1995年。

27.《新莽简辑校》,《补资治通鉴史料长编稿系列》(与李均明合著),台北新文丰出版公司 1995 年。

28.《说九店楚简之武(君)与复山》,《文物》1997 年第 6 期。

29.《图诗与辞赋——马王堆新出〈大一出行图〉研究》,《新美术》1997 年第 2 期。

30.《由悬泉置汉代纸帛法书名迹谈早期敦煌书家》,《出土文献研究》第 4 辑,中华书局 1998 年。

汉简考述(存目)

陈梦家

【评 介】

　　陈梦家(1911—1966年)，1931年从中央大学法律系毕业，得到律师执照，但一生从未当过律师。1932年3月初，受闻一多约请到青岛大学任其助教。在青岛大学期间，开始对古代宗教、神话和礼俗的研究。1932年秋到北平，在燕京大学宗教学院学习，1934年，考取燕京大学研究院研究生，从导师容庚专攻中国古文字学。1929年至1935年，创作新诗一百多首，出版诗集多部，是新月派的重要诗人。1935年被考古学社吸收为第二期社员。从此，结束了诗人生涯而开始学者生活。1936年从燕京大学研究院毕业，留校任教。毕业前后的两年内，写下十几篇学术论文，发表在《燕京学报》、《禹贡》、《考古》等刊物上。从事古文字研究取得初步成果，在学术界崭露头角。抗战期间，1937年经闻一多推荐至长沙的清华大学任国文教员。1938年到昆明国立西南联合大学任教，讲授中国古文字学和《尚书》通论。这一时期主要著作有《老子今释》、《〈尚书〉通论》、《西周年代考》、《六国纪年表》等。1944年由清华大学教授金岳霖和美国哈佛大学教授费正清介绍，到美国芝加哥大学讲授中国古文字学，在此期间，曾访问加拿大、英国、法国、瑞典、荷兰等国，收集流散在北美、欧洲的商周青铜器资料。此间，用英文撰写或发表的论著有《中国铜器的艺术风格》、《周代的伟大》、《商代文化》、《美国收藏的中国青铜器全集》等，与芝加哥艺术馆凯莱合编了《白金汉所藏中国铜器图录》。1947年回国后，任清华大学中文系教授。新中国成立前夕拒绝国民党的邀请，留在北京。1952年院系调整，调至中国科学院考古研究所任研究员。曾任考古研究所学术委员会委员、《考古学报》编辑委员会委员和《考古通讯》副主编等职,主持过考古学书刊编辑出版工作。1953年至1954年,完成七十余万言的专著《殷墟卜辞综述》。同时开始撰写另一巨著《西周铜器断代》。着手汇编在欧美收集的古铜器资料。1957年夏季,被划为"右派分子",遭到批判,他的罪名之一是"反对文字改革"。其实他只是说过"文字改革应该慎重"。已发表一半的《西周铜器断代》被迫停发。

1959年7月,武威磨嘴子六号汉墓发现《仪礼》简册,次年六七月间,由于考古所所长夏鼐的关照,陈梦家被派往兰州,协助甘肃省博物馆整理武威汉墓出土的《仪礼》简册。从此,陈梦家开始汉简研究,西周铜器断代的研究一度中断。1962年,武威《仪礼》简经研究、整理、反复修改,定稿为《武威汉简》一书。同年,陈梦家负责《居延汉简甲编》的编纂工作。1964年年初,根据考古所的计划要求,重新开始西周铜器断代的研究,赶写器铭考释。当年《武威汉简》出版,署中国科学院考古研究所、甘肃省博物馆合著。1965年年初,陈梦家将所写三十万字的论文汇编为《汉简缀述》一书。年底,计划下一年内写完《西周铜器断代》和《历代度量衡研究》两部专著。

1966年"文革"开始,陈梦家遭到"批判",被罚跪,被殴打,被侮辱,被关押。陈梦家说:"我不能再让别人把我当猴子耍。"他在1966年8月24日夜里写下遗书,服大量安眠药片自杀,由于安眠药量不足,他没有死。十天以后,陈梦家又一次自杀,于1966年9月3日自缢而死。

徐苹芳高度评价了陈梦家汉简研究成就:"陈梦家先生原治甲骨卜辞和金文铜器,1960年起研究汉简,从研究武威仪礼简开始,进而研究居延汉简,主要是结合考古学的发现探讨居延边塞组织和烽燧的分布,对烽燧制度、居延史地、汉简历谱等都作过研究,仅用三四年的时间便撰写了十四篇汉简论文。"[1]陈梦家的简牍研究主要集中在武威汉简,即1959年威武磨嘴子6号汉墓、18号汉墓出土的仪礼简、术数简、王杖十简;以及西北屯戍简,即斯坦因三次中亚探险所获的敦煌汉简和西北科学考察团1930年所获的居延汉简。

---

[1] 徐苹芳:《汉简的发现与研究》,《传统文化与现代化》1993年第6期。

陈梦家的研究成果主要有中国社会科学院考古研究所编辑的考古学专刊甲种第十五号《汉简缀述》，中国科学院考古研究所、甘肃省博物馆编著的考古学专刊乙种第十二号《武威汉简》，中国科学院考古研究所编辑的考古学专刊乙种第八号《居延汉简甲编》，中国社会科学院考古研究所编辑的考古学专刊乙种第十六号《居延汉简甲乙编》，《战国楚帛书考》等。

陈梦家学养深厚，精通甲骨卜辞、商周金文，以及上古传世文献，在古文字学、史学、古文献学等方面都有极高的造诣。他转向简牍的研究有一定偶然性，当他发现这一片沃土可以大显身手的时候，便一发而不可收拾。在他生命的最后六七年里，在简牍学上取得了辉煌成就，因为他的存在，中国大陆的简牍学研究并不落后于当时的中国台湾地区以及日本。

我们依照他研究的顺序，先从武威汉简说起。仪礼简分为三个部分：甲本存木简 398 枚，有七个篇名：《士相见》第三，计 16 枚简；《服传》第八，计 57 枚简；《特牲》第十，计 49 枚简；《少牢》第十一，计 45 枚简；《有司》第十二，计 74 枚简；《燕礼》第十三，计 51 枚简；《泰射》第十四，计 106 枚简；其中只有《士相见》一篇保存完整，其余六篇均有残缺，共缺 40 余简。乙本是一篇《服传》，计 37 简，它和甲本的《服传》是相同的钞本，只是木简稍短而狭，字小而密；丙本是抄在竹简上的《丧服》经，计 34 枚。甲、乙、丙三种《仪礼》共有九篇，今存 469 简，总存字数约有 27298 字，较之熹平石经七经残存的文字要多近 20000 字。

《武威汉简·叙论》："此次武威出土的完整的竹简和木简的《仪礼》是从所未有的发现。先秦典籍的原本，今已无存。今欲见汉代典籍的面貌，大约不外帛本、简本、纸本和石本。帛本、纸本未有出现，而近世在洛阳故城南太学遗址所出的熹平石经，其中虽有仪礼残石，散在四方，就可以搜集到的仅有数百字（详《汉石经集存》第三九二至四七〇）。今此所出仪礼，竹简、木简并有，有四百六十九简，二万七千三百三十二字，首尾完整，次第可寻，实为考古发现上非常的一件大事。"

根据叙论，我们大致知道了陈梦家所做的工作。"（一九六〇年）

六月中旬到七月中旬，中国科学院考古研究所参加了这部分工作，协同编辑整理并作进一步的研究。于是补足临摹，并缀合散乱的残片，减少了缺简的数目，使全部失群残片得以归位复原。进行校对，写定释文、校记，并根据简册制度和简册上所表现的《仪礼》本子做了研究，编写叙论。"本来甲本存部分残片，陈梦家帮助他们将残片一一复原，甲本由当初的378枚简，增至398枚。据原有的简号甲本应为422简，第一次整理后缺44简，经陈梦家缀合后，只缺24简。《燕礼》由39枚，增至51枚简；《泰射》由101简，增至106枚简；《服传》由55简，增至57枚简；《有司》由73简，增至74枚简。残简复原后，补写缺少的摹本，与照片一一校对，写出释文的定本。并与今本对照，写校记。然后总结整理过程中的经验得失，写成一篇极具学术价值的"叙论"。据当时陪同陈梦家到兰州工作的周永珍回忆，当时条件极为简陋，甘肃省博物馆新馆尚未落成，只在一间仓库样的工房内工作。盛夏酷暑，陈梦家不分昼夜，晚上在灯光下用放大镜俯身工作。同时还承负着不能个人发表文章，不能对外联系等精神方面的压力。但他全不计较，仅用了三个月的时间便完成了任务。①。

　　断简缀合的工作，需要细心、耐心，更需要经验、学识。可能陈梦家对此特别有感触，所以在"叙论"中作了详细的叙述：

> 这五百简的竹木简，我们分三个步骤来整理。首先七篇大木简，次竹简，次狭木简。七篇大木简是有篇题、篇次的《仪礼》，且大多数有叶数，保存较其它两本好，易于着手。将七篇与今本仔细对照，根据每一简誊写下来，将缺简缺字留出，而以今本暂为补定所阙简应该有的文字，以便追查失落的遗简。七篇中，《燕礼》与《泰射》因坠入棺侧被埋土中，腐朽较甚（特别是《燕礼》一篇），今所显木色亦与其它五篇不同。乃先从五篇入手，将残缺小片，一一缀合于原来的简次。将分裂为数片的复原为未编号的完简。但《仪礼》一书，重复而同样的字句颇多，篇篇都有"主人"、"再拜"、"阼阶"等等字样，所以在缀合中应根据简

---

① 周永珍：《忆梦家先生》，《文物天地》1990年第3期。

册本身的现象，并利用缀合石经与甲骨的经验，寻找规律。根据简册本身的现象，一枚完简最重要的部分是简首和简尾。简首尾都是上端或下端刮磨齐的，简首尾近处且有编纶的痕迹，简尾较多空白，易于寻见。在简中的文字，被四道绳所编过，较等匀的将一简文字割为三小段，段与段之间留有编痕和空格。由完整简的长度形式，可对出残片应属的位置。如此可使尽管同一"主人再拜"的残片，只能归属于它原简的位置。并且，每一简的厚薄宽狭和色泽均稍有不同，各篇字体墨色亦稍有不同，简背文理不同，出土时在棺上的与在地下的情况不同，残断处所现断痕不同，用此种种以事对合。对于残片，大木简、狭木简和竹简，是可以分别出的。大木简中五篇好的，先缀合完，则《燕礼》、《泰射》两篇的缀合，就比较易处。此两篇本来缺二十七简，最后只缺十简。然而由于两篇内容有相重而《燕礼》叶数多朽去，所以很容易将应属《燕礼》的误为《泰射》的，最后根据木色加以分别。

其次是竹简，保存情况不佳，出土后卷曲开裂，有文字的里面变色，脆弱易断。但摹本是一九五九年摹好的，因它是无传的《丧服》篇，虽无叶数，和今本一对，即可排出顺序。它和大木简不同，是五编四段，而编纶之痕迹在实物上尚显著(保存绳迹多，木简则编过处显白色一道)，故易于分其段落。竹简每简文字四段，一、四段短，二、三段长，可以区别，但竹简因有章句的关系，每简不皆足行。竹简的文字顺序易定，问题只在于究有若干简。由于检查了简首简尾，很快的决定了它是完整一篇，共是三十四简。由于释文是按竹简原来款式录下的(即小段之间留空，章句号各占一格)，所以重写释文后，就使原先排错了的断简很快回复到其原属简中，原来多编了号的都归并起来。

狭木简狭而长，故折断最烈，有的成为极短小的木片，字又较小，缀合不便。它虽同属《服传》篇，但与竹简的丙本《丧服》在文字上繁简不同，而它和甲本《服传》的完全相同，直到最后才发觉的。我们最初定其每简的通长度，定其段落，一简四编三段，发现了编纶处小三角形契口。用此种种，使碎片都能复原到一片不遗，且三十七简为一完册，虽有缺字，并不缺简。缀合中，不能但凭文字相应，仍必须将逐个断片加以实物的接合，才能固定其序。最后，我们在保存下来的一堆残碎竹木片渣中又寻到了一二十小块残简，正好弥补了许多重要的空隙。因为即使上下文通顺而中间小有残缺，到底还不能使其接合成为一个完简。狭木简的缀合，遇到许多困惑，费了很大功夫，然而竟出乎意外的如此完整复合，并为我们研究三本《丧服》提供了桥梁的作用。

我们所以缕述此次缀合复原的工作者，由于此等机械而烦碎的技术性的手续，需要一番耐心，并需要有步骤的在边作边寻找规律中，缜密的完成它，做到全部不遗一残简片，以保证五百简原来的完整性。这项技术性的手续，其实是构成我们对于遗物内容的理解与进一步深入研究的基础。

这项基础工作，为下一步的研究奠定了坚实的基础。陈梦家所作"叙论"共11万字(另"校记"六万字)，分四部分：
一、武威磨嘴子竹木简墓的发现
　　(一)汉代武威在政治上经济上的地位
　　(二)武威磨嘴子第六号汉墓的清理
　　(三)第六号墓主人的推测
二、简本仪礼在汉代经学上的地位
　　(一)仪礼的篇次、篇题、篇数和家法
　　　　表一　汉代仪礼诸家篇次表
　　(二)服传中经、记、传的考订
　　(三)汉代章句学的试释
　　　　表二　服传、丧服章句表
　　(四)简本仪礼的本子及其年代
　　　　表三　今本、简本异文对照表
三、由实物所见汉代简册制度
　　(一)出土
　　(二)材料
　　(三)长度
　　(四)刮治

(五)编联

(六)缮写

(七)容字

(八)题记

(九)削改

(一〇)收卷

(一一)错简

(一二)标号

(一三)文字

(一四)余论

四、简册的整理及其在学术上的贡献

(一)竹木简的整理及其经验

表四 武威出土竹木简存残表

(二)简本仪礼在学术上的贡献

附叙论主要参考书目

其中值得关注的一是对简本《仪礼》的评价,二是对简册制度的研究。武威汉代《仪礼》简的发现,是20世纪第一次出土典籍的完整篇章。其整理出版,受到学界的普遍关注。简本《仪礼》与大戴本、小戴本、刘向《别录》本都有差异,篇次上,"而近于小戴本,两者的篇次,仅在《士丧》、《既夕》与《燕礼》、《大射》之对调而已"。篇数虽有十五、十六、十七、十八的不同,但都是十五个篇题,区别只是在哪些篇分上下而已。主要的是文字上有异同。陈梦家考订文字的不同,特别是其中引《诗》的用字与毛诗、韩诗都不同。"以上我们就《白虎通》所引《礼服传》,《通典》所引《石渠论议》和《丧服变除》,详细考察木简本《丧服》和竹简本《丧服》的相当的时期。甲、乙本《服传》,可能是两戴以外的一家之学,丙本可能是大戴以外的后氏《礼经》本,它们在宣帝时业已存在,而两戴、庆普三家在石渠论议前已为博士,后仓为博士于昭帝时。"

通过考察,陈梦家认为简本异于今文,也不同于古文,是第三种本子,很可能是庆氏本:

由上比较可知熹平石经虽有异于今本者，但大致上还是近于今本。简本有极少和石经相同的，因之在上列诸字中，简本既不合于石经(大戴本)，又不同于今本。这个情况和它既不全同于郑注所谓今文，又非完全不同于郑注所谓古文(然为数少)是相类的，表示它是第三本。

以上考察了简本的文词字形。由于文词，知其近于今文；由于字形它既部分的同于今文，而只少数的同于古文，更大部分是郑玄所未注到的而异于今本者。故从文词和字形上说，这个本子也很可能是庆氏礼，故其经文不违离于今本，其文句略同于今文，而其字形有异于两戴本和古、今并存的今本者。

最后对简本写成的年代作了推测："依上所述，我们约略推定木简甲、乙本是属于西汉晚期的钞本，约当成帝前后。其所依据之原本，约在昭宣之世。丙本竹简早于木简。乙本或者稍早于甲本。"

陈梦家的研究引起一些学者的讨论，他们有的不同意陈的结论，认为简本是古文本①，也有的意见与陈相近，认为是汉代不同于今、古文本的第三种本子。②

"叙论"第三部分对汉代简册制度的研究也很重要。这篇论文也收入了《汉简缀述》中。所论虽然没有多少新见，但持论平实，纠正了沙畹、王国维等人的一些看法，即使今天看来，基本观点仍是站得住的。一、出土，历数了1950年至1962年出土的楚简、汉简8宗，可见陈梦家对出土简牍很关注，为当时的学者提供了全面的资料。二、材料，对简的名称，竹木材质作了讨论，而以木简为主，这是因为当时出土实物多木简。三、长度，沙畹、王国维等曾论述过，但都是据典籍记载，据武威简实物，确认汉代经书简长二尺四寸，传则稍短。四、刮治，武威简修治精细，"武威出土的竹木简，其上下两端

---

① 沈文倬：《〈礼〉汉简异文释》(一)，《文史》第33辑，中华书局1990年。

② 高明：《论武威汉简〈仪礼〉与〈仪礼〉郑注》，《周秦文化研究》，陕西人民出版社1998年版，第906~922页。

都是锯齐后又加磨平的,故竹木简端四方有棱角。木简的表面,特别是书写的一面,打磨光滑,棱角分明;木简的横剖面作正角的长方形。木质极佳,经久不蛀,亦少木结,纤细而坚实。在刮削平整、打磨光滑以后、书写之前,似经过一道用特殊液体涂染的手续。此事不见记载,我们所以如此推断者,一由于武威木简(尤其是《燕礼》的若干简)写字的一面光亮有色泽,不同于背面;一由于凡削改的字的墨痕往往化开晕开。削改重写的字迹,其所以化开晕开者,一则可推测为表面曾涂染液体,使其易于受墨;一则或者由于削去一薄层后的木质尚有潮气所致。后世的纸为防蠹而有染潢及雌黄治书法,前者用黄蘗(黄柏)汁染纸,后者用雌黄和胶清染纸,详《齐民要术》卷三《杂说》第三十篇。出土木简表面有光亮,似涂胶质者"。竹简则要经杀青的环节,"武威出土竹简,书写于竹里(即所谓笨)的一面,经久未有虫蛀伤,出土后风化劈裂,裂处暴起成丝。此可证书写以前一定经过杀青的手续"。以实物证实了古籍的记载。五、编联,武威简编绳已朽,但简上可见绳痕,凡绳纶所过处皆没有字迹,证明是先编后写。《居延汉简甲编》"永元器物簿"由77简编成,出土时尚裹成一卷,两道编绳,文字是一行直书无空格,编绳盖住字迹,说明是先写后编的。武威术数简、居延永元器物簿都是两道编绳;王杖十简三道编绳;《仪礼》甲本、乙本四道编绳;丙本五道编绳。六、缮写,汉时抄书是一种职业。书写用笔墨,而非刀刻。七、容字,《仪礼》甲本每简大致60字,比较严谨;乙本简短而狭,字小,每简写百字以上,第17简有123字,为最多者;丙本也是60字左右,但也有因一章首简空出一些地方而只写二三十字的。典籍中记载的简册容字多寡不一,有20、30、40字不等。经书以2尺4寸容60字为常,熹平石经每行大致70字,魏正始石经每行60字,都本乎简册。八、题记,据武威简,陈梦家总结简牍题记有三种:"一、在第一、二简背上的篇题。二、在每简下端的叶数。三、在篇末记字数的尾题。"简背的篇题用于卷起以后的辨认,类似于现在书脊上的书名。而页数也有写于简背的。九、削改,简上的错字可用书刀削去,补写正确的。如果墨迹未干,当时发现错误则用水抹去,这样的情况可见原墨迹。而有遗漏,则于字旁补写。十、收卷,书写完成后,还有齐等的工序。即裁去稍长简的两端。《说文》："等，齐简也。"甚至有字迹被截去的。简册平时需卷起，过去一些人，包括沙畹等，认为后世书称"卷"来源于帛书，其实不然。《汉书·艺文志》中可见简册即称"卷"，因而书称"卷"并不源于帛书、纸本。简册卷起后还可盛以书囊，古称"帙"。也有以箧盛书的。十一、错简，简册编联的错误古已有之，一是脱简，即个别简缺失了；二是脱字，就是漏抄了一些字；三是错简，即简在编联时发生次序的错乱。十二、标号，简文中的记号分两类，一是表明篇章首尾等的记号，二是读者做的标记。篇章开头一般有圆点、三角等，篇题前有时也有。简文有类似于标点的表明句读的符号，用于分句、分章等，居延简在人名间、一二三数字间常见钩识符号，以避免误读。十三、文字，楚简文字即所谓古文，汉简多隶书。简册文字多省减、异体，形近易混的字需注意，如人与入、士与土、宾与实，等等。十四、余论，大小题问题，过去人多认为古书大题书于小题下，验之武威简则不然，《仪礼》简只有小题，没有大题。汉代除简册编联外，应有木觚贯穿法，敦煌发现的《急就章》在木觚的顶端有一穿孔，似为编绳之用，孔子所谓"韦编三绝"就是说的这类编法。简牍削去者为柿，有人认为柿是制简的一种木材，则是误解。

术数简，短木简有11枚，整简长23厘米左右，约当汉尺一尺，宽约1.5厘米左右。第一简背属墓主人的记事："河平口[年]四月三日诸文学弟子出谷五千余斛　六。"其余都属"日书"类简，陈梦家称之为"日忌与杂占"。文字"除第一简简背为墓主人所书作隶书外，余皆近乎所谓草书者，其书法不如《仪礼》各简之严谨"。第一简有"河魁以祠家邦必扬"句，陈梦家考证曰："河魁乃十二神中之土神，主疾病。《论衡·难岁篇》曰：'或上十二神登明、从魁之辈，工伎家谓之皆天神也。'萧吉《五行大义》卷五《论诸神》篇玄女式经曰：'六壬所使十二神者……河魁主戌，土神。……戌河魁者，河当首也，当斗魁首也。……河魁主疾病。'《续汉书·礼仪志》曰：'凡使十二神追恶凶。'王先谦《集解》引惠栋述《论衡》曰：'宅中主神有十二焉，青龙白虎列十二位，有十二神舍之宅，主驱逐，名为十二神之客。'清乾隆时所编《协纪辨方书》卷四以为丛辰名，谓'天罡河魁者，月内凶神也。所值之日,百事宜避。《历例》曰:阳建之月,前三辰为天罡,后三辰为河魁,阴建之月反是'。据出土简,知汉世有祠河魁之俗矣。'以保家邦'之邦不避讳,同出《仪礼》简则皆避之,知民间卜筮书可不避也。"这段考证虽然不长,但很有意义。1975年湖北云梦睡虎地秦墓竹简出土完整"日书"简册后,又有多批战国、秦、汉的"日书"简册出土,因睡虎地秦简有篇题曰"日书",所以大家一般把这类书称为"日书"。一时形成研究热点。陈梦家的考证开其端绪。考证方法就是引用传世典籍以及元明以后存世的择日类通书。这一方法很奏效,陈梦家就从《论衡》、《协纪辨方书》等文献中找到了"河魁"的解说,是住宅的十二主神之一,主疾病,汉代有祭祀河魁的习俗。现在研究日书者也多求证于《论衡》、《协纪辨方书》这类文献,应该说,陈梦家开创了日书研究的路子。

研究日书还有一个可挖掘的宝藏,就是出土文献,这也始于陈梦家。他注意到斯坦因发掘的敦煌汉简也有日忌类简,"第八、第九两简当属于一册,占书也。敦煌汉简(《流沙坠简》考释第十页,沙氏五九)曰'旅 闻盗事 有凶事 有客从远所来 有所得',与此相似而有卦名。敦煌汉简(沙氏六三八)'有熹事',亦此类。此两简倘有卦名,当在简首,已残泐。熹事即吉事,谛泣即啼泣"。

陈梦家的考证今天看来,仍是经典之作。在作了具体考证后,对汉代的择日风俗作了精彩阐述:

> 敦煌、酒泉、居延等汉代烽燧遗址所出木简,多为屯戍文书,亦间有少数典籍、律令、字书、历谱、医方并占书、日禁之书等。汉俗于日辰多忌讳,又信占验之术,王充讥之。《后汉书·张奂传》谓武威"俗多妖忌,凡二月五月产子及与父母同月生者悉杀之。奂示以义方,严加赏罚,风俗遂改"。所谓妖忌乃土著之所信奉,而统治阶级之迷信实无所异。此改风易俗之张奂,在武威任内生子猛,占曰"必将生男,复临兹邦,命终此楼",后果验云。不信民间之忌而信占验之术,此所以此墓主虽为饱学经师而于日禁之书有死生不能忘者,故与所习儒书同殉焉。

《论衡·讥日篇》曰:"世俗既信岁时,而又信日。举事若病死灾患,大则谓之犯触岁月,小则谓之不避禁。岁月之传既用,日禁之书亦行。"篇中所举葬历、祭祀之历、沐书、裁衣书、工伎之书皆所谓"时日之书,众多非一"。凡此皆专书,而日忌简则综列诸事于日辰之下,编以韵语,乃民间书也。《论衡·辩祟篇》所举汉俗避日者有"起功、移徙、祭祀、丧葬、行作、入官、嫁娶"等事,而日忌简所举有治宅、纳财、置衣、渡海、射侯及盖屋、饮药、裁衣、召客、纳畜、纳妇等事。

这些考释现在谈日书者常引用。陈梦家在遍引汉魏有关日忌论述后,总结道:

以上所引述,多见于堪舆书、阴阳书、葬书、术书、道书,而《论衡》及《颜氏家训》则引述俗说而加以辩驳者也。《论衡·讥日篇》曰:"忌日之法盖丙与子、卯之类也,殆有所讳,未必有凶祸也。堪舆历,历上诸神非一,圣人不言,诸子不传,殆无其实。天道难知,假令有之,诸神用事之日也,忌之何福?不讳何祸?"颜氏则斥之为无教,为鄙浅多妄。然世俗信而行之,故堪舆之书传用不绝,《汉书·艺文志》有《堪舆金匮》十四卷,《隋书·经籍志》有《堪舆历》二卷,皆此类也。后世以葬历图宅术言堪舆,于汉则为择日之术。《淮南子·天文篇》曰:"厌日不可以举百事,堪舆徐行,雄以音知雌。"《史记·日者列传》曰:"孝武帝时,聚会占家问之,某日可娶妇乎?……堪舆家曰不可。"《魏书·殷绍传》上四序堪舆表曰:"历观时俗堪舆八会,径世已久,传写谬误,吉凶禁忌不能备悉,或考良日而值恶会,举吉用凶,多逢殃咎。"由是可知武威出土日忌诸简,盖亦堪舆书也。

至王充所谓岁月之传,则为使世丛辰家、建除家(俱见《史记·日者列传》褚少孙所补)所主,乃言太岁及十二月之冲杀,《论衡·䛐时篇》所谓"岁月有神","岁则太岁也"。前所述六壬十二神河魁主戌,而《淮南子·天文篇》曰"玄武在戌",似二者有别,后者乃宅中十二主神青龙白虎之属。《汉书·艺文志》五行类《转位十二神》二十五卷,不知属于丛辰抑建除。《流沙坠简》卷一永元六年历谱,属于建除,详其考释。解放前长沙东郊杜家坡出土战国帛图书,绘十二神之图而以《尔雅·释天》十二月月名注写其旁,在十二神象之旁环书十二月之禁忌,幅中则叙楚世岁、时、月之起源并及三者之吉凶,疑所谓岁月传也。

1964年,陈梦家又写了《武威汉简补述》(载《汉简缀述》)。一考日忌简,二考日忌第一简背所记"文学弟子"。对日忌简,陈梦家把原分为"日忌木简乙"、"日忌木简丙"的两篇合为一篇,全篇皆八字一句,有韵。原应有七简,现四枚完整,两枚只存三分之一,一枚缺失。复原此册的灵感来源于敦煌石室文献:

敦煌莫高窟所出一失题残卷(巴黎,伯2661),刘复拟名为"吉凶避忌条项",录其文于《敦煌掇琐》九〇。其中有相接的两段:

甲不开藏,乙不纳财,丙不指灰,丁不剃头,戊不度□,己不伐树,庚辛不作酱,壬不书家,癸不买履。

子不卜问,丑不冠带、又不买牛,寅不召客,卯不穿井,辰不哭泣、不远行,巳不取妇,午不盖房,未不服药,申不裁衣、不远行,酉不会客,戌不祠祀,亥不呼妇。

和汉日忌简册有相同亦有相异的地方。

敦煌的日忌书与汉简日忌显然有关,两相对照,既可加深我们对汉简的理解,从而局部恢复简册的原貌;又利于对敦煌文书的校勘。如"戊不度"下的缺字就可据汉简补出"海"字,使这篇敦煌文献成为一字不缺的完整段落。其中难以理解的"丙不指灰",也可据汉简校改为"丙不直衣",这一错误不知是原书误抄,还是刘复误释。"直衣"即置衣,置买衣物。将敦煌石室文献引入日书简册的研究又是陈梦家的一大贡献。目前发现的大量择日文献一是战国、秦、汉的简册,二是元明以后的传世通书,中间有一段时间空缺,而敦煌文献正好弥补了这段缺憾。陈梦家发端于前,指引道路,为日书研究开辟了新途径。

在陈梦家之后很多年，几乎没有人涉足过日书的研究。一方面是出土的日书简数量有限，可发挥的余地不大；另一方面是日书有关迷信，在思想禁锢的年代成为学界的禁区。即使是在1975年睡虎地秦简出土后，这种状况都没有大的改观。一直到20世纪90年代之后，日书研究才逐渐形成研究热点。在这二十多年的时间里，陈梦家日忌简的研究就像暗夜中一颗耀眼的孤寂的星，当然可能也没有多少人来欣赏。

其二，对"文学弟子"的考释。汉时，"文学"即经学。西汉时，国家及郡国设立学官，即五经博士，各有弟子五十人。另有来自郡国举荐的文学之士。"以上探索了西汉'文学'一词作为一种身份的源流，因而涉及了当时学校选举制度。武帝以后，附学于博士官的郡国选送的文学之士及小吏，得受业太常如博士弟子，参加岁试，他们是'弟子'而不能称为'文学弟子'。郡国所举文学，诣京师对策，他们的原来身份是诸生，称为'文学高第'或'文学'，似乎也不能称为'文学弟子'。况且郡举文学以及诏举郡国文学士，盛于昭、宣，此后即不行；而太常博士的弟子员额大增，亦无必要再行前制。武威汉简记'诸文学弟子'于成帝河平年间，在郡举文学或郡文学已不盛行之时，那末'文学弟子'最可能指郡国文学官的弟子。鲁国的'文学先生'与'诸弟子'为对，则诸弟子乃'诸文学弟子'，亦即'学官弟子'，'学官诸生'。墓主人记诸文学弟子出谷事，他本人当时很可能为专于一经的'礼掾'之类的经师。由于此墓夫妇合葬而有王莽钱，则夫或妇一定度过了西汉晚期。河平在元帝置五经百石卒史之后，推测墓主人于该时曾为礼掾之类。河平以后及其死葬武威之前，在武威郡是否曾任文学或文学掾、师之职，已无可考。边郡置郡文学官，亦不见记载，在西汉晚期是有此可能的。"

王杖十简，出土于武威磨嘴子十八号汉墓。出土时系于鸠杖的一端，十枚木简完好，长23.2厘米~23.3厘米，宽1厘米。典籍亦作"玉杖"，《续汉书·礼仪志》曰："仲秋之月，县、道竹案户比民。年始七十者，授之以玉杖，铺之糜粥。八十、九十，礼有加赐。玉杖长(九)尺，端以鸠鸟为饰。鸠者，不噎之鸟也，欲老人不噎。"汉简中

"王"、"玉"二字形近,易致混。现在学术界一般作"王杖"。简文内容是两份诏书,言年七十以上授王杖,享受"入宫廷不趋"等特权,地方官府不得征召、侵辱。并有侵辱受王杖者而被刑罚的案例。第十简是墓主人受王杖的说明:"孝平皇帝元始五年幼伯生,永平十五年受王杖。"陈梦家考释云:"第十简记幼伯受王杖事。其人生于西汉平帝元始五年(公元5年),至东汉明帝永平十五年(公元72年),年六十八岁,已达高年,故得受王杖。幼伯乃此墓墓主也,随葬鸠杖二,一完一残,完者或因旧者已坏,故据诏令更缮治之。《后汉书·章帝纪》章和元年(公元87年)又行养老赐几杖,其第二杖或有更赐之可能,是年幼伯为八十一岁。此墓下限,当在此前后。"这是汉代尊老政策简牍的首次发现,立即引起了很多学者的讨论,典籍中的相关论述也屡被征引。《后汉书·章帝纪》章和元年秋七月壬戌诏曰:"秋令是月养衰老,授几杖,行糜粥饮食。"又《安帝纪》元初四年秋七月诏曰:"又月令仲秋养衰老,授几杖,行糜粥。方今案比之时,郡县多不奉行……甚违诏书养老之意。"可见汉代很多皇帝都曾下诏赐王杖,1959年甘肃省博物馆在武威发掘清理31座汉墓,就出土13根鸠杖。①

1957年至1959年甘肃省博物馆在武威发掘的汉代墓葬中还出土了4件柩铭类丝织品。一、姑臧渠门里张□□之柩。二、平陵敬事里张伯升之柩过所毋哭。三、姑臧西乡阉导里壶子梁之[柩]。四、姑臧北乡西夜里女子□宁死下世当归冢次□□□□□水社毋□河留□□[有天]帝教如律令。

前三件都属柩铭,大字墨书篆体,此物出土不多,陈梦家考释曰:

> 案此物之装置如幡幢之形,入葬时或系悬之竿端,行于柩前,既入墓中,覆置棺上。《士丧礼》曰:"为铭各以其物,亡则以缁,长半幅,赪末长终幅,广三寸,书铭于末曰某氏某之柩。竹杠长三尺,置于宇西阶上。"郑注云:"铭,明旌也……无旌,

---

① 甘肃省博物馆:《甘肃武威磨嘴子汉墓发掘》,《考古》1960年第9期。

不命之士也。"又注云："杠，铭檀也。"贾疏云："铭旌是录死者之名。……书铭之法，丧服小记云复与书铭，自天子达于士，其辞一也，男子称名，妇人书姓与伯仲。"《周礼·小祝》"置铭"注云："铭书死者名于旌，今谓之柩。"贾疏云："司农云铭书死者名于旌，今谓之柩者，铭所以表柩，故汉时谓铭为柩。"《汉书·薛宣传》述池阳"县所举廉吏掾王立，家私受赇而立不知，杀身以自明，立诚廉士，甚可闵惜，其以府决曹掾书立之柩，以显其魂"。《太平御览》卷五五〇："《记统》曰：柩之言久也，具书其谥置棺旁，万世久藏也。"由上所述，可知书死者姓名之铭，于汉世称柩，置于棺上，因名之为柩铭，亦古铭旌之遗也。汉以后，柩铭有刻于砖或石者。

第四件陈梦家谓之"镇墓券"。隶书四行，朱书于深赭色织品上。

对武威汉简的考释显示了陈梦家的古文字功底和考证的才华，此后他的研究兴趣从甲骨、金文转向了汉代简帛。完成《武威汉简》的考释后，他开始编辑研究居延汉简。《汉简缀述》主要集中了他对居延简考证的成果，其中相关的文章有：

《汉简考述》
《汉简所见居延边塞与防御组织》
《汉简所见太守、都尉二府属吏》
《西汉都尉考》
《汉简所见奉例》
《关于大小石、斛》
《汉代烽燧制度》
《河西四郡的设置年代》
《玉门关与玉门县》
《汉武边塞考略》
《汉居延考》
《汉简年历表叙》
《西汉施行诏书目录》

这些论文主要考察汉代的屯戍制度、官吏制度、边疆史地等。第一篇《汉简考述》是总纲。"叙言"中陈梦家说：

我们在整理汉简的过程中，感到汉简的研究不仅是排比其事类，与文献相比勘，或者考订某些词、字或片断的历史事件，而需要同时注意以下诸方面：第一，关于出土地问题，即遗址的布局、建筑构造，以及它们在汉代地理上的位置。王国维在《流沙坠简》的附表中曾对敦煌诸隧图相当于简上何等级的治所，作过初步的推定。马衡也曾经企图用坑位来编次居延汉简。为了整理居延汉简，我们首先根据调查报告作"额济纳河流域障隧述要"，然后根据出土地排列"邮程表"和"候官·部候·隧次表"；对于河西四郡的建立，汉武障塞的设置，两汉都尉和居延地理沿革，都有加以研究的必要。第二，关于年历的问题，利用汉简详确的排列"汉简年历表"，可以恢复两汉实际应用的历法。它和后世用四分法推出的两汉朔闰表，虽大体上相同，也有出入。有了它，结合出土地，我们可能将零散的不同内容的各种簿籍，恢复其较完整的形式，使之有所附丽。第三，关于编缀成册和简牍的尺度、制作的问题。我们在整理武威《仪礼》简册和王杖简册时，曾复原了九册《仪礼》和一册王杖诏书，探索到各种简牍有一定的尺度和制作、写作的过程，详《武威汉简·叙论》。居延不同地点所出众多拆散之简，是可以根据内容、年历、出土地、尺度、木理、书体等编缀成不同的簿册的。只有这样，才可以掌握较整齐的档案卷宗，更好的用以研究历史。第四，关于分年代、分地区、分事类研究与综合研究相互结合的问题。根据出土地、年历推断与编册成组，有可能分地区、分年代的进而分事类的进行研究。"居延"和"驿马"两地区都有屯田的记录，而其制度不尽相同，前者明显的推行了代田法。居延未行与已行代田法，亦应有所不同。两汉奉给制度截然有别，即在西汉亦曾两度益奉，故同一等级官吏的月奉钱前后不同(详《汉简所见奉例》，载《文物》1963年第5期)。居延都尉与肩水都尉所属隧名有同名的，不可混同为一，遂致隶属关系淆乱。凡此皆需先加分别，然后才可综合不同年代、不同地区的汉简，互相补充，全面的研究表现于汉简上的官制、奉例、历制、烽火制、律法、驿传关驿等等，并与文献互勘，用以了解汉代经济的、社会的、军事的种种面貌。

可以看出，对居延汉简的研究，陈梦家早已有了一个框架。第一是排定各候官、部候、亭燧的位置，这个陈梦家已经完成了；第二是排定汉简年历表，这也做了；第三是根据简的形制复原简册，这项工作陈梦家刚刚开始着手，《西汉施行诏书目录》就是这个计划的尝试，他在整理武威汉简时已积累了一些经验，希望把简册复原的方法移植到居延简，可惜未能继续下去；第四是想在简册复原的基础上，分年代、分地区、分事类作进一步研究，这项工作也只留下《汉简所见奉例》一篇文章。这个研究计划应该说是庞大的，陈梦家没有能够完成，从《汉简缀述》看已经做了大半。

汉代戍边屯田，史籍中有所涉及，但不详尽，特别是基层组织、烽燧布局、防御措施、士卒日常工作生活等具体细节史无可征，甚至留下了很多错误的、模糊的认识。敦煌汉简、居延汉简这些当年守卫边塞的将士留下的遗物无疑成了我们研究屯戍的第一手资料，从接触汉简的沙畹、罗振玉、王国维、劳榦开始，他们就已经意识到这个问题，并且开始了考证。罗、王拔得头功，但所见简牍数量有限，研究方法还没有走出乾嘉之学的老路。劳榦继之而精进，然头绪纷繁，梳理之下难免杂乱。陈梦家总结了前人的成果，系统化，条理化，从而集其大成。我们看他的研究，亭障分布、防御组织、烽燧设置、太守都尉、官吏奉例、河西四郡、玉门关址、汉皇诏书、年历考订、简册编联、日忌杂占，哪一项不都是罗、王、劳榦做过的，但前人所做或是浅尝辄止，或是孤军深入，陈梦家一一检讨敷衍，把这些点都安排进他大的研究系统之中。这跟他的研究风格是一致的，缜密、完整。

《额济纳河流域障隧综述》，是综合了《居延汉简甲乙编》附录二"额济纳河流域障隧述要"及附录一"居延汉简的出土地点与编号"而简略概括出来的。叙述了张掖郡的七个候官的障塞分布，及每个障塞出土的简的数量。主要依据索马斯达勒姆（B. Sommarstrom）根据贝格曼（Folks Bergman）的原始田野记录整理的《内蒙古额济纳河流域考古报告》（上下两册，1956—1958年瑞典斯德哥尔摩出版），参考了《蒙新考古纪行》（贝格曼，1945年瑞典斯德哥尔摩出版）和《亚洲腹地考古记》（斯坦因，1928年英国牛津出版）。据以研究的资料都是西北科学考察团当年的考古记录，陈梦家就大致清楚了每个烽燧遗址出土的简牍的编号，再根据这些简的内容就能确定某一障塞的名称。《邮程表与候官所在》一文就详细记录了首发邮件的简牍以及封检，特别是封检很能说明问题。如在破城子出土的封检有"甲渠候　张掖甲渠塞尉 九月癸亥卒同以来"（133.1）"甲渠候官　居延塞尉　七月甲戌第十卒善以来"（259.4），封检的格式，开首是收信人的姓名地址，而后面的文字则是收信后，录自封泥上的文字，"张掖甲渠塞尉"、"居延塞尉"就都是发信的人，更有明确写是印章的："甲渠候官　居延丞印　三月癸丑□□卒以来"（279.11）。最后的时间和人名则是收信的时间和送信人。这些封检就清楚地告诉我们，破城子当为甲渠候官所在地。同样可以确定博罗松治为卅井候官，地湾为肩水候官，A32是肩水金关，等等。A32还出土了很多"过所"，即过关时用的通行证，证明这里是一道关口。

　　得益于考古资料的发表，以及陈梦家的研究方法，解决了前人想做而做不了的一些疑难问题。王国维在《流沙坠简》中曾试图排列敦煌城障的位置，并画了一个表格，但并不成功。王氏在当时的研究环境下有这样的意识是极其可贵的，但无奈斯坦因没有受过严格的考古训练，他做的只能是挖宝、探险，考察报告对简册出土的记录太简单。还有一个原因就是出土简册的量比较小，还不足以证明一地的名称。其后的劳榦也有过这样的想法，但抗战时简陋的条件，甚至连一张居延的地图都没有。再者贝格曼的考古报告迟迟不能出版，也阻碍了他探讨障塞的地理位置。他说："现在居延汉简的原发现人贝格曼的报告尚未出来，我们无法知道详细出土的情形以及随着出土的器物，对现在的考释有很大的不便。现在手边连一个详细一点的居延附近的地图都没有。最详细的例如斯坦因'亚洲最内部'所附的地图并不完全适用。因此对于简牍中提到的烽燧名称一律不敢妄为排比。"①所以劳榦所做的一点对亭障位置的推测受到陈梦家的批评：

劳榦在其《考证》卷二曾抄记"邮驿记录"若干简，由南北书的关系，"定诸地理方位"；据其所述，"在南者"为张掖、肩水、张掖肩候、昭武、东阿、河东、广地、屋兰、敦煌，"在北者"为居延、肩水、橐他、番和尉、张掖肩候。因谓"凡言张掖者悉在南，凡言居延者悉在北，而肩水则在南在北咸有之"。由于他没有利用出土地来分别南北书所示方位的相对的性质，故将所有邮驿记录笼统的排出其南北，不能解决具体地名的方位问题。因此，他两次推定诸候官的地望，很多错误。《考证》卷一 30 页和卷二 6~8 页所推定者如下：
居延都尉　大抵即在居延县城即黑城故址
肩水都尉及肩水候官　应在红城子
甲渠候官　应在破城子（Mu-durbeljin）
卅井候官　应在博罗簒吉（Boro-tsunchi，即博罗松治）
殄北候官　或应在瓦颜陶赖（Wayan-torei，案即瓦因托尼）
橐他候官　或为大湾城
广地候官　或为地湾城
1942 年他曾从毛目行至黑城，没有去到布肯托尼以上的下游，所以他又误以大方城为破城子。在其"后记"中又作了错误的更订：
肩水都尉　在地湾城（Ulan-durbeljin）
广地候官　应在双城子之北城（案即旧屯子）
橐他候官　宜在红城子（Bakan-durbeljin，案即小方城）
甲渠候官　宜即大方城（Ekki-durbeljin），即破城子
其所附"居延附近草图"，又以地湾为肩水候官。"附记"中又说"前考以较北之红城子（Bakan-durbeljin）为肩水城，误，今正"，以 Ulan-durbeljin 为红城子。

---

① 《居延汉简考释·释文之部·自序》，上海商务印书馆 1949 年。

劳氏所推有很多紊乱与错误。(1)没有搞清楚红城子究竟是 Bakan-durbeljin 还是 Ulan-durbeljin，因此肩水候官忽南忽北。(2)错误的以肩水都尉和候官列于一城。(3)误破城子即大方城，误将甲渠候官置于大方城；大方城本身是汉以后的建筑。(4)广地和橐他候官所在，两次推定皆误。(5)误定黑城为居延城和居延候官，黑城是唐及其后的军事重镇，元代的亦集乃总管府和亦集乃路治此，出土遗物可以为证。1957年我们在《居延汉简甲编》后记中，根据出土地点，曾初步修订了劳氏的错误：甲渠候官在布肯托尼以北的破城子，肩水都尉在大湾，肩水候官在地湾。这三点是我们修订的意见，不是劳氏原意，在甲编后记中没有交代清楚。除此三事外，当时未及纠正其它的错误。现在看来，除卅井候官应在博罗松治外，其他劳氏所推定的全属无据。

当然，王国维及劳榦的研究对陈梦家还是有一定启发的。陈梦家在前人的基础上，根据瑞典新出版的考古报告，并参考考古研究所从西北科学考察团旧档中找到的采集标记册，成功排定了重要城障的位置，为居延简的科学研究铺平了道路，其结论已为学界普遍认同。

《汉简所见居延边塞与防御组织》，这篇论文的目的是："利用出土地，将全部居延简中有关防御设置的记录系统地分条排比，可以部分的恢复汉代居延边塞的防御组织。这样，不但可以补足史籍上记载不多、不全的边塞防御组织，并可以对将来分地区、分时代的研究汉简，有不少便利。"汉代北方的边郡在组织上有其特殊性，"除了直辖诸县民政外，还要管辖二或二以上的部都尉，而在其境内存在有受制于中央大司农、典属国的农都尉和属国都尉。边郡太守府和内郡一样，有一套治事的官僚组织，即阁下和诸曹，另外又有仓库。太守所属的部都尉，也是开府治事的，它也有略同于太守府的官僚组织，即阁下和诸曹；除官僚系统外，它有候望系统（候、塞、部、隧），屯兵系统（城尉、千人、司马），屯田系统（田官），军需系统（仓、库）和交通系统（关、驿、邮亭、置、传、厩等）。后者或者属于郡"。陈梦家的这篇文章主要据居延简论述候望系统，也涉及屯兵系统。一、太守—太守府，汉简中记录郡最高长官的不多，如："宜德将军张掖大守苞、长史丞旗告督邮掾"（16.4），"张掖大守奉世、守郡司马行长史事、库令行丞事"（505.3），"文德大尹章诣大使五威将军莫府"（敦煌汉简1893）。二、都尉—都尉府，这是领军的系统，所以在简文中出现较多。"西汉边郡内，往往设置不止一个都尉，不止一种都尉。"敦煌汉简、居延汉简中所见，敦煌郡四都尉：阳关都尉、玉门都尉、中部都尉、宜禾都尉；酒泉郡三都尉：西部都尉、北部都尉、东部都尉；张掖郡二都尉：肩水都尉、居延都尉。"河西三郡九个都尉，全在塞上。"即在边地修筑城障屯兵。此外还有属国都尉、农都尉："下属国、农、部都尉"（10.32），"丞相史下领武校、居延属国、部、农都尉"（65.18），"属国都尉千秋、丞充"（68.48，227.44），"敢告张掖农都尉、护田校尉府卒人"（4.1）。三、都尉属官，汉简中所见的如：都尉丞、候、千人、司马（骑司马、假司马、属国司马、左部司马、郡司马、城司马）等。四、城尉—城官，候官所在称障，都尉所在称城。城有城官：城尉、城司马、城仓长、城仓佐、城仓令史等。五、候—候官，简中所载甲渠候官与肩水候官较多。候官的属吏有丞、掾、令史、士吏、尉史等。六、塞尉—塞，塞尉又称障尉，是候官的属吏。位次在候长之上。塞尉的属吏有：尉丞、士吏、尉从史、尉史。七、候长—部，属吏有候史，而士吏是塞尉派驻于部的。八、隧长—隧·署，隧是最基层的哨所，隶属于候长。九、兼行·调补·除授，主官空缺，副手或近次的官吏兼行："张掖肩水城尉谊以近次兼行都尉事"（10.29、109.11）；还有调、补、除、授："尉史王并二月甲辰调尉从史"（254.3），"修行孔山里公乘范弘，年廿一，今补为甲渠尉史，代王辅"（285.3），"今授为登山隧长，代功之明"（303.11），"二月癸亥除为肩水破胡隧长"（183.10）。十、结语，"综上所述，边郡太守兼理本郡的屯兵，故于其太守名衔上加称'将屯''将军'，其所属长史专主兵马之事。史籍记载边郡被侵时，太守往往与都尉一同领兵往击。在其境内的属国、农都尉，虽在系统上属于中央典属国与大司农，当亦兼受所在郡的节制。至于部、郡都尉，则直属于郡太守。部都尉兼主屯兵、屯田之事，故其名衔上加称'将兵护屯田力'"。张掖郡的两个部都尉各守塞四、五百里，凡百里塞设一候官，由候统辖而与塞尉直属若干部；部有候长、候史，下辖数隧；隧有隧长，率卒数人。候与塞尉共同管辖若干部，然塞尉是候的属官，凡候官下达文书至部、隧皆经过塞尉。因此，都尉下虽为候·部·隧三级，而候·部之间实有塞尉为其中介，塞、部之间以驻部的士吏为其联系。百里之塞，以甲渠候官为例，约有20部、80隧，则此候官所辖吏员约百人，卒员约三百人。其他候官，或较小。都尉所在之城设城尉，其治所为城官，有城仓。都尉之下所属城官、千人官和司马官，均与候官并列而稍低，千人、司马可能为屯兵官，而另外又有田官为屯田官。城尉、千人、司马三官与都尉府的仓库及驿·置·关等同属于都尉系统，故与候官可以兼行都尉、丞、候之事。边郡官吏，二百石以上由中央任命，出缺时由都尉系统官吏兼行；二百石以下由都尉辟除、调补。"《汉简所见太守、都尉二府属吏》,《西汉都尉考》，都是有关官职的研究，都是《汉简所见居延边塞与防御组织》一文中部分的深入细化。《汉简所见奉例》则是官吏俸禄状况的探讨。《关于大小石、斛》是粮食计量单位的换算。

《汉代烽燧制度》，王国维《流沙坠简·屯戍丛残》，劳榦《居延汉简考释》以及贺昌群《烽燧考》①都曾梳理过汉代的烽燧制度。陈梦家收集了更多的汉简资料，将敦煌汉简与居延汉简结合起来，参考《墨子·备城门》及汉唐文献，分六个部分论述了汉代西北边塞的烽燧状况。一、烽台的建筑。考释了"坞"，小城，内屯兵。"橹"，亭台上的候望木楼，简文作"候楼"。二、烽火记录。如"□午日下餔时，受居延蓬一通。夜食时，堠上苣火一通。居延苣火"(332.13)。"十二月辛未，甲渠候长安、候史偏人敢言之。蚤食时，临木隧卒□□□□□□□□□□□□□举蓬，燔一积薪，虏即西北去，毋所失亡。敢言之。"(278.7A)三、烽具。有：烽、表、烽竿、烽承索、烽索、鹿卢、灶、鼓、柝、出火具、积薪、苣等。四、烽火品。如："望见虏一人以上入塞，烦一责新、举二蓬，夜，二苣火。见十人以上，在塞外，烦、举如一人入塞品。"(敦煌汉简2257)"望见虏五百人以上，若攻亭障，烦一责新、举三蓬；夜，三苣火。不满一千人以

---

① 贺昌群：《烽燧考》，载《国立北京大学四十周年纪念论文集》乙编上，1940年；又载《贺昌群文集》第一卷，商务印书馆2003年。

上，烦、举如五百人同品。虏守亭障，烦、举：昼举亭上蓬，夜举离合火。次亭遂和，烦举如品。"（敦煌汉简2257）即施放烽火的约定，也称"烽火品约"，唐代称"烽式"。五、烽燧的设置。汉简中，白天用"表"、"积薪"，夜晚用"积薪"、"苣火"。六、烽燧的职责。"写移，疑虏有大众不去，欲并入为寇。檄到，循行部界中，严教吏卒，惊烽火，明天田，谨迹候候望，禁止往来行者，定蓬火辈送，便兵战斗具，毋为虏所萃槧。已先闻知，失亡重事，毋忽，如律令。／十二月壬申，殄北、甲〔渠〕。"（278.7A）

陈梦家将烽燧制度分为六个方面进行叙述，全面而清晰，补充修正了王国维、劳榦、贺昌群等人的结论。随着居延新简、额济纳汉简、肩水金关简、悬泉汉简的出土，我们已经能看到较完整的"烽火品约"，知道每个烽火台有固定的施放烽火的规定。陈梦家的结论基本正确。对个别词语的释读可商榷，如"转樁皆毋枊"（214.8），劳榦释"樁"为"楼橹"，贺昌群释为"高木橹"，又释为"转橹"，"举表于转樁则用绳"。陈梦家说："高木橹即榬堆樁，不是转樁；他以为转樁是附属于烽干之物。后者似有可能。"又"转樁又作转弩"，"因诸有'转樁'各简字小而影片不清晰，难以决定其所释之是否正确"。这些解释都不妥。"转樁"就是鹿卢，滑轮。烽干上上下烽表的装置。而"枊"，劳榦释"即绞盘，以受烽绳者"①，这是对的。鹿卢是烽台常用之物，所以简文中用例较多。

《河西四郡的设置年代》，前人早已发现《汉书》对河西敦煌、张掖、酒泉、武威四郡初置年代记载不一。敦煌汉简、居延汉简的发现对这一问题提供了新资料，张维华《汉河西四郡建制年代考疑》②、劳榦《居延汉简考释·考证之部》都利用新资料研讨了这个老问题。陈梦家在检讨了这些成果后，又提出了新说。我们据陈梦家列的表格，把《汉书·武帝纪》、《汉书·地理志》、张维华、劳榦及陈梦家

---

① 劳榦：《居延汉简考证》，《"中央研究院历史语言研究所"集刊》第30本上，1959年。
② 张维华：《汉河西四郡建制年代考疑》，《中国文化研究汇刊》第2期，1942年。

的意见做一对比：

四郡	武帝纪	地理志	张维华	劳榦	陈梦家
酒泉	元狩二年（BC121）	太初元年（BC104）	元鼎三年（BC114）	元狩二年（BC121）	元鼎六年（BC111）
张掖	元鼎六年（BC111）	太初元年（BC104）	元鼎六年（BC111）	元鼎六年（BC111）	元鼎六年（BC111）
敦煌	元鼎六年（BC111）	后元元年（BC88）	元鼎六年（BC111）	元鼎六年（BC111）	元封四五年（BC107—106）
武威	元狩二年（BC121）	太初四年（BC101）	元凤元神爵元间（BC80—61）	元凤三地节三间（BC78—67）	地节三元康四间（BC67—62）

陈梦家认为，过去的研究忽视了《史记》中《大宛传》、《匈奴传》、《卫将军骠骑传》和《平准书》分散的记录，他在论文中按年从元狩二年(公元前121年)到神爵元年(公元前61年)排比《史记》、《汉书》、居延简等史料，认定酒泉、张掖二郡皆置于元鼎六年(公元前111年)，敦煌稍晚"当在元封四、五年间"。而对于武威郡设置的时间张、劳、陈三说差异不大，陈说缩小范围到地节三年(公元前67年)至元康四年(公元前62年)间的6年内。

《玉门关与玉门县》，玉门关址位置是沙畹提出"西迁说"，王国维、劳榦作了进一步论证；而向达《玉门关阳关杂考》①、夏鼐《太初二年以前的玉门关位置考》②、《新获之敦煌汉简》③不同意"西迁说"，认为玉门关在汉代没有迁徙过。陈梦家同意向达、夏鼐的观点，而对沙畹、王、劳诸说作了考辨。

---

① 向达：《玉门关阳关杂考》，载《真理杂志》1卷4期，1944年，署名方回。《汉简缀述》作《两关杂考》。

② 夏鼐：《太初二年以前的玉门关位置考》，《中央日报》文史周刊第70期，1947年。

③ 夏鼐：《新获之敦煌汉简》，《中央研究院历史语言研究所集刊》第19本，1948年。又载《考古学论文集》，科学出版社1961年；《考古学论文集》(外一种)，河北教育出版社2000年。

《汉武边塞考略》主要是搜寻史籍中汉武帝时期在西北建立防卫屏障的史实，"汉武帝由于防御匈奴与羌，开发西域，在河套以西，用了短短十二年时间，兴建了规模巨大的三、四千里障塞亭隧，设置了组织严密的屯戍机构，新开辟了匈奴故地的河西四郡，在政治、军事、经济和交通诸方面都起了重要的作用"。《汉居延考》也是以史籍记载为主，结合居延简，考述居延的地理状况。

　　《汉简年历表叙》，是陈梦家年代学方面的一篇重要论文。全文分三部分。第一、汉简年历。一、年表与朔闰表，史书从《史记》开始有年表，汉简记日多有朔日，如：大始元年十二月辛丑朔戊午。二、两汉历术，两汉和新代所用的历法，可分为四个时期。三、汉简年历表，陈梦家曾据居延汉简、敦煌汉简排定其中的年历表，与陈垣《二十史朔闰表》等对照，发现大致相符。所不符者有：（一）闰月设置有7处不一致；（二）朔日有两例相差一天。四、汉简历谱，多残断，除记月朔大小以外，兼附记八节、伏腊和建除日忌等事。第二、汉代纪时。一、时刻，终两汉之世，昼夜百刻。二、时辰，昼夜十二辰，所谓"加时"，汉代历家、天文家、五行家用。三、时分，"《淮南子·天文篇》记述太阳行程，列举一日十五个'时称'为晨明、朏明、旦明、蚤食、晏食、隅中、正中、小迁、铺时、大迁、大舂、下舂、县车、黄昏、定昏，其定昏以后、晨明以前如夜半、鸡鸣等属于夜间，不在叙述之例。因此不能以为《淮南子》分一昼夜为十五等"。汉简中所见约有十八种：夜半、夜大半、鸡鸣、晨时、平旦、日出、蚤食、食时、东中、日中、昳中、铺时、下铺、日入、昏时、夜食、人定、夜少半。《论衡》已作一日为十二时。综合以上三节，陈梦家认为："可知两汉纪时法共有三种：一、时刻即漏刻，昼夜百刻，为官制。二、时分 甲、昼夜十八时，每时至少八分，或即为十分，西汉以来官制（至东汉和帝永元时仍行用），与漏刻并用。漏刻百度与时分不相应。漏刻、时分与十二辰亦不结合。乙、昼夜十二时，与十二辰相结合。始于王莽时，应是民间制，或与下事同类。三、时辰昼夜十二辰，西汉以来历家、天文家、五行家所用。"他倾向于西汉时至少有十六时分，很可能是十八时分。四、五夜，劳榦也有考订，即一夜分甲、乙、丙、丁、戊五分，汉简可见"乙夜"、"丙夜"等。五、一日之始，有三说：始于夜半、始于鸡鸣、始于晨初。六、干支纪时，甲骨卜辞以干支纪日，《淮南子》、《史记》以地支纪月，以干支纪年东汉时已有。第三、汉时占时、测时的仪具。一、式，糅合了阴阳五行与天文历法。二、日晷，"晷是日影，而后称测日景之具为晷。"

《西汉施行诏书目录》乃是陈梦家复原简册的一个尝试。因整理武威汉简，陈梦家积累了一些经验，所以在研究计划中有复原居延简册，以利于分时代、分地域、分事类进行研究。"县置三老，二。行水兼兴脉，十二。置孝弟、力田，廿二。征吏二千石以符，卅二。郡国调列侯兵，卌二。年八十及乳、未龀颂毄，五十二。"（5.3+10.1+13.8+126.12）陈梦家认为这是西汉诏书目录十支简中的第二支。由此对简文中诏书简册进行复原。如349.16、332.12、332.9+179.5三简，"此诏既为六十六字，则共有三简，是无问题的"。"此三简木理，字迹相同，当同属一册。"再如：

命郡国养老诏
　〔郡大守诸侯〕相长若丞　　常以……349.2（甲1771）
　酒一石承致，联且时使人问存……5.13（甲41）
　〔赐物及当廪鬻米〕者视其家……124.17（甲698）
　……月存视其家赐肉卅斤，酒二石，甚尊宠，郡大守诸侯相内史所明智也，不奉诏当以不敬论，不智（此诏未完）126.41+332.23+332.10（甲2547）
　以上四简皆养老诏中残辞，可能出于一册。

这篇文章共复原了五份诏书。

《汉简缀述》实践了陈梦家对古史研究的方法，他说："除了方法是最主要的以外，工具和资料是研究古文的首要条件。在工具方面，没有小学的训练就无法读通古书，无法利用古器物上的铭文；没有版本学和古器物学的知识就无从断定我们所采用的书本和器物的年代；没有年代学、历法和古地理做骨架，史实将无从附丽。"[①]小学功底，

---

① 周永珍：《怀念陈梦家先生》，《考古》1981年第5期。

特别是古文字学的基础是陈梦家步入古史研究的开端，1934年，在燕京大学师从容庚研习古文字学使他受益终生。容庚对于青铜器等古器物也颇有研究，这也对陈梦家有很大影响。而年代学、古地理学也是他早已涉足的领域，曾著《西周年代考》、《六国纪年表》、《商代地理小记》等。所以研究汉简他同样循着他熟悉的道路。当然也有他相对陌生的古代天文历法，但他严谨的作风同样使他在这个领域作出成果，他逐条排比居延简的历谱，与历书相比对，发现了现行据历法推演的古历书存在与汉简实用的历谱相违的地方。我们现在能看到的汉简历谱更多，已有学者遵循陈梦家的方法继续这方面的研究。

陈梦家早年曾涉足简帛研究，1944年他在《图书季刊》新第五卷第二、三期合刊上发表《汲冢竹书考》。文章排在劳榦的《汉简中之武帝诏》之前，是当期杂志的首篇文章。"汲冢所出为真正战国典籍。余近年治年历之学，爰集录竹书纪年，重谱六国纪年表，以校六国金文，颇相吻合。年表既成，续作六国纪年表考证，复采史籍所载作汲冢竹书考，为考证之绪论焉。"这当是他第一次接触简帛研究。文章共分六节，如他的其他文章一样，小题目也能显出大气象，完整严谨。第一节出土年代，根据史籍的各种不同记载，确定出土时间为元康元年，二年为官府所收。第二节出土地址，虽出土地为汲郡汲县，没有异议，但究为何冢，众说纷纭。三说中陈认为是战国时魏大臣之墓，而非魏王冢。第三节竹简形制，简长二尺四寸，为战国古文，十万字左右。第四节整理，简多残断，"故当时整理之工作有三，即编次、考证、注写是也"。第五节著录，共七十五卷，《隋书·经籍志》著录：《纪年》十二卷（汲冢书并竹书同异一卷），《周书》十卷（汲冢书似仲尼删书之余），《古文琐语》四卷（汲冢书），《穆天子传》六卷（汲冢书郭璞注）。《宋史·艺文志》仅存二种：《竹书》三卷，郭璞注《穆天子传》六卷。元代《文献通考》尚录：《穆天子传》六卷，《师春》一卷。师春亡于明代，今惟存穆天子传。第六节类别，汲冢书可分为五类：史类、地理类、卜筮类、小说类、杂类。

陈梦家尚留有一楚帛书研究的残篇《战国楚帛书考》，写于1962年9月，相对完整。另有一篇写于1962年10月，《帛书的月名与三正》，不知是单篇文章还是准备修改前篇的补记，载于《考古学报》

1984年第2期。前文分四部分，一、帛书的出土及其图文的结构，介绍了帛书的内容。二、纪元前四百年间的月令，认为帛书的性质近似"月令"。三、帛书与月令内容的比较，认为楚帛书是"四方四时四色"的月令图，汉以后又演变为五方五时五色五行。四、帛书的年代、国别与性质，时代约当公元前350年前后战国中期，长沙于先秦为楚邦之地。帛书的随葬可能有巫术辟邪的作用。文中已认定丙篇十二章是月名，与《尔雅·释天》相关。《帛书的月名与三正》更详细地与《尔雅》作了比较。

  陈梦家的简帛研究有其独到之处。学者认为："将历史学、古文字学、考古学应用于简牍研究，是陈梦家《汉简缀述》的最大特色。尤其是与考古学的结合，标志着简牍学科的正式形成。所谓简牍研究与考古学的结合，主要是指结合发掘报告对出土简牍内容进行综合考释时，研究当地的历史地理情况，这在居延等边塞遗址出土的简牍研究中尤为重要，如对整个居延烽燧遗址的分布定位，即属于考古学研究的范畴。"①他根据考古报告，以及简文排列居延障塞的分布，纠正了前人的很多错误。"陈梦家汉简研究除了利用考古学知识外，还广泛征引各种文献、铜器、碑刻、封泥、印玺上的铭文加以补充，因此，对于西汉晚期和东汉初年的边塞官制，提供了比较详细的系统。""年代学也是考古学的重要组成部分，早在汉简研究之前，陈梦家从事甲骨文研究时，曾片面地注重于文字的分析与寻求卜辞中的礼俗，后来，因为作了铜器断代的工作，才觉得应从断代入手，全面研究卜辞，遂写了《甲骨断代学》四篇，后又写作《西周年代考》、《六国纪年》等关于年代学的文章。他说：'年代是历史的尺度，而先秦史的研究，尤须对此先有明确的规定，然后史事才可有所依附。'商务印书馆1956年出版的万国鼎编，万斯年、陈梦家补订《中国历史纪年表》，其中有陈梦家根据《商殷与夏周的年代问题》而编排的比较详细的《夏商周年代简表》与《殷年代简表》。他在'重编叙'里说：'准确简明的历史年表，不但是从事研究教学历史、地理、考古和其他学科必要的工具书，也是文物工作者、图书馆工作者、博物馆工作者、文

---

① 沈颂金：《二十世纪简帛学研究》，学苑出版社2003年，第131页。

化馆工作者、编辑工作者等所不能缺少的工具书。'因此，陈梦家将对年代学的研究与考古学、古文字学结合起来，对汉简材料做仔细的分期考订，并得到天文历法专家钱宝琮先生等的协助，重新推排汉代的历谱。"①

陈梦家简帛学主要论著目录：

1.《居延汉简甲编》(集体项目)，科学出版社 1959 年。
2.《汉简考述》，《考古学报》1963 年第 1 期。
3.《汉简所见俸例》，《文物》1963 年第 5 期。
4.《汉简所见居延边塞与防御组织》，《考古学报》1964 年第 1 期。
5.《武威汉简》(集体项目)，文物出版社 1964 年。
6.《汉简年历表叙》，《考古学报》1965 年第 2 期。
7.《玉门关与玉门县》，《考古》1965 年第 9 期。
8.《汉简缀述》，中华书局 1980 年。
9.《战国楚帛书考》，《考古学报》1984 年第 2 期。

---

① 沈颂金：《二十世纪简帛学研究》，学苑出版社 2003 年，第 136 页。

居延出土的诏书册与诏书断简（存目）

[日]大庭脩

【评 介】

　　大庭脩（1927—2002 年），日本研究秦汉简帛、中日关系史的著名学者。1927 年 1 月出生于日本大阪，1948 年毕业于龙谷大学东洋史研究科，任圣心女子大学讲师、副教授。1960 年任关西大学文学部副教授，1965 年任教授并东西学术研究所研究员。1979 年以《秦汉法制史研究》一书获关西大学文学博士学位，1986 年以《江户时代汲取中国文化之研究》一书被授予日本学士院奖。1973 年以来，历任关西大学教养部长、文学部长、图书馆长、理事。1991 年至 1997 年，任关西大学东西学术研究所所长，自 1994 年起兼任大阪府立近飞鸟博物馆馆长，1997 年从关西大学退休，获关西大学名誉教授。随后进入皇学馆大学，1999 年任皇学馆大学校长。同时兼任北京大学历史系兼职教授、中国社会科学院历史研究所客座研究员、甘肃省文物考古研究所客座研究员。①

　　中国简牍研究是他一生研究重点之一。主要成果为《秦汉法制史研究》、《汉简研究》。

　　《居延出土的诏书册与诏书断简》，1961 年刊于《关西大学东西学术研究所论丛 52》，1982 年日本创文社出版的《秦汉法制史研究》也收录了有关内容。《简牍研究译丛》第二辑（中国社会科学出版社 1987 年）刊发了姜镇庆的中译本。我们依据的主要是这个译本。

　　这是大庭脩很有代表性的一篇论文。这篇文章开篇讨论元康五年

---

① 参见《大庭脩先生的中国简牍学之路》，载《简帛研究》2002—2003 年，广西师范大学出版社 2005 年。

诏书的复原及汉代诏书的格式。这也是文章的核心部分。文章把居延汉简中的 10.33、10.30、10.32、10.29、10.31、10.27、5.10、332.268 支简复原为一份完整的诏书。内容是，于夏至日，宜寝兵改水火，从掌天时星历、奏时节禁忌为职能的太史丞决定发议，这种发议由直属上级太常苏昌转丞相魏相，丞相传告御史大夫丙吉，丙吉确定其具体细节后上奏皇帝。皇帝认可上奏，奏本内容原封不动地作为诏书下达给全国的有关官吏。然后讨论了诏书的格式，对"承书从事下当用者"这种传递诏书的术语作了细致分析。

诏书的复原，除内容外，重点关注了出土地点、笔迹，多次论证这些简出土地相同或相近，书写者应为同一人。

1982 年日本创文社出版了大庭脩的《秦汉法制史研究》。1991 年上海人民出版社出版林剑鸣等翻译的译本。全书共分五篇，每篇分若干章。

第一篇，序论。第一章，律令法体系的变迁与秦汉法典。简单叙述了中国自战国至明清的律令体系的发展演变、法典的编撰，根据出土的"睡虎地秦简"，推论了战国时期法律的状况。中国的法律制度也影响了周边国家。第二章，汉王朝的统治机构。汉代正史中对官制有一些记载，西汉景帝、武帝时对官制作了一些改革，平定七国之乱，加强了中央的集权。根据简牍、封泥等出土材料，可以对基层官员设置有更详细的了解。中央政府是皇帝领导下的三公九卿制。汉代文书政治高度发达，公文复杂。冗官不多，狱吏不少。

第二篇，关于律的研究。第一章，云梦出土竹书秦律的概况。举出的律名有：田律、厩苑律、仓律、金布律、关市律、工律、工人程律、均工律、徭律、司空律、置吏律、效律、军爵律、传食律、行书律、内史杂律、尉杂律、属邦律等，共十八种。还附有"魏户律"、"魏奔命律"。第一次发现大量的秦律佚文，我们得以一窥秦律的概貌。第二章，简牍中的汉律令佚文。汉代律令，清代学者作过一些辑证，居延简、敦煌简中有汉律片段，如"捕律禁吏毋敢入人庐舍捕人犯者其室殴伤之以无故入人室律从事"（395.11）。第三章，汉律中"不道"的概念。文献中常见汉代"不道"罪，都是危及皇帝、国家的大罪，后代发生分化。第四章，汉代的徙迁刑。汉代有流边的刑罚，徙往南部的和北部的都有。

第三篇，关于令的研究。第一章，汉代制诏的形态。"汉代皇帝的命令，可分为策书、制书、诏书、戒书（诫救）四种，书写形式与使用场合有所不同，其次，对书写材料、书写字体、颁行方法也有规定。"汉代的诏书可分为三种形式。第一种形式是皇帝以自己的意志单方面下达的命令，附有"布告天下使明知朕意"、"以称朕意"等语。行使立法权时则使用"著令"、"著为令"等语。第二种形式的诏书，是官僚在被委任的权限内提出的献策得到认可，作为皇帝的命令而公布的，原则上有官僚的奏请，附有皇帝的"制可"。这种诏书大多是行政事务的范围内可以处理的事项。第三种形式是皇帝向一部分官僚指示政策的大纲或自己的意向，委托他们进行详细的立法时使用的，它由第一种形式和第二种形式复合而成。史书采录的诏文，有节略、分载的情形。第二章，居延出土的诏书册。即上述的元康五年诏书册的复原。第三章，居延出土的诏书断简。第四章，《史记·三王世家》与汉代的公文书。第五章，关于"制诏御史长沙王忠其定著令"。第六章，汉代的决事比试论。"王杖十简"的排序大家意见不一，大庭脩的看法是，"最初是第3简，接着是第4—7简；其次是第1、2简，接着是第10简、第8简；这九支木简的内容是关于一项判决的记录。而且这一制诏公布之后，作为'比'，更详细地说，作为'死罪决事比'，继续具有效力"。

第四篇，关于官僚制度的研究。第一章，西汉的将军。在职官系统中，将军不常置，而是临时为抵抗入侵蛮夷而设。权限上有一定独立性。第二章，东汉的将军与将军假节。第三章，汉的中郎将、校尉和魏的率善中郎将、率善校尉。本章研究了汉魏时期地位较低的军官。第四章，汉代的啬夫。啬，通"穑"。啬夫，本义即农夫，转为官名。下级官吏中有各种"啬夫"，一般指乡啬夫。第五章，汉代官吏的兼任。最普遍的是"行某官事"，很明显是兼任之官。守官，就是代理某官。第六章，汉代的因功次晋升。《史记·高祖功臣年表》："太史公曰：古者人臣功有五品，以德立宗庙定社稷曰勋，以言曰劳，用力曰功，明其等曰伐，积日曰阅。"居延简中官员积劳的记载较多，"肩水候官执胡隧长公大夫奚路人，中劳三岁一月。能书会计,治官民,颇知律令,文。年卅七岁,长七尺五寸,氐池宜药里,家去官六百五十里。"(179.4)"劳"可根据其业绩增减。第七章,汉代官吏的勤务与休假。官吏的休假中有"告"与"宁",吉曰"告",凶曰"宁"。

第五篇,关于文书的研究。第一章,汉代的关所与通行证。居延简中有通过关津的通行证,即"传"、"棨"、"符"。如:"始元七年闰月甲辰,居延与金关,为出入六寸符券,齿百,从第一至千,左居官,右移金关,符合以从事。●第八。"(65.7)第二章,爰书考。爰,换。爰书即向官府申告事物的文书,"代口辞之书"。

附录一,武威出土《王杖诏书令》册书。册书简的背面有序号,所以不存在排序问题,因此可以帮助我们重新认识"王杖十简"的排序。"因此,十简的排列顺序,大概是《本始令》在前,《建始令》次之,再次为篇目简,最后是幼伯受王杖的记事。"

另一部重要著作是《汉简研究》,日文版是1992年配合关西大学"汉简研究国际学术研讨会"而由日本同朋舍出版的。中译本由徐世虹翻译,2001年9月广西师范大学出版社出版。全书共分三篇。

第一篇,册书研究。主要讨论居延简简册复原,这也是大庭脩研究简牍的重点所在。序章、汉简的文书形态。研讨简册复原的原则、标准等问题。汉简所记载的内容进行大类区分,可分为文书与记录。文书乃"在发出者与接受者之间具有某种作用之物",分公文与私文书。记录类的内容,日本的汉简研究历来多称作账簿,中国的研究者则称作簿籍。公文有固定用语。简册复原的操作原则:一是出土地同一;笔迹同一是基本条件之二,但也有例外;材料同一是条件之三;内容关联是条件之四。居延简有两册书系完整出土,即永元器物簿和永光三年甲渠候长郑赦为奔父丧而提出的请假报告。居延新简中册书至少有50种之多。此外,还有王杖十简、王杖诏书令、甘谷简册等。大庭脩曾成功复原元康五年诏书册,可作为复原册书的范例。第一章,肩水金关出土的"永始三年诏书"册。对诏书的内容提出一些疑问,修订了一些文字。第二章,武威出土的"王杖诏书、令"册。第三章,敦煌凌胡隧出土册书的复原。复原了"三月辛未诏书册"、"留变事诏书册"、"实籍部中册"、"王莽始建国天凤四年册书"。第四章,地湾出土的骑士简册。鲁惟一已经复原了部分骑士简,编号为UD3的一组有26简。大庭脩据出土地复原为:560组,15简;564组,13简;大湾组,6简;肩水金关组,3简;共计37简。第五章,檄书的复原。檄书,一般认为是军事文书,一般有教谕之义。有下行文书,郡太守、都尉直接下达至士卒,也有上行、平行的檄书。第六章,"建武五年迁补牒"与功劳文书。由新简"建武五年迁补牒"而发现居延简、新简中同类的官吏职位变动的牒书。功劳由官吏自占,报官府认定。

　　第二篇,简牍丛说。第一章,临沂竹简兵书与兵家。出土的兵书解决了多年的疑问。第二章,汉代的符与致。重申了过去的一些研究,补充了新简中的材料。第三章,居延出土的令甲目录。对陈梦家的说法提出一些疑问。第四章,与汉爵相关的汉简。利用青海上孙家寨汉简及敦煌酥油土烽隧遗址出土简,探讨汉代爵制的基础军功。第五章,再论"检"。有物品封检,有文书检。第六章,试论文书简的署名与副署。简中署名笔迹不同,乃官员亲笔。有的简署名处留有空白。

　　第三篇,研究杂纂。第一章,木简在世界各国的使用与中国木简向纸的变化。在英国、意大利等地都出土过古代写字的木片。中国在东汉前已有古纸,魏晋以后书写材料向纸过渡。第二章,使用纸时期的木。在日本、朝鲜半岛等地出土的木简时代较晚。中国魏晋以后木简仍有用途,如笏板。第三章,通往冥府的通行证。即所谓告地策。第四章,在美国的居延汉简始末。原裘善元藏四枚居延简现在美国自由画廊,属小约翰·克罗福特收藏。第五章,汉简与书法史。简牍中的字体值得分析研究。第六章,《居延汉简考释》的版本与劳榦来日。叙述了劳榦《居延汉简考释》的各时期版本,以及1955年劳榦访问日本,在京都演讲的情形。

　　大庭脩的中国简牍研究在日本学者中是较为突出的。他涉及简牍的范围与他关注法制史有关,主要是居延简、敦煌简等西北屯戍简牍,兼及睡虎地秦简、临沂银雀山汉简、王杖十简、王杖诏书令等,集中在他所谓的文书简。所做的工作主要是册书复原。从1951年参加森鹿三召集的居延汉简读书会以后,一生密切关注中国简牍研究的动向，60多年把主要精力都放在简牍研究上。作为一个日本人，与其老师森鹿三一样，他为当年日军侵略而影响了居延简的研究出版而悔恨反省，对劳榦在战争环境中能研究不辍，获得丰硕成果而加以赞美。应该说他拥有一个正直的学者的良心，这是我们首先应该肯定的。

《秦汉法制史研究》，是大庭脩的博士学位论文。因此某种程度上与鲁惟一的《汉代行政记录》有相似处，开篇即在构造系统上用力较多，而与简牍本身联系并不十分紧密。如中国古代法律制度的发展，汉代的统治机构、官僚体制，汉代迁徙刑，"不道"的概念等，主要资料是来源于《汉书》、《后汉书》等，以及日本学者对汉史的研究成果。而"云梦竹书秦律"、"简牍中的汉律令佚文"、"元康五年诏书册复原"等章节则直接讨论了秦汉的简牍，这些方面是优于鲁惟一的地方。其中诏书复原是大庭脩的得意之作，在多篇论著中提及。关于"符传"、"爰书"、"啬夫"的研究，是大庭脩的名作，引证资料丰富，除了居延简等第一手资料外，还引《史记》、《汉书》等典籍；申论充分，论述全面，这些论题劳榦、陈槃都曾讨论过，大庭脩在中国学者的基础上发前人所未发，确有过人之处。《秦汉法制史研究》成为居延简研究的必读参考文献。

对简册复原方法的研究，延续了森鹿三的路子。出土地、笔迹、内容等原则与鲁惟一所论也是一脉相承，只是大庭脩更严格、专注。特别是在内容的衔接方面用力颇勤，论述细密，显示出他扎实的汉文功底。因此，他复原的简册比鲁惟一要少，但更容易为他人认可。他把精力主要集中在诏书的复原，运用较完整的元康五年诏书册作为参照，复原了一些其他诏书残册，成就有目共睹。

《汉简研究》更显成熟，或者说这是他几十年研究汉简的一个总结，也更能看出大庭脩在简牍研究方面的独到之处。他把简册复原放在开篇的位置，足以显示他自身对这一研究的认可。"永始三年诏书册"、"王杖十简"、"王杖诏书令"都不是他复原的册书，他只是发表了一些在内容理解上的不同意见。敦煌简凌胡隧诏书册是他着力复原的另一个例子，可惜的是它并不完整，是一个残册。骑士简、檄书、功劳文书，则是汇集了某一类册书，讨论了相关问题，这些对屯戍简来说也是非常重要的。

大庭脩在论著中经常质疑中国学者的研究成果，这表现了他的学识、勇气和自信。如王杖十简的排序问题，先有署名考古研究所编辑室在《考古》杂志上首先发布了释文，随后郭沫若认为第1、2简当排在最后，因第二简的最后一字"下"的竖笔特别粗大，当是煞尾之笔。但大庭脩并不盲从这些大家的观点，而是根据居延简的实例否定了郭沫若的说法，他发现在简册中居中的简也可这样书写，彻底击溃了郭说的支点。然后提出了自己的排序：3、4—7、1、2、10、8。当然这个排序并非完美，在《王杖诏书令》册出土后，这一问题的解决迎来了契机，因为这个册书简背有序号，而与《王杖十简》可以类比，因而大庭脩后来也修正了自己的看法："'王杖十简'的排列问题，不能说因'王杖诏书、令'册的出土而得到解决。如本节所述，即使是党氏的排列，在原则上也是有疑问的。但在'王杖诏书、令'出土的今天，固执于自己的旧说已无价值。其中有关决事比、识的一般性的看法，应当放弃，重新修正。"①这个例子可以看出，他敢于怀疑中国学者的观点，即使是史学大家。再如"西汉诏书目录册"，陈梦家曾作过研究，大庭脩表示："陈氏论文的大部分内容，虽存小异，但可以赞同的意见较多，然而，也有与我的观点完全不同之处。"提出了一些商榷意见。再如《王杖诏书令》册，对于《汉简研究文集》②中署名甘肃省文物工作队、甘肃省博物馆由党寿山执笔的《武威新出王杖诏令册》一文，大庭脩也提出了几点不同的理解。这样的例子很多，表明他勤于思考，敢于质疑。

对汉简非常敏感，不经意间得到意外收获，这可以从他偶然发现美国收藏汉简的事件中看出。这篇文章的开头像是一篇游记，在荷兰阿姆斯特丹的街道上，他去探访一家常有联系的旧书店，一个在异国他乡探访老朋友的故事。"而在隔了很久再访阿姆斯特丹时，店主夫妇已经去世。店主女儿说，自己在斜对面开了一家夫妇经营的版画

---

① 大庭脩：《武威出土"王杖诏书令"册》，载《汉简研究》，广西师范大学出版社2001年，第58页。

② 《汉简研究文集》，甘肃人民出版社1984年。

店,因此不得不关闭这家旧书店;我一时沉默无语。这也许是您最后一次访问此店了……"有点淡淡的哀愁。他翻看着一本汉代艺术展览目录,"突然觉得呼吸好像要停止一样",一阵狂喜,他居然看到了四枚汉代居延木简的照片,以前没见过的。一个美国人收藏的,并且可以从内容看出就是他素来研究的居延简。由此牵出他追索这四枚居延简的历程:从荷兰、美国、日本、中国台北、中国香港,在香港中文大学读《居延汉简甲乙编》,"突然一阵紧张感袭来",居然"甲乙编"中已著录了这四简,但说这四简原由前西北图书馆收藏,后归台湾"中央图书馆"。看来,《居延汉简甲乙编》的说法有误。《简牍学报》第3期载文说,这四简原为裘善元所藏,后竟流失为一美国私人收藏。这虽是偶然所得,但也是他多年留心,一旦发现踪迹,便苦苦寻觅,直到水落石出。

在他的论著中可见多次论述同一论题,几经修订,一有新材料,就再次扩充、纠正,不断完善。如"王杖十简"、"功劳文书"、"符传"、"诏书目录册"等,其坚韧、执著显而易见。

大庭脩简帛学主要论著目录:

1. 材官考——汉代兵制の一斑,《龙谷史坛》36,1952年。
2. 挈令について,《东洋史研究》12-3,1953年。
3. 汉代における功次による升进について,《东洋史研究》12-3,1953年。
4. 汉代官吏の勤务规定—休暇を中心として,《圣心女子大学论丛》4,1954年。
5. 汉代の关所とペスポート,《关西大学东西学术研究所论丛》16,1954年。
6. 汉の啬夫,《东洋史研究)14-1、2合刊,1955年。
7. 汉の官吏の兼任について,《圣心女子大学论丛》9,1957年。
8. 爰书考,《圣心女子大学论丛》12,1958年。
9. 汉代官吏の辞令について,《关西大学文学论集》10-1,1960年。
10. 居延出土の诏书册と诏书断简について,《关西大学东西学术研究所论丛》52，1961年。

11. 简牍研究文献目録,《史泉》22，1961年。

12. 史记三王世家について—汉代公文书の様式よりみた研究覚书,《史泉》23、24，1962年。

13. 汉代诏书の形态について,《史泉》26，1963年。

14. 制诏御史长沙王忠其定著令について——汉代律令研究之一,《史泉》30，1965年。

15. 大英博物馆の敦煌汉简,《古代史讲座月报》7，学生社，1973年。

16. 书评《居延木简》,《史泉》47，1973年。

17. 敦煌汉简释文私考,《关西大学文学论集》23，1974年。

18. 汉代の决事比——王杖十简配列の一案,《关西大学文学论集》25-1、2、3、4合刊，1975年。

19. 森鹿三先生と木简研究,《东洋学研究·居延汉简篇》，东洋学研究丛刊23-2，同朋舍，1975年。

20. 汉代史研究の资料としての木简,《世界史のしおり》75/5号，帝国书院，1975年。

21. 兴味深い"冥土用旅券"——中国江陵县出土の竹简,《朝日新闻》1976年5月22日夕刊。

22. 中国出土の简牍について,《第一回木简研究集会记录》，奈良国立文化财研究所，1976年。

23. 云梦出土竹书秦律の研究,《关西大学文学论集》27-1，1977年。

24. 临沂竹简兵书と兵家,《伊唖》8，1977年5月31日。

25. 木简のはなし(1)—木简のかたち，日本美术工艺，460，1977年。

26. 木简のはなし(2)—木简のはたらき，日本美术工艺，461，1977年。

27. 木简のはなし(3)—木简出土の记录，日本美术工艺，462，1977年。

28. 木简のはなし(4)—今世纪における木简の发掘，日本美术工芸,463,1977年。

29. 木简のはなし(5)—今世纪における木简の発掘2,日本美术工芸,464,1977年。

30. 木简のはなし(6)—木简の内容1 法律,日本美术工芸,465,1977年。

31. 木简のはなし(7)—木简の内容2 书籍,日本美术工芸,466,1977年。

32. 木简のはなし(8)—木简の内容3 遣策,日本美术工芸,467,1977年。

33. 木简のはなし(9)—木简の内容4 文书その一,日本美术工芸,468,1977年。

34. 木简のはなし(10)—木简の内容5 诏书,日本美术工芸,469,1977年。

35. 木简のはなし(11)—木简の内容6 下达文书,日本美术工芸,470,1977年。

36. 木简のはなし(12)—木简の内容7 上申文书,日本美术工芸,471,1977年。

37. 木简,讲座・飞鸟を考える2,创元社,1977年。

38. 木简のはなし(13)—木简の内容8 旅券と送り状,日本美术工芸,472,1978年。

39. 木简のはなし(14)—木简の内容9 账簿,日本美术工芸,473,1978年。

40. 木简のはなし(15)—木简の书,日本美术工芸,474,1978年。

41. 木简のはなし(16)—木から纸へ,日本美术工芸,475,1978年。

42. 木简のはなし(17)—新居延简の発掘,日本美术工芸,476,1978年。

43. 木简のはなし(18)—日本の木简をめぐって,日本美术工芸,477,1978年。

44. 西域出土の汉代木简,《每日新闻》1978年4月11日夕刊。

45. 中国出土简牍研究文献目録,《关西大学文学论集》28-4, 1979年。

46. 木简,学生社,1979年。

47. 中国简牍研究の现状,《木简研究》创刊号,1980年。

48. 居延新出"候粟君所责寇恩事"册书—爱书考补,《东洋史研究》40-1,1981年。

49. 中国简牍称呼についての提言,《木简研究》3,1981年。

50. 秦汉法制史の研究,1989年に再版,创文社1982年。

51. 居延汉简甲乙编の出版と居延汉简研究,《关西大学文学论集》31-1,1982年。

52.《汉代的啬夫》,姜镇庆译,《简牍研究译丛》第1辑,中国社会科学出版社1983年。

53.《爱书考》,姜镇庆译,《简牍研究译丛》第1辑,中国社会科学出版社1983年。

54. A New Stage in the Study of Han Wooden Strips,《关西大学文学论集》33-3,1984年。

55. 地湾出土の骑士简册—"材官考"补正,《末永先生米寿纪念献呈论文集》1985年。

56. 中国における最近の汉简研究,《木简研究》7,1985年。

57. 近年出现した中国书道史の史料,同朋舎,1985年。

58.《地湾出土的骑士简册及汉简研究方法》,《中国秦汉史研究会通讯》3期,1986年。

59. 武威出土"王杖诏书令"册书,《关西大学文学论集》36-1、2,创立百周年纪念特辑(上),1986年。

60.《森鹿三先生与木简研究》,姜镇庆译,《简牍研究译丛》第2辑,中国社会科学出版社1987年。

51.《居延新出的〈候粟君所责寇恩事〉册书——"爱书考"补》,姜镇庆译,《简牍研究译丛》第2辑,中国社会科学出版社1987年。

62.《居延出土的诏书册与诏书断简》,姜镇庆译,《简牍研究译丛》第2辑,中国社会科学出版社1987年。

63.《汉代的决事比——王杖十简排列一案》,姜镇庆译,《简牍研究译丛》第 2 辑，中国社会科学出版社 1987 年。

64.《论汉代的论功升进》，姜镇庆译，《简牍研究译丛》第 2 辑，中国社会科学出版社 1987 年。

65.《敦煌汉简释文私考——一九七二年在国外研究调查报告之一》，姜镇庆译，《简牍研究译丛》第 2 辑，中国社会科学出版社 1987 年。

66.《云梦出土竹书秦律的研究》，孙言诚译，《简牍研究译丛》第 2 辑，中国社会科学出版社 1987 年。

67.《汉简研究的新阶段》，喻红译、张书生校，《简牍研究译丛》第 2 辑，中国社会科学出版社 1987 年。

68.《元康五年(前 61 年)诏书册的复原和御史大夫的业务》，《齐鲁学刊》(曲阜师院学报)1988 年第 2 期。

69. 汉简研究ノート，《史泉》68，1988 年。

70.《汉简札记》，胡平生译，《文物天地》1989 年第 1 期。

71.《居延出土的令甲目录》，《中国法律史国际学术讨论会论文集》，陕西人民出版社 1990 年。

72. 秦汉の木简，《书道研究》4-3，1990 年。

73. 大英图书馆藏敦坦汉简，同朋舍，1990 年。

74.《コンピュータによる汉代木简索引作成の基础的研究》，《平成元年度文部省科学研究费补助金(一般研究 B)研究成果报告书》，课题番号 63450050，1990 年。

75. 出土数据として见た木简，《墨》93 特集：木简书へのアプローチ，1991 年。

76. 中国木简発见の経过，しにか，2-5，1991 年。

77.《曾侯乙墓竹简》—全貌が公になった现存最古の竹简，《书道研究》5-3，1991 年。

78.《马王堆汉墓出土老子甲本卷后古秩书五行篇》訳注(三)，《二松学舍大学论集》34，1991 年。

79.《秦汉法制史研究》，林剑鸣等译，上海人民出版社 1991 年。

80. 90 年代の汉简研究(1)，《书道研究》50，1992 年。

81.《汉简研究》，同朋舍 1992 年。

82.《汉简札记》，胡平生译，《西北民族研究》1993 年第 2 期。

83.《〈建武五年迁补牒〉和功劳文书》，《简帛研究译丛》第 1 辑，湖南人民出版社 1996 年。

84.《汉简研究》，徐世虹译，广西师范大学出版社 2001 年。

85.《〈居延汉简补编〉的出版》，高玉军译，《安作璋先生从教 50 周年纪念论文集》，泰山出版社 2001 年。

居延汉简中的"省卒"（存目）

于豪亮

【评 介】

于豪亮（1917—1982年），出生于1917年11月，四川成都人。1945年至1948年，在南京中央大学学习，1949年毕业于四川大学。1951年在重庆西南博物馆工作。1952年参加中国科学院考古研究所、文化部文物局、北京大学联合举办的第一届考古工作人员训练班。后来，先后任职于四川省文物管理委员会、四川省博物馆、国家文物局古文献研究室。

20世纪60年代于豪亮开始研究居延汉简，70年代后参与马王堆汉墓简帛、睡虎地秦墓竹简、阜阳汉简、河北定县汉简的整理工作，曾主持居延新简的整理研究，创获颇多。

《居延汉简中的"省卒"》发表于《文物》杂志1963年第11期。1985年中华书局出版《于豪亮学术文存》收录。

这篇论文不长，但颇见功力。先列出居延简中"省卒"的5个用例，提出问题："省卒究竟具有什么样的性质，执行什么样的任务。"然后，分析了"省卒"的有关例句，发现他们都具有一样的特性，即从烽燧中抽调出来，并"诣官"。这些"省卒"都从事一定的劳动，有的在都尉府或太守府充当杂役，有的去候官服役，多数是伐茭。由此得出结论："综上所述，我们可以概括地说省卒是从各候、燧抽调出来从事劳动的士卒。"

又引了《汉书》中的两例，应劭、张晏以及颜师古都认为"省卒徒"是减省随从的士卒，只有如淳认为是抽调士卒（在官府服役）。于豪亮结合居延简的用例，证成了如淳的解释。

关于"省卒"的解释，陈直《论居延汉简八事》（《北京大学学报》

1963 年第 4 期)认为是指主管检查工作的戍卒。日本森鹿三、永田英正认为是指离开原工作地点的士卒。薛英群认为是从正卒中省减下来的士卒。目前学界基本倾向于于豪亮的看法,指临时抽调去别处劳作的士卒。

《于豪亮学术文存》中收录的李学勤文章《纪念于豪亮同志》,准确概况了于豪亮在简帛研究方面的成就。

他比较早地关注了居延简的草书考释,《释汉简中的草书》等论文集中反映了他这方面的成果。文章首先对汉代的草书作了简略梳理,认为汉以后有草书。然后考释了"监"、"烦"、"图"、"闭塞"、"取妇"、"其"、"与"等 39 条,都极精当。

对云梦睡虎地秦简的研究,也是于豪亮简帛研究成果中很突出的一部分。计有《云梦秦简所见职官述略》、《秦简中的奴隶》、《秦王朝关于少数民族的法律及其历史作用》、《秦律丛考》、《从云梦秦简看西汉对法律的改革》、《秦简〈日书〉记时记月诸问题》等文章。这些文章是云梦秦简研究的最早一批成果,很有影响。特别是关于《日书》的研究,据李学勤《纪念于豪亮同志》,云梦秦简《日书》的整理是于豪亮完成的,称其为"《日书》的第一位研究者"。

于豪亮对简帛文字的考释卓有贡献,对居延汉简、睡虎地秦简等都释出大量别人未释、错释的字,为简帛研究扫清了障碍。且能触类旁通,如《说"引"字》(《考古》1977 年第 5 期),由马王堆帛书的"引"字,释出甲骨文、金文中过去误释为"弘"的"引"字。

于豪亮简帛学主要论著目录:

1.《〈居延汉简甲编〉补释》,《考古》1961 年第 8 期。

2.《居延汉简中的"省卒"》,《文物》1963 年第 11 期。

3.《居延汉简校释》,《考古》1964 年第 3 期。

4.《经法(马王堆汉墓帛书)》,文物出版社 1976 年。

5.《云梦秦简所见职官述略》,《文史》第 8 辑,中华书局 1980 年。

6.《秦简中的奴隶》,《云梦秦简研究》,中华书局 1981 年。

7.《秦王朝关于少数民族的法律及其历史作用》,《云梦秦简研究》，中华书局1981年。

8.《秦简〈日书〉记时记月诸问题》，《云梦秦简研究》，中华书局1981年。

9.《秦简所反映的军事制度》(与李均明合作)，《云梦秦简研究》，中华书局1981年。

10.《居延汉简释丛》，《文史》第12辑，中华书局1981年。

11.《居延汉简释地》，《文物与考古》1981年第4期。

12.《释青川秦墓木牍》，《文物》1982年第1期。

13.《两汉适龄男子戍边三日说质疑》，《考古》1982年第4期。

14.《西汉对法律的改革》，《中国史研究》1982年第2期。

15.《居延汉简丛释》，《文史》第17辑，中华书局1983年。

16.《帛书〈周易〉》，《文物》1984年第3期。

17.《秦律丛考》，《于豪亮学术文存》，中华书局1985年。

18.《从云梦秦简看两汉对法律的改革》，《于豪亮学术文存》，中华书局1985年。

19.《释汉简中的草书》，《于豪亮学术文存》，中华书局1985年。

20.《马王堆帛书〈周易〉释文校注》，《于豪亮著作2种》丛书之一，上海古籍出版社2013年。

汉代行政记录(存目)

[英]鲁惟一

【评 介】

鲁惟一(Michael Loewe, 1922—),英国人,1963年获得了伦敦大学的博士学位。同年他进入剑桥大学执教,直到1990年退休。曾任剑桥大学东亚系主任,现为剑桥大学荣休教授。

1961—1962年鲁惟一在日本参加了森鹿三组织的"居延汉简研究班"。他的名作《汉代行政记录》,是1963年向伦敦大学申请博士学位的论文,就是利用古文书学研究居延汉简等材料中的汉代行政制度。这篇博士论文修订后1967年由英国剑桥大学出版社出版,至今仍被誉为西方汉简研究的代表著作之一。广西师范大学出版社2005年出版了于振波、车今花的译本《汉代行政记录》,我们下面的讨论主要依据这个译本。

鲁惟一从日本学者那里得到启示,以简册编连复原为目的,根据汉简自身的特点来互相系联,即所谓的古文书学的方法。从居延汉简中选出710枚简牍,复原成43份文书,以此为基点,探讨汉代西北边郡行政运作的过程。在居延汉简研究、古文书学研究等领域均有参考价值。

全书共分两个部分,即第一卷,历史述评,第二卷,文书。鲁惟一在《序言》中说:"以下对发现于额济纳河流域的大约700枚木简文书的研究分作两个部分,首先是通过对证据的研究而得出的结论,其次是列出这些证据本身。因而第一卷主要是面对研究中国历史的一般学者,通过引证简牍文字而阐明我的论点,尽量把我的判断和推理放在书面通讯发展和政府制度成长的历史环境中加以讨论。第二卷主要是为那些对两汉时期有专业兴趣的学者和历史学家而写的,里面有精选的简文的原文和翻译，在这些简牍资料之前是对其重要性的介绍，而在这些资料之后则是对释文和解释的注释。其他的技术性资料都放在附录中。"附了有关简牍的图版，三张地图：公元1—2世纪的汉代中国、西北诸郡、居延地区的汉代遗址。附录有：[附录一]汉代的度量衡；[附录二]有关汉代兵役制度的文字资料；[附录三]已出版释文的使用说明；[附录四]断定简牍年代的指标、书写习惯和错误；[附录五]军事单位及其吏员编制；[附录六]采集地点与木简的分组；[附录七]文献简与习字简。

第一卷共分五章。

第一章，居延简牍及其价值。一、发现的详细情况、资料的分布范围及其时代，简要介绍了居延简出土考释的情况。二、其他地区发现的木简，介绍了1949年后楚简的出土，敦煌、居延、武威等汉简的出土，以及楼兰等魏晋以后简的出土。三、居延简牍的价值，研究汉代历史的第一手资料。遗憾的是残缺严重，出土地点的资料不全，简牍写成的准确时间也不易判断。"下面所进行的研究受这样一种信心的鼓舞，即那些散乱的简册文书中作为文书片断的部分零简能够被重新组合起来，除了一般认可的那些例子之外，还会有更多的例子有待于发现。在有些情况下，属于单独一份文书的幸存片断能被大体上确定；而在其他情况下，在相当长的时间内会仍然存在疑问。也存在这样的情况，把作为类型相似的一系列文书的组成部分的简汇集起来，是可能的；同样也有这样的实例，几份文书都有残存，虽然撰写这些文书的目的不同，但是它们都与相同的事件或相同的行政程序有关。就以下所做的每一个尝试而言，对同一简册文书残存部分重新集成的主张，其有效性是不尽相同的，而且并非总是尽如人意，但是仍然想仅仅通过比较那些形式和内容相似的简而达到对简牍原文的充分阐释。因此之故，希望下面所呈献的几份简的集成不会全无价值。"四、出土地点及简牍的参照编号。由于居延简出土后遭遇社会的急剧动荡，发掘者贝格曼在完成发掘报告前，于1946年去世。索马斯特罗姆据贝氏的笔记整理的考古报告是最有价值的。而且出土后的编号也形成几家不一致的状况。这都给确定出土地带来困难。五、简牍集成的标准。第一，这些简必须是同一地点出土的。第二，确定这些文书各类型的典型样式。第三，书写材料的类型、大小、简文的风格（如书写的行数、文字的间隔、文字的布局）等也要一致。第四，编缀的方式没有不同或不协调的地方，以及对简牍加以分隔的方法，如，除了书写行数的变更之外，有时也将这些简横向分成若干栏书写，以及不同程度地使用表格。第五，在这些细节中，连贯性应该被确定为首要的标准，然后要探究各简之间是否使用相同的表达方式和术语。第六，最棘手的就是笔迹问题。"两份幸存的简册文书提供了极好的例证，从中可以看到出自一人之手的作品。下面所集成的几批简牍中，就包含一些有相当把握可以确定的笔迹相同的例子。其他的例子则没有这么肯定。文书的抄写者所受的训练越好，我们就应该料想到他们的字越接近于汉代隶书的专业样式，因而对不同简牍笔迹是否相同的断定也就越缺少有效性。还有其他需要考虑的事项也会影响关于相同笔迹的任何判断。可以看到，有些文书是作为几个会话的结果而汇编在一起的，其中有两个以上的吏员参与填写了不同的项目。在其他事例中可能会发现，虽然一个项目的全部文字完全由一个人书写，却是在行政程序的正常进程中，一个吏员替代另一个吏员地进行，而这些簿籍仍然被汇编在一起。同样，不难想象，会有这样的情形，例如生病，也会使抄写者暂时的改变成为必要。某些文书是由一系列不同的官吏正常编制的，其结果，连续的项目自始至终都由不同的人填写，这种情形也不是不可想象的。证明这种文书的存在与证明情况完全相反的事例的存在一样困难，在那些事例中，一个吏员同时掌管几份簿籍，而这些簿籍又采用同样的形式（例如记录在同一期间定期发给不同部门的标准储备物的簿籍）。"而且笔迹的判定主观性很强。六、简册文书的复原。"把有关简牍作为同一文书简册或同一系列文书的组成部分而收集起来，以下所做的这些尝试，应该有所保留地得到承认，其理由是多方面的。所提出的这些集成是否正确，可能缺乏证据，仅仅是碰巧这些简牍出土于同一地点，文书的书写形式相同，而且说不定是出自同一人之手。只有两个例子我们能够肯定，所有的简牍恰好出土于同一场合；至于其他的例子，则与发掘者放置简牍的许多捆包有关。除了历谱以外，保存下来的简牍属于原始文书的哪一部分，是很难估计的。在多数例子中，只能推测出文书的大体时间，而且这些推测几乎总是受到怀疑。尝试集成的简牍通常只能任意排列，虽然档案中有许多很有特色的简牍可以认定为段落的标题或说明，等等，却往往不能与所尝试集成的简册文书建立紧密的联系。最后，很明显，不能说这些简牍系列的所有潜在组成部分都已从居延简牍中挑选出来了。""这样，把从居延汉简中挑选出来的总共 710 枚简牍作为 43 份单独的文书或文书系列的组成部分而进行组合，也有尝试的可能性。所涉及的简牍数量存在着相当大的变量。从 2 枚到 108 枚不等。"所有集成的简册按内容分为十二个专题：邮件的处理（6 个简册）、吏卒名籍（7 个简册）、谷物和设备的发放（9 个简册）、经费（5 个简册）、检查站通行管理（3 个简册）、戍卒的活动（4 个简册）、储备物登记（2 个简册）、烽燧巡视（1 个简册）、事变报告（2 个简册）、信号日志（1 个简册）、皇帝诏书和公文（2 个简册）、历谱（1 个简册）。第一章是全书的总论，我们知道了简册复原的标准、方法以及结果。以下的四章则是从这些册书中抽绎出的研究心得。

  第二章，书面通信及其传递。主要研究汉代西北官方文书的传送，即邮驿制度。一、早期书写材料的类型。简要介绍简帛的使用。二、木质文书的编辑。简牍的编连有两种方式，一是在简、觚的顶端打一个孔，用细绳贯穿几枚简、觚，这样的实例不多，主要是启蒙课本。二是在简中用两道、三道等细绳把简编连起来。我们这里涉及的行政文书几乎都是用这种方式编起来的。简册有先编后写，也有先写后编的，这可以从绳痕是否压在字迹上判断出来。三、文书的传递。文书前有类似标题的"内标签"，如"建昭二年吏奉赋名籍"（256.36）；传递文书时，包裹外可能有标签，并有签发的印章，还有传送的方式，如"甲渠候官以亭行"（279.11），"甲渠候官行者走"（312.14）；传递信件的时间也是有标准的。四、简牍的类型。各类器物的标签，许多简可以看作是为数有限的符或通行证。"有证据表明，毛笔、墨和木简也用于非官方目的。带有私人性质的信件往往写在大概属于官方财产的书写材料上，并可能通过私人安排利用官方的驿卒加以传送。吏员们如果想提高自己的书法水平，就得利用闲暇时间练习写字，或者临摹书法的标准字样。他们那些潦草的笔迹，有些简直可以说是涂鸦。有许多幸存的完整的简或木栓，上面画着人的面孔。若干其他的残简已被认定是四面都写着字的方形护身符。"①

第三章，汉朝势力的扩张。一、汉朝的推进及其动机。"这一扩张背后的动机，既是为了保护中国北部免受侵扰者的关注，也是希望为外交官、贸易商队和去往西方的旅行者提供一条安全的交通线。同时，永久性边防哨所的建立，也使得汉朝政府有可能对从汉朝统治下迁徙出去的个人加以阻止，并对向遥远的地区出口的重要物品加以控制。"汉初没有能力维护西域边陲的安宁。武帝以后，开始了抗击。在边地陆续设立新郡实行有效管辖。"驻扎在通往敦煌和居延沿途堡垒中和防线上的汉朝军队，其军事活动的模式已经确立。在以后的两个世纪中，汉朝军队要从事对匈奴和其他部族的战争，要为外交官和商队的交通路线提供安全的保证，还要进行农垦。"公元140年以后，汉朝军队逐渐退出，"居延的防线被汉朝军队占据了近两个世纪"。在居延建立防御设施除了军事目的外，那里有丰富的水源，可以养活一批农业人口。朝廷的意图是要建立一个军事屯垦区。二、汉代行政机构。汉朝在西北设立河西四郡，郡设太守。每郡设都尉领兵，"公元1至2世纪为经营西北地区所做的安排，包括在武威郡设置两个都尉，在张掖郡设置两个都尉，在酒泉设置三个都尉，在敦煌设置两个都尉。另外还有两个专门的都尉，名为关都尉，这些官员被派驻在敦煌郡，专门负责管理通往中亚的两条信道。同样，有时还任命专门的都尉管理农业定居点和督促垦殖工作（即农都尉），也有的都尉不是被派驻在郡而是属国（dependent states）"。有一枚简记录了张掖属国司马的业绩报告，有一组集成的简牍记录了途经一个关卡的平民的情况。三、汉朝政府的有效影响力。我们集成的简册中，UD8大概是一部写在2.2尺长简上的诏令集的片断，"这些简牍提到了公元前178年到公元前63年的诏令，也就是说，有些命令是在汉人渗透到居延之前70年发布的。因而有理由得出这样的结论，即UD8包含了一部内容丰富、累积形成的法令集的部分片断，这部法令集是由中央政府汇编并分发给各地高级部门的"。更多的诏令写于普通尺牍。诏令由高层（如丞相或御史大夫）向低层官员传达，"绥和元年六月癸卯

---

① 鲁惟一这些有趣的议论有的未必正确，仅为一家之说。

朔庚午大司空武下丞相下当用者"（254.10），要求"按照法律和训令一丝不苟地服从"（毋忽如律令）。设置关卡，详细记录通过的人的情况、货物和运输方式，对罪犯、逃亡者保持警惕。简牍中有几例"诏所名捕"，即诏令制定要逮捕的个人。"鼓励在西北地区扩大农业定居点的政策，以及官员们在管理和组织屯田中所发挥的作用，见于专门机构的任命及证明其活动和成果的大量记录中。"最后，简牍中涉及赋税征收或货币的使用，证明汉朝统治的有效实施。

  第四章，汉代兵役的组织。一、指挥结构。汉朝对西北军队的指挥没有固定的形式，除太守、都尉外，公元前59年郑吉被任命为西域都护，负责管理南北两条商道。武帝时期还存在左将军、右将军、车骑将军等头衔。简文中有路博德的"将军器物记"。西北郡的都尉大约管理3个候官；每6~7个亭设一个部，由候长管理，约4~6个部归属一个候官。燧有1名燧长和2~4名士卒，也有10名士卒的例外情况，负责烽台和战略要地的防卫。"这些单位所占据的哨所有时可能被称作亭。"二、士卒的征募。"士卒的来源有三个：一是作为应征士卒而服兵役的；二是志愿者；第三类是由罪犯组成的，他们得到皇帝的特赦，通过参军来完成其刑役，显然，这样他们就避免了某些囚禁之苦。应征士卒可能构成了汉代军力的最大份额，然而遗憾的是，无法知道3种来源在汉代军队中所占的比例。""'戍卒'一词经常出现在敦煌和居延简牍中，这里译作 guardsmen 或 garrison conscripts。'田卒'是指被派往农业定居点从事劳动的应征士卒，他们在官方监管下劳动，而不是执行维持防卫设备和看守烽台等军事任务。以下将'田卒'译作被派往从事农业生产的士卒，或拓荒者。第三个词'省卒'，据认为是指为了特殊任务或目的而从原来所属的军事单位中分遣出来的士卒。有几枚简有时被援引作为存在其他种类士卒的证据，这些士卒被指派从事仓库管理或灌溉工程的工作，但是我认为此种理解大有疑问，证据过于脆弱，难以苟同。"三、军事设施。中国早期防线的形式，是以塞墙相连的一系列烽台或小堡垒。斯坦因在敦煌考察的烽台遗址，其间相距3/4英里或$1\frac{1}{4}$英里不等。贝格曼曾考察过一条线路，包括26个烽台和1个堡垒，延伸了40公里。塞墙外设天田,烽台上设弓弩等防御设备,并建传递烽火的木杆,用滑轮、绳索把旗帜、烽火篮、烽烟设备提到需要的高度。四、兵役的日常管理。简文中有士卒名籍,在服役地被指定服役形式,简文中有他们领取物品的记录。有口粮配给,官员领取不等的俸禄。

第五章,汉朝士卒的工作与生活。一、骑士。"本始三年九月庚子房可九十骑入甲渠止北燧略得卒一人盗取官三石弩一稾矢十二牛一匹物有□司马富昌将骑百八十二人从都尉追。"(57.29)二、戍卒和田卒的战斗任务和非战斗工作。简文记述的多是防御性的活动,白天的瞭望,检视塞墙外沙田的足迹,并作仔细的记录。如"市阳里张延年兰渡肩水要房燧塞天田入今"(10.22)。传递烽火信号,"有关敌人活动消息的不同类型的紧急情况信号,是通过点燃木柴堆来传递的,军官和士卒对信号规则,即烽烟、旗帜、火把和木柴堆的不同用法的通晓是非常重要的。用以控制信号的某些标准指令的含意,可以从下列诸简了解到,对这些简必须单独加以说明"。如"匈奴人入塞及金关以北塞外亭燧见匈奴人举蓬燔积薪五百人以上□举二蓬"(288.7)。非战斗性工作,"士卒们所承担的经常性工作,包括建筑和维护他们的设施,收获当地的物产。由于烽台和塞墙是用夯实的土块或日晒的砖建成的,因此士卒们可能曾花费很多令人厌倦的时间去挖取质量适当的土或泥,并为进一步加工做准备。有时他们从事捣碎原料的工作,用夯土的方法筑墙,或者制砖。关于后一项工作,他们可能使用模子,一枚残简透露出为制砖而规定的要求"。"墼广八寸,厚六寸,长尺八寸。一枚用土八斗,水二斗二升。"(187.6、187.25)三、对旅行者的管理。出入关津的人要严格登记,包括携带的物品,有些物品是禁运的。这样的记录及过关用的通行证在简文中有不少,如:"永始五年闰月己巳朔丙子,北乡啬夫忠敢言之。义成里崔自当自言,为家私市居延。谨案自当毋官狱征事,当得取传,谒移肩水金关、居延县索关。敢言之。闰月丙子,觻得丞彭移肩水金关、居延县索关。书到,如律令。掾晏令史建。"(15.19)"元延二年七月乙酉,居延令尚、丞忠,移过所县道河津关。遣亭长王丰以诏书买骑马酒泉、敦煌、张掖郡中。当舍传舍,从者,如律令。/守令史诩、佐褒。七月丁亥出。"(170.3A)符券的实例:"始元七年闰月甲辰,居延与金关为出入六寸符,券齿百。从第一至千。左居官,右移金关。符合以从事。●第八。"(65.7)四、非官方的活动。一枚简记录为社祀而购买的物品。官员、士卒进行私下交易的记录也有若干简。五、士卒的专业水准。一些简牍记录了军官定期接受熟练程度测试。官吏士兵生病及病愈都有记录,"阳朔二年正月尽十二月吏病及视事书卷"(8.1A)。

第二卷,文书。按照集成的文书的顺序,释读每组简册。根据出土地而分成四部分,MD 即破城子,斯坦因作 Mu-durbeljin,共 19 组;UD 即地湾,斯坦因作 Ulan-durbeljin,共 9 组;TD 即大湾,斯坦因作 Taralingin-durbeljin,共 10 组;W 即瓦因托尼,贝格曼作 Wayen-torei,斯坦因作 Vajin-torej,共 3 组;还有 2 组不明出土地,标为 X,共 43 组。收简 710 枚。每组简册前有"导言",介绍简册的内容,列各简的编号对照表,有"本书编号"、"原始编号"、"《居延汉简考释·图版之部》(TP)"、"《居延汉简甲编》(Chia)"、"《居延汉简考释·释文之部》(SW)"、"备注"。然后是这组简的释文和英译。有些内容接近的就几组合在一起,如 MD2、MD3,MD8、MD9、MD10,MD14、MD15,TD1、TD2。

在 20 世纪 60 年代,劳榦的图版刚出版不久,索马斯特勒姆(B. Sommarstrom)据贝格曼的笔记而撰写的《内蒙古额济纳河流域考古报告》(上下两册,1956—1958 年瑞典出版)也刚面世,大家的研究还都停留在释文考释以及历史地理研究方面。这时重视考古报告并据之进行研究的主要有陈梦家和鲁惟一。

鲁惟一的贡献在于根据出土地点、简牍的大小、笔迹、内容等集成了 43 组居延简,即运用了所谓古文书学的方法,证据来源于简本身,并据简册的内容讨论了汉代的政治、经济、军事,这在当时是绝无仅有的,即使是今天也仍有一定的参考价值。陈梦家也曾有过复原简册的计划,遗憾的是未能展开。

集成的这些简册,它们原来是否确系一册,正如鲁惟一自己说的,证据还嫌不足。但无疑这些被集成的木简在内容上具有同一性,也就是说是同一类简牍。这也就奠定了鲁惟一研究的可行性。退一步说,即使这些简本并不属一册,也不影响研究的结论。

简册复原集成研究,我们面临着一个选择,一是据简牍的顺序依次展开，先列各简的内容，讨论集成的标准、原因，研究集成后简册的内容、意义。如劳榦、谢桂华等学者的研究就是这种方法的代表。优点是紧贴简本身，突出了简牍的价值；缺点是简册间联系不密切，只能是简单罗列，不成系统。研究的思路要随简牍本身推进，略嫌拘泥。另一个选择是，暂时抛开简册，自己先营构一个系统，随着叙述的展开，引入需要的简册，简册的地位被削弱了，只是在证明某一论点时随时拿来，为我所用。鲁惟一选择的就是这种方法。营造的这个系统他称为"历史述评"。在《汉代行政记录》中，鲁惟一首先从简开始，介绍居延简的一般情况，重点是简册集成的标准。然后是"书面通信及其传递"，也与简册比较接近，介绍书写材料、如何编连，重点是邮驿，开始涉及所集成的部分简册。接着是"汉朝势力的扩张"，研究汉朝的政治，大量引用《汉书》等史料，用到的简册不是很多。下面是"汉朝兵役的组织"，则是军事研究。最后"汉朝士卒的工作与生活"，涉及社会经济生活。很多论题用的是"汉朝"，但实则限于西北边陲的政治、军事、经济，当然因为他研究的只是居延简，而不是整个汉朝的状况。在整个系统的推衍铺陈过程中，使用的材料不仅限于集成的简册，还有其他的居延简、敦煌简，甚至还用了很多汉代的典籍。鲁惟一用这个方法，有其客观原因，就是他要写一篇博士论文，如果紧扣集成的43组简册，突出材料，论的地位就不能凸显，就会让人怀疑这样的成果能否作为学位论文。当然这只是我们的推测。这一方法也有明显的缺陷，材料的位置被降低了，整个研究有很强的系统性，但集成简册的意义就要打折扣，甚至极端地说，没有集成的简册一样可以进行同类的研究，找到简中同类的例子，再结合典籍等其他材料就可以证成其论点。当然这是我们的一种极端的假设。实际上鲁惟一的很多论点确实来自于集成的简册，他在集成简册的过程中逐渐形成了他论述的各部分的核心论点，材料不足的部分再从其他简牍、典籍中寻找、补充。我们讨论的目的是如何在集成简册时找到合适的铺陈方式，特别是在大规模集成简册的时候，试图建立一个由简册内容而生发出完整的构想，可能是不错的选择。只是不要离简册的内容太远。鲁惟一也许是为了弥补突出系统性而削弱了材料的弊端，第二部分则罗列43组简册，作简单说明，而不作过多议论。这部分更像是第一部分的附录。但一定意义上说，这部分更有价值。对汉代西北边地的政治、经济、军事、文化进行研究，很多中国学者都有更深入全面的成果。劳榦、陈梦家等都做过极有价值的探讨，如河西四郡、烽燧制度、障塞组织、边地物价、邮驿制度、士卒生活等，我们都没有太多必要参考鲁惟一的结论。中国学者对汉代典籍，以及汉代之前、汉代之后的材料的发掘也远远超越了鲁惟一。但43组集成的简册还是值得我们继续研究，现在的学者在集成的问题上更加谨慎，没有多少人会把这么多简集成一册，原因就是证据太少，鲁惟一也深知这一点，所以当年他如此大胆地推进了这一工作，其中有我们值得借鉴的做法。

鲁惟一简帛学主要论著目录：

1. Some Notes on Han-time Documants from Chuyen. T'oung pao 47, 1959.

2. The Orders of Aristocratic Rank of Han China. T'oung Pao 48, Livr. 1-3, 1960.

3. Military Operations in the Han Period. China Society Occasional Papers No. 12, 1961.

4. The Measurement of Grain during the Han Period. T'oung Pao 49, Livr. 1-2, 1961.

5. Some Notes on Han-time Documents from Tun-Huang. T'oung Pao 50, Livr. 1-3, 1963.

6. Some Military Despatches of the Han Period. T'oung Pao 51, Livr. 4-5, 1964.

7. The Wooden and Bamboo Strips Found at Mo-chu-Tsu (Kansu), The Journal of the Royal Asiatic Society, 1-2, 1965.

8. Records of Han Administration, 2 vols. The Cambridge University Press. 1967.

9. Records of Han Administration: Supplementary Notes. T'oung Pao 56, Livr. 4-5. 1970.

10. The Case of Witchcraft in 91 B. C. Its Historical Setting and Effect

on Han Dynastic History. Asia Major, vol. XV, part 2. 1970.

11. Manuscripts Found Recently in China, a Preliminary Survey. T'oung Pao 63, Livr. 2-3, 1977.

12. Man and Beast: The Hybrid in Early Chinese Art and Literature. Numen, 25: 2, 1978.

13. Ways to Paradise. London, 1979.

14. Wooden Documents from China and Japan: Recent Finds and Their Value. Modem Asian Studies, XIV: 1, 1980.

15. The Manuscripts from Tomb Number Three Ma-Wang-Tui, in Proceedings of the International Conference on Sinology: History & Archaeology. Academia Sinica, Taipei, 1981.

16. Han Administrative Documents Recent Finds from the North-West, T'oung Pao, VoL LXXII, 1986.

17.《汉代的一些军事文书》，张书生译，《简牍研究译丛》第1辑，中国社会科学出版社1983年。

18.《汉代行政记录》，于振波、车今花译，广西师范大学出版社2005年。

云梦秦简初探(存目)

高 敏

【评 介】

高敏(1927—),1927年7月生,湖南桃江县人。1949年考入湖南大学历史系,后转入武汉大学历史系学习,1958年武汉大学研究生毕业。研究生阶段,随唐长孺教授学习魏晋南北朝隋唐史。现任郑州大学历史研究所所长、教授、博士生导师。长期从事秦汉史、魏晋南北朝史与隋唐史的教学与研究,侧重经济史、兵制史、官制史、农战史与简牍学的研究。著有《云梦秦简初探》、《秦汉史论集》、《秦汉魏晋南北朝土地制度研究》、《魏晋南北朝社会经济史探讨》、《魏晋南北朝兵制研究》及《简牍研究入门》、《秦汉史探讨》等。

《云梦秦简初探》,河南人民出版社1979年出版,1981年河南人民出版社出版增订本。以下讨论即据增订本。

书前有黄盛璋"序",以及作者的"前言"。以下有二十篇文章。最后是作者的"后记"。黄序中提到秦简内容复杂,有些问题需要讨论,一是刑徒和奴隶的关系,二是土地所有制,三是秦社会的性质。现在看来,黄盛璋确有卓识,提出的这些问题后来都成了多年争论的焦点,甚至至今尚未有大家都接受的结论。前言中提出了秦史研究中不易解决的问题,如:傅籍年龄、土地制度、赐爵制度、租赋制度、邮传制度、考核制度、户籍制度、廪给衣食、国有经济、社会制度、法律制度等,都有望据地下出土的资料推进。介绍了睡虎地秦简的内容,它不仅提供了前所未见的法律文书,也对简牍制度、古文字等研究有重要意义。

一、《〈编年记〉的性质与作者质疑》。"与其说《编年记》有些像后世的年谱,倒不如说它有些像后世的家谱和墓志的混合物更符合实际一些。"其作者当是墓主喜的兄弟。喜父有三个儿子,喜为长子,还有兄弟敢、速二人,喜本人有二子一女。

二、《关于秦时服役者年龄问题的探讨——读〈云梦秦简〉札记》。据《编年记》,喜出生于秦昭王四十五年(公元前262年),到秦始皇元年(公元前246年),就登记服役。中间相距十六年,喜才年满十五周岁,因此认为秦以十五岁为傅籍服役的标准。这个问题也成为日后大家争论的焦点之一。一些人根据《秦律十八种》"隶臣、城旦高不盈六尺五寸,隶妾、舂高不盈六尺二寸,皆为小",认为秦时傅籍的标准为身高①,也有学者采取折衷的态度,认为身高、年龄同时作为标准。

三、《劳动人民是戍边徭役的主要承担者——读〈云梦秦简〉札记》。《史记·陈涉世家》秦二世元年七月,"发闾左,适戍渔阳"。对"闾左"的解释有多种看法,唐人司马贞《史记索隐》:"凡居,以富强者为右,贫弱者为左,秦役戍多,富者役尽,兼取贫弱者而发之者也。"秦简中戍边的多是贫弱者,司马贞之说不确。

四、《南郡守腾的经历及其发布〈语书〉的意义——读秦简〈语书〉札记》。南郡守腾加强战备,防范楚的军事进攻。

五、《商鞅〈秦律〉与云梦〈秦律〉的区别和联系》。"根据出土《秦律》的内容,我们可以初步判明:它既不是商鞅变法时制定的《秦律》的原貌,也不是撰写于秦始皇统一六国后的律文,而是在商鞅《秦律》的基础上,经过从商鞅死后到秦昭王这段时期逐步累积而撰写成的《秦律》。因此,它同商鞅《秦律》是既有联系又有区别的,不能完全等同。"

六、《从出土〈秦律〉看秦的奴隶制残余》。"官府奴隶多冠以'隶'字,其中男性谓之'隶臣',女性谓之'隶妾',总称为'隶臣妾'。而私家奴隶则多称之为'人奴'、'人奴妾'或'臣妾'、'人臣'、'人妾'。"

---

① 蔡镜浩:《〈睡虎地秦墓竹简〉注释补正(一)》,载《文史》第29辑,中华书局1988年;魏德胜:《〈睡虎地秦墓竹简〉杂考》,《中国文化研究》1997年冬之卷。

七、《〈秦律〉是地主阶级压迫剥削农民阶级的工具》。(一)《秦律》是保护地主阶级的私有财产和人身安全的重要工具。(二)《秦律》是地主阶级剥削农民阶级的沉重枷锁。(三)《秦律》是地主阶级压迫农民阶级的暴力手段。(四)《秦律》是地主阶级利用奴隶制残余去奴役农民阶级的专政武器。

八、《关于〈秦律〉中的"隶臣妾"问题质疑——读〈云梦秦简〉札记兼与高恒同志商榷》。对"隶臣妾"的性质、刑期、私有财产等加以阐述。与上述"六"一致,高敏认为"隶臣妾"在秦是奴隶,在汉代是刑徒。这也引起了学界的讨论,高恒认为"隶臣妾"是来源于没有刑期的刑徒的官奴隶,林剑鸣等主张"刑徒说"①,刘海年等主张刑徒和官奴隶两部分组成②,李力《"隶臣妾"身份再研究》③,对这一争论作了全面梳理,并对"隶臣妾"一词在战国、秦、汉的使用作了系统考证,认同刘海年的观点。

九、《秦简〈编年记〉与〈史记〉》。《编年记》可印证、补充、订正《史记》者不少。如《编年记》载昭王"卅三年攻蔡、中阳"。《史记·秦本纪》载此事作昭王"三十三年,客卿胡伤攻魏卷、蔡阳、长社,取之",《魏世家》作是年"秦拔我四城,斩首四万"。《史记·穰侯列传》系此事于昭王三十四年。《魏世家》中称"四城",而《秦本纪》中只有三城,高敏云:"则《编年记》此条既可正《穰侯列传》系年之误,又可补中阳之缺,还可证明'蔡'即'蔡阳'而非两地。"高氏此论大体正确,实则《秦本纪》脱一"中"字,四城当为"卷、蔡、中阳、长社"。其中并无"蔡阳"。

十、《从云梦秦简看秦的土地制度》。秦律反映的是封建土地国有制与地主土地私有制并存。

十一、《从云梦秦简看秦的赐爵制度》。有爵位者享有减轻刑罚

---

① 林剑鸣:《"隶臣妾"辨》,《中国史研究》1980年第2期;《"隶臣妾"并非奴隶》,《历史论丛》第3辑,齐鲁书社1983年;《三辨"隶臣妾"》,《史学月刊》1985年第9期。

② 刘海年:《秦律刑罚考析》,《云梦秦简研究》,中华书局1981年。

③ 李力:《"隶臣妾"身份再研究》,中国法制出版社2007年。

等特权。

十二、《论〈秦律〉中的"啬夫"一官》。县有啬夫,主管粮仓等。其下设仓啬夫、苑啬夫、库啬夫、厩啬夫等直辖官吏。

十三、《从云梦秦简看秦的若干制度》。县、道并立,官吏有试用,郡县有上计,官吏有考核,等等,都可从秦简中看出。

十四、《秦简〈为吏之道〉中所反映的儒法融合倾向——兼论儒法诸家思想融合的历史演变》。秦简《为吏之道》糅合了儒法思想。

十五、《从〈秦律〉的刑罚类别看地主阶级法律的实质》。"从刑罚类别上来说,除了仍然保留了奴隶制度下的肉刑与死刑外,另外增加了赎刑、流刑与徒刑。"

十六、《"有秩"非"啬夫"辨——读〈云梦秦简〉札记兼与郑实同志商榷》。认为"有秩"与"啬夫"为两种官职,王国维在其《流沙坠简考释》中也说:"汉制,计秩自百石始,百石以下,谓之斗食,至百石则称有秩矣。"

十七、《论秦、汉时期的"亭"——读〈云梦秦简〉札记》。秦汉时,亭并不是乡、里之间的一级行政机构,而是隶属于县的主管治安的组织。城外设邮亭,有邮驿的功能。

十八、《秦的奴隶制残余与秦末农民起义——读〈云梦秦简〉札记》。

十九、《见于〈秦律〉中的诉讼、审讯和量刑制度》。县、郡受理起诉,对罪犯不可刑讯逼供,重证据,重调查,允许上诉复审,量刑有明确标准。

二十、《秦简中几种称谓的涵义试析》。解释了秦简中"士伍"、"葆子"、"百姓"、"客"、"邦客"、"臣邦人"和"相邦"等词的涵义。

高敏的另一部简帛学著作《长沙走马楼简牍研究》,广西师范大学出版社2008年出版。全书分上、下两编,上编主要是关于《长沙走马楼三国吴简·嘉禾吏民田家莂》的读书札记,有8篇文章;下编是关于《长沙走马楼三国吴简·竹简[壹]》的读书札记,也有8篇文章。

一、《读长沙走马楼简牍札记之一》。讨论了简牍的命名、黄初年号、建安纪年、口钱算赋等。

二、《论〈吏民田家莂〉的契约与凭证二重性及其意义——读长沙走马楼简牍札记之二》。其直接表现出来的外表形式是官府收受输纳物的凭证或收据。

三、《〈吏民田家莂〉中所见"余力田"、"常限田"等名称的含义浅析——读长沙走马楼简牍札记之三》。"余力田"是国有土地中不属于"二年常限"田的另一种田。火种田即旱田。二年常限田是指按亩固定收取税米、布和钱的数量，二年不变。租田与佃田同义。

四、《〈嘉禾吏民田家莂〉中的"士"和"复民"质疑——读长沙走马楼简牍札记之四》。认为"士"是北方南迁的游士。"复民"仍需纳租税，与史书上的"复客"、"复田"无关。

五、《从〈嘉禾吏民田家莂〉看长沙郡一带的民情风俗与社会经济状况——读长沙走马楼简牍札记之五》。吴地称"里"为"丘"，女性户主的数量不少，女性多名"妾"，人多单名，姓氏庞杂。经济方面，长沙郡耕地数量大，亩产高，牛耕普遍，商品经济发达。

六、《从〈嘉禾吏民田家莂〉中的"诸吏"状况看吏役制的形成与演变——读长沙走马楼简牍札记之六》。吏役制在三国时期正逐步形成。

七、《关于〈嘉禾吏民田家莂〉中"州吏"问题的剖析——读长沙走马楼简牍札记之七》，兼论嘉禾五年的改革及其效果》。嘉禾四年州吏租米明显享受优惠，嘉禾五年这种优惠没有了，与"男子"、"大女"、"郡吏"、"县吏"、"军吏"纳税标准一致化了。

八、《〈长沙走马楼三国吴简·嘉禾吏民田家莂〉释文注释补正——读长沙走马楼简牍札记之八》。指出漏注或因校勘不慎造成的误注六十余处。

九、《再论长沙走马楼简牍中的"复民"问题——读〈长沙走马楼三国吴简·竹简[壹]〉札记之一》。吴简中"复民"非优复之民的简称，他们与其他人一样交纳租税。"复田"则是复民之田。

十、《从〈长沙走马楼三国吴简·竹简[壹]〉看孙权时期的赐爵制度实况——读〈长沙走马楼三国吴简·竹简[壹]〉札记之二》。爵制在东汉到三国时只剩下一些残余，吴简中只见"公乘"，且孩子和女性都可有"公乘"爵位。

十一、《吴简中所见孙权时期户等制度的探讨——读〈长沙走马楼三国吴简·竹简[壹]〉札记之三》。吴简户有"上品"、"中品"、"下品"三等。另见"下品之下",证明于三等外更分九品。

十二、《吴简中所见"丁中老小"之制——读〈长沙走马楼三国吴简·竹简[壹]〉札记之四》。孙吴十五岁成丁,六十一岁以上称"老男"、"老女",免服役。

十三、《从〈长沙走马楼三国吴简·竹简[壹]〉看孙权时期的口钱、算赋制度——读〈长沙走马楼三国吴简·竹简[壹]〉札记之五》。吴简证实仍实行汉代以来的口钱、算赋。

十四、《从长沙走马楼三国吴简看孙权时期的商品经济状况——读〈长沙走马楼三国吴简·竹简[壹]〉札记之六》。过去认为三国时商品经济衰落,钱币铸造和流通接近于全面停顿。但吴简显示当时钱币使用量巨大,以钱币交纳的租税也不少。官府用钱购买所需物品。

十五、《长沙走马楼吴简中所见"调"的含义——读〈长沙走马楼三国吴简·竹简[壹]〉札记之七,兼与王素同志商榷》。吴简中有口钱、算赋,则不可能有户调,因为二者为同一税种。吴简中的"调"是动词征调、调发。

十六、《长沙走马楼三国吴简中所见孙吴的屯田制度——读〈长沙走马楼三国吴简·竹简[壹]〉札记之八》。吴简可印证、补充史籍对孙吴屯田的记载。

高敏的这两部著作,以《睡虎地秦墓竹简》、《长沙走马楼三国吴简》研究秦汉历史,取得了不错的成绩,为学界称道。

首先值得注意的是反应的快速、敏捷。《云梦秦简初探》是研究睡虎地秦简的第一部专书,云梦秦简1975年出土,1976年《文物》杂志刊载了发掘简报及部分释文,1977年出版8开线装《睡虎地秦墓竹简》,1978年出版平装32开本《睡虎地秦墓竹简》。高敏1978年即发表研究文章,1979年1月结集出版专书,可见反应之快,这些文章依据的是《文物》上的释文,还没有看到文物出版社的书。1981年增订本才有部分文章是据文物出版社的《睡虎地秦墓竹简》释文。当时尚处于"文革"刚结束时期,个别文章中还有批判意味较浓重的倾向。增订本虽删掉了一些,但还是有儒法斗争、农民起义、阶级斗争、阶级压迫剥削等内容,这是时代的烙印,不足为怪。

其次，高敏对秦汉史素有研究，因而一遇到新史料，即触发了相关问题的深入思考。新材料解决老问题，更何况是两千年来从未出现过的秦律，"关于秦的历史，现存文献记载甚少，以致治秦史者，往往依据汉制去推断秦制"①。所以一下子就激发了史学专家的研究热情，两三年间就写出了二十篇高水平的文章，在史学界、简帛学界都引起极大反响。黄盛璋在《云梦秦简初探（增订本）·序》中说："如《初探》出版后，在日本早就受到注意，我的朋友日本京都大学人文科学研究所林巳奈夫教授和冈山大学好并隆司教授，在和我通信中都对《初探》给予好评。去年九月我在日本京都、关西、冈山等大学讲演，介绍我国新出战国秦汉简版的研究近况与成绩，包括《初探》在内，受到日本学者的重视。还有些日本友人也问过《初探》。荷兰前汉学研究所所长与《通报》主编何四维（A. F. P. Hulsewe）教授（现已退休居瑞士），正从事秦简英译，最近在给我的信中提到《初探》，认为是一本优秀的研究集。"《长沙走马楼简牍研究》的情况也与此相类似。秦汉史中一些重大问题，如傅籍年龄、土地制度、官制、爵制、法律制度、社会制度、经济状况，以至民风民俗等，过去都由于缺乏资料而无法得到准确的答案。秦简、汉简、三国吴简的出土，给这些难题的解决带来了希望。所以史学界的兴奋显而易见。高敏说，睡虎地秦简的发现，"是近几年来我国考古发掘的重大收获之一。根据这批秦简，对秦代历史的若干重大问题，可以获得某些新的认识"。"因此，通过对它的研究，将会有利于打开我们的思路，扩大我们的视野，丰富我们的感性认识，从而将会使我们获得新的启发，最终将会使史学界对秦的历史的某些方面获得某些新的看法"。②

从研究方法看，一是以出土文献与传世文献相互印证，如论证秦十五岁傅籍，一方面有秦简喜的实例，另外，高敏文章中引用了《史记·白起列传》"发年十五以上悉诣长平"，《全后汉文》班昭《为兄超求代疏》"妾窃闻古者十五受兵，六十还之"等典籍例证，并且汉初尚沿用这个标准，《汉书·高帝纪》注引如淳语曰："《汉仪注》：民年十

---

① 高敏：《云梦秦简初探》增订本，河南人民出版社 1981 年，第 1 页。
② 高敏：《云梦秦简初探》增订本，河南人民出版社 1981 年，第 6 页。

五以上至五十六出赋钱。"反复引用多种典籍文献证明秦及汉初傅籍标准为十五岁。

二是简帛文献的内证，即以简证简。如对三国吴简中出现的"复民"，整理小组认为"复"即复除、优复，即免除赋税和徭役，得到很多人的认同。但高敏多次在文章中批驳了这一观点。一个强有力的证据就是，吴简中"复民"需向官府交纳租税，"总之，他们是官府租税的承担者，而不是被免除了租税的民户。这就是说，他们实际情况与'复民'的身份不符，充其量只能说他们是一些租税负担略轻于一般租田民户的人群而已，绝不是复除租税、徭役的人群"①。典籍中记载的"复"是官府免除了赋税及徭役，吴简中明确记载他们租田若干亩，交租税若干，那就与"复"的意义矛盾，则吴简中的"复"不可能是复除义。以简文本身来证明，就很有说服力。再如有学者认为《睡虎地秦墓竹简·编年记》的作者是喜父，高敏从《编年记》中找出秦始皇十六年"公终"，即喜父在这一年去世，而《编年记》一直写到秦始皇三十年，这也是不可能的事，所以《编年记》作者为喜父的说法就不攻自破了。这两本著作中这一类的例子很多，说明高敏读书仔细，善于发现一些细节。

三是重视基础研究。对简文的释读、词义的辨析等基础性的研究也认真对待。如《嘉禾吏民田家莂》研究中就有一篇《释文注释补正》，列出读书过程中发现的释文及注释问题六十余处。而详细解释简文词语更是俯拾皆是，如"余力田"、"常限田"、"火种田"、"二年常限"、"租田"、"士"、"复民"、"调"、"隶臣妾"、"啬夫"、"亭"等，虽是一词的意思，但涉及官吏制度、法律制度、邮驿制度等大问题，高敏往往能从疏解个别的词语出发，引申出对相关制度的解说，可谓小中见大。

高敏简帛学主要论著目录：

1.《秦律是地主阶级压迫剥削农民阶级的工具》，《郑州大学学报》1978年第1期。

---

① 高敏：《长沙走马楼简牍研究》，广西师范大学出版社2008年，第33页。

2.《关于秦时服役者年龄的探讨》,《郑州大学学报》1978 年第 2 期。

3.《有秩非啬夫辨》,《文物》1979 年第 1 期。

4.《秦简〈为吏之道〉中所反映的儒法合流倾向——兼论儒法诸家思想融合的历史演变》,《哲学研究丛刊》1979 年第 7 期,收入《中国哲学史论集》。

5.《云梦秦简初探》,河南人民出版社 1979 年。

6.《云梦秦简初探》(增订本),河南人民出版社 1981 年。

7.《〈秦律〉所反映的诉讼、审讯和量刑制度》,《郑州大学学报》1982 年第 3 期。

8.《论〈秦律〉中的"啬夫"一官》,《社会科学战线》1979 年第 1 期。

9.《从江陵凤凰山十号汉墓出土简赋看汉代的口钱算赋制度》,《文史》第 20 辑。

10.《从居延汉简看内蒙额济纳旗的古代社会经济状况》,《丝路访古》,甘肃人民出版社 1983 年。

11.《秦简中的"隶臣妾"为奴隶说》,《学术月刊》1984 年第 9 期。

12.《〈居延汉简合校〉评介》,《中国史研究动态》1988 年第 7 期。

13.《简牍研究入门》,广西人民出版社 1989 年。

14.《简牍与中国古代文化》,《寻根》1996 年第 5 期。

15.《论尹湾汉简东海郡属县乡吏员定簿的史料价值——读尹湾汉简札记之一》,《郑州大学学报》1997 年第 2 期。

16.《集簿的释读、质疑与意义探讨——读尹湾汉简札记之二》,《史学月刊》1997 年第 5 期。

17.《尹湾汉简考绩簿所载给我们的启示——读尹湾汉简札记之三》,《郑州大学学报》1998 年第 3 期,《东南文化》1999 年第 1 期转载。

18.《为学如积薪后来者居上——评吴福助教授著〈睡虎地秦简论考〉》,《中国文化月刊》第 234 期。

19.《睡虎地秦简初探》,万卷楼图书有限公司 2000 年。

20.《读长沙走马楼简牍札记之一》,《郑州大学学报》2000 年第

3期。

21.《论〈吏民田家莂〉的契约与凭证二重性及其意义——读长沙走马楼简牍札记之二》,《郑州大学学报》2000年第4期。

22.《〈吏民田家莂〉中所见"余力田"、"常限田"等名称的含义试探——读长沙走马楼简牍札记之三》,《郑州大学学报》2000年第5期。

23.《从嘉禾年间〈吏民田家莂〉看长沙郡一带的民情风俗与社会经济状况——读长沙走马楼简牍札记之四》,《中州学刊》2000年第4期。

24.《关于〈嘉禾吏民田家莂〉中"州吏"问题的剖析——读长沙走马楼简牍札记之五》,《史学月刊》2000年第6期。

25.《睡虎地秦简研究》,万卷楼图书有限公司2001年。

26.《从〈嘉禾吏民田家莂〉中的"诸吏"状况看吏役制的形成与演变——读长沙走马楼简牍札记之六》,《郑州大学学报》(哲学社会科学版)2001年第1期。

27.《〈长沙走马楼三国吴简·嘉禾吏民田家莂〉释文注释补正——读长沙走马楼简牍札记之八》,《郑州大学学报》(哲学社会科学版)2001年第4期。

28.《漫谈〈张家山汉墓竹简〉的主要价值与作用》,《郑州大学学报》(哲学社会科学版)2002年第3期。

29.《西汉前期的"傅年"探讨——读〈张家山汉墓竹简〉札记之六》,《新乡师范高等专科学校学报》2002年第3期。

30.《论西汉前期刍、稾税制度的变化发展——读〈张家山汉墓竹简〉札记之二》,《郑州大学学报》(哲学社会科学版)2002年第4期。

31.《〈张家山汉墓竹简·二年律令〉中诸律的制作年代试探》,《史学月刊》2003年第9期。

32.《从张家山汉简〈二年律令〉看西汉前期的土地制度——读〈张家山汉墓竹简〉札记之三》,《中国经济史研究》2003年第3期。

33.《再论长沙走马楼简牍中的"复民"问题——读〈长沙走马楼三国吴简·竹简壹〉札记之一》,《河南科技大学学报》(社会科学版)2005年第3期。

34.《从〈长沙走马楼三国吴简·竹简壹〉看孙权时期的赐爵制度实况》,《中州学刊》2005 年第 4 期。

35.《从〈长沙走马楼三国吴简·竹简壹〉看孙权时期的口钱、算赋制度》,《史学月刊》2006 年第 2 期。

36.《吴简中所见"丁中老小"之制》,《新乡师范高等专科学校学报》2006 年第 3 期。

37.《吴简中所见孙权时期户等制度的探讨》,《史学月刊》2006 年第 5 期。

38.《长沙走马楼吴简中所见"调"的含义——兼与王素同志商榷》,《中华文史论丛》2007 年第 1 期。

39.《长沙走马楼三国吴简中所见孙吴的屯田制度》,《中国史研究》2007 年第 2 期。

40.《秦、楚二国各有一个昌平君说》,《史学月刊》2008 年第 2 期。

41.《长沙走马楼简牍研究》,广西师范大学出版社 2008 年。

简牍学要义(存目)

马先醒

【评 介】

马先醒,祖籍山东日照,1936年5月出生。1950年到台湾新竹读高中,1955年进入台湾大学历史系读书,1966年以《汉代人口研究》获硕士学位。后入文化大学史学系攻读博士学位,在劳榦指导下撰写博士论文《汉代两京研究》,"曾颇称引简帛资料"。曾任文化大学史学系教授、系主任。现任中兴大学历史系教授。1974年创办《简牍学报》,1977年成立台北简牍学会,是台湾重要的简帛学研究者。主要学术著作有《简牍学要义》、《中国古代城市论集》、《汉简与汉代城市》、《简牍论集》等。

《简牍学要义》,1980年简牍学社印行。是马先醒有关简牍制度的研究论文的结集。这些论文分篇在《简牍学报》上发表过。是第一部有关简牍的通论性著作。目录如下:①

一、简牍释义

二、简牍时代

三、简牍踪迹

四、简牍初现朝野倾动

五、欧洲学人与汉晋简牍

六、简牍本之经史子集

七、简牍材质

八、笔削与汗青

---

① 参见郑有国:《台湾简牍研究六十年》,福建人民出版社2011年。

九、简牍形制

十、简牍文书之版式与标点符号

十一、篇卷与竹帛

十二、简牍之编写次第与编卷典藏

这本著作阐述了简牍的定义，简牍使用的时代，简牍的制作、书写、编连、收卷、保存，简牍的内容，简牍的发现、研究，对于沙畹、王国维等前人之说，时有检讨。对于刀与笔的功用，唐代以后即有误解。至沙畹时，因有出土的实物为参证，始明"刀之功用在削，笔之功用在书"。马先醒对此有更进一步的研讨："刀之功用可大别为三：一，与书写无直接关系者，如前所举述者是。二，与书写略有关系者，即契、券、符乃至筭、筹计数之刻划。在竹简上虽然原则上是写，只是偶然用刻，刻的方法，一种是刻在简面上，是专为计数之用，另一种刻在简的侧面，是要同时刻两个简，专为合符之用。如出关用的符，借钱的券，凡是属于文契之属，都是这样刻的。三，与书写密切相关者，即将误笔予以削改，方式甚多，仅见武威汉简者，即有七种：1. 误书一字，削去偏旁而改书。2. 误书某字之偏旁，削去偏旁而改书。3. 误书数字，削而改字。4. 漏书数字，将整段文字全部削去而补书之，结果字较密挤。5. 溢写数字，削删改写，结果则字较松散或空出余地。6. 误笔虽经削删，但遗未补书。7. 抄者误重一段，削删后不予补书，空白其处。""附录"部分有《裘善元旧藏汉简之形制、内容及其有关诸问题》，详述了这批简的来龙去脉，并录藏于台北"中央图书馆"之30枚简的释文。

马先醒仿方志的写法，作《汉居延志长编》，鼎文书局2001年出版。1996年8月，马先醒率台湾简牍学界一行九人，远赴西北边陲额济纳旗汉晋长城烽燧遗址测量探查，获取了大量第一手数据、资料。回台后即着手编著《汉居延志长编》。"是编创意于二十余年前，台北简牍学会诸君校勘贞一劳榦先生所著《居延汉简》既竟，纂成《居延汉简新编》。其后踵续孜孜迄十余载，搜集参考资料甚丰，乃汇为是编，所资多系二千年前之一手原始材料及当代著名秦汉史、简牍学名家之研究成果。笔者为此曾特别亲赴汉居延地区（今额济纳旗牧

地)考查测量图绘,归来始敢命笔。"目录如下:

上篇　居延自然环境与汉代居延之县、乡、亭、里
一、居延释义
二、沿革
三、居延疆域
四、古今自然环境
五、汉居延县、乡、亭、里
六、汉居延内外交通
七、汉居延地区之物价
八、汉居延生物
九、汉居延人物
中编　汉居延都尉与其四塞
一、居延都尉与遮虏障
二、居延城司马与居延候官、小居延候官
三、居延甲渠候官之建筑与布局
四、甲渠候官障塞
五、殄北候官障塞
六、卅井候官障塞
七、三塞概况与三塞联防
八、居延烽火与《居延烽火品约》
九、居延兵种与兵器
下编　居延汉简与居延新简
一、中瑞西北科学考察团与居延汉简之出土
二、居延汉简之整理考释与漂洋过海
三、居延新简
四、新居延汉简之出土、考释与中国简牍学国际学术研讨会
五、汉居延遗文
附录
一、汉居延遗墨撷粹
二、相关论著资料

三、附图目录
四、相关书目

上编是居延地区的概览,中编是烽燧防御组织、守御器具及防守方式,下编则是简牍出土的概况,附录介绍了资料来源。

《汉居延志长编》构思新颖,有其独到之处。让我们透过居延汉简,看到汉代居延地区的政治组织、经济发展、军民生活,虽非完整的全景描写,却也鲜活生动,遥想两千年前之大漠戈壁、黄沙遮日、金戈铁马、烽烟四起,令人神往。这种研究也开启了居延吏卒生活、边塞物价、邮驿交通、社祀改火等深入社会普通民众生活的探讨。

马先醒在台湾的简牍研究起着承前启后的作用。师承从大陆移入的前辈学者劳榦的简牍学传统,开启了植根于台湾本土学者的研究风气。办学刊,创学会,组织简牍研读班,培育了吴昌廉、陈文豪等简牍学名家。

马先醒简帛学主要论著目录:

1.《近60年来国人对秦汉史的研究》,《史学汇刊》(4),1971年12月。

2.《汉简略说》,《简牍学报》(1),1974年。

3.《余让之汉简学》,《简牍学报》(1),1974年。

4.《新莽年号与新莽年号简》,《简牍学报》(1),1974年。

5.《简牍文字中七、十、三、四、卅、廿廿等问题》,《简牍学报》(1),1974年。

6.《汉代轺车马数与其价格》,《简牍学报》(1),1974年。

7.《萧相国世家「钱三」、「钱五」诸家注商榷》,《简牍学报》(1),1974年。

8.《汉代长安里第考》,《简牍学报》(1),1974年。

9.《汉简文献提要(一)》,《简牍学报》(1),1974年。

10.《简牍学报摘述》,《华学月刊》(32),1974年。

11.《关于〈晒蓝本汉简释文〉及其研究专号》,《简牍学报》(2),1975年。

12.《居延汉简台北本、晒蓝本、甲编本并录诸简释文试斠(一)》,《简牍学报》(2),1975年。

13.《劳贞一先生著晒蓝本汉简释文集钞——以〈居延汉简释文〉南溪本、上海本、台北本均未著录者为限》,《简牍学报》(2),1975年。

14.《劳贞一先生著晒蓝本汉简释文中所保存之简牍形制资料》,《简牍学报》(2),1975年。

15.《晒蓝本汉简释文中之复出简及其有关诸问题》,《简牍学报》(2),1975年。

16.《居延汉简之原编号及其阙夺简号表》,《简牍学报》(2),1975年。

17.《陈邦福汉魏木简义证跋》,《简牍学报》(2),1975年。

18.《汉简文献提要(二)》,《简牍学报》(2),1975年。

19.《简牍学与现存台湾之汉代简牍》,《海外学人》(41),1975年。

20.《裘善元旧藏汉简之形制、内容及其有关诸问题》,《简牍学报》(3),1975年。

21.《西北科学考查团与西北科学考察团》,《简牍学报》(3),1975年。

22.《居延汉简总数与现存简数》,《简牍学报》(3),1975年。

23.《说三字经"披蒲编,削竹简。彼无书,且知勉"》,《简牍学报》(3),1975年。

24.《汉简文献提要(三)》,《简牍学报》(3),1975年。

25.《汉简与汉代城市》,简牍社1976年。

26.《简牍通考》,《简牍学报》(4),1976年。

27.《名刺、名纸、名片》,《简牍学报》(4),1976年。

28.《简与牍——附评钱存训著、周宁森译〈中国古代的简牍制度〉》,《华学月刊》(61),1977年。

29.《简牍形制述要》,《史学论集》,1977 年。

30.《居延汉简之版本与编号》,《劳贞一先生七秩荣庆论文集》,1977 年。

31.《简牍论集》,简牍学会,1977 年。

32.《新方法与新数字——跋吴昌廉著〈居延汉简标号与出土地点关系探微〉》,《简牍学报》(6),1978 年。

33.《居延汉简补编》,《简牍学报》(6),1978 年。

34.《关于第一四八·一〇号居延汉简》,《简牍学报》(6),1978 年。

35.《汉边郡武职之级数及其职称》,《简牍学报》(6),1978 年。

36.《简牍之断代、接合与编连——跋张寿仁著〈居延汉简中昌邑王国简之断代〉》,《简牍学报》(6),1978 年。

37.《简牍之编写次第与编卷典藏》,《简牍学报》(7),1980 年。

38.《简牍文书之版式与标点符号》,《简牍学报》(7),1980 年。

39.《篇卷与竹帛》,《简牍学报》(7),1980 年。

40.《简牍形制》,《简牍学报》(7),1980 年。

41.《笔削与汗青》,《简牍学报》(7),1980 年。

42.《简牍质材》,《简牍学报》(7),1980 年。

43.《简牍本之经史子集》,《简牍学报》(7),1980 年。

44.《欧洲学人与汉晋简牍》,《简牍学报》(7),1980 年。

45.《简牍研究与华学中心之转移》,《世界华学季刊》(1),1980 年。

46.《简牍学要义》,简牍学会 1980 年。

47.《居延汉简、简牍学报、简牍学会》,《简牍学报》(9),1981 年。

48.《睡虎地秦简研究班与其研究专号》,《简牍学报》(10),1981 年。

49.《就简牍学观点略论睡虎地秦简》,《简牍学报》(10),1981 年。

50.《睡虎地秦简中的篇题及其位置》,《简牍学报》(10),

1981年。

51.《简牍本秦律之律名、条数及其简数》,《简牍学报》(10), 1981年。

52.《睡虎地秦简刑律律文集录》,《简牍学报》(10), 1981年。

53.《"坐"与"连坐"》,《简牍学报》(10), 1981年。

54.《秦简杂考》,《简牍学报》(10), 1981年。

55.《简牍形制研究》,《"中央研究院"国际汉学会议论文集·历史与考古》, 1981年。

56.《居延汉简新编》(与吴昌廉等合编), 简牍学会1981年。

57.《译评鲁惟一(Michael Loewe)〈汉简中所见之边政〉》,《简牍学报》(11), 1985年。

58.《宗间阿玛汉简校理》,《简牍学报》(13), 1990年。

59.《旧、新居延汉简综贯研究叙例》,《简牍学报》(13), 1990年。

60.《〈居延新简〉商榷》,《民间史学》春季号, 1991年。

61.《再论新莽年号》,《民间史学》春季号, 1991年。

62.《〈居延新简〉中的"新简"》,《民间史学》春季号, 1991年。

63.《西州(捕匄羌科赏)简册考释》,《民间史学》春季号, 1991年。

64.《新出土秦板图、汉帛图汇考》,《民间史学》春季号, 1991年。

65.《睡虎地秦律擩论》,《法商学报》(25), 1991年。

66.《简牍学与秦汉史》,《史铎》(16), 1991年。

67.《"居延汉简"命名之合理性与精确化》,《简牍学报》(14), 1992年。

68.《居延、甲渠出土汉新简数与册数》,《简牍学报》(14), 1992年。

69.《〈居延新简〉和〈居延新简释粹〉》,《简牍学报》(14), 1992年。

70.《河西简牍与其简牍研究》,《法商学报》(26), 1992年。

71.《简牍制度之有无及其时代问题——附商王国维著〈简牍检署考〉》,《国际简牍学会会刊》第 1 号,1993 年。

72.《敦煌学与简牍学之分合与分际》,《国际简牍学会会刊》(1),1993 年。

73.《〈居延新简〉商榷》,《简帛研究》(1),1997 年。

74.《台湾近年(1989—1993)简牍研究述略》,东京《中国史学》(4),1994 年。

75.《汉居延志长编》,台北鼎文书局 2001 年。

长沙子弹库战国楚帛书研究(存目)

李 零

【评 介】

　　李零(1948—)，祖籍山西武乡县，出生于河北邢台，在北京长大。1977年入中国社会科学院考古研究所参加金文资料的整理研究。1979年入中国社会科学院研究生院考古系，师从张政烺先生攻读硕士学位，研究殷周铜器，1982年毕业。1982—1983年在中国社会科学院考古研究所参加西周遗址的发掘。1983—1985年在中国社会科学院农业经济研究所研究先秦土地制度。1985年后任教于北京大学中文系，从事考古、古文字、古文献的研究、教学。曾参与整理《上海博物馆藏战国楚竹书》。

　　《长沙子弹库战国楚帛书研究》，中华书局1985年出版。全书分三部分：一、楚帛书研究概况；二、楚帛书的结构、内容与性质；三、释文考证。后附索引、后记、插图、图版。

　　一、楚帛书研究概况。介绍了帛书出土的不同说法，出土时间、流往美国的时间等意见分歧。罗列了重要论著，分以蔡修涣临摹本为基础的论著、以弗利尔美术馆全色照片为依据的论著、以大都会博物馆红外线照片为基础的论著三类，每种论著都介绍大概内容。

　　二、楚帛书的结构、内容与性质。帛书的摆法，蔡季襄等是夏季朝上，董作宾、李学勤等是冬季朝上，意见不同。因之中间两段哪个在前也读法有异。边文因李学勤发现是十二个月名，故从一月的"取于下"开始读，基本没有异议。李零文中同意董、李的读法，帛书以冬季朝上，中间以十三行为先，即甲篇；八行为乙篇；边文为丙篇。甲篇内容为"敬天顺时"，乙篇为楚祖先的传承，丙篇是每月宜忌。属楚阴阳家之说，是"历忌之书"。

三、释文考证。以红外线照片为依据，制作摹本。隶定释文，酌加标点。并参考诸家著作，作详细的考释。甲篇凡 409 字，合文 5 字，重文 3 字。乙篇凡 258 字，合文 4 字，重文 4 字。丙篇凡 233 字，合文 2 字，章题 36 字。全书字数当在 936 以上，加合文 11 字，重文 7 字，合计 954 字。

书后附单字索引。"插图"部分有长沙子弹库楚墓出土的"人物御龙帛画"、其他器物、曾侯乙墓出土的漆箱盖摹本、汉代的式盘、汉代的日晷、古代的司南、六博棋局等。"图版"部分有帛书的全局及局部的照片及摹本。

《长沙子弹库战国楚帛书研究》是红外线照片公布后中国大陆学者首部研究著作。有系统的研究综述，对 20 世纪 80 年代前的论著有详细归纳评介，是入门必读书。也是作者早年用力颇勤的一部力作。楚帛书一向号称难读，是学界较早接触到的楚地文献，大家对楚文字的认识也处于初始阶段。经过中外学者多年的努力，特别是红外线照片的发布，楚帛书已大致可读。现在存在的分歧一是中间两部分何者在前，或者说帛书怎么摆，哪个方向朝上。李零同意董作宾、李学勤的意见，以冬季朝上，先读十三行。作者的另一部书《中国方术考》也是如此读。后来李学勤改变了自己的意见，改从蔡季襄的读法，即以南方为上，先读八行《四时》，再读十三行《天象》，参看《简帛佚籍与学术史》。另饶宗颐也以八行为首。目前这一分歧尚无定论，似八行为首论者渐占上风。李零《〈长沙子弹库楚帛书研究〉补正》(《古文字研究》第 20 辑，中华书局 2000 年)似有调和两说之意，"所谓'上南下北'说与'上北下南'说完全可以统一起来，这个问题与帛书的阅读顺序应有所区别"。并认为帛书的三篇相对独立，在内容上并不衔接。但他还是坚持先读十三行。分歧之二是帛书的性质。曾宪通《楚帛书研究四十年》(《楚帛书》，香港中华书局 1985 年)总结为(1)文告说(蔡季襄等)；(2)巫术品说(郭沫若等)；(3)月令说(陈梦家等)；(4)历书、历忌说(李棪、李零)；(5)阴阳家说(李学勤)；(6)天官书说(饶宗颐)。李零概括为月令说、历忌说、天官书说三种。分歧之三是具体字的释读，徐在国编著《楚帛书诂林》(安徽大学出版社 2010 年)，汇集各家解说，以《说文》部首为序，可以参考。

我们这里还要介绍李零的另一部著作《简帛古书与学术源流》，三联书店 2004 年出版。全书分上篇概说、下篇导读两部分，各有六讲。每讲后附录有关资料。是作者在北京大学中文系开设的"出土文献与学术源流"课程的教材。

上篇第一讲，引言：寻找回来的世界——简帛古书的发现与中国学术史的改写。附录：现存先秦两汉古书一览表。框定涉及的范围，即简帛古书，不涉及文书类的出土文献。而"学术史"类似于章学诚说的"辨章学术，考镜源流"，"我是从古书的分类入手，研究古代的知识系统和知识结构；在它的基础上，再研究古人的思想特点和心理特点"。第二讲，三种不同含义的"书"。附录一：中国古代文字的分类(按书写材料和书写工具分类)。附录二：中国古代文书的分类。所谓三种"书"，即作为文字的"书"，作为档案的"书"，作为典籍的"书"(古书)。而这本书讨论的是第三种。第三讲，简帛的埋藏和发现。附录：简帛分域编(1901—2003 年)。历史上孔子壁中书和汲冢竹书很有名，20 世纪以后出土的约有三十多次，三百多种。第四讲，简帛的形制与使用。附录：王国维《简牍简署考》。竹简需杀青，简长多 23 厘米，合汉尺一尺。木牍的长度大都也如此。帛书有整幅 48 厘米或半幅 24 厘米两种，而长度可随内容的多寡而剪裁。第五讲，简帛古书的整理与研究。附录：长台关楚简《申徒狄》研究。简帛要经过发掘、保护、拼接复原、释读、考证这一过程，相当繁复。之后就是编辑出版，供广大学者使用。战国文字的释读是目前遇到的难点之一。第六讲，简帛古书的体例与分类。附录：余嘉锡《古书通例》(摘录)。先秦古书常多人增补而成，因之成书的年代也会拉得很长，"古史多无大题"[1]，只有篇题，古书真伪常难定夺，可重点考察年代。古书的分类可大致按《汉书·艺文志》，只把史书从六艺中分出，形成七类：六艺类、史书类、诸子类、诗赋类、兵书类、数术类、方技类。

下编第七讲，简帛古书导读一：六艺类。附录一："六艺"之书的顺序。附录二：汉代小学发展的三个阶段。这一讲主要介绍了阜阳

---

[1] 余嘉锡：《古书通例》，上海古籍出版社 1985 年，第 30 页。

双古堆《诗经》等六艺类及小学类简帛文献。第八讲，简帛古书导读二：史书类。附录：与邓文宽先生讨论"历谱"概念书。第九讲，简帛古书导读三：诸子类。附录：儒门传学考。第十讲，简帛古书导读四：诗赋类。附录一：张鸣论和声概念书。附录二：敦煌汉简《风雨诗》。附录三：银雀山汉简《唐勒》。附录四：尹湾汉简《神乌赋》。第十一讲，简帛古书导读五：兵书类。附录一：兵书的起源。附录二：兵书的分类。附录三：兵书的整理和经典化。附录四：兵书的三大类型和它们的国别。附录五：银雀山汉简《地典》。第十二讲，简帛古书导读六：方术类。附录一：方术的概念与分类。附录二：方术的发展脉络。附录三：研究中国早期宗教的三个视角。下编这六讲，主要是结合学术史，把简帛文献点缀其间，显示其在学术史上的位置、价值。

结语：古代学术遗产的重新理解。

这部书对相关术语有详细解释，便于初学。如对"文献"、"书"、"二重证据法"、"学术史"、"竹简"、"木简"、"木牍"、"帛书"等都有解说。而且对这些基础的问题都有自己的思考，力求全面、深刻，有一定新意。有时加入自己的切身感受经验，深入浅出。如谈到帛书的揭剥，就结合了自己在美国参与整理楚残帛的经历："1993年的上半年，弗利尔美术馆的实验室开始试揭残帛，我是参加了的。当时，我们发现，其纤维已严重碳化，表面又被钝物挤压，碎片粘连纠结，很难打开，也很难复原。当时，为了尽量安全科学地把这批残帛打开，我曾就揭剥方法和揭剥程序，和中外专家反复切磋。虽然，这一工作到现在还没有最后完成，但粗糙的想法还是有一点。"这样做的好处是，虽是基础知识，但尽量延伸至学科的前沿，培养读者一定的研究能力。同样的，简牍的发掘保护，因作者没有这方面的第一手资料，就比较简略。而简牍的拼接、复原则由于作者有整理上博简的经验，就叙述得很细致，甚至有对个中甘苦的发泄："很多人都不知道，这件工作有多麻烦。第一，整理者着手整理时，那是茫无头绪，一团乱麻，他们颠三倒四团团转，花去的时间比后来要多得多。这是件费力不讨好的工作，干好了没人夸，干坏了有人骂。……"可以看出作者在这里有很多话要诉说，告诉读者要珍惜简帛整理的成果。而这些正是书中精彩的部分。每一讲后附的资料也很有特色，感觉举例性质的东西多，由点带面。同时这种体例也是同类著作中少见的。

资料的运用正如李零在书中所说，是虚实结合。《前言》："我希望读者能注意，出土发现和传世文献，两者各有各的作用，都很重要。第一我并不因为出土材料古老，就贬低传世文献的价值，认为出土发现的作用只是推翻和代替它们，相反，倒是以传世文献作讨论框架和理解背景。第二，我也并不因为出土材料的数量和覆盖面远不如传世文献，就以为出土发现没有重读和改写学术史的价值，相反，总是以这些发现作理解线索，重新考虑传世文献中很多被忽略和曲解的地方。第三，我认为，出土发现和传世文献，两者都是管中窥豹，全局还在两者之外，无论哪一方面，都有已知和未知，只有放入学术史的框架，虚实结合，才能发挥两方面的作用。"传世文献和出土文献，不可偏废，不可相互替代。这里的"虚实"有多种含义。以出土文献为实，则传世文献为虚；以已知为实，则未知为虚；以已发现为实，则未发现为虚。实是片面的，虚才是全局。虚有时比实更耐人寻味。如书中讨论古书的分类，基本框架是《汉志》，史学从经籍中独立出来，为七大类，每一大类又分若干小类。这些都立足于传世文献。《汉志》著录的书很多散佚失传，我们只能从目录中知其大概。把出土简帛文献纳入这样的分类体系，就更显捉襟见肘。处理的办法就是，实则实之，虚则虚之。李零说："出土发现的古书很多，但属于史书类，很多材料还未发现，或发现了也没发表，有些类别仍是空白。所以，在这一讲里，我们必须采取虚实结合的办法，把'已发现'和'未发现'搁在一块儿讲。这样做当然是不得已，但未尝不是一种工作方法，而且做得好，还是很有用的工作方法。"脚注接着说："考古学家和历史学家都经常使用这种工作方法。这是做大问题不能不采用的方法。避虚就实绕着走，做小问题可以，大问题不行。"差不多下编的每一类简帛古书的分类都是这样做的，出土的东西不可能你要什么就出什么，空缺的位置就由传世文献来填补。

李零简帛学主要论著目录：

1.《关于银雀山简本〈孙子〉研究的商榷》，《文史》第 7 辑，

1979 年。

2.《银雀山简本〈孙子〉校读举例》,《中华文史论丛》1981 年第 4 辑。

3.《青海大通上孙家寨汉简性质小议》,《考古》1983 年第 6 期。

4.《〈孙子〉篇题木牍初论》,《文史》第 17 辑,1983 年。

5.《长沙子弹库战国楚帛书研究》,中华书局 1985 年。

6.《出土发现与古书年代的再认识》,香港《九州学刊》3 卷 1 期,1988 年。

7.《楚帛书目验记》,《文物天地》1990 年第 6 期。

8. The formulaic structure of Chu divinatory bamboo slips, translated by William G. Boltz, Early China, No. 15, 1990.

9.《楚帛书与"式图"》,《江汉考古》1991 年第 1 期。

10.《马王堆帛书"神祇图"应属辟兵图》,《考古》1991 年第 10 期。

11. Discussion of the Chu Silk Manuscript and 'Shi-tu', translated by Jenny F. So, New perspectives on Chu culture during the Eastern Zhou Period, edited by Thomas Lawton, Princeton University Press, New Jersey, 1991.

12.《马王堆房中书研究》,《文史》第 35 辑,1992 年。

13.《简牍帛书研究》,《中国考古学年鉴》(1991),文物出版社 1992 年。

14. Contents and terminology of the Mawangdui Texts on the art of the bedchamber, translated, edited and revised by Keith MicMahon, Early China, No. 17, 1992.

15.《道家与帛书》,《道家文化研究》第 3 辑,上海古籍出版社 1993 年。

16.《包山楚简研究(占卜类)》,《中国典籍与文化论丛》第 1 辑,中华书局 1993 年。

17.《中国方术考》,人民中国出版社 1993 年。

18.《高罗佩与马王堆房中书》,《马王堆汉墓国际学术讨论集》,湖南出版社 1994 年。

19.《楚帛书的再认识》,《中国文化》1994 年第 10 期。

20.《包山楚简研究(文书类)》,《王玉哲先生八十寿辰纪念论文集》,南开大学出版社 1994 年。

21.《战国秦汉方士流派考》,《传统文化与现代化》1995 年第 2 期。

22.《孙子古本研究》,北京大学出版社 1995 年。

23.《读银雀山汉简〈三十时〉》,《简牍研究》第 2 辑,法律出版社 1996 年。

24.《老李子和老莱子》,《中国哲学史》1997 年第 2 期。

25.《李零自选集》,广西师范大学出版社 1998 年。

26.《读几种出土发现的选择类古书》,《简帛研究》第 3 辑,广西教育出版社 1998 年。

27.《读九店楚简》,《考古学报》1999 年第 2 期。

28.《读郭店楚简〈太一生水〉》,《道家文化研究》第 17 辑,三联书店 1999 年。

29.《郭店楚简校读记》,《道家文化研究》第 17 辑,三联书店 1999 年。

30. Translation of the Chu Silk Manuscript, included in Defining Chu, Honolulu: University of Hawaii Press, 1999.

31.《〈长沙子弹库战国楚帛书研究〉补正》,《古文字研究》第 20 辑,2000 年。

32.《郭店楚简研究中的两个问题——美国达慕斯学院郭店楚简学术讨论会感想》,武汉大学中国文化研究院编《郭店楚简国际学术研讨会论文集》,湖北人民出版社 2000 年。

33.《中国方术考》(修订本),东方出版社 2000 年。

34.《中国方术续考》,东方出版社 2000 年。

35.《从简帛发现看古书的体例和分类》,《中国典籍与文化》2001 年第 1 期。

36.《上博楚简校读记——〈子羔篇〉"孔子诗论"部分》,《中华文史论丛》2001 年第 4 辑。

37.《上博楚简校读记(之二):〈缁衣〉》,上海大学古代文明中心等编《上博馆藏战国楚竹书研究》，上海书店出版社 2002 年。

38.《郭店楚简校读记》，北京大学出版社 2002 年。

39.《上博楚简三篇校读记》，万卷楼图书有限公司 2002 年。

40.《〈上博博物馆藏战国楚竹书〉（一）释文校订》，《中国哲学》第 24 辑，《经学今诠三编》，辽宁教育出版社 2002 年。

41.《长台关楚简〈申徒狄〉研究》，张政烺先生九十华诞纪念文集编委会编《揖芬集》，社会科学文献出版社 2002 年。

42.《上博楚简校读记（之三）：〈性情〉》，《国学研究》第 9 卷，2002 年。

43.《容城氏》，《上海博物馆藏战国楚竹书》（二），上海古籍出版社 2002 年。

44.《再读郭店楚简〈太一生水〉》，收入《追寻中华古代文明的踪迹——李学勤先生学术活动五十年纪念文集》，复旦大学出版社 2002 年。

45.《三种不同含义的书》，《中国典籍与文化》2003 年第 1 期。

46.《简帛的埋藏与发现》，《中国典籍与文化》2003 年第 2 期。

47.《简帛的形制与使用》，《中国典籍与文化》2003 年第 3 期。

48.《简帛古书的整理与研究》，《中国典籍与文化》2003 年第 4 期。

49.《尹湾汉简〈神乌赋〉校读记》，《第三届国际中国古文字学术研讨会论文集》，香港中文大学中国语言及文学系 2003 年。

50.《恒先》，《上海博物馆藏战国楚竹书》（三），上海古籍出版社 2003 年。

51.《彭祖》，《上海博物馆藏战国楚竹书》（三），上海古籍出版社 2003 年。

52.《简帛古书与学术源流》，三联书店 2004 年。

53.《曹沫之陈》，《上海博物馆藏战国楚竹书》（四），上海古籍出版社 2004 年。

54.《三德》，《上海博物馆藏战国楚竹书》（五），上海古籍出版社 2006 年。

55.《中国方术正考》，中华书局 2006 年。

56.《中国方术续考》，中华书局 2006 年。

57.《读上博楚简〈周易〉》，《中国历史文物》2006 年第 4 期。

58.《从简帛古书看古书的经典化》，《清华历史讲堂初编》，清华大学历史系、三联书店编辑部合编，2007 年。

59.《郭店楚简校读记》，中国人民大学出版社 2007 年。

60.《上博楚简校读记》，中国人民大学出版社 2007 年。

61.《简帛古书与学术源流》，《中国文库》(哲学社会科学类)，三联书店 2007 年。

62.《简帛古书与学术源流(修订本)》，三联书店 2008 年。

63.《人往低处走——〈老子〉天下第一》，三联书店 2008 年。

64.《视日、日书和叶书——三种简帛文献的区别和定名》，《文物》2008 年第 12 期。

65.《读清华简〈保训〉释文》，《中国文物报》2009 年 8 月 21 日。

66.《中国最早的"升官图"——说孔家坡汉简〈日书〉的〈居官图〉及相关材料》，《文物》2011 年第 5 期。

67.《北大汉简中的数术书》，《文物》2011 年第 6 期。

68.《北大秦牍〈泰原有死者〉简介》，《文物》2012 年第 6 期。

居延汉简研究（存目）

[日]永田英正

【评 介】

永田英正（1933—　），日本简牍学学者。1957年毕业于京都大学文学部东洋史学专业。1962年，京都大学大学院博士后期课程修满后，任京都大学人文科学研究所助教、讲师、副教授。1974年后历任富山大学教授、滋贺大学教授。1990年任京都大学文学部教授。1997年退休。现为京都女子大学教授、京都大学名誉教授、文学博士。

《居延汉简研究》是其代表作。日文版1989年同朋舍出版。中文版由张学锋译，广西师范大学出版社2007年出版。本书包括两大部分：上册第一部，居延汉简的古文书学研究；下册第二部，居延汉简与汉史研究。

在第一部之前有谢桂华《简帛研究丛书序言》，永田英正的《中文版序》，以及藤枝晃撰写的《序言》。其中藤枝晃的《序言》介绍了日本"汉简研究班"简牍集成研究的过程，值得关注。序章"中国简牍研究的现状与课题"简要介绍中国秦汉简牍的制作、书写，1985年前中国出土的主要简牍。总结出，北方边地主要出土于古代遗址，南方内地主要出土于古代墓葬；墓葬出土的多遣策、书籍，遗址出土的多为文书，这一普遍规律。① 接着介绍了中国、日本的研究状况，在此基础上提出，过去的简牍分类研究存在不足，应按文书的内容，进行古文书学意义上的分类集成。

---

① 这种说法现在看来并不准确，内地也有大量简牍出土于古井等官署遗址，如走马楼吴简、广州南越王官署简等。

第一部，居延汉简的古文书学研究。即所谓的"简册复原"。这里并不是严格意义上的"简册复原"，实则就是按居延简的内容，对其中的"簿籍"进行分类。第一章，居延汉简集成一——破城子出土的简牍。第二章，居延汉简集成二——地湾、博罗松治、瓦因托尼、大湾出土简牍。这两章对居延简按出土地分别进行了分类集成。整体框架是一样的，在第二章的"结语"中，列出总的分类表，先把簿籍分为标题简和正文简两大部分，每部分再按内容分类：

Ⅰ 吏卒
  甲 吏卒名籍类
    a 官职、籍贯、爵位、姓名、年龄
      从简头开始顺次记吏卒的官职名、籍贯地的郡国名县名里名、爵位、姓名、年龄，这是名籍典型的记载书式。（破、地、博、大①）
    b 官职、姓名
      这种书式省去了 a 的中间部分，只记吏卒的官职名和姓名。（破、地、博、大）
    c 一枚简分成三段，一枚简上列记三个燧长的所属和姓名。（破）
    d 上段书燧长姓名，下段列记燧卒姓名。（破、瓦）
    e 记吏卒的总数。（破、地、大）
    f 在官职名和姓名之下书"见"、"不在署"、"不在"等。（破、地）
    g 上段书卒的籍贯地、爵位、姓名、年龄。（地、大）
  乙 病卒名籍
    在官职名、姓名之后记发病月日、病名、治疗及经过。（破、瓦、大）
Ⅱ 勤务
  甲 日迹簿

---

① 出土地简称，破，破城子；地，地湾；博，博罗松治；大，大湾；瓦，瓦因托尼。

a 燧名
　　　　　卒某(姓名)一日~十日
　　　　　卒某十一日~二十日
　　　　　卒某二十一日~月末
　　凡迹积三十日(或二十九日)毋人马兰越塞天田出入迹
　　上段中央大书烽燧名,中段记录分担一个月的各个燧卒的日迹成绩,下段记这一个月全燧的日迹成绩和异常的有无。(破、地)

b 上段中央大书候长、候史等官职名和姓名,其下与 a 同样,记录某个人的日迹成绩和异常的有无。(破、博)

c 上记每天的干支,其下书"迹"字。(地)

乙 邮件递送记录簿

a 南书若干封　某印(或章)诣某所　某月干支(日)时、某燧卒某(名)、受某燧卒某(名)、干支(日)时、付某燧卒某(名)
　　上段记南书(向南递送的封书)的封数、中段记各封书的封印名及递送地址。下段记邮件的收发月日、时刻、负责戍卒的所属和姓名。另外,还有一些记有递送区间的距离及所要的时间。(破、地、大)

b 上段大书北书(向北递送的封书)以外,其他均与 a 同(破、博、地、大)

丙 信号传达记录簿

这类简牍记何时从何地传来了何种信号,或何时向何处传递了何种信号,并记受信发信者名。(破、博、地、大)

丁 作簿

a 某月干支(日)○人
　　　　　其一人……　一人……
　　　　　一人……　一人……
　　　　　一人……
　　上段中央书月日和在某机关勤务戍卒的人数,其下按当日戍卒从事的工作种类为准,记其人数及勤务内容。在"作簿"中,这种书式的东西又称"日作簿"。(破、地、博、大)

b 某燧卒某(姓名)工作内容　工作内容　工作内容　工作内容　工作内容　工作内容……

上段书戍卒的所属和姓名，其下记每天的工作内容和实际完成的数额。又称"卒作簿"。（破、大）

Ⅲ 器物

甲 "守御器簿"类

    a 简头上有"出"字，其下记器物名和数量。（破、地、大）

    a′ 简头上有"入"字，其下记器物名和数量。（破、瓦）

    b 简头上有器物名，其下顺次记入数量。（破）

    c 月或年下有"今余"或"余"字样，其下记器物名称和数量，然后再书"毋出入"或"校见"。（破、地、博、大）

    d 烽燧名　器物名、员数……　……　……
　　　　　　　　　器物名、员数……　……

简头中央书燧名，其下分成数段，记装备品器物的名称和员数。（破、地、博、大）

    　　　　　　　　　器物名、员数、不事用
    d′ 某燧长某（姓名）　器物名、员数、毋……
    　　　　　　　　　器物名、少……

简头中央书烽燧长的所属和姓名，其下分成数段记器物名和员数。员数之下再通过"不事用"或"毋"、"少"等形式记器物的破损和阙如状态。（破、地）

    e 烽燧名下书一种装备品，其下记器物名、员数、破损等情况。（破、地、大）

    f 仅记一种兵器或其他装备品的名称和数量。（破、地、博、大）

    g 在装备品名称和数量及其破损情况之下记"负几算"。（破）

乙 "戍卒被兵簿"类

    a 某燧卒、籍贯地、爵位、姓名、年龄　弩……
    　　　　　　　　　　　　　　　　　　弓……

书戍卒的所属、籍贯地、爵位、姓名、年龄之后，其下记所持兵器类的种类和员数。这种书式是最为详细的记载，其中省去爵位、年龄的也有。（破、地、博、瓦、大）

    b 在戍卒的所属、籍贯、姓名之下，记其所持衣物的种类和员

数。(破、地、大)
- c 在书式上与 b 基本一致，在衣物类的种类和数量下有"自取"、"取"、"某为取"、"某取"等字样。(破、地、大)
- d 上段书戍卒的籍贯和姓名，然后写"因病死"。中段书所持衣物或现钱的内容、数量以及对这些遗物的处理结果。(破)

Ⅳ 现钱

甲 "钱出入簿"类
- a 简头上书"入钱"或"受钱"，下记金额，其下再写明金额的细目及入钱的事由。(破、地、大)
- b 出钱…… 买……
  简头以"出钱"的形式记录金额，其下在"买"或"籴"之后记物品名称和数量。(破、地、大)
- c 与上述 b 样式中一枚简原则上只记录一样品目相对，这种样式则在一枚简牍中记录汇总起来的出钱金额和购入品目。(破)
- d 物品名、数量　直……
  简头记物品名称和数量，下段在"直"之下记录金额。(破、地、大)
- e 简头书燧长或戍卒的所属和姓名，其下以同一笔迹记金额及"某月干支阁"，再下以不同笔迹记"毕"或"某月干支自取"。(破)
- f 记录现钱或者余钱的总额。简头上亦有书"凡"字者，但其上没有墨点●，因此不将它视作账尾。(破、地、大)
- g "钱出入簿"a~f 以外的书式以及断简。(破、地、大)

乙 "吏受奉名籍"类
- a 官职、姓名　某月奉(钱)……
  简头上书吏的官职名和姓名。其下记一个月或数个月的奉钱金额。(破、地)
- b 简头上在"出奉钱"、"出钱"、"出赋钱"之后记出钱金额，其下以"给"的形式记录所发奉钱的细目和领受方式等。(破、地、瓦、大)

c　官职、姓名、某月奉钱……某月干支(日)自取
　　　简头上书吏的官职名和姓名，中段记一个月或数个月的奉钱额，下段记领受月日及领受人。(破、地、博、大)

　　d　简头上书官职名和姓名，其下以"未得"的形式记录未发放的月数和奉钱总数，后有"已赋毕"三字。(破、地)

　　d′　在书式上与d基本一致，只是在姓名之下记有除任的年月日，无"已赋毕"三字。(地、大)

　　e　上段双行书官职名、姓名和除任年月日，下段以"未得"的形式记录未发放的月数和奉钱总额，再下双行记"已得"奉钱的总额。(破、地、大)

　　f　记录奉钱和赋钱总额及余钱额。(破、地、大)

V　食量

　甲　"谷出入簿"类

　　a　入粟……石　某年某月干支(日)、吏某(名)受某(姓名)
　　　简头上在"入粟"、"入糜"、"入麦"、"入谷"之后记其数量，其下记年月日、领受吏的官职姓名、交纳者姓名。(破、地、博、瓦、大)

　　b　出粟……石　付(或以食、给)○人某月食
　　　简头上在"出粟"、"出糜"、"出麦"、"出谷"之后记其数量，其下以"付"、"以食"、"给"的形式记支给对象的人数和月份。(破、地、博、瓦、大)

　　c　以"余谷(粟、麦)"的形式记录剩余谷物的数量。(破、地、博、瓦、大)

　　d　"谷出入簿"的断简。(破、地、瓦、大)

　乙　"吏卒廪名籍"类

　　a　机关名、某月廪名　戍卒某　　戍卒某(姓名)　戍卒某
　　　　　　　　　　　　戍卒某　　戍卒某
　　　以机关为单位记录的食粮配给者名单。上段书机关名及月份"廪名"，以下列记戍卒的所属和姓名。(破)

　　b　内容与a一致，不同之处是以"用粟"、"用谷"的形式记录所

需谷物的总量。(破、地、大)
  c 机关名　吏某(姓名)三石三斗三升少、某月干支(日)自取卩
  　　　　　吏某(姓名)三石三斗三升少、某月干支(日)自取卩
    简头上记机关名或负责人的官职姓名,以下在列记所属的吏卒姓名和一个月的谷物配给量之后,写上"自取卩"、"取卩"、"自取"文字和签字符号。(破)
  d 个人的食粮领受记录,上段书官职名和姓名,中段书一个月的谷物配给量,下段在月日之下写"自取"、"取",然后是"卩"。另外,在姓名之后也有记"盐三升"的简牍。(破、地、博、瓦)
丙 "卒家属廪名籍"
  a 某燧卒某(姓名)　　妻、性别年龄区分、名、年龄　用谷……
  　　　　　　　　　　子、性别年龄区分、名、年龄　用谷……
    ●凡用谷…
    上段书戍卒的所属和姓名,中段记家属各人与戍卒的关系、性别年龄区分、名、年龄及一个月的食粮配给额,下段以"●凡用谷"的形式计算戍卒一家(戍卒本人除外)一个月的食粮配给总额。(破、博)
  b 从上段到中段的家属名、年龄,与 a 完全一样,只是省略了家属各人的食粮配给数,直接以"见署用□"的形式计算戍卒家属(戍卒本人除外)一个月的食粮配给总额。(破)
丁 与粮食有关的其他简牍
  a 食盐的配给及领受记录。简头上书"出盐"或"入盐",其下记盐的数量和领受者等细目。(破、地)
  b 与粮食有关的断简。(破、地)
Ⅵ 其他
甲 文书发信记录
    发信文书的内容●○事○封　某月干支(日)某吏某名封
    上段记所发文书的内容要点,在墨点●之后记封书的数目。下段明记发信的月日和发信负责人的职官姓名。另外,也有在简头附上墨点●的。(破、地)

乙 文书收信记录
　　书〇封　其一封某印(或章)
　　　　　　一封某印　　　　　　某月日干支(日)某吏某(名)发
　　上段记收到封书的形态和件数，中段记封缄各封书的印章名，下段以"某月干支某吏某发"的形式明记收信月日和收信负责人。(破)

丙 "诣官"记录
　a 官职、姓名……诣官、某月干支(日)时入
　　自简头书官职名、姓名及向候官具禀的事由，后接"诣官"二字，紧接着记录到达候官的月日时刻。(破、地、博)
　b 书式与a相同，只是在"诣官"与到达候官的月日时刻之间有一段空白。(破)

丁 秋射的个人成绩记录
　　官职、爵位、姓名　某年以令射、发矢十二、中䦆〇当
　　上段书官职、爵位、姓名，中段记秋射年份及十二支箭中命中的支数。(破、地)

戊 除任、转任记录
　a 官职、籍贯地、爵位、姓名、年龄　某年某月干支(日)除
　　下段记除任的年月日。(破、地、大)
　b 官职、籍贯地、爵位、年龄　徙补某官、代某(姓名)
　　如果原来是民的话，则在官职、籍贯地、爵位、姓名、年龄之后书"今除为某官代某(姓名)"。(破、地)

己 个人债务记录
　　上段书债务者的官职名和姓名，下段记债权者的姓名、品物、数量、金额。也有仅记负债额的简牍。(破、地、博)

庚 吏卒的档案记录
　　上段书官职名、籍贯地、爵位、姓名、年龄，下段记家属构成情况和宅地、田地的面积、用牛数以及各自的价格。(破)

辛 与牛马相关的记录
　a 官职、姓名、马一匹、毛色、牡(或牝)、齿、高〇尺〇寸
　　上段书官职名、姓名，下段记马的匹数、毛色、牡牝之别、

年齿、高度等。（破、地、博、瓦、大）

a′　这一类的简牍均是上段残缺的简，因此上段的内容不明，或许跟 a 相同。下段记牛的匹数、毛色、牡牝之别、"左斩"文字、年齿、高度等。（大）

b　在官职名和姓名之后书"马钱"，下段仅记金额。（破）

c　用于饲养牛马的茭、榜程、麦等饲料出纳记录，书式与"谷出入簿"基本相同。（破、地、博、大）

壬　前号码一六二组简

书于简头的一个文字难以释读，接着有数字模样的记录，其下书"公乘"及籍贯、姓名，然后留下空白之后记"卒"、"大"、"老"之别。下段记"故小男丁未丁未丙辰戊寅乙亥癸巳癸酉令赐各一级丁巳令赐一级"。（破）

癸　吏的功劳记录

a　自上顺次记录官职名、姓名、功和劳的数目，接着书"能书会计、治官民颇知律令"，后记"武"、"文"之别，然后记年龄、身高、籍贯、家与候官之间的距离。（地、破）

b　官职、姓名　功○、劳○岁○月○日

在官职、姓名之下仅记功和劳的数目。另外，a 是一简记一人，b 在地湾出土简中有一简记数人者。（破、地）

子　罪状与处罚记录

上段书官职名、籍贯、姓名，下段记所犯罪状及对其之处罚。（地、大）

丑　出入关所时的记录

官职（或籍贯）、爵位、姓名、年龄、身高、色（或轺车○乘、马○匹）某月干支（日）出（或入）

如果是吏，记其官职名、爵位和姓名，如果是民，则记其籍贯、爵位、姓名。以下两者相同，记其年龄、身高、毛发（？）的颜色、随身车辆牛马数目，下段记录出入关所的月日。（地、大）

这是簿籍简集成的一个大框架。各类簿籍都可在框架中找到自己的位置。即使是残简，也可大致知道其残缺部分的内容。就像树立了一个标杆，同类简都可以通过比照获得更详细的信息。而这一"分类表"可以显示屯戍烽燧各级组织特别是基层组织的日常事务，使得居延简的内容系统化、立体化。

第三章，各种簿籍简牍格式的分析。通过"永元器物簿"、"橐他莫当燧始建国二年五月守御器簿"等实例，我们发现，簿籍简册加上递送状，就成为由此及彼的文书。如"五凤三年四月丁未朔辛未，候长贤敢言之。谨移省卒名籍一编，敢言之"（159.21），这就是递送"省卒名籍"的递送状，附在簿籍前，与簿籍一起组成完整的文书。其中"敢言之"、"谨移"等都是关键词。

第二部，居延汉简与汉史研究。第四章，简牍所见汉代边郡的统治组织。第五章，评陈梦家"破城子为居延都尉府"说。认为陈说有误，破城子已确定是甲渠候官，居延都尉府不在同一个城障。第六章，试论居延汉简中所见的候官。从发掘记录看，候官是文书集中的地方。通过"诣官"簿可考见候官的工作。处于都尉府与部燧之间，上传下达。第七章，再论汉代边郡的候官。候官的属吏由都尉府任免。第八章，关于礼忠简与徐宗简——评平中苓次"算赋申报书"说。认为这两枚简并不是算赋申报书，而是财产档案。

附篇。第九章，云梦秦简的发现及中国学界的研究。第十章，江陵凤凰山十号汉墓出土的简牍。这两篇文章都是综述介绍性质。

永田英正是日本中国简牍集成研究的集大成者。20世纪50年代，日本学者在森鹿三的带领下开始用"研究班"的方式接触居延汉简，就是大家共同读书，共同研究。在王国维、劳榦的路走不下去的时候，他们尝试利用古文书学的方法整理居延简。藤枝晃说："迄今为止的古文书研究，汉简是被用作汉史研究的辅助史料，敦煌、西域出土的文书是被用作唐史研究的辅助史料在加以利用的。我想可以这么说，在现实中，为了解决汉代和唐代历史中的疑难问题，利用古文书的并不少，但这只是利用而已，并不是真正地将它作为古文书，用古文书学的方法来进行系统研究。欧洲和日本的古文书，自古以来就是通过古文书馆或其他公私机构集中加以保管的，而汉简或西域、敦煌的汉文古文书却是通过近代以来的探险无意中发现的。所以，汉文古文书之所以没有形成正式的古文书学，最大的原因就在这一点。"①
这种说法虽并不准确，但促使他们寻找新的研究方法。他们计划把一
万枚居延简做成卡片，然后据内容重新分类集成。森鹿三指出："为
了摆脱目前简牍研究的这种困境，有必要暂时抛开《汉书》、《后汉
书》这些中国正史的知识，专门从简牍方面入手，依照某种基准将之
分类整理，按简牍的共同点先将之分成小类，相近的若干小类可以集
成中类，再由这样的中类集成大类。"②这项工作开始于1967—1968
年。他们把剪下的原简图版、释文贴在卡片上，再填写编号、页码等
项目，按编号顺序排列。应该说，这项工作是集体智慧的结晶。后由
永田英正据出土地、文书格式进行新的分类集成。于1974年在《东方
学报》京都版第46册和第47册上发表了《居延汉简集成一》和《居延
汉简集成二》。集成了破城子出土的简牍。同时发表了《试论居延汉
简中所见的候官》，载《史林》第56卷第5号，1973年。后来永田英正
由京都调往富山大学，把卡片也全部运至富山。研究状况也发生了
一些变化，不再是大家共同讨论，基本就是永田一人继续利用这批卡
片。1979年，在《东方学报》京都版第51册发表了《居延汉简集成
三》，即集成了地湾、博罗松治、瓦因托尼、大湾等地出土的居延
简。1986年年初，永田英正把过去的论文编成一个集子，并对居延
简的集成作了理论阐述，写成《各种簿籍简牍格式的分析》。从永田
英正研究的过程来看，居延简的集成研究是日本简牍研究精英们集体
讨论的结果，森鹿三、大庭脩、藤枝晃等也是其中的代表。森鹿三
的《居延汉简集成——特别是关于第二亭食簿》，载《东方学报》第29
册，1959年；《关于居延出土的卒家属廪名籍》，载《立命馆文学》第
180册，1960年。大庭脩《论居延出土的诏书册和诏书断简》，载《关
西大学东西学术研究所论丛》52册，1961年10月；《汉代的啬夫》，
载《东洋史研究》第14卷第1、2号，1955年7月。《爰书考》，载《圣
心女子大学论集(十三)》，1958年11月。以及1960年参加汉简研究

---

① 藤枝晃：《居延汉简研究·序文》，广西师范大学出版社2007年。
② 参见永田英正：《居延汉简研究·序章》，广西师范大学出版社2007年。

班的英国学者鲁惟一的《汉代行政记录》，都是简牍集成研究的范例。"采用的方法是，以某一种特定样式的简牍为对象，将同一种类的简牍进行集成使之成为一组，然后再对其内容进行考证。""依据简牍的样式对断简零墨进行集成，将之复原到原来册书的样子，或尽可能使之接近于原来册书的样子，从样式这个角度来使简牍组化、体系化，在把握了简牍固有性格的基础上再对其内容进行研究。这可以说是简牍的古文书学研究。"[1]藤枝晃评价说："对一万枚木简通过作卡片的方法，将之恢复到图版编辑以前的状态，然后再将之进行分类，这种方法乍见愚蠢笨拙，但却取得了令人注目的成果。"[2]

　　这种研究的好处是重视简牍本身的系统性，恢复其自身的功能。对处理居延简、敦煌简这种比较零散的简牍比较有价值，可以提高其利用率，残篇零简能回归本位。在此基础上的研究会更全面、科学。大庭脩的《元康五年诏书册的复原》就可作为汉代诏书的模板，其他有残缺的诏书就可以知道残缺的部分和现存的部分的关系。并且对于保存完好册书的研究也有参考意义。即探讨其自身各组成部分的关系，从关系中挖掘信息，而不仅是利用各个相对独立的部分的内容。从罗振玉、王国维以分类的方法研究敦煌简，到劳榦分类的细化，再到陈梦家有意识地集成复原武威仪礼简、王杖十简、居延汉简，在日本学者这里被赋予了"古文书学"的方法，森鹿三的积极倡导实践，到大庭脩、永田英正的大放异彩，展示了一条很明晰的路线。大庭脩关注的重点在诏书等文书记册，永田英正主要研讨复原的是簿籍类。二者有一定分工，而又密不可分。

　　永田英正据集成的简册而对汉史的研究也有一定价值，特别是对"候官"这一层组织功能的研究，很有新意。他认为："通过《居延汉简集成》、《试论》以及本章的讨论，可以发现，凡是属于候官的，人也好物也好，通过记录（簿籍）或文书，无一不被纳入到了完整的管理体系之中。这一点是尤其引人注目的。而且，随着候官的执掌内容

---

[1] 参见永田英正：《居延汉简研究·序章》，广西师范大学出版社2007年。

[2] 藤枝晃：《居延汉简研究·序文》，广西师范大学出版社2007年。

越来越明确,这一事实也看得更加清楚了。那么,通过这种记录(簿籍)或文书来进行统治的方法,即所谓的文书行政,是否只是限于边郡军事地区的特殊情况呢?绝对不是,因为汉代在全国范围内施行的上计制度其实就是这种文书行政的一环,边郡的这种制度只能是内郡制度在边境的再生和发展。"①1993年发掘出土的江苏连云港《尹湾汉墓简牍》,其中完整系统的上计文书也证实了永田的说法。

李天虹在所著《居延汉简簿籍分类研究》中分析了永田英正《居延汉简研究》的不足:"一、有些文书很难确定其属于定期还是不定期文书。如病卒名籍,病卒的产生是不定期的,某一时段可能得病的戍卒较多,就需要每月编制上报病卒名籍;某一时段可能较少甚或没有,就可能两个月或三个月上报,甚至两三个月也没有病卒名籍。那么它是否属于定期文书也就很难断言。""二、永田英正严格按照简牍内容、形状及书写格式分类,工作非常细致。但他没有在分类的基础上复原简册。""三、因理解、判断的错误或疏忽而致简文归类不当。如所列破城子出土'守御器簿'f组简1—7本属兵簿,永田英正未能注意到汉简中所说'兵器'和'守御器'之间的区别,所以误将上述各简列入'守御器簿'。再如他已经判定e组简属'折伤兵簿',却仍把e组归入'守御器簿',也是因不知'兵器'和'守御器'有别所致。其他如吏名籍、廪名籍等类也有相似的失误。""四、永田英正写作《集成》时,新简资料尚未公布,因此《集成》的研究对象未能包括新简。"这些不足应该说在所难免,特别是第四点。永田英正在《中文版序》中对此还作了说明:"《居延汉简研究》在日本出版以来,已达十二年之久。其间,简牍的新发现、简牍资料的刊行以及研究成果的发表等等,都取得了日新月异的发展。其中与本书内容密切相关的是甘肃省文物考古研究所、甘肃省博物馆、中国文物研究所、中国社会科学院历史研究所联合出版的《居延新简·甲渠候官》(中华书局)。在通读了《居延新简·甲渠候官》所收的简牍后发现,拙著中虽然有一些地方可以据以增补,但总体上说,在论点上目前还没有修正的必要。"

---

① 永田英正:《居延汉简研究·第七章 再论汉代边郡的候官》,广西师范大学出版社2007年。

中国学者简册集成的研究早已开始。张俊民说:"对简牍资料进行分类整理,复原册书的企图,可以说,早在简牍学的初期阶段之时就出现了。"①罗振玉、王国维《流沙坠简》就是分类研究,如"小学"类,就集中了敦煌简中的《苍颉篇》一完简三残简,《急就篇》五章,其中第一章完好,余皆残断。其中《苍颉篇》的集成尤其意义重大,是书散佚千年而今得完整字句。罗振玉激动地说:"国朝任孙诸家采辑古籍所引《苍颉篇》,所得皆单字,罕有成文句者,此虽仅存四十言,然均文句相属,恨任孙诸家不得见也。"历谱类简册的集成也很突出,《元康三年历谱》存十五简,阙十五简;《神爵三年历谱》存十一简,阙十九简;沙畹考释时即复原并准确考定了年代,罗振玉因之。其余的部分也都是以类相从,只是由于所见简牍照片数量有限,未能抽绎出文书条例。但对簿籍文书的格式王国维已给予了相当的关注,如王国维在"簿书类"中,集成了四枚诏书简,并讨论了相关格式:"云'神爵元年五月辛未下'者,亦制诏旧式,《隶释》中'常侍樊敏碑'所载诏书末署'延熹元年八月廿四日丁酉下'②;魏下豫州刺史'修老子庙诏'末署'黄初三年十月十五日□子下'。木简有新莽诏,末署'始建国三年五月己丑下',皆是也。"对关键词语也有准确阐释,如"'承书从事下当用者',乃汉时公文常用语,《三王世家》、'孔庙置百石卒史碑','无极山碑'均有此语,犹后世所谓'主者施行'也。"又集成了 5 枚公文简,云:"右五简,皆上告下之文也。"也有简牍缀合的例子:"右二简书法相似,又自木理观之,乃一简裂为二者。"这类缀合分类集成的例子,在《流沙坠简》中俯拾皆是。劳榦循着罗、王的路子,《居延汉简考释》将"簿书类"分成"文书"和"簿籍"两类,"文书"又分为四小类,"簿籍"分为十二小类。在《考证之部》中对诏书用语等也结合其他文献作了阐述。这些正是日本学者读到的在四川南溪李庄小石印馆装印的著作。这些都为他们集成居延简奠定了基础。而"文书"、"簿籍"的两分,关键词语的选定,基本来源于

---

① 张俊民:《居延汉简册书复原研究缘起》,《简牍学研究》第 4 辑,甘肃人民出版社 2004 年。

② 《隶释》作"中常侍樊安碑"。

罗、王和劳榦。

陈梦家同样有明确的简牍集成复原的意识,这一点我们在《汉简缀述》的述评中已有论述,这里有必要再次重申,《汉简考述·叙言》:"我们在整理汉简的过程中,感到汉简的研究不仅是排比其事类,与文献相比勘,或者考订某些词、字或片断的历史事件,而需要同时注意以下诸方面:第一,关于出土地问题,即遗址的布局、建筑构造,以及它们在汉代地理上的位置。……第二,关于年历的问题,利用汉简详确地排列'汉简年历表',可以恢复两汉实际应用的历法。它和后世用四分法推出的两汉朔闰表,虽大体上相同,也有出入。有了它,结合出土地,我们可能将零散的不同内容的各种簿籍,恢复其较完整的形式,使之有所附丽。第三,关于编缀成册和简牍的尺度、制作的问题。我们在整理武威仪礼简册和王杖简册时,曾复原了九册《仪礼》和一册王杖诏书,探索到各种简牍有一定的尺度和制作、写作的过程,详《武威汉简·叙论》。居延不同地点所出众多拆散之简,是可以根据内容、年历、出土地、尺度、木理、书体等编缀成不同的簿册的。只有这样,才可以掌握较整齐的档案卷宗,更好地用以研究历史。第四,关于分年代、分地区、分事类研究与综合研究相互结合的问题。根据出土地、年历推断与编册成组,有可能分地区、分年代的进而分事类的进行研究。'居延'和'驿马'两地区都有屯田的记录,而其制度不尽相同,前者明显的推行了代田法。居延未行与已行代田法,亦应有所不同。两汉奉给制度截然有别,即在西汉亦曾两度益奉,故同一等级官吏的月奉钱前后不同(详《汉简所见奉例》,载《文物》1963年第5期)。居延都尉与肩水都尉所属隧名有同名的,不可混同为一,遂致隶属关系淆乱。凡此皆需先加分别,然后才可综合不同年代、不同地区的汉简,互相补充,全面的研究表现于汉简上的官制、奉例、历制、烽火制、律法、驿传关驿等等,并与文献互勘,用以了解汉代经济的、社会的、军事的种种面貌。"这是陈梦家发表在1963年第1期《考古学报》上的文章,后收入《汉简缀述》。陈梦家的这些构想没能完全实现,他只是作了部分尝试就英年早逝了。武威《仪礼》简、王杖十简,是简册缀合、集成复原的范例。对居延简,他集成了邮书,根据手发文书,参考出土报告,确定了各烽燧城障的位置；集成官吏领取俸禄的记录簿，作《汉简所见奉例》；等等。"文革"十年，居延简的研究几乎停滞。遗憾的是陈梦家居延简集成复原的事业没有中国学者继承，而且此后的三十年里，在中国此类成果几乎没有。倒是一些日本学者实践了一些简册集成复原的方法。日本学者确实在居延简的集成复原的实践中作出了一定成绩，但他们并不是首倡者，也不是最早的实践者。沈颂金在总结居延简分类研究时说："居延汉简图版公布后，学者们从单纯研究孤立的简文，扩大到研究成册或同类的简，复原了各类文书档案，同时在研究方法上，也从文字考释转向对简牍形制作考古学的研究，这是居延汉简研究的第二阶段，以陈梦家、大庭脩、永田英正等人的研究为代表，突出的特点是将古文书学、考古学的方法纳入简牍研究的范畴，指示了居延汉简研究的新方向。"①这里也明确了陈梦家居延简研究中的简册复原意识。虽然《流沙坠简》、《居延汉简考释》，以及陈梦家所集成复原的简册并不都是文书簿籍，但其操作方法是一致的。李天虹在《居延汉简簿籍分类研究》中总结汉简的分类研究时，也是把从罗振玉、王国维，到劳榦、鲁惟一、永田英正，梳理为一个链条，是有一定道理的。

在中国 20 世纪五六十年代的文物考古历史学界，居延简的集成复原已是一种共识，除陈梦家外，还可举出一些成果。如沈元《居延汉简牛籍校释》，载《考古》杂志 1962 年第 8 期。"居延汉简中包括了边郡许多种类的公文，例如戍卒的'名籍'、骑士的'名籍'，他们的'衣物簿'、'食簿'、传马和驿马的'马籍'等等，我们将它们分析出来一组一组加以研究，就可以了解边郡生活的各个方面。"然后集成了大湾出土的牛籍共 10 枚简，格式基本一致，"很可能原来就是一册"。"大湾这个地点出土的汉简很特别：第一，居延汉简中全部田卒名籍凡 67 条都出于此；第二，全部田卒衣物籍凡 17 条都出于此；第三，特别指出禀食田卒的两条记录出于此；第四，其他有关于田事的具体的文书也都出于此。"由此判断这些牛是耕牛。再如陈公柔、徐苹芳《大湾出土的西汉田卒簿籍》，载《考古》1963 年第 3 期。"在整理和分析这些简的过程中，最重要的是简的出土地点。必须对同一

---

① 沈颂金：《二十世纪简帛学研究》，学苑出版社 2003 年，第 109 页。

地点所出的简作一全面的考察，然后再根据其形制、书写的款式和内容来进行整理。这种整理可以分为两个方面，一是组合的整理，一是年代的推断。在组合整理中又包括了断简的缀合与简册的编缀等。也就是说，通过整理工作，来将那些已经散乱了的单个的简，尽可能的恢复它的原来面貌。"可以看出这同样是有意识的简册复原。文章将大湾出土的田卒简分类集成复原，根据简的形式、字迹、内容集成的结果，有17枚田卒名籍简，23枚田卒衣物簿。而17枚田卒名籍简分属两个简册。衣物簿中有15枚是淮阳郡田卒衣物簿，属一册；昌邑国的田卒衣物簿，属一册。其中509.19、509.22是一简的上下段，可缀合。然后在缀合复原的基础上，讨论了田卒的身份、年龄、籍贯，考证"驿马田官"为特定机构，屯田官吏有农令、候农令、别田令史、丞等，还论及农具、牛耕等。最后总结说："虽然，在整理过程中，由于材料的限制，我们没有能将这里出土的田卒簿籍编缀成完整的册子。但是，在今后居延汉简的整理和研究中，将同一地点出土的简，经过对其形制、字迹、款式和内容的全面分析与整理之后，完全有可能把其中的某些已散乱了的簿籍档案复原成册，以便于逐宗逐件的加以研究。我们认为，这在汉简的研究工作中是一个值得注意的方面。"从陈梦家、沈元、陈公柔、徐苹芳的实践看，居延简的集成复原早已为中国学界共同努力的一个目标。可以推测，如果没有"十年动乱"，更全面系统的成果就可能出自陈梦家、陈公柔，而不会出现中间近三十年的断层。

"文革"期间，简册缀合复原并未完全停滞。1973年湖北江陵凤凰山8、9、10号西汉墓出土竹简、木牍。黄盛璋《江陵凤凰山汉墓简牍与历史地理研究》(载《文物》1974年第6期)据文义复原了9号墓出土的三块用作车器的木牍，使原文完整可读。裘锡圭《湖北江陵凤凰山10号墓出土简牍考释》(载《文物》1974年第7期)缀合复原了记田租的大竹简。

进入20世纪80年代，历史考古研究逐渐恢复。居延简的集成复原也开始活跃。1982年《文史》第13辑上发表了陈公柔、徐苹芳1963年写的《瓦因托尼出土廪食简的整理与研究》。文章据年代集成了居延简中瓦因托尼出土的"通泽第二亭月食簿"。计有征和三年、征和四年、后元元年、后元二年、始元元年、始元二年、始元三年、始元四年、始元五年、始元六年、始元七年，共 11 个年份，66 枚简。"凡记粮谷出入的简，其写法为：出粮或入粮若干石，并记明粮谷的品种（如糜、麦）、数量，标明是小石或大石，大石、小石的折合数。然后记年月日，记第二亭长付粮给某某单位某人；或第二亭受某单位的粮。始元二年仓成立以后，在简上并须记明交付粮谷时上级机关立会人的官名、人名。"根据整理复原的简册，讨论了粮食来源、供给对象，代田法的实行和代田仓的建立，通泽第二亭与殄北第二燧的职能，等等。几乎同时，中国台湾学者吴昌廉在《简牍学报》第 7 期（1980 年）发表《恢复居延汉简之旧观——居延汉简复原工作报告序》，对居延简的集成复原发凡起例，"因此，第一步我们将所有简均按原编号次第排列，再分出各'标号'之出土地。第二步工作，即在同一出土地之诸简中，就年代相同相近者，予以归并，再从中观其简牍形制（主要是宽度、长度），简牍材质（如竹、木。断简相接合者尤应注意木质纹理），字迹笔法（尤其运笔特色、气势等），简之内容（如诏书、名籍、簿书，各类所载内容相异，此层须分明），从这些方面去研究与推敲，逐条按核，渐渐寻出原属于同一簿籍之简牍"。同期杂志发表了几篇实例，即邱玉蟾、干宝猜《居延汉简标号一六二号之整理及有关问题浅探——居延汉简复原工作之一》，集成 13 枚简，永田英正、鲁惟一皆集成 14 枚简，多出 162.1 一枚。这组简的解释不明，日本西嶋定生认为是赐爵简[1]，鲁惟一认为是日迹及赐爵简。[2] 何家英《瓦因托尼出土之汉代食簿一》集成 6 枚简，即通泽第二亭粮食收支情况。夏自华《瓦因托尼出土之汉代食簿二》集成 14 枚简，内容同上篇。赖惠兰《瓦因托尼出土之汉代食簿三》集成 18 枚简，内容同上。谢素珍《大湾出土之汉代"奉用钱簿"》集成 17 枚简，官吏俸禄用钱的记录，多为"未得"奉钱的数量。罗玉珍《地湾出土之

---

[1] 见永田英正：《居延汉简研究》，广西师范大学出版社 2007 年，第 155 页。

[2] 鲁惟一：《汉代行政记录》下，广西师范大学出版社 2004 年，第 465~473 页。

汉武帝诏书》集成 11 枚简，为汉武诏书。后有马先醒《居延汉简之复原与新编——跋"居延汉简复原工作报告"》，言集成的工作始于六七年前，即 1973 年前后。参加者系中国文化大学史学研究所、历史系的师生，指导者除马先醒外，还有当时尚为博士生的吴昌廉。这几篇论文，集成复原的标准基本一致，如第一篇邱玉蟾、干宝猜的论文确定的标准为：一字迹相近；二纹理相近；三长或宽近；四内容有密切联系。

此后，谢桂华作《新、旧居延汉简册书复原举隅》(《秦汉史研究》第 5 辑，法律出版社 1992 年)、《新、旧居延汉简册书复原举隅》(续)(《简帛研究》第 1 辑，法律出版社 1993 年)、《居延汉简的断简缀合和册书复原》，(《简帛研究》第 2 辑，法律出版社 1996 年)；何双全《居延汉简研究》(《国际简牍学会会刊》第 2 号，兰台出版社 1996 年)；李均明、刘军《简牍文书学》(广西教育出版社 1999 年)；李天虹《居延汉简簿籍分类研究》(科学出版社 2003 年)、李均明《秦汉简牍文书分类辑解》(文物出版社 2009 年)，都对居延简的集成复原做出了新的成绩。此外，饶宗颐、李均明《敦煌汉简编年辑证》(新文丰出版公司 1995 年)、《新莽简辑证》(新文丰出版公司 1995 年)，按年代编辑了汉简，从新的角度集成汉简。

对于日本学者简牍集成研究，我们还要注意几点。一是"文书"一词含义不同。他们一般指古代官府流通的公文，也就是李均明所说的"书檄类"，如大庭脩在《汉简研究》中引用日本学者中村直胜的定义，文书是"在发出者与接受者之间具有某种作用之物"。"记录类的内容，日本的汉简研究历来多称作账簿，中国的研究者则称作簿籍。"①大庭脩集成的诏书等就是"文书"。而中国学者使用这个词指所有古代官府档案以及私人书信，出土的秦汉简帛中除了典籍，其他都称"文书"。所以中国学者把出土的简帛文献分为典籍、文书两大类。而日本学者把古代官府公文分为文书和簿籍两类。

二是日本学者集成复原的对象仅限于文书簿籍，罕及典籍，范围较狭窄。很多出土的典籍同样需要复原，甚至可以说更需要复原。如

---

① 大庭脩：《汉简研究》，广西师范大学出版社 2001 年，第 5 页。

武威《仪礼》简、银雀山兵书简、阜阳《诗经》《苍颉篇》简、马王堆《老子》《易传》帛书等，我们在这方面已经作出了很好的成绩，积累了经验。很多遗址、墓葬出土的简帛本来就是文书与典籍并存，如睡虎地有秦的律令简，也有典籍类的《日书》；尹湾出土的简牍有大量东海郡的文书，也有典籍类的《神乌傅》；西北屯戍简牍中除文书外也有《苍颉篇》、《急就篇》、医方等典籍。更何况简帛研究涉及考古、文献、古文字，以及历史、地理、军事、科技等领域。

　　三是日本学者研究对象相对狭窄，只是在居延简方面成果较多，睡虎地简等稍有涉猎，很不全面。

永田英正简帛学主要论著目录：

　　1. 居延漢簡にみる候官についての一試論－破城子出土の〈詣官〉簿を中心として，《史林》56—5，1973年。

　　2. 居延新簡の集成——破城子（ム・ドルベルジン）出土の定期文書一，《东方学報（京都）》46，1974年。

　　3. 居延漢簡の集成——破城子（ム・ドルベルジン）出土の定期文書二，《東方学報（京都）》47，1947年。

　　4. 江陵鳳凰山十號漢墓出土の簡牘——とくに算錢を中心として，《鷹陵史学》3、4合刊（森鹿三博士頌寿記念特集号），1977年。

　　5. 居延漢簡にみえる帳簿類について——中国木簡学の発達，第三回木簡研究集会記録，1979年。

　　6. 簡牘よりみたる漢代辺郡の統治制度，講座敦煌3"敦煌の社会"，大東出版社，1980年。

　　7. 中国におはる雲夢秦漢研究の現状，《木簡研究》2，1980年。

　　8. 新居延漢簡中の若干の冊書について，《富山大学人文学部紀要》3，1980年。

　　9.《居延汉简集成之一》，《简牍研究译丛》第1辑，中国社会科学出版社1983年。

　　10.《试论居延汉简所见的候官》，《简牍研究译丛》第1辑，中国社会科学出版社1983年。

　　11.《居延汉简研究》，《中国秦汉史研究会通讯》第3期，

1986 年。

12.《论札忠简与徐宗简——平中苓次氏算赋申报书说的再探讨》,《简牍研究译丛》第 2 辑, 中国社会科学出版社 1987 年。

13.《居延汉简集成之二——破城子出土的定期文书(二)》,《简牍研究译丛》第 2 辑, 中国社会科学出版社 1987 年。

14.《从简牍看汉代边郡的统治制度》,《简牍研究译丛》第 2 辑, 中国社会科学出版社 1987 年。

15.《居延汉简烽燧考——特以甲渠候官为中心》,《简牍研究译丛》第 2 辑, 中国社会科学出版社 1987 年。

16. 再び漢代辺郡の候官について,《滋賀大学教育学部紀要(人文科学社會科学・教育科学)》36, 1987 年。

17.《论新出居延汉简中的若干册书》,《秦汉简牍论文集》, 甘肃人民出版社 1989 年。

18. 簡牘から見た漢代の文書政治—簡牘の古文書学的ァプローチ—,《唐代史研究会会報》2, 1989 年。

19. 居延漢簡の研究, 東洋史研究叢刊 41, 同朋舎 1989 年。

20. "候史広徳坐罪行罰", 檄について—兼ねて候史の職掌を論ず—, 唐代史研究会編《東ァジァ古文書の史的研究》, 唐代史研究報告第Ⅶ集, 刀水書房 1990 年。

21. A Diplomatic Study of the Chüyen Han Wooden Strips Acta Asiatica, 58 The Toho Gakkai, 1990.

22. 中央研究院訪問記,《以文》34, 京都大學以文會 1991 年。

23. 中国の木簡, しにか, 2~5, 1991 年。

24.《"候史广德坐罪行罚"檄考》,《简帛研究》第 1 辑, 法律出版社 1993 年。

25. 甲渠第四隧出土簡の分析,《中国出土文字資料の基礎的研究》, 平成 4 年度科学研究費補助金総合研究(A)研究成果報告書, 研究課題番号 03301044, 1993 年。

26.《新居延汉简概观》,《简帛研究译丛》第 1 辑, 湖南人民出版社 1996 年。

27.《甲渠塞第四隧出土简牍分析》,《简帛研究译丛》第 1 辑, 湖南人民出版社 1996 年。

28.《简牍的古文书学研究》,《安作璋先生从教 50 周年纪念论文集》,泰山出版社 2001 年。

29.《居延汉简研究》,张学锋译,广西师范大学出版社 2007 年。

简帛佚籍与学术史(存目)

李学勤

【评　介】

李学勤(1933—　),1933年3月出生于北京,就读于清华大学哲学系。1954年至2003年7月,在中国社会科学院历史研究所工作,现任清华大学教授,国际汉学研究所所长,出土文献研究与保护中心主任。1996年起任"夏商周断代工程"专家组组长、首席科学家。国际欧亚科学院院士,美国东方学会荣誉会员。主要著作有:《殷代地理简论》(科学出版社1959年)、《中国青铜器的奥秘》(外文出版社1980年)、《东周与秦代文明》(文物出版社1984年)、《古文字学初阶》(中华书局1985年)、《新出青铜器研究》(文物出版社1990年)、《比较考古学随笔》(香港中华书局1991年)、《周易经传溯源》(长春出版社1992年)、《简帛佚籍与学术史》(台湾时报文化出版企业有限公司1994年)、《走出疑古时代》(辽宁大学出版社1995年)、《古文献丛论》(上海远东出版社1996年)等。参与整理《睡虎地秦墓竹简》、《马王堆汉墓帛书》、《银雀山汉墓竹简》、《张家山汉墓竹简》、《清华大学藏战国竹简》等多种出土简帛。

《简帛佚籍与学术史》,台湾时报文化出版企业有限公司1994年出版,江西教育出版社2001年出简化字版。全书分六篇。

第一篇,通论。指出新出简帛古书为我们提供了很多新材料,中国古代学术史必须重写。楚文化材料极大丰富,对照简帛,我们对古书的产生、流传也可有新的认识。

第二篇,楚帛书研究。以南为上,中八行为《四时》,十三行为《天象》,边十二段为《月忌》。楚帛书是阴阳家著作,蕴含着古史传说和宇宙论。《月忌》与月令相似,十二神名见于后世文献。帛书残片当也属术数类。楚帛书与马王堆帛书等可看出楚地道家思想的发展。《鹖冠子》与楚帛书、马王堆帛书《黄帝四经》有明显关系。

第三篇，秦简研究。概述了睡虎地秦简的内容。《田律》内容与《周礼》相关。《法律答问》等内容与《墨子》的《号令》篇、《备城门》篇等一致。《日书》反映了秦奴隶逃亡、买卖，土地、财富的私有等社会现象。《日书·艮山图》颇难索解，其中的三十个圆圈代表一个月的三十天，按一定规律定出"离日"。《日书·盗者》的十二禽名，与天水放马滩《日书》的十二禽，证明这一系统可溯至先秦。秦简有一日十二时分的记载，放马滩秦简则有十六时分的记录，西汉以后有"日加申"、"时加卯"等以地支名时的情况。《吴越春秋》记时方法反映了其包含年代较早的内容。放马滩秦简的志怪故事与《搜神记》故事有关，值得注意。

第四篇，江陵张家山简。概述张家山汉简的内容，《二年律令》是汉初法律，较全面。《奏谳书》是议罪案例的汇集。《引书》与马王堆帛书《导引图》可以互相参照。《算数书》是汉初数学习题集，对中国数学史研究意义重大。

第五篇，长沙马王堆帛书。帛书《周易》基本完整，卦序与今本不同，有明显的规律性。帛书《周易》分写于两件帛书，第一件包括经文及《二三子问》上、下篇，第二件包括《系辞》、《易之义》、《要》、《缪和》、《昭力》，传文六种七篇。孔子作《易传》，七十子及其后学传其学。帛书系楚地学者所传。《要》篇一章专载孔子晚年读《周易》的情况。《春秋事语》与《左传》记事时间上下限一致。《五行》与《洪范》的有关表述相同。《老子》乙本前佚书《六分》当作《大分》，《黄帝书》中《十六经》当作《十大》，《经》系篇题。《称》辑录当时格言，与《老子》、《逸周书·周祝》等体裁相近。《黄帝书》与《国语·越语下》范蠡的思想有不少共通之处。《天文气象杂占》："白虹出，邦君死之。"荆轲刺秦王，白虹贯日。

第六篇，其他简牍。长台关楚简第一组系《墨子》佚篇。银雀山汉简的《孙子》有现存十三篇外的佚篇，青海上孙家寨木简也见《孙子》佚文。银雀山《守法》、《守令》诸篇是袭用《墨子》而成。银雀山汉简《田法》近于《管子·乘马》。《市法》反映了商业的繁荣。《唐勒》

可能是宋玉的赋，宋玉《小言赋》言及《系辞》，证明《易传》的成书不晚于战国中期。河北定县汉简《儒家者言》，是《孔子家语》原型，今本《孔子家语》应渊源有自。定县木简《论语》为"齐论"的可能较大；其他佚书可校读《孔子家语》、《大戴礼记》等。

李学勤侧重简帛文献中典籍类的材料，非常重视出土简帛与传世文献的对读，互相发明。他曾多次引用王国维的"二重证据法"，"借以指出70年代以来的出土古籍必将深远地影响学术研究，其价值不可忽视"。多次提出，要重写中国古代学术史，要"走出疑古时代"，"现在通过层出不穷的简帛书籍(以及其他古代文献原本)的发现，大家由于个别古书真伪的重新考订，逐渐走向对辨伪方法本身的再认识，这可以说是第二次的反思，必将对今后学术的发展有深入的影响和促进"。从这本书中的章节标题就可以看出这个特点，如《秦律与〈周礼〉》、《秦简与〈墨子〉城守各篇》、《时分与〈吴越春秋〉》、《〈春秋事语〉与〈左传〉的流传》、《帛书〈五行〉与〈尚书·洪范〉》、《论帛书白虹及〈燕丹子〉》、《〈唐勒〉、〈小言赋〉和〈易传〉》，可以说，绝大部分内容都是把简帛内容与典籍相比照，找出其同和异，一方面可以校读文献，如《墨子·号令》中有"构赏"，秦简中常见"购"为"赏"义，可证《号令》"构赏"即"购赏"。另一方面也可解决出土文献的疑点，如《睡虎地秦墓竹简》："春二月，毋敢伐材木山林，及雍堤水。"《逸周书·大聚》："春三月，山林不登斧，以成草木之长。"两相比较，睡虎地简的"春二月"，可能是"春三月"之误。有时是两种出土简帛材料互相对照，如《睡虎地秦墓竹简》："春二月，毋敢伐材木山林，及雍堤水。不夏月，毋敢夜草为灰，取生荔麛卵鷇。"《张家山汉简》："禁诸民吏徒隶，春夏毋敢伐材木山林，及进堤水泉，燔草为灰，取产麛卵鷇。"可见《张家山汉简》中的"进堤"为"雍堤"之误，睡虎地简的"夜"当为"燔"或其同义词，"荔"当是衍文。

在论证过程中，重视标志性词语的辨别。不同时代都有些新词语出现，同样，根据词语也可以判断文献的大致时代。不同地域也有区别性的词语，这方面的研究在古代不很成熟，特别是先秦，我们所知甚少。不同作者也可能有用词的不同风格，我们通过专书研究可以发现。如长台关竹简"简文有'贱人'一词，亦常见于《墨子》……此词罕见于其他古籍,可以作为简文是《墨子》佚篇的证据"。"简文还有'尚贤'一词,明显是《墨子》特有的术语,见于《尚贤》三篇及《鲁问》。"又如"伍人",意思是同伍之人,见于银雀山汉简《守法守令第十三篇》、《墨子·号令》、《睡虎地秦墓竹简》,乃秦人习语;"去署",见于银雀山简、睡虎地简,也是秦人习语,沿用至汉,居延简习见;证明银雀山汉简《守法守令第十三篇》既有齐人之说,也有秦人之语。

李学勤简帛学主要论著目录:

1.《谈近年来新发现的几种战国文字资料》,《文物参考资料》1956年第1期。

2.《信阳楚墓中发现最早的战国竹书》,《光明日报》1957年11月27日。

3.《战国题铭概述(下)》,《文物》1959年第9期。

4.《补论战国题铭的一些问题》,《文物》1960年第7期。

5.《青川郝家坪木牍研究》,《文物》1982年第10期。

6.《马王堆帛书与〈鹖冠子〉》,《江汉考古》1983年第2期。

7.《睡虎地秦简〈日书〉与楚、秦社会》,《江汉考古》1985年第4期。

8.《马王堆汉墓帛书》(肆)(集体项目),文物出版社1985年。

9.《帛书〈五行〉与〈尚书·洪范〉》,《学术月刊》1986年第11期。

10.《竹简〈家语〉与汉魏孔氏家学》,《孔子研究》1987年第2期。

11.《〈世俘〉篇研究》,《史学月刊》1988年第2期。

12.《新发现简帛与汉初学术史的若干问题》,《烟台大学学报》(哲学社会科学版)1988年第1期。

13.《论包山简中一楚先祖名》,《文物》1988年第8期。

14.《竹简卜辞与商周甲骨》,《郑州大学学报》(哲学社会科学版)1989年第2期。

15.《从帛书〈易传〉看孔子与〈易〉》,《中原文物》1989年第2期。

16.《〈易传〉与〈子思子〉》,《中国文化》1989年第1期。

17.《帛书〈周易〉与荀子一系〈易〉学》,《中国文化》1989年第

1 期。

18.《帛书〈春秋事语〉与〈左传〉的传流》,《古籍整理研究学刊》1989 年第 4 期。

19.《帛书〈系辞〉略论》,《齐鲁学刊》1989 年第 4 期。

20.《论银雀山简〈守法〉、〈守令〉》,《文物》1989 年第 9 期。

21.《长沙子弹库第二帛书探要》,《江汉考古》1990 年第 1 期。

22.《〈马王堆汉墓医书校释〉序》,《四川大学学报》(哲学社会科学版)1990 年第 2 期。

23.《放马滩简中的志怪故事》,《文物》1990 年第 4 期。

24.《睡虎地秦墓竹简》(集体项目),文物出版社 1990 年。

25.《试论长沙子弹库楚帛书残片》,《文物》1992 年第 11 期。

26.《论新出简帛与学术研究》,《传统文化与现代化》1993 年第 1 期。

27.《〈秦汉交通史稿〉序》,《西北大学学报》(哲学社会科学版)1993 年第 1 期。

28.《帛书〈系辞〉上篇析论》,《江汉考古》1993 年第 1 期。

29.《〈奏谳书〉解说(上)》,《文物》1993 年第 8 期。

30.《简帛佚籍与学术史》,台湾时报出版公司 1994 年。

31.《〈奏谳书〉解说(下)》,《文物》1995 年第 3 期。

32.《试论八角廊简〈文子〉》,《文物》1996 年第 1 期。

33.《云梦龙岗木牍试释》,《简牍学研究》第 1 辑,甘肃人民出版社 1997 年。

34.《从简帛佚籍〈五行〉谈到〈大学〉》,《孔子研究》1998 年第 3 期。

35.《郭店简与〈礼记〉》,《中国哲学史》1998 年第 4 期。

36.《简帛书籍的发现及其影响》,《文物》1999 年第 10 期。

37.《秦玉牍索隐》,《故宫博物院院刊》2000 年第 2 期。

38.《出土佚书的三点贡献》,《文艺研究》2000 年第 3 期。

39.《试说郭店简〈成之闻之〉两章》,《烟台大学学报》(哲学社会科学版)2000 年第 4 期。

40.《张家山汉墓竹简》(二四七号墓)(集体项目),文物出版社2001年。

41.《〈诗论〉简的编联与复原》,《中国哲学史》2002年第1期。

42.《关于〈诗论〉的讨论》,《北京日报》2002年2月25日。

43.《郭店简"君子贵诚之"试解》,《中国历史文物》2002年第1期。

44.《谈〈诗论〉"诗亡隐志"章》,《文艺研究》2002年第2期。

45.《〈诗论〉说〈关雎〉等七篇释义》,《齐鲁学刊》2002年第2期。

46.《聚焦战国文字》,《光明日报》2002年4月4日。

47.《释〈性情论〉简"逸荡"》,《故宫博物院院刊》2002年第2期。

48.《上海博物馆〈诗论〉简"隐"字说》,《简牍学研究》第3辑,甘肃人民出版社2002年。

49.《张家山汉简研究的几个问题》,《郑州大学学报》(哲学社会科学版)2002年第3期。

50.《论孔壁中书的文字类型》,《齐鲁文化研究》2002年。

51.《楚简所见黄金货币及其计量》,《中国钱币论文集第四辑》2002年。

52.《释〈诗论〉简"兔"及从"兔"之字》,《北方论丛》2003年第1期。

53.《从新出楚简看齐鲁文化的影响》,《齐鲁文化研究》2003年。

54.《上博楚简〈鲁邦大旱〉解义》,《孔子研究》2004年第1期。

55.《论包山楚简鲁阳公城郑》,《清华大学学报》(哲学社会科学版)2004年第3期。

56.《论葛陵楚简的年代》,《文物》2004年第7期。

57.《楚简〈恒先〉首章释义》,《中国哲学史》2004年第3期。

58.《包山楚简"蜜梅"与楚历建正》,《简牍学研究》第4辑,甘肃人民出版社2004年。

59.《第一部简帛文献学的通论性著作》,《中国文物报》2005年2月2日。

60.《出土文物与〈周易〉研究》,《齐鲁学刊》2005年第2期。

61.《论汉简、钱范所见纪年超长现象》,《湖南大学学报》(社会科学版)2005 年第 5 期。

62.《试释楚简〈鲍叔牙与隰朋之谏〉》,《文物》2006 年第 9 期。

63.《包山楚简"鄯"即巴国说》,《四川师范大学学报》(社会科学版)2006 年第 6 期。

64.《谈楚简〈慎子〉》,《中国文化》2007 年第 2 期。

65.《试论楚简中的〈说命〉佚文》,《烟台大学学报》(哲学社会科学版)2008 年第 2 期。

66.《郭店竹简研究的新进展》,《光明日报》2008 年 10 月 11 日。

67.《〈简帛研究文稿〉序》,《中国文物报》2009 年 2 月 18 日。

68.《清华简:先秦历史悬疑有待揭开》(与刘国忠合作),《社会科学报》2009 年 6 月 11 日。

69.《论清华简〈保训〉的几个问题》,《文物》2009 年第 6 期。

70.《清华简〈保训〉释读补正》,《中国史研究》2009 年第 3 期。

71.《清华简整理工作的第一年》,《清华大学学报》(哲学社会科学版)2009 年第 5 期。

72.《清华简九篇综述》,《文物》2010 年第 5 期。

73.《论清华简〈楚居〉中的古史传说》,《中国史研究》2011 年第 1 期。

74.《〈程寤〉、〈保训〉"日不足"等语的读释》,《清华大学学报》(哲学社会科学版)2011 年第 2 期。

75.《清华简〈系年〉及有关古史问题》,《文物》2011 年第 3 期。

76.《清华简与〈尚书〉、〈逸周书〉的研究》,《史学史研究》2011 年第 2 期。

77.《清华简〈楚居〉与楚徙鄩郢》,《江汉考古》2011 年第 2 期。

78.《清华简关于秦人始源的重要发现》,《光明日报》2011 年 9 月 8 日。

79.《清华简〈系年〉解答封卫疑谜》,《文史知识》2012 年第 3 期。

80.《清华简专题研究》,《深圳大学学报》(人文社会科学版)2012 年第 2 期。

81.《由清华简〈系年〉论〈纪年〉的体例》,《深圳大学学报》(人文社会科学版)2012年第2期。

82.《新整理清华简六种概述》,《文物》2012年第8期。

83.《简帛佚籍的发现与重写中国古代学术史》,《河北学刊》2013年第1期。

84.《论清华简〈周公之琴舞〉的结构》,《深圳大学学报》(人文社会科学版)2013年第1期。

封检题署考略

李均明

汉代屯戍遗址及汉墓中屡有封检出土,关于它的形制及封缄方式,近代学者王国维在《简牍检署考》一文中言之颇详①,但限于历史条件,他对封检题署(封检上的文字说明)尚无法作仔细的研究。30年代以来,甘肃居延等地大批汉简的出土,向人们提供了丰富的封检题署资料,使我们不仅有机会了解封检题署的格式与内容,也对封检的用途有了新的认识。以下试从封检中挑选出若干比较典型的例子加以说明,当否请读者指正。

文书封检题署

文书封检题署是指用于封缄文书的封检上的文字说明,举例如:
(一)孙□印
　　甲渠官　　〔　〕(封泥槽,下同)
　　　□寅卒同以来　　　《甲乙编》175.11②(图:9)
此件长15.5、宽4.5厘米左右,封泥槽居下端。"甲渠官"三字书于封检上端居中位置,字形较大。"官",候官的简称。候官是汉代边塞的一级屯戍组织,相当于汉代地方县级建制。甲渠官全称为甲渠候官(《甲乙编》175.6)或甲渠障候官(《甲乙编》271.21)、居延甲渠候官(《甲乙编》312.13)、张掖甲渠候官(《甲乙编》377.1)、甲沟

---

① 《王国维遗书》第9册,上海古籍出版社1983年。
② 中国社会科学院考古研究所:《居延汉简甲乙编》,中华书局1980年。本文简称《甲乙编》。

官(《甲乙编》39.3，新莽时期简)。甲渠候官遗址位于今内蒙古自治区额济纳旗西南的破城子。"孙□印"三字书于封检上端右侧，字形较小，指封泥上的印文。孙□，姓名。"□寅卒同以来"书于封检上端左侧，字形亦较小。□寅，纪日干支。有的封检在纪日干支前尚署月份，如《甲乙编》39.5"四月庚戌卒同以来"。

(二)□□□□印

〔 〕甲渠发候尉前　　〔 〕

□□□□□以来　　《甲乙编》55.1

此件残长14.5、宽3厘米左右，上下两端各有一封泥槽。题署格式大致与例一同。发，启封。《广雅·释诂》："发，开也。"《战国策·齐策四》"书未发"，鲍本补注："未发其封。"候、尉，指甲渠塞候与塞尉。发候、尉前，指候、尉在场时启封，上述所见或由于邮件比较重要。重要物件的封检在负责官员前封缄与启封的制度亦见于秦律，如《秦简·秦律十八种·金布律》："官府受钱者，千钱一畚，以丞、令印印。不盈千者，亦封印之。钱善不善，杂实之。出钱，献封丞、令，乃发用。"①

(三)甲渠候官行者走〔 〕　　《甲乙编》21.4(图：7)

此件残长15.5、宽2厘米左右，封泥槽居下端。行者，送信人，与秦简所见轻足同，《秦简·秦律十八种·田律》："……旱及暴风雨、水潦、□□、群它物伤稼者，亦辄言其顷数。近县令轻足行其书，远县令邮行之。"走，奔赴、前往。《韩非子·外储说右下》："救火者，吏操壶走火。""行者走"是对传递方式的说明。凡派专人携带前往的文书，传递距离通常比较短。

(四)印破

肩水候官吏马驰行　　〔 〕

十二月丙寅金关卒外人以来　　《甲乙编》20.1(图：2)

此件残长16.4、宽1.5厘米左右，封泥槽居下端。题署格式与例一同。"印破"指封检上的封泥已毁坏或脱落，印文已无存，故云。

---

① 睡虎地秦墓竹简整理小组：《睡虎地秦墓竹简》，文物出版社1978年。本文简称《秦简》。

它也表明封检中关于印文的说明是收件人收到该件后才写上的。吏马驰行，由官吏乘快马传递。

（五）莫府吏马驰行以急为故　〔　〕　　《甲乙编》259.5

此件残长31.5、最宽处2.9厘米，封泥槽居封检中段。莫府、将帅治所。古将帅驻所门施帷帐，故称莫府。《史记·李将军列传》："大将军不听，令长史封书与广之莫府。"急，紧急。故，事。《汉书·吴王传》"以侵辱之为故。"孟康注："故，事也。"以急为故，作为紧急事件办理。凡署急者需迅速传递，见《秦简·秦律十八种·行书》："行命书及书署急者，辄行之。"汉代"行书"律或亦有类似的规定①。

（六）广田以次传行至望远止〔　〕（第二面上段）

十二月辛未甲渠候长安、候史□人敢言之：蚤食时临木燧卒……举蓬燔一积薪，虏即西北去，毋有所失亡。敢言之。/十二月辛未将兵护民屯田官居延都尉渭、城仓长禹兼行〔丞事〕（第一面）写移，疑虏者有大众不去，欲并入为寇。檄到循行部界中，严教吏卒惊烽火，明天田，谨迹候候望，禁止往来行者，定蓬火辈，送便兵战斗具，毋为虏所萃椠，已先闻知，失亡重事，毋忽如律令。/十二月壬申殄北甲渠（第二面）候长护、未央，候史包，燧长畸等疑虏有大众欲并入为寇。檄到护等各循行部界中，严教官卒，定蓬火辈，送便兵战斗具，毋为虏所萃椠，已先闻知，失亡重事，毋忽如律令。（第三面）

《甲乙编》278.7

此件为写在多棱觚上的檄文，觚长约63、最大直径2厘米，中间有一封泥槽，檄文书于三面。"广田以次传行至望远止"为封检题署。广田、望远，烽燧名。以次传行，按烽燧顺序传递。题署标明广田隧收到此件后须按顺序传递到望远燧为止。"十二月辛未甲渠候长安……"等为檄文。大意是某年十二月甲渠候长等向上级报告有关敌情。当天，居延都尉渭、兼行丞事的城仓长禹将这份报告转发给各烽燧人员，命令他们加强警戒并采取必要的防范措施。又，第二天殄北

---

① 详见劳榦：《居延汉简考证》，《"中央研究院历史语言研究所"专刊》之四十，1960年，第49页。

与甲渠候长等又向上级做了类似的报告。都尉亦在同一檄文转发了这份报告,并下达与上次相同的命令。此件表明公开文书亦须加封泥印文。

(七)过所〔 〕　《甲乙编》175.20(图:5)

此件残长16、宽2.1厘米左右,封泥槽居下端。过所,经过的处所。这是当时的通行证"传"一类上施用的封检。"传"文如《甲乙编》495.12,506.20简:"建平五年十二月辛卯朔庚寅东乡啬夫护敢言之:嘉平……案忠等毋官狱征事,谒移过所县邑门亭河津关毋呵留敢言之。十二月辛卯禄福狱丞博行丞事,移过所如律令。/掾海、守令史众。"此处"过所"的意义与封检题署所见同。

(八)刘宣书奏

武大伯〔 〕　《甲乙编》284.25(图:3)

此件长13、宽2.5厘米左右,封泥槽居下端。刘宣,姓名。大伯,字,尊称时称字不称名。此件为私人信件上的封检。题署中"刘宣"是致信人,"武大伯"是收件人。

(九)建昭二年〔 〕吏奉赋名籍　《甲乙编》236.1(图:8)

此件长14.5、宽2厘米,封泥槽居中段。建昭,汉元帝年号。建昭二年为公元前37年。奉,俸禄。赋,给予、发放。《吕氏春秋·分职》:"出高库之兵以赋民。"高诱注:"赋,予也。"吏奉赋名藉,给官吏发放俸禄的名单。

(一〇)肩水候官地节〔 〕四年计余兵谷〔 〕财物簿毋余脂毋余菱

《甲乙编》14.1(图:4)

此件长23.5、宽1.4厘米左右。有两个封泥槽,一距上端6.5厘米,另一距下端6厘米。地节,汉宣帝年号。地节四年,公元前66年。兵,兵器。谷,粮食类总称。计余兵谷财物簿,会计年度剩余兵器、粮食及其他财物的账簿。

实物封检题署

实物封检题署是指用于封缄实物的封检上的文字说明,举例如:

(一一)　　　两行卌　橄三

　　　骊喜燧　札百　八月己酉输〔　〕

　　　　　　　绳十丈　　《甲乙编》7.8

此件长11，宽2.1厘米，封泥槽居下端。

(一二)〔　〕安汉燧札二百、两行五十、绳十丈。五月输。〔　〕

　　　《甲乙编》138.7，183.2(图：1)

此件长26.2、宽2厘米左右。有两个封泥槽，一距上端2.8、一距下端2.4厘米。

(一三)禽寇隧札二百、两〔　〕行五十、绳十丈〔　〕六月为七月……

　　　《甲乙编》10.9

此件长28.5、宽2.3厘米左右。有两个封泥槽，一距上端8.7、一距下端6厘米。

以上三件均为用于封缄书写材料的封检。"骊喜燧"、"安汉燧"、"禽寇燧"为收件单位名称。其下是被封缄物件的名称和数量。两行，能书写两行文字的较宽的简材。札，一般的较窄的简材。绳，用于编联简札或封缄文书的书绳。橄，上级对下级发布命令、指示、通告用的文书形式，如例六所见。"八月己酉输"、"五月输"是关于输送物件日期的说明。

(一四)梁　　睢阳戍卒西尉里王柱

　　　●〔　〕袷裦袭一领

　　国　　皂布复袍一领

　　　　　皂布禅衣一领

　　　　　皂布复袴一两

　　　　　枲菲二两

　　　　　缯□二两　《甲乙编》179.2

此件上窄下宽，呈扇形，长14.5、上宽5.7、下宽7.4、封泥槽距上端2厘米。

(十五)岁里　　皂布襦

　　　淳于休〔　〕枲履

衣橐　　　　尚韦

　　　犬练二　　《甲乙编》34.15

此件形制较小，长仅5.8，宽3厘米，封泥槽居中。

（十六）●〔　〕戍卒南郡穰邑□里

　　　何翘利衣橐　　《甲乙》326.8

此件略呈扇形，长14、上宽2.5、下宽3.8、封泥槽距上端1.6厘米。

以上三件均为用于封缄盛装衣物的口袋上的封检。梁国，西汉诸侯国名。南郡，西汉郡名。睢阳、穰邑，西汉县名。西尉里、岁里、□里，均为里名。王柱、何翘利、淳于休，戍卒姓名。其他文字为衣物名称、数量的说明。

（十七）□亭〔　〕□□〔　〕

　　　十一月己卯掾彊所收五年余茭钱二千五十五

　　　五年茭钱万四千五百廿●凡万六千五百八十三

　　　出钱五千七百廿五□收掾车给官费

　　　出钱三千八百六十六□居延责钱

　　　出钱千县所□□

　　　凡出万五百九十一

　　　今余钱五千九百九十二

　　　出钱四百五十二一月壬辰付□□□□

　　　出钱三百□□□□付士吏□□□□　　　《甲乙编》209.2

此件呈扇形，长20.3、上宽4.2、下宽7.5厘米，两个封泥槽居上段。封泥槽上部均有文字，但字迹模糊，未能辨认。封泥槽以下为一收支账，记两笔收入款项、五笔支出款项及收支结余，并且注明每次收入的来源及支出的去向。故此件当为盛装钱币的容器上的封检。

（十八）荥阳〔　〕秋赋钱五千

　　　东利里父老夏圣等教数

　　　西乡守有秩志臣、佐顺临

　　　□□亲具　　《甲乙编》45.1（图：6）

此件长17.2、宽4、封泥槽距上端2厘米。荥阳，汉县名，位于今荥阳市东北。赋,算赋、口赋。东利,里名。父老,里中长老。夏圣,父老姓名。教数,主持计数。有秩,乡官,主持一乡事务,《汉书·百官公卿表》:"乡有三老、有秩、啬夫、游徼。"乡有大小,有秩是大乡首长。守,凡官员试用期称守。佐,乡佐,主乡文书事。亲具,亲手盛装。"亲具"以上二字字迹不清,当为盛装人姓名。据题署内容,此件当为盛装赋钱的容器上的封检。当时边塞官吏俸禄,多由中央从各郡县所收赋钱中调拨。

(十九)〔 〕卒郑奴与晋夫同临

　　戍卒柏□敏具　　　《甲乙编》162.1

此件呈扇形,长13、上宽3.3、下宽6.8厘米。戍卒郑奴、啬夫同是在场见证人,戍卒柏□敏是盛装人。类似的题署亦见于《甲乙编》262.1简。凡此类亦当为盛装钱币的容器上的封检。

(二○)累虏候长

　　弓箭四发〔 〕　　　《甲乙编》83.3

此件长9.2、宽2.8厘米,封泥槽居下端。累虏,候官下属部名。发,弓箭数量单位,十二支箭为一发,每一弓通常配备四发(四十八支),《后汉书·南匈奴传》"弓鞬韇丸一,矢四发"李贤注:"《方言》云:'藏弓为鞬,藏箭为韇。'韇丸即箭箙也。矢十二曰发,见《汉书音义》。"此件当为用于封缄弓箭的封检。

(二一)●第卅五燧

　　兰一完〔 〕　　《甲乙编》393.5

此件长12.6、宽3.8厘米,封泥槽居下端。兰,盛箭器,《说文》:"兰,所以盛弩矢,人所负也。"

(二二)〔 〕驿北亭六石具弩一完　《甲乙编》51.1(图:10)

此件长15.5、宽3.3厘米,封泥槽居上端。驿北,亭名。具弩,部件齐全的弩机。

(二三)　　　骊喜燧车父车

　　〔 〕卒许勃所假

　　　具弩一有幅

　　　干羌为阁　《甲乙编》83.5

此件长9.5、宽4厘米,封泥槽居上端。"父"通"夫",车父即车夫。幠，盛弩器①。阁，搁置，引伸为存放、收藏。

(二四) 卅井累虏燧

  布纬糒三斗〔 〕 《甲乙编》181.8

此件长 9，宽 2.5 厘米，封泥槽居下端。卅井，候官名。累虏，卅井候官下属燧名。糒，干粮，《汉书·李陵传》："令军士持二升(斗字之讹)糒，一半冰，期至遮虏障。"布纬，或为军粮袋一类②。

(二五) ●第十六燧惊

  弩青绳卅二完〔 〕 《甲乙编》166.1

此件长 11、宽 3.9 厘米，封泥槽居下端。"惊"通"檠"，正弓器。《淮南子·修务》："弓必得檠而后能调。"惊弩青绳，正弓器所用绳索。

(二六) 却胡亭木

  枓二完〔 〕 《甲乙编》438.1

此件长 10.7、宽 3.7 厘米，封泥槽居下端。枓，长柄斗勺形器③。

余　　论

综上所述，封检题署的内容主要有以下几个方面：

一、标明收件者。其形式如例一"甲渠官"、例二"莫府"、例七"过所"、例一一"騼喜燧"、例一二"安汉燧"、例一三"禽寇燧"，署收件机构名称。《甲乙编》74.1"肩水候"、《甲乙编》288.16"肩水府左㟁门下"、《甲乙编》427.1"甲渠候官士吏诩燧长戎"，署收件者职官或同时署收件者名或姓。由于封泥上已盖有寄件人印章，故封检上通常只署收件者。但也有例外，如例八所见则寄件人与收件人在题署

---

① 详见劳榦：《居延汉简考证》，《"中央研究院历史语言研究所"专刊》之四十，1960 年，第 49 页。
② 参见初师宾：《汉边塞守御器考略》，载《汉简研究文集》，甘肃人民出版社 1984 年。
③ 参见初师宾：《汉边塞守御器考略》，载《汉简研究文集》，甘肃人民出版社 1984 年。

上均有反映，这种形式多见于私人信件所用封检。

二、标明传递方式。如例四"吏马驰行"、例五"吏马驰行以急为故"、例六"广田以次传行至望远止"、《甲乙编》21.4"行者走"。函封中亦见类似的格式，如《甲乙编》133.3"以亭行"、《甲乙编》16.5"以邮行"、"甲乙编"32.23"燧次行"等。这些传递方式是根据邮件的主次缓急及客观需要决定的。

三、记录寄件者、收件的时间及送件人。记录寄件者如例一"孙□印"、《甲乙编》133.4"王彭印"等，这些都是从封泥上的印文抄录的。如果封泥已毁损，则署"印破"二字（如《甲乙编》20.1所见）。记录收件的时间及送件人如例四"十二月丙寅金关卒外人以来"、《甲乙编》4.29"五月丙寅卒便以来"、《甲乙编》133.4"四月乙丑卒同以来"等，这些文字字体小且草率，都是收件人后来写上去的。严格地说，当收件人署写了上述文字后，封检的性质起了根本的变化，这时它已不指示邮递方向及方式，而只起了收文记录供存档备查的作用。

四、标明被封缄文书的类别。如例九"建昭二年吏奉名籍"标明被封缄的是汉元帝建昭二年（前37年）给官吏发放俸禄的名单。例一〇"肩水候官地节四年计余兵谷财物簿"标明被封缄的是汉宣帝四年（前66年）年度结算剩余兵器粮谷等的账本。

五、标明被封缄实物的类别、数量、所有者等。关于实物的类别、数量，一般标明具体名称、数目：衣物类如例一四、一六，器具类如例二〇至二四，钱币类如例一七至一九，书写材料类如例一一至一三等。但也有较简略者如例一六所见"衣囊"，仅署类别，未署具体物件。关于所有者如例一四"梁　睢阳戍卒西尉里王柱"、例一六"戍卒南郡穰邑□里何翘利"等，署写内容包括所有者姓名、身份、籍贯（郡国、县、里），格式与一般名籍同。又例二〇"累房候长"，格式简略，仅署所有者职官，未署姓名。有的封检题署还标明物件的完损程度及配件情况，如例二一"兰一完"、例二五"惊弩青绳卅二完"、例二六"木枓二完"等。完，完整无损。例二三"具弩一有幅"，幅是盛弩器。

钱币类封检题署的格式比较复杂，主要有两类。一类是赋钱封检，如例一八所见，题署内容包括赋钱来源、数量、参与封缄的有关人员(亲自盛装赋钱的人、乡里主持与监督的官员等)。此件来自东部地区的赋钱封检出土于西北的额济纳旗,说明赋钱一经封缄直到调拨到使用部门时才启封。另一类是常用现钱的封检,如例一七所见,题署内容主要是收支出入账,从封检上有两个封泥槽的情形看,装入或取出钱币时应当有多人参与。

关于函封的推测。函封是题署格式、内容与封检同但未见封泥槽的木板,如:

(二七)甲渠候官　　　　《甲乙编》6.1

(二八)　印曰张掖肩水司马印

　　　　肩水候

　　　　三月丁丑驿北卒乐成以来　　　《甲乙编》14.3

(二九)张掖都尉章

　　　　肩水候以邮行

　　　　九月庚午府卒孙意以来　　　《甲乙编》74.4

例二七所见未涉及印章事,或由于被传递的是一般不太重要的文书,故无需盖印。但例二八、二九所见,题署中有"张掖肩水司马印"、"张掖都尉章",说明邮件曾用了封泥印章,那么它在何处呢?有以下两种可能:

一、封检是后来被削平或截断的。《甲乙编》288.16、428.4、178.29等,写字一面下端有较明显的被削过的封泥槽痕迹。《甲乙编》526.6下端有被截断的痕迹。又《甲乙编》48.15、48.16、48.18、48.19、67.27、67.26、112.17、112.18、127.1等均为封检封泥槽部位的残片。这些残片有可能是从完整的封检上被砍削下来的。上文已述,收件者往往在收到的封检上署写收件日期、寄件人等以备查,而带封泥槽的封检不便于保存(况且启封后封泥毁坏或剥落,封泥槽已无作用),所以封泥槽被砍削的可能很大。

二、函封与封检为两体。马王堆1号汉墓所见竹笥,用绳束缚后加一封检,封检上无题署而另以一木楬署写笥里所盛物品。据此,一些邮件也可能采用这种函封与封检分体的方式。

又,封检的用途除上述所见用以封缄文书、物品外,门户、车辆、牲畜上均可施封检。门户上施封检的记载如《甲乙编》257.22"乃壬申直符，仓库户封皆完"、《甲乙编》266.16"谨行视钱财物臧内，户封皆完"，未详所载户封是否有题署。秦律所见户封有题署，如《秦简·秦律十八种·仓律》："入禾仓，万石一积而比黎之为户。县啬夫若丞及仓、乡相杂以印之，而遗仓啬夫及离邑仓佐主廪者各一户以气，自封印，皆辄出，余之索而更为发户。啬夫免，效者发，见杂封者，以隄（题）效之，而复杂封之，勿度县，唯仓自封印者是度县。出禾，非入者是出之，令度之，度之当隄（题），令出之。"堤、限即封检上的题署。车辆上施封检的记载如《史记·淮南衡山列传》："传淮南王者皆不敢发车封。"牲畜上所施封检如《疏勒河流域出土汉简》370号，题署为："降归义乌孙女子复群献驴一匹，骍，牡，两拔，齿□岁，封颈以敦煌王都尉章。"封检当以绳索捆在马颈上①。

【评　介】

李均明（1947—　），1947年生于印度尼西亚邦加岛，祖籍广东罗博。20世纪60年代归国就读于广西宁明中学，70年代毕业于北京大学中文系古典文献专业。曾任中国文物研究所文物古文献研究部研究员、主任。应聘为日本关西大学东西学术研究所客座研究员、香港中文大学中国文化研究所访问研究员，2008年1月退休。2008年7月应聘为清华大学出土文献研究与保护中心研究员，中国社会科学院简帛研究中心顾问。长期从事古代简牍的整理与研究工作。参与整理临沂银雀山汉墓竹简、云梦睡虎地秦墓竹简、大通上孙家寨汉墓竹简、江陵张家山汉简、居延新简、连云港尹湾汉墓简牍、长沙走马楼简牍、清华大学藏战国竹简等出土简帛文献，主要著作：《孙膑兵法译注》（河北人民出版社1992年）、《汉代屯戍遗简法律志》（李均明、刘军，科学出版社1994年）、《居延汉简释文合校》（李均明、谢桂华、朱国炤，文物出版社1987年）、《疏勒河流域出土汉简释文》（林梅村、李均明编，文物出版社1984年）、《散见简牍合辑》（李均明、何双全编，文物出版社1990年）、《初学录》（兰台出版社1996年）、《古代简牍》（文物出版社2003年）、《简牍法制论稿》（广西师范大

---

① 林海村、李均明：《疏勒河流域出土汉简》，文物出版社1984年。

出版社 2011 年)、《简牍文书学》(李均明、刘军,广西教育出版社 1999 年)、《秦汉简牍文书分类辑解》(文物出版社 2009 年)、《当代中国简帛学研究(1949—2009)》(李均明、刘国忠、刘光胜、邬文玲,中国社会科学出版社 2011 年)等。

《封检题署考略》刊于《文物》1990 年第 10 期,主要根据居延汉简中的实物,对于封检的题署文字作了分类研究,使我们了解汉代官方在传递文书、物品时的制度有了详实具体的依据。

文章把封检题署分为"文书封检题署"、"实物封检题署"两大类。

"文书封检题署"就是传递文书时所用封检上的文字说明,共列举了 10 例,大都是官府文书,上有"甲渠候官"、"肩水候官"、"莫府"等收件机构的题署。也有署收件者的职官、姓名者。在收到文书后,负责处理文书的官吏要根据封泥上的文字把寄件者记录在封检上;也有封泥破损的,则写"印破"。并记录文件送达的时间、送文件的人等信息。以上这些内容在现在所见居延汉简的封检上,并不是每项都有,这可能是原来就缺失,或是因封检残损所致。这些后记录的文字与原封检上的笔迹不同,且字较小。偶见私人书信,则署寄件者和收件者双方的姓名。

"实物封检题署"是传递物品时用的封检上的文字。根据所传递的物品又可以分为很多小类。文章举了传递书写材料、衣物、钱币、赋钱、弓箭、兰、具弩、军粮、正弓器所用绳索、料等例子,共 16 简。题署文字主要是收件的机构或人,与文书封检题署不同的是,必须写清楚物品的内容。像衣物、钱币等,有时就写得很复杂,衣物的名称、颜色、厚薄、数量等,都必须明确;钱币类的则可能像是一个收支账目。

文章最后总结了封检题署的内容,共有 5 类,一是收件者;二是传递方式,"吏马驰行"就是快马传递紧急文书,"以次传"、"燧次行"是依照烽燧的次第传送,"以亭行"、"以邮行"是由邮亭系统传送;三是记录寄件者、收件的时间及送件人;四是文书类别;五是所送物品。有时可见简牍的文字与封检题署一致,却没有封泥槽。这可能是收件后把封泥槽削平了或截断了,也可能封检与函封(标签)是分开的两件,如湖南长沙马王堆 1 号汉墓中装陪葬物品的竹笥在捆扎绳索的结处有一枚封检，另外又挂了一块签牌写明竹笥内的物品。

关于汉代简牍制度，在未对简牍实物详加考察前，20世纪初，沙畹《纸未发明前之中国书》及王国维《简牍检署考》等就根据典籍记载作了归纳研究。李均明的这篇文章，丰富了我们对简牍封检的认识。首先，研究依据的是居延汉简等简牍实物，而相关内容在传世典籍中没有记载。这一研究，让我们清楚了封检上文字的意义，也让削去封泥匣的类似于一般简牍的封检还原了它们的本来面目。虽然它不涉及简册的复原，但同样解决了一批简牍的性质问题。或者说，让我们真正读懂了这批简。其次，这一研究触及了汉代文书及实物异地传递的制度问题。传递的时间根据传递物是否紧急而有快慢的不同，传送人员有一般戍边士卒，也有专门的邮亭系统。根据其他研究我们还可以知道，传送文书等由路程的远近而有规定的时间，若无故延迟会追究传递者的责任。所以，在汉代，从中央到地方，有一套严密的上传下达的途径，保证政令的畅通，保证对民情的掌握。这是实现政府有效统治的基本保障。特别是在边地，这种中央对地方的掌控就显得尤为重要。

李均明的重要简帛学著作还有《简牍文书学》、《秦汉简牍文书分类辑解》、《当代中国简帛学研究(1949—2009)》等。

《简牍文书学》，作者李均明、刘军，广西教育出版社1999年出版。这是一本通论性的著作。全书共十四章。第一章，简牍质材与加工书写。第二章，简牍文字。介绍了战国楚简文字，秦简的篆书，汉简的隶书、草书，魏晋简的楷书、行书等，并研讨了字形的简化和繁化、合文等。第三章，简牍符号。第四章，简牍版面。简的长宽、容字、分栏、标题等。第五章，通行文种之体式。阐述一般文书的格式，即标题、日期、发文者、收文者、正文、附件、起草人等。第六章，简牍文书的稿本。一些简属草稿，有涂抹痕迹。定稿后需发文者签署。上级公文有时要抄录转发。第七章，简牍文书的分类和命名。第八章，称谓录。展示了简牍中发现的文书名，如：诏书、王路堂免书、刺史书、甲渠候书等。从第九章开始介绍了六大类文书：第九章，书檄类。第十章，簿籍类。第十一章，律令类。第十二章，案录类。第十三章，符券类。第十四章，检楬类。文书的六大分类及其二级分类在李均明以后的著作中基本延续不变,成为李均明简牍文书研究的一个核心。

李均明的另一部著作《秦汉简牍文书分类辑解》,文物出版社2009年出版。是作者对秦汉简牍文书分类研究的一个总结。六分法这个大的类别与《简牍文书学》基本一致,只是把"案录类"改为"录课类","簿籍类"与"律令类"的顺序互换。这个分类与以往的不同之处在于,把秦汉的文书简都囊括其中,而不是某一种简牍的类别。涉及的主要有:居延汉简、居延新简、敦煌汉简、《敦煌悬泉汉简释粹》、《散见简牍合辑》、《睡虎地秦墓竹简》、《尹湾汉墓简牍》、《张家山汉墓竹简》、《香港中文大学文物馆藏简牍》、《长沙东牌楼汉墓出土简牍》等。

引言部分回顾了简牍分类研究的历史,罗振玉、王国维《流沙坠简》分小学术数方技书、屯戍丛残、简牍遗文三类。劳榦《居延汉简考释·释文之部》分文书、簿籍、信札、经籍、杂类五部分。① 英国鲁惟一《汉代行政记录》集成710枚简,43组。日本永田英正《居延汉简研究》分吏卒、勤务、器物、现钱、食粮、其他六类。李天虹《居延汉简簿籍分类研究》分吏卒及其他人员、俸禄现钱、廪食谷物、兵物、日常工作、贳卖(买)债务、功劳、牛车马、出入关、其他,共十类。以上这些分类的标准基本是简牍的内容,李均明阐述了新分类的特点,标准是秦汉简牍各类文书自身的特征及功能。"本书试图寻找秦汉简牍自身存在的规律进行分类,并尽可能应用其原有的称谓,只有未见原称谓者才另起名。"

每类下皆列举秦汉简牍实例,个别小类没有找到简牍用例,如书檄类中的"戒敕",来源于蔡邕《独断》、《文心雕龙》等典籍,"简牍中尚未见符合者"。这一分类体系总结了《流沙坠简》以来简牍文书分类的成果,具有集大成的性质。分类标准新颖实用,所引实例极其丰富,充分吸收了简牍集成复原的简册,是简牍文书研究的基础。"每一种文书都挑选尽可能多的完整或较完整的简文为例,以揭示其基本

---

① 原文谓劳榦分文书、簿籍、信札、杂类四大部分,缺"经籍类",似不确。

格式及规律。每一段落前后都有必要的说明或考证,对于事关某一大类基本规律的论述则附于其后,如书檄类所附'书檄类的体式特征'、簿籍类所附'簿籍与题示、合计、钩校'、'簿籍与会计'等。"①

建议增加帛书的内容。增加帛书的内容,对整个分类格局不会有大的影响,如可于"传"后增"繁信",书檄类增"告地策"、柩铭等。实际上书中已引用了帛书的实例,如书檄类的"私记",即家信,其中引用的《敦煌汉简》1781、1782,《居延汉简释文合校》乙附51,悬泉汉简"元与子方书"等四例,都是帛书,只在"乙附51"条下说:"此例书于帛质载体,与简牍共出,附于此。"因此,可考虑改书名中的"简牍"为"简帛"。另,"记"类分府记、官记、私记,前两种属公文,所举例证中的"记"是一般官府文书,其中下行记也称"教";而私文书中的"记",就是书信,在简帛中亦称"书"。因而,这两种"记"的意思是否一样,能否合为一类,值得进一步探讨。

出土简帛文献的分类研究历来受到学者关注。除文书外,典籍类的简帛文献也涉及分类问题。李学勤《简帛佚籍与学术史》(台湾时报文化出版企业有限公司1994年)、骈宇骞、段书安《本世纪以来出土简帛概述》(万卷楼图书股份有限公司1999年),按《汉书·艺文志》的六艺、诸子、诗赋、兵书、术数、方技六类,详细考订了简帛书籍的分类。后骈宇骞以《出土简帛书籍分类述略》为题,发表在《中国典籍与文化》2005年第2、4期及2006年第1、2、3期。后又收入骈宇骞、段书安著《二十世纪出土简帛综述》(文物出版社2006年)。刘钊《出土简帛的分类及其在历史文献学上的意义》[载《厦门大学学报》(哲学社会科学版)2003年第6期]也按《汉书·艺文志》的六分法,简要述及出土典籍文献的类别。

李均明、刘国忠、刘光胜、邬文玲合著《当代中国简帛学研究(1949—2009)》,中国社会科学出版社2011年出版。这是一本综述性质的论著,对简帛研究具有重要指导意义。全书共分三编,上编,简牍典籍;中编,简牍文书;下编,帛书。每编大致分三部分:发现

---

① 李均明等:《当代中国简帛学研究》,中国社会科学出版社2011年,第244页。

情况、基础研究、专题研究。

上编,简牍典籍。第一章,简牍典籍的发现及解要。介绍了自1956年发掘的信阳长台关楚简至2009年北京大学收藏的西汉竹书。第二章,简牍典籍的基础研究。一,长度、容字、收卷、修治。二,文字、符号、标题、抄写。三,简牍的发掘整理与保护。四,分篇、拼合、编连、复原。五,简牍典籍分类及篇章特点。第三章,简牍典籍与专题研究。一,出土典籍与隶变研究。二,古书的辨伪与校勘。三,简牍典籍与史学研究。四,简牍典籍与古代文学。五,简牍典籍与汉代医学、数学成就。六、简牍典籍与早期儒学史。七,简牍典籍与道家、数术研究。八,简牍典籍与先秦、秦汉学术史的重建。

中编,简牍文书。第一章,简牍文书的发现与著述。介绍了自1956年望山楚简至2006年江西南昌火车站东晋雷焞墓木刺,共83批简牍的出土。第二章,简牍文书之基础研究。一,文字之隶变、草化与符号。二,形制与版面现象。三,简牍集成与册书复原。四,简牍文书的文稿形态。五,简牍文书分类与类别特征。第三章,简牍文书与专题研究。一,简牍文书与土地制度。二,简牍文书与赋役制度。三,简牍文书与户籍制度。四,简牍文书与吏制。五,简牍文书与爵制。六,简牍文书反映的律令与司法。七,简牍文书与汉代屯戍体系。八,简牍文书所见兵器与守御器。九,简牍文书所反映的烽火与烽具。十,简牍文书所反映的汉代关津与传置。十一,简牍文书所反映的秦汉会计与管理。

下编,帛书。第一章,帛书的发现。一,帛书概说。二,楚帛书的发现与流传。三,马王堆帛书的发现。第二章,帛书的基础研究。一,楚帛书的内容与基础研究。二,马王堆帛书的内容与基础研究。第三章,帛书的专题研究。一,楚帛书的研究。二,帛书《周易》研究。三,帛书《春秋事语》研究。四,帛书《战国纵横家书》研究。五,帛书《丧服图》研究。六,帛书《老子》研究。七,帛书《黄帝书》研究。八,帛书《五行》研究。九,帛书《伊尹·九主》研究。十,帛书《刑德》研究。十一,帛书古医书研究。十二,帛书《五星占》研究。十三,帛书《天文气象杂占》研究。十四,帛书《相马经》研究。十五,帛书《太一将行图》研究。十六,帛书古地图研究。

这本书的看点在于对新中国成立以来简帛研究的热点作了全面总结，基本把握住了简帛学的发展脉络，利于我们了解学术前沿成果，促进研究的深入。作者在前言中说："近年来，简帛资料对各学科的发展起了极大的促进作用，典型者如楚简的大量出土，使人们对战国文字的认识有了质的飞跃、对先秦诸子思想的发展脉络有了较清晰的认识；又清华大学入藏战国简中大量史料的发现，使人们产生重建周史的想法；大量秦汉律令司法简牍的出土，为复原中华法系的早期面貌提供了依据。总之，简帛研究中已产生的'热点'很多，本书将尽可能多地介绍给读者，但不可能面面俱到，对每种重要趋向，也只介绍重要观点。我们亦注意到尚未形成'热点'的领域，其实可资利用的资料很多，例如，秦汉简牍中有半数以上，走马楼三国吴简则有三分之二以上属于统计学、会计学、文书学研究对象的账簿、名册之类；又可作为军事学、地理交通学研究对象的简牍也很多，但迄今针对这些领域产生的论文、论著还不是很多，可谓之为待开发的处女地。"

李学勤在序中对这本书三编的结构给予肯定："书中为了方便读者，先讲简牍典籍，再谈简牍文书，而以帛书殿后，眉目非常清楚。读者很容易看到，简帛学是怎样起源和形成，又如何走到今天，细化为简帛典籍和文书这两个学科分支的。我们不妨以这部书的出版，作为简帛学进一步细化的标志。"我们觉得三分结构可能是几位作者分工编写的结果。首先，三分的标准不一致，典籍与文书是按内容分的类，而帛书是按材质分的类。标准不一就会前后失于照应，帛书中主要也是典籍类，少数属文书。在第一编"简牍典籍"的"专题研究"，诸如"简牍典籍与早期儒学史"，"简牍典籍与道家、数术研究"，"简牍典籍与先秦、秦汉学术史的重建"等部分要么出现了不该出现的马王堆帛书，要么因不能出现马王堆帛书而造成内容的不完整。看似眉目清晰，实则彼此牵连，难于协调。这样的三分对简帛文献来说并不合适，很多出土简帛中既有典籍也有文书，甚至还有帛书，造成一种简帛文献被分割成几块，读者难以得见全貌的情况。如睡虎地秦墓竹简，既有法律文书，也有属典籍的《日书》。居延汉简、居延新简，除大量文书外，也有典籍类的《苍颉篇》、《急就篇》等残简，还有帛书，也被分为几处。所以，在综述简帛文献的著作中，这几类还是合起来较好，在需要分的时候再安排单独的章节来叙述。如简牍的形制与帛书不同，可以分开来介绍。而且在介绍简牍出土情况时，好像没有什么次序，有些随意。一般著作或是按发掘出土的时间为序，或是按出土地排序，也有按简帛写成的年代排序的。

对于"日书"的处理，这本书也有失照应。《睡虎地秦墓竹简·日书》被安排在典籍部分，而《天水放马滩秦简》被放在典籍和文书两处，而实际上其中并没有文书简，《日书》及《志怪故事》恐都属典籍。《九店楚简》只出现在文书类中，其中主要的内容是目前所见最早的"日书"，当归入典籍类。

其他还有些小问题，如介绍研究成果时，对中国台湾学者的关注不够；对简帛的语言文字研究也少有涉及。所谈这些不足，乃吹毛而求其小疵，仅供参考。

李均明的著作，资料详实丰富，实用性很强。如《秦汉简牍文书分类辑解》尽可能多地提供完整或较完整的例子，读者可以获得极大的信息量。同时细微之处可见对材料处理的精心。如簿籍类的"债名籍"、"负债名籍"，乍看标题好像没有区别，但看例证，确有不同，"债名籍"类以债权人为主，格式是"债权人+'责'+债务人"，"负债名籍"相反，以债务人为主，格式是"债务人+'负'+债权人"。不仔细抽绎很难找出不同。这可以看出作者对如此纷繁杂乱的资料已经了然于胸，驾驭起来才能得心应手。这当然得力于他多年参与整理多种简帛文献，对于睡虎地秦简、居延汉简、居延新简、尹湾汉简、张家山汉简等释文都经过反复揣摩，虽不能做到烂熟于心，也是随手拈来，随意差遣。

李均明简帛学主要论著目录：

1.《〈居延汉简甲乙编〉释文补正举隅》，李均明、谢桂华合著，《历史研究》1982年第5期。

2.《〈居延汉简甲编〉七一四号汉简"主吏"解》，《文史》15辑，1982年。

3.《〈居延汉简甲乙编〉释文评议》，李均明、谢桂华合著，《敦煌学辑刊》1984年第2期。

4.《疏勒河流域出土汉简释文》,林梅村、李均明编,文物出版社1984年。

5.《居延汉简债务文书述略》,《文物》1986年第11期。

6.《居延汉简释文合校》,李均明、谢桂华、朱国炤合著,文物出版社1987年。

7.《新莽简时代特征琐议》,《文物春秋》1989年第4期。

8.《封检题署考略》,《文物》1990年第10期。

9.《散见简牍合辑》,李均明、何双全编,文物出版社1990年。

10.《商承祚先生藏居延汉简》,李均明、商志䕩合著,《文物》1992年第9。

11.《简牍文书"刺"考述》,《文物》1992年第9期。

12.《孙膑兵法译注》,河北人民出版社1992年。

13.《武威旱滩坡出土汉简考述——兼论"挈令"》,李均明、刘军合著,《文物》1993年第10期。

14.《汉代屯戍遗简法律志》,李均明、刘军合著,科学出版社1994年。

15.《初学录》,兰台出版社1996年。

16.《汉简所见车》,《简牍学研究》第1辑,甘肃人民出版社1997年。

17.《"车父"简考辨》,《简牍学研究》第2辑,甘肃人民出版社1998年。

18.《简牍文书学》,李均明、刘军合著,广西教育出版社1999年。

19.《张家山汉简所见规范继承关系的法律》,《中国历史文物》2002年第2期。

20.《张家山汉简所反映的二十等爵制》,《中国史研究》2002年第2期。

21.《汉简所反映的关津制度》,《历史研究》2002年第3期。

22.《〈二年律令·具律〉中应分出〈囚律〉条款》,《郑州大学学报》(哲学社会科学版)2002年第3期。

23.《张家山汉简所反映的适用刑罚原则》,《郑州大学学报》(哲学社会科学版)2002年第4期。

24.《张家山汉简所见规范人口管理的法律》,《政法论坛》2002年第5期。

25.《张家山汉简与汉初货币》,《中国文物报》2002年11月22日。

26.《湖南张家界古人堤遗址与出土简牍概述》,李均明、张春龙、胡平生合著,《中国历史文物》2003年第2期。

27.《湖南张家界古人堤简牍释文与简注》,李均明、张春龙、胡平生合著,《中国历史文物》2003年第2期。

28.《张家山汉简与汉初货币》,《中国钱币》2003年第2期。

29.《张家山汉简所见职务犯罪的类型与对策》,中国政法大学、浙江省湖州市人民政府:《沈家本与中国法律文化国际学术研讨会论文集》(下册),中国政法大学、浙江省湖州市人民政府2003年10月。

30.《古代简牍》,文物出版社2003年。

31.《居延汉简召会考》,《简牍学研究》第4辑,甘肃人民出版社2004年。

32.《汉边塞"县索"考》,《中国文物报》2005年5月6日。

33.《简牍法制史料概说》,《中国史研究》2005年第1期。

34.《出土文献整理面临的机遇与挑战——从出土简牍谈起》,《中国文物科学研究》2006年第2期。

35.《走马楼吴简"草刺"考校》,《史学月刊》2008年第6期。

36.《〈保训〉与周文王的治国理念》,《中国史研究》2009年第3期。

37.《秦汉简牍文书分类辑解》,文物出版社2009年。

38.《清华简〈皇门〉之君臣观》,《中国史研究》2011年第1期。

39.《简牍法制论稿》,广西师范大学出版社2011年。

40.《当代中国简帛学研究(1949—2009)》,李均明、刘国忠、刘光胜、邬文玲著,中国社会科学出版社2011年。

谈谈辨释汉简文字应该注意的一些问题（存目）

裘锡圭

【评 介】

裘锡圭（1935— ），1935年6月出生于上海。1960年复旦大学历史系"甲骨学与商代史"研究生结业。1960年至2004年任教于北京大学中文系。2005年起任复旦大学出土文献与古文字研究中心教授。主要从事古文字学和中国古典文献学（先秦、秦汉部分）的教学和研究工作，也从事先秦、秦汉史的研究。曾参加过望山楚墓竹简、曾侯乙墓文字资料、天星观楚简、郭店楚墓竹简、银雀山汉墓竹简、凤凰山汉简、马王堆汉墓帛书和尹湾汉墓简牍等的整理考释工作。主要论著有：《文字学概要》、《古文字论集》、《裘锡圭学术文集》等。在楚简、秦简、汉简文字考释方面卓有建树。关于裘锡圭先生在简帛学方面的贡献，可以参看胡平生《裘锡圭先生与简帛学研究》。①

《谈谈辨释汉简文字应注意的一些问题》，刊于《江汉考古》1991年第4期。这是裘锡圭多年从事简帛文献释字，特别是居延简释字的经验总结。

裘锡圭对简帛学的贡献，首先是释字，他在简帛字词考释方面作出了突出成就，纠正了大量简帛文献的释文，还原了它们本来的面目。释文是简帛研究的基础，释文有误，或是文义不明，让人不知所云，或是按照错误的释文推导出更加错误的结果。裘先生注重释文的考证，为进一步的研究铺平了道路，为简帛研究解决了关键的一环。

---

① 载《简帛研究汇刊第2辑·第二届简帛学术讨论会论文集》，中国文化大学文学院、简帛学文教基金会筹备处编，2004年出版。

20世纪70年代，在罗福颐、商承祚等所作释文的基础上，朱德熙、裘锡圭、李家浩对望山楚简的释文进一步考释，于1976年完成《望山竹简释文与考释》。1978年后，参与曾侯乙墓竹简和钟磬铭文的考释工作，与李家浩一起撰写了《曾侯乙墓竹简释文与考释》、《曾侯乙墓钟、磬铭文释文与考释》，附于《曾侯乙墓》一书中，并撰写了该书的第五章第六节"为古文字研究提供了丰富资料"。与朱德熙合作发表了《战国文字研究（六种）》（《考古学报》1972年第2期）、《信阳楚简考释（五篇）》（《考古学报》1973年第1期）。这些战国文字考释成果显示了裘先生古文字研究的功力。

1993年，湖北荆州郭店1号楚墓发现800余枚竹简，释文初稿经裘先生审定，做了大量修订。郭店楚简、上博简资料公布后，裘先生又有多篇考释文章。《以郭店〈老子〉简为例谈谈古文字的考释》（1998年），针对部分有传世文献可以对勘的楚简，讨论了考释文字的几种类型：一是最容易考释也最容易为人所接受的，是在字形和文例两方面都有直接的文献上的根据的那些字。二是有的字在字形方面需要稍加解释。三是有的字在字形方面没有明显的文献根据，需要从分析字形等途径加以论证。其中第三类是重点，举了11例。《读〈郭店楚墓竹简〉札记三则》（2002年），释读了"归"、"射"等字。《读上博简〈容成氏〉札记二则》（2004年），考释了"蔽芾"、"击"等。《〈上海博物馆藏战国楚竹书（二）·子羔〉释文注释》、《〈上海博物馆藏战国楚竹书（二）·鲁邦大旱〉释文注释》、《〈上海博物馆藏战国楚竹书（四）·相邦之道〉释文注释》（2006年）一组文字则是综合释读了上博简的若干篇章。《谈谈上博简和郭店简中的错别字》（2002年）对楚简中错写的字作了分析。

1974年至1977年，裘锡圭参加临沂银雀山汉简的整理工作。其间，还参与了马王堆汉墓帛书《老子》甲、乙本及其卷前后的古佚书的整理，参与睡虎地秦墓竹简的整理，对《武威医简》的初稿提过不少修改意见。

可以说，从一开始，裘先生的研究就遍及战国、秦汉的简牍帛书。文字考释是其研究的核心。在研究战国楚简的基础上，其触角很快就进入了西北汉代屯戍简牍的文字考释。《新发现的居延汉简的几个问题》(《中国史研究》1979年第4期)，一是关于"元朔"、"元狩"年号简，"据《史记·封禅书》，武帝元鼎以前诸年号都不是当时所立，而是后来追加的，司马迁以武帝时人说武帝时事理应可信"。事关《史记》记载是否可信，虽是一字之考释，却意义重大。"这次发现的所谓元朔简，'仅四字"元朔元年"，疑是学字书'，'学字书'所书年号有可能是多年前的旧年号"，不足以证明武帝元朔年间在当时已立年号。"所谓元狩简是一份官文书，如果释文无误，就可以据此推翻《封禅书》关于武帝年号的说法"，成为"重要的发现"了。而裘先生文章指出，"其实这个字并非'守'字，而是'凤'字的草书简体。年号是常用字，居延汉简常常把年号写得非常草率。这条简文把'凤'字所从的'凡'省为'几'，并且把两旁的笔画写得比较短，看起来就有点像'宀'的草体，又把'鸟'旁写得有点像'寸'的草体。因此'凤'就被误认为'守'了"。所以这条材料并不能推翻《封禅书》的结论。这篇文章还疏通了"候粟君所责寇恩事"、"建武初年军情简"等册书。《汉简零拾》(《文史》第十二辑，中华书局1981年)，考释了居延简中"椟梜"等二十条。"椟梜"一词，早期释文屡误，陈邦怀出"梜"字，裘先生据马王堆汉墓帛书、《急就篇》等，证明"椟梜"连读，指棺木。《居延汉简甲乙编》释"后使涑止"，裘先生改释为"役使流亡"，认为汉代大地主役使流民，反映了汉代赋役的繁重。居延简中的"桮"字，过去也多有误释，裘先生认为是装粮食用的袋子，容三石，故亦用为量词。这篇文章还疏解了"举书"、"应书"、守御器、弓弩等。《〈居延汉简甲乙编〉释文商榷》，改释、补释了大量居延简，如多例"龙山"都改释"孤山"；89.13A"故书二十三"，改为"故画于三"；"黑墨千四"，改为"黑墨于四"；"羹千一"，改为"羹于一"；等等。补释的如：108.6"□□候官"，补为"殄北候官"；119.27"□□长七尺黑□"，补为"□二人长七尺黑□"。120.55"王出卅□女五"，则改为"王安世年廿五"，有改有补。

对其他秦汉简帛也有考订。《〈睡虎地秦墓竹简〉注释商榷》(1982年)释"耆弱"为"强弱"，释"是"为"之"，释"泛薛"为"蹒跚"，释"久书"为记录久识的文书，都很有启发性。《马王堆三号汉墓"养生方"简文释读琐议》(1987年)从简文系联、释字、标点注释三个方面进行了讨论，对简文的理解有很大帮助。《马王堆医书释读琐议》（1987年），讨论了医简和帛书的系联、释文、注释等问题。《读〈战国纵横家书释文注释〉札记》（1992年），订正了释文中大量释错的字。《读〈长沙东牌楼7号古井(J7)发掘简报〉等文小记》（2006年），指出了对东牌楼东汉简牍考释中的若干问题。

因而，《谈谈辨释汉简文字应该注意的一些问题》结合多年的简帛文献释字经验，对汉简文字考释方法作了总结。主要提出六方面的问题：一、应该注意不要释错草体字。这一点在释居延简等西北汉代屯戍简牍中非常突出。很多私人书信、官文书的底稿等都多草字，于豪亮曾作《释汉简中的草书》，释出了汉简中前人不识或误释的不少草体字。裘著《〈居延汉简甲乙编〉释文商榷》，也有很多这样的例子。并且给释草书提供了路径："现存的最重要的古体草书即章草的资料，是皇象本《急就篇》。王国维著有《校松江本急就篇》。此书的完成上距他跟罗振玉合撰《流沙坠简》已有好几年，但是他所以重视《急就篇》无疑跟研究汉简有关。汉简草体字形跟以皇象本《急就篇》为代表的传世章草相同或相近的非常多，不过彼此有较大出入的也时有所见。所以我们辨释汉简草体时一方面要经常参考《急就篇》等材料，一方面也不能太受它们的束缚。"二、应该注意不要释错古体别体。"西汉前期简所用的古隶里，有很多接近篆文的古体。在时代较晚的居延、敦煌等地出土的边塞汉简里，也还可以看到不少这类古体。此外，简文中还有一些虽然不一定能算作古体但是字形为后代人所不熟悉的别体。这些古体、别体也都比较容易被误释。"三、应该注意不要误合二字为一字或误分一字为二字。简文自上而下，上下相连，如一字写得稍长，就易误认成二字；相反，两字写得稍小、离得稍近，就易误读成一字。最易出错的就是数字一、二、三，裘文中举了居延汉简506.2"一头"二字被误合为一字"贡"，185.35"病一"二字被误合为一字"应"。汉代屯戍简中遇一、二、三数字连写时，有时就在中间加"／"等符号隔开，以免误读。如居延汉简14.20："☒☒一／二，分别为爱书，移官。其初假时折伤毋举。"四、应该注意残片的缀合。残片上的字容易释错，缀合后，完整或相对完整的字形，会纠正旧释的误字。五、应该注意通用字的原形。"汉简经常使用通用字。从文字学的角度看，两个相通用的字本是不同的字，只不过在某种或某些用法上彼此可以相通用而已。考释者往往把汉简里的通用字直接释为本字或一般人所熟悉的通用字。严格说，这样做是不妥当的。"六、应该注意文义。"在辨释文字时，寻绎文义与分析字形这两方面往往是缺一不可的。"

这些释字的方法，来源于实践，实用性强。这里说的"汉简"，主要指的是居延汉简。第一批万枚居延简自20世纪30年代出土以来，屡经磨难，其完整的资料至今尚未面市，其准确的释文也没能作出。当然，这里面有战争因素的干扰，但其释读的难度大也是不容忽视的。经过裘先生这样的大家的努力，凸显的问题一一揭开，障碍逐渐被扫除，如果再有高质量的清晰图版，写出高质量的释文是可以期待的。这有待海峡两岸学者的努力、合作。

复旦大学出版社2012年6月出版《裘锡圭学术文集》，其中第二卷为《简牍帛书卷》，汇集了裘先生主要的简帛学论文。

此外，裘先生也很重视出土简帛文献对中国古代文献研究的意义，《中国出土简帛古籍在文献学上的重要意义》(1999年)，简要介绍了已发现的简帛古籍，然后从三方面分析了其价值：一是提供了大量有价值的佚书。二是提供了一些目前还有传本的古书的最早本子。三是简帛古籍使我们对古书的真伪、时代和源流等方面的问题有了进一步的认识。《中国古典学重建中应该注意的问题》(2000年)，就简帛古书与传世古籍相对照、古书真伪两方面，谈了简帛文献的整理释读的不易以及不能轻率信古的问题。《考古发现的秦汉文字资料对于校读古籍的重要性》(1980年)，从四个方面举例分析了秦汉简帛文献对古书校勘的价值：一是二者是同一种书的古本和今本。二是二者虽非一书但有密切的关系，或者其中一种出自另一种，或者二者同出一源。三是古代文字可以用来阐明传世古书中某些词语的意义，或者纠正某些词语书写上的错误。四是古代文字资料表现出来的用字和书写方面的习惯，可以用作校读古书的根据。另外，《谈谈地下材料在先秦秦汉古籍整理工作中的作用》(1981年)、《阅读古籍要重视考古资料》(1986年)、《四十年来发现的简帛古籍对传世古籍整理工作的重要性》(1996年)、《简帛古籍的用字方法是校读传世先秦秦汉古籍的重要根据》(1998 年)都涉及这一话题，可见裘先生对这个问题的重视。《谈谈古文字资料对古汉语研究的重要性》(1979 年)，从语音、语法、构词法和词义等方面，讨论了出土资料对汉语史研究的价值。以上几篇文章没有收在《简牍帛书卷》，而是收录在文集的第 4 卷《语言文字与古文献卷》，但它们也是裘锡圭先生有关简帛研究的重要论述。

文集第 5 卷《古代历史、思想、民俗卷》中，也有几篇集中研讨简帛文献的文章。《啬夫初探》(1981 年)，针对云梦秦简中常见的"啬夫"这一官职，联系典籍中的记载，作了深入讨论，基本廓清了啬夫一职的种类、地位等问题。《从出土文字资料看秦和西汉时代官有农田的经营》(1997 年)，主要结合云梦秦简和居延汉简的资料，总结了秦汉时期官田的经营状况。《新出土先秦文献与古史传说》(2003年)，主要根据郭店楚简《唐虞之道》和上博简《子羔》、《容成氏》，讨论了传说中上古帝王的世系。《马王堆〈老子〉甲乙本卷前后佚书与"道法家"(兼论〈心术上〉〈白心〉为慎到田骈学派作品)》(1980 年)、《马王堆帛书〈老子〉乙本卷前古佚书并非〈黄帝四经〉》(1993 年)，讨论了马王堆帛书中的道家思想。《是"恒先"还是"极先"?》(2007 年)，从楚简"亙"与"亟"两字的关系，认为"亙先"、"亙气"应读为"极先"、"极气"，指宇宙的本原和元气。

裘先生的论文，一般是以释字为核心，并由此伸发，触及汉字史、汉语史、历史、文学史、思想史、中医药、古器物、古文献等，因根基扎实，故往往发前人所未发。还时常指引学术道路，激励年轻后学，给人以无限启发。

裘锡圭简帛学主要论著目录：

1.《马王堆汉墓帛书》(壹)，参加编写，文物出版社 1980 年。

2.《银雀山汉墓竹简》(壹)，参加编写，文物出版社 1985 年。

3.《曾侯乙墓》(上)，第五章第六节、附录一、二，文物出版社 1989 年。

4.《望山楚简》，释文与考释部分，中华书局 1995 年。

5.《江陵望山沙塚楚墓》，附录二望山 1、2 号竹简释文与考释，文物出版社 1996 年。

6.《尹湾汉墓简牍》，参加编写，中华书局 1997 年。

7.《郭店楚墓竹简》，校订、注释中"按语"部分，文物出版社 1998 年。

8.《银雀山汉墓竹简》(贰)，参加编写，文物出版社 2010 年。

9.《裘锡圭学术文集·简牍帛书卷》，复旦大学出版社 2012 年。

10.《信阳楚简考释(五篇)》，与朱德熙合作，《考古学报》1973 年第 1 期。

11.《从马王堆一号汉墓遣策谈关于古隶的一些问题》，《考古》1974 年第 1 期。

12.《湖北江陵凤凰山十号汉墓出土简牍考释》，《文物》1974 年第 7 期。

13.《在长沙马王堆汉墓帛书座谈会上的发言》，《文物》1974 年第 9 期。

14.《谈谈古文字资料对古汉语研究的重要性》，《中国语文》1979 年第 6 期。

15.《新发现的居延汉简的几个问题》，《中国史研究》1979 年第 4 期。

16.《谈谈随县曾侯乙墓的文字资料》，《文物》1979 年第 7 期。

17.《考古发现的秦汉文字资料对于校读古籍的重要性》，《中国社会科学》1980 年第 5 期。

18.《马王堆〈老子〉甲乙本卷前后佚书与"道法家"(兼论〈心术上〉〈白心〉为慎到田骈学派作品)》，《中国哲学》2 辑，三联书店 1980 年。

19.《马王堆一号汉墓遣策考释补正》，与朱德熙合作，《文史》10 辑，中华书局 1980 年。

20.《汉简零拾》，《文史》12 辑，中华书局 1981 年。

21.《啬夫初探》，《云梦秦简研究》，中华书局 1981 年。

22.《关于新出甘露二年御史书》，《考古与文物》1981 年第 1 期。

23.《谈谈地下材料在先秦秦汉古籍整理工作中的作用》，《古籍整理出版简报》1981 年第 6 期。

24.《〈睡虎地秦墓竹简〉注释商榷》(一)(二),《文史》13 辑,中华书局 1982 年。

25.《〈战国策〉"触詟说赵太后"章中的错字》,《文史》15 辑,中华书局 1982 年。

26.《七十年代出土的秦汉简册和帛书》,与朱德熙合作,《语文研究》1982 年第 1 期。

27.《居延汉简甲乙编释文商榷》,《人文杂志》1982 年第 2 期至 1983 年第 4 期。

28.《七十年代中国出土的秦汉简册和帛书》,与朱德熙合作,《中国语文研究》1984 年第 6 期。

29.《马王堆三号汉墓"养生方"简文释读琐议》,《湖南考古辑刊》四集,岳麓书社 1987 年。

30.《再谈甘露二年御史书》,《考古与文物》1987 年第 1 期。

31.《铿与桱桯》,《文物》1987 年第 9 期。

32.《马王堆医书释读琐议》,《湖南中医学院学报》1987 年第 4 期。

33.《谈谈辨释汉简文字应注意的一些问题》,《江汉考古》1991 年第 4 期。

34.《读〈战国纵横家书释文注释〉札记》,《文史》36 辑,中华书局 1992 年。

35.《读简帛文字资料札记》,《简牍研究》第 1 辑,法律出版社 1993 年。

36.《马王堆帛书〈老子〉乙本卷前古佚书并非〈黄帝四经〉》,《道家文化研究》第 3 辑,上海古籍出版社 1993 年。

37.《四十年来发现的简帛古籍对传世古籍整理工作的重要意义》(提要),台北《汉学研究通讯》15 卷 1 期,1996 年。

38.《帛书〈要〉篇释文校记》,北大哲学系暨中国哲学与文化研究所、香港道教学院主办"道家文化国际学术研讨会"论文。

39.《读汉简札记》,《简牍研究》第 2 辑,法律出版社 1996 年。

40.《〈神乌傅(赋)〉初探》,《文物》1997 年第 1 期。

41.《从出土文字资料看秦和西汉时代官有农田的经营》,《中国考古学与历史学之整合研究》,"中央研究院历史语言研究所"1997年。

42.《简帛古籍的用字方法是校读传世先秦秦汉古籍的重要根据》,《两岸古籍整理学术研讨会论文集》,江苏古籍出版社1998年。

43.《田章简补释》,《简帛研究》第3辑,广西教育出版社1998年。

44.《〈神乌傅(赋)〉初探》,连云港市博物馆等编《尹湾汉墓简牍综论》,科学出版社1999年。

45.《汉简中所见韩朋故事的新资料》,《复旦学报》(社会科学版)1999年第3期。

46.《郭店〈老子〉简初探》,陈鼓应主编《道家文化研究》("郭店楚简"专号)第17辑,三联书店1999年。

47.《中国出土简帛古籍在文献学上的重要意义》,[日本]中国出土资料研究会《中国出土资料研究》第三号,1999年;又载《北京大学古文献研究所集刊》1,北京燕山出版社1999年。

48.《以郭店〈老子〉简为例谈谈古文字的考释》,《中国哲学》第21辑,辽宁教育出版社2000年。

49.《纠正我在郭店〈老子〉简释读中的一个错误——关于"绝伪弃诈"》,《郭店楚简国际学术研讨会论文集》,湖北人民出版社2000年。

50.《中国古典学重建中应该注意的问题》,东京大学郭店楚简研究会编《郭店楚简の思想史的研究》第四卷"古典学の再構築",2000年6月。

51.《〈太一生水〉"名字"章解释——兼论〈太一生水〉的分章问题》,《古文字研究》第22辑,中华书局2000年。

52.《帛书〈要〉篇释文校记》,《道家文化研究》第18辑,三联书店2000年。

53.《中国古典学重建中应该注意的问题》,《北京大学古文献研究所集刊》2,北京燕山出版社2001年。

54.《谈谈上博简和郭店简中的错别字》,《新出楚简与儒学思想国际学术研讨会论文集》,清华大学思想文化研究所、台北辅仁大学文学院，2002 年。

55.《关于〈孔子诗论〉》，《国际简帛研究通讯》第 2 卷第 3 期，2002 年；又《中国哲学》第 24 辑，辽宁教育出版社 2002 年。

56.《读〈马王堆帛书《式法》释文摘要〉小记》，《国际简帛研究通讯》第 2 卷第 5 期，2002 年。

57.《〈《太一生水》"名字"章解释〉追记》，《古文字研究》第 23 辑，中华书局、安徽大学出版社 2002 年。

58.《读〈郭店楚墓竹简〉札记三则》，《上海博物馆集刊》第 9 期，上海书画出版社 2002 年。

59.《谈谈上博简和郭店简中的错别字》，《华学》第 6 辑，紫禁城出版社 2003 年。

60.《由郭店〈性自命出〉的"室性者故也"说到〈孟子〉的"天下之言性也"章》，《第四届国际中国古文字学研讨会论文集》，香港中文大学中国语言及文学系 2003 年。

61.《新出土先秦文献与古史传说》，《李珍华纪年集》，北京大学出版社 2003 年。

62.《释郭店〈缁衣〉"出言有丨，黎民所言丨"——兼说"丨"为"针"之初文》，《古墓新知——纪念郭店楚简出土十周年论文专辑》，国际炎黄文化出版社 2003 年。

63.《读〈马王堆帛书《式法》释文摘要〉小记》，《新出简帛研究》，文物出版社 2004 年。

64.《新出土先秦文献与古史传说》，《北京大学中国古文献研究所集刊》4，北京大学出版社 2004 年。

65.《帛书〈春秋事语〉校读》，《湖南省博物馆馆刊》第 1 辑，《船山学刊》杂志社 2004 年。

66.《谈谈上博简〈子羔〉篇的简序》，《上博馆藏战国楚竹书研究续编》，上海书店 2004 年。

67.《读上博简〈容成氏〉札记二则》，《古文字研究》第 25 辑，2004 年。

68.《北京大学中国古文献研究中心郭店楚墓竹简研究项目介绍》，《出土文献研究》第 6 辑，上海古籍出版社 2004 年。

69.《谈谈不列颠图书馆所藏的敦煌汉简》,《长沙三国吴简暨百年来简帛发现与研究国际学术研讨会论文集》,中华书局2005年。

70.《释战国楚简中的"昌"字》,《古文字研究》第26辑,2006年。

71.《上博简〈相邦之道〉一号简考释》,《中国文字学报》第1辑,商务印书馆2006年。

72.《读〈长沙东牌楼7号古井(J7)发掘简报〉等文小记》,《湖南省博物馆馆刊》第3辑,岳麓书社2006年。

73.《关于〈老子〉"绝仁弃义"和"绝圣"》,《出土文献与古文字研究》第1辑,复旦大学出版社2006年。

74.《〈上海博物馆藏战国楚竹书(二)·子羔〉释文注释》,为复旦大学出土文献与古文字研究中心"上博简字词全编"项目而写的参考资料,2006年。

75.《〈上海博物馆藏战国楚竹书(二)·鲁邦大旱〉释文注释》,为复旦大学出土文献与古文字研究中心"上博简字词全编"项目而写的参考资料,2006年。

76.《〈上海博物馆藏战国楚竹书(四)·相邦之道〉释文注释》,为复旦大学出土文献与古文字研究中心"上博简字词全编"项目而写的参考资料,2006年。

77.《说"亦纪先王之由道"》,《中国古代文明研究与学术史:李学勤教授伉俪七十寿庆纪念文集》,河北大学出版社2006年。

78.《释〈子羔〉篇"铨"字并论商得金德之说》,《简帛》第2辑,上海古籍出版社2007年。

79.《是"恒先"还是"极先"?》,中国简帛学国际论坛论文,台湾大学2007年。

80.《谈谈英国国家图书馆所藏的敦煌汉简》,《英国国家图书馆藏斯坦因所获未刊汉文简牍》,上海辞书出版社2007年。

81.《居延汉简中所见的疾病名称和医药情况》,《中医药文化》2008年第6期。

82.《说〈鲁邦大旱〉"抑吾子如重命亓欤"句》,《华学》第九、第十辑,上海古籍出版社2008年。

83.《是"恒先"还是"极先"?》,《2007中国简帛学国际论坛论文集》，台湾大学中国文学系2011年。

84.《说清华简〈程寤〉篇的“祓”》，《出土文献与古文字研究》第4辑，上海古籍出版社2011年。

85.《“东皇太一”与“大龕伏羲”》，《简帛·经典·古史国际论坛会议论文集》，香港浸会大学2011年。

86.《关于〈老子〉“绝仁弃义”和“绝圣”》，《出土文献与儒道关系》，漓江出版社2012年。

睡虎地秦简日书的内容、性质及相关问题

刘乐贤

睡虎地秦简日书是1975年12月在湖北省云梦县睡虎地十一号秦墓中出土的一份珍贵数术资料。它由甲乙两种抄本组成，现存字数为一万八千余字。其释文和照片刊载于文物出版社1981年出版的《云梦睡虎地秦墓》和1990年出版的《睡虎地秦墓竹简》中。睡虎地秦简日书对研究中国古代数术尤其是其中的择日术有着十分重要的意义：如以该书为主并结合其他地方出土的日书，就有可能使早已失传的战国、秦汉时代择日术得到部分复原；它也是研究当时的社会生活和科学技术（尤其是天文历法）的重要参考资料。睡虎地秦简日书自出土以来颇受学术界的关注，不少论著已从不同角度对它进行研究。本文将着重讨论它的内容与性质，同时也对与此有关的问题如日书的年代、写本特征、甲乙两种本的关系等略加论述。

睡虎地秦简日书成书的年代

据有关资料判断，睡虎地十一号秦墓出土的日书，其成书的年限不会晚于秦始皇三十年。那么，能否更进一步确定日书的确切成书年代呢？"《日书》研读班"为此曾作了下列有益的推论：

1. 由日书简文不避秦始皇讳的事实，推定日书不可能是秦王政时期的作品。

2. 根据日书通用的历法是《颛顼历》（朱文鑫、新城新藏推定秦国自秦孝公二年起使用《颛顼历》，《史记·秦本纪》述昭王时期事时始用《颛顼历》），推定日书成书的上限不会早于秦昭襄王时期。结合

上一点,则日书成书的年代为昭襄王至庄襄王时期。

3. 据日书列有"秦楚月名对照表",推测日书成书之时,秦国已经占领了楚的国都鄢而秦占领鄢的年代是秦昭襄王二十九年(前278年),所以日书应当成书于昭襄王二十九年秦占领鄢之后不久①。

上述推论有一定道理(其中第一点和第三点比较重要),因此,他们的结论,估计与日书的确切成书年代不会有多大的差距。

我认为日书抄本的写成年代与其内容形成的年代有区别。日书中不避秦始皇讳,而同墓出土的《语书》避秦始皇讳,这一事实证明日书的写成年代一定在秦王政即位之前。秦王政即位于公元前246年,则两种日书抄本的写成年代都在公元前246年之前。李学勤先生以秦铭文字体的演变为标尺,推断睡虎地秦简的写成都不早于秦昭王晚年②(秦昭王在位年代是公元前306年至前250年)。可见,两种日书的写成年代大约在公元前250年至前246年之间或略前。两种日书中,乙种本写成年代似乎要比甲种本稍微早一些。

至于日书内容的形成年代,自然要比抄本的写成年代更早一些。日书甲种本中有"秦楚月名对照表",这说明日书很可能形成于白起拔鄢之后。白起拔鄢是在公元前278年,则日书内容形成的年代必定在公元前278年之后。值得注意的是,日书乙种本中没有"秦楚月名对照表"一类的东西,它的某些单篇似乎比甲种本中对应的单篇要粗略一些(见下文)。由此看来,乙种本日书内容的形成年代有可能略早于公元前278年。

总之,我认为两种日书抄本的写成年代大约在公元前250年至前246年之间或更早一些;其内容的形成年代应当更早一些,但甲种日书最早也超不过公元前278年,而乙种日书内容的形成年代则有可能略早于公元前278年。所以从整体上说,睡虎地秦简日书大约是在公元前278年至前246年这三十余年的时间里形成内容并编写成书的。

必须指出,日书不是某个人的著作,它只是当时流行的各种择日

---

① 《日书:秦国社会的一面镜子》,《文博》1986年第5期。
② 《秦简的古文字学考察》,载《云梦秦简研究》,《中华书局》1981年。

方法的汇编。这些择日方法的来历各不相同，其中有些内容可能很早就在民间流行了。这是我们在讨论日书内容的形成年代时应注意的一个特点。

睡虎地秦简日书的写本特征

与别的出土书籍相比，睡虎地秦简日书在各个章节的排列顺序方面有些特别之处。大多数出土书籍的各个章节总是按内容的逻辑顺序排列起来的，读来使人觉得秩序井然，有条不紊。可是，我们在阅读睡虎地秦简日书时，发现它的各个单篇的排列顺序有些混乱，有些简文一时甚至不知道应该隶属于哪一个标题。这给我们理解日书带来了一定的困难。有些研究者由于对日书的这一个特点重视不够，因而在援引日书材料时出现了一些错误。例如有人将日书甲种本四七正简连读为"十月心……此所谓艮山禹之离日也"①，实则此简上部"十月，心、危、营室大凶，心、尾致死，毕、此（觜）觿大吉，张、翼少吉，轸（轸）摇（摇）毄（系）未，玄戈毄（系）尾"是"玄戈篇"的内容，下部的"此所胃（谓）艮山，禹之离日也"属于"艮山篇"。倘若将这支简上的两段文字连读，日书的意思就无法理解了。由此看来，日书中同写在一支简上的文字，并不见得就是同一单篇中的内容。较早研究日书的一些学者在这一方面往往注意不够，把一些内容不相干的文句拉在一块引用。②

近来已有学者注意到了睡虎地秦简日书写本的这一特点，例如郑刚在其硕士学位论文中专辟"写本特征"一节对此加以描述和分析。下面我们将在郑刚所做工作的基础上对这一问题进行简要的论述。

日书写本特征主要表现在如下几方面：

1. 日书各个单篇之间的顺序有时比较混乱。整本日书由若干

---

① 王桂钧：《〈日书〉所见早期秦俗发微》，《文博》1988年第4期。

② 例如《日书》研读班"在《日书，秦国社会的一面镜子》中，把日书甲种本中禾良日、忌日一段归入乙种"秦除篇"；把甲种本中"相宅篇"的一些简文归入"梦"的标题下。

单篇组成，这些单篇大都中心明确，相互之间一般很少相混。但是各个单篇在排列次序上有时却很混乱，使读者看不出这样排列有什么内在联系。比较而言，两种日书的前一部分在各篇的排列顺序方面似乎还有一些联系（一些内容相关的东西总是排在一块），可是到后一部分就不一样了，各个单篇之间的关系很不清楚。这表现在：内容上没有关系的单篇往往被排在一块，内容上有关的单篇则被分散排列在不同的地方，有时甚至标题完全相同的两个单篇也被分置于各处。例如日书甲种本中由一〇四正壹简起是"土忌篇"，由一二九背简起也是"土忌篇"，二者虽然内容很相似，但在日书中被排列在相距很远的部位。至于很多单篇的下部由于留有空白，抄写者就用另外的篇章或某些文句加以填补，这种做法使日书单篇之间的排列顺序更加混乱。

2. 同一条简上的文字不一定连读，不一定属于同一个单篇。这一现象在日书中非常普遍，阅读日书时一定要加以注意。

3. 形式上写在一块甚至写在同一个标题之下的简文不一定属于同一单篇。这种现象在日书中也相当常见，最易引起误会。例如，日书甲种本中九六正至一〇一正六支简的简文从形式上看很像属于一个"啻"的标题之下，整理小组就将它们归入同一个单篇。其实它们分属于"帝篇"、"起室篇"、"四向门篇"等三个单篇。又如日书甲种本"人字篇"之下有"戊子以有求也，必得之。虽求頯啻（帝）必得"等二句，从形式上看极像"人字篇"的文句，整理小组就将它们归入"人字篇"。然以其内容按之，它们与"人字篇"了无关系。

4. 同一篇的内容有时散置于各处，一些单篇因此而变得不完整。例如衣篇（甲种本一一三背至一一八背）的后半部分就从全文中被分出来，题名为"衣"（甲本一一九背至一二二背）；其中一些句子还被重新组合另置于"稷辰篇"下面的空白处；另一些单句还散见于各处。

造成这些现象的原因，主要有如下两方面：一是日书本身的性质和结构特征所致。日书是一种供人查阅的工具，其内容是各种具体择日方法的汇集。而这些具体的择日方法相互间往往没有必然的逻辑关系，经常互相独立。这样，日者在将其编辑成册时就不会像思想家著书一样按逻辑关系安排章节，而往往是随意编排。于是就出现了日书的内容与形式不完全一致的现象。二与日书的抄本性质有关。睡虎地秦简日书是一种传抄本，抄写者在抄写过程中为了节省篇幅，总喜欢把每支简的空白处都写满，这就使得日书的内容与形式之间的不一致现象更为严重。

日书之所以会在编排上出现混乱，主要在于它的单篇都具有以下三个特征：

第一，大多数篇章都很短，其下部留有空白；第二，日书主体部分大都依简横写，每一小段都只写在一条简上，就在很多简的下部留下大片空白；第三，除一些特殊情况如几种"建除"排在一起以利比较外，大部分篇章相互独立，没有不可分割的联系，排列顺序对内容而言没有直接影响。

日书甲本与乙本的关系

睡虎地秦简日书由甲种和乙种两个抄本组成，这两种本子之间是什么关系呢？

日本学者成家彻郎提到了这个问题。他说：甲乙两种都有占卜内容。例如，在文献上，叫做"建除"的这一天的吉凶占卜甲乙两种都有记录。不过，甲种中叫"秦除"，乙种中叫做"除"，并且占文也各不相同。这件事实表明，同样的"建除"由于地区差或者流派差而同时存在着不同的占卜方式。还有以"翌"为题的梦占在甲乙两种也都有记录，但是由于占文的形式差异大而确属两个系统。再举出乙种以"官"为题的占星，几乎以同样的占文出现。一般研究家们都看到了"官"和"星"同类的占文，但是，我们却注意它们的相异点。暂且不认为是同类占文。如果我们综观《日书》全部，就会留下这样的印象，《日书》记录、收集了作为资料的当时的占文。实际上确实也记载了多种多样的占文。据《秦简·语书》当时的统治者似乎必须详尽地知道当时的风俗习惯，之所以有甲乙两种《日书》大概也就是这个原因。如果比较这两种的字迹、书体之类，则不可能认为它们具有像马王堆帛书《老子》甲本和乙本那样的差异。大概《日书》甲乙两种的书写年代是同一时期，书者也许是同一人。特别是从整理、记录的风格上看也不会认为单只因为一部书而分为两部的。①

郑刚在他的硕士学位论文中也谈到了这个问题（他的意见与成家彻郎很不相同），他说："在文字上，甲乙本都属于秦隶系统，是从古文字到今文字的过渡环节。但从主体上看，两本在字体上有明显的区别，乙本有很明显的篆意，与法律书部分的《效律》、《为吏之道》等一样，字体方正，笔划有棱角，接近于秦刻石、权量的文字。而甲本基本上没有篆意，字体与秦文字很不相同。从内容上看，乙本的内容大都见于甲本，而且较为详尽，而甲本的内容则有很多不见于乙本……日书乙本内容较甲本少，相同的地方也较粗略，显示出数术系统由粗到精的发展过程。"

上引二氏的说法恰好相反。成家彻郎认为两种本子成书于一时，其内容的差异在于它们记载了不同的占文；郑刚则认为两种本子的年代有先后，甲种本成书在后，故内容较乙种本精细。

两种说法都有言过其实之处。例如，郑刚说乙本的字体有很明显的篆意，甲本的字体基本上没有篆意。其实两种本子的字体虽然略有差异，但没有郑刚说的那样明显。成家彻郎则过分夸大了甲本和乙本在内容上的差异，以为二者出自不同的体系。实际上两种日书的内容虽然不尽一样，但从体系上说是一致的。成家氏认为"星篇"和"官篇"是不同的占卜。他说："'官'是根据太阳的确切位置而占卜，而'星'与太阳无丝毫关系。所以'星'也许是太阳落山后，根据能看见的星宿而占卜的占星术。"②这种把"星篇"和"官篇"视为完全不同的两种占卜法的说法，在目前尚缺乏足够的证据。

总的说来，我比较同意郑刚的说法。甲本和乙本虽然某些单篇在具体细节方面有一些差异，但它们的内容并无实质性的差别。造成甲乙两种本在具体细节上不同的原因，很可能是因为这两种本子所载内容代表的时代不同。例如日书乙本"除篇"与甲本的"秦除篇"都记载了建除术，可是乙本的建除术比较粗糙，甲本的建除术则比较精确。

---

① 《中国古代的占星术和占星盘》，《文博》1989 年第 6 期。
② 《中国古代的占星术和占星盘》，《文博》1989 年第 6 期。

后代定型的建除术就与甲本相同。总之，我认为日书甲乙两种本子记载的是同一个体系的择日术，而且可能是不同时代的择日术。

需要指出的是，这种意见目前也只能算是推测。因为使之得以成立的下列两个前提尚未得到完全证实：从书写形式上说，乙本似乎比甲本略早，但现在还找不到确切证据来证实这一点；从内容上说，乙本的内容似乎比甲本简单粗略。但是，乙本内容少于甲本的原因也可能是因为它残缺过多。由于我们对许多数术方法的来源不太清楚，目前很难断定甲本所载的数术方法一定比乙本成熟。此外，还有一个问题值得深思：如果乙本的确早于甲本，那它们为什么会同葬在一个墓里？

从考古发掘来看，同一墓中出土两种日书的现象并非特例。例如，甘肃天水放马滩出土的日书也有甲乙两种本。甲本与乙本的内容也有许多区别。由此看来，日书甲乙本共存的现象可能暗含着某些我们尚未意识到的意义。以后也许随着考古事业的发展，类似的资料不断公布，这种同墓出土一种书籍的两种抄本的现象能够获得一个比较圆满的解释。

睡虎地秦简日书的内容

（一）"《日书》研读班"在对内容丰富、但很杂乱的睡虎地秦简日书进行了一番整理和分析后，指出日书的全部内容由正文、表、图三部分组成，并将正文归纳为下表：

第一组总纲：
1. 除：甲种为天象与月份的关系，乙种为历表；
2. 秦除：甲种为天象与人事的关系，乙种为历表；
3. 稷辰：天象与人事的关系；
4. 玄戈：天象与人事的关系；
5. 岁：楚、秦历法对照；
6. 星：天象与人事的关系；
7. 毁弃：楚秦历法对照。
第二组行事吉凶：

土木建筑：8. 啬；9. 室忌；10. 土忌；11. 作事；12. 直室；13. 宇；14. 反枳；15. 盖屋；16. 盖忌；17. 垣墙日；18. 除室；19. 穿户忌；

出门归家：20. 行；21. 归行；22. 到室；23. 见日；24. 行日；25. 行者；26. 行忌；27. 行祠；28. 祠；29. 亡日；30. 亡者；

娶嫁生育：31. 生子；32. 人字；33. 取妻；34. 作女子；35. 嫁子口；36. 不可取妻；37. 生；

六畜饲养：38. 马；39. 马日；40. 牛日；41. 羊日；42. 猪日；43. 犬日；44. 鸡日；

日常生活：45. 衣；46. 折（制）衣；47. 初寇〈冠〉；

疾病灾异：48. 梦；49. 盗者；50. 盗；51. 病；52. 有疾；53. 诘；54. 失火；

其他：55. 吏；56. 木日；57. 见人；58. 人日；59. 男子日；60. 寄人室；61. 入宫；62. 视罗。

他们还分别对表中的两组内容作了如下的说明：

第一组内容主要是历法、天象与人事的关系。这一部分在整个《日书》中起着工具和原则、纲领的作用。如"除"，甲种：天象与月份的关系，乙种：历表；"岁"、"毁弃"对照楚秦历法，为日者卜问吉凶提供方便。"稷辰"、"玄戈"、"星"谈天象与人事的关系，是《日书》的总纲。整个《日书》所谈的具体的行事吉凶实际上是它们的顺推。

第二组的内容主要是：土木建筑、出门归家、娶嫁生育、六畜饲养、日常生活、疾病灾异及其他具体行事的吉凶。这一组是对第一组总纲的解释。①

但是，"《日书》研读班"的上述分类法有可商之处：首先，对日书内容的整体把握不准确。他们将日书的内容分为总纲和行事吉凶两组是不符合日书实际情况的。按照他们的这种分类法，则第一组的 7 小类是整本日书的原理和纲要，第二组的所有内容都是这 7 小类的顺推。然而从日书的实际情况看来，第一组的 7 小类并不是整本书的原

---

① 《日书，秦国社会的一面镜子》，《文博》1986 年第 5 期。

理。其实，日书中的绝大多数单篇都自成一系，各自独立，谁也推论不出谁(有少数几篇互有关系，如"迁徙篇"、"嫁子刑篇"是由"岁篇"顺推出来的，但这种情况并不多)。例如第二组的8"啻"、31"生子"、32"人字"、38至44等各篇绝对无法从第一组的7类顺推出来。又如第一组的"秦除篇"记载的是建除术，它由两部分组成，第一部分是一张表格，告诉读者建除十二日各管每月中的哪些日子，第二部分——列出这十二日的种种行事忌宜。该篇两部分互相呼应，构成了一种内容完整的择日之术。它本身既讲了规则又讲了具体的运用，是一个独立的单篇。其次，对日书的内容概括不完全。"《日书》研读班"仅据两种日书现存的标题(两种日书的编者对日书的内容作了一些分类，并各冠以标题)进行归纳，从方法上说当然是正确的。但是他们未充分注意到这两种日书的抄本特点，即有一些重要的单篇在抄本中丢失了标题。由此可见，如果只据现在的标题加以归纳，显然反映不了日书的全部内容。

总之，"《日书》研读班"对日书内容的分类尚有待订正。需要指出的是，虽然他们的具体结论不符合日书的实际情况，但是他们的工作是很有意义的，向我们显示出睡虎地秦简日书的内容复杂，层次不一。

(二)如何对日书的内容进行归纳整理？我认为应从日书的实际情况出发。日书既是一种选择时日的书籍，我们就应当着重从择日的角度来划分日书的内容。所以，日书的内容首先可以分为择日部分和非择日部分。择日部分是日书的主体，非择日部分则是一些附属材料。

择日部分的目的，是要确定某日是否宜于干某事。日书中基本上是以这样两种方式回答这个问题的：一种是说某日或某种日子宜于干什么或不宜于干什么；另一种是说某件事情宜于何日做，不宜于何日做。据此又可以将择日部分划分为两类，即以时间为线索的一类和以行事为线索的一类。以时间为线索一类通常以某种择日方法或某种神煞的名字为标题，其一般格式是：首先按某种数术方法对日子加以推算、规定和命名，然后分别以这些命名之后的日子为依据，逐一叙述这些日子的各种行事忌宜。例如，日书甲本的"秦除篇"以建除之术为标题,先按建除将日子划分和命名为建除十二日,然后逐一叙述这十二日分别利于做什么事和不利于做什么事。这一类往往以某一择日方法或某一神煞的运行日为中心,列出种种适宜干的事和不适宜于干的事的名录。以行事为线索一类常常以某一具体事项为标题,然后详细列出做此事的诸吉日和诸凶日,或详述某日行事的吉凶,有时还会对某种名称特殊的凶日或吉日加以数术的解释。例如,日书甲本的"生子篇"以"生子"这件具体事情为题,逐一叙述六十甲子日生子的吉凶。又如日书甲本的"土忌篇"(一一九背—一四二背)以动土禁忌为标题,文中列举了动土的各种良日和忌日,还特意指出其中两类日子因为是"土神"和"召(招)摇(摇)合日",故不可动土。

根据以上的分析,我们试将日书甲种的内容归纳整理如下:

日书甲种本:

一、择日部分:

(一)以时间为线索类:1. 除篇;2. 秦除篇;3. 稷辰篇;4. 玄戈篇;5. 艮山篇;6. 岁篇;7. 星篇;8. 啻篇;9. 十二支避忌篇;10. 毁日敫日篇;11. 禹须臾篇;12. 男日女日篇;13. 四敫日篇;14. 天李篇;15. 反枳篇;16. 弦望朔晦篇;17. 刺、毁篇。

(二)以行事为线索类:

动土:1. 土忌篇(一),2. 土忌篇(二)。

安置门户:3. 置四向门篇。

盖房:4. 起室篇,5. 室忌篇。

出门归行:6. 行篇;7. 归行篇,8. 到室篇,9. 十二支占行篇,10. 行忌篇。

迁徙:11. 迁徙篇,12. 忌徙篇。

去室入寄者:13. 去室入寄者篇。

入官见官:14. 吏篇,15. 入官篇。

生子:16. 生子篇,17. 人字篇。

娶妻出女:18. 娶妻篇,19. 娶妻出女篇。

疾病死亡:20. 病篇。

祭祀:21. 祭祀篇。

占盗：22. 盗者篇。

裁衣：23. 衣篇。

农事：24. 农事篇。

作事毁弃：25. 作事篇，26. 毁弃篇。

其他：27. 诸吉凶日篇（人良日、马良日之类），28. 鼠襄户篇，29. 作女子篇，30. 忌杀篇。

（三）另有几篇因意义不明，暂不归入以上二类中，但其内容肯定与择日有关．它们是：1. 视罗图篇，2. 直心篇（八三背肆一九四背肆），3. 十二支占死篇（？）（盗者篇之后一段）。

另外，"岁篇"的秦楚月名对照表和月夕表虽不是直接讲择日的，但也与择日有关。

二、非择日部分

（一）相宅类：1. 相宅篇，2. 置室门篇。

（二）解除、祈福类：1. 诘咎篇，2. 梦篇，3. 禹步篇，4. 马禖祝篇。

需要指出的是，上面各单篇的名称和内容与日书原来的单篇并不完全相同。例如一些段落的标题，日书原来丢失了，我们现据其内容暂拟。又如同一项内容，日书原来置于不同的地方，有时还各有标题，我们已将这些分散的简文归到一个标题之下。

日书乙本的内容大都见于甲本，其内容的分类应与甲本相同。为节省篇幅，这里不再列出。

睡虎地秦简日书的性质

目前，研究日书的论著在提到日书的性质时，往往只说它是数术书籍。可是，数术之学内容复杂，范围又很宽。《汉书·艺文志》所说的数术就包括天文、历谱、五行、蓍龟、杂占、形法等六类。这六类数术的来源、原理、内容各不一致。可见只说日书属于数术书是不够的。而且从整体上说，睡虎地秦简日书似乎不属于《艺文志》六类中的任何一类。郑刚在他的硕士学位论文中将日书的内容与《艺文志》所述数术进行了比较，认为日书的内容大多可以分别归入六类之中。他的具体意见是：甲本的"星篇"、乙本的"官篇"及"天阎篇"属于天文类，甲本"岁篇"的秦楚月名对照表、乙本的"记时篇"及两种日书开头的六套建除标名体系属于历谱类，两种日书中提及五行的段落属于五行类，两种日书中的"衣篇"及"占梦篇"和甲本的"诘咎篇"属于杂占类，日书甲本的"啻篇"、"置室门篇"、"人字篇"等属于形法类。

郑刚此说如果能成立的话，那么日书只能算是《艺文志》所述各种数术的一个大杂烩。我们通过对日书内容的仔细分析，发现郑刚此说似是而非。日书中的确吸收了当时各类数术的成果，但是这些成果在日书中并不占重要地位。通观两种日书的简文，绝大部分都是以选择时日为目的。因此，我们认为要判定日书的性质应当以它的主要内容为依据。

实际上，郑刚的一些具体分类并不符合日书的情况。例如，六套建除标名体系与《艺文志》的历谱类根本是两回事，"星篇"和"官篇"也与《艺文志》所说的天文家大不相同。

总之，我认为日书的内容不宜直接归入《艺文志》的六类数术中。日书虽然吸收了天文、历谱、五行、杂占、形法等类数术的成果，但是它已经把这些成果化入了择日术之中。日书的确从原理上接受了这些数术类的影响，但是日书中的择日术多是一些技术性很强的东西，与《艺文志》的数术类已相距甚远。

那么，日书到底是一种什么性质的书籍呢？我们认为它是古代数术学中的择日类书籍，具体地说，它是目前已知的一本最早的古代选择通书。

据李约瑟先生的介绍，选择时日之术在世界各地都有，且历史很悠久。他说："和星命有密切关系的另一种信仰体系是选择吉凶时日；这不是中国所特有的，但受到了中国的培育。艾斯勒提供了证据说明，这种迷信要追溯到巴比伦和埃及。例如希罗多德说过，埃及人知道主宰每天的神以及在这时出生的人有着什么命运。因此，在罗马历书上曾标有'埃及日'。希腊诗人赫西奥德也有这种观念。它的起源似乎无疑的是基于月相，西方的这类书称为 seleodromia（月学），这一事实足以说明。正如我们将要看到的，这是王充所抨击的迷信之一。但是关于这一方面的最大部头著作似乎迟至17世纪才出现。"①

李约瑟从世界史的角度介绍选择时日吉凶之术，对我们很有启发。但他对中国古代择日术书籍的介绍既简单又很不准确。因此有必要再对中国古代的择日书籍略作介绍。

做事要选择吉日佳时的观念，在中国古代有着十分悠久的历史。殷墟卜辞表明商人在出行或田猎之前总要占卜一下此行的吉凶，这说明当时已有选择时间以利出行或田猎的习惯。《礼记·曲礼上》"外事以刚日，内事以柔日"，说明周人也同样有择日办事的习惯。《韩非子·亡征》说"用时日，信鬼神，可亡也"，说明战国时代选择时日之风尤盛。

然而，有关择日之书的记载，似乎是从东汉王充的《论衡》中才开始提及。《论衡·讥日篇》说："岁、月之传既用，日禁之书亦行。""日禁之书"大概就是择日之书。该篇又提到《葬历》、《祭祀之历》、《沐书》、"裁衣有书"等，从王充所举具体例子看来，这几种书似乎都是关于选择时日的书籍。后来的图书目录如《隋书·经籍志》载有《择日书》、《杂忌历》、《百忌大历要钞》、《百忌历术》等，从书名上看都像是选择时日的书籍，不过这些书籍都没有流传下来。现在所能见到的选择时日的通书，年代较早的似乎也只是元朝的。例如北京图书馆藏元刻本《新刊阴阳宝鉴尅择通书》等。不过，由此推测唐宋时代必定也有大量的这类选择通书。总之，即使以现存的传世材料而论，也不能说中国古代选择吉凶时日的大部头著作迟至17世纪才出现。

令人高兴的是，睡虎地秦简日书的出土，证明我国在战国末期已出现了大部头的择日书籍。下面，我们再拿日书的内容与后代选择通书的有关内容作一比较，还可进一步证实日书的确是一本选择通书。

首先，从时日的命名方面来说，日书中的许多日名见于后代的选择通书之中。对于择日来说，最为重要的一项工作是要对各种日子加以命名，之后才有得以选择吉凶的依据。后代的选择通书称这些日名

---

① 李约瑟：《中国科学技术史》第2卷，上海古籍出版社1990年。

为"凶日"、"吉日"。清代的《星历考原》和《协纪辨方书》曾将一些常见的凶日和吉日汇集在一起。

我们发现日书的日名有好几种都见于《星历考原》和《协纪辨方书》。例如"秦除篇"的建除十二日、"反枳篇"的反支、"啬篇"的四废日、"行篇"的赤帝下临日、"四敫篇"的四敫日、"到室篇"的月杀、"玄戈篇"的招摇等都见于上引二书中。其中日书的四敫日在《星历考原》和《协纪辨方书》中写作四击日。而明清时代的其他选择通书多写作四激日，跟日书的写法更为接近。此外，"稷辰篇"的正阳日与薵日还部分地保存在后代的选择通书如《新编历法集成》、《类编历法通书大全》中。

其次，从择日所涉及的行事范围来说，日书与后代的选择通书也基本上一致。我们在讨论日书的内容时，曾指出日书的择日部分有以行事为线索的一类，这一类择日文单从所列标题看范围就很广，至少涉及动土、安置门户、出门归行、祭祀、生子、嫁娶、疾病死亡、入官见官、失火占盗、制衣、农商、去室入寄者、忌杀等方面的内容。而在以时间为线索一类的择日文中，除提及上列内容外，还提到了战争、穿井行水、葬埋、饮食、歌乐等类的事项。后世选择通书的择日范围基本上与此相似，当然要比日书更宽一些。例如《协纪辨方书》将通书选择的事项归纳为六十项，其中祭祀、求嗣、冠带、出行、上官赴任、结婚姻、嫁娶、移徙、远回、裁衣、修造动土、交易、开仓库、开渠穿井、补垣塞穴、乘船渡水、栽种、牧养、安葬等项都是日书中常见的择日事项。

总之，从内容上说，睡虎地秦简日书与后代的选择通书基本一致。由此我认为，日书是较早的一本选择通书。

这里还应强调指出的是，既然日书是一种选择通书，那为什么它的内容却有一部分与择日无关呢？

其实古代的选择通书除讲择日术以外，也还收录其他一些趋吉避凶的内容。例如，《新编历法集成》中就有"十二支日雌雄破射法"、"营造宅经"等与择日无关的内容。《营造宅经》中说"凡宅东下西高，宝贵雄豪。前高后下，绝无门户……"又提到房门、灶、井等应如何安置，显然属于风水术的内容。这种情况与日书中"相宅篇"、"置室门篇"非常相似。至于选择通书中收入的一些驱鬼、占梦之辞则更为常见。这就能明白这些内容与择日的关系是何等的密切了。

【评　介】

刘乐贤(1964—),1964年生于湖南桃江县。1986年毕业于中山大学中文系,同年考入中山大学古文字研究室研究生,从曾宪通先生攻读战国秦汉文字。1989年获文学硕士学位,随后考入中国社会科学院研究生院,从李学勤先生攻读历史文献学专业。1992年毕业,获史学博士学位。同年入中国社会科学院历史研究所文化史研究室工作。现任教于首都师范大学历史学院,教授。侧重于出土简帛及古代数术史的研究。主要论著有《睡虎地秦简日书研究》(文津出版社1994年)、《简帛数术文献探论》(湖北教育出版社2003年)、《马王堆天文书考释》(中山大学出版社2003年)等。

《睡虎地秦简日书的内容、性质及相关问题》,刊于《中国社会科学院研究生院学报》1993年第1期。是作者博士学位论文的一部分,是"日书"研究的一篇重要论文。文章分四个部分。一是睡虎地秦简日书成书的年代,在过去研究的基础上,推定睡简日书产生于公元前250年至前246年之间或略早,而乙本的时间可能更早些。二是睡虎地秦简日书的写本特征,全文由多个相对独立的单篇组成,各单篇的排列顺序较乱;抄写时比较随意,文字随意穿插的现象普遍,一篇文字可能分散于多简。这给我们阅读带来一些麻烦。三是日书甲种、乙种的关系,二者可能是同一体系不同年代的抄本,内容上有同有异,乙本更简略。四是睡虎地秦简日书的内容,主要是据时日、据事由确定选择的日期,还有择日的原理;也偶见非择日的篇目,如相宅、占梦、解除等类。五是睡虎地秦简日书的性质,《日书》从大的类说是数术书,其性质为选择通书。

《日书》研究在20世纪90年代还处于起步阶段,刘乐贤的研究为简帛《日书》研究指出了正确方向。此前的出土数术文献的研究很少,比较突出的要数陈梦家在《武威汉简》中开拓性的贡献。而《睡虎地秦墓竹简·日书》的出土,为我们打开了一扇全新的窗户。过去所见都是残篇断简,现在呈现在大家面前的是首尾完整的甚至有篇题的

《日书》，而且是两种，给人太多的惊喜。但处于"文革"刚刚结束的学术界，并不具备全面研究《日书》的条件。不论从知识结构，还是从思想认识上，都没有做好准备。可以说《日书》是在大家还没有充分的心理准备的情况下突然出现的。面对这份材料，或是把它当作迷信的糟粕而摒弃，或是茫然不知从何下手。仅有的一些研究只是从中发掘一些民俗资料，没有认识到它的真正价值。

在这种学术背景下，刘乐贤的研究就显得异常显眼。首先这项研究是在战国、秦汉大的文献典籍分类基础上分析《日书》的位置，《汉书·艺文志》是最能反映当时典籍状况的图书目录，所以从这个角度来看《日书》的性质，就抓住了问题的根本。其次，把《日书》放在数术典籍这个长河中来审视它的价值，虽然当时可见的《日书》文本极其有限，甘肃天水放马滩秦简《日书》刚出土，资料尚未公布；湖北江陵九店楚简《日书》也刚见诸报道；湖北随州孔家坡汉简《日书》还没有出土。也就是说，当时能看到的材料就只有睡虎地秦简。但刘乐贤结合元明以后的择日通书，敏感地发现了它们之间的密切关系。随着材料的挖掘，我们可以看到，从战国一直到明清，从长江之滨到西北大漠，《日书》的影子就没有消失过，还原了历史的另一面。

这篇论文的研究，完全立足于《日书》本身，探讨了它书写的时间、内容、书写格式上的特点等，而不是通过《日书》去讨论秦的风俗、社会等，这是研究视角的重大转变，抓住了其本质的特征。换句话说，这时候我们才真正开始了《日书》的研究。应该说，刘乐贤是《日书》研究的第一人。

1994年文津出版社出版了刘乐贤的专著《睡虎地秦简日书研究》。全书共分四章。

第一章，导论。介绍了睡虎地简的出土情况，研究价值，以及研究综述。第二章，睡虎地秦简《日书》的注释与疏证。这是本书的重点。将《日书》甲种、乙种分篇章进行疏解。所分出来的篇目与整理小组的意见不尽相同。甲种有60篇，乙种有49篇。先抄录整理小组的标点、注释，再用按语的方式提出自己的看法。分"注释"、"疏证"两部分。疏证部分主要是疏通文义，汇集目前所有的研究成果，联系后世的择日通书类的文献相印证。第三章，睡虎地秦简《日书》

的内容与性质。即上面我们选入的这篇论文。第四章，睡虎地秦简《日书》与楚、秦社会。当时土地兼并严重，贫富分化，贫穷者逃亡的不少。《日书》中已有五行相生相克的说法，五行与方位、季节、天干、地支、颜色等相配，占测吉凶。祭祀活动在人们生活中占有重要位置。对疾病的看法还较原始。《日书》中还保留了若干神话传说，如牛郎织女、驱鬼用椎、禹娶涂女、禹步驱鬼等。

书后附有《彝族的日书——〈玄通大书〉》，介绍了彝族择日通书的内容，与睡虎地日书的比较等。

《睡虎地秦简日书研究》是一部较早的日书研究的专著，在整理小组释文的基础上全面梳理，突破了一些难点，使简文完整可读，是数术类出土文献研究的良好开端。注意与传世选择类通书清代《协纪辨方书》等比较，可以看出中国择日类活动的传承，虽然其中有魏晋、南北朝、隋唐，以及北宋、南宋一千多年的文献空白，敦煌遗书的挖掘使得这段空白中有了星星点缀，但战国、秦汉的"日书"与元明以后的择日通书显然有着系统上的关联。只是由于汉末佛教、道教的兴起，日者的官方色彩日渐消退，沦为民间的活动。"日书"类文献几湮没而不传。幸赖简帛的出土，恢复了一段失去的记忆。《汉书·艺文志》术数类"五行"录有三十一家六百五十二卷，"其法亦起五德终始，推其极则无不至。而小数家因此以为吉凶，而行于世，浸以相乱"。其"小数家"即日者之类。这三十一家著作都散佚。《隋书·经籍志》载《杂忌历》等数术类可能有关择日的书籍，也都没有流传下来。"令人高兴的是，睡虎地秦简《日书》的出土证明在战国末期已出现了大部头的择日书籍。"现在我们能看到的九店战国楚日书、放马滩秦日书、孔家坡汉日书，都是比较完整的择日类书籍，刘乐贤近年对这些文献续有考论，集为《简帛术数文献探论》，湖北教育出版社2003年出版，中国人民大学2012年出版增订本。

刘乐贤简帛学主要论著目录：

1.《五行三合局与纳音说——读饶宗颐先生〈秦简中的五行说与纳音说〉》，《江汉考古》1992年第1期。

2.《睡虎地秦简日书的内容、性质及相关问题》，《中国社会科学院研究生院学报》1993 年第 1 期。

3.《睡虎地秦简日书"四法日"小考》,《考古》1993 年第 4 期。

4.《睡虎地秦简日书〈诘咎篇〉研究》,《考古学报》1993 年第 4 期。

5.《睡虎地秦简日书"玄戈篇"新解》,《文博》1994 年第 4 期。

6.《睡虎地秦简日书注释商榷》,《文物》1994 年第 10 期。

7.《睡虎地秦简日书研究》,文津出版社 1994 年。

8.《睡虎地秦简日书"人字篇"研究》,《江汉考古》1995 年第 1 期。

9.《睡虎地秦简日书"人字篇"补释》,《江汉考古》1995 年第 2 期。

10.《睡虎地秦简〈日书〉研究二十年》,《中国史研究动态》1996 年第 10 期。

11.《尹湾汉简〈神乌赋〉与禽鸟夺巢故事》,刘乐贤、王志平合著,《文物》1997 年第 1 期。

12.《尹湾汉简〈行道吉凶〉初探》,《中国史研究》1997 年第 4 期。

13.《〈性自命出〉与〈淮南子·缪称〉论"情"》,《中国哲学史》2000 年第 4 期。

14.《读〈香港中文大学文物馆藏简牍〉》,《江汉考古》2001 年第 4 期。

15.《读〈居延汉简人名索引〉》,《简牍学研究》第 3 辑,甘肃人民出版社 2002 年。

16.《〈香港中文大学文物馆藏简牍〉评介》,《中国史研究动态》2002 年第 8 期。

17.《读郭店简儒家文献札记》,《古籍整理研究学刊》2002 年第 5 期。

18.《尹湾汉简〈神乌赋〉"勒靳"试释》,《古籍整理研究学刊》2003 年第 5 期。

19.《简帛数术文献探论》,湖北教育出版社 2003 年,中国人民大学 2012 年出版增订本。

20.《马王堆天文书考释》,中山大学出版社 2003 年。

21.《读〈郭店竹书别释〉》,《中国史研究动态》2004年第2期。

22.《额济纳汉简数术资料考》,《历史研究》2006年第2期。

23.《楚秦选择术的异同及影响——以出土文献为中心》,《历史研究》2006年第6期。

24.《里耶秦简和孔家坡汉简中的职官省称》,《文物》2007年第9期。

25.《悬泉汉简中的建除占"失"残文》,《文物》2008年第12期。

26.《印台汉简〈日书〉初探》,《文物》2009年第10期。

27.《饶宗颐与简帛研究》,《博览群书》2010年第3期。

28.《释孔家坡汉简〈日书〉中的几个古史传说人物》,《中国史研究》2010年第2期。

29.《马王堆汉墓帛书〈式法〉"张(长)室"补释》,《湖南省博物馆馆刊》2010年。

30.《"生死异路,各有城郭"——读骆驼城出土的一件冥婚文书》,《历史研究》2011年第6期。

居延汉简中的"功"与"劳"

胡平生

居延汉简中的功劳文书,过去研究者谈得最多的是"日迹"、"考课"、"秋射赐劳"、"上功"、"积劳"、"以功次升迁"等①,但是涉及"功"与"劳"的关系时都未能深入研究。因为有关的简牍仅记录守边士吏的功劳数目,而缺乏更详细的材料;历史文献也没有很明确的记载。按照司马迁的说法"古者人臣功有五品,以德立宗庙定社稷曰勋,以言曰劳,用力曰功,明其等曰伐,积日曰阅"②,则功劳伐阅有品级高下之别,方式方法之异。他在《史记·廉颇蔺相如列传》里写廉颇说"我为赵将,有攻城野战之大功,而蔺相如徒以口舌为劳……",便是功与劳的具体区别。可是我们发现,如果用那些定义去衡量他写的"高祖功臣"的功劳就不大对得上号,如果用以解释汉简中戍边将士的功劳,则相去更远。可见,司马迁所说只是"古者"的品级,汉代已经另有功劳制度,与古时不一样了。大约十年前,一次与朋友谈到居延汉简中的功劳问题,我曾说过,从居延简那些记录功劳数目的简里透露出来的意思看,表明当时"劳"与"功"之间可能有一种递进换算的关系,由"劳"而进为"功",我相信应该是能够推算得出来的。我之所以这样说是因为,各种资料表明,狭义而言功与劳的意义是一致的。在《汉书》中,有积劳升迁,有积功升迁,有积

---

① 研究过居延汉简的功劳问题的论著,主要有陈直的《居延汉简研究》,天津古籍出版社 1986 年;大庭脩的《秦汉法制史之研究》,日本创文社 1982 年;大庭脩的《汉简研究》,日本同朋舍 1992 年;李振宏的《居延汉简中的劳绩问题》,《中国史研究》1988 年第 2 期。

② 《史记·高祖功臣侯者年表》序言。

功劳升迁，还有积功效升迁，其义一也（见《赵禹传》、《周仁传》、《王䜣传》、《丙吉传》、《石奋传》、《杜邺传》等）。在汉简中，劳与功关系密切，居53.16记"【隧】长李利□元二年功"，却说"劳三岁九月一日"①；秋射时超标"赐劳"，但它的法律依据是"功令"，居6.5和居6.13都径称"以令秋射署功劳"。司马迁在《报任安书》里说："上之不能纳忠效信，有奇策材力之誉，自结明主；次之又不能拾遗补阙，招贤进能，显岩穴之士；外之不能备行伍，攻城野战，有斩将搴旗之功，下之不能累日积劳，取尊官厚禄……"这只是用文学语言区别"功"与"劳"；而董仲舒所说的"以日月为功"，才是汉家制度（见《汉书》本传）。所以，我认为，功与劳虽有大小轻重之别，却都要累积时日而得，积劳才能得功。十年来，这个问题时时萦绕脑际，却一直没有找到答案。近读大庭脩教授寄赐大作《汉简研究》，他在"功劳文书"（142页）一节中，刊印了1972—1974年出土的居延新简一帧他称之为"伐阅簿"简的照片，反复看过，顿悟推算有方。现将一些不成熟的意见发表出来，就正于专家学者。

大庭先生刊布的那支简，根据简文的内容可以叫做"徐谭功将简"②，我们先将它释读如下（该简有上、中、下三栏，我们分别依原排行过录）：

居延甲渠候官等十隧长公乘徐谭功将」
中功一劳二岁」
其六月十五日河平二年三年四年秋试射以令赐劳」
（第一栏）
能书会计治官民颇知律令文」
应令」
（第二栏）
居延鸣沙里家去太守府千六十三里　产居延县

---

① 《居延新简》中又有一篇云："□年功劳功一劳□。"（EPT59.642），文物出版社1990年。
② 《居延新简》EPT50.10，文物出版社1990年。

为吏五岁三月十五日
　　其十五日河平元年阳朔元年病不为劳　　居延县人
　　　　（第三栏）

　　简中第二栏的"应"字，残存左半，《汉简研究》与《居延新简》均未释，今补出。它简有文例可寻。大庭教授书136页还讨论了"应令"的意义，兹不赘述。但是，"应令"二字残缺左半，使我们想到该简的第一和第三栏也可能有残去的文字。"徐谭功将简"的可贵之处，是为我们提供了一系列完整的可以计算的数据。按照我们的设想，汉代的"劳"与"功"是有递进换算关系的，可是过去的材料不够完备，因此无法推算。这支简有徐谭为吏的时间，有赐劳的时间，有不计劳的时间，有功劳的数目。我们认为，把徐谭为吏的时间扣除不计劳的时间，再加上赐劳的时间，就应当是他的累积的"功劳"的总时间。具体的运算是这样的：

　　——隧长徐谭为吏时间：五年零三个月又十五天；
　　——扣除病假时间十五天不计劳，得计劳时间：五年零三个月；
　　——加上因秋射超标获赐劳六个月零十五天，共有计劳时间：五年零九个月又十五日；
　　——即五年九月十五日，应大约等于徐谭"一功劳二岁"；
　　——因为"劳"已为定数二年，所以，一"功"约相当于三年九月十五日。

　　但是，如果积"劳"为"功"得以递进的话，显然必是整数，不可能带上多少月、多少日等尾数，我们认为，经过校正后，一"功"的时间应定为"劳四岁"。对于现存的二月十五日的"误差"，我们设想，可能是第一栏左侧残去的文字中，还有其他的劳绩的数字。比如说，也许可以增补这样一行文字"其二月十五日阳朔元年秋射以令赐劳"云云（超标一矢赐劳十五日，二月十五日为超标五矢；徐谭在河平二年、三年、四年秋射中平均超标四至五矢）。当然，第三栏也可能还有"夺劳"的阙文，但如果还有"夺劳"文字，则第一栏的数字应更大些，总之会在增、夺相抵后，仍有二月十五日的净增，使算式平衡才对。

另外，在计算功劳时，除秋射赐劳外，还可能存在着其他一些"增劳"的因素，如在居145.37简中，一年日迹可积劳383日：

建昭元年十月旦日迹尽二年九月晦日积三百八十三日以令赐劳六月十一日半日
建昭二年秋射发矢十二中䂮矢以令赐劳

在这支简中，"以令赐劳"得六月十一日半日，但一年能积三百八十三日，就已经比实际时间超出许多。还有做工时一天完成一天半的"程"，也应当可以积劳一日半。所以，我们说，通过对"徐谭功将简"的分析，并且加以校正，我们可以认定，一"功"的时间应当是"劳四岁"。也就是说，在计算戍边将士的功劳时，凡积劳四岁，即进为一功。发现了"劳"与"功"之间存在着这样一个递进关系后，我们便明白了为什么在居延汉简功劳文书中从未发现有"劳四岁"的记载。下面我们尽可能地将有关吏士功劳的例简都核查一遍①：

1. 肩水候官并山隧长公乘司马成中劳二岁八月十四日能书会计治官民颇知律令武年卅　二长七尺五寸觻得成汉里家去官六百里　（居13.7）
2. 肩水候官始安隧长公乘许宗中功一劳一岁十五日能书会计治官民颇知律令文年卅六长七尺二寸觻得千秋里家去官六百里（居37.57）
3. 张掖居延甲渠塞有秩士吏段尊中劳一岁八月廿日能书会计治官民颇知律令文(居57.6)
4. ☐候官穷虏隧长簪袅单立中功五劳三月能书会计治官民颇知律令文年卅岁长七尺五寸应令居延中宿里家去官七十五里属居延部　（居89.24）
5. 肩水候官执胡隧长公大夫奚路人中劳三岁一月能书会计

---

① 见《居延汉简甲乙编》，中华书局1980年；又见《居延汉简释文合校》，文物出版社1987年。

治官民颇知律令文年卌七岁长七尺五寸氐池宜药里家去官六百五十里 （居179.4）

6. 肩水候官候史大夫尹□劳二月廿五日能书会计治官民颇知律令文年廿三岁七尺五寸觻得成汉里 （居306.19）

7. □□候长公乘蓬士长当中劳三岁六月五日能书会计治官民颇知律令武年卌七岁长七尺六寸□ （居562.2）

居延新简中也有一些类似的材料：

8. 张掖居延甲渠塞有秩候长公乘淳于湖中功二劳一岁四月十三日能书会计治官民颇知律令文年卌六岁长七尺五寸觻得□□里 （竹简·EPT50.14）

9. ·居延甲渠第四隧长公乘陈不识中劳二岁九月七日能书会计治官民颇知律令文年廿六岁□ （竹简·EPT52.36）

10. 延城甲沟候官第三十队长上造范尊中劳十月十枲日能书会计治官民颇知律令文年三十二岁长枲尺五寸应令居延阳里家去官八十里　属延城部（EPT59.104）

11. 居延甲渠候史公乘贾通中功一劳一岁九月□日 （EPT56.99）

上述例简，基本上属同一类型。我们可以看到，每个吏士不论有功无功，功多功少，他们的"劳"都没有超过四岁的。在另一种类型的文书中，也有记录吏士功劳的，如：

12. □九日　信都相长史吴尊功一劳三岁六日　（居53.7）

13. 张掖属国司马赵□功一劳三岁十月廿六日　渔阳守□司马宗室刘护团 （居53.8）

14. 都尉丞何望功一劳三岁一月十日 （居336.13）
北地北部郭候杜旦功一劳三岁□ （居336.12）

按：整理者将以上两简缀合，后面又缀合了编号为340.9的"□则年卅五长七尺三寸黑色"一简，《居延汉简释文合校》谓"此简疑缀合有误"。以他简通例审视之，至少可肯定其将340.9缀合在两简之后是错误的。

15. ☑岁六月廿七日　西河北部都尉董永劳二岁五月三日☑（居41.10）
16. ☑十一月五日　长信少府承王涉劳一岁九月七日（居41.22）
17. ☑日　□水都尉李由劳二岁五月二日　（居131.1）
18. ☑公乘□利劳三岁一月　（居255.16）

以下两支简，属另一类文书，大庭先生把它们也划归为"迁补牒"简一类中（《汉简研究》131页），但是，这种记有功劳的简的格式与他列出的大部分"迁补牒"简的格式并不相同，我们认为它们不是"迁补牒"类文书，而是一种名籍：

19. ☑显美传舍斗食啬夫莫君里公乘谢横　中功一劳二岁二月　今肩水候官士吏代郑昌成　（居10.17）
20. ☑中功一劳一岁三月一日半日　今居延甲渠候令史代殷利　（居198.20）

在敦煌马圈湾新出汉简中也有关于士吏功劳的材料①：

21. ☑玉门千秋隧长敦煌武安里公乘吕安汉年卅七岁　长七尺六寸神爵四年辛酉除功一劳三岁九月二日其卅日　（敦1186·A）父不幸死宪定功一劳三岁八月二日讫九月晦庚戌故不史今史（敦1186·B）

---

① 《敦煌汉简》，中华书局1991年。

综上所列各种类型的文书，言及功劳者，"劳"或有三岁八月有余、九月有余乃至十月有余者，然则皆不逾四岁，就是因为一满四岁即已递进为一"功"。过去，我们曾感到奇怪，为什么居延简中所见戍边者的年资都不是很长。现在知道"一功"是积"四岁"之劳而得，除开由于"秋射赐劳"和"北边挈令"规定"候长候史日迹及将军吏劳二日当三日"等原因，增加了若干时日外，按照我们发现的功劳数值关系来推算，戍边士吏在边境驻守的时间有在五六年以上的，这就比较符合实际情况。以往的研究者在论及士吏之"劳"的年限时，没有注意到"劳"不超过四岁这个关键的界限，只说有二岁多、三岁多，最多是三岁十个月，并由此根据《汉书·段会宗传》如淳注"边吏三岁一更"，解释这一现象①。而我们认为，如淳所说"三岁一更"，应指段会宗这类身为"西域都护"等级别的高官，而不是一般中小士吏的待遇。如果对一般士吏也有此规定，就不应再出现劳三岁以上的情形，文书中这些士吏超过三岁已九月、十月之久，也还在继续守边，并无更换的迹象，因此不能用"与如淳之注大致相合"的话来搪塞。至于候长隧长，有的研究者说，他们"多为边郡之人，久于其任，即无所谓三岁一更也"②。从汉简反映的事实看，说他们"无所谓三岁一更"是对的，但是也不能把候长隧长是"边郡之人，久于其任"作为理由。因为守边与种田，吏与民的身份毕竟全然不同；边郡与边界相距也每每有数百里之遥，假如"三岁一更"的规定，也适用于一般中小士吏，那就不应将他们排除。简言之，我们不同意用如淳注来解释居延简中"劳"的年岁问题，它与这个问题没有关系。

下面我们进而讨论功劳简中经常见到的"中"字。"徐谭功将简"记徐谭功劳说"中功一劳二岁"；在我们所举的第一种类型的例简中，也都说是"中功"或"中劳"，只有例简6（居306.19）没有说"中劳"，而那还可能是因为释读的问题，那里正好有文字阙释。而在第二种类型的例简中，则有较多的简写功劳时不说"中功"或"中劳"。在云梦睡虎地秦简《秦律杂抄》中，有"中劳律"。其文曰："·敢深益其劳岁

---

① 陈直：《居延汉简研究》，天津古籍出版社1986年。
② 陈直：《居延汉简研究》，天津古籍出版社1986年。

数者,赀一甲,弃劳。"整理者说,"中劳律,应为关于从军劳绩的法律",还指出"中劳,常见于汉简",这都不错①。但是,并未论及"中"字的含义。

我们认为,"中"即"中程"、"中式"之"中",是"合"、"适"的意思,因计算功劳的时日,不是按照为吏的时间等量折算的,所以有"中"或不"中"问题,哪些时间可以计劳计功,哪些时间不上功不计劳,有法律规定。"中劳律",解释得更准确一点可能应当说是关于计算劳绩的法律。由此可知,居延简中写明了"中功"、"中劳"的,应是比较正式的档案文书;而没有特别写出"中"字的,则可能属于比较随便的报表材料;也许这种报表须经上级核准之后,才能够冠之以"中"字,其含义是:已得到法律或上级认可的功劳。这是士吏升迁的基本凭据;按照功劳多寡顺次升迁,就是汉简和文献中屡屡见到的"以功次"补官或迁官。董仲舒在上汉武帝的对策中批评时弊道"古所谓功者,以任官称职为差,非谓积日累久也。……今则不然,累日以取贵,积久以致官……"(《汉书》本传)。现在我们弄清了一"功"为"劳四岁",知道所谓"功"也不过是靠时间久长熬练出来而已,当然对他的愤慨会有更深刻的理解。"功次"的本质就是积劳,积功,积时间。关于这一点,大庭脩先生在《秦汉法制史研究》(553页)中曾正确地指出,"以功次"就是"以久次"(《汉书·孔光传》),也就是累日积久、累日积劳的意思。

最后,我们要谈谈"徐谭功将简"的文书性质。我们认为,该简不属于"阀阅簿"类文书,它的第一行已写明"居延甲渠候官第十隧长公乘徐谭功将",可见此简应是"功劳墨将名籍"类文书。居延简中真正典型的"阀阅簿"类文书是我们在文中所举例简之1至10。它们的格式是一致的,包括的项目有:

1. 职务;2. 爵秩;3. 姓名;4. 功劳;5. 能力;6. 年龄;7. 身高;8. 家庭住址及距离任职地远近。

这种格式无疑是有律令依据的,所以才如此整齐划一。关于"能力"一项,全都是"能书会计治官民,颇知律令",或能"文",或能

---

① 《睡虎地秦墓竹简》,文物出版社1978年。

"武"的套话。大庭先生认为那是一种"褒状"、"表彰状",恐非是;其与士吏的"休暇"更无干系。注明家庭住址与任职地的距离,当与任官的回避制度有关。此点笔者将另文讨论。73—74 新出居延简(例简 8、9)"阀阅簿"简是用竹简书写的。我们对照图版,发现旧简中的阀阅簿简也多用竹简书写,在前举例简中,例 1、3、5,都可清楚地看出是竹简;例 4 与 7 也很像是竹简,例 2 难以识辨;例 6 无图版。在根本不产竹的西北边疆地区使用竹简,更可见其作为正规档案文书的郑重。

【评　介】

胡平生(1945—　),籍贯浙江,1945 年出生于上海,1967 年北京大学中文系古典文献专业毕业;1981 年北大中文系古文字专业研究生毕业,文学硕士。现任中国文化遗产研究院研究员。长期从事出土简牍帛书、古文献与文化史研究,主持阜阳汉简、长沙走马楼三国吴简等整理工作。主要著作有《阜阳汉简诗经研究》、《胡平生简牍文物论集》、《长沙走马楼三国吴简·嘉禾吏民田家莂》、《龙岗秦简》、《敦煌悬泉四时月令诏条》、《敦煌悬泉汉简释粹》、《胡平生简牍文物论稿》等。

《居延汉简中的"功"与"劳"》,刊于《文物》1995 年第 4 期。过去,居延汉简中"功"与"劳"的关系问题一直困扰着大家。二者是否存在换算关系,在传世典籍和出土文献中都没有明确的答案。胡平生这篇文章首先就《史记》、《汉书》等典籍的用例、注疏作了分析,结论是:典籍中说法都似是而非,不能用来解决汉简中的问题。

文中解决问题的关键证据是居延新简 EPT50:10 这支简,即所谓"徐谭功将简"。简文明确说徐谭"为吏五岁三月十五日","功一,劳二岁",这样就为我们提供计算的基础数据。其中"其六月十五日,河平二年、三年、四年秋试射,以令赐劳","其十五日河平元年、阳朔元年病不为劳",计算后,可以作为功劳的时段为"五年九月十五日"。这相当于"功一,劳二岁"。由此可知,一功为三年九月十五日。考虑简文有残缺,校正为一功为劳四岁。就是说,积累四年劳,可以累进为一功。功劳是汉代官吏升迁的重要依据之一。

文章核查了居延简中所有相关用例,发现"劳"没有超过四年的,最多的是三年十个月。这旁证了"一功为劳四岁"的结论。

接着讨论了"中功"、"中劳"中"中"的意思。认为"中"是"合"、"适"的意思。即折算之后的结果。相关文书可能是经上级核准之后的正式文件。

文章最后认为,"徐谭功将简"不是"阀阅簿",而是"功劳墨将名籍"。

虽然我们现在还没有直接证据证明这篇文章的结论,但学界目前已经基本接受这种说法。近承胡平生先生函告,尚未公布的里耶秦简中有"四岁劳为一功"的记载,知其为秦朝制度。而汉承秦制,西北汉代屯戍简也沿用这一制度。这进一步证成胡先生的观点。

2012年中西书局出版《胡平生简牍文物论稿》,可大致反映他简帛研究的成就。总的来说,可分为简帛整理、简帛研究这两个方面。

简帛整理工作主要涉及阜阳汉简、龙岗秦简、悬泉月令诏条、英藏斯坦因所获未刊汉文简牍、走马楼三国吴简等。安徽阜阳汉简因含有《诗经》、《苍颉篇》等典籍而名噪一时。1977年开始发掘,1978年第8期《文物》杂志即发表了发掘简报。国家文物研究所与阜阳博物馆联合整理这批汉简,胡平生为主要整理者。1983年开始,《文物》杂志开始发表这批简的介绍,以及《苍颉篇》释文、《诗经》释文、《万物》释文等。1988年5月上海古籍出版社出版了由胡平生、韩志强合著的《阜阳汉简〈诗经〉研究》一书,发表了《诗经》的全部竹简照片和释文,并附有摹本和复原图。目前这批资料尚未完全公布。龙岗秦简于1989年发掘,湖北省考古研究所进行了前期的整理研究,发表了发掘简报、简牍介绍,以及《云梦龙岗秦简》。1995年,胡平生提议进行重新整理,为湖北方面接受。1995年9月,胡平生携由复旦大学文博学院研制的"红外线读简仪"抵达武汉,湖北方面派李天虹、刘国胜等协助。经过一周的努力,新释出一批疑难字。又用了一年多的时间重新编辑研究,胡平生主要承担简牍的释文、注释、今译、缀合、校正,以及图版、摹本的剪贴。2001年中华书局出版了署名中国文物研究所、湖北省文物考古研究所的《龙岗秦简》。这个本子较以前的释文有了很大改进,如对其中木牍的释读,厘清了木牍的性质，让我们知道，这是墓主辟死生前的司法判决书的摘抄本。辟死因被错判，遭受肉刑，后改判为庶人。对于含冤受肉刑的人，睡虎地秦简言秦有"隐官"制度。即安排他们在较隐蔽的岗位工作。《周礼·秋官·掌戮》："墨者使守门，劓者使守阙，宫者使守内，刖者使守囿，髡者使守积。"所以这个辟死就被安排在苑囿工作，这也是随葬的法律文书中多有关禁苑的原因。

悬泉置遗址1990年发掘，出土了2万多件简牍、帛书、纸文书等。"悬泉月令诏条"是遗址内房屋墙壁上的字，泥墙因年代久远而坍塌，有大大小小203块残片。自题为《使者和中所督察诏书四时月令五十条》。这种汉代墙壁题记前所未见，价值极高。1996年夏，中国文物局专家组将它定为"国宝"级文物。但由于缺乏经验，初期的整理拼合出现了一些失误，给后续的整理工作带来较大麻烦。一是缺乏完整清晰的原始状态照片，二是多处拼接错误，并进行了不必要的描画。胡平生1996年10月赶到兰州，与甘肃考古研究所合作，清除了修补中的一些明显失误。回京后，结合一些模糊的原始图片，重写了释文和注释。确定了这份汉代诏条共101行，而非之前认为的99行或100行。释文和注释修订后，经裘锡圭、李家浩等审读，最终于2001年完成了整理工作，并由中华书局于当年出版了《敦煌悬泉月令诏条》，公布了全部材料和释文。胡平生研究认为，这一墨书诏条就是简牍中常见的"扁书"。

1996年发掘出土的长沙走马楼三国吴简，总数达14万件左右，胡平生等随即投入了整理工作。1997年4月至6月，胡平生、李均明等首先对2141枚佃田类大木简，即《嘉禾吏民田家莂》，进行释读。1999年文物出版社出版《长沙走马楼三国吴简——嘉禾吏民田家莂》。1997年9月，在北京大学召开会议，正式成立走马楼简牍整理组，决定分两个整理小组，李均明、胡平生为一组，王素、罗新为一组，各自独立，交替工作。《嘉禾吏民田家莂》之后，《竹简（壹）》由王素等整理，2003年文物出版社出版。《竹简（贰）》由胡平生等整理，2007年文物出版社出版。《竹简（叁）》由王素等整理，2008年文物出版社出版。

英国国家图书馆藏斯坦因所获未刊汉文简牍，主要是斯坦因第二次中亚考察发掘的，其中可能包括第三次考察所获，甚至有收集品。因大都是残碎的削衣，所以多年来都未能整理公布。2000 年前后，胡平生与英国国家图书馆合作，对这批简牍进行拍照、释文，2007 年上海辞书出版社出版了最终成果。

除了进行大量简牍的整理释读工作外，胡平生还有很多相关研究论著。2012 年中西书局出版《胡平生简牍文物论稿》，集中反映了胡平生简帛研究的成果。范围除了他亲自整理的简帛外，还涉及水泉子汉简、居延汉简、青川秦木牍、南越宫署汉简、里耶秦简、额济纳汉简、马王堆帛书等，所论多有理有据，在学界影响较大。如《云梦龙岗秦简〈禁苑律〉中的"奡"（墀）字及相关制度》，释出秦简中的"奡"字，并讨论了相关制度，对解读秦简有重要意义。

另有译文多篇，如《汉简札记》，大庭脩著，胡平生译，刊于《文物天地》1989 年第 1 期。

胡平生简帛学主要论著目录：

1.《青川秦墓木牍"为田律"所反映的田亩制度》，《文史》19 辑，中华书局 1983 年。

2.《秦田律——读史札记》，《文史》20 辑，中华书局 1983 年。

3.《〈苍颉篇〉的初步研究》，胡平生、韩自强合著，《文物》1983 年第 2 期。

4.《阜阳汉简〈诗经〉简论》，胡平生、韩自强合著，《文物》1984 年第 8 期。

5.《解读青川秦墓木牍的一把钥匙》，胡平生、韩自强合著，《文史》26 辑，中华书局 1986 年。

6.《阜阳汉简〈诗经〉异文初探》，《中华文史论丛》1986 年第 1 期。

7.《玉门、武威新获简牍文字校释》，《考古与文物》1986 年第 6 期。

8.《写在木觚上的西汉遗诏》，《文物天地》1987 年第 6 期。

9.《〈万物〉略说》，胡平生、韩自强合著，《文物》1988 年第 4 期。

10.《阜阳汉简诗经研究》，胡平生、韩自强合著，上海古籍出版社 1988 年。

11.《〈阜阳汉简·诗经〉简册形制及书写格式之蠡测》，《出土文献研究续集》，文物出版社 1989 年。

12.《楼兰木简残纸文书杂考》，《新疆社会科学》1990 年第 3 期。

13.《魏末晋初楼兰文书编年系联》，《西北民族研究》1991 年 1~2 期。

14.《云梦龙岗秦简〈禁苑律〉中的"叕"(墉)字及相关制度》，《江汉考古》1991 年第 2 期。

15.《说"緛綷"》，《文物天地》1991 年第 2 期。

16.《楼兰出土文书释丛》，《文物》1991 年第 8 期。

17.《木简出入取予券制度考》，《文史》36 辑，中华书局 1992 年。

18.《释"佰师"》，《文史》36 辑，中华书局 1992 年。

19.《匈奴日逐王归汉新资料》，《文物》1992 年第 4 期。

20.《敦煌马圈湾简中关于西域史料的辨证》，《关西大学东西学术研究所纪要》25，1992 年。又载《尽心集》，中国社会科学出版社 1996 年。

21.《中国湖北江陵张家山汉墓出土竹简概述》，《关西大学东西学术研究所纪要》25，1992 年。

22.《居延汉简中"功"与"劳"》，《文物》1995 年第 4 期。

23.《云梦龙岗六号秦墓墓主考》，《文物》1996 年第 8 期。

24.《汉简〈苍颉篇〉新资料的研究》，《简帛研究》2 辑，1996 年。

25.《简牍刻齿可释读》，《中国文物报》1996 年 3 月 3 日。

26.《马圈湾木简与厕简》，《尽心集》，中国社会科学出版社 1996 年。

27.《云梦龙岗秦简考释校证》，《简牍学研究》第 1 辑，甘肃人民出版社 1997 年。

28.《长沙走马楼简牍保护刍议》，《光明日报》1997 年 6 月 7 日。

29.《阜阳汉简〈周易〉概述》，《简帛研究》3 辑，1998 年。

30.《木简券书破别形式述略》，《简牍学研究》第 2 辑，甘肃人民出版社 1998 年。

31.《阜阳双古堆汉简数术书简论》,《出土文献研究》4 辑,1998 年。

32.《长沙走马楼三国孙吴简牍三文书考证》,《文物》1999 年第 5 期。

33.《清水塘读走马楼简杂记》,《文物天地》1999 年第 6 期。

34.《胡平生简牍文物论集》,兰台出版社 2000 年。

35.《简牍制度新探》,《文物》2000 年第 3 期。

36.《阜阳双古堆汉简与孔子家语》,《国学研究》2000 年第 7 期。

37.《20 世纪出土的第一支汉文简牍》,《文物天地》2000 年第 5 期。

38.《读长沙走马楼简牍札记(一)》,《光明日报》2000 年 3 月 31 日。

39.《读长沙走马楼简牍札记(二)》,《光明日报》2000 年 4 月 7 日。

40.《读长沙走马楼简牍札记(三)》,《光明日报》2000 年 4 月 21 日。

41.《再说 20 世纪出土的第一枝简牍——兼答邓文宽同志"献疑"》,《中国文物报》2001 年 4 月 11 日。

42.《嘉禾四年吏民田家莂研究》,《中国出土资料研究》2001 年第 5 期。又载《长沙三国吴简暨百年来简帛发现与研究国际学术研讨会论文集》,中华书局 2005 年。

43.《〈嘉禾四年吏民田家莂〉统计错误例解析》,《简帛研究 2001》,广西师范大学出版社 2001 年。

44.《敦煌悬泉月令诏条》(集体项目),中华书局 2001 年。

45.《敦煌悬泉汉简释粹》,胡平生、张德芳合著,上海古籍出版社 2001 年。

46.《读上海博物馆藏楚竹书〈诗论〉札记》,上海大学古代文明研究中心、清华大学思想文化研究所编《上博藏战国楚竹书研究》,上海书店 2002 年。

47.《做好〈诗论〉的编联与考释》,《文艺研究》2002 年第 2 期。

48.《郭店楚简中的孝与忠》,《楚地出土数据与中国古代文化》,

汲古书院 2002 年。

49.《从走马楼简"枈(创)"字的释读谈到户籍的认定》,《中国历史文物》2002 年第 1 期。

50.《简牍检署考校注》,胡平生、马月华合著,上海古籍出版社 2004 年。

51.《走马楼吴简"嘉禾吏民田家莂"合同符号研究》,《出土文献研究》第 6 辑,上海古籍出版社 2004 年。

52.《未央宫前殿遗址出土王莽简牍校释》,《出土文献研究》第 6 辑,上海古籍出版社 2004 年。

53.《马王堆帛书〈丧制图〉所记丧服制度论考》,《湖南省博物馆馆刊》第 1 期,《船山学刊》2004 年。

54.《读里耶秦简札记》,《简牍学研究》第 4 辑,甘肃人民出版社 2005 年。

55.《英国国家图书馆藏斯坦因所获未刊汉文简牍》(集体项目),上海辞书出版社 2007 年。

56.《英国国家图书馆藏斯坦因所获未刊汉文简牍中〈苍颉篇〉残片研究》,《英国国家图书馆藏斯坦因所获未刊汉文简牍》,上海辞书出版社 2007 年。

57.《论简牍整理国家标准的制定》,《出土文献研究》第 8 辑,上海古籍出版社 2007 年。

58.《南越宫署出土简牍释文辩正》,《秦汉史论丛》第 11 辑,吉林文史出版社 2009 年。

59.《读水泉子汉简七言本〈苍颉篇〉》,上海复旦大学出土文献与古文字研究中心讲座 2009 年。

60.《里耶简所见秦朝行政文书的制作与传送》,《简帛研究 2008》,广西师范大学出版社 2010 年。

61.《荆州新出简牍释解》,《湖南省博物馆馆刊》第 6 辑,岳麓书社 2009 年。

62.《"专部士吏典"简册考校》,《简帛》第 3 辑,上海古籍出版社 2010 年。

63.《新出汉简户口簿籍研究》,《出土文献研究》第 10 辑,中华书局 2011 年。

64.《评"传置与行书无关"说》,《简帛研究 2010》,广西师范大学出版社 2012 年。

65.《走马楼汉简"牒书传舍屋壖坏败"考释》,胡平生、宋少华合著,《汉帝国的制度与社会秩序》,香港牛津大学出版社 2012 年。

66.《胡平生简牍文物论稿》,中西书局 2012 年。

居延汉简的断简缀合和册书复原(存目)

谢桂华

【评 介】

　　谢桂华(1938—2006 年),湖南新化人。1963 年毕业于武汉大学历史系,同年分配到中国科学院(1977 年更名为中国社会科学院)历史研究所从事科研工作,研究员,中国社会科学院简帛研究中心第一任主任。从事秦汉史和秦汉简帛研究,并做了大量简牍整理工作。《居延汉简释文合校》上、下册将居延汉简的全部释文重新释读,充分吸收已公布的国内外有关释文的成果,在释文方面取得了很大突破,以其准确性、权威性、便利性受到学界的广泛认同和欢迎。参加了居延新简、尹湾汉墓简牍、额济纳汉简的整理工作。还参与了悬泉汉简等审定工作。发表了《新、旧居延汉简册书复原举隅》、《新、旧居延汉简册书复原举隅》(续)、《元康四年赐给民爵名籍残册再释》、《居延汉简的断简缀合和册书复原》等几十篇学术论文,在国内外学界引起较大反响。在简帛学学科建设和推进简帛学的繁荣方面功不可没。他参与筹备并于 1995 年 3 月成立了简帛研究中心。他参与创办、主编《简帛研究》和《简帛研究译丛》两份简牍帛书研究的专业性刊物,体现了当时海内外简帛研究的最高水平。

　　《居延汉简的断简缀合和册书复原》是谢桂华代表性著作之一。谢桂华在居延汉简断简缀合及册书复原方面用力甚勤,先后发表多篇论文,并在与李均明、朱国炤合作的《居延汉简释文合校》中也有充分体现。

　　文章首先举了 22 例居延汉简断简缀合的例子,反映了作者对居延简相当熟悉,这也是他曾对居延简作过通释而形成了既有整体的准确把握,又对具体简铭记在心的结果。其中有的简在释文中排列较近，如简 115.1 和 115.2，244.12、224.14，相对易于缀合。但更多的简在排序上离得较远，甚至是不同的前段编号，如简 112.1、112.19、239.80、239.65、63.12、188.21、192.11、148.11、534.12、488.11、148.18 等，这种简的缀合就难度很大了，就要知道哪些前段编号是来源于同一出土地。这里牵涉一个编号问题。居延简的编号，前段号码是采集时放置的包裹号，如果同一地发掘的简较多，就会分散到不同的包裹。而包裹的顺序也没有一定规律，造成同一地出土的简在释文中被分散到各不同的编号下，有的甚至隔得很远。

然后文章总结了断简缀合的一些原则："必须同时具备以下三个条件：一、出土地点相同，这是前提；二、不仅木质、字体、笔迹完全相同，而且简文内容和文例亦可衔接，如果属于横断，形制必须完全一致；三、残留笔划和裂痕完全吻合；这三者不可或缺。"

这为断简缀合提供了可操作的方法。前举 22 例也都是遵循这种方法而得出结论的。到目前为止，简牍的缀合还做得很不够。一般都是整理者在考释时用力较多，而考释成果公布后，研究者多着眼于其内容，而少有从事缀合者。这一方面是一般研究者无法像最初的整理者那样可以直接接触简牍实物，难以判断缀合的准确性；另一方面也与简帛学发展的深度有关。谢桂华先生对居延汉简情有独钟，自然与他全面校释过一遍密不可分。断简缀合、残帛的拼接，仍然是大有可为的一项工作。

文章的第二部分是册书复原。文中叙述了"建平五年十二月官吏卒廪名籍"的复原过程。由简 254.25，一枚吏卒领取粮食、盐的汇总简，可知这是 17 名吏卒一个月的量。粮食的量正常，合每人三石三斗三升少，与其他简所记吻合；但盐的量只够 13 人的。也就是说，17 人中有 4 人没有发给他们盐。疑问随之而来，是哪 4 个人没有盐？他们为什么不发盐？

接着，文章发现了 203.10、286.9、176.18、176.45，最后两支简可缀合，实际上是三支简。这三支简与前揭 254.25 简，出土地相同，木质、形制、笔迹、内容、格式都一致。这三支简记载有"吏四人"、"鄣卒九人"、"省卒四人"，正合 254.25 简的"吏卒十七人"。

而且"鄣卒"、"省卒"都明确记载了"用盐"、"用粟"，"吏"只有"用粟"。这样，简 254.25 的疑问就迎刃而解了。以上四枚简都是合计汇总简，那么，还应该有 17 枚吏卒领取盐粟的登记简。结果只找到其中的 7 枚。另发现 1 枚标题简、1 枚尾题简。

总之，这 13 枚简应属于原本由 23 枚简组成的册书。可以称为"建平五年十二月官吏卒廪名籍"残册。根据这一册书我们知道，汉代戍边的吏卒，官府不给官吏配给食盐，只给粮食。其原因可能是官吏有俸禄，所需的盐要自己购置。

与简牍的缀合相比，册书复原的研究就热门得多。从早期的罗振玉、王国维开始，到劳榦、陈梦家，包括日本的森鹿三、大庭脩、永田英正，英国的鲁惟一，一直到现在的李天虹等，一大批学者都曾致力于此。册书复原的原则、方法也屡被探讨。谢桂华先生这里提到的出土地、木质、形制、字体、笔迹、简文内容、书写格式等，也为大多数学者认可。鲁惟一、大庭脩等还讨论过多人先后完成册书的可能，笔迹的一致性有时不是必需的条件。

谢桂华先生的其他研究也多围绕他参与整理的简牍。如尹湾汉简、居延新简、额济纳汉简等。

谢桂华简帛学主要论著目录：

1.《〈居延汉简甲乙编〉释文补正举隅》，谢桂华、与李均明合著，《历史研究》1982 年第 5 期。

2.《〈居延汉简甲乙编〉释文质疑》，谢桂华、李均明、何双全合著，《中国史研究》1983 年第 1 期。

3.《〈居延汉简甲乙编〉释文评议》，谢桂华、李均明合著，《敦煌学辑刊》1984 年第 2 期。

4.《居延汉简释文合校》，谢桂华、李均明、朱国炤合著，文物出版社 1987 年。

5.《汉简和汉代的取庸代戍制度》，《秦汉简牍论文集》，甘肃人民出版社 1989 年。

6.《新、旧居延汉简册书复原举隅》，《秦汉史论丛》第 5 期，法律出版社 1992 年。

7.《新旧居延汉简册书复原举隅(续)》,《简帛研究》第 1 辑,法律出版社 1993 年。

8.《元康四年赐给民爵名籍残册再释》,《汉简研究的现状与展望》,关西大学出版部 1993 年。

9.《汉简与汉代西北屯戍盐政考述》,《盐业史研究》1994 年第 1 期。

10.《居延汉简的断简缀合和册书复原》,《简帛研究》第 2 辑,法律出版社 1996 年。

11.《尹湾汉墓简牍初探》(集体项目),《文物》1996 年第 10 期。

12.《尹湾汉墓简牍和西汉地方行政制度》,《文物》1997 年第 1 期。

13.《尹湾汉墓新出〈集簿〉考述》,《中国史研究》1997 年第 2 期。

14.《汉简草书辨正举隅》,《简帛研究》第 3 辑,广西教育出版社 1998 年。

15.《沉睡了两千年的政府档案——〈尹湾汉墓简牍〉》,《文史知识》1998 年 3 期。

16.《居延汉简所见邸与阁》,《出土文献研究》第 3 辑,中华书局 1998 年。

17.《尹湾汉墓所见东海郡行政文书考述》,《尹湾汉墓简牍综论》,科学出版社 1999 年。

18.《百年简帛》,《文史知识》1999 年第 8、9 期。

19.《西北散见医药简牍与敦煌医药写本之比较》,敦煌医药写本国际学术研讨会,2000 年。

20.《中国出土的魏晋以后简纸文书概述》,《简帛研究2001》,广西师范大学出版社 2001 年。

21.《韩国咸安城山山城木简初探》,《简帛研究2001》,广西师范大学出版社 2001 年。

22.《百年来的简帛发现与简帛学的发展》,《光明日报》2001 年 9 月 4 日。

23.《〈二年律令〉所见汉初政治制度》,《郑州大学学报》2002 年第 3 期。

24.《汉简所见律令拾遗》,《纪念林剑鸣教授论文集》,中国社会科学出版社 2002 年。

25.《〈居延汉简补编〉释文补正举隅》,《中国社科院历史研究所学刊》2002 年第 2 辑。

26.《二十世纪简帛的发现与研究》,谢桂华、沈颂金、邬文玲合著,《历史研究》2003 年第 6 期。

27.《张家山汉墓竹简[二四七号墓]校读举例》,《简帛研究 2002—2003》,广西师范大学出版社 2005 年。

28.《初读额济纳汉简》,《额济纳汉简》,广西师范大学出版社 2005 年。

29.《西北汉简所见祠社稷考补》,《简帛研究 2004》,广西师范大学出版社 2006 年。

30.《"荚钱"试解》,《历史研究》2006 年第 2 期。

31.《"建武三年十二月候粟君所责寇恩事"考释》,《简帛研究 2012》,广西师范大学出版社 2013 年。

从额济纳河流域的食粮配给论汉代谷仓制度(存目)

[日]富谷至

【评 介】

富谷至(1952—),日本大阪人,日本京都大学人文科学研究所教授,文学博士。

《从额济纳河流域的食粮配给论汉代谷仓制度》,原刊于《东方学报(京都)》1996年68,译文见《简帛研究译丛》第2辑,湖南人民出版社1998年,杨振红译。

这篇文章通过居延汉简探讨汉代谷物配给制度。第一章,居延地区的谷仓。罗列了新旧居延简中所有的仓名,共计16个。它们分别属于居延都尉府的城仓、肩水都尉府的都仓、各候官仓、各部仓,以及农都尉系统的斥胡仓、代田仓。这些仓设有仓长、仓宰、仓丞、仓掾、仓啬夫、仓令史、仓佐、仓监等官员。仓官主要是都尉府粮仓的官员,候官仓、部仓一般不设专职官员,而由令史、尉史等候官、部的官员管理。

第二章,食粮配给。认为大石、小石10比6的比例与带壳的谷物、去壳的米的比率有关。当时并不存在两种量具。配给时,吏配米,戍卒给谷物。吏不论大月小月,一律每月二石。戍卒大月为三石三斗三升少,小月为三石三斗二升。而粮食配给、领取的簿籍,有"廪名籍"、"谷出入簿"、"食名籍"、"当食者案"等。

第三章,睡虎地秦律中的谷仓。富谷至希望用睡虎地简的材料,探讨秦汉时期的差异,以及秦汉时期内地谷仓制度。通过对睡简的效律、仓律的解读,作者认为秦律所见的簿籍与居延简的簿籍之间没有大的差别。现在虽还不能确定秦与汉、边郡与内地的谷仓制度完全相同,但目前并没有发现它们之间存在巨大变化的资料。

富谷至的这篇论文,延续了日本学者汉简研究的一贯方法,即基于专题的简册汇集、解读。文章搜集了新、旧居延简中的谷仓名、管理谷仓的官吏名、与谷仓相关的簿籍,并分别进行梳理、解读。

利用敦煌汉简、居延汉简研究汉代的屯戍系统,过去主要集中于屯戍组织、烽燧制度、守御器簿等,如王国维、劳榦、陈直,以及日本学者森鹿三、大庭脩、永田英正等。森鹿三着眼于人物进行简册系联,大庭脩主要是诏书册的复原,永田英正主要是簿籍系统的整理。鲜有人涉及谷仓系统。战时的粮食供给,后勤保障,有时可以左右战争的胜负。所以,汉朝屯兵西北,实行屯田自给,必有系统的田官及粮仓。富谷至的研究,为我们揭示了边地的粮仓系统、运作机制、管理方式。是汉代屯戍研究的重要著作。

《木简竹简述说的古代中国:书写材料的文化史》,刘恒武译,黄留珠校,人民出版社2007年出版。

这本书主要讨论中国魏晋之前书写材料的发展,以出土文献为中心。第一章,关于纸的发明。详细记述了出土的东汉蔡伦造纸之前的纸,如:罗布泊纸、西安灞桥纸、金关纸、敦煌马圈湾纸、天水放马滩纸、悬泉置古纸等,证明西汉时期已经存在纸。但西汉时期的纸并不是作为书写材料出现的,而是一种包装材料。而蔡伦的贡献正是在于把作为包装的纸改进后,变成替代简帛的书写材料。富谷至的这一论断还是很有道理的。第二章,纸以前的书写材料。主要叙述了甲骨、铜器、砖石等材料用于书写的历史。第三章,木简和竹简。叙述了20世纪以来中国在古敦煌、居延发现的木简,在山东临沂银雀山、湖北云梦睡虎地、湖北江陵张家山、湖南长沙走马楼、湖南龙山里耶等地发现的竹简、木简。并将简牍研究划分为四个时期:第一期是20世纪初的发现至1930年居延汉简的发现。第二期是1931年至1949年居延汉简的研究。第三期是1950年至1980年的简牍研究。第四期是1981年以后的研究。接着介绍了简册的形制。第四章,简牍述说的书写世界。简牍作为第一手资料,是当时人所写。根据简牍的记载,可以判断出土地当时的地名。从出土的秦简来看,在秦始皇用小篆统一文字之前,隶书已经普遍使用。所以,秦用小篆统一文字只是一个象征。秦至西汉都是篆隶并行,汉代还出现了草书。字体在简便和美观这两个向量的驱动下发展。我们在汉简中可以见到大庭脩复原的汉代诏书。皇帝的诏书逐级传达到基层。居延简中也可见各种上报的文书。文书的上传下达,保证了政令的畅通,使国家的管理得以实现。而国家设置专门的邮亭系统负责文书的传递。第五章,楼兰出土的文字资料——木和纸的并用。楼兰发现的西晋时期的典籍残纸,以及一些书信的残片,说明这时用纸书写已很普遍。第六章,由汉到晋——由简牍到纸。由简牍到纸,是逐渐变化的。三四世纪的西晋时代,如居民户籍等仍使用简牍,大概到东晋以后才为纸张取代。

这本著作深入浅出,在很多问题上有精到的认识,如西汉古纸的定位,简纸的交替过程,都很有见地。富谷至注意吸收最新的研究成果,如日本学者大庭脩复原的"元康五年诏书册",中国学者基于出土的战国秦汉简牍而对汉字发展演进的新认识,认为隶书的产生并不晚于小篆。富谷至对中国新出土的简牍文献也极其关注,文中涉及的简牍文献不仅有早期出土的敦煌汉简、居延汉简、楼兰简牍等,也有近期出土的张家山汉简、走马楼吴简、里耶秦简等。

《秦汉刑罚制度研究》是富谷至另一本有代表性的秦汉刑法思想研究著作。

全文共分5编。第一编,秦统一后的刑罚制度。解释了睡虎地秦简中几个刑罚用语"刑"、"耐"、"黥"、"完"、"罪"的含义,然后从肉刑、劳役刑、财产刑、赎刑、死刑几个方面分析了秦的刑罚制度。第二编,汉代刑罚制度考证。分析了洛阳等地出土的刑徒墓砖铭,然后根据《汉书》等史料讨论了汉代刖左右趾刑、劳役刑、财产刑。第三编,连坐制的诸问题。分析了睡虎地秦简中的连坐制度,以及汉代史料中连坐制度的变化。第四编,秦汉二十等爵制与刑罚的减免。虽然在汉代史料中有关于有爵者减免刑罚的记载,但只能看到最高爵位列侯有削除爵位减免刑罚的。睡虎地秦简中也有削爵减刑的内容,一般仅限于死刑和肉刑。汉文帝免除肉刑后,削爵可以免除刑具的束缚。补编,秦汉的刑罚——其性质和特征。讨论秦汉的法律思想。秦汉时期的立法权在皇帝。通过"约与律""罪与罚""秦汉的刑罚"三方面对秦汉刑罚理念和法意进行了考察。

《秦汉刑罚制度研究》发表时,《张家山汉墓竹简(247号墓)》尚未出版,汉代的材料还是以传世史料为主,因而相关研究还有必要修订。

富谷至是日本继大庭脩、永田英正之后一个有实力的简牍研究专家,对中国简牍研究认识深刻,所论中国简牍研究四个阶段的认识是符合实际的,比较容易为学界认同,在目前关于简牍研究史的分期上,大家渐趋一致。从这一点来看,也体现了他学养的深厚。

富谷至简帛学主要论著目录:

1.《王杖十简》,《東方学報》64,1962年。

2.《漢簡》,冨谷至、滋賀修三编,《中国法制史——基本資料の研究》,東京大学出版会1993年。

3.《中国古代の刑罰——髑髏がかたるもの一》,《中公新書》1252,1995年。

4.《秦漢二十等爵と刑罰の減免》,《前近代中国の刑罰》,京都大学人文科学研究所1996年。

5.《漢代穀倉制度——ェチナ川流域の食料支給より》,《東方学報(京都)68》1996年。

6.《二一世紀の秦漢史研究——簡牘資料》,《岩波講座世界歷史》3,中華の形成と東方世界,岩波書店1996年。

7.《大英图书馆藏敦煌汉简》,徐世虹、郗仲平译,湖南出版社1996年。

8.《秦漢刑罰制度の研究》,《東洋史研究叢刊55》,同朋舍1998年。

9.《从额济纳河流域的食粮配给论汉代谷仓制度》,杨振红译,《简帛研究译丛》第2辑,湖南人民出版社1998年。

10.《21世纪的秦汉史研究——从简牍材料出发》,《简帛研究2001》,广西师范大学出版社2001年。

11.《秦刑法思想初探——秦汉刑法思想研究之一》,富谷至、黄留珠合著,《西北大学学报》(哲学社会科学版)2001年第4期。

12.《木简竹简述说的古代中国:书写材料的文化史》,刘恒武译，黄留珠校，人民出版社2007年。

13.《从终极的肉刑到生命刑——汉至唐死刑考》，富谷至、周东平合著，《中西法律传统》第七卷，北京大学出版社2009年。

14.《文书行政的汉帝国》，刘恒武、孔李波译，江苏人民出版社2013年。

15.《秦汉刑罚制度研究》，柴生芳等译，广西师范大学出版社2006年。

16.《流沙出土的文字资料——以楼兰、尼雅文书为中心》，京都大学出版社2001年。

王家台秦简"易占"为《归藏》考

李家浩

1993年，湖北江陵王家台15号秦墓出土竹简八百多支，经荆州地区博物馆的同志初步整理，主要有四个方面的内容：1. 效律，2. 日书，3. 易占，4. 灾异占。其报导见《文物》1995年第1期刊登的《江陵王家台15号秦墓》一文(以下称为"简报")。"效律"、"日书"、"灾异占"过去都有出土，"易占"是首次发现，所以特别引起我们对它的兴趣。本文拟就简报所介绍的情况，谈谈对"易占"的看法。

简报发表的秦简"易占"释文共三条：

(1)☰☰蚕曰：昔者殷王贞卜其邦，尚毋有咎，而攴占巫咸。咸占之曰：① 不吉。蚕其席，投之裕。蚕在北为犰□

(2)☰☰节曰：昔者武王卜伐殷，而攴占老考。老考占曰：吉□

(3)☰☰同人曰：昔考(者)黄帝与炎帝战□

此外，简报图一二还发表了两简"易占"的照片，由于印刷质量的问题，简文十分模糊，现将能辨认的文字释写于下：

(4)☰☰闭曰：昔者□□卜□五兵，而攴占□□。□□

(5)☰☰大过曰：昔者□□□卜□□，而攴占□□。□占之曰：不吉。□其□□□□

---

① 据秦简"易占"卦辞文例，"咸"之上当有"巫"字。

从上录五条"易占"释文可以看出，其格式十分程式化。每条卦辞之前是卦画，原文以"一"为阳爻，以"⌒"或"八"为阴爻，每卦六爻。这种形式的卦画见于包山楚墓竹简和阜阳汉墓竹简等。① 紧接着卦画之后是"卦名曰"。"卦名曰"之后的文字都以"昔者"开头，记历史上"某人卜某事，而受占某人"，然后记"某人占之曰"及判断吉凶的占辞"吉"或"不吉"。占辞之后是繇辞。古代的繇辞多是韵语②，例如下录《左传》僖公十五年文字中的繇辞，以阳部的"羊"、"血"、"匡"、"贶"、"偿"、"相"押韵：

  初，晋献公筮嫁伯姬于秦，遇"归妹"☱☳之"睽"☲☱。史苏占之曰：吉。其繇曰：士刲羊，亦无血也；女承匡，亦无贶也。西邻责言，不可偿也。"归妹"之"睽"，犹无相也。

简文"易占"繇辞也不例外。(1)的"裕"字不见于字书，根据汉字结构一般规律，此字应当从"亦"得声。"犰"字也不见于字书。秦汉隶书"匕"、"瓜"二字形近③，疑此字是"狐"字的误释。"席"、"亦"、"狐"三字上古音都在铎部。

当我们读到上述形式的秦简"易占"时，不能不使我们联想到"三易"之一的《归藏》。众所周知，"三易"是指《连山》、《归藏》、《周易》。杜子春说《连山》是伏羲易，《归藏》是黄帝易；郑玄却说《连山》是夏易，《归藏》是殷易。据有关记载，《连山》有八万字；《归藏》有四千三百字，十三篇，篇名有《初经》、《启筮》、《郑母》、《齐母》、《本蓍》等，晋时薛贞、唐时司马膺都曾作过注。在东汉时，

---

① 湖北省荆沙铁路考古队《包山楚简》图版八九·201、九三·210、一〇一·229、一〇二·232、一〇五·239、一〇七·245，文物出版社1991年。阜阳汉简整理组：《阜阳汉简简介》，《文物》1983年第2期第22页。

② 《周礼·春官·大卜》"掌'三兆'之法……其颂皆千有二百"，郑玄注："颂，谓繇也。"孙诒让《正义》说："案：卜繇之文皆为韵语，与诗同类，故亦谓之颂。"

③ 参看《秦汉魏晋篆隶字形表》584页"比"字和1058页"孤"字所从的偏旁，四川辞书出版社1985年。

《连山》、《归藏》二书分别藏于兰台、太卜。《连山》很早就亡佚了。《归藏》流传到宋代还残存《初经》、《齐母》、《本蓍》三篇，大概到了元、明之际，连这三篇也亡佚了。① 值得庆幸的是，在古书中还保存着一些《归藏》的佚文，严可均《全上古三代秦汉三国六朝文》、马国翰《玉函山房辑佚书》等都有辑录，这里选择其中几条卦辞佚文作为代表：

（6）昔黄帝与炎神争斗涿鹿之野，将战，筮于巫咸。巫咸曰：果哉而有咎。　《太平御览》卷七九

（7）昔者女娲筮张云幕，而枚占神明，占之曰：吉。昭昭九州，日月代极，平均土地，和合万国。　《北堂书钞》卷一三二、《初学记》卷二五、《太平御览》卷七八

（8）昔鲧筮注洪水，而枚占大明，曰：不吉，有初无后。

《博物志·杂说上》

（9）明夷曰：昔夏后启筮乘飞龙而登于天，而枚占皋陶。皋陶占之曰：吉。　《博物志·杂说上》、《太平御览》卷九二九

（10）昔者桀筮伐唐，而枚占荧惑，曰：不吉。不利出征，唯利安处。彼为狸，我为鼠。勿用作事，恐伤其父。　《太平御览》卷八二、九一二、《汉艺文志考证》卷一

（11）武王伐殷，而枚占耆老。耆老曰：吉。　《博物志·杂说上》

（12）节卦云：殷王其国，常毋谷目。　《路史·发挥一》

由于引者的需要，这些佚文大多是摘引，不是缺头，就是少尾，有的还有脱文误字。尽管如此，通过参互比较，其格式基本上还是清楚的。卦辞先记"卦名曰"，如（9）"夷明曰"。"卦名曰"之后的文字往往以"昔"或"昔者"开头，记历史上"某人筮某事，而枚占其人"，

---

① 参看孙诒让《周礼正义》卷四七《大卜》"掌三《易》之法，一曰《连山》，二曰《归藏》，三曰《周易》"疏；姚振宗《隋书经籍志》："《归藏》十三卷晋大尉参军薛贞注"条。

然后记"某人占之曰"及判断吉凶的占辞"吉"或"不吉"。占辞之后是繇辞。繇辞也多是韵语，如(7)以职部的"极"、"国"押韵，(10)以鱼部的"处"、"鼠"、"父"押韵。于此可见，秦简"易占"卦辞与《归藏》卦辞佚文的格式完全相同，不同之处只是秦简"易占"的"贞卜"、"卜"和"殳占"，《归藏》佚文作"筮"和"枚占"而已。①

不仅秦简"易占"卦辞与《归藏》卦辞佚文的格式相同，而且秦简"易占"卦辞的一些内容还见于《归藏》卦辞佚文。就拿秦简(1)，(2)，(3)三条卦辞来说吧，它们的内容分别见于《归藏》卦辞佚文(12)，(11)，(6)，唯文字略有出入。例如(2)的"老考"，(11)作"耆老"；(3)的"黄帝"、"炎帝"，(6)作"黄神"、"炎神"。此外，简报提到的秦简"易占"卦辞中的历史人物"穆天子"和"羿射日之事"，也见于《归藏》卦辞佚文：

(13)昔穆王天子筮出于西征，不吉。曰：龙降于天，而道里修远，飞而冲天，苍苍其羽。　《太平御览》卷八五

(14)昔穆王子筮卦于禺强。　《庄子·大宗师》陆德明《释文》

(15)昔者羿善射，毕十日，果毕之。　《山海经·海外东经》郭璞注

(13)、(14)可能是同一条卦辞，前者比较全整，但文字有脱误，后者是意引。根据前面所说《归藏》卦辞佚文格式，把两者结合起来看，原文似应当作"昔穆天子筮出于西征，而枚占于禺强。禺强占之曰：不吉。龙降于天……"疑"穆天子"先误作(14)的"穆王子"，因文义欠妥，后人在"王"字后又妄增"天"字，遂成为我们现在看到的(13)的样子。

根据上述两点情况，我们认为秦简"易占"就是"三易"之一的《归

---

① (4)、(5)二简"殳占"之"殳"，是根据简报对同类简的释文而释写的，从简报所附竹简照片看，似是"攴"字。若此，"殳占"当作"攴占"，"攴"即"枚"字的省写，犹云梦秦简《日书》"覞"省写作"见"。

藏》，(2)与(11)，(3)与(6)，很可能分别是同一条卦辞。为述说方便，下面把秦简《归藏》称为简本，把古书中保存的《归藏》佚文称为传本。

简本《归藏》与传本《归藏》的文字，除了前面提到的"贞卜"、"卜"与"筮"和"殳占"与"枚占"等不同外，还有个别卦名也不相同。

简本《归藏》卦名，据简报说有五十多个，其中有重复的，大多与今本《周易》卦名相同。目前我们知道的简本《归藏》卦名只有十个，(1)至(5)的"蚕"、"节"、"同人"、"闭"、"大过"五个，加上简报所说的"旅"、"兑"、"师"、"丽"、"臣"五个。① 传本《归藏》卦名见于李过《西溪易说》等，马国翰《玉函山房辑佚书》据之转载。不过马氏据《路史·后纪五》所转载的"荧惑"、"耆老"、"大明"三个卦名可能有问题。②《西溪易说》说，《归藏》卦名与《周易》卦名"同者三之二"。饶宗颐先生曾将传本《归藏》卦名跟传本《周易》和马王堆汉墓帛书《周易》卦名，列表进行过比较③，除异体字、通假字和几个有问题的卦名外，大多数相同④，与《西溪易说》的结论是一致的。我们在这里将已知的简本《归藏》卦名跟传本《归藏》卦名和传本《周易》卦名，也列表比较于下：

---

① "臣"简报误作"臣"。又简报所说的秦简"易占"与《周易》相同的卦名中，"人"卦当是"同人"卦的脱误。

② 《路史·后纪五》原文说："《归藏·初经》卦皆六位，'初坤'、'初乾'、'初离'、'初坎'、'初兑'、'初艮'、'初震'、'初巽'也。其卦又有'明夷'、'营惑'、'誉老'、'大明'之类。……〔《归藏》〕《崇文》三卷，但有《初经》、《齐世(母)》、《本蓍》三卷缺文，'昔启筮明夷'、'鲧治洪水枚占大明'、'桀筮营惑'、'武王伐商枚占耆老，曰不吉'是也。"按："昔启筮明夷"是指本文所引(9)的卦辞，原文启"筮"的是"乘飞龙而登于天"，不是"明夷"；"明夷"位于句首，无疑是卦名。此卦名见于《西溪易说》所引《归藏》和《周易》。"鲧治洪水枚占大明"、"桀筮营惑"、"武王伐商枚占耆老曰不吉"，分别是指本文所引(8)、(10)、(11)的卦辞。据《归藏》卦辞文例，"大明"、"营(荧)惑"、"耆老"与(6)的"巫咸"、(9)的"皋陶"相当，当是筮占的人名，而不是卦名。

③ 饶宗颐：《殷代易卦及有关占卜诸问题》，《文史》第二十辑第2~4页，中华书局1983年。

④ 参看李学勤：《周易经传溯源》，长春出版社1992年，第219~222页。

简本《归藏》	传本《归藏》	传本《周易》
师	师	师
闭	比	比
同人	同人	同人
大过	大过	小过
𦣞	颐	颐
旅	旅	旅
节	节	节
兑	兑	兑
丽	离	离
蚕	岑𩂣	既济

这里需要说明一下，简本《归藏》卦名跟《周易》卦名的对应关系，除"师"、"𦣞"、"旅"、"兑"、"丽"五个是根据简报所说的外，其他五个是根据卦画而定的。

上列卦名对照表所反映的情况，大致有这样五种：

一、简本《归藏》与传本《归藏》、《周易》相同，如"师"、"同人"、"旅"、"节"、"兑"。

二、简本《归藏》与传本《归藏》、《周易》为异体字。如简本"𦣞"，传本《归藏》、《周易》作"颐"。《说文》以"𦣞"为正篆，以"颐"为它的篆文。

三、简本《归藏》与传本《归藏》、《周易》为通假字。如简本"闭"、"丽"，传本《归藏》、《周易》作"比"、"离"。上古音"闭"、"比"二字的声母都是帮母；"闭"的韵母属质部，"比"的韵母属脂部，质、脂二部阴入对转。"丽"、"离"都是来母歌部字。音近可通。例如：《汉书·翟方进传》所录王莽《大诰》是依《书·大诰》而作的，用的是今文。《书·大诰》"予不敢闭"，王莽《大诰》作"予岂敢比于前人乎"，今文"闭"作"比"。①《周易》离卦《象传》："离，丽也。"六五爻《象传》"离王公也"，陆德明《释文》："[离]音丽，郑作'丽'。"

---

① 参看孙星衍：《尚书今古文注疏》（卷十四），中华书局1986年，第344页；皮锡瑞：《今文尚书考证》（卷十二），中华书局1989年，第279页。

四、简本《归藏》与传本《归藏》、《周易》都不相同。如简本"叕",传本《归藏》作"岑䨉",《周易》作"既济"。据简文"叕其席"语,"叕"似跟"卷"所从声旁相同。可见简本的"叕"不仅比传本《归藏》的"岑䨉",《周易》的"既济"少一个字,而且跟它们中间的任何一个字的读音也不一样。

五、简本《归藏》与传本《归藏》、《周易》相同,但是根据简本的卦画,实际上《归藏》与《周易》并不相同。如《归藏》的"大过"见于《周易》,但是简本《归藏》"大过"的卦画却是《周易》"小过"的卦画。如果不是简本的抄写者抄错的话,那么简本《归藏》"大过"、"小过"的卦画和卦名,跟《周易》相反。也就是说《周易》"小过"的卦画在《归藏》里名为"大过","大过"的卦画在《归藏》里名为"小过"。过去人们认为《归藏》卦名与《周易》相同的部分,卦画与卦名都是一致的,如上面提到的饶宗颐先生《周易》与《归藏》卦名对照表,就是按照这样的认识排列的。现在看来,《归藏》卦名与《周易》相同的部分,卦画与卦名并不完全一致。

从以上分析可以看出,简本《归藏》的十个卦名,与传本《归藏》不同的就有四个,属于异体字的一个,属于通假字的二个,既不属于异体字也不属于通假字的一个。

我们说秦简"易占"是《归藏》,是从它们相同之处着眼的。如果从上面所说的那些不同之处着眼,那么秦简"易占"会不会不是"三易"中的《归藏》,而是《连山》呢?对于这个问题需要探讨。

前面说过,《连山》很早就亡佚了,马国翰《玉函山房辑佚书》从古书中辑得佚文十多条,其中有两条佚文值得注意:

(16)有冯羿者,得不死之药于西王母,姮娥窃之以奔月,将往,枚筮于有黄。有黄占之曰:吉。翩翩归妹,独将西行,逢天晦芒,无恐无惊,后且大昌。

(17)阳文:启筮享神于大陵之上。

(16)的卦辞比较完整,(17)的卦辞不全,后面还应该有文字。据(16)的卦辞,其格式跟秦简"易占"卦辞也基本相同。这一情况正好支持了秦简"易占"不是《归藏》,而是《连山》的可能性。

大家知道,在历史上曾有过伪作的《连山》。《北史·刘炫传》说刘炫"伪造书百余卷",其中有题为《连山易》的。昆公武《郡斋读书记》所说宋朝张商英伪造的《三坟》,也有《连山易》。① 此外,《隋书·经籍志》五行类还著录梁元帝编写的《连山》三十卷。由于这种情况,许多学者指出马氏所辑的《连山》佚文大多不可信。具体就(16),(17)两条文字来说,马氏把它们定为《连山》的佚文也是不可信的。

先说(16)那条文字。据马国翰所注出处,(16)那条文字辑自李淳风《乙巳占》。我们查对了原书,见于《乙巳占》卷一《天象》篇所引的张衡《灵宪》中,原文并没有说(16)的文字是《连山》。《后汉书·天文志上》刘昭注引张衡《灵宪》,也有(16)那条文字,严可均《全上古三代秦汉三国六朝文》是把它作为《归藏》的佚文来处理的。《文选》卷一三谢希《月赋》李善注引《归藏》说:

(18)昔常娥以不死之药奔月。②

六朝时梁人刘群在他的著作《文心雕龙·诸子》里,也提到这条《归藏》佚文:

按《归藏》之经,"大明"迂怪,乃称"羿毙十日","常娥奔月"。

"羿毙十日"是指前引(15)那条《归藏》佚文。"羿"、"毙"音近古通。③ "常娥奔月"当是指(18)这条《归藏》佚文。(18)跟(16)的前半

---

① 陈振孙:《直斋书录解题》也认为《三坟》是伪书,说是毛渐得于唐州民间。
② 王应麟:《汉艺文志考证》卷一也引有此条《归藏》佚文,作"昔常娥以西王母不死之药服之,遂奔月,为月精",文字略有出入。
③ 《楚辞·天问》:"羿焉弓毕日?乌焉解羽?"洪兴祖《补注》引《归藏》"毕"作"弆";《考异》云:"弆"一作"毙",《说文》弓部:"弆,射也。从弓,毕声。"

部分内容相同，(18)显然是(16)的意引。可见张衡《灵宪》中那一段关于姮娥奔月的文字，严可均作为《归藏》的佚文来处理，比马国翰作为《连山》的佚文来处理，要合理得多。

其次说(17)那条文字。(17)那条文字辑自《路史·后纪一三》，马国翰漏注出处。前面提到的伪书《三坟》的《连山易》，有八象："君"、"臣"、"民"、"物"、"阴"、"阳"、"兵"、"象"。(17)的"阳文"即指此类伪书八象之一的"阳"的文字。不过"启筮享神于大陵之上"语见于《水经注·颍水注》。原文是这样说的：

连山亦曰：启筮享神于大陵之上。①

"亦"、"易"二字音近易误。例如《论语·述而》"子曰：加我数年，五十以学《易》，可以无大过矣"，陆德明《释文》："鲁读'易'为'亦'。"所以孙诒让认为"连山亦"即"连山易"，"亦"是"易"之误。②这似乎说明(17)的文字是作伪者采自《水经注》，他所见到的本子"连山亦"正作"连山易"。《水经注》的作者郦道元是北魏人，时代较早，他所引的《连山易》文字似属可信。其实不然。《太平御览》卷八二引《归藏》说：

(19)昔夏后启筮享神于大陵而上钧台，枚占皋陶，曰：不吉。

《北堂书钞》卷八二、《初学记》卷二四都引有此条《归藏》佚文的前一句，唯《北堂书钞》"启"作"葬"，"享"作"飨"；《初学记》无开头的"昔夏后启筮"五字。按《初学记》在"享神于大陵而上钧台"之前，还引有《归藏》佚文"夏后启筮享神于晋之墟，为作璇台"，《初学记》引(19)前一句无"昔夏后启筮"五字，当是承此条佚文而省。《水经注》引《连山》文字见于(19)《归藏》佚文，孙诒让认为这种情况有

---

① 此据《永乐大典》本，原文"筮"字之下衍一"享"字。参看下页注所引二书。
② 孙诒让：《札迻》，中华书局1989年，第101、102页。

两种可能：一、"《连山》、《归藏》两《易》皆有此文"；二、"抑或本出《归藏》，郦氏误忆为《连山》"。杨守敬《水经注疏》赞同孙氏的第二种说法，并据之将原文"连山亦"径改作"归藏易"。① 我们也认为孙氏的第二种说法是可取的，这可以从郦氏所引的"大陵"之后的"之上"二字得到证明。此显然是郦氏把"而上钧台"之"而上"二字误记为"之上"，并忘记了"钧台"二字的结果。《水经注》所引的"启筮享神于大陵之上"既然不是《连山》佚文，那么(17)那条文字即使采自《水经注》，当然也不会是《连山》佚文。

总之，马国翰《玉函山房辑佚书》所辑的(16)，(17)那两条《连山》佚文是有问题的，不能用来作为秦简"易占"是《连山》而不是《归藏》的证据。

其实简本《归藏》与传本《归藏》的卦名、卦辞有不同之处，是由于它们不是同一个系统的本子的结果。荆州地区博物馆的同志根据王家台15号墓出土的器物保留有楚国的某些特点，指出该墓的相对年代上限不早于公元前278年白起拔郢，下限不晚于秦代。一般来说，随葬的书籍，其年代要比墓葬的年代早。因此，秦简《归藏》有可能是战国晚期秦人的抄本。至于传本《归藏》的来源，从避讳来看，当是出自汉代的抄本。传本将"邦"、"姮娥"、"启"写作"国"、"常娥"、"开"，显然是汉代人为了避汉高祖刘邦、文帝刘恒、景帝刘启的名讳而改写的。② 这是从简本与传本传抄的时代来说的。如果从简本与传本流传的地域来说，它们是南、北两个不同地域流传的本子。王家台15号秦墓位于楚国故都纪南城东南约五公里。该墓出土的简本《归藏》，显然是南方故楚国地区流传的本子。汉代的《归藏》抄本，据桓谭《新书》说当时藏于太卜③，郑玄也曾见过。④《新书》成书于

---

① 杨守敬、熊会贞：《水经注疏》中册，江苏古籍出版社1989年，第1808、1809页。

② 《归藏》佚文中的夏后启之"启"，有的引文仍作"启"，当是后人改回来的。

③ 《北堂书钞》卷一〇一引桓谭《新论》云："《厉(连)山》藏于兰台，《归藏》藏于太卜也。"

④ 《礼记·礼运》"孔子曰……我欲观殷道，是故之宋，而不足征也，吾得《坤乾》焉"，郑玄注："得殷阴阳之书也。其书存者有《归藏》。"

东汉初年。东汉建都于洛阳。汉代藏于太卜的《归藏》，显然是北方地区流传的本子。由于此种情况，王家台秦墓简本《归藏》与汉代以来传本《归藏》，在卦名和卦辞的文字方面有所不同，一点也不奇怪。

前面说过，《归藏》有《初经》、《启筮》、《郑母》、《齐母》、《本蓍》等十三篇，四千三百字。据简报所说，简本《归藏》只有卦辞，"可辨识的卦画约50余个，其中有部分重复的卦画和卦名"。看来简本不全。即使如此，秦简《归藏》的价值也是十分突出的。下面我们从古文献学的角度来说明这一点。

首先证明了传本《归藏》不是伪书。《归藏》一书的真伪是有争议的。由于它不见于《汉书·艺文志》，唐宋以来的学者多以为传本《归藏》是伪作的；甚至还有人认为《归藏》本来就是汉代人伪作的，传本《归藏》则是伪中之伪。① 直到1973年，在长沙马王堆汉墓出土的帛书《周易》中，发现有两个卦名与传本《归藏》卦名有关，其真实性才引起人们的重视。这两个有关的卦名，一个是传本《周易》的"咸"卦，帛书本《周易》和传本《归藏》都作"钦"卦；另一个是传本《周易》的"临"卦，帛书本《周易》作"林"卦，传本《归藏》作"林祸"，第一个字与帛书本《周易》相同。于豪亮先生说：

> 我们认为《归藏》不是伪书，因为咸卦又名钦卦，不见于已知的各家《周易》，只见于帛书和《归藏》，这说明《归藏》同帛书《周易》有一定的关系，而帛书《周易》汉初已不传，所以《归藏》成书，绝不晚于战国，并不是汉以后的人所伪造的。②

秦简《归藏》的发现，完全肯定了这一结论。

其次是校勘传本《归藏》文字的讹误。传本《归藏》在传抄、翻刻的过程中，其文字有讹误脱漏之处。简本《归藏》是秦人的抄本，文字较古，可以用来校勘传本文字的脱误。这里举几个例子。

---

① 余永梁：《〈易·卦爻辞〉的时代及其作者》，容肇祖：《占卜的源流》，《古史辨》第三册，上海古籍出版社1982年，第167、276、277页。

② 于豪亮：《帛书〈周易〉》，《文物》1984年第3期，第15页。

传本(12)节卦卦辞与简本(1)叕卦卦辞有关。在《周易》里,不同的卦,其卦爻辞有相同的语句。例如泰、归妹二卦的爻辞都有"帝乙归妹"语,大壮、旅二卦的爻辞都有"丧羊于易"语。传本(12)与简本(1)的关系即属于同类情况。两相对照,(12)"殷王"之前脱"昔者"二字,之后脱一"筮"字(简本的"贞卜"或"卜",传本皆作"筮")。(11)"武王"之前后脱字情况与此相同。(1)"其邦"之"邦",(12)作"国",当是汉代人避汉高祖刘邦名讳所改。(12)"常毋谷目"不词,疑是(1)的"尚毋有咎"之误。"常"从"尚"得声,故"尚"、"常"二字可以通用。① "有"与"目"、"咎"与"谷",字形有相似之处。大概是"有咎"先误作"目谷",再倒误作"谷目"。②

古人书写习惯,单字和两个字以上的词语及句子的重复,通常用重文号"="代替。例如秦简(2)的"而殳占老考老考占曰",原文当作"而殳占老=考=占曰"。在传抄时,这种重文号很容易被忽略掉。前引《归藏》佚文(7)的"神明",(8)的"大明",(10)的"荧惑",(19)的"皋陶"等,根据文例都应当重复③,我们现在见到的文字没有重复,当是传抄时将重文号抄漏所致。

以上是我们就简报介绍的秦简《归藏》情况所谈的一点不成熟看法。实际上《归藏》需要讨论的问题很多,不过在没有得到秦简《归藏》印证之前,一时还难以说清,希望荆州地区博物馆的同志早日把竹简整理发表,那时能再对《归藏》的问题作进一步讨论。

【评 介】

李家浩(1945—),男,湖北沙市人。1945年4月生。因家庭生活困难,初中只读了半年就辍学了。此后,当过印染工人等。1973

---

① 参看高亨:《古字通假会典》,齐鲁书社1989年,第297页。

② 我们所用的《路史》,是《四部备要》本。"'常毋谷目'语,马国翰《玉函山房辑佚书》据《周礼·春官·大卜》贾公彦疏引作"常毋若谷",注据《路史》引"目"作"月"。按通行《十三经注疏》本《周礼》贾公彦疏,"若"在"谷"字之后,旧多属下为句。

③ 闻一多:《楚辞校补》引《归藏》佚文,据文义将重复的"神明"等人名补出,可以参看。闻氏引文见《古典新义》下册,古籍出版社1956年,第369页。

年,由工厂调到当时的沙市市文化馆,从事文物考古工作。1974年至1977年,由俞伟超推荐,借调到文物出版社,先后跟孙贯文先生、史树青先生、朱德熙先生和裘锡圭先生等一起整理银雀山汉墓竹简。在此期间,又跟朱先生和裘先生一起整理望山楚墓竹简。1978年年初,跟裘先生一起从事曾侯乙墓钟磬铭文和竹简整理工作。1978年,考入北京大学中文系,攻读硕士学位,师从裘锡圭先生。1981年毕业,留校任教。1982年,应湖北省博物馆之邀,整理九店56号楚墓竹简。在整理简帛文献的同时,撰写了大量简帛文字考释的论文,继承了朱德熙、裘锡圭先生的古文字考释的学术方法。

《王家台秦简"易占"为〈归藏〉考》,载《传统文化与现代化》1997年第1期。这篇文章首先提出,王家台秦简中的"易占"类简为三易之一的《归藏》易,在学界引起关注。

文章就整理者公布的三条"易占"释文及根据公布的两张"易占"照片而作的释文,分析了其格式:卦画、卦名、占辞、繇辞。然后,认为其与记载中的《归藏》易有关。与《归藏》佚文相比较,不仅格式相同,而且部分内容一致。王家台秦简整理者未公布的材料中,根据整理者的介绍,有些出现的历史人物也见于《归藏》佚文。初步比对之后,认定王家台秦简的"易占"文字就是失传已久的《归藏》易。

接着,文章分析了目前所见《归藏》简本与传本的不同之处。除文字表述的不同外,还有卦名也有不同。把已知的简本10个卦名与传本《归藏》、传本《周易》比较后,发现简本"蠢"卦名与传本《归藏》、传本《周易》都不同,而简本的"大过"、"小过"卦卦画和卦名,跟《周易》相反。

既然简本与传本有异,那王家台秦简"易占"会不会是三易之一的《连山》呢?现在能找到的两条相关的《连山》佚文,分析之后发现它们都属《归藏》,而非《连山》。那么简本是《连山》的可能性就不存在了。

简本《归藏》出土于楚故地,这个本子当属流传于南方的战国时期抄本;传本则是汉初北方系统的本子。两种本子当不属一个系统,有文字差异也就可以理解了。

简本《归藏》的出土,证明《归藏》不是伪书。而作为更早的抄本,王家台秦简还可以校勘传世的《归藏》佚文。

这篇论文论证充分有据，虽然占有的材料有限，但分析透辟，结论扎实。所公布的"易占"文字显然与《周易》不同，那么到底是《归藏》，还是《连山》？根据我们目前掌握的佚文，属《归藏》易的可能性最大。当然还需要根据将来公布完整的资料后，再作进一步探讨。

战国简、战国文字，是李家浩研究的重心。李家浩曾参与整理望山楚简、九店楚简外，还关注包山楚简、信阳楚简、郭店楚简、上博简等。他曾在《著名中年语言学家自选集·李家浩卷》后的"跋"中说："我的研究侧重在战国文字方面。"而治学方法主要受朱德熙先生影响。他自己总结为三点：一是做学问贵在踏实，不要贪大求全，写自己没有弄懂的东西；二是在文字考释中，要挑选关键的字来写，不要什么字都写；三是结合语言学的方法考释古文字。

李家浩最新的论文集《安徽大学汉语言文字研究丛书·李家浩卷》，也是以战国文字考释为主。与简帛研究有关的论文有：《包山遣册考释（四篇）》、《释上博战国竹简〈缁衣〉中的"砸"合文——兼释兆域图"巡"和鷹羌钟"畗"等字》、《谈包山楚简"归邓人之金"一案及其相关问题》、《望山遣策车盖文字释读》、《仰天湖楚简剩义》、《谈包山楚简263号所记的席》、《楚简所记楚人祖先"鯱（鬻）熊"与"穴熊"为一人说——兼说上古音幽部与微、文二部音转》、《谈清华战国竹简〈楚居〉的"夷屯"及其他——兼谈包山楚简的"人"等》、《关于郭店竹书〈六德〉"仁类蕡而速"一段文字的释读》、《葛陵村楚简中的"句酆"》、《王家台秦简"易占"为〈归藏〉考》、《读睡虎地秦简〈日书〉"占盗疾等"札记三则》、《汉简丛札》（读银雀山汉墓竹简《孙子兵法》札记一则、读张家山汉墓竹简《盖庐》札记一则、读江陵凤凰山汉墓遣策札记三则）、《马王堆汉墓帛书祝由方中的"由"》等。

在文字考释中，较多关注战国时期器物的考证，联系墓中出土的实物，使考证落到实处，也体现了文字考释对古史研究的价值，而非仅限于字形的梳理。这也算是他自己所说的，释关键字，释有把握的字。如《包山266号简所记木器研究》，释"房"时说："换一句话说，房、俎足部分如果没有横侧板之类的东西，就不能将其叫做房和俎。关于这一点可以从信阳楚墓出土的虡得到证明。"释"桱"时也证以包山、望山、信阳等楚墓出土的"矮足案"。再如《包山楚简的旌旆及其他》、《包山遣册考释》等。楚简中多见遣策类文书，这些名物词的考释常关乎多个楚墓，由于年代久远，我们对楚的制度不甚明了，这些名物的考释就成了难题。李家浩的这些考释文字常能触类旁通，解决一批相关的问题。正所谓提纲挈领，所以影响较大。

李家浩在研究中不迷信，不盲从。他虽然对老一辈专家学者非常尊敬，如朱德熙、饶宗颐、李学勤等，但在考释文字时，常否定他们的观点而另创新见。如《仰天湖楚简十三号考释》中说到从竹从石的"席"字，说饶宗颐原释为"席"是正确的，但后来改从李学勤释为"笘"，"是很不应该的"。再如《战国时代的"冢"字》，认为朱德熙先生过去释为"豕"是不对的，当释为"冢"。只要自己认为有理有据，就敢于突破前辈学者的结论，这正是学术发展的原动力。

李家浩简帛学主要论著目录：

1.《江陵凤凰山八号汉墓"龟盾"漆画试探》，《文物》1974年第6期。

2.《马王堆一号汉墓出土漆器质地诸问题——从成都市府作坊到蜀郡工官作坊的历史变化》，李家浩、俞伟超合著，《考古》1975年第6期。

3.《信阳楚简"浍"字及从"关"之字》，《中国语言学报》第1期，商务印书馆1982年。

4.《银雀山汉墓竹简[壹]》（集体项目），文物出版社1985年。

5.《曾侯乙墓》（集体项目），文物出版社1989年。

6.《论〈太一避兵图〉》，《国学研究》第1卷，北京大学出版社1993年。

7.《仰天湖楚简十三号考释——楚简研究之一》，《中国典籍与文化论丛》第1辑，中华书局1993年。

8.《包山楚简中的旌旆及其他》，《第二届国际中国古文字学研讨会论文集》，香港中文大学1993年。

9.《包山二六六号简所记木器研究》，《国学研究》第2卷，北京大学出版社1994年。

10.《江陵九店五十六号墓竹简释文》，湖北省文物考古研究所：《江陵九店东周墓》，科学出版社1995年。

11.《望山楚简》（集体项目），文物出版社1995年。

12.《毋尊、纵及其他》，《文物》1996年第7期。

13.《信阳楚简中的"柿枳"》，《简帛研究》第2辑，法律出版社1996年。

14.《读书札记四则》，《尽心集——张政烺先生八十庆寿论文集》，中国社会科学院出版社1996年。

15.《包山楚简"簸"字及其相关之字》，《第三届国际中国古文字学研讨会论文集》，香港中文大学1997年。

16.《王家台秦简"易占"为〈归藏〉考》，《传统文化与现代化》1997年第1期。

17.《包山楚简所见楚先祖名及其相关问题》，《文史》42辑，中华书局1997年。

18.《关于郭店〈老子〉乙组一枝残简的拼接》，《中国文物报》1998年10月28日第3版。

19.《信阳楚简"乐人之器"研究》，《简帛研究》第3辑，广西教育出版社1998年。

20.《包山楚简中的"枳"字》，《徐中舒先生百年诞辰纪念文集》，巴蜀书社1998年。

21.《秦汉简帛文字词语杂释》，《训诂学学术研讨会论文集》，台湾师范大学国文系1998年。

22.《睡虎地秦简〈日书〉"楚除"的性质及其他》，《"中央研究院"历史语言研究所"集刊》第70本第4分，1999年。

23.《读〈郭店楚墓竹简〉琐议》，《中国哲学》第20辑，辽宁教育出版社1999年。

24.《楚简中的袷衣》，《中国古文字研究》第1辑，吉林大学出版社1999年。

25.《楚墓竹简中的"昆"字及从"昆"之字》，《中国文字》1999年新25期。

26.《读睡虎地秦简〈日书〉"占盗疾等"札记三则》，《北京大学古文献研究所集刊》第 1 辑，北京燕山出版社 1999 年。

27.《九店楚简"告武夷"研究》，第一届简帛学术讨论会论文，台北中国文化大学史学系 1999 年。

28.《九店楚简》(集体项目)，文物出版社 2000 年。

29.《包山祭祷简研究》，《简帛研究 2001》，广西师范大学出版社 2001 年。

30.《著名中年语言学家自选集·李家浩卷》，安徽教育出版社 2002 年。

31.《包山遣册考释(四篇)》，《古籍整理研究学刊》2003 年第 5 期。

32.《战国竹简〈民之父母〉中的"才辩"》，《第四届国际中国古文字学研讨会论文集——新世纪的古文字学与经典诠释》，香港中文大学 2003 年。又载《北京大学学报》(哲学社会科学版)2004 年第 2 期。

33.《马王堆汉墓帛书祝由方中的"由"》，《河北大学学报》(哲学社会科学版)2005 年第 1 期。

34.《读张家山汉墓竹简〈盖庐〉札记一则》，《北京大学中国古典文献研究中心集刊》第 5 辑，北京大学出版社 2005 年。

35.《包山卜筮简 218—219 号研究》，《长沙三国吴简暨百年来简帛发现与研究国际学术研讨会论文集》，中华书局 2005 年。

36.《释上博战国竹简〈缁衣〉中的"砫"合文——兼释兆域图"逎"和厬羌钟"富"等字》，《康乐集——曾宪通教授七十寿庆论文集》，中山大学出版社 2006 年。

37.《谈包山楚简"归邓人之金"一案及其相关问题》，《出土文献与古文字研究》第 1 辑，复旦大学出版社 2006 年。

38.《望山遣策车盖文字释读》，《中国文字学报》第 1 辑，商务印书馆 2006 年。

39.《仰天湖楚简剩义》，《简帛》第 2 辑，上海古籍出版社 2007 年。

40.《读江陵凤凰山汉墓遣策札记三则》，《中国文字学报》第 2 辑，商务印书馆 2008 年。

41.《谈包山楚简 263 号所记的席》，《出土文献研究》第 9 辑，中华书局 2010 年。

42.《楚简所记楚人祖先"妣(鬻)熊"与"穴熊"为一人说——兼说上古音幽部与微、文二部音转》,《文史》2010 年第 3 期。

43.《银雀山汉墓竹简[贰]》(集体项目),文物出版社 2010 年。

44.《北京大学藏汉代医简简介》,李家浩、杨泽生合著,《文物》2011 年第 6 期。

45.《谈清华战国竹简〈楚居〉的"夷乇"及其他——兼谈包山楚简的"人"等》,《出土文献》第 2 辑,中西书局 2011 年。

46.《关于郭店竹书〈六德〉"仁类蘁而速"一段文字的释读》,《出土文献研究》第 10 辑,上海古籍出版社 2011 年。

47.《葛陵村楚简中的"句郚"》,《古文字研究》第 29 辑,中华书局 2012 年。

48.《安徽大学汉语言文字研究丛书·李家浩卷》,安徽大学出版社 2013 年。

从简牍看汉代的行政文书范本
——"式"（存目）

邢义田

【评　介】

邢义田，台湾大学历史系学士（1969年）、历史研究所硕士（1973年）、美国夏威夷大学历史学博士（1980年），1981—1982年在政治大学历史系任教，1982年进入"中央研究院历史语言研究所"，历任副研究员、研究员，2007年后任特聘研究员，2010年被选为第28届"中研院院士"。主要研究方向为秦汉史。研究方法上，有意识地打破专业领域的界限、打破使用材料的界限、打破中外历史的界限，注意相关学科的融会贯通、多种资料的联系综合、中西历史的对照比较，视野开阔高远，材料厚实多样，理念新颖科学。参与重新整理居延汉简，与萧璠、刘增贵、林素清合编《居延汉简补编》。

《从简牍看汉代的行政文书范本——"式"》，刊于《简帛研究》第3辑，广西教育出版社1998年出版。

文章分三部分：敦煌、居延简牍中的文书范本；秦、汉文书范本称为"式"；余论：汉代以后的式。

夏鼐1948年在《新获之敦煌汉简》中，认为含有"某"等不定指代词语的简是"疑为供初学者练习写字及草撰文稿之范本"。邢义田受此启发，认为敦煌汉简、居延汉简中，凡含有"若干"（指代数量）、"某"（指代人）、"甲、乙、丙、丁……"（指代人）、"东西南北"（指代方位）等词语的，都有可能是当时作为文书范本的简。据此，文章列举了敦煌、居延简中的22例，作为讨论的基础。夏鼐认为，作为范本的简一定要字迹工整，并且应该能找到据范本而写就的文书。文章也从这两个方面试图作进一步的证明。特别是寻找与范本结构类似的简牍,是文章的重点。作者举了很多结构一致的例句,说明它们来源于一种文书的范本。"汉代文书品类极为繁多,其格式亦自有别。以上我们在简牍中见到的范本都不完整,已无法判明它们是什么文书的范本。即使如此,在居延、敦煌出土的文书中还是可以找到不少虽然残缺,无论在文例或格式上相同或类似的实例。"

秦、汉文书的范本称为"式"。一个极重要的例子就是《睡虎地秦墓竹简》中的《封诊式》。是秦代司法文书的范本。同样,它使用了大量的"甲、乙、丙、丁……"、"某"、"若干"等指代性词语。汉代存在着类似的"式"。

"当作文书范本的式,在魏晋以后不一定再称作式,而在更广泛的意义下,变成了书仪,内容上也不再限于公文,而是社会各阶层婚丧书信往来的范文,在敦煌残卷中还留下不少它们的踪影。"

这篇不长的文字,反映了作者的洞察力。作者多年关注居延、敦煌等西北屯戍简牍的研究,对其行文格式渐有心得。学界对于"式"的范本性质的认识也渐趋一致。这也从另一方面说明,秦、汉时期的官府文书体系已经很成熟。这一体系的形成应该是在秦代。作为国家机器运作的载体,文书已然显示出其强大的作用。居延、敦煌等汉代边塞文书,睡虎地秦简中的法律文书,都是基层官吏使用的。可以想见,作为郡一级的中层文书,如尹湾汉代简牍中的上计文书;以及中央的上层官府文书,也应该是非常丰富的。这些我们知道的还很少。

中华书局2011年出版了邢义田的《秦汉史论著系列》,共四部。其中《地不爱宝——汉代的简牍》,集中反映了他简牍研究的成果,收录汉简研究文章22篇。内容上可分为三部分:一是居延汉简研究,二是其他汉简研究,三是"述旧和资料"。

第一部分有六篇文章:《汉代简牍的体积、重量和使用——以"中研院史语所"藏居延汉简为例》、《居延出土的汉代刻辞箭杆》、《"秦胡"小议——读新出居延汉简札记》、《汉简、汉印与〈急就〉人名互证》、《读居延汉简札记》、《全球定位系统(GPS)、3D卫星影像导览系统(Google Earth)与古代边塞遗址研究——以额济纳河烽燧及古城遗址为例(增补稿)》。对汉简作重量、体积的计量研究,以前还没有人作过。邢义田认为:"重量和体积如何左右文书的形式、存放和管理。"过去人们常引用《史记·秦始皇本纪》"天下之事无小大皆决于上,上至以衡石量书,日夜有呈,不中呈不得休息",以及"汗牛充栋"等来形容简牍的重量,但具体情况则无人能详。文章对"史语所"藏居延汉简作了抽样调查,永元器物簿77枚简,单简长约23厘米,汉尺一尺,宽约1厘米,厚0.2厘米~0.3厘米,简册长90厘米,包括编绳重243.63克。平均每枚简包括编绳重3.16克。另57.1号简册,3枚简,包括编绳重11.38克,平均为3.79克。两个简册40枚简,平均3.19克。简牍的重量与材质关系很大。据此,一部《史记》可能重量在四五十公斤。另外,体积庞大也造成搬运、贮藏和管理的困难。"史语所"藏西北汉代屯戍地出土的箭杆,有九枚存刻辞,内容为督造和制造者,据刻辞可知这些箭都是河内工官制造的,即汉河内郡怀县,今河南武陟县西南。过去只知河内工官督造弩机,现在确知他们也造箭。"秦胡"简,是居延新简中的三枚简,对"秦胡"的解释,过去有"汉化的胡人"、"汉人和胡人"两种,邢义田新提出"胡化的汉人"一解。《急就篇》中的人名有些见于居延简和汉印,证明这些人名出于虚拟,是汉代常见的人名。《读居延汉简札记》解释了"物故"、"小家子"、"寺廷里"、"都试"、"治园条"、"功劳"等词语。《全球定位系统(GPS)、3D卫星影像导览系统(Google Earth)与古代边塞遗址研究——以额济纳河烽燧及古城遗址为例(增补稿)》是一篇重要论文,作者利用现代科技手段,检讨了过去绘制的额济纳河烽燧遗址位置地图,发现贝格曼所绘经纬度与现在实测的有误差,会影响对具体遗址的定名,如陈梦家认为A6为第十六隧,宋会群、李振宏认为是A5,初师宾、罗仕杰、吉村昌之、魏坚认为是T9,邢义田实地考察了T9遗址,倾向于认为是第十七隧。

其他汉简研究包括《尹湾汉墓木牍文书的名称和性质》、《汉长安未央宫前殿遗址出土木简的性质》、《张家山汉简〈二年律令〉读记》、《一种前所未见的别券——读〈额济纳汉简〉札记之一》、《从金关、悬泉汉简和罗马史料再探所谓罗马人建骊靬城的问题》五篇文章。另两篇相关文章也附于此:《罗马帝国的"居延"与"敦煌"——英国雯都兰达出土的驻军木牍文书》、《英国国家图书馆藏明代木牍试释》。尹湾木牍包括东海郡上计集簿等重要文书,邢义田文据《文物》杂志的有关文章考订了部分内容。汉未央宫木简的性质旧不明，邢义田据残简判定其为祥瑞记录，时代当王莽时期，当为卓识。张家山《二年律令》简为汉初法规，邢义田据之认为朝廷与诸侯国关系紧张，此外还论及矫制、休沐、田律、钱币、刑律、爵制、家庭等。有关额济纳汉简的文章，讨论了两枚券书，右侧有刻齿，类似于今天的买卖合同文书。探讨骊靬城的这篇文章，否定了汉代骊靬城为安置罗马士兵而修建的说法。雯都兰达出土的驻军木牍文书，已经出土一千多件，时代约从公元85年至200年，比中国西北屯戍简牍晚100年左右。内容是军事文书、私人书信等。讨论英国国家图书馆藏明代木牍的这篇文章，著录了3枚斯坦因第三次中亚探险在黑城发掘的明代木简，东汉以后西域荒废，至元代再次开渠屯田，设亦集乃路。明代因之，与外族常有争战。木简反映了明代士卒守边的信息。

"述旧和资料"包括《劳榦院士访问记》、《行役尚未已，日暮居延城——劳榦先生的汉简因缘》、《傅斯年、胡适与居延汉简的运美及返台》、《夏鼐发现敦煌汉简和晋泰始石刻的经过》、《"中研院史语所"藏居延汉简整理工作简报（1988—1993）》、《〈居延汉简补编〉序》、《"中研院史语所"藏居延汉简整理近况简报（1998—2000）》、《香港大学冯平山图书馆藏居延汉简整理文件调查记》、《对近代简牍著录方式的回顾和期望》，共九篇文章。主要是回顾居延汉简的研究过程，附有多件重要文件。劳榦1932年进史语所，即参与居延简的考释，与向达、贺昌群、余逊，以及早就作为中坚的马衡，分头写出释文。抗战爆发，居延简装箱南运，研究人员避难于昆明、四川等后方。劳榦当时并未携带照片图版及已经大致完成的释文稿。居延简运到香港后，沈仲章等安排商务印书馆拍照，计有分色及红外线玻璃片七一九片，九千余简。一份寄到上海准备出版，一份寄到在四川的史语所。史语所负责人傅斯年让劳榦据寄来的反体照片重新作释文，于1943年在四川出版。居延简的考释、转运、出版等，都是由庚子赔款项目资助。1942年中研院与中央博物院、中国地理研究所组成西北史地考察团，前往西北实地考察。劳榦、石璋如等属历史考古组，调查汉唐烽燧遗址。史语所存有当年考察报告。居延简在香港，有运往昆明、马尼拉等设想，最终决定运往美国。胡适当时是中华民国驻美大使,也是西北科学考察团的理事长,对汉简当然极其关心。1940年8月汉简乘美国运通公司轮船运往美国。而部分文件留存香港大学,有西北科学考察团活动记录、居延简整理初期工作记录、劳榦和余逊所作的释文原稿、马衡和向达的部分释文稿册释文签。现存在香港大学冯平山图书馆。汉简运到美国后藏国会图书馆,放在十四只箱子里,封存完好,没有人开过,直到1965年10月21日,"中研院"利用纽约万国博览会参展文物及存放在国会图书馆的善本古籍回台的机会,将汉简一并运回。10月21日"中研院"陈仲玉领出十四箱汉简,连同一百零二箱善本书,运往美国西海岸。11月3日启程返台。11月23日抵达基隆,入藏"史语所"考古馆。1988年成立汉简小组,成员:管东贵、刘增贵、廖伯源、萧璠、邢义田。1989年改称简牍小组,成员:萧璠、邢义田、林素清、刘增贵。使用红外线仪整理居延汉简。1998年出版《居延汉简补编》,补释过去未曾发表释文、图版的简牍。1998年后继续整理,重排原简,逐简以红外线建电脑影像档,发现了一些过去一直延续的错误,改正了一些释文。

邢义田的汉简研究可谓别开生面。《汉代简牍的体积、重量和使用——以"中研院史语所"藏居延汉简为例》、《居延出土的汉代刻辞箭杆》、《全球定位系统(GPS)、3D卫星影像导览系统(Google Earth)与古代边塞遗址研究——以额济纳河烽燧及古城遗址为例(增补稿)》等是其代表作。利用"史语所"独特的研究条件,对居延汉简作了重量、体积的测量,并由此伸发,推测秦汉时简牍的书写、编连、阅读、搬运、贮藏、管理,联系大量汉砖石上的画像,揭示了很多过去不为人注意的细节,发前人所未发。如"珥笔或簪笔的习惯可以旁证书写常为立姿。前文提到段清波先生发现秦文官俑没有笔在手。笔在哪儿?汉世官员习惯夹笔于耳际叫珥笔,或将笔杆一端如簪一般插在发中,叫簪笔。《汉书》有'簪笔持牍趋谒'和'持橐簪笔事孝武帝数十年'这样的话"。多种证据证成其说,使我们对秦汉简牍的使用有了立体化的感性认识。箭杆刻辞过去有人提及,但未予以重视。邢义田从居延箭矢实物的出土、刻辞箭杆的性质两方面介绍了"史语所"所藏9枚有刻辞的箭杆,丰富了我们对汉代兵器制造方面的认识。运用全球定位系统来对汉代烽燧的位置作精确测定,这是一个很好的设想。但遗址地处大漠，"由于刊布的资料不够全面和详细，实地考察又极困难，烽燧遗址研究因此受到极大的限制。真正全面深入的研究不易着手，投入研究的学者因此较少，研究成果也不免多有争议"。2006年7月29日至8月1日，邢义田利用GPS对烽燧遗址的位置进行测量，"如果将这样的遗址定位和贝格曼的地图比较，可以证明贝格曼地图(以八万三千分之一的地图为例)的确十分精确，虽然不少遗址的标定仍和我所掌握的定位资料有约二百三十米至二千四百米的差距"。

邢义田是台湾继劳榦、马先醒之后，又一个全面关注、研究居延汉简的学者，他代表的简牍整理小组对藏于"史语所"的居延简进行核查检视，用红外线仪全部阅读一遍原简，发现了大量过去没有办法解决的问题，如简号，"我们逐简检查，发现有不少简的编号，在《劳》图版所据的反体照片上就不正确。过去因无原简可核对，错误在各版本中一直延续下来"。"有相当多的简，即使环境条件不好，依然墨色如新。更有很多简以红外线可以看见远比照片和图版为清晰的影像，不但可以修正不少过去因图版不清造成的误释、缺释，更可以增补若干释文。"这些发现都对居延简的研究推进了一大步。新的红外线照片、校改后的释文都为居延简的研究提供了更为准确、更有价值的资料。

这些论文的另一个特点就是有大量的图片和表格，这些图片本身就是立论的根据。如论述简牍的重量、体积，就用了永元器物簿的正面、背面，卷起后的正面、侧面四张照片。论简牍的使用时运用了大量汉画像石。一是显示论据充分，二是让读者有更加直观的感受。而居延简的红外线照片更是连篇累牍地出现在多篇文章中。读者可以与劳榦的图版、《居延汉简甲乙编》的图版相对照，看出红外照片的优势。GPS定位的照片、GE的照片也较多，都是一般读者难以得到的珍贵资料。"史语所"珍藏的居延简整理的有关信件、照片等也在文章中有所披露，如劳榦致傅斯年的信，晒蓝本释文稿首页，劳榦、石璋如西北野外考察的照片，胡适致叶玉甫、徐森玉的信，美国国会图书馆居延简的收条，"史语所"接收居延简时各部门会同清点的"点收清册"等，我们除了有幸目睹这些珍贵图片，更能由此对居延简在抗战时期颠沛流离的过程有清晰的了解。事实真相总算逐渐水落石出。居延简早期的整理资料目前分存北京、香港、台北，何时能把这些资料汇编出版，学界翘首以盼。现在国家图书馆已影印出版了劳榦的石印本《居延汉简考释》，以及贺昌群的释文稿册。北京故宫博物院收藏了马衡的部分释文稿及释文签。香港、台北的资料更多。有赖于学者的调查研究，我们已经对这些资料的大致内容、保存状况有了了解。正像邢义田所说，我们也更加深切地感受到在战争年代老一辈学者为保存居延简而经历的艰辛、困苦。在庆幸之余，我们当更加珍惜来之不易的材料。

邢义田简帛学主要论著目录：

1.《对近代汉简著录方式的回顾和期望——附录汉简研究文献目录》，《史学评论》（二），1980年。

2.《汉代案比在县或在乡？》，《"中央研究院历史语言研究所"集刊》第60本，1990年。

3.《从居延简看汉代军队的若干人事制度——读〈居延新简〉札记之一》，《新史学》3—1，1992年。

4. 中央研究院歷史研言研究所が所蔵する居延汉简の整理作业についての简单な报告，汉简研究の现状と展望，大庭脩编，汉简研究国際シンポジウム92报告书，1993年。

5.《汉代边塞吏卒的军中教育——读〈居延新简〉札记之三》，《大陆杂志》87卷3，1993年。

6.《傅斯年、胡适与居延汉简的运美及返台》，《"中央研究院历史语言研究所"集刊》第66本，1995年。

7.《尹湾汉墓木牍文书的名称和性质》，《大陆杂志》95卷3期，1997年。

8.《居延汉简补编》，"中央研究院历史语言研究所"1998年出版。

9.《从简牍看汉代的行政文书范本——"式"》，《简帛研究》第3辑，广西教育出版社1998年。

10.《汉长安未央宫前殿遗址出土木简的性质》，《大陆杂志》100

期,2000 年。

11.《"中央研究院历史语言研究所"藏居延汉简整理近况简报》,《古今论衡》4 期,2000 年。

12.《论马王堆汉墓"驻军图"应正名为"箭道封域图"》,《湖南大学学报》(社会科学版)2007 年第 5 期。

13.《英国国家图书馆藏明代木牍试释》,《英国国家图书馆藏斯坦因所获未刊汉文简牍》,上海辞书出版社 2007 年。

14.《地不爱宝——汉代的简牍》,中华书局 2011 年。

15.《汉代简牍公文书的正本、副本、草稿和签署问题》,《"中央研究院历史语言研究所"集刊》第 82 本,2011 年。

16.《敦煌悬泉失亡传信册的构成》,《甘肃省第二届简牍学国际学术研讨会论文集》,上海古籍出版社 2012 年。

17.《全球定位系统(GPS)、3D 卫星影像导览系统(Google Earth)与古代边塞遗址研究——以额济纳河烽燧及古城遗址为例(增补稿)》,《居延敦煌汉简出土遗址实地考察论文集》,上海古籍出版社 2012 年。

荆门包山楚卜筮简所见神祇系统与享祭制度

陈 伟

湖北荆门包山2号楚墓所出卜筮、祷祠简共54支，合为26件简书。其中22件记叙卜筮之事，简文大致可分为卜筮辞与祝辞（"以其故祝之"以下）两部分。前一部分是围绕"躬身"或疾病施行的贞问，后一部分则是针对卜筮得出的消极性结果而提出的祷祠安排。另外4件专记祷祠之事，它们两两成组，分别记于东周之客许呈归胙于栽郢之岁冬夕之月癸丑之日和同年爨月丙辰之日①。

祝辞所记祷祠，均在拟议之中，所以有学者称之为"预卜中事"②。不过，这些祷祠的提出，当有其内在根据。其中有些祷祠计划，据几件祷祠简和一些卜筮简的附录，也确曾得到实施。因此，祝辞可以作为了解楚人祷祠制度的可靠资料。本文试图以这些资料为基础，探讨有关的神祇系统和享祭制度。

一、神祇系统

祝辞列出的神祇，具有一定规律。如同已有学者指出的那样，昭王、文平夜君、吾公子春、司马子音、蔡公子家在不同场合提到时均

---

① 湖北省荆沙铁路考古队：《包山楚墓》，文物出版社1991年。
② 李零：《包山楚简研究（占卜类）》，见《中国典籍与文化论丛》第1辑，中华书局1993年。

作同样的顺序；而在所有神祇中，太或蚀太总是居于首位①。然而总的看来，简书所记神谱却不免显得散乱。

简书所记祷祠是针对卜筮中的消极性结果而构拟的。贞人的不同，消极因素以及程度的不同，都会导致不同的祷祠构想。这与神谱的散乱是有关系的。不过，各种构拟均应遵循共同的祷祠制度，彼此之间自然也可互为印证和补充，从而有助于神祇系统的复原。因此，简书所记神谱的散乱，实应寻找另外的原因。

我们看到，各件卜筮简中的祝辞主要是由负责该贞的贞人提出的；此外，有时也以"共"（上从"车"）和"移"的方式，重复先前别人提出的祝辞。彭浩先生分析说："所谓移祝，即在某次贞问时，沿用以前贞问的贞人之祝，祭祷同一祖先和神灵"；共祝"一般是出现在同属一组的前后二、三次贞问活动中，在后来的贞问中与以前某次的贞问对举"②。由于先前的祝辞所述原本就是一个独立的祷祠方案，所以在利用含有"共祝"、"移祝"的简书复原神祇系统的时候，应将这些内容分别看待，而不能与负责本贞的贞人提出的祷祠计划混在一起。这样，在每次构想的祷祠中，一位神祇最多只出现一次，并且大致都是人鬼在后，其他神祇居前，呈现出比较清晰的脉络。

与此有关的另外一个问题是，既然"共祝"、"移祝"与所"共"、所"移"之祝对应，彼此必定针对着相同的神祇。前引彭浩先生说"祭祷同一祖先和神灵"就谈到了这层意思。简书"共祝"、"移祝"时记述的神祇，有的与所"共"、所"移"之祝不同，当是采用了神祇异名的缘故。如简199—200记"石被裳之祝"说"一祷于夫人戠豬"，简212—215"移石被裳之祝"则说"赛祷新母戠豬"简201—204记"雁会之祝"说"与祷于宫地主一䣥"，简212—215"移雁会之祝"则说"赛祷宫后土一䣥"。"新母"与"夫人"、"宫后土"与"宫地主"均应是对相同神祇的两种称谓。古书中有称母为夫人的例证。如《春秋·庄公元

---

① a. 吴郁芳：《包山2号墓墓主昭它家谱考》，《江汉论坛》1992年第11期。b. 刘信芳：《包山楚简神名与〈九歌〉神祇》，《文学遗产》1993年第5期。

② 彭浩：《包山二号楚墓卜筮和祭祷竹简的初步研究》，《包山楚墓》附录二三，文物出版社1991年。

年》记"夫人孙于齐",庄公四年记"夫人姜氏享齐侯于祝丘","夫人"即指鲁庄公之母文姜。《左传·隐公元年》记"夫人将启之"。"夫人"即指郑庄公之母武姜。《左传》昭公二十九年云"土正曰后土",杜预注:"土为群物主,故称后也。"《周礼·春官·大宗伯》云"王大封,则先告后土",郑玄注:"后土,土神也。"土与地义通。《左传》昭公二十九年云"后土为社",《说文》则径称:"社,地主也"。由此可以说明上述神祇异名的由来。

以上根据"移祝"证实了同神异名现象的存在。类似情形在简书中还有一些。以下试逐一说明。

1. 太、蚀太 已有学者指出,太与蚀太为一神,指天神太(泰)一①。太、一都有极至的含义,所以《老子》用来作为"道"的代名词。战国、秦汉时人往往以"太一"连称。如《老子》二十五章云:"有物混成,先天地生,寂兮寥兮,独立而不改,周行而不殆,可以为天下母。吾不知其名,字之曰道,强为之名曰大(太)。"同书四十二章云:"道生一,一生二,二生三,三生万物。万物负阴而抱阳,冲气以为和。"《庄子·天下》概括说,关尹、老聃"主之以太一"。《吕氏春秋·大乐》写道:"太一出两仪,两仪出阴阳","道也者,至精也,不可为形,不可为名,强为之,谓之太一",更是直接化用《老子》之语。因此,说太即"太一"应无问题。至于太何以又称为蚀太,尚待进一步研究。

2. 社、后土、地主、野地主 前文引述宫后土亦即宫地主的证据,实际已说明后土与地主相通,并且同时也触及后土与社的关系。《诗·小雅·甫田》孔疏记郑玄答田琼问说:"后土,土官之名也。死以为社,社而祭之,故曰后土社。句龙为后土,后转为社,故世人谓社为后土,无可怪也。"《周礼·春官·大宗伯》云:"王大封,则先告后土。"孙诒让《正义》总结说:"通校诸经注义,后土盖有三:一为大地之后土,即《左传》'履后土'是也;一为五祀之土神,即此经'告后

---

① a. 李零:《包山楚简研究(占卜类)》,见《中国典籍与文化论丛》第1辑,中华书局1993年;b. 刘信芳:《包山楚简神名与〈九歌〉神祇》,《文学遗产》1993年第5期。

土'是也；一为社，则因后土为社，遂通称社亦曰后土，郑二《礼》注谓后土即社，《左传》昭公二十九年杜注亦云'后土在野则为社'是也。"

这里都谈到，社亦称后土。祝辞中太或蚀太与非人鬼类神祇一起出现过五次，紧接其后的神祇，有三次作后土（简212—215、218—219、236—238），另外两次分别作社和地主（简209—211、218—219）。这应是同时祷祠天、地之神，从而在一定程度上证实了文献所示后土、地主与社的同一性。

上揭孙诒让《周礼正义》所引《左传·昭公二十九年》杜注是针对"土正曰后土"这句话而说的。杜注原文称："土为群物主，故称后也。其祀句龙焉。在家则祀中霤，在野则为社。"上文已说明后土、地主与社实为一事。既然该神祇祀于"野"而不是"家"，那么"野地主"自应是该神祇又一异名。

3. 宫后土、宫地主、司命宫　地主即宫后土，已如前述。《礼记·郊特牲》云："社所以神地之道也。……家主中霤而国主社，示本也。"郑玄注："中霤亦土神也。"上引《左传·昭公二十九年》杜预注更进一步指出后土"在家则祀中霤，在野则为社"。可知宫后土或宫地主实指五祀之神中的中霤。

包山大墓出土五块形状奇特的小木牌，分别写有户、灶、室、门、行等字，应即五祀木主。《礼记·月令》记五祀为户、灶、中霤、门、行。同书《祭法》郑玄注："中霤主堂室居处。"《包山楚墓》据此以为中霤亦可称室，昭它五祀与古书记载相符①。按《礼记·月令》郑玄注："中霤，犹中室也。土主中央，而神在室中。古者复穴，是以名室为中霤。"这更直接点明了室与中霤的同一。宫、室意义相通。包山大墓所出五祀木主把古书中的中霤记作"室"，也有助于认识宫后土、宫地主与中霤的关系。

关于司命，整理小组引《周礼·春官·大宗伯》郑玄注，以为文昌第四星。试看以下几条祷祠记载：

---

① 彭浩：《包山二号楚墓卜筮和祭祷竹简的初步研究》，《包山楚墓》附录二三，文物出版社1991年，第336页。

臞于野地主一䝙，宫地主一䝙（简 207—208）。

赛祷太，备玉一环；后土、司命、司祸，各一少环（简 212—215）。

与祷太，一䍱；后土、司命，各一䍹（简 236—238，243—244）。

这里有两点值得注意：第一，简书中的神祇排列大致以类相从。太为天神，后土为地祇，已如上述。司命列于后土之后，似不致又是天神。第二，那些并列祷祠的神祇，关系比较密切，因而往往呈现出比较稳定的组合。野地主与后土实为一神，已见前述。相应地，司命与宫地主位次相当，也应是同一神祇。古书中，司命除文昌第四星外，还是宫室中祭祀的五祀神祇之名。郑玄注《周礼·天官·酒正》引郑司农云："大祭天地，中祭宗庙，小祭五祀。"又注《春官·肆师》引郑司农云："大祀天地，次祀日月星辰，小祀司命以下。"两相比照，可认为郑司农所云五祀应包含司命。《礼记·祭法》五祀也含有司命，只是其中五祀与所谓七祀、三祀、二祀、一祀并列，构成五个祭祀等级（表一）。

表一　　　　　　　　五祀的祭祀等级

	司命	中霤	门(门行)	行(国行)	厉	户	灶
王七祀	一	一	一	一	一	一	一
诸侯五祀	一	一	一	一	一		
大夫三祀			一	一	一		
嫡士二祀			一				一
庶士、庶人一祀						一或一	

《礼记·曲礼下》郑玄注推测说：《月令》所记五祀为殷制，《祭法》所记自王七祀至庶士、庶人一祀为周制。《王制》郑玄注又推断说：《月令》之所以缺少司命和厉，是因为当时这二神还没有名气。

这些说法都是没有根据的。《月令》所记五祀在同书《曲礼下》、《王制》以及《仪礼·既夕礼》、《周礼·春官·小祝》中均有记述，现又有木主出于包山大墓，当是战国时最为流行的说法。《祭法》所云不见于其他记载，又划出森严的等级，恐怕出于后人的杜撰。我们猜想，司命本为五祀中的中霤的异名。编造《祭法》诸祀的人或者不明真相，或者有意作伪，才将司命与中霤分别为二。《祭法》郑玄注云："今时民家或春秋祠司命、行神、山神，门、行、灶在旁。是必春祠司命，秋祠厉也，或者合而祠之。山即厉也。民恶言厉，巫祝以厉山为之，谬乎。《春秋传》曰：'鬼有所归乃不为厉'。"反映汉代民间还将司命放在五祀一起祭奉。除了一般人已不甚了解的厉被山代替之外，这里也没有提到中霤，似乎正表明当时还存在司命、中霤本即一神的意识。

4. 行、宫行　简209—211、228—229均记有"与祷宫行一白犬"，整理小组在"宫行"二字间用顿号隔开，看作两个神祇。简书在对一位以上的神祇并列祷祠时，于所用祭品必称"各"几件①。"宫行"只用一白犬，当非二神。墓中所出木主有"行"无"宫行"；简书中行与宫行一般接在"地主"、"后土"或"社"之后，但从不同时出现，属于同神异名的可能性较大。行一称宫行，与地主一称野地主类似。

5. 东陵连嚣、殇东陵连嚣、殇　简201—204记"与祷东陵连嚣肥冢"；简209—J211记"赛祷东陵连嚣冢冢"；简221—222记"有祟见新王父、殇。以其故祝之。与祷，特牛，馈之；殇因其常牲"。简221—222记于许呈之岁爨月己酉之日。记于这之后七天的属于祷祠类的简224、225分别写道："与祷于新王父司马子音，戠牛，馈之"，"与祷于殇东陵连嚣子发，肥冢，篙祭之"。

这二简所记祷祠应是对简221—222祝辞的践履，从而殇东陵连嚣子发当即后者提到的殇，也就是简201—204和简209—211中的东陵连嚣。整理小组以"新王父殇"连读，不确。在简201—202、221—222中，东陵连嚣分别列于新父、新母和新王父之后，彭浩先

---

①　简245—246不称"各"。这可能是祫祭，而非并列祷祠。详看"享祭制度"一节。

生推定为昭它叔父或伯父①，可从。殇通常指未成年而死的人。但东陵连嚣为官职，其人死时应有一定年纪。《礼记·丧服小记》以"殇与无后者"并列，《小尔雅·广名》则说："无主之鬼谓之殇。"东陵连嚣称"殇"大概是因为无子嗣后代的原因。

以上在梳理异名的同时，已经涉及有关神祇的性质。下面来看看其他神祇的情况：

1. 大门　李零先生指出即五祀之一的门②，应是。前已说明宫后土、宫地主、司命即五祀中的中霤，行、宫行为五祀中的行。大门是我们知道的见于简书记载的五祀神祇中的第三个。

2. 司祸　祸，简文从示从骨。有学者指出，据慈利楚简文例，其字读作祸③，今从之。简212—215记云："赛祷太，备玉一环；后土、司命、司祸，各一少环；大水，备玉一环；二天子，各一少环；危山，一玦。"相关的神祇排列还有如下一些：

　　野地主、宫地主、行（简207—208）
　　地主、行、二天子（简218—219）
　　官后土、行、大门（简232—233）
　　后土、司命、大水、二天子、危山（简236—238，239—241）

如果将神祇名用通行称谓写出，据简207—208，232—233，可知行在中霤后；据简232—233，可知门在行后。从有关各简来看，这五祀中的三神又均列于社之后，大水、二天子、危山之前。在简212—215中，司祸位于中霤之后，大水之前，可能也属于五祀之一。祸有罪的意思。如《荀子·成相》："罪祸有律，莫得轻重威不分。"杨

---

① 彭浩：《包山二号楚墓卜筮和祭祷竹简的初步研究》，《包山楚墓》附录二三，文物出版社1991年。
② 李零：《包山楚简研究（占卜类）》，见《中国典籍与文化论丛》第1辑，中华书局1993年。
③ 李零：《考古发现与神话传说》，见《学人》第5辑，江苏文艺出版社1994年。

惊注云："祸，亦罪也。"传说灶为司罪之神。《论语·八佾》："王孙贾问曰：'与其媚于奥，宁媚于灶。何谓也？'子曰：'不然，获罪于天，无所祷也'。"《抱朴子·微旨》："灶神亦上天白人罪状。"视此，司祸应即五祀中的灶。

关于五祀位次，古书中有多种排法。简 207—208，232—233 所示，与《祭法》所记相当，即司命亦即中霤在前，门次之，行又次之。简 212—215 记灶于司命之后。如依《祭法》顺序，当列于第五。位于第四的户，虽有木主，但简书中未见受祭记录。

3. 大水　整理小组以为即天水。刘信芳先生进一步说明是天汉即银河①。依简文记列顺序，太（蚀太）为天神，位置最前；后土即社，居第二；五祀诸神在中；大水、二天子、危山在后。社和五祀都属于地祇；如下文所述，二天子、危山也具有相同的性质；大水似不能例外。《大戴礼记·夏小正》有"玄雉入于淮为蜃"的记载。《礼记·月令》、《吕氏春秋·孟冬纪》述此事并作"雉入大水为蜃"。郑玄、高诱注均称："大水，淮也。"由此可知大水为淮水别名。《史记·封禅书》记西周制度说："天子祭天下名山大川，五岳视三公，四渎视诸侯，诸侯祭其疆内名山大川。四渎者，江、河、淮、济也。"又述秦制说："于是自崤以东，名山五，大川祠二。曰太室……恒山、泰山、会稽、湘山。水曰济、曰淮。"可见淮水在先秦已受到祭祀。简书大水似即指此。

4. 二天子　《山海经·中山经》"洞庭之山"云："帝之二女居之，是常游于江渊。澧、沅之风、交潇湘之渊，是在九江之间，出入必以飘风暴雨。"郭璞注："天帝之二女而处江为神也。"刘信芳先生据以释二天子为"帝之二女"②。帝可训天，子亦指女。如《史记·郑世家》"梦帝谓己"，《集解》引贾逵说："帝，天也。"《左传·庄公二十八年》云"小戎子生夷吾"，杜预注："子，女也"。由见刘说可从。依《山海经》原文，帝之二女应是山神。郭璞以为江神，恐不可据。《史记·秦本纪》记：秦始皇"浮江，至湘山祠。逢大风，几不得渡。上

---

① 刘信芳：《包山楚简神名与〈九歌〉神祇》，《文学遗产》1993 年第 5 期。
② 刘信芳：《包山楚简神名与〈九歌〉神祇》，《文学遗产》1993 年第 5 期。

问博士曰：'湘君何神？'博士对曰：'闻之，尧女，舜之妻，而葬此。'于是始皇大怒，使刑徒三千人皆伐湘山树，赭其山"。博士所说与《山海经》为同一故事，所以"洞庭之山"应即湘山，二天子为湘山之神。由前引《史记·封禅书》可知，湘山祠为山东五名山之祠中的一个，与大水（淮水）地位相当。

5. 危山、五山　均应为山神。《汉书·地理志》南郡"高成"县下原注："洈山，洈水所出，东人由。"危山不知是不是这处洈山。简239—241 记"与祷五山各一牂"，显示"五山"指五座山而非一山之名。不知五山有无五岳之意。有学者怀疑危山为五山之一。① "二天子"不知是否也在其中。

6. 楚先老童、祝融、鬻熊　"楚先"指楚国远祖。《史记·楚世家》记楚君熊通说"吾先鬻熊"，是楚人见于古书的类似说法。楚人祭祀祝融、鬻熊的记载，已见于《左传·僖公二十六年》。杜注、孔疏说他们是楚之远祖，所以受到祭祀。老童，过去虽由《史记·楚世家》与《史记集解》所引《世本》的对读，知其为祝融之前的楚人远祖，但他在战国时与祝融、鬻熊并列受到楚人祭祀，则是简书提供给我们的新认识。

7. 荆王自熊鹿以戚武王　鹿，整理小组释作罷，后来有几位学者改释鹿，认为熊鹿系鬻熊之子熊丽②。今从之。《墨子·非攻下》云："昔者，楚熊丽始讨此雎山之间，越王繄亏出自有遽，始邦于越，唐叔与吕尚邦齐、晋，此皆地方数百里；今以并国之故，四分天下而有三。"毕沅注："讨，字当作封。"不管怎样，这里熊丽与越、齐、晋三国创始人并列，自当也是立国之君。《史记·楚世家》记："熊绎当周成王之时，举文、武勤劳之后嗣，而封熊绎于楚蛮，封以子男之田，姓芈姓，居丹阳。"熊绎为熊丽之孙。《史记》所述为受到

---

① 李零：《包山楚简研究（占卜类）》，见《中国典籍与文化论丛》第 1 辑，中华书局 1993 年。

② a. 何琳仪：《包山楚简选释》，《江汉考古》1993 年第 3 期。b. 李零：《考古发现与神话传说》，见《学人》第 5 辑，江苏文艺出版社 1994 年。c. 汤余惠：《包山楚简读后记》，《考古与文物》1993 年第 2 期。该文也释为鹿，但认为假作熊绎之绎。

周王册封的楚君。《墨子》反映的则是实际立国者，彼此并不必互相排斥。从熊丽到武王，代表楚国历史的一个时代。其间楚国的政治中心在丹阳，文王元年才正式定都于郢①。《左传·昭公十二年》记楚左尹子革云："昔我先王熊绎辟在荆山，跋涉山川以事天子。"丹阳、荆山的地望，存在不同说法。但这二地相近，则没有疑问。这一时期楚君被称作"荆王"，恐即与此有关。在另一方面，虽然《史记·楚世家》记熊渠"甚得江汉间民和"，《左传·昭公七年》记武王"克州、蓼，服随、唐，大启群蛮"，但楚国活动范围始终局限于方城之内。到文王之时，楚人才走出方城，会盟中原诸侯，成为在传统的华夏地区举足轻重的大国。《楚世家》因而说："（楚文王）十一年，齐桓公始霸，楚亦始大。"②

古人习惯将已故的受封立国后的君主称为"先公"，将已故的受命为王的君王称为"先王"，并在祭祀上有所区别。如《周礼·春官·司服》云"享先王则衮冕，享先公、飨、射则鷩冕"，郑玄注云："先公，谓后稷之后，大王之前，不窋至诸盩。"同书《守祧》云"守祧掌守先王先公之庙祧"，郑玄注云："此王者之宫而有先公，谓太王以前为诸侯。"自熊丽至武王的历代楚君，或许就属于楚人的"先公"序列。《战国策·楚策一》"威王问于莫敖子华"章记楚威王说："自从先君文王，以至不穀之身，亦有不为爵劝，不为禄勉，以忧社稷者乎？"显示楚人将文王以后的楚君看作一个独立单元，可以反证这一点。相应地，文王以后的过世诸君，构成楚人的"先王"序列。

与简书"荆王"相对应，《左传·昭公十二年》记楚灵王和子革均称熊绎为"我先王"。据《史记·楚世家》，熊渠一度立其三子为王，熊通则是在三十七年自立为王的。依楚公逆镈、楚公家钟等器铭所记，先公时代的楚君一般实自称为公。"荆王"、"先王"的"王"虽然可以用后人追称来解释，但也可能具有另外的含义。古人对父辈之上的祖先习惯采用带"王"的称谓。《尔雅·释亲》云："父之考为王父，

---

① 石泉：《古代荆楚地理新探》，武汉大学出版社1988年，第349~354页。

② 陈伟：《楚"东国"地理研究》，武汉大学出版社1992年，第89、90、168页。

父之妣为王母。王父之考为曾祖王父，王父之妣为曾祖王母。曾祖王父之考为高祖王父，曾祖王父之妣为高祖王母。"郭璞注："加王者，尊之也。"《释名·释亲属》云：祖"又谓之王父。王，皇也，家中所归皇也。王母亦如之"。毕沅按："归皇止当作往。"简书记有"新王父"，表明楚人也采用这类亲属称谓。作为亲属称谓中的"王"字虽然旧说不一，但无论如何都带有祖、先一类含义。简书"荆王"和上引《左传》"先王"的"王"，很可能是在这个意义上使用的。这与简书"楚先"、《史记·楚世家》"吾先"的说法正相对应。

8. 昭王、文平夜君子良、吾公子春、司马子音、蔡公子家 这一系祖先已有较多讨论。昭王，即楚昭王熊轸，为昭氏始祖。文平夜君子良，可能是昭王之子子良，见于《左传·哀公十七年》。相应地，吾公子春、司马子音应是昭王之孙和曾孙。司马子音又被称为"新王父"，当即昭它祖父。由此又可推定上述祖先与昭它的关系。蔡公子家又称"新父"，为子音之子、昭它之父。前已谈及的"新母"一称"夫人"，即子家之妻、昭它之母①。

9. 兄弟无后者昭良、昭乘、县貉公 这三人均为昭它兄弟。

10. 高丘、下丘 《文选·高唐赋》记神女说："妾在巫山之阳，高丘之阻。"有学者据以解释简书"高丘"②。值得注意的是，简 236—238 记祷祠大水、二天子、危山在楚先之前，祷祠高丘、下丘则在楚先之后。似乎高丘、下丘与大水、二天子、危山虽均为山川之神，但地位却有高下之分。《周礼·春官·大宗伯》云："以血祭祭社稷、五祀、五岳，以貍沉祭山林川泽。"即将五岳与山林川泽分别对待，可参看。

11. 害 见于简 242—244，位列其他神祇之后。目前还不清楚相当于古书中的哪种神祇。

综上所述，昭它祷祠的对象有天神、地祇、人鬼三类。天神实只

---

① a. 彭浩：《包山二号楚墓卜筮和祭祷竹简的初步研究》，《包山楚墓》附录二三，文物出版社 1991 年。b. 何浩：《文平夜君的身份与昭氏的世系》，《江汉考古》1992 年第 3 期。c. 吴郁芳：《包山 2 号墓墓主昭它家谱考》，《江汉论坛》1992 年第 11 期。

② 何琳仪：《包山楚简选释》，《江汉考古》1993 年第 3 期。

有太(蚀太)一种,祷祠时总是放在首位。地祇包括社、五祀、山川。有的山川神地位较高,或许属于名山、大川之祠的范畴。人鬼有楚人远祖、先公,以及昭氏直系祖先和昭它父辈、同辈中的无子嗣者。其中,女性祖先仅"新母"一位,可见祖先祭祀主要针对男性。《周礼·春官·大宗伯》云:"大宗伯之职,掌建邦之天神、人鬼、地示之礼。"郑玄注:"立天神、地祇、人鬼之礼者,谓祀之、祭之、享之。"贾疏云:"经先云人鬼,后云地祇,郑则先云地祇,后云人鬼者,经欲见天在上,地在下,人藏其间;郑据下经陈吉礼十二,先地祇,后人鬼,据尊卑为次故也。"简书记列诸神祇,除极个别的以外,均是按照天、地、人的顺序展开的。

二、享祭制度

简书所记祭品有四类,即玉饰、衣冠、酒食和牺牲。

玉饰有环、少环、玦、璧和琥。见于简 212—215、218—219,进献对象为太、后土、司命、司祸、大水、二天子和危山,未见用于人鬼的例子。玉器用于祭祀屡见于古书记载。《楚辞·九歌·湘君》就说:"捐余玦兮江中,遗余佩兮醴浦。"

衣冠有冠带、绷珮和衣裳,分别见于简 218—219 和简 242—244。进献对象为太与东陵连嚣。《左传·僖公二十八年》记子玉梦见河神索要"琼弁、玉缨",依杜注、孔疏,即分别是指冠和系冠的带子。《礼记·丧大记》记有用衣服为死者招魂的习俗,不知与用衣裳祭祀有无联系。

酒食见于简 199—200、201—204 等,进献对象主要是文平夜君以下的昭氏先人;其他神祇只用于行(宫行),但先后达四次之多。《国语·楚语下》记观射父说祭祀时需要"敬其粢盛"、"絜其酒醴",大概即是"酒食"的内容。另外,属于祷祠类的简 205 记"一祷于昭王戠牛,大蠲,馈之"。蠲疑读作湆或胾。《仪礼·士昏礼》云:"大羹湆在爨。"郑玄注:"大羹湆,煮肉汁也。大古之羹无盐菜。"胡培翚《正义》引敖氏则说:"此上牲之肉汁也。以其重于他羹,故曰大。"《左传》桓公二年"大羹不致",孔疏根据古书中关于大羹的记载指出:

"是祭祀之礼有大羹也。"简书"大甕"似指大羹,是对于昭王的特别礼遇。无论酒食还是大甕,均是附于牺牲之后进呈的,没有单独供祭的例子。

牺牲为祭品中的大宗,共有马、牛、豕、羊、犬五种牲畜。

马仅见于简247—248,称"与祷大水,一犠马"。整理小组指出:犠,"借作牺,《尚书·微子》:'今殷民乃攘窃神祇之牺牷牲用。'传:'色纯曰牺。'"可从。

牛,简书多作"哉牛",有时也写作"𤘘"("哉牛"合文。简205)、"𤘠"("𤘠牛"合文。简222)或"哉牛"(简243)。整理小组将"𤘠"析书为直牛,以为即特牛,指一牛;又指出哉似读作特,载为哉字异体。简222"𤘠"字有合文符号,可析书为牸牛。牸、特通假字。如《周礼·春官·小胥》:"士特悬。"《释文》:"特本亦作牸。"又《礼记·少仪》:"不牸弟。"《释文》牸作特,云:"本又作牸。"如前所述,祷祠简第224、225号是对卜筮简第221—222号祝辞的践履。对新王父的用牲,简224作哉牛,简221—222作牸牛,这是哉与牸相通,亦应读作特的最好证据。简书记"哉牛"、"哉狋"、"哉猎"均不用数词;于"牺马"、"猎"、"狜"、"𤣩"、"𤟝"、"白犬"则必作"一"或"两";简245—246还有"五牛、五豕"的记载,可见旧注训特为"一"是有道理的。不过,简书中"哉"只冠于牛、豕之前,并且只用于自昭王至新母的直系亲属,恐怕还带有另外的含义。

豕有多种叫法。简245—246单记作"豕",而在其他简书中,还有"哉狋"、"哉猎"、"肥豕"、"豕豕"、"狜"、"肥猎"等名称。李家浩先生曾说:"古代'豢'、'豣'同属元部,二字声音亦近。"因而怀疑狋读作"豣"指大豕①。"狋"从"釆"得声。同样从"釆"得声的"番"字有与"豣"通假的例证②。作为另一种可能,"狋"也许读作"犗"。《说文》:"犗,羯豕也。"指阉割过的猪。豕,汤余惠先生"疑狙之

---

① 李家浩:《信阳楚简"浍"字及从"关"之字》,《中国语言学报》1982年第1期。

② 高亨:《古字通假会典》,齐鲁书社1989年,第148页。

异"①。《说文》："豭，豕属。"豭，李家浩、汤余惠先生读为豵②。豵，《尔雅·释兽》说是豕生三月，《说文》说是六月，《诗·七月》毛传说是一岁。《小尔雅·广兽》云："豕之大者谓之豜，小者谓之豵。"总之应是小猪。简201—204记雁会之祝说"与祷东陵连嚣肥豕"，简209—211移雁会之祝说"赛祷东陵连嚣豭豕"，可见"肥豕"亦即"豭豕"。豯，整理小组指出："借作豶，《说文》：'牡豕也'。"可从。

羊有䍽、牂、䍹（膚）三种称谓。䍽，整理小组读作羖，可从。《尔雅·释畜》："羊牡羒，牝牂。夏羊，牡羭，牝羖。"《广雅·释兽》："吴羊：牡，一岁曰牡䍽，三岁曰羝；其牝，一岁曰牸䍽，三岁曰牂。吴羊犗曰犅，羖羊犗曰羯。"《尔雅》郭璞注："今人便以牂、羖为白黑羊名。"依此，简书中的䍽（羖）、牂可能存在三种对应关系：黑羊与白羊，公羊与母羊，以及黑色公羊与白色母羊。简236—238记盬吉之祝说"与祷太一膚"、"与祷大水一膚"，简242—244"共盬吉之祝"对太和大水用牲均作膚。整理小组认为："膚，借作䍹。"根据"共祝"的原理，此说可信。膚与从甫得声的字古音相近，或可通假。《易·剥》"剥床以膚"，《释文》引京本膚作"簠"。因此，䍹也许假作䍹。据上引《广雅》，指阉割过的公羊。羊主要施于天神、地祇，人鬼中仅有"楚先"得到进献。

犬仅用白色一种。进献对象则限于行（宫行）和门。

对某一神祇采用某种祭品，一般说来，应与该神祇的身份、地位有关。《周礼·春官·肆师》云："立大祀，用玉帛牲牷；立次祀，用牲币；立小祀，用牲。"《国语·楚语下》云："其祭典有之曰：国君有牛享，大夫有羊馈，士有豚犬之奠，庶人有鱼炙之荐。"大致就是讲的这类情形。简书记对昭王一再用"戠牛"，适与《国语》"国君有牛享"之说相符。问题在于，较多神祇具有享用一种以上祭品的记录。例如司马子音有戠牛和戠豻，蔡公子家有戠豻和戠豭，夫人有戠豭和肥豕；尤其是后土，竟先后提到过少环、豻、豭和牂四种祭品。如果

---

① 汤余惠：《包山楚简读后记》，《考古与文物》1993年第2期。
② a. 李家浩：《信阳楚简"浍"字及从"关"之字》，《中国语言学报》1982年第1期。b. 汤余惠：《包山楚简读后记》，《考古与文物》1993年第2期。

把某一神祇可以享用的若干祭品称为该神祇的享祭范围，那么，为什么对同一神祇需要给出这样一个范围？在给定范围内采用何种祭品，是出于随意还是基于某种规则？在分析这些问题的时候，我们试将出现频率较高的几种天神地祇享用祭品的情形列为表二：

表二　　　　　　简书常见天神地祇享用的祭品

	太	后土	司命	大水	二天子	危山
207—208		貓	貓			
209—211	狌	猪				
212—215	环	少环	少环	环	少环	玦
236—238	犕	胖	胖	犕	胖	靯

表中各神祇享祭的变化显然具有对应或者说同步的关系。这主要表现为：

1. 凡在某一场合享用同一祭品的神祇在另一场合祭品亦必相同。如太和大水或者同时用环，或者同时用犕。又如后土、司命、二天子或者都用少环，或者都用胖；后土、司命还有同时用靯的记录。

2. 凡在某一场合享用不同祭品的神祇在另一场合祭品亦必不同。如太和大水用环时，后土、司命、二天子用少环，危山则用玦；而太和大水用犕时，后土、司命、二天子用胖，危山则用靯。太和后土还有分别采用狌和猪的记录。

类似情形在人鬼中也有反映。如在新父、新母间，前者享用歆狌时，后者享用歆猪（简 199—200）；而当前者改用歆猪时，后者则改用肥豕（简 201—204）

据此可以相信，某一神祇在其享祭范围内，采用何种物品，必定受到某种规则的支配。前面曾说到，简 224、225 所记祷祠是对简 221—222 的践履。据简 224、225，殇东陵连嚣在本次祷祠中享用肥豕，与简 201—204、242—244 所记相同①；新王父司马子音则享用

---

① 简 242—244 作"豕豕"，为"肥豕"异称。说见上文。

戠牛，这同于昭王用牲，而与子音本人在其他几次（简 199—200、205—206、239—241）均享用戠猪的情形有别。简 221—222 记道，本次祷祠是由于"有祟见新王父、殇"，具体安排则是"与祷，牂牛馈之；殇因其常牲"。"牂牛馈之"实对于新王父，这由简 224 可见，本简表述上有些省略。"殇因其常牲"则是对殇东陵连嚣子发而说的。"因"与信阳楚简 2021 中的"因"字相同，整理小组隶作囡，不确①。"因"有因仍、依旧的意思，如《管子·心术》云："因也者无益无损一也。""常"通"常"。《礼记·少仪》"马不常秣"，《释文》云："常，恒也。"《太玄经·玄者》云："常，因故。""常"正与"因"相应，"常牲"指常规用牲；"因其常牲"就是因仍常规的牺牲，不作损益。这里需要对殇特别说到这句话，当是因为同时祷祠的新王父用牲发生变化，即由通常的戠狌改为牂牛，牺牲规格有了提高。由此，可得出两点推断：第一，享祭范围可能是在常规祭品的基础上，加以损益隆杀形成的；第二，常规祭品及其隆杀，并不一定会在简文中表述出来。前面说到新父用戠狌时，新母用戠猪；而当新父改用戠猪时，新母则改用肥豕。在简 209—211 中，太用狌而后土用猪；在简 212—215 中，太用环而后土用少环。少环即小环，规格应较环为低。相应地，猪及戠猪的规格也当低于狌及戠狌。这样，对于新父而言，戠猪应是较戠狌为低的牺牲；对于新母而言，肥豕应是较戠猪为低的牺牲。在简 199—200 中，昭王用戠牛，文平夜君、吾公子春、司马子音、蔡子家（新父）均用戠狌，夫人（新母）用戠猪。在简 205—206、239—241 中，没有提到夫人，昭王与文平夜君以下四人的用牲同于简 199—200。联系到《国语·楚语下》"国君有牛享"的记载以及上文对司马子音享用戠牛的分析，简 199—200、205—206、239—241 所记均应为"常牲"；简 221—222 记新王父用牂牛，乃是隆益之牲；简 201—204 记新父用戠猪，新母用肥豕，则当为减杀之牲。对于其他神祇的享祭

---

① a. 河南省文物考古研究所：《信阳楚墓》，图版一二五，文物出版社 1986 年，第 130 页。b. 高明：《古文字类编》，中华书局 1980 年，第 415 页。c. 李零：《包山楚简研究（占卜类）》，见《中国典籍与文化论丛》第 1 辑，中华书局 1993 年。该文也说本简似读为"殇因其尝牲"。

范围，待资料具备时，应该也可以作类似的分析。

简 245—246 记云："与祷荆王，自熊鹿（丽）以适武王，五牛、五豕。"这与其他大量祷祠记载有两点不同：第一，没有历数每位神祇；第二，其他记载对每位神祇均各用一牲或两牲，本简则合称"五牛、五豕"；据《史记·楚世家》，自熊丽至武王为 19 君，若以熊鹿为熊绎，也有 17 君，无论如何不够一人一牲。祭典有所谓祫祭。《说文》："祫，大合祭先祖亲疏远近也。"《公羊传》文公二年："大祫者何？合祭也。其合祭奈何？毁庙之主陈于大祖，未毁庙之主皆升，合食于大祖。"本简所记，也许是对先公一系施行的祫祭。

【评　介】

陈伟（1955—　），湖北黄梅人，1955 年 7 月出生。1978—1982 年在武汉大学历史系考古专业学习。1985 年在职攻读硕士学位（历史文献学方向），1987 年提前在职攻读博士学位（历史地理学方向），1992 年 8 月获历史学博士学位。1982 年 7 月起在武汉大学历史系工作。现任武汉大学简帛研究中心主任、《简帛》集刊主编、历史学院院长。教授，博士生导师。2001 年 4 月起任日本早稻田大学客座教授。2007 年 3 月至 6 月，任芝加哥大学访问教授。2008 年起，任韩国木简学会海外理事。主要从事简帛学研究，独立承担或主持过多项国家和省部级科研项目。2003 年至 2008 年主持教育部哲学社会科学研究重大课题攻关项目"楚简综合整理与研究"，2009 年起主持教育部哲学社会科学研究重大课题攻关项目"秦简牍的综合整理与研究"。发表学术论著百余篇部。研究以先秦为主而兼及秦汉，把历史学的研究方法同考古学、古文字学以及其他相关学科研究方法结合起来，综合利用传世古书和出土的实物及文献资料，研究楚国以至整个先秦时代的历史文化和地理问题；近十年间，尤侧重于楚地出土战国简牍的文本复原和内涵探研。

《湖北荆门包山楚卜筮简所见神祇系统与享祭制度》，载《考古》1999 年第 4 期。

论文根据包山楚简归纳了祭祀中的神祇系统和享祭制度。

在神祇系统部分，首先确认在包山简中存在同神异名现象。认为太、蚀太，社、后土，地主、野地主，宫后土、宫地主，司命宫，行、宫行，东陵连嚣、殇东陵连嚣、殇，等等，都属同神异名。可见，在包山楚简中同神异名现象还是较常见的。然后，分析了各神祇的性质。这些神祇分属天神、地神（包括山神、水神等）、楚祖先三部分。罗列众神祇时，一般按天、地、人的顺序。

祭祀所用祭品有玉饰、衣冠、酒食和牺牲等四类。并且总结出使用祭品的两条规律："凡在某一场合享用同一祭品的神祇在另一场合祭品亦必相同。""凡在某一场合享用不同祭品的神祇在另一场合祭品亦必不同。"这表明祭品与祭祀对象有某种对应关系。

这篇论文把卜筮祭祷简中看似纷繁复杂的祭祀对象作了一番梳理，按照天、地、人的等级厘清了其相互关系。

陈伟的研究重点是楚简，先后出版《包山楚简初探》（武汉大学出版社 1996 年）、《郭店竹书别释》（湖北教育出版社 2002 年）、《新出楚简研读》（武汉大学出版社 2010 年）三本相关专书。

《新出楚简研读》共有六章，第一章包山简册新探，第二章望山、九店简研读，第三章葛陵楚简研读，第四章至第六章为上博竹书研读，大部分内容为 2003 年以后所作，是作者楚简研究的最新成果。

第一章对包山简的研究，是在过去研究的基础上，探讨了楚国存在宛郡的可能性。认为包山简中的"弱典"与男子傅籍年龄有关。145 简"秦客陈慎"即指《战国策》、《史记》中记述的"陈轸"。并对其中的司法简 131—139 简、"廷志"签牌与 9 号简以及江陵砖瓦厂 370 号楚墓出土的第二批司法简，进行了疏解。

第二章对望山楚简的卜祀祭祷简与包山简作了比较，总结出言辞的格式、所祭祀的神灵、祭享制度等，既有一致的地方，又表现出各自的特色。《九店楚日书校读及其相关问题》一节，分十一篇，对全部简文作了标点、释读，并作了简要的研究。然后对九店简的纪时制度作了推衍。

第三章对葛陵楚简的一些字词作了考释，同时对其中的卜筮祭祷简作了分析。就卜祭简的类别、贞问程式、神祇与祷祀等，与已有楚简作了比较，突出了葛陵简的价值。第四节"楚人祷祀记录中的人鬼系统以及相关问题"，在过去研究的基础上，集中讨论了受祭的楚先祖系统。

第四章对上博简的研究，是在释读字句的基础上，对简文内容进行考述。

陈伟的史学背景，决定了他多关注先秦史相关内容的研究。如对楚王世系的探讨，几乎贯穿研究的始终。另外，如上博简《容成氏》的九州，共、滕二地名的考释；楚历法的研讨，等等，都关乎历史、古代地理等。

除研究外，作为武汉大学历史学院以及简帛研究中心的负责人，陈伟还承担了多项大型研究项目的组织工作，如教育部重大攻关项目"楚简综合整理与研究"、"秦简牍的综合整理与研究"等，对简帛学的发展起了极大的推动作用。

陈伟简帛学主要论著目录：

1.《关于包山"受期"简的读解》，《江汉考古》1993 年第 1 期。

2.《包山楚司法简 131～139 号考析》，《江汉考古》1994 年第 4 期。

3.《关于包山二号楚墓椁室的定名问题》，《楚文化研究论集》第 4 集，河南人民出版社 1994 年。

4.《包山楚简所见邑、里、州的初步研究》，《武汉大学学报》1995 年第 1 期。

5.《包山竹简所见楚国的县、郡与封邑》，《长江文化论集》，湖北教育出版社 1995 年。

6.《关于包山"匹狱"简的几个问题》，《江汉考古》1995 年第 3 期。

7.《包山竹简所见楚国的文书制度》，《中华文化论坛》1995 年第 4 期。

8.《试论包山楚简所见的卜筮制度》，《江汉考古》1996 年第 1 期。

9.《包山楚简所见几种身份的考察》，《湖北大学学报》1996 年第 1 期。

10.《关于包山楚简中的丧葬文书》,《文物与考古》1996年第2期。

11.《包山楚简初探》,武汉大学出版社1996年。

12.《望山楚简所见的卜筮与祷祠——与包山楚简相对照》,《江汉考古》1997年第2期。

13.《〈奏谳书〉所见汉初"自占书名数"令》,《中国前近代史理论国际学术研讨会论文集》,湖北人民出版社1997年。

14.《新发表楚简资料所见的纪时制度》,《第三届国际中国古文字研讨会论文集》,香港中文大学中国文化研究所1997年。

15.《九店楚日书校读及其相关问题》,《人文论丛》1998年卷,武汉大学出版社1998年。

16.《郭店楚简别释》,《江汉考古》1998年第4期。

17.《包山竹简所见楚国的宛郡》,《武汉大学学报》1998年第6期。

18.《楚国第二批司法简刍议》,《简帛研究》第3辑,广西教育出版社1998年。

19.《文本复原是一项长期艰巨的工作》,《湖北大学学报》1999年第2期。

20.《湖北荆门包山楚卜筮简所见神祇系统与享祭制度》,《考古》1999年第4期。

21.《郭店楚简〈六德〉诸篇零释》,《武汉大学学报》1999年第5期。

22.《读郭店竹书〈老子〉札记(四则)》,《江汉论坛》1999年第10期。

23.《〈太一生水〉考释》,《古文字与古文献》试刊号,楚文化研究会1999年。

24.《关于郭店楚简〈六德〉诸篇编连的调整》,《江汉考古》2000年第1期。后收入《郭店楚简国际学术研讨会论文集》,湖北人民出版社2000年;《古墓新知》,台湾古籍出版有限公司2002年。

25.《语丛一、三中有关礼的几条简文》,《郭店楚简国际学术研讨会论文集》,湖北人民出版社2000年。

26.《〈太一生水〉校读并论与〈老子〉的关系》,《古文字研究》22辑,中华书局 2000 年。

27.《郭店简书〈人虽有性〉校释》,《中国哲学史》2000 年第 4 期。

28.《郭店简书〈尊德义〉校释》,《中国哲学史》2001 年第 3 期。

29.《关于包山楚简中的"弱典"》,《简帛研究 2001》,广西师范大学出版社 2001 年。

30.《上博、郭店二本〈缁衣〉对读》,《上博馆藏战国楚竹书研究》,上海书店出版社 2002 年。

31.《睡虎地日书〈艮山〉试读》,《中国出土资料研究》第 6 号,[日本]中国出土资料学会 2002 年。

32.《郭店简〈六德〉校读》,《古文字研究》第 24 辑,中华书局 2002 年。

33.《郭店简书〈大常〉校释》,《楚地出土简帛文献思想研究(一)》,湖北教育出版社 2002 年。

34.《郭店简书〈刑赏〉校释》,《楚地出土简帛文献思想研究(一)》,湖北教育出版社 2002 年。

35.《郭店简书〈德义〉校释》,《楚地出土简帛文献思想研究(一)》,湖北教育出版社 2002 年。

36.《郭店竹书别释》,湖北教育出版社 2002 年。

37.《张家山汉简〈津关令〉中的涉马诸令研究》,《考古学报》2003 年第 1 期。

38.《郭店竹书〈唐虞之道〉校释》,《江汉考古》2003 年第 2 期。

39.《包山楚司法简 131—139 号补释》,《简帛研究集刊》第 1 辑,中国文化大学史学系 2003 年。

40.《读沙市周家台秦简札记》,《楚文化研究论集》第 5 集,黄山书社 2003 年。

41.《新蔡楚简零释》,《华学》第 6 辑,紫禁城出版社 2003 年。

42.《竹书〈容成氏〉所见的九州岛》,《中国史研究》2003 年第 3 期。

43.《秦苍梧、洞庭二郡刍论》,《历史研究》2003 年第 5 期;人大复印报刊资料(K21)2004 年第 1 期转载。

44.《入门·预流——楚史、楚简研究体验谈》，[日本]《早稻田大学长江流域文化研究所年报》第 2 号，2003 年。

45.《竹书〈容成氏〉零释》，《第四届国际中国古文字学研讨会论文集》，香港中文大学中国语言及文学系 2003 年。

46.《郭店竹书原名〈成之闻之〉、〈尊德义〉、〈六德〉三篇的编连问题》，《国文学报》第 34 期，2003 年。

47.《竹书〈容成氏〉共、滕二地小考》，《文物》2003 年第 12 期。

48.《〈上海博物馆藏战国楚竹书（二）〉零释》，《武汉大学学报》（哲学社会科学版）2004 年第 4 期。

49.《郭店简〈性自命出〉校释》，《新出土文献与古代文明研究》，上海大学出版社 2004 年。

50.《简帛五行对读》，《湖南省博物馆馆刊》第 1 期，《船山学刊》2004 年。

51.《读〈鲁邦大旱〉札记》，《上博馆藏战国楚竹书研究续编》，上海书店 2004 年。

52.《包山简"秦客陈慎"即陈轸试说》，《古文字研究》第 25 辑，中华书局 2004 年。

53.《葛陵楚简所见的卜筮与祷祠》，《出土文献研究》第 6 辑，上海古籍出版社 2004 年。

54.《郭店简〈语丛四〉考释》，《新出简帛研究》，文物出版社 2004 年。

55.《郭店竹书〈忠信之道〉零识》，《中华文史论丛》第 79 辑，上海古籍出版社 2005 年。

56.《上博简〈从政〉、〈周易〉校读》，《楚地简帛思想研究》，湖北教育出版社 2005 年。

57.《1952—1980 年间的楚简研究》，《楚文化研究论集》第 6 集，湖北教育出版社 2005 年。

58.《〈昭王毁室〉等三篇竹书的几个问题》，《出土文献研究》第 7 辑，上海古籍出版社 2005 年。

59.《张家山汉简杂识》，《语言文字学研究》（2002 年 3 月香港大学"第一届中国语言文字国际学术研讨会"论文集），中国社会科学出版社 2005 年。

60.《郭店简〈性自命出〉与上博简〈性情〉对读》,《长沙三国吴简暨百年来简帛发现与研究国际学术研讨会论文集》,中华书局 2005 年。

61.《读新蔡简札记(四则)》,《曾宪通教授七十寿庆论文集》,中山大学出版社 2006 年。

62.《关于楚简"视日"的新推测》,《华学》第 8 辑,紫禁城出版社 2006 年。

63.《上博楚竹书〈苦成家父〉研究》,[韩国]《中国古中世史研究》第 16 辑,韩国"中国古中世史学会"2006 年。

64.《〈二年律令〉、〈奏谳书〉校读》,《简帛》第 1 辑,上海古籍出版社 2006 年。

65.《〈二年律令〉中的"守将"》,《简帛研究二○○四》,广西师范大学出版社 2006 年。

66.《竹书〈仲弓〉词句试解(三则)》,《古文字研究》第 26 辑,中华书局 2006 年。

67.《上博楚简〈昭王毁室〉等三篇の作者と作品のスタイルをめぐって》,早稻田大学长江流域文化研究所编《长江流域と巴蜀、楚の地域文化》(アジア地域文化学丛书 3),[日本]雄山阁 2006 年。

68.《二年律令与奏谳书》(三主编之一),上海古籍出版社 2007 年。

69.《包山"廷志"签牌与九号简》,《中国出土资料研究》第 11 号,[日本]中国出土资料研究学会 2007 年。

70.《上博楚竹书〈苦成家父〉通释》,《石泉先生九十诞辰纪念文集》,湖北人民出版社 2007 年。

71.《楚简文字识小——"□"与"社稷"》,《楚地简帛思想研究》(三),湖北教育出版社 2007 年。

72.《〈昭王毁室〉等三篇竹书的国别与体裁》,《楚地简帛思想研究》(三),湖北教育出版社 2007 年。

73.《〈简大王泊旱〉新研》,《简帛》第 2 辑,上海古籍出版社 2007 年。

74.《楚人祷祠中的人鬼系统以及相关问题》,《古文字与古代史》第1辑,"中央研究院历史语言研究所"2007年。

75.《睡虎地秦简〈语书〉的释读问题》,《湖南省博物馆馆刊》第4辑,岳麓书社2007年。

76.《战国楚简所见的司法案例——以包山楚简131~139号简的分析为中心》,《山口大学文学会志》第58卷,2008年(本文为陈伟2007年10月3日在日本山口大学演讲稿,高木智见教授翻译)。

77.《〈慎子曰恭俭〉初读》,《古文字学论稿》,安徽大学出版社2008年。

78.《秦与汉初的文书传递系统》,《古代东亚的情报传递》,[日本]汲古书院2008年。

79.《里耶秦简中公文传递记录的初步分析》,《历史地理学研究的新探索与新动向》,三秦出版社2008年。

80.《读上博楚竹书〈景公疟〉札记》,《出土文献与古文字研究》第2辑,复旦大学出版社2008年。

81.《〈三德〉与〈鬼神之明〉校读》,《华学》第9、10辑(一),上海古籍出版社2008年。

82.《〈二年律令〉"偏(颇)捕(告)"新诠》,韩国成均馆大学东亚学术院主办的"文献学(资料学)的可能性:出土资料研究的现状和课题"研讨会论文,2008年。

83.《上博楚竹书〈庄王既成〉初读》,《古文字研究》第27辑,中华书局2008年。

84.《竹书〈孔子见季桓子〉初读》,《简帛》第3辑,上海古籍出版社2008年。

85.《张家山汉简〈津关令〉"越塞阑关"诸令考释》,《简帛研究2006》,广西师范大学出版社2008年。

86.《楚地出土战国简册[十四种]》(主编),经济科学出版社2009年。

87.《关于秦简牍综合整理与研究的几点思考》,《简帛》第4辑,上海古籍出版社2009年。

88.《秦与汉初的文书传递系统》,《里耶古城·秦简与秦文化研究——中国里耶古城·秦简与秦文化国际学术研讨会论文集》，科学出版社2009年。

89.《岳麓书院秦简考校》，《文物》2009年第10期。

90.《新出楚简研读》，武汉大学出版社2010年。

91.《"江湖"与"州陵"——岳麓书院藏秦简中的两个地名初考》，《中国历史地理论丛》第25卷第1辑，2010年。

92.《放马滩秦简日书〈占病祟除〉与投掷式选择》，《文物》2011年第5期。

93.《关于秦与汉初"入钱缿中"律的几个问题》，《考古》2012年第8期。

94.《读清华简〈系年〉札记》，《江汉考古》2012年第3期。

95.《清华大学藏竹书〈系年〉的文献学考察》，《史林》2013年第3期。

论简帛文献的新词新义研究价值[①]

张显成

王力先生曾说:"我们对于每一个语义,都应该研究它在何时产生,何时死亡。虽然古今书籍有限,不能十分确定某一个语义必然产生在它首次出现的书的著作时代,但至少我们可以断定它的出世不晚于某时期。"[②]"如果史料不是伪书的话,某义始见于某书,虽不能说它就在某书产生的时代同时产生,至少可以说距离那时代不会早很多。"[③]词汇史研究中的一项重要内容,就是尽可能地确定每一个词语、词义产生的时间。做好这一工作,词义及其意义产生发展的历史脉络才能研究清楚。

前人及时贤都十分重视追溯词语、词义的源头,这项工作的成果主要体现在辞书编纂上。赵振铎先生在《字典论稿》中说:辞书"举例的另一作用是提示语源。某一个意义什么时候产生?某一个字什么时候出现?对从事研究工作的人来说有非常重要的意义"[④]。近代的大型语文辞书的书证就是以始见书为标准的,例如《康熙字典》《辞源》《汉语大字典》《汉语大词典》(以下简称《大字典》《大词典》)等即然。尽管前人及时贤编纂辞书,下了很大功夫,搜集了很多资料,但是,今从出土文献来看,这些辞书所列书证却不一定是始见书,即不是这

[①] 本文是笔者承担的国家教委人文社会科学研究"九五"规划资助项目《秦汉简帛词汇研究》、国家社科基金九七年度资助项目《秦汉简帛词语丛考》前期研究成果的一小部分。
[②] 王力:《新训诂学》,见《龙虫并雕斋文集》,中华书局1980年,第325页。
[③] 王力:《理想的字典》,见《龙虫并雕斋文集》,中华书局1980年,第369页。
[④] 《字典论稿 字典的举例》,见《辞书研究》1991年第3期。

些词语、词义产生时代的真实客观反映，有些甚至晚了一两千年。这不得不引起我们的重视和对研究材料产生困惑。

汉语史的研究价值，往往取决于其研究材料的价值，也就是说，选择研究材料具有十分重要的意义。研究材料选定的不好，往往事倍功半，甚至是做的无用功（例如伪材料）；反之，经过精心选择反复论证而确定的材料，则会事半功倍。所以，首先应该选定能客观地反映所研究时代的语言面貌的文献材料，来作为研究材料，只有这样的研究才具有科学性。日本汉学家太田辰夫先生有一段关于文献材料的分类及其价值的精辟论述，这段论述见于他的很有影响的著作《中国语历史文法》，书中把文献分为"同时资料"和"后时数据"两种，他说："所谓'同时数据'，指的是某种数据的内容和它的外形（即文字）是同一时期产生的。甲骨、金石、木简等，还有作者的手稿是这一类。""所谓'后时数据'，基本上是指数据外形的产生比内容的产生晚的那些东西，即经过转写转刊的资料。""中国的数据几乎大都是后时数据，它们特别成为语言研究的障碍。"①本世纪以来（特别是七十年代以来），出土了大量的简帛文献，这些简帛大都是"同时数据"或"准同时数据"，具有极强的文献真实性，为汉语史的研究提供了极其宝贵的数据，若以之来进行新词新义的研究，则具有重大的研究价值。下面，我们仅选取马王堆汉墓帛书中的佚医书为例②，以体现当

---

① 中译本第 381~382 页，北京大学出版社 1987 年。

② 这批佚医书共约四万字，它们大都是口语性文献，故选之。共 14 种：《足臂十一脉灸经》（简称《足臂灸经》）、《阴阳十一脉灸经甲本》（简称《阴阳灸经甲》）、《阴阳十一脉灸经乙本》（简称《阴阳灸经乙》）、《五十二病方》、《脉法》、《阴阳脉死候》、《养生方》、《杂疗方》、《十问》、《合阴阳》、《天下至道谈》，以上 11 种大都只见灸法（或砭法）不见针法，而《黄帝内经》中，不但有针法，而且详述有形制、用途不同的九种医针，故其成书年代早于《黄帝内经》。《黄帝内经》的主体成书于战国，故其成书年代"至少可以上溯到春秋战国之际甚至更早"。（详见：《马王堆汉墓帛书[肆]》出版说明；中医研究院医史文献研究室《马王堆帛书四种古医佚书简介》，《文物》1975 年第 6 期；马继兴、李学勤《我国已发现的最古医书—帛书〈五十二病方〉》等。）《胎产书》、《却谷食气》、《杂禁方》，以上 3 种的成书年代应该在汉前，因为帛书的下葬年代是汉初（文帝 12 年，即前 168 年）。

前语文辞书编纂最新成果的《大字典》《大词典》二种中最早书证和个别权威性的汉语史著作为主要参照系，举例说明之。为了能多举些例子，又能节省篇幅，除第一例外，用例一般不赘举，一至三例即止。

【可以】表示可能或能够。关于先秦有无表示"可能或能够"的复音助词"可以"的问题，王力先生在《汉语史稿》中说："上古汉语的'以为'和'可以'并不等于现代汉语的'以为'和'可以'。现代汉语的'以为'和'可以'都是双音词（单词）；上古的'以为'和'可以'都应该了解为两个词的结合，而'以'字后面还省略了一个宾语……汉代以后，'以为'和'可以'才逐渐凝固成为复音词。"①王先生在后来修订出版的《汉语语法史》中仍然坚持这一观点，并进一步强调说："人们往往以为'可'与'可以'同义，那是错误的。'可以'是两个词，是'可以之'（能凭着这个）的意思。"②实际上，先秦早已存在复音词"可以"，关于这一问题，已有学者从传世文献角度进行了论证。并得出了"与现代汉语相同的复音词'可以'至少在战国初期就已经形成并在先秦文献中得以较为广泛的使用"的结论。③ 我们这里想从简帛文献的角度进一步说明：复音词"可以"早在春秋时期就已产生，并至少在春秋战国之际即得以广泛运用。为了既节省篇幅，又能说明问题，我们选取了马王堆汉墓帛书中的六种佚医书，即《阴阳灸经甲》、《阴阳灸经乙》、《五十二病方》、《养生方》、《十问》、《天下至道谈》，对它们进行穷尽性考察。其结果是，在这六种古佚书中，"可+以"的组合共17个，有趣的是，竟然全部为复音词"可以"，这充分说明了复音词"可以"在当时的成熟程度。下面，我们仅举其中的"不+可以"例（共9例）：

(1)《阴阳灸经甲》："（巨阳脉）是动则病：肿，头痛……要（腰）以（似）折，脾（髀）不可以运……"36。髀不可以运。即：

---

① 中册第461页正文、注释，中华书局1958年。
② 王力：《汉语语法史》，商务印书馆1989年，第243页。
③ 刘利：《从〈国语〉的用例看先秦汉语的"可以"》，《中国语文》1994年第5期。

股部上方的髋关节不能活动。

（2）又，"（少阳脉）是动则病：【心与胁痛，不】可以反稷（侧），甚则无膏，足外反，是为阳【厥】"。39-40。不可以反侧，即：躺下时身体不能够转动。

（3）又，"（肩脉）是【动则病：嗌痛，颔肿】，不可以顾，肩以（似）脱，臑以（似）折"。48-49。不可以顾，即：颈部不能够自由运转反顾。

（4）又，"（厥阴脉）是动则【病：丈】夫癫【疝，妇人则少腹肿，要（腰）痛】不可以仰，甚则嗌干，面疵"。59-60。腰痛不可以仰，即：腰痛不能够仰。

（5）《阴阳灸经乙》："（巨阳脉）是僮（动）则病：潼（肿），头【痛】，□□□□【脊】痛，要（腰）以（似）折，脾（髀）不可以运……"2。

（6）又，"（少阳脉）是动则病：心与胁痛，不可以反则（侧），甚则无膏，足外【反，是】为阳厥"。3。

（7）又，"（肩脉）【是动则病：嗌痛，颔】肿甬（痛），不可以顾，肩以（似）脱，臑以（似）折"。7。

（8）又，"（厥阴脉）是动则病：丈夫则癫山（疝），妇人则少腹肿，要（腰）甬（痛）不可以仰，甚则嗌干。面疵"。15。

（9）《五十二病方》："（治白处病方：）此药已成，居虽十余岁到□岁，俞（逾）良□。□而干，不可以涂身……"126-127。不可以涂身，即：不能够涂在身上。①

从理论上来说，检验"可以"是不是复音助动词的主要标准有二：一是"以"后根据语境能不能补进代词"之"或相应的宾语成分，若不能补进去，则自然是复音词而不是词组；二是"可以"能不能用"能"、"能够"、"可"这些表示能够或可能意义的词来替换，若能替换，则自然是复音词而不是词组。以上所举例证，显然是符合这两条标准

---

① 以上是"不+可以"例，另外的"可以"例共8例，它们的出处是：《十问》：11、13、22、41（2见），96；《天下至道谈》22；《养生方》171。

的。因为复音词"可以"产生于能愿动词"可"之后，所以，为了使论证更具说服力，我们选取上举六种书中含复音词"可以"最多的《阴阳灸经甲》《阴阳灸经乙》和《天下至道谈》三种书①，将其中的能愿动词"可"穷尽性地列举出来，以对比复音词"可以"与能愿动词"可"各自的使用频率，从而考察复音词"可以"成熟的程度：

（1）《阴阳灸经甲》："（厥阴脉）所产病：热中……【五病】有而心烦，死，勿治也。有阳脉与之【俱】病，可治也。"60-61。有阳脉与之【俱】病，可治也，即：同时兼有阳脉症状，还可以（能够）救治。

（2）《阴阳灸经乙》："（厥阴脉）所产病：热中……扁（偏）山（疝），□□病，病有烦心，死，勿治也。"15-16。

（3）《十问》："（房中养生）能动其刑（形），以致五声，乃入其精，虚者可使充盈，壮者可使久荣，老者可使长生。"16-17。虚者可使充盈，壮者可使久荣，老者可使长生，即：虚者可以使之增强体质，壮者可以使之长期健康，老者可以使之长寿。可，可以，能够。

（4）又，"闻子接阴以为强，翕天之精以为寿长，吾将何处而道可行？"60-61。吾将何处而道可行？即：我要怎样办才可以遵从养生之道呢？可，能够。

（5）又，"此气血之续也，筋脉之族也，不可废忘也"。68-69。不可废忘也，即：不可以废弃丧失。可，应该。

（6）又，"威王曰：'善。然有不如子言者，夫春沃泻人，入以韭者，何其不与酒与恒与卵邪？'文执（挚）合（答）曰：'亦可。夫鸡者，阳兽也，发明声聪，信（伸）头羽张者也。复阴三月，与韭俱彻，故道者食之。'"82-84。亦可，即：也可以。可，表

---

① 《阴阳灸经甲》与《阴阳灸经乙》实是同一书的不同写本，此书在张家山汉简中也发现了另一个保存得更加完好的写本，该写本中的"可以"也均是复音词（详《文物》1989年第7期《江陵张家山汉简〈脉书〉释文》），这就进一步证明了该书复音词"可以"的可靠性。

许可。

上举三种佚书中各自出现的复音词"可以"与各自出现的能愿动词"可"对比如下：

书名	可以	可
《阴阳灸经甲》	4次	1次
《阴阳灸经乙》	4次	1次
《十问》	6次	6次

由上表可知，复音词"可以"与能愿动词"可"在上述三种书中的比例，《阴阳灸经甲》和《阴阳灸经乙》都是4∶1，《十问》是6∶6(1∶1)。前后两种书的复音词"可以"的频率竟然远远高于能愿动词"可"，后者(《十问》)的复音词"可以"的频率与能愿动词"可"的频率也相同，这就进一步证明了我们的结论：复音词"可以"至少在春秋战国之际就已充分成熟并已广泛运用，其产生的时间自然应在春秋时期。

【主治】主管治疗。此词谢观《中国医药大辞典》竟未收。《大词典·丶部》："主治：指药物的主要疗效。"书证为明王世贞《本草纲目序》："次以气味、主治、附方，著其体用。"这个释义不完备，将"主管治疗"这一更主要的义项漏掉了，且此义今语也极常用(如："×药主治×病"；"主治大夫")。《中文大辞典·丶部》："主治：主要治疗。又，药之主要效能。"所释近是，但是书证仍为王世贞文。仅以此为准，也晚于简帛文献2000年：

(1)《阴阳灸经乙》："是动则病：心与胁痛，不可以反则(侧)，甚则无膏，足外【反，是】为阳厥，是少阳脉主治。"3。

(2)《脉书》："是动则病：心痛，嗌渴欲饮，此为臂蹶，是臂少阳直脉主治。"

【主】主象，预示，预兆。《大词典·丶部》书证为宋范仲淹文，晚于简帛文献1500年：

(1)《脉法》："相脉【之道】……【它脉】盈，此独虚，则主病。它脉汨,此独囗,则主【病】。它脉【静,此独动,则主病】。"80-81。此谓以脉诊病。主病,即:主象有病。

(2)《阴阳脉死候》:"凡三阳,天气也,其病唯折骨裂【肤】一死。凡三阴,地气也,死脉也……三阴腐臧(藏)阑(烂)肠而主杀。"85-86。主杀,即:预示死亡。

【把】量词,指一手握持的数量。《大词典》书证为汉刘向《新序》,比之于简帛文献,晚了400年:

(1)《五十二病方》:"伤胫(痉)者,择薤一把,以敦(淳)酒半斗者(煮)……"43。
(2)又,"(续断)根一把,独囗长支(枝)者二廷(梃)"。17。
(3)《养生方》:"(草薢)四寸一把,朮一把。"17。

【瓣】瓜内的子,即瓜子。《大字典·辛部》"瓣":"瓜类的子。"书证为晋玄赋,较之于简帛文献,晚了600多年:

(1)《五十二病方》:"(治痂方):治䕡茹、苦瓠瓣,并在瓯职膏弁,傅……"352。
(2)又,"善削瓜壮者,而〈去〉其瓣材其瓜"。320。

【苦酒】醋的别名。《大词典》书证引《晋书》,晚于简帛文献600年:

《五十二病方》:"(治小腿伤方:)取久溺中泥,善择去其蔡、沙石。置泥器中,旦以苦酒囗囗,以泥附伤。"330。

【脬】人或动物的膀胱。《大词典》书证引《史记》,晚于简帛文献300年。

(1)《五十二病方》:"(癃病)痛于脬及衷(中),痛甚弱

(溺)□痛益甚。"161。此指人的膀胱。

(2)又,"杀狗,取其胅"。262。此指动物的膀胱。

【醇酒】味厚的美酒。《大词典》书证引《史记》,晚于简帛文献300年:

(1)《五十二病方》:"醇酒盈一衷杯,入药中,挠饮。"26。
(2)又,"醇酒一斗"。287。

【蠡】瓢瓢。《大字典》书证引《周礼》汉郑玄注,较之于简帛文献,晚了400年:

(1)《五十二病方》:"(治蛇咬祝由方:)渜汲一杯入奐蠡中,左承之,北乡(向),乡(向)人禹步三,问其名,即曰:'某某年□今□。'饮半杯,曰:'病□□已,徐去徐已。'即覆奐蠡,去之。"97-98。奐蠡,大腹瓢瓢。
(2)又,"(治癫病祝由方:)以奎(奐)蠡盖其坚(肾)……"225。

【荅】小豆。《大字典》书证引《九章算术》,晚于简帛文献200年:

(1)《五十二病方》:"令大如荅,即以赤荅一斗并□,复治。"3。

【瘢】创口或疮口愈合后留下的痕迹。《大词典》书证引《汉书》,较之于简帛文献,至少晚500年:

(1)《五十二病方》:"(治烂者方:)冶藜米,以乳汁和,傅之,不痛,不瘢。"312。
(2)又,"令伤毋般(瘢),取彘膏、□衍并治,傅之"。14。

以上两例已用为动词,意为"生瘢痕",说明其名词意当更早。

(3)又,"去故般(瘢):善削瓜壮者,而其瓣材其瓜,其□如两指,以靡(磨)般(瘢)"。320。

【魌(qí)】小儿鬼。《大字典·鬼部》"魌":(一)"小儿鬼",书证引汉张衡赋,晚于简帛文献500年:

(1)《五十二病方》:"(治小儿鬼病,)祝曰:贲者,魌父魌母……"443。

(2)又,"(治)魌:禹步三,去桃东枳(枝),中别为□□之倡而笄门户上各一"。442。此已引申为"魌病"(古人以为此病是小儿鬼所致之病),说明"小儿鬼"之义当更早。

【颗】量词,相当于"粒""枚"。简帛医籍用作量药,写作"果"。《大字典》书证引唐李绅诗,晚于简帛文献1000多年:

(1)《五十二病方》:"(治痂方):取庆(蜣)良(螂)一斗,去其甲足,以乌喙五果(颗)。"347。

(2)又,"治乌喙四果(颗),陵(菱)芰一升半"。353。

(3)《养生方》:"姜十果(颗),桂三尺。"126。

简帛医籍中的上引量词用例甚夥,且均写作"果",由此可知,作量词的"颗"实来自名词"果"(《说文·果部》:"果,木实也。"),其演变过程当为:果(果子,果实)→量词(粒,枚)→颗(区别字,即分别文)。也就是说,量词"果"与"颗"实际上是古今字关系。《说文·页部》"颗"字下段注以为量词"颗"是"小头"义的引申,今以简帛医籍来看,恐源于"果"(果实)为是。

【手背】手掌的反面。简帛中写作"手北"。《大词典》书证引《宋史》,晚于简帛文献1000多年:

(1)《阴阳灸经甲》:"耳脉:起手北(背),出臂外廉两骨之间。"50。

又,"肩脉:起于耳后,下肩……乘手北(背)"。48。

简帛中,"背"均作"北",说明"背"为后起字,是分别文。①

【手掌】腕关节与指之间的部分。亦指手心那一面。《大词典》书证引汉刘向《说苑》,晚于简帛文献400年:

(1)《阴阳灸经甲》:"臂巨阴脉:在于手掌中,出内阴两骨之间,上骨下廉,筋之上,出臂【内阴,入心中】。"

(2)《阴阳灸经乙》:"臂巨阴派:在于手常(掌)中,出内阴两骨【之间,上骨】下廉,筋之上,出臂内阴,入心中。"16。

【手指】人手前端的五个分支。《大词典》书证引《史记·货殖列传》,晚于简帛文献:

《五十二病方》:"冥(螟)病方:冥(螟)者,所啮穿者【也】。其所发毋恒处,或在鼻,或在口旁,或在齿龈,或在手指……"134。

【水银】汞。《大词典》书证引《史记》,较之于简帛文献,至少晚200年:

(1)《五十二病方》:"干瘙方:以雄黄二两,水银两少升。□【雄】黄靡(磨)水银……"408-409。

(2)又,"(治痂方):以水银、谷汁和而傅之……"361。

---

① 详见拙文《"手北"与"手背"——浅谈分别文》,《中文自学指导》(全国高等教育自学考试委员会中文专业委员会主办)1994年第3期。

【丸】量词，用于小而圆的物体。《大字典》书证引三国魏曹植诗，晚于简帛文献400年：

(1)《养生方》："(麦卵方:)到春，以牡〈牝〉鸟卵奋(弁)，完(丸)如鼠矢，阴干，入八完(丸)叔(菽)中，以食。"37-38。

(2)《五十二病方》："治诸伤方：(将药)一垸(丸)温酒一杯中，饮之。"8-9。

【阴】人的生殖器官，有时还指动物的生殖器官。《大字典》释为"男女生殖器"，书证引《史记·吕不韦列传》，《大词典》同，均晚于简帛文献：

(1)《十问》："尧曰：'人有九缴(窍)十二节，皆设而居，何故而阴与人具(俱)生而先身去？'舜曰：'饮食弗以，谋虑弗使，讳其名而匿其体，其使甚多而无宽礼，故兴〈与〉身俱生而先身死。'"43-45。此指人的生殖器官。

(2)《胎产书》："取逢(蜂)房中子、狗阴，干而冶之，以饮怀子，怀子产男。"23。狗阴，即：狗的阴茎。此指动物生殖器。

以上说明"阴"不光指"人的生殖器官"，还指"动物的生殖器官"，故今以简帛来看，诸辞书不光书证晚，而且释义也不确，当修正。

【皮革】人体的皮肤。《大词典》书证引《淮南子》，晚于简帛文献：

(1)《十问》："目明耳葱(聪)，被(皮)革有光，百脉充盈。"40。皮革有光，即：皮肤有光泽。

(2)《天下至道谈》："(房中)动以玉闭，可以壹迁(僊)。壹动耳目葱(聪)明，再动声音章，三动皮革光，四动脊骨强，五动尻脾(脾)方……十动产神明。"22-24。

【铫】一种大口、有柄、有流的烹煮器。医籍中用作熬药器皿。《大字典》书证引唐玄应《一切经音义》，比之于简帛文献，晚近1000年：

《五十二病方》："(以上)凡五物等。已冶五物……并以金铫煏桑炭，才沸，发歇，有(又)复煏沸……"372-373。

【酸枣】棘树的果实。《大词典》书证引唐李白诗，晚于简帛文献1000多年：

(1)《养生方》："冶云母、销松脂等，并以麦麴挠(丸)之，勿□手，令大如酸枣。"152。
(2)又，"(将上述药物)和丸，大如酸枣，以为后饭"。131-132。

【蓝荑】或作"芜荑"。榆科植物大果榆树的果实。《大词典》书证引汉董仲舒《春秋繁露》，晚于简帛文献：

(1)《五十二病方》："治亭苈、蓝夷(荑)。"341。
(2)又，"治蓝夷(荑)、苦瓠瓣"。352。

【黔】阴黑。也作"黵"，医籍中指面色。《大字典》书证引唐柳宗元赋，书证汉蔡邕赋。仅以后者为计，也至少晚于简帛文献500年：

(1)《阴阳灸经甲》："(少阴派是动则病)：不欲食，面黔若炲色，咳有血。"63-64。此指面色阴黑。
(2)《阴阳灸经乙》："(少阴派是动则病)：善怒，心易(惕)，恐人将捕之，不欲食，面黔如炲色。"12。此指面色阴黑。

【草薢】一种多年生草本。《大词典》书证引李时珍《本草纲目》，晚于简帛文献2000年：

《养生方》:"(药用)草薢、牛膝。"149。

【揾】擦拭,揩。《大字典》书证宋秦观词,晚于简帛文献1400年:

《杂疗方》:"内加:取谷汁一斗,渍善白布二尺,□□蒸,尽汁,善臧(藏)留用。用布揾中身,【举】,去之。"11。用布揾中身,即:用药巾擦拭中身。

【煏】1. 烘干。2. 熬,煮。《集韵·职韵》:"煏,《说文》:'以火干肉也。'或作煏。"《说文·火部》:"煏,以火干肉也。"段玉裁注:"引申为凡熬之称。"《大字典·火部》"煏":"用火烘干。"书证引《齐民要术》,又"煏":"同煏。"无书证。辞书未立引申义义项。简帛文献中此词的本义和引申义均有用例,仅以其引申义用例为准,也比其本义的书证至少早800年:

(1)《五十二病方》:"冶齐(荠)□,□淳酒渍而饼之,煏瓦鬵炭……渍□煏之如□,即治,入三指最(撮)半杯温酒。"5-6。此为本义"烘干"。

(2)又,"白苣、白衡、枯姜、薪雉,凡五物等。已冶五物,□□□取牛脂□□□细布□□,并以金铫煏桑炭,才沸,发歊,有(又)复煏沸,如此□□□布【抒】取汁,即取水银靡(磨)掌中,以和药,傅"。372-374。此方第二个"煏"为引申义"熬、煮"。

【肾】睾丸。《大字典》书证引宋宋慈文,晚于简帛文献1600年:

(1)《五十二病方》:"(治癫疝祝由方):穿小瓠壶,令其空(孔)尽容癫者肾与膫,即令癫者烦(卷)夸(瓠),东乡(向)坐于东陈垣下,即内(纳)肾、膫于壶空(孔)中……"217-218。此方

"肾"所在句意义为：使所穿瓠孔能容纳阴囊和阴茎，即纳阴囊和阴茎于瓠孔内。这里，"肾"的词义已扩大而泛指阴囊了，说明"肾"之"睾丸"义还应当更早。

(2)又，"(治癫疝祝由方)：以奎(奚)蠡盖其坚(肾)，即取桃支(枝)东向者，以为瓠"。225。以奚蠡盖其肾，即：用大腹瓢盖住阴囊。

(3)《养生方》："阴干牡鼠肾，治。"89。此已指动物的外肾。

【节】量词，相当于"段"、"单位"、"级别"等。《大字典》书证引《淮南子》，晚于简帛文献：

(1)《养生方》："(用)竹缓节者一节，大径三寸。"114。竹缓节者一节，即：竹节间距离长的竹一节(相邻竹节之间的那一段为一节)。这里的量词"节"相当于"段"。

(2)《却谷食气》："去(却)谷者食石韦，朔日食质，日驾(加)一节，旬五而【止；旬】六始匡，日【去一】节，至晦而复质，与月进退。"1。欲却谷者可以食石韦……每日增加一节，至十五日而止，从第十六日始每日减一节……这里的"节"相当于"单位"、"级别"。

【分】量词，常指搭配成组的东西。《大字典》书证引《儿女英雄传》；《大词典》书证引《水浒传》。较之于简帛文献，晚近2000年：

(1)《五十二病方》："婴儿病问(痫)方：取雷尾矢三果(颗)，冶，以猪煎膏和之。小婴儿以水【半】斗，大者以一斗，三分和，取一分置水中，挠，以浴之。浴之道头上始，下尽身，四支(肢)毋濡。三日一浴，三日已。"48-49。三分和，取一分置水中，即：将上述已混合调制好的药物分成三分，取其中一分置于水中。

(2)又，"取枣种粗屑二升，葵种一升，三分之，以水一斗半【煮一】分，孰(熟)，去滓，有(又)煮一分，如此以尽三分。

浚取其汁，以蜜和，令纔甘，寒温适，□饮之"。173-175。

【瓯】1. 名词，"碗"、"杯"类盛器。2. 量词。《大词典》前者书证引南唐李煜词，后者书证引宋邵雍诗，较之于简帛文献，均晚1000年(后者晚1500年)：

(1)《胎产书》："(产后，熟洒洒胞，置胞)以瓦瓯，毋令虫蛾(蚁)能入……使婴儿毋□，曼理，寿□。"16。此为名词。
(2)《五十二病方》："以续【断】根一把……秋乌喙二□□□□者二瓯。"17-18。此为量词。

【马】大。《大字典》和《大词典》"马"字下都立了"大"义，这是正确的。① 但是，书证却是李时珍《本草纲目》和章炳麟《新方言》，较之于简帛文献，至少晚了1000多年：

(1)《五十二病方》："去人马疣方：取叚(锻)铁者灰三……"446。马疣，即大疣，是一种生于皮肤上的良性瘤。
(2)又，"去人马疣：疣其本大末小□□者，取夹□、白枌【傅】……"449。

马王堆医书中以治"马疣"为专篇，由此可知"马"之"大"义在当时运用的广泛程度。

上举这些词语，都是西汉前就已产生的词语，并绝大部分是先秦甚至战国以前就已产生的词语。而原来却以为，这些词语或在两汉才产生，如"把"、"癥"、"水银"等等；或在六朝才产生，如"瓣"、"苦酒"、"丸"等等；或在唐才产生，如"主治"、"草藓"、"分"、"马"等等。由此可知，可能我们原来对不少词语的始见书的认识，都与客观实际不符，甚至相差太远。看来，太田辰夫所说的"后时数

---

① "马"之"大"义郭璞注《尔雅·释虫》"蛹，马蜩"时就已说明了；"蜩中最大者为马蜩。"王念孙《广雅·释虫》"蛹，马蜩"条时也有申说。

据，它们特别成为语言研究所的障碍"，的确不无道理！

【评 介】

张显成(1953—)，男，1953年生，汉族，四川成都双流人，1989年考入四川大学读研究生，并分别获得硕士学位(1992年)和博士学位(1995年)。现为西南大学教授、汉语言文献研究所副所长、博士生导师，重庆四川三峡学院兼职教授。主要从事简帛文献和中医文献的语言文字研究以及文献学研究，主编不定期刊物《简帛语言文字研究》。

《论简帛的新词新义研究价值》，刊《汉语史研究集刊》第2辑，巴蜀书社2000年出版。

文章首先阐述了出土秦汉简帛文献在词语的始见书研究方面的价值。作为"同时资料"，较之传世典籍这类"后时资料"，在新词新义研究上有特殊价值。而《汉语大字典》、《汉语大词典》体现了学界对词语始见书的一般认识。所以用这两本大型辞书作为参照系，再联系最新的研究成果，就可以显示出一些简帛中的词语比我们过去所见的用例要早，甚至早上千年。

这篇文章所说的简帛文献主要指马王堆汉墓出土的古医书。从内容看，有十一种当写于春秋时期，早于传世的作于战国时期的《黄帝内经》；有三种当写成于汉前。

"可以"的成词，过去认为在汉代以后。但春秋时期的帛书中就有用例，证明"可以"最迟在春秋时期即已经成词。"主治"一词，《汉语大词典》释义不准确，而且书证晚至明朝，而马王堆帛书即有用例。"主"的"主象、预示、预兆"义，《汉语大词典》首例用的是宋代文献，马王堆帛书例比它早1500年。

像这样的例子，这篇文章中共举了32例，应该说数量不少。简帛这类出土的"新"文献，给汉语词汇史、汉语语法史的研究提供了极富价值的语料。但利用简帛文献进行汉语发展史研究，起步较晚。早期的成果只有黄盛璋《两汉时代的量词》(《中国语文》1961年第8期)等少数文章。直到20世纪80年代以后，才逐渐为学界重视。张显成是较早开始简帛文献词汇研究的学者。他从马王堆帛书医学类文献入手,一方面是疏通马王堆帛书,利用中医文献考释出土文献;另一方面,也依据帛书词汇,探讨其汉语词汇史研究的意义,取得了突出成绩,出版了专著《简帛药名研究》(西南师范大学出版社1997年),并发表了《简帛文献对辞书编纂的价值》(《辞书研究》1998年第1期)、《论简帛文献的词汇史研究价值》(《简帛研究》第3辑,广西教育出版社1998年)等。

这些研究具有开创性意义,为汉语词汇史研究走出了一条新路。同时,简帛文献的语法研究也相继开展。王锳、冯春田、魏德胜等一批学者先后发表系列论文及专著,讨论了《睡虎地秦墓竹简》等简帛文献对汉语语法史研究的意义。

张显成简帛学主要论著目录：

1.《马王堆汉墓帛书房事养生典籍》,西北大学出版社1993年。
2.《释简帛医书中的"戒"》,《甘肃中医学院学报》1994年第1期。
3.《从简帛文献看使成式的形成》,《古汉语研究》1994年第1期。
4.《简帛医书释读续貂》,《甘肃中医学院学报》1994年第4期。
5.《"橐吾"即"鬼臼"——简帛医书研究札记》,《成都中医学院学报》1995年第4期。
6.《"产"有"生、鲜、活"义——浅谈词义的感染》,《文史知识》1995年第2期。
7.《释马王堆医书中的"澡"、"杲"》,《中华医史杂志》1995年第2期。
8.《从中医文献看传统训释——兼谈中医文献的语言研究》,《古汉语研究》1996年第3期。
9.《马王堆医书释读札记》,《简帛研究》第2辑,广西教育出版社1996年。
10.《马王堆医书药名"汾"试考》,《中华医史杂志》1996年第4期。
11.《马王堆医书药名试考》,《湖南中医学院学报》1996年第4期。

12.《马王堆医书疑难药名考释二则》,《甘肃中医学院学报》1996年第4期。

13.《简帛药名研究》,西南师范大学出版社1997年。

14.《简帛文献对辞书编纂的价值》,《辞书研究》1998年第1期。

15.《论简帛文献的词汇史研究价值》,《简帛研究》第3辑,广西教育出版社1998年。

16.《先秦两汉医学用语研究》,巴蜀书社2000年。

17.《论简帛文献的新词新义研究价值》,《汉语史研究集刊》第2辑,巴蜀书社2000年。

18.《〈战国策〉"割挈马兔"校释——帛书研读札记》,《文献》2000年第3期。

19.《尹湾汉简〈武库永始四年兵车器集簿〉名物释读札记》,《简帛研究》第4辑,广西师范大学出版社2001年。

20.《西汉遗址发掘所见"熏毒"、"熏力"考释》,《中华医史杂志》2001年第4期。

21.《释尹湾汉简的"熏毒"——兼论"熏陆"一药的输入》,《文史》第57辑,2001年第4期。

22.《先秦两汉医学用语汇释》,巴蜀书社2002年。

23.《述评文章要注重内容的科学性》,《中国史研究动态》2002年第6期。

24.《从〈武库尹始四年兵车器集簿〉看尹湾汉简在历史词汇学上价值》,《简牍学研究》第3辑,甘肃人民出版社2002年。

25.《〈说文〉收字释义文献用例补缺——以简帛文献证〈说文〉》,《古汉语研究》2002年第3期。

26.《简帛语言文字研究第一辑》(主编),巴蜀书社2002年。

27.《简帛文献与先秦两汉汉语研究》,《简帛研究汇刊》第1辑,中国文化大学史学系、简帛学文教基金会筹备处2003年。

28.《简帛文献学通论》,中华书局2004年。

29.《从马王堆医书俗字谈简帛俗字研究对后世俗字研究的意义》,《湖南省博物馆馆刊》第1期,《船山学刊》2004年。

30.《〈中国标点符号发展史〉评介》,《东海大学文学院学报》第

45 卷，2004 年。

31.《论简帛的中医药学史研究价值》，《简牍学研究》第 4 辑，甘肃人民出版社 2004 年。

32.《论简帛的文献学研究价值》，《古籍整理研究学刊》2005 年第 1 期。

33.《关于名实论述的最早出土资料》，《简帛研究》第 5 辑，广西师范大学出版社 2005 年。

34.《〈武威医简〉异体字初探》，《中国文字研究》第 6 辑，广西教育出版社 2005 年。

35.《〈银雀山汉墓竹简（壹）〉校核记》，张显成、余涛、苟晓燕合著，《汉字研究》第 1 辑，学苑出版社 2005 年。

36.《简帛书籍标题研究》，《简帛研究》第 6 辑，广西师范大学出版社 2006 年。

37.《论简帛的文书档案史研究价值》，《东海大学文学院学报》第 47 卷，2006 年。

38.《构建简帛文字资料库的初步设想和实践述略》，《中国文字研究》2006 年。

39.《简帛语言文字研究第二辑》（主编），巴蜀书社 2006 年。

40.《敦煌汉简的异体字——兼论异体字的认定问题》，张显成、杨艳辉合著，《中国文字研究》2007 年第 2 辑。

41.《简帛所见上古用刺之俗——兼论简帛的民俗史研究价值》，《历史文献研究》2008 年。

42.《简帛语言文字研究第三辑》（主编），巴蜀书社 2008 年。

43.《论简帛制度对后世古籍制度的影响》，张显成、庄利果合著，《历史文献研究》2009 年。

44.《泛指性量词"枚/个"的兴替及其动因——以出土文献为新材料》，张显成、李建平合著，《古汉语研究》2009 年第 4 期。

45.《先秦两汉魏晋简帛量词析论》，张显成、李建平合著，《中华文化论坛》2009 年第 4 期。

46.《〈银雀山汉墓竹简〔壹〕〉校勘记》，张显成、庄利果合著，《古籍整理研究学刊》2010 年第 2 期。

47.《〈睡虎地秦墓竹简〉释文校补》,张显成、龙仕平合作著,《乐山师范学院学报》2010 年第 4 期。

48.《简帛语言文字研究第四辑》(主编),巴蜀书社 2010 年。

49.《简帛语言文字研究第五辑》(主编),巴蜀书社 2010 年。

50.《从简帛文献看汉语量词系统建立的时代》,张显成、李建平合著,《古籍整理研究学刊》2011 年第 1 期。

51.《吴简量词研究》,张显成、李丰娟合著,《古汉语研究》2011 年第 1 期。

52.《也说〈睡虎地秦墓竹简〉"夜草为灰"的"夜"字》,张显成、赵久湘合著,《古籍整理研究学刊》2011 年第 2 期。

53.《〈睡虎地秦墓竹简〉新见副词略考》,张显成、熊昌华合著,《殷都学刊》2011 年第 2 期。

54.《西北屯戍汉简异体字变异规律初探》,张显成、马瑞合著,《唐都学刊》2011 年第 4 期。

55.《〈嘉禾吏民田家莂〉释文注释的数值问题》,张显成、陈荣杰合著,《古籍整理研究学刊》2012 年第 2 期。

56.《仪徵胥浦〈先令券书〉再考》,张显成、陈荣杰合著,《文献》2012 年第 2 期。

57.《简帛医籍药物学研究概述》,张显成、周祖亮合著,《中药材》2012 年第 4 期。

58.《简帛语言文字研究第六辑》(主编),巴蜀书社 2012 年。

59.《秦简虚词对〈汉语大词典〉的补充》,张显成、熊昌华合著,《毕节学院学报》2013 年第 3 期。

60.《岳麓书院藏秦简〈数〉释文勘补》,张显成、谢坤合著,《古籍整理研究学刊》2013 年第 5 期。

61.《简帛兵书及其军事用语研究综述》,张显成、马克冬合著,《古籍整理研究学刊》2013 年第 6 期。

62.《〈居延新简〉军备用语及其价值研究》,张显成、马克冬合著,《河北北方学院学报》2013 年第 6 期。

›››百年来简帛学经典论著评介‹‹‹

从悬泉汉简看两汉西域屯田及其意义

张德芳

西汉经营西域,离不开屯田。它同其他军事政治措施相辅而行,是两汉管理西域的有效手段。换句话说,两汉之所以能对西域广大地区进行有效的管理并进而使天山南北进入祖国版图,这与当时在许多地区兴屯耕种,在经济上支持汉在西域的军事政治活动不无关系。本文拟结合文献和汉简材料就两汉在西域的屯田及其意义作一些论述,借以说明其在开发和巩固西北边疆中的作用。

一

西汉在西域的屯田基本分布在轮台、渠犁、车师、伊循、赤谷城等地。时间最早始自李广利伐大宛之后,最晚到王莽积失恩信、西域反叛,前后约一个世纪。具体情况是:

(一) 轮台和渠犁屯田

轮台和渠犁,是西域开辟最早、位置最为适中、持续时间亦最长的屯田区。《汉书·西域传》载:"自贰师将军伐大宛之后,西域震惧,多遣使来贡献。汉使西域者益得职,于是自敦煌西至盐泽,往往起亭,而轮台渠犁皆有田卒数百人,置使者校尉领护,以给使外国者。"贰师将军伐大宛自太初元年至太初四年(前104—前101年),历时四年,轮台和渠犁屯田大约始自太初四年之后。但中间可能中断,故而有武帝末年搜粟都尉桑弘羊等的上疏,要在轮台广开屯田,结果被武帝否决。后来昭帝,依前议派扜弥太子赖丹为校尉,屯田轮台,不久赖丹被龟兹王杀,轮台屯田亦随之中辍。地节二年(前68年),

"汉遣侍郎郑吉、校尉司马憙将免刑罪人田渠犁积谷，欲以攻车师，至秋收谷，吉、憙发城郭诸国兵万余人，自与所将田士前五百人共击车师，攻交河城破之。"可见此时屯田再次兴起，士卒也发展到1500人。神爵二年(前62年)汉置西域都护，"屯田校尉始属都护"。自此一直到西汉末年，渠犁屯田始终与西域都护相始终，未曾中断。新近出土的悬泉汉简中渠犁屯田吏士过往悬泉的记录，可看得出渠犁屯田的大致概况。如：

  1. 五凤四年九月己巳朔己卯，县泉置丞可置敢言之：廷移府书曰，效谷移传马病死爰书，县泉传马一匹，骊、乘、齿十八岁，高五尺九寸，送渠犁军司马令史。(Ⅱ90DXT0115③：98)
  2. 骊，乘，齿十八岁，送渠犁军司马令史勋，承明到遮要，病柳张，立死。卖骨肉。临乐里孙安所贾千四百，时啬夫忠服治爰书，误脱千，以为四百，谒它爰书，敢言之。守啬夫富昌。(Ⅱ90DXT0114③：468)

  两简均为传马病死爰书。其中所记"渠犁军司马令史"，是屯田渠犁的下层军官。简1有明确纪年，为公元前54年九月十一日。简背署"守啬夫富昌"，悬泉简中有同样具名的简还有："甘露元年五月乙丑朔癸未，县泉置丞敢言之，谨移传车三乘，送客折伤盖蔑，不可用，唯廷关书府，请易，谒报，敢言之。受言。守啬夫富昌、佐闻充世。"(Ⅱ90DXT0113③：57)两简同为"守啬夫富昌"具名，时代不会相差太远，大致亦在宣帝五凤、甘露间。《汉书·百官公卿表》："中垒校尉掌北军垒门内，外掌西域。"渠犁屯田的士卒主要是免刑罪人，但基层军官，大都来自北军，更尽替代，还回北军，无论前往渠犁还是更尽回返都要路过悬泉。

  3. □□渠犁□□丞王常、□忠更终罢，诣北军，诏□为驾一封轺传，一人共载，有请。甘露□年……谓……(Ⅱ90DXT0214③：67)
  4. 将田渠犁军候千人会宗上书一封。初元□☑。(Ⅱ

90DXT0216③：26)

5. 渠犁校尉□□□。(V92DXT1309④：44)

6. 将田渠犁校尉史移安汉□□□送武，军司令史田承□□□□。谨长至罢诣北军以传。诏为驾一封轺传，传乘为载。(91DXC：59)

7. 送使渠犁校尉莫府，掾迁会大风，折伤盖□十五枚，御赵定伤□。(Ⅱ90DXT0215④：36)

简3为宣帝甘露间(前53—50年)王常、□忠两名屯田军吏回返北军的记录。简4是元帝时将田渠犁军候千人会宗的上书记录，都有年号可以参考。后3简根据同层伴出的纪年简亦可大致判定为宣、元时遗物。从简中看，"屯田渠犁校尉"是负责渠犁屯田的最高长官，下属有军候、司马、千人、令史等，属典型的军屯性质。

另外，《汉书·西域传》载："(神爵二年)乃因使吉并护北道，故号曰都护。都护之起，自吉始矣。僮仆都尉由此罢，匈奴益弱，不得近西域。于是徙屯田，田于北胥鞬，披莎车之地，屯田校尉始属都护。"清人徐松认为："通检《汉书》，绝不见莎车屯田之事，且远于乌垒千余里，非都护与田官相近之意，疑莎车为车师之讹，徙田北胥鞬，即下传别田车师。"①悬泉汉简证明，所谓"北胥鞬"实乃"比胥鞬"之误。史书传抄，致"比"为"北"。

8. □守府卒人，安远侯遣比胥健。□者六十四人，献马二匹，橐他十匹，私马□名籍畜财财物(正面)。□□辛酉日出时受遮要御。□□行(背面)。(Ⅱ90DX0214③：83)

简中安远侯当为郑吉，比胥健之"比"，原简清晰可观。"健"、"鞬"相通。西域都护府，地在轮台。比胥健当距轮台不远，因而郑吉能就近调动比胥健屯田吏士。徐松的怀疑有道理。但比胥健屯田未必就是车师屯田，比胥健地望何在，还需进一步研究。在今轮台东南

---

① 徐松：《汉书西域传补注》，《丛书集成初编》第3254册。

克孜尔河畔柯克确尔汉代古城附近的红泥滩上,仍可见到沟渠田界的痕迹;沙雅县东哈拉哈塘附近有一道汉代古渠,为红土所筑,现在仍可见到长达100多公里的渠道,宽约8米,深约3米,两旁有一些汉代城垒和农田遗址,出土过五铢钱。两地当系汉代在轮台、渠犁一带屯田所留下的遗迹①。比胥健一带似应在此范围内。

(二)伊循屯田

伊循屯田始自昭帝元凤四年(前77年),其时,北地人傅介子按照大将军霍去病的意思刺杀楼兰王,立其在汉质子尉屠耆为王,"更名其国为鄯善,为刻印章,赐以宫女为夫人,备车骑辎重,丞相将军率百官送至横门外,祖而遣之,王自请天子曰:'身在汉久,今归,单弱,而前王有子在,恐为所杀。国中有伊循城,其地肥美,愿汉遣一将屯田积谷,令臣得依其威重。'于是汉遣司马一人,吏士四十人,田伊循以镇抚之。其后更置都尉。伊循官职始此矣"。伊循屯田,文献记载比较简略,但新疆考古调查和敦煌悬泉汉简关于伊循屯田的材料可补文献之不足。在若羌县米兰,沿着古代米兰河道,发现一条汉代的灌溉系统,有总闸、分闸、干渠和支渠。有的支渠长达2公里,根据附近发现的文物和墓葬,当为汉代在伊循城屯田的遗迹。悬泉汉简中有一些关于伊循屯田的记载,十分珍贵。如:

  9. 伊循农□。(Ⅱ90DX0215S:38)
  10. 入上书一封,车师已校、伊循田臣强。月辛亥下餔时,临泉驿汉受平望马益。(V92DXT1310③:67)

简9残甚,仅存三字,但与屯田有关是看得出来的。简10是"车师已校伊循田臣强"给朝廷的上书传递到悬泉时的记录。简文中,"车师已校、伊循田臣"似为一人,是否车师已校曾经兼任伊循田臣,亦未可知。此外,前往伊循屯田的士卒一般都由中原发派的施刑罪人

---

① 孟池:《从新疆历史文物看汉代在西域的政治措施和经济建设》,《文物》1975年第7期。

所承担，这在悬泉汉简中有记载。如：

11. 甘露三年四月甲寅朔庚辰，金城太守贤、丞文，谓过所县、道，官遣浩亹亭长㮤贺，以诏书送施刑伊循。当舍传舍，从者如律令。（Ⅱ90DXT0114④：338）

12. □□□□元年十二月送徒施刑□□□□，二月廿九日至敦煌，积五十九日。□二十□阳关积三月。□□□三月五日发敦煌，十九日至文侯，积十五日，留四月廿五□□□□□□。闰月八日至依循。绶□□。（Ⅱ90DXT0115②：66）

简11简文完整，是公元前51年四月廿七日金城太守贤和丞文共同签署的一道通关文书，言派浩亹县的一个亭长送施刑徒到伊循，要求沿途各驿置机构提供食宿方便。可以看出，从元凤四年（前77年）到甘露三年（前51年），时历20多年，伊循屯田一直在持续。简12字迹漫灭不清，但看得出，这是一份送施刑徒到伊循的日程记载。可见，伊循屯田和渠犁屯田一样，主体是免刑罪人。

上引《汉书·西域传》中讲，起初汉遣司马一人、吏士40人。"其后更置都尉，伊循官职始此矣"。早在30年代，黄文弼先生在罗布淖尔北岸发现的汉简中就有"伊循都尉"、"伊循卒史黄广宗"的记载。悬泉汉简中发现多处"伊循都尉"和"伊循城都尉"的记载，亦可相互印证。

13. 敦煌伊循都尉臣大喧上书一封□。甘露四年六月庚子上□。（Ⅱ90DXT0216③：111）

14. □敦煌伊循都尉大仓谓，过所县□。传舍，从者如律令□。（Ⅰ90DXT0111②：73）

15. 伊循城都尉大仓上书□。（Ⅱ90DXT0114④：349）

16. □伊循城都尉大仓谓，过所县□。传舍从者如律令□。（V92DXT1312③：6）

17. ……伊循都尉□。（Ⅱ90DXT0214③：251）

上述各简大都为宣元及其以后的记载。简 13 有明确纪年，为公元前 50 年六月廿四日。简 13、14 中，"敦煌伊循都尉"连称，或可说明，当时的"伊循都尉"受敦煌太守节制。伊循地当南道，最在东陲，由敦煌太守节制，在地理上更为近便。能够说明这一推断的材料还有：

18. 七月乙丑，敦煌太守千秋、长史奉憙、守部候修仁行丞事，下当用者小府、伊循城都尉、守部都尉、尉官候移县泉、广至、敦煌郡库，承书从事，下当用者如诏书。/缘平、卒史敞、府佐寿宗。（V92DXT1312③：44）

简 18 是一份完整的由敦煌太守千秋下达各地诏书的记载。悬泉汉简保存的敦煌太守千秋的记载相当丰富，从宣帝五凤元年（前 57 年）到成帝鸿嘉二年（前 19 年），39 年中一直有敦煌太守千秋的记载。敦煌太守千秋和长史奉憙、守部候修仁一起合署文件，除上引简 18 外，还有一件，即：

19. 初元二年四月壬寅朔乙未，敦煌太守千秋、长史奉憙、守部候修仁行丞事，谓县，遣司马丞君案事郡中，当舍传舍，从者如律令。四月过东。卩。（II90DXT0213②：136）

简 19 可以证明简 18 的年代大体在元帝初元年间（前 48—前 45 年）。此时距伊循开屯已 30 年。简 18 下行文件的格式，更能反映伊循都尉和敦煌太守的关系。此伊循都尉受敦煌太守的节制，又一例证。伊循都尉和伊循城都尉，当为同一官职的不同称谓，似无实质性区别。此外，都尉之下还有候官。如：

20. 四月庚辰，以食伊循候傀君从者二人□。（II90DXT0215③：267）

简 20 是伊循候傀君路过悬泉时的接待记录，亦大致为宣元时遗物。

结合文献和汉简看，伊循屯田从昭帝开屯到宣、元乃至以后，一直处于发展态势。建置从最初的司马升格到都尉，都尉下还设有候官，机构在逐步健全，屯田规模亦当不断扩大。隶属关系或由敦煌太守管辖。

(三)赤谷城屯田

赤谷城为乌孙国都。约在今吉尔吉斯斯坦伊什特克。汉朝从张骞二出西域起一直关注着乌孙的动静，并两度远嫁公主和亲，使乌孙逐渐成了汉朝对付匈奴的盟国。甘露年间，乌孙内乱，翁归靡胡妇子乌就屠袭杀狂王自立，并勾结匈奴势力要挟乌孙部众亲附匈奴。汉朝一方面派破羌将军辛武贤准备出兵讨伐，一方面又派长罗侯常惠前往乌孙，在公主侍者冯夫人的配合下，迫使乌就屠屈居小昆弥，而另立汉外孙元贵靡为大昆弥。并为之划定地界人民，大昆弥户六万余，小昆弥户四万余。为了扶持大昆弥不被侵凌，汉朝派长罗侯常惠将三校屯田赤谷。此即赤谷屯田的由来。赤谷屯田，历时多久，史无明载。但两年后，元贵靡死，其子星靡代立。都护韩宣以为星靡懦弱，请求废除星靡而以其季父大乐为昆弥。此事由都护出面，说明常惠在乌孙的屯田已经撤离。汉简材料未发现赤谷城屯田的记载，亦可说明赤谷城屯田历时不久。

(四)车师屯田

车师屯田，开始是由屯田于渠犁的侍郎郑吉分置的。地节三年（前67年）秋，汉侍郎郑吉和校尉司马憙攻破车师，"于是吉始使吏卒三百人别田车师"。后来因匈奴往来攻扰，郑吉和司马憙索性"尽将渠犁田士千五百人往田"。元康二年（前64年）被匈奴围于车师城中，汉派常惠"将张掖酒泉骑出车师北千余里，扬威武车师旁，胡骑引去，吉乃得出"。车师两度屯田自此作罢。又，《汉书·西域传》载："至元帝时，复置戊己校尉，屯田车师前王庭。"《汉书·百官公卿表》："戊己校尉，元帝初元元年置，有丞、司马各一人，候五人，秩比六百石。"戊己校尉主要是屯田，战时亦出征打仗。悬泉汉简中有戊己校尉元、成、哀三朝较为系统的编年资料,可看到当时汉在车师的屯田情况。

21. 将田车师己校尉长乐兼行戊校尉事,右部司马丞行。掾史意。(II90DXT0215②:21)

22. 五月壬辰,敦煌太守强、长史章、丞敞下使都护西域骑都尉、将田车师戊己校尉、部都尉、小府官县,承书从事,下当用者。书到白大扁书乡亭市里高显处,令亡人命者尽知之,上赦者人数太守府别之,如诏书。(II90DXTO115②:16)

23. 九月甲戌,效谷守长光、丞立,谓遮要、县泉置,写移书到,趣移车师戊己校尉以下乘传,传到会月三日,如丞相史府书律令。/掾昌、啬夫辅。(V 92DXT1812②:120)

24. 建始五年……□田车师左部中曲候令史礼调罢将。候行丞……□□ 为驾诣北军,为驾一封轺传,有请。当□。(II90DXT0214②:137)

25. □平元年十月车师戊校兵曹薄□。(I90DXT0205②:22)

26. 入铁鐔剑,永始三年六月癸卯,郡库掾成受罢己校前曲后□。(IV91 DXT0617③:17)

27. 永始三年七月戊申朔丙辰,县泉置啬夫敞敢言之,府记曰:唯正月以给戊己校使者马薪,辈□□□□。使者安之移仓曹卿,君别取□□偿如牒,敢言之。(I91DXT0402④A:8)

28. 元延四年十月丁未朔丙□。己校尉□□□□□□。(I91DXT0404④A:4)

29. 建平二年三月丁亥朔甲辰,戊校左曲候永移过所。(II90DXT0113③:34)

30. 建平二年三月丁亥朔甲辰,西域戊校前曲候苏铺过所……(II 90DXT212S:66)

简21永光五年五月甲辰朔己巳为公元前39年五月廿六日。简22为敦煌太守转达朝廷的大赦诏书。以"敦煌太守强、长史章、丞敞"下达的文件，悬泉汉简中还有"建昭二年五月壬辰朔，□申，敦煌太守强、长史章、丞敞告督邮史欣常，谓县前刺史从事温掾言，县置吏卒毋礼，不事敬，□不□□□□积终，至今未归，属□□直□随，马羸瘦弱，吏□□□□吏卒□□□丙寅□，今祠地动，使者□史君行，故令丞□。□□□□……东。"（Ⅱ90DXT0115③：92）因而简22亦大致在建昭年间（前38年至前34年）。建昭二年四月朝廷大赦天下，简22或当其时。另，朝廷的诏书通过敦煌太守下达给"都护西域骑都尉、将田车师戊己校尉"，亦说明敦煌太守与西域的特殊关系。简23以"掾昌、啬夫辅"具名的文件，多见于永光、建昭、建始年间，简23当为元、成之际遗物。简24建始无五年，当为河平元年，即公元前28年。西汉年号有元平、河平、建平，东汉安帝前有永平、延平。简25同层所出纪年简均为成帝时期，因而该简年号当为"河平"，"平"前残断部分有"河"字。简26永始三年六月癸卯为公元前14年六月廿六日。敦煌郡有兵器库，回返的屯田吏士要把兵器交到敦煌郡库。简28元延四年为公元前9年。简29、简30建平二年三月丁亥朔甲辰为公元前5年三月十八日，两简同为过所。

《汉书·西域传》载："元始中，车师后王国有新道，出五船北，通玉门关，往来差近，戊己校尉徐普欲开以省道里半，避白龙堆之厄。"《通鉴》系此事于元始二年，即公元2年。又《汉书·匈奴传》："戊己校尉史陈良、终带、司马丞韩玄、右曲候任商等见西域颇背叛，闻匈奴欲大侵，恐并死，即谋劫略吏卒数百人，共杀戊己校尉刁护。"时在王莽始建国二年（10年）。《王莽传》：（天凤三年）"遣大使五威将王骏、西域都护李崇将戊己校尉出西域，诸国皆郊迎贡献焉。诸国前杀都护但钦，骏欲袭之，命佐帅何封、戊己校尉郭钦别将"。从上列汉简材料和史籍看，从初元元年（前48年）至王莽天凤三年（16年），西汉在西域的戊己校尉延续了64年。

《汉书》戊己校尉条下颜师古注曰："甲乙丙丁庚辛壬癸皆有正位，唯戊己寄治耳。今所置校尉亦无常居，故取戊己为名也。有戊校尉，有己校尉。一说，戊己居中，镇覆四方，今所置校尉亦处西域之中抚诸国也。"此段话，后人多不以为然。但"有戊校尉，有己校尉"一语则言之甚确。这在悬泉汉简中有充分的反映。戊校尉亦简称戊校，如：

31. 车师戊校司马丞□。（I90DXT0109 S：73）

32. □车师戊校左部□。（正面）□掾立人□。（背面）（II90DXT216③：28）

33. 三月辛未日下餔，受遮要卒欧蒹楼□。月丁亥朔己巳，□戊校前曲候。（I90DXT0109③：11）

34. 行事昆弟家✓戊校候致君，当从西方来，谨侍给法所当得，毋令有遗。（I90DXT0111②：99）

35. 齿九岁，高六尺二寸，乃三月乙卯送□戊校候张君□。（I90DXT0205②：3）

36. 吏戊校骑诣府，会癸□□。（I90DXT0209S：143）

37. □□骑士六人，持马送戊校。（II90DXT0115②：173）

38. 出麦四斗，以食戊校莫府史张卿所乘广至马一匹，再食，食二斗。都吏石卿监。（II90DXT0216②：359）

39. 戊校右部中曲士皆后□□。（正面）故私从者……□。（背面）（II90DXT0216②：547）

戊校属下有左部，如简33；有右部，如简39。部下有曲，曲有军候为之长。而非戊校为左部，东居车师，己校为右部，西居姑墨。同样，己校尉亦称己校。如：

40. 己校左部中曲候令史黄赏，以私财买马一匹，骠駮，牡□（正面）。己校尉以□□□□□□□（背面）。（II90DXT0215①：16）

41. 使西域□都尉、己校青上书一封。（V92DXT1311③：222）

42. 车师己校候令史敞、相、宗、禹、福、置诣田所，为驾一封招传，驾六乘。侍百八十八。（II90DXT0215③：11）

43. 车师己校□。（II90DXT0215S：204）

44. 车师己校尉书佐为驾一封招传，驾□□。（II 90

DXT0216②：405）

45. 车师己校候令史庆忌□。（Ⅱ90DXT216②：407）

简41"□"当为"骑"，平帝时多以己校兼领西域都护，此简或可为证。简42敞、相、宗、禹等为人名。己校亦有左部、右部。下属建置一如戊校。另外，悬泉汉简中除戊校、己校单称外，亦有二者合称的情况。如：

46. □□戊己校过，禀谷□□。（Ⅱ90DXT0112①A：4）
47. □□尊用送迎使者……戊己校□谓，过……如律令。（Ⅱ90DXT216②：573）
48. □佐张相送戊己校□□。（Ⅱ90DXT0113⑤：28）
49. 迎戊己校罢校尉，置客往来食如牒，前与政相争□。（190DXT0112①：27）
50. □戊己校候令史敞✓相✓宗✓禹福强□□□。为驾，当舍传舍，从者如律令。（Ⅰ90DXT0116②：125）

综上所引，汉朝在车师分设戊、己校尉，屯田持续64年。人数最多时有"吏士男女二千余人"，可谓汉朝在西域屯田的典范。

西汉时期除上述四个地区的屯田外，史书有记载的还有：一、朒䐟屯田，《史记·匈奴列传》载："汉使杨信于匈奴，是时，汉东拔秽貉、朝鲜以为郡，而西置酒泉郡，以鬲绝羌与胡通之路。汉又西通月氏、大夏；又以公主妻乌孙王，以分匈奴西方之援国。又北益广田至朒䐟为塞，而匈奴终不敢以为言。"朒䐟，《汉书音义》曰："地名，在乌孙北。"今地何在，不得其详。《汉书·辛庆忌传》："辛庆忌字子真，少以父任为右校丞，随长罗侯常惠屯田乌孙赤谷城，与歙候战，陷陈却敌。惠奏其功，拜为侍郎，迁校尉，将吏士屯焉耆国。"《汉书·西域传》载，乌孙小昆弥拊离被其弟日贰所杀，"汉遣使者立拊离子安日为小昆弥，日贰亡阻康居，汉徙己校屯姑墨，欲候使讨焉"。以上三处朒䐟、焉耆、姑墨屯田，由于史料记载之简略，具体情况尚需新材料的发现。

二

东汉在西域的屯田,主要在伊吾、柳中、车师、楼兰等地,在时间上与东汉王朝与西域三绝三通相一致。

(一)"一通"时期的东汉屯田

东汉初年,西域诸国求内附,"光武以天下初定,未遑外事,竟不许之"。直到永平十六年(73年),"明帝乃命将帅,北征匈奴,取伊吾卢地,置宜禾都尉以屯田,遂通西域,于阗诸国皆遣子入侍。西域自绝六十五载,乃复通焉"①。此外,尚有车师前、后部戊己校尉屯田及楼兰屯田。

戊己校尉屯田见《后汉书·耿恭传》,"永平十七年冬,骑都尉刘张出击车师,请恭为司马,与奉车都尉窦固及从弟附马都尉耿秉破降之。始置西域都护、戊己校尉。乃以恭为戊己校尉,屯后王部金蒲(一作满)城;谒者关宠为戊己校尉,屯前王柳中城,屯各置数百人"。金蒲城在今奇台西北,柳中在今鄯善西南之鲁克沁。兴屯时间比伊吾卢宜禾都尉晚一年。

关于楼兰屯田,主要见之于《水经注》卷二的记载:"敦煌索励,字彦义,有才略,刺史毛奕表行贰师将军,将酒泉敦煌兵千人至楼兰屯田,起白屋,召鄯善、焉耆、龟兹三国兵各千,横断注滨河……胡人称神,大田三年,积粟百万,威服外国。"这条材料未注明时代,后人根据文中提到的王尊、王霸系东汉人,故而判定为东汉史实。另外《后汉书·杨终传》:"自永平以来,仍连大狱,有司穷考,转相牵引,掠考冤滥,家属徙边。加以北征匈奴,西开三十六国,频年服役,转输烦费。又远屯伊吾、楼兰、车师、戊己,民怀土思,怨结边域。"这里明显提到屯田者四处,其中包括楼兰。《资治通鉴》将杨终上疏系之于建初元年(76年),因此有人把《水经注》楼兰屯田之事进

---

① 《后汉书·西域传》。

一步考定在明帝末年,或当不误①。楼兰虽在前汉元凤四年(前77年)已迁都扜泥(今婼羌县城南稍偏东6.4公里的且尔乞都克古城),国名也改名鄯善。但楼兰作为一个屯戍基地和中西交通所必经的商贸城市却仍然存在②。

不过,作为屯田区的楼兰同上述三地一样,随着西域的再次中断而被迫放弃,前后不到三年。永平十八年(75年),北单于遣左鹿蠡王率二万骑击车师,杀车师后王安得。年底,焉耆、龟兹攻没都护陈睦,北匈奴与车师勾结,围困戊己校尉关宠和耿恭。次年,关宠战没,耿恭仅以13人得脱。朝廷悉罢戊己校尉和都护官,西域再绝。东汉在西域的第一次屯田也随之作罢。

(二)"二通"时期的屯田活动

"和帝永元元年(89年),大将军窦宪大破匈奴。二年,宪因遣副校尉阎盘将二千余骑掩击伊吾,破之,三年(91年),班超遂定西域,因以超为都护,居龟兹。复置戊己校尉,领兵五百人,居车师前部高昌壁,又置戊部候,居车师后地候城,相去五百里。"③恢复的车师两处屯田,虽与第一次屯田时具体地点有了变化,但高昌壁之于柳中,后部候城之于金蒲(满)城,都相距不远。"二通"期间,除了恢复车师两处屯田外,伊吾屯田的恢复虽无具体记载,但从其他间接材料可以得到证实。《后汉书·南匈奴传》载:永元四年(92年),汉"使中郎将任尚持节卫护屯伊吾",可见伊吾屯田也是同车师屯田一样恢复了。这一时期,汉在西域的屯田历时十六七年。到延平元年(前106年),"会西域诸国反攻都护任尚于疏勒"。后朝廷派段禧接替任尚为都护,以西域长史赵博为骑都尉,北地梁慬为西域副校尉。但"岁余,朝廷忧之,公卿议者以为西域阻远,数有背叛,吏士屯田,其费无已。永初元年(107),遂罢都护,遣骑都尉王弘发关中兵

---

① 陈连庆:《东汉屯田制》,《科学集刊》1957年。
② 侯灿:《论楼兰的发现及其衰废》,《中国社会科学》1984年第2期。
③ 《后汉书·西域传》。

还懂、禧、博及伊吾卢、柳中屯田吏士"①。第二期屯田再次作罢。

(三)"三通"后的西域屯田

永初放弃西域后,北匈奴即复收属诸国,共为边寇十余岁。敦煌地处最西,受害最烈,于元初六年(119年),派长史索班,将千余人屯伊吾。但不到数月,北匈奴遂与车师后部联合,攻没索班。击走车师前王。鄯善逼急,求救于曹宗,曹宗再次上书朝廷,请求出兵五千人,报索班之耻,规取西域。朝廷为此而进行讨论,"公卿多以为宜闭玉门关,遂弃西域"。邓太后询问班超之子班勇,班勇建议"复置护西域副校尉,居于敦煌,如永平故事。又宜遣西域长史将五百人屯楼兰"。但邓太后对班勇的建议只采纳了一半,只派营兵300人居敦煌,而楼兰屯田之议被搁置。结果北匈奴"连与车师人寇河西,朝廷不能禁"。延光二年(123年)敦煌太守张珰又上书,提出"西域三策":出兵西域,击破匈奴呼衍王,控制车师后部,此为上策;若不行,则派军司马率吏士500人屯柳中,四郡供其犁牛谷食,此乃中策;若还不行,放弃西域,此乃下策。朝廷辩论中得到尚书陈忠的大力支持,安帝遂以班勇为西域长史,于次年"将施刑士五百人,西屯柳中"。

在柳中屯田之后,西域屯田又陆续扩大到车师后部和伊吾。《后汉书·西域传》载,永建六年(131年),"帝以伊吾旧膏腴之地,傍近西域,匈奴资之,以为钞暴,复令开设屯田为永元时事,置伊吾司马一人"。这是伊吾第三次恢复屯田。关于车师后部的屯田,亦见于《西域传》:永兴元年(153年),"车师后部王阿罗多与戊部候严皓不相得,遂忿戾反叛,攻围汉屯田且固城,杀伤吏士"。从这里可以看出,车师后部戊部候和屯田活动在"三通"时期是恢复了的。

三

两汉屯田最早始自武帝太初之后。确切说应该在天汉年间。在这

---

① 《后汉书·西域传》。

个时候，汉王朝驻兵兴屯，把着眼点首先放在解决西进人员的给养上，主要是基于包括元封三年（前108年）汉击楼兰姑师和太初年间李广利伐大宛两次西域用兵中缺乏粮食供应。如果没有足够的粮食供应，军队就无法取胜，使者就不能畅达，设置在西域的军事行政机构和派往西域的官吏就不能长期坚守，经营西域的战略就无法实现。也就是说，西域要能有效经营，首先要供应粮食。

李广利伐大宛，两次调兵出关，第一次"发属国六千骑，及郡国恶少年数万人"结果"往来二岁，还至敦煌，士不过什一二"。主要原因是"道远多乏食，且士卒不患战患饥"。由于粮食供应不上，十之八九的士卒饥馁而死，导致战争受挫。第二次增兵，"赦囚徒材官，益发恶少年及边骑，岁余而出敦煌者六万人，负私从者不与，牛十万，马三万余匹，驴骡橐它以万数。多资粮，兵弩甚设。天下骚动，传相奉伐宛凡五十余校尉"。"发天下七科適，及载粮给贰师，转车人徒相连属至敦煌"①。结果回到玉门关者不到3000人，也是由于道远烦费，大部分士卒在饥饿中死去。虽然最终取得了伐宛胜利，但"捐五万之师，靡亿万之费，经四年之劳，而廑获骏马三十匹，虽斩宛王毋寡之首，犹不足以复费"②，把国家拖到了民穷财尽的地步。

至于第一次用兵西域，赵破奴和王恢斩楼兰王破姑师，虽然是由于二国当道，攻杀汉使。但攻杀汉使的原因则是由于"使端无穷"，而当道小国不堪重负所致。"楼兰国最在东垂，近汉，当白龙堆，乏水草，常主发导，负水担粮，送迎汉使，又数为吏卒所寇，惩艾不便与汉通。"③说到底还是个供应问题。正因如此，汉世政治家始终把屯田看作经营西域的根本。它不仅是一种纯经济行为，而是在西域能否进行有效管理的关键所在，具有更重要的政治和军事意义。武帝末年，桑弘羊等人上奏：

> 故轮台东捷枝、渠犁皆故国，地广，饶水草，有溉田五千顷

---

① 《史记·大宛列传》。
② 《汉书·陈汤传》。
③ 《后汉书·西域传》。

以上，处温和，田美，可益通沟渠，种五谷，与中国同时孰。其旁国少锥刀，贵黄金采缯，可以易谷食，宜给足不乏。臣愚以为可遣屯田卒诣故轮台以东，置校尉三人分护，各举图地形，通利沟渠，务使以时益种五谷。张掖、酒泉遣骑假司马为斥候，属校尉，事有便宜，因骑置以闻。田一岁，有积谷，募民壮健有累重敢徙者诣田所，就畜积为本业，益垦溉田，稍筑列亭，连城而西，以威西国，辅乌孙，为便。

可见，屯田的目的首先在于"连城而西，以威西国"。是汉武帝"重九译，致殊俗，威德遍于四海"战略的组成部分。

就其当时的具体作用而言，主要有以下四个方面：

一是为来往于汉与西域的商人和使节提供了食宿和安全等方面的中转服务，在一定时期内保障了中西交通的繁荣畅通。李广利伐大宛之前，各国使者已十分频繁，"使者相望于道，一岁中多至十余辈"，沿途小国苦于供给，经常有劫杀汉使之事。李广利伐大宛之后，首先开设屯田于轮台、渠犁，其目的就是"以给使外国者"。当时，除了贡使往来外，各国商人的来往也十分频繁，比如远在阿富汗北部的罽宾，每来使者或商贾，朝廷都要派使者护送至悬度。虽行程艰险，但"实利赏赐贾市"而往来不绝。再如地处中亚两河地区的康居，历来以经商闻名，他们遣子入侍，贡使往来，主要目的也在于"欲贾市为好"。安息则更是丝绸之路上的大国，他们同汉朝保持亲密关系，经常献狮子、符拔一类取悦于汉天子，目的是垄断丝绢的居间贸易，牟取更大利益。两汉在轮台、渠犁以及楼兰地区的屯田，为这些商人使者的往来提供了方便。正是由于"立屯田于膏腴之野，列邮置于要害之路"，才有了"驰命走驿，不绝于时月；胡商贩客，日款于塞下"的繁荣局面。屯田本身为汉唐盛世的大开发与大开放作出了贡献。

二是西域屯田为西域都护府的设立和两汉对西域的有效管理提供了必要的物质和军事保障。屯垦戍边，寓兵于农，平时则耕田积谷，战时则出兵打仗。自宣帝神爵二年西域都护设立后，屯田活动一直是西域都护得以长期坚守的重要支柱。东汉三绝三通，凡是都护或长史存在时期都要与屯田共存亡。正是由于两汉在西域的屯田与汉政府对西域的管理密切相关,后世历朝历代,凡是在经营西域方面取得卓著成效者,无不首先在屯田方面取得成功。

三是扶持亲汉政权避免内部动乱和免遭匈奴压迫。西汉在伊循和赤谷城屯田便是实例。鄯善国王尉屠耆是元凤四年(前77年)汉政府扶立的亲汉政权。他在汉日久,势力单弱,临走要求汉朝遣将屯田积谷,"依其威重"。赤谷城屯田也是由于大小昆弥分立,小昆弥不尽归"诸翕候之民",并随时威胁大昆弥,汉朝此举主要是为了扶持大昆弥,及时处理乌孙内乱而实施的。

四是西域屯田还是汉与匈奴争夺西域的一部分。车师前后部、柳中、伊吾等地屯田即属此类。车师、伊吾等地乃西域门户,汉匈之间一向争夺得十分激烈。西汉五争车师,其中就包括争夺车师的屯田之利。地节三年(前67年),侍郎郑吉争车师得手后即派300戍卒屯田时,"单于大臣皆曰:'车师地肥美,近匈奴,使汉得之,多田积谷,必害人国,不可不争也'",结果数千骑常往来击车师,郑吉从渠犁将田卒1500人往救,也被围困在车师城中,后来只好"尽徙车师国民令居渠犁,遂以车师故地与匈奴"①。元帝初元元年(前48年)戊己校尉屯车师,这时匈奴日逐王已降汉,"僮仆都尉由此罢",后来又经五单于争立,匈奴称藩臣的时候。东汉三绝三通,三通期间,车师前后部、伊吾、柳中等地屯田,也是汉与匈奴争夺西域的具体反映。

概而言之,两汉屯田西域,除了具有本身所具有的经济意义外,无疑还是当时政治军事措施的重要组成部分,而且比单纯的政治军事措施更具长远意义。无论是繁荣丝路贸易,促进中西经济文化的交流,还是维护祖国统一,防止外敌入侵,两汉的西域屯田都为后世提供了多方面的借鉴意义。

【评 介】

张德芳(1955—),男,生于1955年3月,甘肃永昌人。1978年毕业于兰州大学历史系,分配至甘肃省社会科学院从事历史研究。1993年调甘肃文物考古研究所,从事考古、历史和简牍研究。2001

---

① 《后汉书·西域传》。

年担任考古研究所副所长，2007年8月甘肃简牍保护研究中心成立，担任研究中心主任。现为甘肃省文物考古研究所副所长，甘肃省简牍博物馆馆长，甘肃省先秦文化与文学研究所副主任，2003年以来，先后兼任西北师范大学文史学院兼职教授，简帛学研究方向博士生导师。现主要从事简牍学与秦汉史研究。主持或参与了西北出土的敦煌马圈湾汉简、居延新简、肩水金关汉简、悬泉汉简等多宗简牍整理工作。

《从悬泉汉简看两汉西域屯田及其意义》，刊于《敦煌研究》2001年第3期。文章共分三个部分：西汉西域屯田、东汉西域屯田、两汉西域屯田的意义。

西汉部分，就屯田的地区分类展开。分轮台和渠犁屯田、伊循屯田、赤谷城屯田、车师屯田等四个主要区域。每个地区都结合《史记》、《汉书》等典籍，重点收集悬泉汉简中相关的简文，印证典籍的记载，或是补充史籍的不足。如简文有"敦煌伊循都尉"连称，可以证明伊循都尉归属敦煌太守；并且有敦煌太守下达给伊循都尉的诏书，也可印证这个结论。

东汉部分，则循着汉王朝与西域"三绝三通"，从时间上依次梳理。地区有伊吾、柳中、车师、楼兰等。而资料主要来源于《后汉书》、《水经注》等典籍。

第三部分则是阐述屯田的意义。论文总结为四个方面：一是保障西域通道的交通通畅；二是保证了汉王朝对西域的有效管辖；三是扶助西域亲汉政权；四是抵御匈奴的入侵。总之，屯田的主要意义在于政治、军事，维护了汉帝国的一统江山，促进了中西陆路丝绸之路的繁荣发展，也是汉王朝外交活动的重要组成部分。

西域屯田是汉王朝的一项战略性举措，当然在西北出土的汉代简牍中必然会有所体现。悬泉汉简目前尚未完整公布，作为参与发掘整理者，作者向学界透露其中的一些内容，使我们得窥一斑，也从一方面证明了悬泉简的价值。

张德芳的汉简研究主要围绕着甘肃出土的敦煌汉简、居延汉简、肩水金关汉简、悬泉汉简等，常能联系相关史籍文献，触及西北史地研究的重要内容。如《〈长罗侯费用簿〉及长罗侯与乌孙关系考略》

(《文物》2000年第9期），运用悬泉汉简《长罗侯费用簿》18枚简组成的一个完整册书，考订了长罗侯常惠在汉神爵元年（公元前61年）出使西域的史实，以弥补史籍的缺载。并认为这次出使与神爵二年送配公主与乌孙和亲有关，常惠在汉王朝与乌孙的交往中起了积极作用。再如《从悬泉汉简看楼兰（鄯善）同汉朝的关系》（《西域研究》2009年第4期）、《悬泉汉简中有关西域精绝国的材料》（《丝绸之路》2009年第24期）等，也都是结合史籍考释汉王朝与西域诸政权的往来史实。

张德芳简帛学主要论著目录：

1.《〈长罗侯费用簿〉及长罗侯与乌孙关系考略》，《文物》2000年第9期。

2.《从悬泉汉简看两汉西域屯田及其意义》，《敦煌研究》2001年第3期。

3.《敦煌悬泉汉简释粹》，张德芳、胡平生合著，上海古籍出版社2001年。

4.《悬泉汉简中若干纪年问题考证》，《简牍学研究》第4辑，甘肃人民出版社2004年。

5.《简论汉唐时期河西及敦煌地区的十二时制和十六时制》，《考古与文物》2005年第2期。

6.《浅谈河西汉简和敦煌变文的渊源关系》，《敦煌学辑刊》2005年第2期。

7.《河西感言三则》，《丝绸之路》2007年第1期。

8.《悬泉汉简中的"悬泉置"》，《简帛学研究2006》，广西师范大学出版社2008年。

9.《悬泉汉简研究》，张德芳、郝树声合著，甘肃文化出版社2009年。

10.《从悬泉汉简看楼兰（鄯善）同汉朝的关系》，《西域研究》2009年第4期。

11.《悬泉汉简中有关西域精绝国的材料》，《丝绸之路》2009年第24期。

12.《西北汉简一百年》，《光明日报》2010年6月17日。

13.《郑吉"数出西域"考论》,《西域研究》2011年第2期。
14.《肩水金关汉简【壹】》(集体项目),中西书局2011年。
15.《肩水金关汉简【贰】》(集体项目),中西书局2012年。
16.《肩水金关汉简【叁】》(集体项目),中西书局2013年。
17.《敦煌马圈湾汉简集释》,甘肃文化出版社2013年。

百年来简帛论著提要

说明：

本提要始于1901年，终于2013年，偶及2014年。在上一部分作过评介的论著，在本部分只简单列书名、作者等，不再作提要。外文部分进行汉译，来源于日语的一般不翻译。提要很多来源于原书，谨向原书作者及出版社表示感谢。

1901 年

Preliminary Report of a Journey of Archaeological and Topographical Exploration in Chinese Turkestan（中国新疆考古地理考察的初步报告）

Stein, Aurel（奥雷尔·斯坦因），London（伦敦）。这是英国人斯坦因1900—1901年第一次中亚考察的简要报告。

1903 年

Central Asia and Tibet: Towards the Holy Lassa. 2vols.（中亚与西藏）

Hedin, Sven（斯文·赫定），London（伦敦），这是瑞典人斯文·赫定结束他第二次中亚考察（1899—1902）回到瑞典斯德哥尔摩后发表的考察报告。这次考察中他于1900年3月到达楼兰古城，一年后返回楼兰进行发掘。在楼兰、尼雅、罗布泊等遗址发掘了一批汉文简牍、纸文书及大批佉卢文木简，计36张汉文纸文书及120枚汉文木简。

1904 年

Sand-Buried Ruins of Khotan（沙埋和田废址记）

Stein, Aurel（奥雷尔·斯坦因），London（伦敦）。这是英国人斯坦因1900—1901年第一次中亚考察的旅行记，记述了他行程路线及发掘所获的文物。

1907 年

Ancient Khotan, Details Report of Archaeological Explorations in Chinese Turkestan. 2vols.（古代和田——中国新疆考古发掘的详细报告）

Stein, Aurel（奥雷尔·斯坦因），Oxford（牛津）。这是英国人斯坦因 1900—1901 年第一次中亚考察的详细报告，主要发掘了和田和尼雅两地的古代遗址，在尼雅出土了 40 多枚汉文简牍，524 枚佉卢文木牍，以及梵文、于阗文等文书，还有大量其他文物。书后附有法国汉学家沙畹所作的考释《丹丹乌里克、尼雅、安迪尔发现的汉文文书》，是现代简帛学的标志性成果之一。

1912 年

Ruins of Desert Cathay.（契丹沙漠废址记）

Stein, Aurel（奥雷尔·斯坦因），New York（纽约）。这是英国人斯坦因 1906—1908 年第二次中亚考察的旅行记，记录了他考察的路线和所发掘的文物。

1913 年

Les dócuments chinois decouverts par Aurel Stein dans les sables du Turkestan oriental. 1vol.（斯坦因在东土耳其斯坦沙漠中所获汉文书）

Chavannes, Edouard（沙畹），Oxford（牛津）。斯坦因第二次中亚考察于 1907 年在敦煌附近长城沿线掘得 705 枚汉简，这本书就是沙畹对这些汉简的考释。

1914 年

简牍检署考

王国维著，上虞罗氏云窗丛刻本。

流沙坠简（正编、补遗、考释）
罗振玉、王国维，日本京都东山书社。

1915 年

西域考古图谱
[日]香川默识编，国华社 1915 年出版。1902—1912 年，日本大谷光瑞三次组团对中国西北边陲进行考察，发掘了大量文物，包括"李柏文书"等汉文文书。香川默识将大谷文物编为两卷本的《西域考古图谱》，以图片形式介绍了大谷收集品。

1920 年

Die Chinesischen Handschriften und Sonstigen Kleinfunde Sven Hedins in Lou-Lan. 1vol, Stockholm（Generalstabens litografiska anstalt）（斯文·赫定在楼兰发现的汉文写本及零星物品）
August Conxady（奥古斯特·孔好古），Stockholm（斯德哥尔摩）。斯文·赫定 1901 年在楼兰、尼雅、罗布泊等遗址发掘了一批汉文简牍、纸文书，曾委托德国人卡尔·希姆莱（Karl Himly）研究，后因希姆莱去世，转由另一德国学者奥古斯特·孔好古完成。

1921 年

Serindia, Datailed Report of Explorations in Central Asia and Western-most China Carried out and Described under the Orders of H. M. 5vols.（西域考古图记）
Stein, Aurel（奥雷尔·斯坦因），Oxford（牛津）。斯坦因 1906—1908 年第二次中亚考察的正式考古报告。

1928 年

Innermost Asia, Datailed Report of Explorations in Central Asia, Kansu and Easter Iran, 4vols.（亚洲腹地考古图记）

Stein, Aurel（奥雷尔·斯坦因）, Oxford（牛津）。斯坦因 1913—1915 年第三次中亚考察的正式报告,发掘和田、尼雅、楼兰等遗址,而后进入甘肃,发掘敦煌酒泉间的长城烽燧,获得大量汉简,于烽燧遗址掘得 48 枚,于安西、酒泉采得 104 枚。再到莫高窟,从王道士手中获得 570 件敦煌藏经洞写本。并深入居延,发掘黑城子和吐鲁番等地遗址,最后,又调查发掘了部分库车遗址,然后出中国国境,往东部伊朗考察。

1931 年

汉晋西陲木简汇编

张凤编,上海有正书局 1931 年出版。沙畹 1918 年去世,斯坦因第三次中亚考察所获汉文文书由沙畹的学生马伯乐（Henri Maspero, 1883—1945）整理,马伯乐邀请留法学生张凤参与释文考订。1925 年张凤回国,马伯乐把沙畹及他所作的考释、简牍照片等送给张凤,1931 年,张凤编撰出版《汉晋西陲木简汇编》,分初编、二编,初编是经沙畹考释过的简牍,只发表了照片;二编是首次公布的斯坦因第三次考察所得,张凤做了考释说明,并介绍了出土地的情况。

1932 年

木简考略

陈直著,石印本。对敦煌汉简的考证。

1934 年

亚洲腹地旅行记

斯文·赫定著,李述礼译。《开明青年丛书》之一,开明书店出版。这是瑞典人斯文·赫定记述他自1885年以后在中亚的几次旅行、考察经历。译者李述礼受作者之托，将这本游记翻译成中文。

流沙坠简(增订本)

罗振玉、王国维著，《永慕园丛书》之一。

汉魏木简义证

陈邦福著，石印本一册，《亿年堂丛书》之一。运用典籍材料考证了斯坦因所获汉简。

汉晋木简考略

陈直著，石印本一册，《摹庐丛著》之一。存目。

1936 年

斯坦因西域考古记

向达译，中华书局1936年出版。在斯坦因第四次中亚考察结束后，英国伦敦麦克米兰公司曾于1933年出版过一部关于斯坦因前三次中亚考察的概述性著作，书名为《在古代中亚的道路上——在亚洲腹地和中国西北部三次考察活动简述》(On Ancient Central Asian Tracks：Brief Narrative of Three Expeditions in Innermost Asia and Northwestern China)，向达据这本书编译为《斯坦因西域考古记》，记叙了斯坦因三次中亚探险的过程和所获文物。

晒蓝本汉简释文

劳榦、余逊著。这是居延汉简最早的释文稿本。当时是将释文手抄在西北科学考察团稿纸上，然后予以晒蓝而成，共计304页，3055简，分为卷上、卷下。

1938 年

The Silk Road(丝绸之路)

Hedin, Sven(斯文·赫定)，New York(纽约)。存目。

1939 年

古代书籍制度考
俞士镇著,《古学丛刊》第 5 期。存目。

1943 年

居延汉简考释·释文之部
劳榦著,四川南溪石印本,线装四册。

1944 年

居延汉简考释·考证之部
劳榦著,四川南溪石印本。

1945 年

晚周缯书考证
蔡季襄著,湖南省涟源县蓝田镇石印本。作于 1944 年。子弹库楚帛书最早的释文考证。附有蔡季襄儿子蔡修涣的帛书摹本。

1948 年

罗布淖尔考古记
黄文弼著,《中国西北科学考察团丛刊》之一。1930 年,中国考古学家黄文弼随西北科学考察团在罗布淖尔的默得沙尔得木简 71 枚。默得沙尔原为居庐訾仓故址,属西域都护。木简中有黄龙(BC49)、永光(BC43-BC39)、元延(BC12-BC9)等纪年简,可知其为西汉时遗物。此后他又在额济纳河畔的一个古堡中获得汉代简数枚、在吐鲁番城西 20 公里的古交河的雅尔岩获木牍数枚、在木札特河畔的拜城和色尔佛洞得版牍10枚。这本书比较详细地介绍了这次考察的情况，并首次发表了本次考察活动所获的71枚汉简内容。书之第四篇，名《木简考释》，分以下专题：一、释官。二、释地。三、释历。四、释屯戍。五、释廪给。六、释器物。七、释古籍。八、杂释。九、简牍制度及书写。

1949 年

居延汉简考释·释文之部
劳榦著，商务印书馆1949年出版。

1953 年

Les documents Chinois de la troisiéme expèdition de Sir Aurel Stein en Asie centrale. 1vol.（斯坦因第三次中亚探险所获汉文文书）
Maspero, Henri（马伯乐），British Museum, London（伦敦大英博物馆）。斯坦因1913—1915年第三次中亚考察所获汉文文书的释文考证。因张凤1931年出版《汉晋西陲木简汇编》，已经公布了相关材料，所以马伯乐的这本书影响不大。

1954 年

长沙出土战国楚简初释
饶宗颐著，油印本。对1953年长沙仰天湖所获43枚竹简的初步考释。

1955 年

长沙仰天湖出土楚简研究
史树青著，群联出版社1955年6月出版。对1953年长沙仰天湖所获43枚竹简的考释。包括原简图版、摹本、释文及考证。

罗布淖尔考察记

斯文·赫定著，徐艺书译，台北：《中华丛书》委员会。存目。

1956 年

The Sino-Swedish Expedition Pub. 39—Archaeological Reserches in the Edsen-gol Region, Inner Mongolia Part Ⅰ, 2vols. (Reports from the Scientific Expedition to the North-Western Provinces of China under the Leadership of Dr. Sven Hedin, Publication 39)（内蒙古额济纳河流域考古报告第一部）

Bo Sommarstrom（索马斯特勒姆），Statens Etnografisha Museum, Stockholm（斯德哥尔摩民族博物馆）。这是根据贝格曼的笔记整理的、中瑞西北科学考察团 1930 年在额济纳河流域考古发掘出上万枚居延汉简的考古报告。为简牍出土地提供了证据。

1957 年

长沙发掘报告

中国科学院考古研究所编，《考古学专刊丁种》第 2 号，科学出版社 1957 年 8 月出版。1951 年 10 月，中国科学院考古研究所在长沙近郊陈家大山、伍家岭、识字岭、五里牌及徐家湾等地发掘了战国至唐宋的墓葬一百六十余座，其中以战国到西汉的墓葬居多。本书介绍了墓葬形制、出土文物。其中五里牌 406 号战国墓出土竹简 38 枚，系遣策。书中有竹简的图版、释文、摹本。

战国楚简笺证

饶宗颐著，上海出版社 1957 年出版。

唐代长安与西域文明

向达著，三联书店 1957 年出版。史学研究论文集。其中《两关杂考》，述沙畹在考释斯坦因所获汉文简牍时，认为玉门关原在敦煌以东，后西移。王国维赞成其说。夏鼐《新获之敦煌汉简》提出质疑，向达此文证成夏说，认为玉门关在西汉时一直在敦煌以西。

居延汉简(图版之部)

劳榦编,《"中央研究院历史语言研究所"专刊》21本。

The Sino-Swedish Expedition Pub. 41—Archaeological Reserches in the Edsen-gol Region, Inner Mongolia Part Ⅱ, 2vols.(Reports from the Scientific Expedition to the North-Western Provinces of China under the Leadership of Dr. Sven Hedin, Publication 41)(内蒙古额济纳河流域考古报告第二部)

Bo Sommarstrom(索马斯特勒姆),Statens Etnografisha Museum,Stockholm(斯德哥尔摩民族博物馆)。这是根据贝格曼的笔记整理的、中瑞西北科学考察团1930年在额济纳河流域考古发掘出上万枚居延汉简的考古报告。为简牍出土地提供了证据。

1958 年

长沙出土战国缯书新释

饶宗颐著,《选堂丛书》之四,香港义友昌记印务公司1958年出版。

两汉经济史料论丛

陈直著,陕西人民出版社1958年出版。

1959 年

信阳出土楚竹简摹本(晒蓝本)

商承祚。存目。

河南信阳楚墓出土文物图录

河南省文化局文物工作队整理,河南人民出版社1959年出版。刊布了1957年河南信阳长台关楚墓出土的文物图片,包括148枚竹简的照片,但没有释文。

居延汉简甲编

中国科学院考古研究所编,《考古学专刊乙种》第8号,科学出版社1959年出版。根据马衡所藏照片,公布了居延汉简2555枚简牍的照片、释文和索引。

汉书新证

陈直著,天津人民出版社1959年出版。考证以事为主,不偏重于音义。用以考证的材料取自居延汉简、敦煌汉简、汉代铜器、漆器、陶器,以及封泥、汉印、货币、石刻等,多所发明。

居延汉简考证

劳榦著,《"中央研究院历史语言研究所"集刊》第30本上。

1960年

居延汉简·考释之部

劳榦著,《"中央研究院历史语言研究所"专刊》之40,台北。

1961年

考古学论文集

夏鼐著,《考古学专刊甲种》第4号,科学出版社1961年10月出版。全书分为:原始社会的考古学、关于汉唐时代的考古论文、附录:十年来的中国考古新发现等部分,其中《新获之敦煌汉简》,1948年发表于《"中央研究院历史语言研究所"集刊》第19本,考释了1944年随西北科学考察团于敦煌烽燧遗址所得76枚简中的48枚。

1962年

Written on Bamboo and Silk: The Beginning of Chinese Book and Inscription.(书于竹帛)

Tsuen-Hsuin Tsien(钱存训),The University of Chicago Press(芝加哥大学出版社)。这本书叙述了汉字的载体,从甲骨、铜器等一直到简牍、帛书、纸张。在西方产生巨大影响,确立了中国人纸张的发明权,弘扬了中国对世界文化发展的贡献。

1964 年

武威汉简

甘肃省博物馆、中国科学院考古研究所编,《考古学专刊乙种》第 12 号,文物出版社 1964 年 10 月出版。1959 年甘肃武威汉墓出土九篇《仪礼》简,1 篇写于竹简,8 篇写于木札。本书发表了释文、校记、摹本、图版。书前有《叙论》,包括:武威磨咀子竹木简墓的发现、简本仪礼在汉代经学上的地位、由实物所见汉代简册制度、简册的整理及其在学术上的贡献,由陈梦家作。

汉简研究文献目录

[日]永田英正编,油印本。存目。

1968 年

楚国帛书诸家隶定句读异同表

李棪著,稿本。存目。

楚缯书疏证

饶宗颐著,《"中央研究院历史语言研究所"集刊》第 40 本上。

1971 年

中国古代籍帐集录

[日]池田温著,日本北海道大学文学部纪要 19-4。存目。

1972 年

长沙马王堆一号汉墓发掘简报

湖南省博物馆、中国科学院考古研究所、文物编辑委员会编,文物出版社 1972 年 7 月出版。对马王堆一号汉墓出土的物品作了详细介绍,包括 312 枚遣策简。

晚周缯书考证

蔡季襄著，台北艺文印书馆据 1945 年版重印。

1973 年

长沙马王堆一号汉墓(上、下)

湖南省博物馆、中国科学院考古研究所编，文物出版社 1973 年 10 月出版。上册内容包括：墓葬位置和发掘经过、墓葬形制、随葬器物、年代和死者等。下册为图版。公布了 312 枚遣策简的释文、注释和图版。

1974 年

汉简文字类编

王梦鸥编，台北艺文印书馆 1974 年 10 月出版。本书汇集敦煌、楼兰、居延、武威等地汉简，略依《康熙字典》部首为序。字形系摹本。前有绪言，述汉简字形的特点。

《简牍学报》1 期

台北简牍学会编辑并出版。主要发表马先醒的简牍研究论文，包括：汉简略说、余让之汉简学、新莽年号与新莽年号简、简牍文字中七十三四卅等问题、汉代轺车马数与价格等。

1975 年

《银雀山汉墓竹简》(壹)

银雀山汉墓竹简整理小组编，八开线装本，文物出版社 1975 年出版。发表了 1972 年出土的山东临沂银雀山汉墓的部分简牍，包括《孙子兵法》和《孙膑兵法》竹简的图版、摹本、释文、注释。

孙膑兵法(银雀汉墓竹简)

银雀山汉墓竹简整理小组编，文物出版社 1975 年出版。山东临沂银雀山汉墓竹简本的释文，32 开简体字版。

武威汉代医简

甘肃省博物馆、武威县文化馆编，文物出版社 1975 年 10 月出版。1972 年甘肃武威旱滩坡东汉墓出土简牍 92 枚，本书发表了这批医简材料，包括图版、摹本、释文、注释以及由中医研究院医史文献研究室撰写的《武威汉代医药简牍在医学史上的重要意义》一文。

仪礼汉简本考证

王关仕著，学生书局 1975 年 9 月出版。是对 1959 年甘肃武威磨咀子 6 号汉墓出土简本《仪礼》的考证。有前言、校笺、简本家法考辨、简本成篇考略四部分。附有全部木简的图版。

汉晋遗简识小七种（上、下）

陈槃著，《"中央研究院历史语言研究所"专刊》之 63，台北。

《简牍学报》2 期

台北简牍学会编辑，1975 年 5 月出版。第 2 期为关于"晒蓝本汉简释文"及其研究专号，发表的论文有：《居延汉简释文（晒蓝本、台北本、甲编本）并录诸简释文试觯》、《晒蓝本汉简释文中之复出简及其有关诸问题》、《劳贞一先生著晒蓝本汉简释文中所保存之简牍形制资料》、《居延汉简之原编号及其夺佚简号表》等。

《简牍学报》3 期

台北简牍学会编辑，1975 年 10 月出版。所收论文有：《裘善元旧藏汉简之形制、内容及其有关诸问题》、《关于湖北云梦、江陵汉墓出土的两种木牍——荆楚文史新记之一》、《汉简文献提要》等。

1976 年

老子（马王堆汉墓帛书）

马王堆汉墓帛书整理小组编，文物出版社 1976 年 3 月出版。收录马王堆汉墓帛书《老子》甲乙本释文，附老子甲本乙本傅奕本对照表。后有论文三篇：翟青《〈老子〉是一部兵书》，高亨、池曦朝《试谈马王堆汉墓中的帛书〈老子〉》等。

经法（马王堆汉墓帛书）

马王堆汉墓帛书整理小组编，文物出版社 1976 年出版。收录马王堆汉墓帛书《老子》乙本卷前四篇古佚书：经法、十大经、称、道原。包括释文、注释。后有五篇研究论文：康立《〈十大经〉的思想和时代》，高亨、董治安《〈十大经〉初论》，程式《汉初黄老思想和法家路线——读长沙马王堆三号汉墓出土帛书札记》，汤新《法家对黄老之学的吸收和改造——读马王堆帛书〈经法〉等篇》，唐兰《马王堆出土〈老子〉乙本卷前古佚书的研究——兼论其与汉初儒法斗争的关系》。

战国纵横家书(马王堆汉墓帛书)

马王堆汉墓帛书整理小组编，文物出版社1976年12月出版。马王堆帛书的一种，简体字版释文，有简要注释，可以对照的部分附了《战国策》、《史记》的有关章节。后有考释文章三篇：唐兰《司马迁所没有见过的珍贵史料》、杨宽《马王堆帛书〈战国纵横家书〉的史料价值》、马雍《帛书〈战国纵横家书〉各篇年代和历史背景》。

孙子兵法(银雀山汉墓竹简)

银雀山汉墓竹简整理小组编，文物出版社1976年10月出版。竹简本《孙子兵法》释文及校注，32开普及本。附《武经七书》本《孙子》。后有论文两篇：遵信《〈孙子兵法〉的作者及其时代——谈谈银雀山汉墓〈孙子兵法〉的出土》、吴树平《从银雀山汉墓竹简〈吴问〉看孙武的法家思想》。

劳榦学术论文集甲编(上、下)

劳榦著，台北艺文印书馆1976年出版。此论文集分上、下两册。收有79篇论文，66篇为中文，13篇为英文。这些论文大都是发表在《"中央研究院历史语言研究所"集刊》上的。

汉简与汉代城市

马先醒著，《简牍社丛书》之一，台北简牍社1976年出版。简牍研究论文集，卷上汉简之部所收论文有：《居延汉简释文(晒蓝本、台北本、甲编本)并录诸简释文试斠》、《劳贞一先生著晒蓝本汉简释文中所保存之简牍形制资料》、《居延汉简之原编号及其夺佚简号表》、《裘善元旧藏汉简之形制内容及其有关诸问题》、《劳贞一先生著晒蓝本汉简释文集抄——以居延汉简释文南溪本、上海本、台湾本均未著录者为限》等。卷中汉代城市之部，收论文《汉代两京研究绪说》等。卷下其他，收论文《简牍堂随笔》等。

帛书竹简

严一萍著，台北艺文印书馆 1976 年出版。收录了马王堆汉墓帛书《老子》甲乙种、战国纵横家书（书中称《战国策》）、道原、称、经法等，以及银雀山汉简中的《孙子兵法》、《孙膑兵法》。对释文加注了标点，没有图版和注释。

《简牍学报》4 期

台北简牍学会编辑，1976 年 12 月出版。所收论文有：《简牍通考》、《简牍堂随笔——名刺名纸名片》等。

1977 年

《战国楚简研究》第 1 期至第 6 期

中山大学古文字学研究室楚简整理小组著，油印本。第 1 期：《一篇浸透着奴隶主思想的反面教材——谈信阳长台关出土的竹书》（又发表于《文物》1976 年第 6 期）、《江陵昭固墓若干问题的探讨》（又发表于《中山大学学报》1977 年第 2 期）。第 2 期：《信阳长台关战国墓楚竹简第一组竹书考释》、《信阳长台关战国墓楚竹简第二组遣策考释》。第 3 期：《湖北江陵望山一号楚墓竹简〈札记〉考释》、《湖北江陵望山二号楚墓竹简〈遣策〉考释》。第 4 期：《长沙仰天湖二十五号楚墓竹简〈遣策〉考释》、《长沙五里牌四〇六号楚墓竹简〈遣策〉考释》、《长沙杨家湾六号楚墓竹简考释》。第 5 期：《战国楚竹简概述——战国楚竹简汇编前言》（又发表于《中山大学学报（社会科学版）》1978 年第 4 期）。第 6 期：《战国楚竹简文字略说》（马国权）、《楚月名初探》（曾宪通）、《释毛》（陈炜湛）、《缂丝史的珍贵资料》（张振林）、《从战国楚简看楚文化》（张维持）。

睡虎地秦墓竹简

睡虎地秦墓竹简整理小组编，八开线装本，文物出版社 1977 年出版。本书公布了 1975 年湖北云梦出土的部分释文，包括①《编年纪》、②《语书》、③《秦律十八种》、④《效律》、⑤《秦律杂抄》、⑥《法律答问》、⑦《封诊式》、⑧《为吏之道》，只是没有收录《日书》甲乙种。

古地图（马王堆汉墓帛书）

马王堆汉墓帛书整理小组编，文物出版社 1977 年 2 月出版。本图根据 1973 年发掘长沙马王堆三号汉墓出土的公元前 168 年前绘制的地图残片整理影印而成。图中翔实地反映了西汉初期长沙国南部的山川地理形势和兵力部署情况，为研究当时的政治、军事和历史地理等方面提供了重要的实物资料。

古地图论文集

马王堆汉墓帛书整理小组编，文物出版社 1977 年 2 月出版。本集是配合《古地图》而作，内容包括：马王堆汉墓帛书整理小组对两幅古地图整理情况的说明，以及谭其骧、詹立波、周世容等研究古地图的论文。

简牍论集

马先醒著，台北简牍学社 1977 年出版。存目。

《简牍学报》5 期

台北简牍学会编辑，1977 年出版。所收论文有：《居延汉简中甲渠障塞所属的序数燧》、《汉简中之河西物价资料》、《居延汉简之版本与编号》等。

1978 年

睡虎地秦墓竹简

睡虎地秦墓竹简整理小组编，32 开平装本，文物出版社 1978 年出版。收录了 8 种云梦睡虎地秦简的释文：①《编年纪》、②《语书》、③《秦律十八种》、④《效律》、⑤《秦律杂抄》、⑥《法律答问》、⑦《封诊式》、⑧《为吏之道》。只是没有收录甲乙两种《日书》。

1979 年

云梦秦简初探

高敏著，河南人民出版社 1979 年出版。

长沙马王堆汉墓

湖南省博物馆编,湖南人民出版社 1979 年出版。介绍了马王堆汉墓出土的各种文物,包括竹简、帛书等。

导引图(马王堆汉墓帛书)

马王堆汉墓帛书整理小组编,文物出版社 1979 年出版。收录马王堆帛书中"导引图",1 袋 2 张大图。

汉书新证(第二版)

陈直著,天津人民出版社 1979 年 3 月出版。天津人民出版社 1959 年版的修订版。初版出版后,作者又于 1959 年续写了两卷,1960 年至 1961 年把续写的内容合入初版,形成新版。

《简牍学报》6 期

台北简牍学会编辑并出版。所收论文有:《居延汉简"标号"与出土地点关系探微》(吴昌廉)、《居延汉简中昌邑王国简之断代》(张寿仁)、《简牍之断代接合与编连——跋〈居延汉简中昌邑王国简之断代〉》(马先醒)、《居延汉简、敦煌汉简中所见之病例与药方价值》(张寿仁)、《简牍文字之艺术观——居延汉简》(张寿仁)、《居延汉简补编》(马先醒)、《关于一四八·一〇号"居延汉简"》(马先醒)、《"居延汉简"吏卒籍贯地名索引》(林振东)等。

1980 年

马王堆汉墓帛书(壹)

马王堆汉墓帛书整理小组编,文物出版社 1980 年出版。内容包括《老子》甲本及卷后古佚书《五行》、《九主》、《明君》、《德圣》,《老子》乙本及卷前古佚书《经法》、《十大经》、《称》、《道原》的图版、释文和注释。

帛书五行篇研究

庞朴著,齐鲁书社 1980 年 7 月出版。马王堆《老子》甲种卷后之一、四篇,都属思孟学派的儒家佚书,本书汇集了作者对这两篇古佚书的校注和研究论文《思孟五行新考》。

汉简缀述

陈梦家著,《考古学专刊甲种》第15号,中华书局1980年出版。

居延汉简甲乙编(上、下)

中国社会科学院考古研究所编,《考古学专刊》第16号,中华书局1980年7月出版。在《居延汉简甲编》的基础上,参考劳榦的《居延汉简》图版之部,及索马斯特勒姆的《内蒙古额济纳河流域考古报告》(上、下册),整理出版了《居延汉简甲乙编》。该书分上、下两册。上册为甲乙两编的图版,共计475版,包括1930年出土的全部居延汉简影本。下册为释文以及附录和附表,包括有关情况的说明文字。

《简牍学报》7期

台北简牍学会编辑,1980年出版。所收论文有:《居延汉简所见郡国县邑乡里统属表》(吴昌廉)、《居延汉简所见之"簿""籍"述略》(吴昌廉)、《恢复居延汉简之旧观——居延汉简复原工作报告序》(吴昌廉)、《尚志斋随笔——永田氏"试论居延汉简中的候官"质疑·居延汉简中的邮书·略论中国上古的"弩"》(陈鸿琦)、《地湾出土之汉武帝诏书》(罗玉珍)、《大湾出土之汉代"奉用钱簿"》(谢素珍)、《瓦因托尼出土之汉代食簿(一)(二)(三)》(何家英、夏自华、赖惠兰)、《永田英正"试论居延汉简中的'候官'——以破城子出土的'诣官'簿为中心"》(陈鸿琦译)、《居延汉简标号一六二号之整理及有关问题浅探》(邱玉蟾、于宝倩)、《释居延之"署"》(蔡慧瑛)、《由居延汉简看大男大女使女未使男未使女小男小女的问题》(耿慧玲)等。

《简牍学报》8期

台北简牍学会编辑,1980年出版。所收论文有:《中国古代城郭形制考述》、《居延汉简系年考略稿》等。

1981 年

云梦睡虎地秦墓

云梦睡虎地秦墓编写组编,文物出版社1981年9月出版。1975年湖北云梦发掘墓葬12座,本报告共分三章:第一章墓葬形制,第二章随葬器物，第三章墓葬年代与墓主身份及墓葬的文化特征。关于竹简，本报告只在随葬器物一章中作概括介绍，并发表全部竹简照片和释文。竹简篇名、编排顺序与出土登记号对照表，漆器上的针刻、烙印文字与符号，有关科学鉴定书，均附在本书之末。

云梦秦简初探（增订本）

高敏著，河南人民出版社1981年出版。

云梦秦简研究

中华书局编辑部编，中华书局1981年7月出版。研究睡虎地秦简的一本论文集。包括《珍贵的云梦秦简》、《读云梦秦简〈编年记〉书后》、《秦的官府手工业》、《云梦秦简所涉及土地所有制形式问题初探》、《秦代的封建土地所有制》、《云梦秦简所反映的秦代社会阶级状况》等论文。

马王堆汉墓研究

湖南省博物馆编，湖南人民出版社1981年出版。本书编选了已发表的有关马王堆汉墓研究的部分文章或有关专著的个别篇章，以发表日期的先后为序，并将同一问题的论述排在一起。

敦煌汉简释文评议（摹庐丛著七种）

陈直著，齐鲁书社1981年出版。

汉简隶书选

许宝驯、王状弘编，上海书画出版社1981年出版。选自居延汉简、甘谷汉简、武威汉简等。

《秦汉史论丛》第一辑

中国秦汉史研究会编，陕西人民出版社1981年9月出版。有关秦汉历史研究的论文集。《从睡虎地秦墓竹简看秦代的农业经济》、《敦煌汉简校文补正》等篇涉及简帛文献。

西北史地论丛

黄文弼著，上海人民出版社1981年出版。内容包括：《河西四郡建置年代考》、《罗布淖尔汉简考释》等。

《简牍学报》9期

台北简牍学会1981年5月出版。以专刊的形式刊布《居延汉简新编》。

《简牍学报》10 期

台北简牍学会 1981 年 7 月出版。为《睡虎地秦简研究班与其研究专号》，所收论文有：《就简牍学观点略论睡虎地秦简》、《睡虎地秦简中的篇题及其位置》、《简牍本秦律之律名、条数及其简数》、《睡虎地秦简刑律律文集录》、《"坐"与"连坐"》、《秦简杂考》等。并收录睡虎地秦简的图版和释文，但未收《日书》。

1982 年

云梦秦简日书研究

饶宗颐、曾宪通著，香港中文大学出版社 1982 年出版。

竹简帛书论文集

郑良树著，中华书局 1982 年 1 月出版。这是作者的简帛研究论文集。内容有的是从事其校勘和诠释，有的是探讨其历史价值和学术影响，有的是修正先贤时人论证的差误，范围相当广。

帛书老子注译与研究

许抗生著，浙江人民出版社 1982 年 2 月出版。本书首先对马王堆帛书《老子》进行了注释、今译，然后对帛书《老子》的思想作了探讨。

中国会计史稿（上册）

郭道扬著，中国财政经济出版社 1982 年 8 月出版。这本书以时代为经，以会计、审计、出纳、行政四种互相牵制的职能为纬，分官厅、民间两个系统，全面阐述了中国财务会计发展的历史。充分利用《睡虎地秦墓竹简》、《居延汉简》、《流沙坠简》、《汉晋西陲木简汇编》、《张家山汉墓竹简》、《吐鲁番古墓发掘简报》、《新疆出土文物》、《敦煌资料》，以及近代各家有关殷墟书契的种种著作，从中取得第一手资料，令人信服地勾勒出了中国会计工作和会计学发展的大体轮廓。

1983 年

简牍研究译丛(第一辑)

中国社会科学院历史研究所战国秦汉史研究室编,中国社会科学出版社 1983 年 4 月出版。本辑重点介绍森鹿三、大庭脩等日本学者研究居延汉简的著作,同时也介绍了英国学者鲁惟一的论文。

《马王堆汉墓帛书》叁

马王堆汉墓帛书整理小组编,文物出版社 1983 年出版。内容包括《春秋事语》和《战国纵横家书》的图版、释文和注释。

《秦汉史论丛》第二辑

中国秦汉史研究会编,陕西人民出版社 1983 年 8 月出版。有关秦汉历史研究的论文集,《有关"啬夫"的一些问题》、《秦律中的"赀"与"赎赀"》等论文涉及简帛文献。

尉缭子校注

钟兆华著,中州书画社 1983 年出版。本校注以《续古通丛书》中涵芬楼影印东京岩崎氏嘉靖堂藏本之宋本《武经七书》本《尉缭子》为底本,以银雀山汉墓竹简本和《群书治要》本的选篇为主校本,以宋施子美《七书讲义》、明刘寅《武经七书直解》等二十余种本子为参校本,旁及类书佚文等,对文字、词句的出入异同进行勘校,并适当地作些注解。

中华五千年文物集刊·简牍篇一

吴哲夫、吴昌廉编,《中华五千年文物集刊》编辑委员会 1983 年 6 月出版。选录居延新简、武威医简、江陵凤凰山汉简、马王堆汉简的部分简牍,内容包括:图版、释文、注释。书前有《叙例:简牍释义及其史料价值》。

汗简、古文四声韵

《汗简》四卷,(宋)郭忠恕编。《古文四声韵》五卷,(宋)夏竦编。李零、刘新光整理,中华书局 1983 年 12 月出版。这两部书都是研究战国文字的重要资料,集录了当时所见古文字材料,与出土的战国文字多可参校。书后有李零《出版后记》及检字表。

1984 年

东周与秦代文明
李学勤著，文物出版社 1984 年出版。全书分两部分，第一部分论述了东周王朝与各诸侯的状况以及秦统一诸国的情况；第二部分则论述了各种出土文物，包括青铜器、金银器，以及简牍、帛书等。

帛书老子校注
林贵添著，作者自刊本。据活页手抄本影印。存目。

孙膑兵法校理
张震泽著，中华书局 1984 年 2 月出版。在银雀山汉简整理小组《银雀山汉墓竹简(壹)》(文物出版社 1975 年)、《孙膑兵法》(文物出版社 1975 年)的基础上，再作校勘整理。

汉简研究文集
甘肃省文物工作队、甘肃省博物馆编，甘肃人民出版社 1984 年 9 月出版。公布了一批甘肃新发现的简牍，有敦煌酥油土汉代烽燧遗址出土的木简、玉门花海汉代烽燧遗址出土的简牍、武威新出土王杖诏令册等。发表了一些对甘肃简牍研究的论文，如：《额济纳河下游汉代烽燧遗址调查报告》、《甘谷汉简考释》、《汉边塞守御器备考略》、《汉代蓬火制度探索》等。

疏勒河流域出土汉简
林梅村、李均明编，《秦汉魏晋出土文献》丛书之一，文物出版社 1984 年 3 月出版。内容包括斯坦因第二次、第三次中亚考察于汉长城遗址发掘的简牍，1944 年夏鼐、阎文儒发现的简牍 40 余枚，本书对过去的释文作了校订，没有简牍的图版。

简牍概述
林剑鸣编译，陕西人民出版社 1984 年 9 月出版。本书参考日本学者大庭脩《木简》一书，对简牍学重要内容作了介绍。内容包括：解放前简牍出土的历史、解放后简牍出土的历史、简牍的形式和名称、简牍中的法律文书、简牍中的书籍、简牍中的遣策、简牍中的诏书、简牍中政府下达的文书、简牍中上呈和同级间的文书、简牍中的通行证和身份证、简牍中其他种类的文书等。

楚文化考古大事记

楚文化研究会编，文物出版社 1984 年出版。收录了 1982 年之前有关楚文化的各项考古发现。包括 1942 年楚帛书，1953 年仰天湖楚简等重要简帛的发掘出土。

中国古代籍帐研究

[日]池田温著，龚泽铣译，中华书局 1984 年 8 月出版。内容包括：中国史的特征与籍帐、古代籍帐的发现与研究、古代籍帐制度的形成、古代籍帐制度的变质、古代籍帐制度的完成与崩溃等。

中华五千年文物集刊·帛书篇一

吴哲夫、吴昌廉主编，《中华五千年文物集刊》编辑委员会 1984 年 9 月出版。收录了马王堆汉墓帛书《春秋事语》、《战国纵横家书》的图版、释文，并附有《战国策》、《史记》、《韩非子》等相关篇章。

大谷文书集成（第一卷）

[日]龙谷大学佛教文化研究所编，《龙谷大学善本丛书》5，小田义久主编，法藏馆 1984 年出版。大谷文书是指日本大谷光瑞在民国初年组织大谷探险队到西域去寻找到的文献资料，这一行人带回的汉文文献及非汉文文献统称为大谷文书。包括著名的"李柏文书"。大谷探险队三次中亚考察所获文书的内容可分为几类：籍账，官厅文书，土地制度关系文书，兵役关系文书，唐代力役关系文书，户主名簿，唐代差科簿，唐代契券类，经济关系文书，告身，西州奴俊延妻孙氏辨，药方书断片，佛教有关文书，佛典和佛书断片，道教有关文书，文学类文书。其中"李柏文书"是西晋时西域长史李柏当时写给焉耆国王等的信函，其中两封是完整的，还有 39 片残片。大谷光瑞于 1948 年 10 月去世之后，京都西本愿寺整理其遗物时，从仓库中发现二个长方形的木箱，侧边写着"大连关东别院光寿会"及墨笔写着"重要书类"，最后这些资料再移交龙谷大学保管。1953 年，龙谷大学组成西域文化研究会开始研究这些资料，陆续撰成六本书。大谷文书这个名称则是内藤干吉在第三册中所提出，此后就把这批资料称为大谷文书。这六册书：第一卷《敦煌佛教资料》，1958 年 2 月刊行；第二卷《敦煌吐鲁番社会经济资料（上）》，1959 年 3 月刊行；第三卷

《敦煌吐鲁番社会经济资料(下)》，1960年3月刊行；第四卷《中央アヅア古代語文獻》，1961年3月刊行；第五卷《中央アヅア佛教美術》，1962年3月刊行；第六卷《歷史と美術の諸問題》，1963年3月刊行。文书集成第一卷包括：高昌国时代文书、西州时代文书、吐鲁番出土文书等四部分的图版及释文。

1985 年

楚帛书

饶宗颐、曾宪通著，香港中华书局1985年出版。

长沙子弹库战国楚帛书研究

李零著，中华书局1985年出版。

秦律通论

栗劲著，山东人民出版社1985年出版。本书根据《睡虎地秦墓竹简》以及相关文献资料，系统梳理了秦代律令。内容包括：秦律的制定和发展、秦律的一般理论基础、关于犯罪的理论和认定犯罪的原则、"重刑主义"的刑罚理论、秦律的刑罚体系、刑事诉讼的基本原则和程序、行政法规和行政管理、经济法规和经济管理、秦律中的民法问题等。

银雀山汉墓竹简(壹)

银雀山汉墓竹简整理小组编，文物出版社1985年9月出版。1972年山东临沂银雀山汉墓发掘出土大批汉简，本书公布了其中《孙子兵法》、《孙膑兵法》、《尉缭子》、《晏子春秋》、《守法守令等十三篇》，包括图版、摹本、释文。

银雀山汉简释文

吴九龙编，《秦汉魏晋出土文献》丛书之一，文物出版社1985年12月出版。内容包括了银雀山1号、2号汉墓全部出土的竹简、木牍释文。该书按原简出土顺序号编排，没有图版，只录原简释文。书前有绪论，介绍了两座墓葬的形制及出土竹简的学术价值，书后附有《元光元年历谱》复原图及《银雀山汉简校注本分类目录》。在银雀山汉简内容尚未全部公布之际，该书有一定参考价值。

马王堆汉墓帛书(肆)

马王堆汉墓帛书整理小组编,文物出版社1985年出版。包括3号墓出土的帛书、竹简本全部医书,即《足臂十一脉灸经》、《阴阳十一脉灸经》甲本、《脉法》、《阴阳脉死侯》、《五十二病方》、《却谷食气》、《阴阳十一脉灸经》乙本、《导引图》、《养生方》、《杂疗方》、《胎产书》、《十问》、《合阴阳》、《杂禁方》、《天下至道谈》的图版、释文和注释。

帛书周易注译

张立文著,中州古籍出版社1985年出版。对马王堆帛书本《周易》经文六十四卦作了注释和今译。

帛书老子注译与研究(增订本)

许抗生著,浙江人民出版社1985年3月出版。这是对1982年版本的修订。

汉晋西陲木简新考

劳榦著,《"中央研究院历史语言研究所"单刊甲种》27,"中央研究院历史语言研究所"1985年12月出版。对1931年出版的《汉晋西陲木简汇编》即斯坦因第三次中亚考察所获简牍文书进行了考证。

出土文献研究

文化部文物局古文献研究室编,文物出版社1985年6月出版。有关中国出土文献研究的论文集,内容涉及甲骨卜辞、金文、简帛、敦煌遗书。

《简牍学报》11期

台北简牍学会编辑,1985年出版。所收论文有:《武威汉代医简随笔》(救之)、《汉代塞上燧卒之职责》(吴昌廉)、《汉代边塞"部"之组织》(吴昌廉)、《汉简所见之候官组织》(吴昌廉)、《秋射——兼论秋射与都试之异同》(吴昌廉)、《西陲汉代医简方名考》(张寿仁)、《前汉典理兵器的职官考述》(陈鸿琦)、《前汉边郡障塞兵器探微》(陈鸿琦)、《关于居延甲渠候栗发与"客民"寇恩之辩讼及其"具狱"文书——云楼校读近"出土"的简牍札记之一》(陈祚龙)、《汉代的军用车骑和非军用车骑》(劳榦)等。

汉简书法选

徐祖蕃选编，甘肃人民出版社1985年出版。选编了武威《仪礼》简、王杖诏书令、武威医简等简牍文字。

吐蕃简牍综录

王尧、陈践编著，文物出版社1985年3月出版。本书收录吐蕃简牍共464支。其中斯坦因在20世纪初于西北所获者380支，新疆维吾尔自治区博物馆发掘出土78支，俄人所获6支。对这批吐蕃文简牍作了汉译，并附简牍摹本和拉丁语转写。

楼兰尼雅出土文书

林梅村编，《秦汉魏晋出土文献》丛书之一，文物出版社1985年2月出版。在楼兰、尼雅遗址发现的汉文文书，计有：斯文·赫定第二次中亚考察在楼兰发现的277件，斯坦因三次中亚考察在尼雅发现的58件、在楼兰发现的349件，以及日本大谷考察队第二次中亚考察在楼兰发现的44件，共728件。本书对这些汉文文书集中进行了整理，收录了释文，没有图版。

1986 年

信阳楚墓

河南省文物研究所编，文物出版社1986年3月出版。《中国田野考古报告集考古学专刊丁种》第30号。1957年至1958年发掘的河南信阳1号、2号楚墓的考古报告集。内容包括墓葬形制、随葬器物等。1号墓出土148枚竹简，属遣策。书后有刘雨撰写的《信阳楚简释文与考释》。

居延汉简研究

陈直著，天津古籍出版社1986年5月出版。全书分五部分：居延汉简综论、居延汉简解要、居延汉简释文校订、居延汉简甲编释文校订、居延汉简系年等。

《秦汉史论丛》第三辑

中国秦汉史研究会编，陕西人民出版社1986年7月出版。收录简帛研究文章如：《秦简律文中的"受田"》等。

《简牍学报》12 期

台北简牍学会编辑，1986 年出版。所收论文有：《嬴秦牛耕新考》、《汉代边郡障隧之文官制度》、《武威汉代医简探微》、《论汉代大司农的起源与沿革》等。

中华五千年文物集刊·简牍篇二

吴昌廉主编，《中华五千年文物集刊》编辑委员会 1986 年出版。存目。

中华五千年文物集刊·简牍篇三

吴昌廉主编，《中华五千年文物集刊》编辑委员会 1986 年出版。存目。

1987 年

帛书周易校释

邓球柏著，湖南出版社 1987 年 11 月出版。对 1984 年第 3 期《文物》杂志上公布的马王堆帛书《周易》六十四卦经文作了校勘、注释。以《四部丛刊》影宋本王弼注《周易》本为校本（书中简称"通行本"），参校本主要有《经典释文》本、《周易集解》本、《唐开成石经》本、《周易音训》本。

居延汉简释文合校

谢桂华、李均明、朱国炤编，《秦汉魏晋出土文献》丛书之一，文物出版社 1987 年 1 月出版。该书将居延汉简的全部释文，按西北科学考察团最初在北京整理的编号顺序排列，重新释读。全书所录简文，均以《居延汉简甲乙编》释文为底本，如《居延汉简甲乙编》释文无误，即照录；如《居延汉简甲乙编》释文有误，则径直予以校补订正。凡是《居延汉简甲乙编》、《居延汉简甲编》、《居延汉简考释》释文之部释文与《居延汉简释文合校》校补释文不同者，均在按语中分别说明，以供读者择善而从。这样既反映了合校本释文与上述三种释文的相异之处，又反映了劳榦、《居延汉简甲编》及《居延汉简甲乙编》三种释文彼此之间的不同之处，令人一目了然，从而便利了运用者推敲释文的正误以定取舍的工作，也省却了使用者同时查阅三种不同释文的麻烦，加上合校本的校补工作是在整理居延新简的过程中进行的，有条件运用大量新简的材料与旧简的材料作对比研究，且尽可能充分吸收已公布的国内外有关释文的成果，在释文方面取得了很大突破，校正了一万枚简中两千多枚简的释文，因此合校本以其准确性、权威性、便利性受到学界的广泛认同和欢迎。

简牍研究译丛（第二辑）

中国社会科学院历史研究所战国秦汉史研究室编，中国社会科学出版社1987年5月出版。收录了日本学者研究我国古代简牍的16篇论文，包括居延汉简、居延新简13篇，云梦秦简、武威和敦煌汉简各一篇。

1988 年

银雀山汉墓竹简·晏子春秋校释

骈宇骞著，书目文献出版社1988年4月出版。以1972年山东临沂出土的银雀山汉简本《晏子春秋》与四部丛刊影印明活字本进行对勘，参考相关文献，对简本进行疏通释读，对异文明其是非得失。

阜阳汉简《诗经》研究

胡平生、韩自强著，上海古籍出版社1988年5月出版。这是一本整理、研究1977年发掘出土的阜阳双古堆汉简《诗经》的文集。内容包括图版、摹本、释文、简论、异文初探、简册形制及书写格式蠡测等。

帛书五行篇研究（第2版）

庞朴著，齐鲁书社出版1988年出版，是1980年版的修订本。

居延新简释粹

甘肃省文物考古研究所编，薛英群、何双全、李永良注，兰州大学出版社1988年1月出版。选取部分1972—1976年甘肃省文物考古研究所发掘出土的居延新简，作了释文、标点、注释，包括甲渠候官与第四隧、肩水金关简。是居延新简首次公之于众。

马王堆医书考注

周一谋、萧佐桃主编，天津科学技术出版社1988年7月出版。

对马王堆汉墓出土的十五种医书作了校注，分提要、释文、考注和按语等四部分。

中国书籍编纂史稿

韩仲民著，中国书籍出版社1988年5月出版。全书共分五部分。一、绪论：着重介绍了从文字的发明到书籍的产生，最早的书籍形式——简册及造纸和雕版印刷术的发明给书籍编纂史带来的划时代的变化。二、简册篇：主要论述了从商周典册到郑玄遍注诸经等汉代以前古籍发展过程及著名的著书家。三、写本篇：介绍了从魏晋到唐五代时期，经籍注疏、竹书整理、佛经翻译、法典修纂及唐人选诗等众多的内容。四、刊本篇：论述了宋、元、明、清几个朝代中，我国的主要典籍，如《资治通鉴》、《永乐大典》、《四库全书》的编修、编修者，各种学术流派的不同观点与创作方法，诗文辞曲、话本小说从内容到风格的演变等。书后附有《大事年表》、《人名索引》及《书名索引》。

印刷术发明前中国书和文字记录

钱存训著，周宁森译，郑如斯增补，印刷工业出版社1988年出版。《书于竹帛》的第二个中文版本。

文史考古论丛

陈直著，天津古籍出版社1988年10月出版。作者文史论文集，涉及武威汉简、旱滩坡汉简等。

马王堆汉墓帛书竹简

李正光编，湖南美术出版社1988年出版。马王堆汉墓帛书的文字编，竹简遣策的摹本释文等。

沙海古卷——中国所出佉卢文书(初集)

林梅村编，《秦汉魏晋出土文献》丛书之一，文物出版社1988年10月出版。首先介绍了佉卢文的概况，以及中国出土佉卢文的情况，然后收录了中国出土佉卢文的汉语译文以及拉丁语转写。

1989 年

曾侯乙墓

湖北省博物馆编，文物出版社1989年7月出版。上册内容有：

序言、墓葬形制、随葬器物、墓主和年代、主要收获等，附录一为裘锡圭、李家浩撰写的《曾侯乙墓竹简释文与考释》；下册为出土文物图录，包括竹简的照片和铜器铭文的照片。

战国文字通论

何琳仪著，中华书局1989年4月出版。内容包括：战国文字的发现和研究、战国文字与传抄古文、战国文字分域概述、战国文字形体演变、战国文字释读方法等。

一得集

陈邦怀著，齐鲁书社1989年出版。上卷汇集了作者甲骨、金石、帛书、简牍等有关出土文献的考释文章。简帛方面涉及楚帛书、居延汉简等。下卷则是毛诗、《尔雅》等传世文献的考证文章。

中国简牍学综论

郑有国著，华东师范大学出版社1989年出版。是我国第一部综合研究出土简牍的专著。书中介绍了古籍中关于简牍出土的记载、近代简牍的发掘情况，解放前后简牍出土的概括，重点论述和介绍了简牍形式与称呼、编连及符号，简牍的残缀组合及简册复原，述说了斯坦因与敦煌汉简、沙畹与流沙坠简、马伯乐与西陲木简、黄文弼与罗布淖尔简牍，以及战国楚简出土、居延汉简整理情况、云梦睡虎地秦简研究等。书中还就简牍学的研究作了分期，分为初起时期（1900—1926年）、酝酿时期（1927—1949年）、新时期（1949年以后）。介绍了国内外学者研究简牍的成果、各家的不同观点和贡献。书末还附有"简牍研究方法释例"、"中国出土简牍论著目录"等。

秦汉简牍论文集

甘肃省文物考古研究所编，甘肃人民出版社1989年出版。收录秦汉简牍研究论文15篇，首次公布了天水放马滩秦简《日书》甲种的释文。

汉代简牍草字编

陆锡兴编，上海书画出版社1989年12月出版。所收字形以简牍为主，酌收少量砖文，按《说文解字》字序排列，收字头1400余个，字形约7千个。书前有《论汉代草书》一文，讨论草书的形体变化。

简牍研究入门
高敏著,广西人民出版社1989年出版。

黄帝四经与黄老思想
郑有国著,黑龙江人民出版社1989年出版。内容包括《黄帝四经》概况、主要思想、对汉初政治的影响,以及帛书《老子》、黄老思想的混同、黄老思想对战国秦汉之际学术的影响等。

出土文献研究续集
国家文物局古文献研究室编,文物出版社1989年12月出版。汇集了甲骨卜辞、金文、简帛、敦煌文书等研究论文,简帛文献涉及秦简、阜阳汉简、银雀山汉简等。

1990年

睡虎地秦墓竹简
睡虎地秦墓竹简整理小组编,八开精装本,文物出版社1990年9月出版。公布了1975年湖北云梦睡虎地秦墓出土竹简的完整资料,包括图版、释文、注释,除《为吏之道》、《日书》甲乙种之外,都有今译。繁体竖排。

居延新简——甲渠侯官与第四燧
甘肃省文物考古研究所、甘肃省博物馆、文化部古文献研究室、中国社会科学院历史研究所编,《秦汉魏晋出土文献》丛书,文物出版社1990年7月出版。公布了甘肃省文物考古研究所1972—1974年在甲渠侯官与第四燧发掘的汉简释文。简体字横排,没有图版。

散见简牍合辑
李均明、何双全编,《秦汉魏晋出土文献》丛书之一,文物出版社1990年出版。收集了一些散见于各类书刊之中的简牍文献。内容包括:敦煌研究院收藏的汉简、甘肃武威磨咀子18号汉墓王杖10简、甘肃甘谷汉简、甘肃玉门花海汉简、甘肃武威磨咀子汉墓《王杖诏书令》册、甘肃敦煌酥油土汉简、甘肃武威五坝山3号汉墓木牍、甘肃武威旱滩坡19号晋墓木牍、甘肃高台常封晋墓木牍、青海大通县上孙家寨115号汉墓木简、河北定县八角廊40号汉墓竹简《儒家者言》、四川青川县郝家坪50号秦墓木牍、湖北云梦大坟头7号汉墓木牍、湖北江陵凤凰山8号汉墓竹简、湖北江陵凤凰山9号汉墓木牍竹简、湖北江陵凤凰山10号汉墓木牍竹简、湖北江陵凤凰山168号汉墓竹牍衡杆文字、湖北江陵凤凰山167号汉墓木简木楬、湖北云梦睡虎地4号秦墓木牍、湖北鄂城水泥厂1号吴墓木刺、江西南昌东湖区永外正街1号晋墓木刺木牍、江西南昌东吴高荣墓木刺木牍、江苏连云港市海州西汉侍其繇墓木牍、江苏连云港市花果山竹木简牍、江苏邗江胡场5号汉墓木牍木楬封检、江苏扬州平山养殖场汉墓木楬、江苏扬州胥浦101号汉墓竹简木牍封检、湖南长沙马王堆1号汉墓竹简木楬、广西贵县罗泊湾1号汉墓木牍木简封检等。

马王堆汉墓出土房中养生著作释译

周一谋著，海峰出版社、今日中国出版社1990年8月出版。对马王堆出土的竹木简、帛书中有关房中术的著作，如《天下至道谈》、《养生方》、《杂疗方》等进行注释、今译。

汉唐烽堠制度研究

程喜霖著，三秦出版社1990年出版。叙述了中国两汉至唐边关烽燧制度，汉代的资料主要依据居延汉简等简牍资料，内容有：两汉候望系统及烽燧布局、两汉烽燧的建制、两汉烽火品约及烽燧制度的形成、魏晋南北朝时期烽火在战争中的应用、隋朝四烽四炬之制、唐朝烽堠的设置与布局、唐朝烽堠的建制、唐朝烽铺、唐朝烽铺的管理与烽铺斸田、唐兵部《烽式》与烽堠的职能等。

高昌楼兰研究论集

侯灿著，新疆人民出版社1990年7月出版。作者研究西北史地的论文集，涉及年代、郡县、官制等。其中有《楼兰新发现木简纸文书考释》、《李柏文书出土于LK城说》等涉及简帛文献的文章。

中国法律史国际学术讨论会论文集

《法律史》编委会编，陕西人民出版社1990年9月出版。会议论文集。

大谷文书集成（第二卷）

龙谷大学佛教文化研究所编，《龙谷大学善本丛书》10，小田义久主编，法藏馆1990年出版。刊发了部分大谷光瑞在中国西北地区掘获的纸文书,包括:高昌国时代的文书、西州时代的文书,有图版和释文。

《简牍学报》13 期

简牍学会 1990 年 3 月出版。所收论文有:《宗间阿玛汉简校理》、《旧新居延汉简综贯研究叙例》、《秦简〈为吏之道〉宦学识字教材论考》、《秦律"刑徒"有刑期说辨正》、《秦简〈日书〉校补》、《汉简所见"迹天田"初探》、《武威汉代医简再探》等。

1991 年

包山楚简

湖北省荆沙铁路考古队编,文物出版社 1991 年 10 月出版。公布了包山 2 号楚墓出土的竹简、竹牍,竹简共计 448 枚,其中有字简 278 枚,字数 12472 个;竹牍 1 枚,有字 154 个。内容为遣策、卜筮祭祷、法律文书等。全书分图版、释文、考释等部分。

包山楚墓

湖北省荆沙铁路考古队编,文物出版社 1991 年 10 月出版。介绍了 1986 年发掘的包山 1 号墓、2 号墓、4 号墓、5 号墓、6 号墓出土的文物。包括 2 号墓出土的竹简、竹牍。

秦国法制建设

黄中业著,辽沈书社 1991 年出版。本书从历史的角度介绍了商鞅的"改法为律",探讨秦国法制建设的指导思想,阐述战国时期的法制理论。

马王堆帛书《德行》校释

魏启鹏著,巴蜀书社 1991 年出版。本书运用传统训诂学与现代语言学相结合的方法,对《德行》全书进行校勘、订补、注释,并以现存的儒家经籍与古佚书加以印证,揭示了《德行》在儒家体系中的特殊位置。

帛书老子校注析

黄钊著,学生书局 1991 年出版。存目。

敦煌汉简(上、下)

甘肃省文物考古研究所编,中华书局1991年6月出版。整理了历年出土的敦煌汉简,公布了图版、摹本、释文。

敦煌汉简释文

吴礽骧、李永良、马建华释校,甘肃省文物考古研究所编,甘肃人民出版社出版。收集整理了疏勒河流域历年出土的简牍2480余枚,并对沙畹、马伯乐、劳榦、夏鼐、大庭脩、林梅村、李均明等人的释文作了校注。

居延汉简通论

薛英群著,甘肃教育出版社1991年出版。本书叙述了居延汉简的发掘、整理、简牍制度,并运用简文研究了汉代的政治制度、经济措施、军事防御、科技文化等。

秦汉法制史研究

大庭脩著,林剑鸣等译,上海人民出版社1991年出版。

汉简书法论集

赵正著,甘肃人民美术出版社1991年出版。关于汉简书法的讨论集,有多幅图片,作者为甘肃著名书法家。

简牍帛书字典

陈建贡、徐敏编,上海书画出版社1991年12月出版。本字典属简帛类的文字编,每字头下收录典型的简帛字形,共有字头2860余个,连同重文共计字形47100余个,合文36个。依《康熙字典》的部首为序。

东周与秦代文明(增订本)

李学勤著,文物出版社1991年出版。是在1984年文物出版社初版的基础上,加写了"新发现和新研究"一节,材料下限延至1991年年初。

1992年

包山楚简文字编

张光裕编,艺文印书馆1992年11月出版。存目。

睡虎地秦简刑律研究

傅荣珂著,商鼎文化出版社 1992 年 4 月出版。内容包括:睡虎地秦简概述、秦简刑律之历史渊源、秦简刑律内容考述、秦律对汉律之影响等。

周易经传溯源——从考古学、文献学看《周易》

李学勤著,长春出版社 1992 年 8 月出版。内容包括:西周、春秋的《易》,《易传》的年代问题,考古发现中的筮法,出土简帛与《易》等。

马王堆汉墓文物

傅举有、陈松长编,湖南人民出版社 1992 年出版。公布了多件马王堆汉墓出土的文物图片,包括:帛书《周易》、帛书《周易系辞》、帛书《战国纵横家书》、帛书《老子》、帛书《十六经》、帛书《刑德》乙篇、帛书《阴阳五行》、帛书《五十二病方》、医简、导引图、地形图、驻军图、城邑图、帛书《天文气象杂占》、帛书《五星占》、卦象图等。多幅帛书系首次公开。

马王堆汉墓医书校释(一)

魏启鹏、胡翔骅著,成都出版社 1992 年出版。马王堆汉墓出土医书 15 种,5 件为帛书,其余是竹木简。本书在整理小组及多位学者研究的基础上,联系张家山汉简等多种文献,对简帛医书进行了校勘、注释,将马王堆出土文献的释读又推进了一步。

马王堆汉墓医书校释(二)

魏启鹏、胡翔骅著,成都出版社 1992 年出版。参上。

张家山汉简《脉书》校释

高大伦著,成都出版社 1992 年 6 月出版。本书原文以载于《文物》1989 年第 7 期的《江陵张家山汉简〈脉书〉释文》为底本,参考马王堆帛书及相关传世文献,进行校勘。不见于其他文献的文字则不作校勘。注释部分,详细解释词义,分析症状,考释病名,尽可能引出文献根据。

古文字论集

裘锡圭著,中华书局 1992 年 8 月出版。涉及甲骨卜辞的考订、金文考释、战国文字研究等,简帛文献有马王堆医书、睡虎地秦简、江陵凤凰山汉简、居延汉简等。

《秦汉史论丛》第五辑

中国秦汉史研究会编，法律出版社 1992 年 8 月出版。所收简帛研究论文有：《新、旧居延汉简册书复原举隅》，《云梦秦简〈日书〉与秦史研究》等。

《简牍学报》14 期

简牍学会 1992 年 3 月出版。所收论文有：《"居延汉简"命名之合理性与精确化》、《居延、甲渠出土汉新简数与册数》、《〈居延新简〉和〈居延新简释粹〉》等。

1993 年

楚地出土文献三种研究

饶宗颐、曾宪通著，中华书局 1993 年 8 月出版。"楚地出土文献三种"是指随县曾侯乙墓金文、竹简，长沙子弹库楚帛书，云梦睡虎地秦简。此书汇集了两位作者对这三种文献的研究论文。

长沙楚帛书文字编

曾宪通编，中华书局 1993 年 2 月出版。分单字、重文合文、残字三部分，根据饶宗颐藏红外线照片，楚帛书文字连重文合文在内，共计 952 字，残字 73 个，缺失约 30 个。以笔画数为序。

睡虎地秦简文字编

陈振裕、刘信芳编，湖北人民出版社 1993 年出版。本编文字选自《睡虎地秦墓竹简》，分单字、重文、合文等。

简帛研究（第一辑）

李学勤、林剑鸣、谢桂华主编，法律出版社 1993 年 10 月出版。一本简帛研究类的论文集，收录各类简帛研究论文 30 余篇。《简帛研究》初期为不定期刊物，从 2001 年开始，每年一集，以年定名。

上孙家寨汉晋墓

青海省文物考研究所整理，文物出版社 1993 年出版。介绍了墓葬形制及葬俗、随葬品、墓葬的分期与年代，以及附表、附录、图版等。公布了出土的简牍图版及释文。

秦文字类编

袁仲一、刘钰编著,陕西人民教育出版社1993年出版。上编为秦文字汇编,每字字形分金文、陶文、简牍、刻石四类,并附有部分刻画符号及不易释读的疑难字;下编为上编所收文字的文句摘抄,后附引器时代一览表、引用和参考文献目录、检字索引等。

秦刑罚概述

王关成、郭淑珍著,陕西人民教育出版社1993年出版。根据《睡虎地秦墓竹简》等文献,对秦律的刑罚作了分类探讨。

流沙坠简

罗振玉、王国维,中华书局据1934年修订本影印。

道家文化研究(第3辑)马王堆帛书专号

陈鼓应主编,上海古籍出版社1993年8月出版。邀请海内外专家撰文讨论马王堆帛书,并首次公布了马王堆帛书《易传》:《易之义》、《二三子问》、《要》的释文。

《简牍学报》15期

台北简牍学会编辑,兰台出版社1993年12月出版。收录《汉"置"初探》、《甲渠候官掾夏侯谭》、《秦汉大尺小尺与出土简牍广袤》等13篇文章。

隶变研究

赵平安著,河北大学出版社1993年出版。本书检讨了过去学界对隶变的研究,运用西周、秦、汉金文,秦至汉初的简帛文字,秦陶文,秦汉印文,秦汉石刻文字,秦货币文字等来论证隶变产生在战国中期,还分析了隶变的内因、外因,阐述了隶变的现象、规律、性质,以及巨大影响,考释了若干隶变阶段未识字,多有发明。

中国方术考

李零著,人民中国出版社1993年出版。参见2006年中华书局版。

1994 年

战国楚简文字编

郭若愚编,上海书画出版社 1994 年 2 月出版。河南信阳长台关楚简、湖南长沙仰天湖楚简的文字编,并附这两种楚简的摹本和考释。

秦汉简牍帛书音韵研究

李玉著,当代中国出版社 1994 年 10 月出版。本书基于出土的秦汉时期简帛文献中 6800 多对通假字,以及异文和押韵材料,运用以几率统计为主的统计法,结合历史比较法、内部构拟和类型学拟测法对秦汉时期的语音系统进行了较为深入的研究。

睡虎地秦简文字编

张守中编,文物出版社 1994 年 2 月出版。书中字形为摹本,依《说文解字》字序编排。

云梦秦简(中、英文对照)

张政烺、日知整理,东北师范大学出版社 1994 年出版。睡虎地秦墓竹简的英译本。

马王堆帛书易经斠理

严灵峰著,文史哲出版社 1994 年 7 月出版。对马王堆帛书《易经》进行了校勘整理。附录将帛书本六十四卦与王弼本作了对照。

居延新简——甲渠候官(上、下)

甘肃省文物考古研究所、甘肃省博物馆、中国文物研究所、中国社会科学院历史研究所编,中华书局 1994 年 12 月出版。1972—1974 年,由甘肃省文化厅文物处、甘肃省博物馆文物队、酒泉地区及当地驻军等单位组成了居延考古队,对额济河流域的居延汉代遗址进行了初步发掘,试掘重点是三处不同类别而面积较小的遗址,即北部地区的甲渠候官(今称破城子,发掘代号为 EP)、甲渠塞第四燧(EPS4)和南部肩水金关(EJ)。本书公布了这次在甲渠候官和甲渠塞第四燧发掘所获简牍 8409 枚,包括图版和释文。

简帛佚籍与学术史

李学勤著,时报文化出版企业有限公司 1994 年出版。

走出疑古时代

李学勤著,辽宁大学出版社 1994 年 3 月出版。本书介绍了关于古代文明起源及其早期的发展,分为"论古代文明"、"神秘的古玉"、"新近考古发现"、"中原以外的古文化"、"海外文物拾珍"等。

睡虎地秦简研究

徐富昌著,文史哲出版社 1994 年 5 月出版。

睡虎地秦简论考

吴福助著,文津出版社 1994 年出版。内容包括:甲部、论著,嬴秦法律的特质探析、《语书》校释、《语书》论考、《为史之道》宦学识字教材论考、《为史之道》法儒道家思想交融现象剖析、嬴秦牛耕新证;乙部、资料评介,睡虎地秦简十四年研究述评、新版《睡虎地秦简》拟议等。

秦汉法制论考

高恒著,厦门大学出版社 1994 年出版。本书收作者研究中国法制史和中国法律思想的论文 22 篇。

睡虎地秦简《日书》研究

刘乐贤著,文津出版社 1994 年出版。

秦汉交通史稿

王子今著,中共中央党校出版社 1994 年 7 月出版。研究了秦汉时期中国交通的状况,使用的材料包括睡虎地秦墓竹简、居延汉简等出土简帛文献。

马王堆汉墓研究文集

湖南省博物馆编,湖南出版社 1994 年 5 月出版。本书为 1992 年马王堆汉墓国际学术讨论会论文选,主要研究马王堆汉墓竹简、帛书以及其他出土文物。

《秦汉史论丛》第六辑

中国秦汉史研究会编,江西教育出版社 1994 年 12 月出版。所收简帛研究论文有:《汉简与汉代西北屯戍盐政考述》、《汉简簿籍与经济管理述要》、《汉初法律系全部继承秦律说》等。

汉简考历

俞忠鑫著,文津出版社 1994 年出版。利用《居延汉简甲乙编》、《流沙坠简》、《汉晋西陲木简汇编》,以及部分居延新简中的纪年简,排定"汉简年历表"。共得 1307 简。

1995 年

望山楚简

湖北省文物考古研究所、北京大学中文系编,中华书局 1995 年 6 月出版。公布了 1965 年出土的湖北江陵望山一号墓、二号墓竹简,包括图版、释文、考释、补正。附录收录两篇研究文章:《望山一号墓竹简的性质和内容》、《从望山一号墓简文看邵固的身份和时代》。

楚系简帛文字编

滕壬生编,《楚学文库》之一种,湖北教育出版社 1995 年 7 月出版。收录了子弹库楚帛书、望山楚简、五里牌楚简、仰天湖楚简、包山楚简、曾侯乙楚简等 18 批楚系简帛文字,收入字头 2228 个,字形 19250 个。分单字、合文、重文、存疑四部分,字序略依《说文解字》。前有长篇序言,讲述楚文字的特点和规律。

战国楚竹简汇编

商承祚编著,齐鲁书社 1995 年 11 月出版。收录了六座墓葬中出土的七批楚简:1. 湖南长沙五里牌四〇六号墓(1952 年出土);2. 长沙仰天湖二十五号墓(1953 年出土);3. 长沙杨家湾六号墓(1954 年出土);4. 河南信阳长台关一号墓,出竹简两批(1957 年出土);5. 湖北江陵望山一号墓(1965 年出土);6. 江陵望山二号墓(1965 年出土)。内容包括:图版、摹本、释文、考证。后附字表和索引。

《孙子》古本研究

李零著,北京大学出版社 1995 年 7 月出版。全书分三部分:上编古本辑存,收集银雀山汉简本、敦煌遗书晋写本等;中编古注集校;下编有关论文。

张家山汉简《引书》研究

高大伦著，巴蜀书社 1995 年 5 月出版。全书分研究篇、注释篇两部分。研究篇介绍了《引书》的年代、内容、导引术式、导引源流等。附录有马王堆《导引图》、张家山《脉书》等内容。

楼兰鄯善简牍年代学研究

孟凡人著，《楼兰文化研究丛书》之一，新疆人民出版社 1995 年 6 月出版。全书分两部分：楼兰尼雅汉文合校及其年代学研究、鄯善于阗佉卢文简牍年代学研究。

敦煌汉简编年考证

饶宗颐、李均明编，《补资治通鉴史料长编稿系列》之一，新文丰出版公司 1995 年 9 月出版。本书以甘肃省文物考古研究所编《敦煌汉简》（中华书局 1991 年版）为底本，按年代顺序重新编排，后加按语考证。

新莽简辑校

饶宗颐、李均明编，《补资治通鉴史料长编稿系列》之一，新文丰出版公司 1995 年 9 月出版。本书第一部分，从《居延汉简释文合校》、《居延新简》、《居延新简释粹》、《敦煌汉简》等书中辑录新莽时期简牍；第二部分是考证，考证一：数量和货币；考证二：职官与秩爵；考证三：郡县与屯戍组织；考证四：诏书律令与司法；考证五：天凤三年西域战争。

敦煌汉简书法精选

马建华、赵吴城编，甘肃人民美术出版社 1995 年出版。选取敦煌汉简中字迹清晰、书法精美的简牍放大作为学习书法的范本。

江陵九店东周墓

湖北省文物考古研究所编著，科学出版社 1995 年 7 月出版。本报告包含的 597 座墓葬，是继江陵雨台山、当阳赵家湖两地楚墓之后，在楚国腹心地区发掘的又一批数量丰富的东周时期墓葬。其中 56 号、411 号、621 号墓出土了数量不等的竹简。竹简内容主要是遣策、日书等。本书公布了全部竹简的图版和释文。

朱德熙古文字论集

朱德熙著，中华书局 1995 年 2 月出版。朱德熙先生涉及古文字研究的论文集，由裘锡圭、李家浩整理。论及信阳楚简、子弹库楚帛书、马王堆汉墓帛书等。

古代天文历法论集

张闻玉著，贵州人民出版社1995年12月出版。汇集了作者有关古代天文历法方面的论文，其中有《云梦秦简〈日书〉初探》、《云梦秦简〈日书〉再探》等研究简帛的文章。

华学(第一辑)

泰国华侨崇圣大学中华文化研究院、清华大学国际汉学研究所、中山大学中华文化研究中心共同主办，饶宗颐主编，中山大学出版社1995年8月出版。一本有关中国古典文献的刊物，第一辑中涉及简帛文献研究的如：《马王堆帛书〈刑德〉试探》、《马王堆汉墓星占书初探》、《简帛兵学文献军术考述》等。

1996 年

包山楚简初探

陈伟著，武汉大学出版社1996年8月出版。内容包括：岁首与简书年代、文书制度、地域政治系统、名籍与身份、司法制度、卜筮与祷祠、丧葬制度等，是第一部综合研究包山楚简的著作。

包山楚简文字编

张守中编，文物出版社1996年8月出版。文字编分单字、合文、存疑、残字四部分，略依《说文》排序。

包山楚简文字编

张光裕、袁国华编，艺文印书馆1996年出版。存目。

江陵望山沙冢楚墓

湖北省文物考古研究所编，文物出版社1996年4月出版。介绍了1965年湖北荆州地区望山1-4号墓，沙冢1-4号墓，共8座楚墓的考古发掘情况。叙述了墓葬形制及出土文物。其中望山1号墓、2号墓都有竹简出土。望山1号墓竹简经拼接后有207枚，内容为卜筮祭祷；2号墓竹简经拼接后有66枚，内容为遣策。附录二收录了北京大学朱德熙、裘锡圭、李家浩等人撰写的释文和考释。并公布了全部竹简的照片。

帛书老子校注

高明著，中华书局1996年5月出版。《新编诸子集成》第一辑。本书选用王弼本作为校勘马王堆帛书甲乙本《老子》的主校本，另选用敦煌本、道观碑本及历代其他刊本33种作为参校本，折中众说，择善而从，间有作者心得，是帛书《老子》的可靠读本。

帛书周易校释

邓球柏著，湖南出版社1996年8月出版。这是1987年版的修订版，主要增加了帛书《周易》传的部分，即：《二三子》、《系辞》、《易之义》、《要》、《缪和》、《昭力》，收齐了帛书《周易》的全部内容。增加部分的底本分别依据傅举有先生、陈松长先生编著的《马王堆汉墓文物》、陈鼓应先生主编的《道教文化研究》、朱伯崑先生主编的《国际易学研究》上公布的帛书《周易》传的原文。原文分别为张政烺先生、陈松长先生、廖名春先生、池田知久先生等写定。书前增李学勤序。

简帛研究（第二辑）

中国社会科学院简帛研究中心编辑，李学勤、林剑鸣、谢桂华主编，法律出版社1996年出版。收录简帛研究论文40篇，涉及楚简、秦简、汉简、楚帛书、马王堆帛书等。

简帛研究译丛（第一辑）

中国社会科学院简帛研究中心编辑，谢桂华、陈松长、刘乐贤主编，湖南出版社1996年1月出版。收录了日本、韩国、美国等国学者以及中国台湾地区学者研究简帛文献的论文17篇。

汉长安城未央宫：1980—1989年考古发掘报告

中国社会科学院考古研究所编，中国大百科出版社1996年出版。内容包括：宫城遗址勘探与试掘、宫城西南角楼建筑遗址的发掘、中央官署建筑遗址的发掘、少府（或所辖官署）建筑遗址的发掘、椒房殿建筑遗址的发掘、前殿A区建筑遗址的发掘、前殿B区建筑遗址的发掘、结语等。前殿A区出土木简115枚，本书发布了释文、摹本、图版。中央官署建筑遗址中出土骨签60000多片，刻字者57000多片，无字者近万片。文字内容分两种，一种是物品代号、编号、数量、名称、规格等,有兵器和其他器物两类;一种是年代、工官或官署名称、各级官吏或工匠名称。文字一般二至四行,字数少者十余字,多者三四十字。本书选录了一些骨签的释文和图版。

国际简牍学会会刊(第一辑)

国际简牍学会编,兰台出版社1996年出版。存目。

文史丛稿

裘锡圭著,上海远东出版社1996年10月出版。汇集了作者的部分论文,分"上古思想与民俗论集"、"古文字学史论集"两部分,涉及马王堆汉墓帛书等简帛文献。

书于竹帛——中国古代书史(增订本)

钱存训著,汉美图书有限公司1996年出版。第三种中文版本。

中国书法全集4·春秋战国

刘正成主编,荣宝斋1996年11月出版。选录了部分春秋战国时期的刻石简牍帛书的图片,并收入《春秋战国刻石简牍帛书书法概论》、《东周时代的文字》、《石鼓文年代研究综述》等论文。

秦国粮食经济研究

蔡万进著,内蒙古人民出版社1996年12月出版。本书以秦国的仓廪制度为主要线索,运用湖北云梦睡虎地秦墓竹简等材料,结合中国古代有关文献记载及其他文物资料,全面地研究和探讨了战国至秦始皇时期秦国的粮食生产、储藏、管理、分配、运输、贸易、加工、消费、价格以及粮食经济政策的得失,内容丰富、资料详实,广征博引,见解独到,是迄今所见我国秦国史中最具典型的一部经济史专著。

华学(第二辑)

泰国华侨崇圣大学中华文化研究院、清华大学国际汉学研究所、中山大学中华文化研究中心共同主办,饶宗颐主编,中山大学出版社1996年12月出版。一本有关中国古典文献的刊物,第二辑涉及简帛文献研究的文章有:《楚帛书论纲》、《九店楚简日书研究》、《军器及其题铭与简帛兵学文献》、《浅谈饶宗颐先生对湖南出土竹帛书的研究》、《简牍符号考述》等。

1997 年

楚国简帛文字有关论著目录汇编
李运富编。存目。

云梦龙岗秦简
刘信芳、梁柱编,科学出版社 1997 年 7 月出版。内容包括:龙岗秦汉墓地概况、M6 形制与随葬器物、竹简、竹简释文、竹简考释、木牍、墓葬年代及墓主身份等。附录:云梦龙岗简牍文字通检、云梦龙岗竹简摹本。

帛书《周易》研究
邢文著,人民出版社 1997 年 11 月出版。内容包括:上篇帛书《周易》概说,中篇经文:帛书《周易》的卦序问题,下篇传文:帛书《周易》与古代学术。

尹湾汉墓简牍
连云港市博物馆、东海县博物馆、中国社会科学院简帛研究中心、中国文物研究所编,中华书局 1997 年 9 月出版。收录了 1993 年发掘出土的江苏省连云港东海县温泉镇尹湾村汉墓简牍,包括图版、释文,附录为"尹湾汉墓发掘报告"等。

居延汉简人名编年
李振宏、孙英民编,中国社会出版社 1997 年 6 月出版。汇集了居延汉简、居延新简中出现的人名,按照人名、职务、年代、籍贯、所见简号排列。依年代先后排序,每年罗列人名后,集中进行考证讨论,解决了一些人物的年代问题。

定州汉墓竹简·论语
河北省文物研究所定州汉墓竹简整理小组编,文物出版社 1997 年 7 月出版。公布了 1973 年河北定州中山怀王刘修墓出土的《论语》释文。并依照传本作了"校勘记"。

简牍学研究(第一辑)
西北师范大学历史系、甘肃省文物考古研究所编,甘肃人民出版社 1997 年 1 月出版。收录了《河西汉简的考古发掘与研究》等 20 篇简牍研究论文。

简帛药名研究

张显成著，西南师范大学出版社 1997 年 10 月出版。对出土简帛医药文献中极其复杂的中药名称进行了尽可能的穷尽性研究，共得药名 717 个，凡 1236 见，表示 420 味药物。分"已知名研究"和"异名研究"。运用文字、音韵、训诂理论和现代语言学理论，以及中医药学理论，对异名逐一考论，解决了不少简帛药名释读的疑难问题。

黄老学论纲

丁原明著，山东大学出版社 1997 年 12 月出版。本书把先秦黄老的学术概貌作一个大致的勾画，黄老学的研究在近二十年的学界已成为显学，作者多年一直致力于黄老学的研究，已经发表了多篇重要论文，他在很多问题上都有独特看法。本系统论述从战国到汉初黄老学的作品奠基于专题研究之上，所以虽通而不泛，有很高的学术价值。

出土文物与先秦法制

李力著，大象出版社 1997 年 12 月出版。内容包括：甲骨文青铜器铭文所见先秦法律观、甲骨文青铜器铭文所见先秦刑罚、西周青铜器铭文中的法律文书、东周铜器铭文中的律令、东周盟书与春秋战国法制的变化、秦汉简牍与战国法制等。

中国书法全集 5、6·秦汉简牍帛书一、二

刘正成主编，荣宝斋 1997 年 10 月出版。内容包括：序言、原色简牍帛书及大观帖选页、秦汉简牍帛书概述、新出简帛与学术史、简帛和楚文化、西北汉简书法研究、荆楚书法研究、早期草体书法史略、论分书的产生、论阁帖所收汉代名家、秦汉简牍帛书作品、作品考释、历代简牍帛书出土情况简表、秦汉简牍帛书年表、秦汉简牍帛书出土分布示意图等。

中国出土资料研究 1

日本中国出土资料研究会编，1997 年 3 月出版。收录日本、中国学者对中国简帛文献研究的论文。

《简牍学报》16 期

台北简牍学会编，1997 年 1 月出版。所收论文有：《汉简中的大小石》、《读居延汉简札记》、《〈李柏文书〉及其出土地问题》等。

1998 年

郭店楚墓竹简

荆门市博物馆编,文物出版社 1998 年 5 月出版。公布了 1993 年发掘出土的湖北省荆门市沙洋区四方乡郭店村一组郭店 1 号墓中的竹简 804 枚,包括图版、释文、注释。

郭店竹简《老子》释析与研究

丁原植著,万卷楼图书有限公司 1998 年出版。存目。

荆门郭店楚简《老子》研究

崔仁义著,科学出版社 1998 年 10 月出版。1993 年 10 月湖北荆门郭店出土的楚简《老子》是迄今所能见到的道家典籍《老子》的最早文本。它共有 86 枚简,分三册,各册竹简长短不一,保留有《老子》佚文,分篇分章与马王堆帛书《老子》和传世本《老子》也不相同,文字多优于传世本《老子》。本书介绍了竹简《老子》的出土概况和形制,对竹简《老子》三册之间及其与帛书《老子》、传世本《老子》之间的关系,以及竹简《老子》和墓主之间的关系进行了初步研究。

战国古文字典——战国文字声系

何琳仪编,中华书局 1998 年 9 月出版。全书分正编、补遗、合文、附录四部分,正编依上古韵系字,凡 22 部。收录 1991 年之前公布的战国文字。

帛书《老子》校释

戴维著,岳麓书社 1998 年出版。以传世本《老子》对马王堆汉墓帛书《老子》甲、乙本进行了校勘、考释。

帛书《老子》解析

尹振环著,贵州人民出版社 1998 年出版。对马王堆汉墓帛书《老子》甲、乙本及其前后佚书进行了研讨。

居延汉简补编

"中央研究院历史语言研究所"简牍整理小组编,文渊企业有限公司 1998 年 5 月出版。1988 年,台北"中央研究院历史语言研究所"成立简牍整理组,对藏于该所的居延汉简重新进行整理,工作中利用了红外阅读仪及电脑,本书即其阶段性成果,收录了劳榦《居延汉简》图版之部及考释之部未收或刊布不全的部分,还包括居延地区以外的一些简牍,计有:一、劳书未发表者。二、劳书有释文,缺漏图版者。三、台北图书馆所藏居延汉简。四、1930 年、1934 年黄文弼发现,现藏于该所的 58 枚罗布淖尔简。五、1944 年夏鼐、阎文儒在敦煌小方盘城北郭小丘上所掘,现藏于该所的 76 枚汉简。六、1945 年 11 月夏鼐、阎文儒于武威南山剌麻湾所获,现藏于该所的 7 枚木简。

简牍与制度——尹湾汉墓简牍官文书考证

廖伯源著,文津出版社 1998 年出版。存目。

简帛研究(第三辑)

中国社会科学院简帛研究中心编辑,李学勤、谢桂华主编,广西教育出版社 1998 年出版。收录《信阳楚简"乐人之器"研究》等简帛研究论文 48 篇。

简帛研究译丛(第二辑)

中国社会科学院简帛研究中心编辑,谢桂华、陈松长、刘乐贤、赵平安编,湖南人民出版社 1998 年 8 月出版。收录了日本、美国、加拿大等国学者研究中国简帛文献的论文译文 12 篇。

简牍学研究(第二辑)

西北师范大学历史系、甘肃省文物考古研究所编,甘肃人民出版社 1998 年 3 月出版。汇集了秦汉简帛研究论文 27 篇,如:《论天水秦简中之"中鸣"》、《"后鸣"与古代以音律配合时刻制度》、《〈银雀山汉墓竹简〉原列〈孙膑兵法·下编〉十五篇校补》、《秦代刑罚制度考述》、《青川秦牍〈为田律〉研究》、《汉简〈日书〉丛释》、《木简券书破别形式述略》、《帛书〈刑德〉乙本释文订补》、《计偕物考》、《"文德"地名考释》、《"车父"简考辨》等。

出土文献研究第三辑

中国文物研究所编,中华书局 1998 年 10 月出版。论文涉及甲骨卜辞、金文、简帛、敦煌文书、墓志等。如:《帛书〈要〉篇的〈损〉〈益〉说》、《马王堆汉墓帛书〈周易·系辞〉校注》、《汉简"会计"考

(上)》、《居延汉简所见邸与阁》等。

出土文献研究第四辑

中国文物研究所编,中华书局1998年11月出版。所收论文包括简帛研究、敦煌吐鲁番文书研究、墓志研究、石刻研究等,如《由悬泉置汉代纸帛法书名迹谈早期敦煌书家》(饶宗颐)、《木简在世界各国的使用与中国木简向纸的变化》([日]大庭脩著 徐世红译)、《阜阳双古堆汉简数术简论》(胡平生)等。

缀古集

李学勤著,上海古籍出版社1998年10月出版。汇集了作者近十几年写的各种短文,计60余篇。大致分为五编:第一编是论中国古代历史文化的。第二编谈考古文物。第三编讨论若干字词。其他关于学术的议论,包括一些设想、建议,统归第四编。第五编则系几篇回忆和纪念文字,也有为祝寿作的文章。

秦汉刑罚制度之研究

[日]富谷至著,《东洋史研究丛刊》55,同朋舍1998年出版。存目。

华学(第三辑)

泰国华侨崇圣大学中华文化研究院、清华大学国际汉学研究所、中山大学中华文化研究中心共同主办,饶宗颐主编,紫禁城出版社1998年11月出版。一本有关中国古典文献的刊物,第三辑涉及简帛文献研究的论文有:《〈尧典〉星象》、《历法与帛书〈四时〉》、《帛书黄帝五正考释》、《楚帛书月名新探》、《楚简〈老子〉校释之一》等。

中国出土资料研究2

日本中国出土资料研究会编,1998年3月31日出版。收录中国、日本学者研究中国简帛的论文。如刘晓路《从马王堆三块简牍看墓主和长沙王的关系》、李运富《楚国简帛文字丛考》等。

《秦汉史论丛》第七辑

中国秦汉史研究会编,中国社会科学出版社1998年6月出版。所收简帛研究的论文有:《缁衣零简》、《尹湾汉墓简牍的主要内容和学术价值》等。

1999 年

郭店楚简《老子》解诂
刘信芳著,艺文印书馆 1999 年出版。存目。

郭店楚简研究·文字编
张光裕主编,艺文印书馆 1999 年出版。存目。

郭店楚墓竹简《老子》校读
侯才著,大连出版社 1999 年出版。作者以荆门博物馆及其有关专家悉心整理和考释的竹简《老子》释文为基础,对一些尚待识别和破译的文字进行了考释,也对某些已释而成定见的文字提出了自己的见解,从而在相当程度上推进和发展了竹简《老子》本文的校勘和释读工作。

郭店楚简校读记
李零著,北京大学出版社 1999 年出版。是作者阅读《郭店楚墓竹简》一书的读书笔记。本书所收郭店楚简释文是据荆门市博物馆《郭店楚墓竹简》一书,但对原书释文有许多改动。内容包括五组简文(道家文献和儒家文献)。作者在对竹简释文重新排比,重新考订,多所订正的基础上,对其在思想史上的意义多所抉发,对道家、儒家研究提出了很多富于创建性的意见。

道家文化研究第十七辑(《郭店楚简》专号)
陈鼓应主编,生活·读书·新知三联书店 1999 年 8 月出版。《郭店楚墓竹简》的整理公布,立即引起了学术界超乎寻常的注意。最早的郭店竹简国际学术研讨会在该书出版的同一个月便在美国达慕思大学举行,来自中国、日本、美国和欧洲的数十名学者集中讨论《老子》与《太一生水》的多方面问题。在这次研讨会上有一些初步的研究论文和意见被提出。

楚简《老子》笺释
魏启鹏著,万卷楼图书有限公司 1999 年出版。存目。

尹湾汉墓简牍综论
连云港市博物馆、中国文物研究所编著,科学出版社 1999 年 2

月出版。连云港市尹湾汉墓出土的简牍内容丰富，包含郡级行政文书、名谒、赋、衣物疏、起居记等。其中《集簿》、《吏员簿》、《长吏名籍》、《武库兵车器集簿》等尚属首见，是简牍档案中级别最高者；《神乌傅(赋)》为研究赋之源流提供了依据。本书为尹湾汉墓简牍研究论文集，所收论文着重于对简牍内容的综合研究，包括对简牍所见上计、行政建制、官吏除迁、盐铁生产、兵器管理及汉赋等的论证考述，同时还收录了对尹湾汉墓出土文物进行研究的文章，以期读者对尹湾汉墓有全面的了解。

马王堆帛书汉字构形系统研究

王贵元著，广西教育出版社1999年8月出版。本书运用系统分析的方法，对处于古今汉字转换阶段的珍贵史料——马王堆帛书的汉字构形系统，进行穷尽性分析和系统描写。用单字形体与功能双重认同的方法，设立异写字、异构字、同形字、通行体与变体等概念，对马王堆帛书4万余字进行了全面整理，共整理出1779个单字、4344个字样。在对这些单字和字样实施穷尽性拆分的基础上，从构形要素和构形结构两方面，对帛书汉字构形系统进行了全方位的分析和描写，同时还全面论述了汉字构形系统的发展阶段和发展原因。

长沙走马楼三国吴简·嘉禾吏民田家莂(上、下)

长沙市文物考古研究所、中国文物研究所、北京大学历史学系、走马楼简牍整理小组编，胡平生、李均明编著，文物出版社1999年出版。公布了走马楼吴简中嘉禾四年与嘉禾五年租税缴纳清单一类的契约大木简，共2141支木莂的释文和图版。

本世纪出土思想文献与中国古典哲学研究论文集

陈福滨著，辅仁大学出版社1999年出版。存目。

简牍文书学

李均明、刘军著，广西教育出版社1999年出版。

汉代官文书制度

汪桂海著，《简牍文书学丛书》之一，广西教育出版社1999年9月出版。本书在前人研究的基础上，充分利用文献和简牍、碑刻、封泥、官印等考古材料，对汉代官文书制度进行了全面、系统的综合性研究，从功能、性质、结构程式、用语、抬头制度等不同方面对汉代官文书的特点作了周密细致的考证，并对汉代官文书的制作、用印、收发与启封、文书传递、保密禁伪、收卷、保存等方面都作了详尽的阐述，对于秦汉史、简牍学、文书档案学史、行政制度史等领域的研究，具有填补空白的意义。

《说文》小篆研究

赵平安著，广西教育出版社 1999 年 8 月出版。本书把《说文》小篆作为传世古文字资料的一种，放在出土古文字资料的背景上，从纵向和横向两个方面，进行了全面系统的分析研究。旨在廓清它的基本类型和在汉字演进序列中的地位，明确它的来源、性质、结构，以及字头篆文和异体的关系，所收篆文和未收异体的关系，恢复其本来面目，为正确理解、充分利用这批资料作出努力。

出土文献研究第五辑

中国文物研究所编，科学出版社 1999 年 8 月出版。发表了 15 篇有关出土文献的论文，涉及简帛的有：《读〈楚系简帛文字编〉》、《包山二号楚墓卜筮简中若干问题的探讨》等。

秦文字通假集释

刘钰、袁仲一编著，陕西人民教育 1999 年 5 月出版。收录秦铜器铭文、刻石、简牍、陶文、封泥及部分印玺等出土文献的通假字，在原有释文的基础上进行整理、集释，马王堆汉墓帛书《五十二病方》属秦汉之际，其通假字也酌收。

本世纪以来出土简帛概述

骈宇骞、段书安编著，万卷楼图书有限公司 1999 年出版。全书分资料篇、论著目录篇两部分。资料篇介绍了 1900 年至 1996 年中国出土的简帛资料，目录篇收集了 1900 年至 1999 年发表论著的目录。

简帛兵学文献探论

陈伟武著，中山大学出版社 1999 年 11 月出版。作者运用语言文字学、历史文献学和文化史学的方法，以传世典籍为依托，集中整理和研究属于战国秦汉时代的简帛兵学文献，充分揭示了兵家军事哲学的特色，并着力从语言文字学的角度考察简帛兵学文献，阐发其语文学价值，解决了若干疑难问题，有助于学术界今后的深入研究。

武汉大学珞珈山研讨会论文汇编

武汉大学出版社 1999 年出版。所收简帛类论文有：《郭店楚简的几点启示》（张正明）、《郭店楚简的时代及其与子思学派的关系》（王葆玹）、《郭店楚简的形制特征及其分类意义》（周凤五）、《郭店楚简中的两个问题》（李零）等。

老子道德经研究

高定彝著，北京广播学院出版社 1999 年 6 月出版。用河上公本、王弼本、简帛本等重要注释及文本，针对每个字词进行解释，并且援引文句，最后有作者的翻译和点评。对于理解《道德经》很有帮助。

初学录

李均明著，兰台出版社 1999 年出版。作者的简帛学论文集。内容主要涉及西北屯戍简牍。

西域考古图记

斯坦因著，巫新华等译，广西师范大学出版社 1999 年出版。本书是英国人斯坦因 1906—1908 年在我国新疆和甘肃西部地区进行第二次中亚探险考察和发掘的全部成果的详细报告，书中涉及地域十分广阔，从西向东包括了今和田地区、阿克苏地区、吐鲁番地区、哈密地区和河西走廊一带。

楼兰汉文简纸文书集成

侯灿、杨代欣编著，天地出版社 1999 年 11 月出版。收录 20 世纪以来斯坦因、斯文·赫定、橘瑞超、黄文弼、侯灿等在楼兰故地发掘出土的汉文简牍、古纸文书，包括图版、释文、注释等。

中国出土资料研究 3

日本中国出土资料研究会编，1999 年 3 月 31 日。收集了中国、日本等国学者研究《郭店楚简》等中国简帛文献的论文，包括裘锡圭《中国出土简帛古籍在文献学上的重要意义》等论文。

《简牍学报》17 期

台北简牍学会编，1999 年 12 月出版。所收论文有：《一九九六年台北简牍学会汉代居延遗址考察日志》、《对汉代居延县城、都尉府地理位置的再检讨》、《甲渠候北塞卫星定位数据及其距离测定》、《额济纳河（弱水）上游西岸 K824 城考察》、《一九九八年台北简牍学会古居延考察日记》等。

2000 年

九店楚简

湖北省文物考古研究所、北京大学中文系编,中华书局 2000 年 5 月出版。公布了 1981—1989 年在湖北江陵九店发掘的 56 号、621 号楚墓中出土的竹简,内容包括竹简图版、释文与考释。

金文简帛中的刑法思想

崔永东著,清华大学出版社 2000 年出版。本书对周代金文、云梦秦简、银雀山汉简、武威汉简、帛书《老子》甲乙本、帛书《黄帝四经》中的刑法思想进行了探讨,在许多方面表现了作者的创造性见解。

郭店楚墓竹简思想研究

丁四新著,东方出版社 2000 年出版。本书采用义理与考据相结合的方法,对《郭店楚墓竹简》中的重要篇目进行了整体勾勒与通论,认为郭店楚墓竹简是战国中期偏晚以前制作或传抄的儒道著作。

郭店楚简国际学术研讨会论文集

武汉大学中国文化研究院编,湖北人民出版社 2000 年 5 月出版。本书收录了郭店楚简国际学术研讨会的 84 篇论文。总结郭店楚简研究的积极成果,对墓主人及其身份、墓葬及简书年代、文字的考释、简文的联缀、文本的复原、与传世文献的对勘比较、儒家简与道家简诸篇的诠释及儒道早期发展史、经学史、子学史、楚国文化史等,作了细致的、多角度的研讨。

郭店楚简儒家佚籍四种释析

丁原植著,台湾古籍出版有限公司 2000 年出版。存目。

郭店楚简《老子》校读

彭浩著,湖北人民出版社 2000 年出版。本书以《郭店楚墓竹简·老子》为底本,以马王堆汉墓帛书《老子》甲、乙本为校勘郭店楚简《老子》之主校本,以王弼注本等为参校本。

楚简与帛书《老子》

邹安华著，民族出版社 2000 年 6 月出版。本书以竹简《老子》为蓝本，依竹简编段分为 15 篇，有的篇中根据竹简符号分为若干章，有少量注释，译文用现代自由诗体。书中包罗万象：天体的形成、世间万物的发展变化、社会与人类的发展规律、圣人之治、君王处事等。全书篇章构思独特，诗文清新典雅，朗朗上口，言简意赅。后附论文《竹简〈老子〉与帛书·传世本〈老子〉之异同》。

郭店楚简文字编

张守中、郝建文、张小沧编，文物出版社 2000 年出版。本书分单字、合文、存疑字、残字四部分，共入选单字 1226 字，合文 21 例，存疑字 53 字，残字 7 字。

出土文献与中国文学研究

姚小鸥主编，北京广播学院出版社 2000 年 8 月出版。本书收入《出土佚书的三点贡献》、《文物与文献小议》、《出土文献和学术方略》、《20 世纪出土文献与中国文学研究》等 24 篇研究文章。

中国早期方术与文献丛考

胡文辉著，中山大学出版社 2000 年 11 月出版。作者古文献研究的论文集，涉及睡虎地日书、放马滩日书、马王堆帛书、银雀山汉简等出土简帛文献。

清华简帛研究 1

清华大学思想研究所编，廖名春主编。所收论文有：《郭店楚简〈六德〉的文献意义》、《试说郭店简〈成之闻之〉两章》、《郭店楚简〈性自命出〉篇校释》、《郭店楚简〈六德〉校释》、《郭店楚简〈成之闻之〉篇校释》等。

拥篲集

李学勤主编，三秦出版社 2000 年出版。本书收有《纪念于豪亮同志》、《〈古韵通晓〉简评》、《徐建新译〈中国饮食文化〉序》、《思想和感情的全部投入》等 190 余篇文章。

简帛五行解诂

刘信芳著，艺文印书馆股份有限公司 2000 年出版。存目。

帛书《五行》笺释

席盘林著,万卷楼图书公司2000年出版。存目。

秦汉法律与社会

于振波著,湖南人民出版社2000年出版。本书包括秦律溯源、汉代法律考述、"经义决狱"的实质与作用、秦汉法律的伦常化、秦汉法律与经济发展、秦汉法律与吏治等内容。

秦简日书集释

吴小强著,岳麓书社2000年出版。本书采取简文、注释、译文、述论的组合形式,解读《日书》之谜,展现秦代社会人们日常生活和精神世界的诸多侧面。

睡虎地秦简初探

高敏著,万卷楼图书有限公司2000年出版。

《睡虎地秦墓竹简》语法研究

魏德胜著,首都师范大学出版社2000年6月出版。本书对《睡虎地秦墓竹简》的语法进行了系统研究。全书分六章分别讨论其词法、句法现象,并附有词语索引。本书为断代语法研究以至汉语语法史研究提供了可贵的资料。

先秦两汉医学用语研究

张显成著,巴蜀书社2000年出版。本书以传世先秦两汉医籍和出土先秦两汉医籍为主要研究材料,探讨了先秦两汉医学用语的基本面貌,追溯了医学用语的来源,阐明了先秦两汉医学用语对全民语言的影响,论述了先秦两汉医学用语在汉语历史词汇学上的研究价值,考释了简帛医籍的一些至今未得释读或未得完满释读的词语。

胡平生简牍文物论集

胡平生著,兰台出版社2000年出版。存目。

银雀山竹简《晏子春秋》校释(增订本)

骈宇骞著,万卷楼图书有限公司2000年出版。存目。

出土简帛《周易》疏证

赵建伟著,万卷楼图书有限公司2000年出版。存目。

竹帛《五行》篇校注及研究

庞朴著,万卷楼图书有限公司2000年出版。内容包括:《竹帛

〈五行〉篇比较》、《竹帛〈五行〉篇与思孟"五行"说》、《三重道德论》、《马王堆帛书解开了思孟五行说古谜》、《思孟五行新考》、《郢书燕说——郭店楚简及中山三器心旁文字试说》、《帛书五行篇评述》等。

医简论集

张寿仁著，兰台出版社 2000 年出版。所收论文有：《〈五十二病方〉为秦医方书抄本辨》、《马王堆帛书〈五十二病方〉之剂型》、《〈脉诀〉十一经之说有据》等。

帛书老子与老子术

尹振环著，贵州人民出版社 2000 年出版。马王堆汉墓帛书《老子》及早期道家思想研究文集。

简帛《五行》笺释

魏启鹏著，万卷楼图书有限公司 2000 年出版。存目。

道家文化研究第十八辑（出土文献专号）

陈鼓应主编，三联书店 2000 年 8 月出版。主要收录了与道家有关的出土简帛文献：阜阳汉简、定县汉简、马王堆帛书等的研究论文，第一次公布了阜阳汉简《周易》的释文及部分摹本。

方术·医学·历史

李建民著，南天书局 2000 年出版。存目。

中国方术考（修订本）

李零著，东方出版社 2000 年出版。参 2006 年中华书局出版《中国方术正考》。

中国方术续考

李零著，东方出版社 2000 年出版。参 2006 年中华书局出版《中国方术续考》。

简牍史话

王子今著，中国大百科全书出版社 2000 年出版。介绍了简牍的形制、文化内涵、历代简牍发现、简牍研究的历史等。

帛书史话

陈松长著，中国大百科全书出版社 2000 年出版。本书紧紧围绕帛书原物对其出土、流传、整理、研究的历史作了细致的回顾和描述。全书共分为三部分，主要内容包括：帛书概说；帛书的发现、流传经过；帛书研究综述等。

华学（第四辑）

泰国华侨崇圣大学中华文化研究院、清华大学国际汉学研究所、中山大学中华文化研究中心共同主办，饶宗颐主编，紫禁城出版社2000年8月出版。一本有关中国古典文献的刊物。第四辑中有关简帛文献研究的论文有：《郭店楚简〈缁衣〉篇引〈诗〉考》、《郭店楚简识小录》、《郭店楚墓竹简考释补正》、《〈穷达以时〉与〈吕氏春秋·慎人〉》、《爱亲与尊贤的统一——郭店简书〈唐虞之道〉思想论析与考证》、《睡虎地秦简中的楚〈日书〉》、《〈神乌赋〉零笺》等。

中国出土资料研究4

日本中国出土资料研究会编，2000年3月31日出版。主要发表了日本学者对尹湾汉墓简牍、周家台三〇号墓木牍等的研究成果。

2001年

郭店竹简与先秦学术思想

郭沂著，上海教育出版社2001年2月出版。全书分绪论、第一卷郭店楚墓竹简六种考释、第二卷文献与史实、第三卷先秦思想的主流等几部分。

郭店楚简先秦儒家佚书校释

涂宗流、刘祖信著，万卷楼图书有限公司2001年出版。存目。

上海博物馆藏战国楚竹书（第一册）

马承源主编，上海古籍出版社2001年出版。举世瞩目的上海博物馆藏战国楚竹书，是近百年来所发现的战国简牍中数量大、内容极为丰富的文物史料。数年前，在香港文物市场被发现，由上海博物馆抢救回归。经中国科学院上海原子核研究所高精度测试，竹简年代属战国后期，这批竹简总80余种，包括原存书题20余篇，全部是秦始皇焚书坑儒之前原始的战国古籍，内容涉及历史、哲学、宗教、文学、音乐、语言文字、军事等。竹书中完残简约1200余枚，字数达35000余字，集众多战国书手墨迹，风格端雅秀美，行款疏密得宜，亦当在中国书法史上有举足轻重的地位。于 2001 年起由上海古籍出版社分册出版。每册由竹书彩色全图、文字放大彩色版、释文、诸本校勘和考证等部分组成，集中了上海博物馆和国内专家的有关研究成果。第一册，包括《孔子诗论》(马承源整理)、《〈纣〉衣》(陈佩芬整理)、《性情论》(濮茅左整理)等三篇。《〈纣〉衣》与《郭店楚墓竹简》中的《缁衣》系重篇，释文后附有《上博简》与《郭店楚简》对照的图版。

帛书及古典天文史料注析与研究

陈久金著，万卷楼图书有限公司 2001 年出版。存目。

战国文字编

汤余惠主编，福建人民出版社 2001 年 12 月出版。涉及的文字材料除简牍、帛书以外，还有铜器、兵器、货币、陶器、玺印、封泥、刻石、金银器等各类器物铭文。字头按《说文解字》排序，单字 14 卷，合文 1 卷，附录部分收录构形不明、难以隶定的字。

战国史料编年辑证

杨宽著，上海人民出版社 2001 年 11 月出版。本书按年编辑史料，上接《左传》之终年，下迄秦之灭六国与统一，共 248 年。使分散杂乱、年代错误、真伪混淆之战国史料，若网之在纲而有条不紊。史料采自下列四个方面：(一)战国秦汉之史书与纵横家书以及诸子。(二)近年新出土之竹木简、帛书及瓦书，如《孙膑兵法》、《战国纵横家书》、秦简《编年记》、四川青川《田律木牍》、《秦封右庶长歜宗邑瓦书》等。(三)纪年或年代可考之铜器铭文与刻辞以及石刻。(四)秦汉以后之地理书述及战国史事有助于说明史实者，如《水经注》等。史料后以按语形式进行考证，考订史事之年代，明辨史实之真相，阐明史料之价值。

早期文明与楚文化研究

刘彬徽著，岳麓书社 2001 年 7 月出版。有关楚文化研究的论文汇集，涉及包山楚简、马王堆汉墓帛书等简帛材料。

新出楚简试论

廖名春著，台湾古籍出版有限公司 2001 年 5 月出版。本书收集作者自 1997 年以来研究郭店楚简和上海博物馆藏楚简的部分论文。

简帛思想文献论集

王博著,台湾古籍出版有限公司2001年出版。存目。

楚简老子辨析

尹振环著,中华书局2001年11月出版。本书分为"比较研究"和"释析"两部分。比较研究部分收入十余篇论文。释析部分包括图版、释文比较、校注、辨析等。本书通过对简本、帛书《老子》文字、篇章结构、思想内容等方面的比较研究,认为简本《老子》乃春秋时期李耳老聃所著,而帛书《老子》则是战国时太史儋的作品,两书存在着较大的思想差异。

龙岗秦简

中国文物研究所、湖北省文物考古研究所编,中华书局2001年8月出版。公布了1989年10月发掘的云梦龙岗6号墓出土的近300枚竹简及1枚木牍。包括简牍图版及释文等,简牍内容主要是秦律,残断较多。

睡虎地秦简研究

高敏著,万卷楼图书有限公司2001年出版。

关沮秦汉墓简牍

湖北荆州市周梁玉桥遗址博物馆编,中华书局2001年8月出版。公布了1993年6月发掘出土的周家台30号秦墓竹简、1992年11月发掘出土的萧家草场26号汉墓竹简的图版、释文、考释。

马王堆帛书《刑德》研究论稿

陈松长著,台湾古籍出版有限公司2001年出版。存目。

银雀山汉简文字编

骈宇骞编,文物出版社2001年7月出版。本书是《银雀山汉墓竹简》第一辑的文字编,分单字、残字、合文、待识字四部分,略依《说文解字》收字次序排列。

张家山汉墓竹简[二四七号墓]

张家山二四七号汉墓竹简整理小组编,文物出版社2001年11月出版。公布了1983年12月至1984年1月湖北江陵张家山247号墓出土的汉简,内容包括竹简的图版、释文、注释等。

张家山汉简《算数书》注释

彭浩著,科学出版社2001年7月出版。本书对1984年出土于湖北江陵张家山二四七号汉墓中的《算数书》竹简作了全面、系统的整理,对其中的术语、难词、难句予以注释;对书中的讹、衍、脱文及计算错误逐一校出,恢复了《算数书》的原貌,为读者提供了一个可靠的《算数书》的文本。此外本书还详细论证了《算数书》的成书年代,分析其产生背景,揭示了战国晚期至西汉初年中国数学发展和应用情况。

香港中文大学文物馆藏简牍

陈松长编,香港中文大学文物馆2001年出版。内容主要包括简牍图版、释文、简注等。

敦煌悬泉月令诏条

中国文物研究所、甘肃省文物考古研究所编,中华书局2001年8月出版。公布了甘肃省文物考古研究所1990年至1992年在敦煌悬泉置发掘出土的泥墙墨书题记,内容包括释文、注释、原始照片、修补本照片,以及《敦煌悬泉置出土〈四时月令诏条〉研究》、《"扁书"、"大扁书"考》两篇论文。

敦煌悬泉汉简释粹

胡平生、张德芳编著,上海古籍出版社2001年8月出版。甘肃省文物考古研究所1990年至1992年在敦煌悬泉置发掘出2万多枚木简、10件帛书、10件古纸文书、泥墙墨书题记等,本书公布了部分简牍帛书及泥墙墨书题记的释文,共272号。

汉居延志长编

马先醒著,台北鼎文书局2001年出版。

中国简牍集成(1-12)

中国简牍集成编委会编,敦煌文艺出版社2001年6月出版。收录了甘肃、内蒙古出土的西北边塞简牍敦煌汉简、居延汉简、居延新简等释文,有新式标点及注释,便于学界的使用。

汉简研究

[日]大庭脩著,徐世虹译,广西师范大学出版社2001年出版。

《诗经》古义新证

季旭升著，学苑出版社 2001 年出版。本书是文史哲出版社 1994 年初版、1995 年修订版之后的大陆版本。以《诗经》时代前后的文字——甲骨文、金文、战国文字来探讨《诗经》，希望对《诗经》的字词训诂能有一些新发现。全书分绪论及上、中、下三编，绪论是介绍自清代以来学者以古文字探讨《诗经》的历史，并对各家的是非得失略加评述。上编是字句训诂编，中编是名物制度编，下编是篇章通读编。

简帛研究（2001）

中国社会科学院简帛研究中心编，李学勤、谢桂华主编，广西师范大学出版社 2001 年 9 月出版。收录战国秦汉简帛研究论文，以及日本、美国等国学者研究中国简帛的译文。

简帛佚籍与学术史

李学勤著，江西教育出版社 2001 年 9 月出版。

国际简牍学会会刊第三辑

何双全主编，兰台出版社 2001 年出版。所收论文有：《新出土元始五年〈诏书四时月令五十条〉考述》、《简帛医方略论稿——居延新简》等。

双玉兰堂文集（上、下）

何双全著，兰台出版社 2001 年 1 月出版。上册是考古发掘与研究，介绍甘肃的考古发掘；简牍研究，即敦煌汉简研究、居延汉简研究等。下册是关于敦煌汉简、天水放马滩秦简等的研究论文。

疏勒河流域汉代长城考察报告

甘肃省文物局编，岳邦湖、钟圣祖主编。文物出版社 2001 年 12 月出版。甘肃省文物考古研究所于 20 世纪 70 年代末至 20 世纪 80 年代，对河西地区的汉代烽燧遗址进行了调查，本书记录了部分调查内容。全书共分九章，分别是地理环境、长城走向及现状；调查工作的回顾；敦煌境内汉代长城烽燧综述；安西境内汉代长城烽燧；西汉王朝开拓河西的历史与丝绸之路；玉门关设置地点、阳关遗址、卑鞮侯井和都护井遗址；疏勒河汉代长城的修建；汉代敦煌郡所属县治古城略考和西汉敦煌郡境内其他无名城址。附录为汉唐西域与敦煌郡大事记简辑。文字后有 50 多页图版。

再现的文明：中国出土文献与传统学术

朱渊清著，华东师范大学出版社 2001 年 5 月出版。人类文明史上最悠久、最辉煌的中国古文明不仅见证于长城故宫、兵马俑、唐三彩，更被甲骨铭文、竹简、帛书所忠实记录。本书回顾了中国出土文献的发现历程，尤其着重介绍了轰动世界的银雀山汉简、马王堆帛书和郭店楚简，再现这些文献背后那个激动人心的时代的灿烂文明。本书还提供了一直到 2000 年 10 月为止有关出土文献的最新讯息，其中包括上海博物馆购自香港的战国竹简、湖南慈利楚简、湖北江陵王家台秦简等，内容关系到《诗经》《周易》《归藏》《逸周书》等重要典籍。

出土古代天文学文献研究

冯时著，台湾古籍出版有限公司 2001 年出版。存目。

周易经传与易学史新论

廖名春著，齐鲁书社 2001 年 8 月出版。全书分上编易经探原、中编易传考辨、下编易学史纵横，涉及上博简《周易》，马王堆汉墓帛书《周易》经传。

简牍文书法制研究

罗鸿瑛主编，华夏文化艺术出版社 2001 年出版。存目。

华学（第五辑）

泰国华侨崇圣大学中华文化研究院、清华大学国际汉学研究所、中山大学中华文化研究中心共同主办，饶宗颐主编，中山大学出版社 2001 年 12 月出版。一本有关中国古典文献的刊物，第五辑中有关简帛文献研究的论文有：《楚帛书"德匿"以及相关文字的释读》、《江陵望山楚简"青帝"考释》等。

《秦汉史论丛》第八辑

中国秦汉史研究会编，云南大学出版社 2001 年出版。所收简帛研究论文有：《试论尹湾汉牍中的太守府属吏组织——兼论汉代太守府属吏组织变化及其性质》、《汉简所见刑徒的输送及管理》、《陈直与简牍学》等。

2002 年

子弹库楚墓出土文献研究

刘信芳著,艺文印书馆2002年出版。所收论文有:《中国最早的物候历月名——楚帛书月名及神祇研究》、《楚帛书论纲》、《楚帛书序录》、《关于子弹库楚帛画的几个问题》、《关于楚帛书流入美国经过的有关资料(蔡季襄)》等。

宇宙的起源——长沙楚帛书新考

何新著,时事出版社2002年1月出版。解读了楚帛书的内容,甲篇为宇宙之创造,与《圣经》、古巴比伦的宇宙起源论,印度《吠陀经》的创世神话等相比较,揭示东西方宇宙论的异同。

郭店老子——东西方学者的对话

艾兰、魏克彬主编,邢文编译,学苑出版社2002年1月出版。本书是东西方学者关于郭店战国楚墓所出竹简《老子》暨其他有关文献的对话,其内容基于1998年5月在美国达慕思大学举行的一个国际研讨会。本书由美国艾兰和英国魏克彬负责编辑,内容包括中国李学勤、裘锡圭、美国鲍则岳、英国谭朴森等世界一流简帛名家的论文及会议讨论纪要;所收简帛研究方法论的几篇论文,系海外出土简帛研究的经典之作。

郭店楚简校读记(增订本)

李零著,北京大学出版社2002年3月出版。是1999年本的修订版。

郭店楚简与早期儒学

庞朴等著,台湾古籍出版有限公司2002年出版。所收论文有:《三重道德论》、《"仁"字臆断——从出土文献看仁字古文和仁爱思想》、《上博〈诗论〉一号简读后》、《长台关楚简〈申徒狄〉研究》、《"三闾大夫"考——兼论楚国公族的兴衰》、《论子思学派对礼的理论诠释》、《〈老子〉"同文复出"现象的初步研究》、《〈论语〉类文献孔子史料——从郭店简谈起》、《〈中庸〉〈子思〉〈子思子〉——子思书源流考》等。

郭店楚简平议

涂宗流著，国际炎黄文化出版社 2002 年出版。存目。

上海博物馆藏战国楚竹书（第二册）

马承源主编，上海古籍出版社 2002 年出版。第二册共有六篇，其中《民之父母》（濮茅左整理）的内容见于传世文献《礼记·孔子闲居》和《孔子家语·论礼》，《子羔》（马承源整理）、《鲁邦大旱》（马承源整理）、《从政》（张光裕整理）、《昔者君老》（陈佩芬整理）、《容成氏》（李零整理）五篇为首次发现的文献。

上博楚简三篇校读记

李零著，万卷楼图书有限公司 2002 年出版。存目。

上海博物馆藏战国楚竹书研究（一）

黄人二著，高文出版社 2002 年出版。存目。

上博馆藏战国楚竹书研究

上海大学古代文明研究中心、清华大学思想文化研究所编，上海书店出版社 2002 年 3 月出版。讨论上博简一的论文，涉及《孔子诗论》、《缁衣》等。

楚地出土简帛文献思想研究（一）

丁四新主编，湖北教育出版社 2012 年 12 月出版。研究郭店楚简、上博楚简、马王堆帛书等文献的思想，并研究了楚系《日书》等。

新出楚简与儒家思想论文集

陈福滨主编，辅仁大学文学院《辅仁学志》29 期。所收论文有：《〈礼记·缁衣〉的论述结构及其版本差异》、《上海楚简〈诗论〉马氏假借说申议》、《战国至汉初的儒学传承——以楚地简帛为中心的探讨》、《上海简〈性情论〉与乐教主张》、《性自命出，命自天降——上海战国竹简〈性情论〉与郭店竹简〈性自命出〉之人性论剖析》、《上博简与郭店简〈性自命出〉篇中"情"字的意义与价值》、《上海博物馆藏楚简〈诗论〉的历史认识问题》、《楚简儒家佚籍的性情说》、《由上海博物馆藏〈孔子诗论〉论孔门诗学》、《〈礼记·缁衣〉今本与郭店上博楚简比论》等。

秦律新探

曹旅宁著，中国社会科学出版社 2012 年出版。本书在总结前人研究成果的基础上，对秦律的起源、秦律中的家族及阶级法、秦律中的经济资源法、秦律刑罚、秦律与汉律的关系等问题进行了较为深入的考察。

简帛老子研究

韩伯禄著，余瑾译，学苑出版社 2002 年 11 月出版。竹简《老子》较马王堆帛书《老子》更为古老。郭店《老子》并不完整。这种现象使我们不禁猜想，今天所见到的完整文本或许在当时还不存在。此外，在出土的 31 章中，只有 16 章是完整的；其余各章，有些是丢句（将之与传世版本比勘而知），而另外几章的文字则全部是一章的开头或中间部分。很有可能，今本《老子》其他字句是后人逐渐添加上的。

老子帛书校注

徐志钧著，学林出版社 2002 年 5 月出版。本书是马王堆汉墓出土的老子帛书乙本的校注本。对老子帛书的研究，主要从两个方面展开，一是历史学的角度，一是先秦文献训诂。

尹湾汉墓简牍论考

蔡万进著，台湾古籍出版有限公司 2002 年出版。存目。

简帛典籍异文研究

吴辛丑著，中山大学出版社 2002 年 1 月出版。主要取武威汉简、银雀山汉简、马王堆帛书、定县汉简、阜阳汉简、郭店楚简中保存的有关典籍资料与传世古籍相对照，就其异文进行考察研究。

简帛发现与研究：中国古文字的三大遗存

马今洪著，上海书店 2002 年 12 月出版。《古文字三大遗存丛书》的一种，介绍了简帛出土及简帛文字的概况。丛书的另两种是：《甲骨文的发现与研究》、《封泥的发现与研究》。

简牍学研究（第三辑）

西北师范大学历史系、甘肃省文物考古研究所编，甘肃人民出版社 2002 年 4 月出版。收录《上海博物馆〈诗论〉简"隐"字说》、《〈孙膑兵法〉校补》、《从〈武库永始四年兵车器集簿〉看尹湾汉简在历史词汇学上的价值》、《〈睡虎地秦墓竹简〉对大型语文辞书编纂的价值》等论文。

清华大学思想文化研究所集刊 2 辑

廖明春主编,清华大学出版社 2002 年出版。本书是清华大学思想文化研究所学术成果的一个专辑,收有著名学者李学勤、何兆武、葛兆光等人的 20 篇高质量论作,内容涉及"新出简帛研究"、"古代思想史探讨"、"近现代学术思辨"、"中西文化比较"诸方面,反映了近年来清华大学思想文化研究所在中国思想史等领域的建树,代表了清华学人在出土文献和传世文献研究上的新进展。

清华简帛研究 2

清华大学思想文化研究所编,廖明春主编,清华大学出版社 2002 年出版。汇集了李学勤、廖明春、彭林等学者研究简帛的论文 18 篇,如:《〈诗论〉简的编联与复原》、《〈诗论〉的体裁和作者》、《〈诗论〉说〈关雎〉等七篇释义》等。

纪念林剑鸣教授史学论文集

王子今、白建钢、彭卫主编,中国社会科学出版社 2002 年 1 月出版。本书为纪念著名史学家林剑鸣先生学术专集。共收入论文 20 篇,作者包括李学勤、熊铁基、崔林东等著名学者和一批学有所成的中年学人。内容涉及先秦和秦汉经济、政治、文化和社会诸方面,简帛类的文章有《论郭店简〈老子〉非〈老子〉本貌》、《秦简日书之"建除法"试析》、《从秦简看战国秦汉时代"顺天"思想特征》、《汉简所见律令拾遗》、《江苏连云港市出土的汉代法律版牍考述》等。

古墓新知

庞朴主编,台湾古籍出版有限公司 2002 年出版。汇集了有关简帛文献思想史研究的论文,主要涉及郭店楚简、马王堆帛书等。

儒学与儒学史新论

郭齐勇著,台湾学生书局 2002 年出版。所收论文有:《郭店儒家简与孟子心性论》、《郭店楚简〈性自命出〉的心术观》、《郭店楚简〈五行〉的身心观与道德论》、《再论"五行"与"圣者"》、《〈郭店楚墓竹简思想研究〉序》等。

儒家文献与早期儒学研究

杨朝明著,齐鲁书社 2002 年出版。作者的论文集,内容包括:有关儒学的渊源问题、关于孔子的研究资料、孔子以后的学术传承、儒家经书的研究、新出儒家文献的研究等。

楚简儒家性情说研究

丁原植著,万卷楼图书有限公司2002年出版。存目。

中国古史寻证

李学勤、郭志坤著,上海科技教育出版社2002年5月出版。这是郭志坤对李学勤的访谈录,内容包括:走出遗古与古史溯源——关于古代史、二重证据法与现代考古学——关于考古学、古书反思与典籍解读——关于文献学、文字考释与史实探索——关于古文字学、甲骨发现与分期研究——关于甲骨学、青铜时代与文化艺术——关于青铜器研究、简帛研究与学术思想——关于简帛学、礼乐典章与古史解读——关于古代礼制研究、文明起源与文明进程——关于古代文明、年代学与多学科结合——关于夏商周断代工程等。

简帛语言文字研究(第一辑)

张显成主编,巴蜀书社2002年11月出版。有关简帛类文献语言及文字研究的不定期书刊。第一辑汇集了22篇论文,涉及文字考释、数量词等语法研究、用字研究、词汇研究等。

曾宪通学术文集

曾宪通著,汕头大学出版社2002年7月出版。作者的论文集,涉及楚帛书、睡虎地秦简等简帛文献。

重写学术史

李学勤著,河北教育出版社2002年1月出版。"重写学术史"意味着对中国各历史阶段学术思想的演变重新加以解释和总结。本书汇集了作者1998年来的两年里涉及这一问题的二十余篇论文。如《西周史三书小议》《荆门郭店楚简中的〈子思子〉》《荆门郭店楚简所见关尹遗说》《介绍美国新出版的一部中国古文字学导论》等。

国际简牍学会会刊第四辑

兰台出版社2002年出版。存目。

《简牍学报》18期

台北简牍学会主办。2002年出版。所收论文有:《甲渠候任期复原及其分析》、《新出四组秦汉历简与秦汉初历法》、《韩国咸安城山山城出土木简之探讨》、《"居延汉简"一六二标号简所见之赐爵问题》、《两汉时期雇佣劳动与就运之研究》、《汉简里名初探——冠"市"里名研究》、《王国维与京都学派之论学》、《王国维〈简牍检署考〉校释》、《秦汉刑徒研究评述》、《长沙走马楼吴简中的"复民"与"复"》、《"简帛金石数据库"中汉简释文的版本问题》、《台湾学者研究睡虎地秦简概况》、《简牍堂随笔》、《马先醒教授著作目录》等。

2003 年

郭店竹书别释

陈伟著,湖北教育出版社 2003 年 1 月出版。在郭店楚简整理小组释文注释的基础上,进行了全面的释读,力图恢复竹书原貌。

古墓新知——纪念郭店楚简出土十周年论文专辑

荆门郭店楚简研究(国际)中心编,(香港)国际炎黄文化出版社 2003 年 11 月出版。分郭店楚简文本研究、郭店楚简思想研究两部分,汇集了相关论文 20 余篇。

郭店竹简《性自命出》研究

李天虹著,湖北教育出版社 2003 年 1 月出版。内容包括:《性自命出》的编连与分篇、文字考释二篇、《性自命出》与传世先秦文献、《性自命出》中的心性论、《性自命出》中的乐论、《性自命出》作者考辨、从《性自命出》谈孔子与诗书礼乐、《性自命出》集释、《性自命出》与上海简书《性情论》校读等。

郭店楚简老子校释

廖名春著,清华大学出版社 2003 年 6 月出版。此书是校释和研究郭店楚简《老子》的集大成之作,作者在广泛采纳前贤时人之说的基础上,对郭店楚简《老子》进行了系统、深入的探讨,释出或隶定了一些难字,对一些简文提出了新的解释,对简序也作了一些调整,并由此探讨了《老子》故书的原貌,分析了各种异文形成的原因,评述了前贤时人的工作。对研究《老子》、老学和道家思想,具有重要的意义。

从郭店楚简探究其伦常观念

林素英著,万卷楼图书有限公司 2003 年出版。存目。

上海博物馆藏战国楚竹书(二)读本

季旭升主编,万卷楼图书股份有限公司2003年出版。存目。

上海博物馆藏战国楚简:孔子诗论述学

刘信芳著,安徽大学出版社2003年1月出版。内容包括:《楚简〈诗论〉所评风、雅、颂研究》,《〈诗论〉所评"童而偕"之诗研究》,《〈诗论〉所评诗歌表现手法研究》,《以楚简解〈诗论〉》,《〈诗论〉考释的意见分歧以及相关问题》,《孔子〈诗论〉与新世纪的学术走向——〈诗论〉研究述评》,《诗论集解》,《楚简〈诗论〉释文校补》,《楚简〈诗论〉苑丘考》等。

新蔡葛陵楚墓

河南省文物考古研究所编,河南大象出版社2003年10月出版。对1994年发掘的河南新蔡葛陵楚墓作了全面介绍和研究,包括1571枚竹简,内容有卜筮祭祷、遣策等,由简文可知墓主人为楚封君平夜君成,下葬时间约为战国中期。

包山楚简解诂

刘信芳著,艺文印书馆2003年1月出版。分文书、卜筮祭祷记录、遣策三部分,吸收学界最新成果,汇入个人研究心得,对包山简进行校订、考释,力求准确理解简文内容。

睡虎地秦简《日书》甲种疏证

王子今著,《新出简帛研究丛书》之一,李学勤主编,湖北教育出版社2003年2月出版。对睡虎地秦墓竹简《日书》甲种分篇作了疏解,在整理小组等注解的基础上,提出了一些新的意见。

睡虎地秦墓竹简词汇研究

魏德胜著,华夏出版社2003年1月出版。内容包括:印证《说文》的释义与用字、《汉语大字典》未收的字、新词语、法律词语汇释、有关宜忌词语的考释、同义词、注译商补、《睡虎地秦墓竹简》中的误字等。

居延汉简簿籍分类研究

李天虹著,科学出版社2003年9月出版。本书总结了汉简的分类研究,把从罗振玉、王国维,到劳榦、鲁惟一、永田英正,梳理为一个链条。分析了永田英正《居延汉简研究》的不足。然后把居延汉简簿籍文书分为吏卒及其他人员、俸禄现钱、廪食谷物、兵物、日常工作、贳卖（买）债务、功劳、牛车马、出入关、其他，共十类。

汉代居延遗址调查与卫星遥测研究

罗仕杰著，台湾古籍出版有限公司 2003 年 2 月出版。作者 1996 年、1998 年、1999 年曾三次实地探察汉代居延烽燧遗址，深入沙漠，踏遍当地汉代遗迹。全书分"考察记录篇"、"GPS 测量与研究篇"、"SPOD 卫星影像观测篇"及附录"卫星影像"。对汉代居延地区之地形、地貌、古遗址，展开多次实地考察，以及卫星定位测量、卫星影像观测，从中获得许多第一手的科学数据。尤其《汉代居延、肩水地区遗址经纬度、直线距离及定位图》一文所载资料，更为今后研究汉代居延地区各城、障、部、隧遗址之地理位置，提供非常完整、精确而又无可取代之原始资料，丰富了居延汉简研究之材料。

长沙走马楼三国吴简·竹简[壹]（上、中、下）

长沙市文物考古研究所、中国文物研究所、北京大学历史学系、走马楼简牍整理组整理，王素、罗新编，文物出版社 2003 年出版。公布竹简近万枚。

简帛数术文献探论

刘乐贤著，湖北教育出版社 2003 年 2 月出版。内容包括：早期数术文献及研究成果概述、出土五行类文献研究、出土天文类文献研究、其他出土数术文献研究、相关数术问题考辨、相关传世文献新探等。

古代简牍

李均明著，文物出版社 2003 年 4 月出版。内容包括：20 世纪上半叶简牍的出土与整理、20 世纪下半叶简牍的出土与整理、简牍制度、简牍文书分类等。

简帛文献与古代法文化

崔永东著，湖北教育出版社出版。内容包括：竹简中的法律思想与法律制度、帛书中的法律思想与法律制度、从竹简看儒法两家法律思想的法律化、帛书中的法律自然主义理论与中国古代法制等。

战国文字通论订补

何琳仪著，江苏教育出版社 2003 年出版。这是对 1989 年中华书局版本的修订。补充了1987年至2000年新公布的楚简材料，对一些章节进行了改写，书后附"大陆论著目录"、"港澳论著目录"、"台湾论著目录"、"国外论著目录"。

二十世纪简帛学研究

沈颂金著，学苑出版社2003年8月出版。分上编二十世纪简帛学研究、下编简帛学研究综述两部分。上编包括简帛的发现整理及其价值、简帛学与二十世纪学术发展、关于简帛学研究理论与方法的几点思考等，下编包括综合研究、专题研究、研究概述几部分。

饶宗颐二十世纪学术文集·简帛学

饶宗颐著，新文丰出版股份有限公司2003年10月出版。

华学（第六辑）

泰国华侨崇圣大学中华文化研究院、清华大学国际汉学研究所、中山大学中华文化研究中心共同主办，饶宗颐主编，紫禁城出版社2003年6月出版。一本有关中国古典文献的刊物。第六辑中有关简帛文献研究的论文有：《谈谈上博简和郭店简中的错别字》、《〈诗论〉发微》、《楚竹书〈容成氏〉的篇名及其性质》、《郭店楚墓竹简补释》、《包山一二九简释文补释一则》、《新蔡楚简零释》、《新出楚系竹简中的专用字综议》、《睡虎地秦简〈日书〉释读札记》、《张家山汉简所见刑罚等序及相关问题》、《张家山二年律令简中的损害赔偿之规定》、《"偏妻""下妻"考——张家山汉简〈二年律令〉研读札记》、《银雀山兵阴阳书与马王堆兵阴阳书之比较》等。

简帛研究丛刊第一辑·第一届简帛学术讨论会论文集

中国文化大学史学系、简帛学文教基金会筹备处发行，2003年5月出版。系中国文化大学史学系1999年12月举办的第一届简帛学术讨论会的论文集，所收论文有：《简牍研究与考古学方法之运用》、《史语所藏居延汉简整理近况报告》、《〈居延汉简补编〉释文补正举隅》、《简帛在秦汉史研究中的地位》、《关于木中燧与城北燧相候望问题之讨论》等。

2004 年

《周易》经传梳理与郭店楚简思想新释

金春峰著，中国言实出版社 2004 年 11 月出版。本书分《周易》研究及郭店简研究两部分，对《周易》的编纂、研究作了梳理，对一些卦的内容作了新的解读，对马王堆帛书《周易》的意义进行了分析。对郭店简反映的子思的思想作了探讨，对其中反映的道家言论也进行了研讨。

上海博物馆藏战国楚竹书（第三册）

马承源主编，上海古籍出版社 2004 年出版，内容包括《周易》、《中弓》、《恒先》、《彭祖》。其中，《周易》共 58 枚简，涉及 34 个卦内容，1806 字，是已公布的三批竹简中篇幅最大的一篇，也是迄今发现的最早的《周易》文本。《中弓》为战国佚书，共 28 枚简。中弓是孔子弟子，孔子称他是有德行的弟子之一。《恒先》共 13 枚简，为战国道家佚书，是一篇首尾完整的道家著作。《彭祖》也是战国的道家佚书，现存 8 枚简。

上海博物馆藏战国楚竹书（第四册）

马承源主编，上海古籍出版社 2004 年出版。内容包括：《采风曲目》（马承源整理）、《逸诗》（马承源整理）、《昭王毁室 昭王与龚之脾》（陈佩芬整理）、《柬大王泊旱》（濮茅左整理）、《内丰》（李朝远整理）、《相邦之道》（张光裕整理）、《曹沫之阵》（李零整理），共 7 篇。

上海博物馆藏战国楚竹书《诗论》解义

黄怀信著，社会科学文献出版社 2004 年 1 月出版。是对最早的孔门《诗经》学著作的研究，针对竹简中的 60 多篇诗论，分章逐字解析其义蕴，并通译为现代汉语。

上博馆藏战国楚竹书研究续编

上海大学古代文明研究中心、清华大学思想文化研究所编，上海书店出版社 2004 年 7 月出版。本辑主要是研究上博简的论文集，研究者为海峡两岸简帛学者。

楚简道家文献辨证

郑刚著，汕头大学出版社 2004 年 3 月出版。有关郭店楚简研究论文的汇集，着重从字词考释的角度解读楚简的思想内涵。

战国楚简研究

浅野裕一著，万卷楼图书有限公司 2004 年出版。存目。

长沙马王堆二、三号汉墓

湖南省博物馆、湖南省文物考古研究所编，文物出版社 2004 年出版。内容包括：二号汉墓，墓葬形制、随葬器物、金属制品及其他；三号汉墓，葬具、地图、漆器、耳杯、兵器等。

马王堆汉墓帛书《黄帝书》笺证

魏启鹏著，中华书局 2004 年 12 月出版。本书以文物出版社 1980 年版《马王堆汉墓帛书》（壹）所载《老子》乙本卷前古佚书《黄帝书》、《老子》甲本卷后古佚书《九主》释文注释为底本进行校释。

马王堆天文书考释

刘乐贤著，中山大学出版社 2004 年 5 月出版。内容包括马王堆天文书概说、马王堆天文书考释、马王堆天文书丛考三部分。

楚地简帛思想研究（二）

丁四新等著，湖北教育出版社 2004 年 5 月出版。本辑共分为上博楚简、郭店楚简、楚系数术类、卜筮祭祷类出土文献、马王堆帛书、张家山汉简《二年律令》专题研究。（1）细致地探讨了《恒先》篇的道家思想及其学派性质，详细地注释了该篇文本；就《容成氏》的政治哲学思想作了深入的探讨；就《从政》、《周易》、《昔者君老》部分文本作了细致的校读。（2）深入地探讨了郭店楚简"情"的概念内涵及《性自命出》的性情思想。（3）探讨了楚地出土数术简的古宇宙结构理论、楚地祭祷礼仪研究及天星观"卜筮祭祷"简辑校。（4）重新探讨和分析了马王堆帛书"道原"的思想，并对帛书《道原》篇作了集释。此外，有六篇文章专题讨论了张家山汉简《二年律令》。总之，本论文集在一定程度上推进了楚地出土简帛的文献分析和思想的探讨。

阜阳汉简《周易》研究——附《儒家者言》章题、《春秋事语》章题及相关竹简

韩自强著，上海古籍出版社 2004 年 7 月出版。内容包括：阜阳汉简《周易》图版及摹本、释文、研究，附及《儒家者言》章题、《春秋事语》章题及相关竹简。

河西汉塞调查与研究

甘肃省文物考古研究所吴礽骧著，文物出版社 2005 年 11 月出版。这是甘肃省文物考古研究所及作者积多年对河西地区汉代烽燧遗址进行野外实地考察的报告。先简述了河西地区的历史、地理，然后从今兰州开始，由南向北详细记载了烽燧、城障的状况，对斯坦因、王国维、陈梦家等人的研究成果也作了评述。附有多幅地图以及照片。为我们展现了河西地区汉代烽燧遗址的全貌。

走马楼吴简初探

于振波著，文津出版社 2004 年 10 月出版。作者研究走马楼吴简的论文集。包括《走马楼吴简所见佃田制度考略》、《走马楼吴简中的"限米"与屯田》、《走马楼吴简中的里与丘》等。

吴简研究（第 1 辑）

北京吴简研究班编，崇文书局 2004 年 7 月出版。这是一本研究走马楼吴简的论文集，收录了配合《长沙走马楼三国吴简·竹简[壹]》出版而撰写的部分论文。

出土简帛丛考

廖明春著，湖北教育出版社 2004 年 2 月出版。是探讨上海博物馆藏楚简、郭店楚简、张家山汉简、马王堆帛书的一部论文集，分为 3 编 18 章。研究的对象主要是湖北、湖南两地出土的竹书、帛书，内容以微观性的考据为主。

简帛古书与学术源流

李零著，三联书店 2004 年出版。

长江流域出土简牍与研究

胡平生、李天虹著，湖北教育出版社 2004 年 10 月出版。内容包括：长江流域及周边地区出土的战国楚简、长江流域出土的秦简、长江中游地区出土的汉简、长江下游及淮海地区出土的汉简、出土简牍所见秦汉社会、长江流域出土的三国两晋简牍、长江流域出土南北朝以后的简牍等。

书于竹帛

钱存训著,上海书店 2004 年出版。

简帛文献学通论

张显成著,中华书局 2004 年 10 月出版。本书是第一部系统研究"简帛文献学"的通论性著作。在反映简帛研究的最新成果的基础上,努力纠正前人错误,考察了简帛的名义及简帛文献学的对象和内容,介绍了简帛出土历史及已刊发的简帛重点材料,全面地分析了简帛制度及其类别,详细地阐述了简帛材料对各学科研究的重大价值。

简牍

何双全著,敦煌文艺出版社 2004 年出版。内容包括:再现被湮没的历史、甘肃简牍的特征和研究价值、天水秦简、甘谷汉简、武威(凉州)汉简与晋简、居延(张掖)汉简、玉门藏珍、敦煌汉简、敦煌悬泉置汉简等。

简牍学研究(第四辑)

西北师范大学历史系、甘肃省文物考古研究所编,甘肃人民出版社 2004 年 12 月出版。纪念甘肃省考古研究所成立二十周年刊。收录的文章有《包山楚简"蜜梅"与楚历建正》、《楚简"𣪩"字与"𣪩"祭试析》、《读里耶秦简札记》等 30 篇。

出土文献研究(第六辑)

中国文物研究所编,上海古籍出版社 2004 年 12 月出版。内容包括:论战国简的卦画、战国官印考释三篇、楚简《周易·豫》卦再释、张家山汉简法律文书研讨综述、悬泉汉简羌人资料补述等 20 余篇论文。

中国出土资料研究 8

日本中国出土资料学会编。存目。

古代帛书

刘国忠著,文物出版社 2004 年 12 月出版。内容有:楚帛书的发现与研究、马王堆帛书的发现与基本情况、马王堆帛书研究、帛书研究的回顾与展望等。

新出简帛研究(新出简帛国际学术研讨会文集)

艾兰、邢文主编,文物出版社 2004 年 12 月出版。这是 2000 年 8

月在北京召开的"新出简帛国际学术研讨会"的论文集。分报告篇、研究篇两部分。报告篇是新出简帛的介绍，主要有上博简、慈利楚简、新蔡楚简、王家台秦简、虎溪山汉简、孔家坡汉简，以及温县盟书等。研究篇有上博简研究、王家台秦简研究、马王堆帛书《式法》研究、温县盟书研究、郭店楚简研究、其他新出简帛研究等。

简牍帛书标题格式研究

林清源著，艺文印书馆2004年出版。主要内容有：导言、简牍帛书标题格式析论、简牍帛书疑似标题考辨、睡虎地秦简标题格式析论、马王堆帛书《十大经》题解、简牍帛书标题格式的应用价值等，附录有：简牍帛书标题语汇编、简牍帛书尚待核验标题语汇编等。

中国出土古文献十讲

裘锡圭著，复旦大学出版社2004年出版。包括十方面内容：中国古典学重建中应该注意的问题、新出土先秦文献与古史传说、新出土先秦文献与古史传说、中国出土简帛古籍在文献学上的重要意义、出土古文献与其他出土文字资料在古籍校读方面的重要作用、关于郭店简中的道家著作、郭店简儒家著作校读举例、关于上博简的一些问题、关于马王堆帛书《老子》卷前后古佚书、关于马王堆帛书《战国纵横家书》、汉简中的俗文学资料等。

金石简帛诗经研究

于茀著，北京大学出版社2004年10月出版。内容包括：上篇金石简帛与四家诗异文汇考，按《诗经》的顺序，逐篇考订；下篇上海博物馆藏战国楚简诗论考释，对《孔子诗论》的29支简，逐简考释。

简牍检署考校注

王国维著，胡平生、马月华校注，上海古籍出版社2004年11月出版。主要包括《简牍检署考》导言、《简牍检署考》校注两部分。长篇导言介绍了《简牍检署考》的写作背景、成就与意义，并据简牍实物分析了战国秦汉的简牍制度。

亚洲腹地考古图记

斯坦因著，巫新华等译，广西师范大学出版社2004年出版。斯坦因第三次中亚探险考古的详细报告。斯坦因1913年7月至1916年2月，历时2年8个月，行程11000英里，东迄河西走廊，经新疆塔里木盆地，西至阿姆河上游和伊朗；南至兴都库什山，经准噶尔，北达内蒙古西部地区，在这一时空范围进行考古调查。记载了作者所考察的古代遗址、墓地、道路遗迹与所发现的大量重要文物。

大谷文书集成(第三卷)

龙谷大学佛教文化研究所编，《龙谷大学善本丛书》23，小田义久主编，京都法藏馆出版。包括：高昌国时代文书、西州时代文书、唐代文书、汉籍、有关佛教文书、有关道教文书、李柏文书等，有图版和释文。

华学(第七辑)

泰国华侨崇圣大学中华文化研究院、清华大学国际汉学研究所、中山大学中华文化研究中心、香港大学饶宗颐学术馆共同主办，《华学》编辑委员会编，中山大学出版社2004年12月出版。一本有关中国古典文献的刊物。第七辑中有关简帛文献的论文有：随县竹简选释、由郭店简《性自命出》的"室性者故也"说到《孟子》的"天下之言性也"章、读楚简札记(二则)、郭店楚简《老子》"绝智弃卞"解、新蔡竹简中的楚先祖名、上海博物馆藏楚简《彭祖》新释、上海藏简第三册《恒先》试探、读上海藏简第三册零劄、战国秦汉文字同形删简现象研究等。

《秦汉史论丛》第九辑

中国秦汉史研究会编，三秦出版社2004年出版。所收简帛研究论文有：《再论"矫制"——读〈张家山汉墓竹简〉札记(之一)》、《〈元延二年日记〉所反映的汉代郡吏生活》等。

简帛研究汇刊第2辑·第二届简帛学术讨论会论文集

中国文化大学文学院、简帛学文教基金会筹备处编，2004年5月出版。这是中国文化大学2001年5月举办的第二届简帛学术讨论会的论文集，所收论文有：《行役尚未已，日暮居延城——劳榦先生的汉简姻缘》(邢义田)、《马先醒与台湾地区的简牍学》(吴福助)、《中国简牍学的奠基者王国维》(张荣芳)、《商承祚先生与简牍学》(陈炜湛)、《裘锡圭与简帛学》(胡平生)、《何四维、鲁惟一与简帛学》(吕宗力)、《大庭脩与中国简牍学》(徐世虹)、《罗振玉对简牍学之贡献试探》(罗独修)、《于豪亮先生与秦汉简帛研究》(赵平安)、

《高敏简牍学研究述论》(林文庆)、《陈直〈居延汉简研究〉析论》(陈文豪)、《饶宗颐先生与简帛学》(李均明)、《陈梦家与简牍学》(王子今)、《林剑鸣先生与简牍学》(张铭恰)等。

2005 年

郭店楚简校释

刘钊著,福建人民出版社 2005 年出版。按篇对郭店楚简进行了校勘考释,即《老子》甲本、乙本、丙本,《太一生水》、《缁衣》、《五行》、《性自命出》、《六德》、《尊德义》、《成之闻之》、《唐虞之道》、《忠信之道》、《穷达以时》、《鲁穆公问子思》,《语丛》一、二、三、四等。

郭店楚简老子释读

邓谷泉著,湖南人民出版社 2005 年 3 月出版。对郭店本《老子》甲、乙、丙三种进行了解读,将原竖排的简文横排,进行隶定,把简本和通行本作了比较,吸收学界的成果,进行注释;加按语发表作者的观点。

额济纳汉简

魏坚主编,广西师范大学出版社 2005 年 3 月出版。公布了 1999—2002 年在额济纳汉代烽燧遗址发掘的汉简 500 多枚。内容包括:额济纳旗汉代居延遗址调查与发掘述要、额济纳汉简概述、初读额济纳汉简、额济纳汉简法制史料考、额济纳出土汉简图版及释文、额济纳汉简综合索引等。

汉简释文初稿(全二册)

贺昌群著,北京图书馆出版社 2005 年 6 月出版。1930 年,由瑞典和中国学者共同组建的西北科学考察团在今内蒙古自治区额济纳河流域的黑城遗址附近发现了汉代简牍一万多枚,世称"居延汉简"。1931 年,这批简牍运至北京,由北京大学的马衡、刘复等先生进行释读。1932 年,贺昌群先生到当时的北平图书馆任编纂委员,他与向达、劳榦、余逊等先生共同参加了这批简牍的整理与释读工作,前后长达五六年时间。《汉简释文初稿》一书就是贺昌群先生当年的工作成果。《汉简释文初稿》原稿共线装十六册。其中有十二册作者自题《汉简释文初稿》，有三册作者自题《居延汉简释文》，有一册原稿封面残缺，从稿中内容来看，全部为题《居延汉简释文》三册中简文的选录，影印时就将其删去未印。从稿本的释写情况来看，该稿本并非当年出土简牍的全部释文，但应该是这批简牍大部分的最早释文本之一。2004 年，贺昌群先生之女贺龄华女士将此稿本全部捐给了北京国家图书馆收藏，随即北京图书馆出版社古籍影印编辑室决定影印出版。从稿本内容来看，贺昌群先生不仅对部分简牍写出了释文，有时在释文的旁边还对简文的词语、制度等进行了考释，有时对原简牍的形制、尺寸还进行了详细的记录和描述，至今仍有较高的学术价值和参考意义。原稿中夹有一张当时绘制的额济纳河流域晒蓝图，今置于书前。原稿中的案语、考释等浮签一律置于本册册末，并注明浮签原在书稿中的页数。影印时在书后增加了两个附录：一为贺昌群先生 1932 年发表在《燕京学报》第 12 期上的《近年西北考古的成绩》；一为 1987 年由谢桂华、李均明、朱国炤先生编写的《居延汉简简号、出土地点、图版页码对照一览表》。

张家山汉律研究

曹旅宁著，中华书局 2005 年出版。本书由 24 篇论文组成，集中研究湖北江陵张家山 247 号汉墓出土的汉初法律，如：贼律、盗律、户律、捕律等，基本涵盖了这批法律简牍的主要内容，并特别讨论了这批汉律的制作时代。

张家山汉简《二年律令》集释

朱红林编著，社会科学文献出版社 2005 年 10 月出版。在保存《二年律令》原注释的基础上，广泛吸收了先秦、两汉文献及唐、宋、明、清律令中的相关史料，秦、汉简牍资料，学术界的最新研究成果，对每条法律进行集释。

简牍与制度——尹湾汉墓简牍官文书考证（增订本）

廖伯源著，广西师范大学出版社 2005 年 6 月出版。利用尹湾汉墓简牍以考证汉代官制与地理。内容包括：汉代仕进制度新考、汉代郡县属吏制度补考、汉代地方官吏之籍贯限制补证、《东海郡下辖长吏名籍》释证、杂考、《东海郡下辖长吏不在署、未到官者名籍》释证等。

马王堆汉墓帛书五行研究

[日]池田知久著，王启发译，线装书局、中国社会科学出版社2005年1月出版。该书分为研究编和译注编两个部分。在研究编中，以帛书《五行》为研究对象，根据文献本身的内容，结合其他史料，对其成书年代、作者学派所属和思想内容，都进行了深入独到的考察研究。在译注编中，除了对原文献作了语译之外，对其中所包括的文字、语词、章句等方面的问题，结合此前的研究者的观点，以注文的形式做了大量的考证、校订性的解释、说明，为人们解读《五行》原文字句篇章的意思和思想内容提供了必要的参考。

五十二病方注补译

严健民著，中医古籍出版社2005年出版。本书对长沙马王堆汉墓帛书《五十二病方》进行了较为系统的整理，收录病种53种，每种病分别从题解、原文、注补、今译进行阐述。

长沙三国吴简暨百年来简帛发现与研究国际学术研讨会论文集

长沙市文物考古研究所编，中华书局2005年12月出版。这是2001年8月在湖南长沙召开的"长沙三国吴简暨百年来简帛发现与研究国际学术研讨会"的论文集。与会代表180余人，走马楼吴简是讨论中心之一，此外，回顾了简帛研究百年的历程，就楚简、秦简、汉简展开了研讨。本书汇集了主要的论文。

简牍帛书发现与研究

赵超著，福建人民出版社2005年6月出版。内容包括：中国古代简牍帛书的考古发现、简帛的考古发掘科学保护与对古代简帛制度的研究、出土简牍帛书与有关考古学研究、简牍帛书中的古代文书整理与研究、简帛中的古代经籍佚书与古代思想史学术史的研究、古代简帛文字的研究与收获等。

简帛研究（2002、2003）

中国社会科学院简帛研究中心编辑；李学勤、谢桂华主编，广西师范大学出版社2005年6月出版。简帛研究的论文集，涉及包山简、郭店简、上博简、九店简、周家台秦简、马王堆帛书、楚帛书、张家山汉简、孔家坡汉简、国家图书馆藏汉简、居延简、尹湾简、韩国出土木简等。

出土文献研究第七辑

中国文物研究所编，上海古籍出版社2005年11月出版。这一辑所收文章超过一半是关于简帛的，涉及清华楚简、上博楚简、周家台秦简、走马楼西汉简牍、走马楼三国吴简、悬泉汉简、马王堆汉墓帛书、张家山汉简、湖南郴州苏仙桥J4三国吴简、曾侯乙墓竹简、青川木牍、额济纳汉简等。如：李学勤：《论清华所藏的一版历组岁祭卜辞》，连劭名：《楚竹书〈孔子诗论〉疏证》，陈伟：《〈昭王毁室〉等三篇竹书的几个问题》，刘乐贤：《从周家台秦简看古代的"孤虚"术》，长沙简牍博物馆、长沙市文物考古研究所联合发掘组：《2003年长沙走马楼西汉简牍重大考古发现》，张德芳：《悬泉汉简中的"传信简"考述》，胡平生：《〈长沙走马楼三国吴简〉第二卷释文校证》，萧圣中：《关于曾侯乙墓竹简编连的调整(二则)》。

简帛文献概述

骈宇骞著，万卷楼图书有限公司。存目。

中国简牍集成(13—20)

中国简牍集成编辑委员会编，敦煌文艺出版社2005年3月出版。对过去已公布的部分简牍作了标点、注释的工作，包括图版选、湖南省卷、广西壮族自治区卷、江西省卷、青海省卷、陕西省卷、河北省卷、安徽省卷、江苏省卷、新疆维吾尔自治区卷、四川省卷、北京市卷等。

出土法律文献研究

张伯元著，商务印书馆2005年6月出版。收录了作者有关出土法律文献研究方面的论文22篇。书中涉及张家山汉简、居延汉简、睡虎地简、银雀山简中的法律史料，作者将它们与传世文献结合起来，对秦汉律的特征作了广泛的考察和研究。有三个鲜明特点：一、涉及面广，比较全面地反映出当前出土法律文献的概貌；二、采用了传统的考据学方法，言必有据；三、文贵出新，本书多有独到之见。

出土文献与古代司法检验史研究

闫晓君著，文物出版社2005年12月出版。是在作者博士学位论文基础上完成的，但无论在广度和深度上都大大超过了原来的水准。

浏览这部书，大家都会认识到我国古代在司法检验、侦查方面具有非常突出的成就，誉为世界先进绝不过分。这种卓异的表现，其根源并不只在法律这一领域，应该说是科技、文化、制度等多重因素聚合的结果。

古代帛画

陈锽著，文物出版社 2005 年 9 月出版。内容包括：概述、帛画的研究、帛画的发现、战国楚墓帛画、马王堆汉墓帛画等。

出土文献探赜

杨昶、陈蔚松主编，《崇文学术文库》中的一种，崇文书局 2005 年 6 月出版。本论文集收入了华东师范大学文史相关学科研究者的阶段性成果 18 篇，涉及甲骨文字编、金石文字编、简帛文字编三部分，探讨了甲骨文与周易、金石文字与楚辞、诗经、竹简老子、简帛老子研究述要等内容，后附录《20 世纪 90 年代以来出土文献研究论文索引》。

古文字与出土文献丛考

曾宪通著，中山大学出版社 2005 年 1 月出版。论文集，涉及楚帛书、包山简、睡虎地秦简、银雀山汉简、居延汉简等。

饶宗颐新出土文献论证

沈建华编，上海古籍出版社 2005 年 9 月出版。这本论文汇编体现饶先生近几年最新的思路和创造性的学术思想，全部论文都经过了重新校勘，并增补注释，基本上汇集了饶先生近年来对各地考古新发现的出土文献研究。分（一）殷周史地丛考、（二）楚简与诗乐、（三）上博竹书《诗序》综说、（四）论里耶秦简、（五）其他五部分。

庞朴文集第二卷：古墓新知

庞朴著，山东大学出版社 2005 年 1 月出版。汇集了作者有关简帛文献思想史研究的论文，主要涉及郭店楚简、马王堆帛书等。

儒林（第一辑）

庞朴主编，山东大学出版社 2005 年 1 月出版。有关儒学研究的论文集。

出土文献论文集

黄人二著，台中高文出版社 2005 年出版。存目。

上海博物馆藏战国楚竹书（二）研究

黄人二著，台中高文出版社 2005 年出版。存目。

上海博物馆藏战国楚竹书（三）研究

黄人二著，台中高文出版社 2005 年出版。存目。

2006 年

郭店楚简先秦儒书宏微观

顾史考著，台湾学生书局 2006 年出版。本书内容包括：从礼教与刑罚之辩看先秦诸子的诠释传统、从楚国竹简论战国"民道"思想、古今文献与史家之喜新守旧、读《尊德义》札记等。

上海博物馆藏战国楚竹书（第五册）

马承源主编，上海古籍出版社 2006 年出版。共收入竹书八篇，分别为：《竞建内之》、《鲍叔牙与隰朋之谏》、《季庚子问于孔子》、《姑成家父》、《君子为礼》、《弟子问》、《三德》、《鬼神之明·融师有成氏》。

上博楚简思想研究

曹峰著，万卷楼图书股份有限公司 2006 年出版。存目。

战国楚音系及楚文字构件系统研究

吴建伟著，齐鲁书社 2006 年 8 月出版。内容包括：战国楚文字数据库的建设与运用、战国楚文字系统的单字调查与分析、战国楚音系的构拟、战国楚文字构件的调查与统计、战国楚文字构件的方位研究、战国楚文字羡符研究等。

里耶发掘报告

湖南省文物考古研究所编，岳麓书社 2006 年出版。该书包括了 2002—2006 年在里耶盆地的田野考古成果：里耶城址发掘报告；麦茶墓地发掘报告；清水坪墓地发掘报告；大板墓地发掘报告。报告中重点介绍了各遗迹的发掘情况和战国、秦、汉的出土遗物，尤其是里耶秦简。里耶秦简，一次性发现 3 万多枚，数量远远超过以往国内所出秦简总和，而且内容丰富，涉及政治、军事、民族、经济、法律等诸多领域，极大地丰富了人们对中国历史上秦王朝有关制度的了解和认识，对秦史研究有不可估量的意义。

长沙马王堆汉墓

熊传薪、游振群著,三联书店 2006 年出版。本书编著者选择了大量典型的发掘事例,争取发掘人的合作,将某处发掘过程以及有助于了解此处古代时间的资料,如地理条件、历史环境,结合文物图片,通俗易懂地展现给读者。

随州孔家坡汉墓简牍

湖北省文物考古研究所、随州市考古队编,文物出版社 2006 年 6 月出版。公布了 1999—2000 年在湖北随州出土的简牍,内容包括:随州孔家坡汉墓发掘报告、简牍图版、释文。

张家山汉简《奏谳书》研究

蔡万进著,广西师范大学出版社 2006 年 5 月出版。内容主要有:《奏谳书》释文补正举隅、《奏谳书》的题名及其结构、《奏谳书》的材料来源及编订年代、《奏谳书》的法律地位、《奏谳书》与秦汉法律实际应用、《奏谳书》与秦末汉初历史、《奏谳书》与汉代奏谳制度等。

张家山汉墓竹简[二四七号墓](释文修订本)

张家山二四七号汉墓竹简整理小组整理,文物出版社 2006 年 5 月出版。这是对 2001 年文物出版社出版的《张家山汉墓竹简[二四七号墓]》释文的修订。纠正了一些原有的错漏。

长沙东牌楼东汉简牍

长沙市文物考古研究所、中国文物研究所编,文物出版社 2006 年 4 月出版。公布了 2004 年湖南省长沙市东牌楼建筑工地第七号古井发掘出土的简牍。内容包括:长沙东牌楼七号古井发掘报告,长沙东牌楼东汉简牍概述,长沙东牌楼东汉简牍的书体、书法与书写者,简牍图版,释文等。

武威汉代医简注解

张延昌主编,中医古籍出版社 2006 年 3 月出版。本书对 1972 年武威出土的汉代医简进行了注解,分绪论、各论、注解三章。

中瑞西北科学考察档案史料

中国新疆维吾尔自治区档案馆、日本佛教大学尼雅遗址学术研究机构编,新疆美术摄影出版社 2006 年出版。收集了收藏于新疆维吾尔自治区档案馆有关中瑞西北科学考察团 1927 年至 1934 年的珍贵档案史料318件，计30余万字，并有多幅彩色照片，为研究中瑞西北科学考察团的历史提供了关键性证据。

吴简研究(第2辑)

长沙简牍博物馆、北京吴简研讨班编，崇文书局2006年出版。本书收录"试论走马楼吴简所见名籍之体式"、"论吴简所见的州郡县吏"、"走马楼竹简的限米与田亩记录"、"从兽皮纳人简看古代长沙之环境"等21篇文章。

中国方术正考

李零著，中华书局2006年5月出版。这本书是作者《中国方术考》的修订版。结合考古材料，对中国早期方术作了总结。内容包括：绪论数术方技与古代思想的再认识。上篇数术考，有占卜体系与有关发现、式与中国古代的宇宙模式、楚帛书与日书、古日者之说、早期卜筮的新发现等，下篇方技考，有炼丹术的起源和服食祝由、出土行气导引文献概说、马王堆房中书研究、"祖"名考实及其他等。

中国方术续考

李零著，中华书局2006年5月出版。这是作者对方术问题考述的论文集，分为方术四题、咬文嚼字、穷原竟委、礼仪为本、星官索隐、地书发微、数术丛谈、方技琐语等几个部分。

简帛研究(2004)

中国社会科学院简帛研究中心、中国社会科学院历史所秦汉魏晋南北朝室编辑；卜宪群、杨振红主编，广西师范大学出版社2006年10月出版。简帛文献研究的论文集，涉及上博简、包山简、郭店简、里耶简、马王堆帛书、张家山汉简、居延简、尹湾汉简、走马楼三国吴简等。

简帛(第一辑)

武汉大学简帛研究中心主编，上海古籍出版社2006年10月出版。简帛研究论文的合集。涉及曾侯乙墓简、包山简等楚简、睡虎地简、里耶简等秦简，敦煌汉简、张家山汉简、马王堆帛书等汉代简帛。

出土文献与古文字研究(第一辑)

复旦大学出土文献与古文字研究中心编，复旦大学出版社2006

年出版。本书包括《殷商文字研究两篇》、《敦煌社会经济文书语词辑考》、《唐代避讳字与俗字关系试论》等文章。

池田知久简帛研究论集

[日]池田知久著，曹峰译，中华书局 2006 年 2 月出版。本书是作者的简帛研究论文集，收录了《马王堆汉墓帛书〈五行〉所见的身心问题》、《郭店楚简〈五行〉研究》、《〈周易〉与"谦让之德"》等论文。

秦汉刑罚制度研究

[日]富谷至著，柴生芳、朱恒晔译，广西师范大学出版社 2006 年出版。本书从秦律的流变过程、实际状况进行详细具体的论证说明，阐述了刑罚中的刑罚适用与刑罚数量等；考察秦汉时期罪与罚的思想观念，并通过对根本性法意识的探讨来阐明秦汉刑罚的具体特征。

战国秦代法制管窥

刘海年著，法律出版社 2006 年出版。本书介绍了中国战国秦汉时期的法律情况，内容包括战国齐国法律史料的重要发现、云梦秦简中有关农业经济的法规、秦律刑罚考析等。

二十世纪出土简帛综述

骈宇骞、段书安编著，文物出版社 2006 年 3 月出版。全书分三部分：综述篇，叙述了出土简帛的基本知识，如简帛的起源、形制、缮写、题记、文字、分类等；资料篇，简述了 1900 年至 2002 年出土的主要简帛资料；论著目录篇，罗列了 1903 年至 2002 年发表的简帛研究论著。

秦汉逃亡犯罪研究

张功著，湖北人民出版社 2006 年出版。本书共七章，从秦汉逃亡犯罪的类型、原因、政府预防和控制犯罪的制度、措施、影响等方面考察了秦汉时期的逃亡犯罪现象。

简帛典籍异文侧探

徐富昌著，国家出版社 2006 年出版。本书绪论篇针对异文的产生原因及表现形式作了说明，指出异文的内涵与类型；异文考察篇针对出土简帛文献与传世本之间的各种异文现象，分析讨论，并指出其致误之由。异文对照篇利用简帛文献与各传本间之异文，校勘比对，制成对照表,旨在提供学界异文分析之工具。文末针对出土文献新证与文献考察之间的关系,分论综述,并兼论异文在文献诠释中的价值。

儒林(第二辑)

庞朴主编,山东大学出版社 2006 年出版。关于儒学研究的论文集。

简帛语言文字研究(第二辑)

张显成主编,巴蜀书社 2006 年 1 月出版。这一辑所选是 2004 年 9 月在武汉大学召开的"第七届全国古代汉语学术研讨会暨简帛文献语言研究国际学术研讨会"提交的论文,大部分属简帛语言研究。

出土文献语言研究(第1辑)

张玉金主编,广东高等教育出版社 2006 年 6 月出版。内容包括甲骨卜辞、金文、简帛文献等出土文献的语言研究,简帛文献涉及楚简、秦简等。

楚竹书《周易》研究:兼述先秦两汉出土与传世易学文献资料(上下)

濮茅左著,上海古籍出版社 2006 年 11 月出版。本书收集了上海博物馆藏战国楚竹书《周易》现存的全部图版,并附香港中文大学文物馆所藏的一段残简。书中正文对楚竹书《周易》作了介绍、研究与考释;此外,还分别介绍了考古《易》的发现和传世文献中的易学记载。

周易溯源

李学勤著,巴蜀书社 2006 年 1 月出版。内容包括:西周春秋的《易》、《易传》的年代问题、考古发现中的筮法、战国秦汉竹简与《易》、论帛书《周易》经传、《易纬》试说等。

古代中国的历史与文化(上、下)

劳榦著,中华书局 2006 年 12 月出版。这是台北联经出版事业公司 2006 年出版的劳榦论文集的大陆版。分为历史与政治、制度、思想史、社会史、地理与边疆史、历法、考古学与文字学、文学、典籍等部分,涉及居延简等考论。

华学(第八辑)

泰国华侨崇圣大学中华文化研究院、清华大学国际汉学研究所、中山大学中华文化研究中心、香港大学饶宗颐学术馆共同主办,《华学》编辑委员会编,紫禁城出版社 2006 年 8 月出版。一本有关中国古典文献的刊物。第八辑中有关简帛文献研究的论文有:《易学文献的布局图式研究法——从上博战国楚简〈周易〉谈起》、《上博竹书〈周易〉字词考释》、《孔子与〈鸤鸠〉——读上博简〈诗论〉札记》、《〈恒先〉分章语译》、《再论〈容成氏〉中的"方为三俈"》、《失传已久的鲁兵书——〈曹沫之陈〉》、《读〈上海博物馆藏战国楚竹书(四)〉札记》、《关于楚简"视日"的新推测》、《郭店楚墓竹简补释》、《新出〈史律〉与〈史籀篇〉的性质》、《东汉"序宁"简补释》等。

《简牍学报》19 期

台北简牍学会编,2006 年出版。所收论文有:《里耶秦简地理问题初探》,《汉代书籍——两汉遗书的搜求、校定、叙录、钞写、庋藏和传布》,《甲渠"当曲隧"至"临木隧"里程重考》,《劳榦教授著作目录(增订版)》等。

2007 年

郭店楚简校读记(增订本)

李零著,中国人民大学出版社 2007 年出版。1999 年北京大学出版社本的增订版。

上海博物馆藏战国楚竹书(第六册)

马承源主编,上海古籍出版社 2007 年 7 月出版。第六册共收入竹书 8 篇,分别为:《竞公瘧》、《孔子见季桓子》、《庄王既成 申公臣灵王》、《平王问郑寿》、《平王与王子木》、《慎子曰恭俭》、《用曰》、《天子建州》。

上海博物馆藏战国楚竹书(1—5)文字编

李守奎等编,作家出版社 2007 年 12 月出版。全书收录上博简 1—5 册全部字头和符号,以及《香港中文大学文物馆藏简牍》中的十枚楚简。按《说文》字头顺序排列,《说文》没有的字则按部首列在每部的后面。

郭店简与上博简对比研究

冯胜君著,线装书局 2007 年出版。本书包括形制篇、文本篇、国别篇。内容有"郭店简形制概说"、"用字不同的对比"、"《性自命出》与《性情论》文本对比研究"等文。

楚地简帛思想研究(三)

丁四新主编,湖北教育出版社 2007 年出版。2006 年 6 月下旬,在武汉大学召开了"新出楚简国际学术研讨会"。这次会议的大多数论文就汇编在此部论文集中。包括三个方面的内容,其一是对上海博物馆藏战国楚书和郭店楚简的研究,计有 48 篇论文、注释和札记;其二是对九店和新蔡等楚简的研究,计有 5 篇论文和注释;其三是对马王堆帛书和秦汉楚地竹简的研究,计有 4 篇论文。此外,这部论文集还包括两篇相关综述文章。

新出楚简文字考

黄德宽、何琳仪、徐在国著,安徽大学出版社 2007 年 9 月出版。字词考释内容包括郭店楚简、上博简、新蔡竹简、其他四部分。

二年律令与奏谳书:张家山二四七号汉墓出土法律文献释读

武汉大学简帛研究中心、荆州博物馆、早稻田大学长江流域文化研究所编,彭浩、陈伟、工藤元男主编,上海古籍出版社 2007 年 8 月出版。张家山二四七号汉墓出土的竹简法律文书《二年律令》与《奏谳书》自公布以来,在学术界引起广泛的关注,在不长的时间里,就涌现出不少研究成果,对相关学科产生了深远的影响。为解决竹简文字释读的遗留问题,武汉大学简帛研究中心、荆州博物馆、日本早稻田大学长江流域文化研究所共同合作,利用红外线成像技术,对张家山二四七号汉墓《二年律令》、《奏谳书》竹简重新释读,使原先一些难以辨认的字迹变得清晰,增补了若干新识之字,收到了较理想的效果。这些新见竹简和残片,不仅补全了相关律文,还增加了新的律条。同时,本书还收集了海内外学者对于《二年律令》、《奏谳书》研究的代表性论点,扼要综合,并以"今按"的形式附上编著者心得。为了便于学者研究,本书将竹简的红外线影像图版全部印出,相关残片尽量拼接。这些都将进一步推进对张家山汉简法律文书的研究。

居延汉简研究（上下）

[日]永田英正著，张学锋译，广西师范大学出版社 2007 年 7 月出版。

由张家山汉简《二年律令》论汉初的继承制度

刘欣宁著，台湾大学出版委员会 2007 年出版。存目。

张家山汉简《二年律令》研究文集

中国社会科学院简帛研究中心编，广西师范大学出版社 2007 年 6 月出版。张家山汉简《二年律令》包括 27 种律和 1 种令，内容涉及西汉初年政治、经济、军事、地理、社会生活等多方面。本书选编了观点明确、论据充分、在同一问题研究中具有代表性的文章 33 篇，分官僚制度、军功爵制、赋税制度、土地制度、货币商业制度、法律制度与法律思想、阶级关系与继承制度、历史地理等专题，全面而又系统地概括了近年来张家山汉简《二年律令》研究的各个方面。书后所附《2002—2004 年张家山汉简（二年律令）研究论著简目》，为学者了解和查阅相关动态提供了方便。

张家山汉简《盖庐》研究

邵鸿著，文物出版社 2007 年 11 月出版。张家山汉简中《盖庐》一文系通过吴王阖闾与伍子胥君臣二人的对话，记述兵阴阳家的学说。本文包括：序、《盖庐》研究、《盖庐》释文、《盖庐》注释以及《盖庐》图版，从《盖庐》与黄帝家言、阴阳五行、实战理论、古代刑法四个方面对其文字内容进行了考述。

马王堆简牍帛书常用字汇

陈松长编，上海书店出版社 2007 年 1 月出版。本书所选的帛书常用字以《马王堆简帛文字篇》的资料数据为基础进行挑选，按《说文》部首的顺序进行编排，同时附有笔画和汉语拼音检字表。

帛书《易传》研究

王化平著，西南大学《文献学研究丛书》之一，巴蜀书社 2007 年 11 月出版。包括：帛书《易传》研究相关问题、帛书《周易》研究概述、帛书《系辞》研究、帛书《二三子问》研究、《易之义》研究、《要》篇研究、《缪和》《昭力》研究、帛书《易传》与荀子及汉初易学等内容。

帛书老子再疏义

尹振环著,商务印书馆 2007 年 5 月出版。本书是在《帛书老子释析》的基础上重新改写而成的。本书以帛书《老子》为研究基础,依据大量先秦文献和考古发现,对照帛书《老子》与今本《老子》的异同,在对帛书《老子》进行考证并弄清其原文原义的基础上,进行校注和再疏义。

长沙走马楼三国吴简·竹简二(上、中、下)

走马楼简牍整理小组编,文物出版社 2007 年出版。发表竹简万余枚。

走马楼吴简续探

于振波著,文津出版社 2007 年 2 月出版。本书是《走马楼吴简初探》的续编。探讨了三国地区孙吴地区的人口问题、户人的地位及其与家长的关系、家庭结构以及女子结婚的年龄,考察了孙吴的户品问题、师佐与"户下奴婢"的社会地位与生活境遇,对户籍文书中"算"与"事"的涵义、孙吴的丁中制度等问题也有所讨论。

汉简研究文献四种(上下)

劳榦等著,北京图书馆出版社 2007 年 12 月出版。收录民国时期关于汉简研究的资料四种:劳榦《居延汉简考释》、陶元甘《居延汉简笺证》、陈邦福《汉魏木简义证》和张凤《汉晋西陲木简汇编》。这些材料现在一般图书馆都很难找到,有的甚至是第一次公开发表。内容包括居延汉简和敦煌汉简的释文、考证、图版等,对于研究汉晋历史以及边塞地区政治、经济、军事、文化等有重要参考价值。

简帛文献与文学考

陈斯鹏著,中山大学出版社 2007 年 12 月出版。内容包括:《战国楚帛书甲篇新释》、《楚帛书甲篇的神话构成、性质及其神话学意义》、《战国竹简〈诗论〉编联新探》、《竹简〈诗论〉解诂》、《竹简〈诗论〉诗学思想综析》、《竹简〈诗论〉在中国文学批评史上的地位与意义》、《战国竹简诗说拾零》、《战国简帛中的散文及其文学价值和意义》、《战国竹简散文文本校理举例之一——〈彭祖〉通释及韵读》、《战国竹简散文文本校理举例之二——〈曹蔑之阵〉校理》、《战国秦汉简帛中的祝祷文》等。

出土文献与儒家学术研究

杨朝明著，台湾古籍出版有限公司 2007 年出版。存目。

新出土文献与先秦思想重构

李学勤、林庆彰著，万卷楼图书有限公司 2007 年出版。"新出土文献与先秦思想重构"国际研讨会论文集。

简帛考论

刘大钧著，上海古籍出版社 2007 年 5 月出版。这是作者的论文集，收录简帛研究论文近三十篇。论题主要集中于《周易》，如：《今、帛、竹书〈周易〉与今、古文问题》，《上海博物馆藏战国楚竹书〈易经〉释卦二则》，《沪简〈周易〉选释》，《楚简〈周易〉睽卦新释》，等等。其他论文则主要讨论郭店、上博简等楚简，如：《〈性自命出〉对子思人性论的扬弃》，《楚简〈容成氏〉"禅让"观念论析》，《郭店竹简〈唐虞之道〉与儒墨"禅让说"之比较》，《上博竹书〈从政〉篇与〈子思子〉》，等等。

"隶臣妾"身份再研究

李力著，中国法制出版社 2007 年出版。首先回顾了对睡虎地秦简中"隶臣妾"身份的争论，然后从历时的角度，根据传世文献和出土文献，对"隶臣妾"一词的流传、使用期限、结构及含义作了详细的考辩。"隶臣妾"一词，是秦律中的专有法律术语，不仅指官奴隶，也指刑徒，经过战国时期、秦朝的发展，在西汉时期的法律中演变为一个纯粹的徒刑刑名。

秦汉法律文化研究

孙家洲主编，中国人民大学出版社 2007 年 10 月出版。内容包括：《法律文化及研究旨趣》、《皇帝旨意与国家法律》、《大赦制度研究》、《社会舆论与官方应对机制》、《刑罚制度个案研究》等，运用睡虎地秦简、张家山汉简等出土简帛文献，探讨了秦汉时期的法制。

秦汉犯罪控制研究

张功著，湖北人民出版社 2007 年 9 月出版。本书考察了荀子、韩非、秦始皇、董仲舒、汉武帝、《盐铁论》的犯罪控制思想，联系秦汉出土简帛文献，研究了秦汉杀伤罪、"盗"犯罪、渎职犯罪、赃罪、伦理犯罪、军事犯罪等的立法控制理论。

出土文献与文子公案

张丰乾著,社会科学文献出版社 2007 年 11 月出版。重点考察了竹简《文子》与传世本《文子》的关系,以及两本《文子》与《淮南子》的关系和竹简《文子》的撰作年代及主题思想。通过缜密考证和深入分析认为,竹简《文子》中的绝大多数内容与《淮南子》没有对应关系,而传世本《文子》则大量抄袭了《淮南子》;对竹简《文子》中的"道"、"德"、"四经"、"五兵"、"圣智"、"执一无为"、"教化"等范畴和观念在思想史的脉络中作了深入的阐释;提出竹简《文子》是汉初"新道家"的作品,属于道家中重视道德教化的"文老学派"。

木简竹简述说的古代中国——书写材料的文化史

[日]富谷至著,刘恒武译,黄留珠校。人民出版社 2007 年 5 月出版。本书是 2003 年日本岩波书店出版的日文同名书的中译本。包括《关于纸的发明》、《纸以前的书写材料》、《木简和竹简》、《简牍述说的书写世界》、《楼兰出土的文字资料——木和纸的并用》、《由汉到晋——由简牍到纸》等内容。

东周与秦代文明

李学勤著,上海人民出版社 2007 年 11 月出版。本书是在 1984 年文物出版社初版、1991 年文物出版社增订版的基础上,加写了"跨世纪的进展"一节,材料下限为 2007 年秋。

儒家文化研究第一辑:新出楚简研究专号

郭齐勇主编,三联书店 2007 年 6 月出版。本辑收入中国、美国、日本、加拿大、比利时、俄罗斯等国的学者关于新出楚简的哲学思想、宗教观念、政治意识以及学派归属等方面的研究论文 21 篇,主要涉及郭店楚简、上博简等。附录《新出楚简思想研究著述要目》。

2008 年

郭店竹简与思孟学派

梁涛著,中国人民大学出版社 2008 年 5 月出版。内容主要有:竹简,文献与学派,孔子的仁、礼思想与孔门后学的分化,思孟学派的酝酿:曾子、子游学派研究,思孟学派的形成:子思学派研究,思孟学派的完成：孟子学派研究、思孟学派与早期儒学、回到"子思"去——儒家道统论的检讨与重构等。此书的写作历时十年之久，围绕郭店竹简与思孟学派提出一系列独到的见解与看法，有些发前人所未发，有些在前人基础上有所推进，且言之有理，持之有据。

郭店楚简儒家哲学研究

谢君直著，万卷楼图书有限公司2008年出版。存目。

上海博物馆藏战国楚竹书（第七册）

马承源主编，上海古籍出版社2008年12月出版。本书共收入竹书5篇，分别为《武王践阼》、《郑子家丧》、《君人者何必安哉》、《凡物流形》及《吴命》。总共108简，所涉内容丰富，与传世文献多有发明。《郑子家丧》、《君人者何必安哉》、《凡物流形》三篇存有甲乙本相互比照，对于文字的准确释读及简序的正确编连多有裨益。各篇中出现的墨钉、墨节、通栏标识，特别是颇为少见的《君人者何必安哉（乙本）》篇末黑底白文之字，其准确意义都还有待于进一步探讨。而《凡物流形》篇，作为首次公布的楚辞类作品，加上日后即将陆续公布的其他数种同类资料，必将对楚辞研究以及中国文学史、先秦学术史、先秦思想史等方面的研究起到积极的推动作用。

包山楚简词汇研究

王颖著，厦门大学出版社2008年5月出版。本书在前人考释的基础上，运用语言学的基本理论，借助计量的方法，将包山楚简中的词汇面貌完整呈现出来。依据王力"词汇·语法范畴"理论，从功能和意义两个方面出发，对包山简中的词进行分类。实词包括名词、动词、形容词、数词、量词、代词六类，虚词分为副词、介词、连词、助词、语气词五种。除名词和数量词外，每个词的意义或用法都逐一进行阐释和分析。本书另附三个专题研究，讨论包山简中同义词的用法、包山楚简与睡虎地秦简用词的差别以及利用包山楚简的语言材料对《汉语大词典》进行订补。

楚系简帛文字编（增订本）

滕壬生编著，湖北教育出版社2008年10月出版。是在1995年版的基础上增订而成。增订本新增了《九店楚简》2348字，《郭店楚墓竹简》12072字，《新蔡葛陵楚墓·竹简》8000余字，《上海博物馆藏战国楚竹书》(一)、(二)6968字,以及《香港中文大学文物馆藏简牍》中的楚文字400余个。收字由原来的19250个,现增加了29804个,即增加了一倍还多。共收录字头4621个,总收字数达到49054个。字序仍按大徐本《说文》。

帛书周易注译

张立文著,中州古籍出版社2008年1月出版。是1985年版的修订版。按帛书本六十四卦为序,对帛书《周易》进行注释、今译。前有长文"《帛书周易》浅说",对帛书本《周易》作了详细的研究。

马王堆帛书《周易》经传校读

张政烺著,中华书局2008年4月出版。这是张政烺先生整理马王堆帛书《周易》的遗稿。由李零及其学生整理。这本书发表了《周易》经、传的帛书照片,以及全部释文、校注等。

帛书《周易》论集

廖名春著,上海古籍出版社2008年12月出版。内容包括:帛书《周易》经传研究、帛书《要》篇研究、帛书《衷》篇研究、帛书《系辞》篇研究、帛书《易传》其他篇研究、帛书《周易》经传释文等,附录有"帛书《易传》研究论著目录"。

人往低处走:《老子》天下第一

李零著,三联书店2008年3月出版。本书是帛书《老子》校读本。以马王堆帛书《老子》甲本作底本,参照乙本补字。为便于对照,把帛书本在后的《道经》放在前,《德经》放在后,颠倒了次序。校读的内容主要包括简本的异文,早期古书引用的异文,今本的异文,以及碑本、敦煌本的异文。

马王堆汉墓帛书壹假借字研究

沈祖春著,巴蜀书社2008年2月出版。内容包括:研究材料介绍、假借字的概念、《帛书》假借字分类研究、《帛书》假借字所反映的上古声母现象、与假借相关问题的研究等。

马王堆汉墓:古长沙国的艺术和生活

陈建民主编,岳麓书社2008年出版。本书是湖南省博物馆与美国华英协进社中国美术馆共同举办的《马王堆汉墓:古长沙国的艺术和生活》展览图录和说明,反映了2100多年前西汉初期先进的农业、手工业科技水平和文化艺术生活。

张家山汉简法律思想研究

曾加著,商务印书馆2008年2月出版。张家山汉简中的《二年律令》和《奏谳书》涉及西汉初期的律令和司法诉讼,还保留了不少完整记录当时司法诉讼程序和文书格式的司法文书。这些史料反映出汉代重视以"繁法"、"严刑"维护君主专制统治、重视案件的审判权等法律思想,使亡佚的汉律的内容得以重现,改变了此前汉初法律思想的研究和评述只能基本以文献所载为依据的状况,使得学术界在法律制度的基础上探讨汉初的法律思想成为可能,从而对从秦至唐中国古代社会法律思想的发展和演变的研究起到承上启下的积极作用,对研究中国古代法制史和法律思想史有非常重要的价值。

张家山汉简《二年律令》研究

朱红林著,黑龙江人民出版社2008年6月出版。是《金景芳师传学者文库》之一,该书分4个章节,对张家山汉简二年律令作了深入的探讨和研究,内容包括刑事法规研究、经济法规研究、行政法规研究等。

居延汉简语词汇释

沈刚编,科学出版社2008年12月出版。本书汇集了1939—2006年对居延汉简、居延新简词语的解释,以笔画为序,文后列引文索引,以作者音序排列。

帝系新研——楚地出土战国文献中传说时代古帝王系统研究

郭永秉著,北京大学出版社2008年9月出版。内容包括:《从楚竹书记载的尧舜传说考察尧舜在大一统帝王世系中地位的形成》、《战国楚竹书中所见尧舜之前古帝王系统的初步研究》、《出土文献中所见楚先祖世系传说及其相关问题》等。

秦汉简牍中法制文书辑考

高恒著,社会科学文献出版社2008年9月出版。主要内容有:《汉代上计制度论考——兼评尹湾汉墓木牍〈集簿〉》、《汉壁书〈四时月令五十条〉论考》、《汉简中举、劾、案验文书辑释》、《汉简中的债务文书辑论》、《秦汉简牍中所见的"式"》、《汉简中的审判制度研究》,以及张家山汉墓竹简中的《奏谳书》注释等。

秦汉史论丛(增订本)

廖伯源著,中华书局 2008 年 3 月出版。这是作者有关秦汉史研究的论文集。收录文章 13 篇,涉及简帛的有尹湾汉简等。

长沙走马楼三国吴简·竹简三(上、中、下)

长沙市文物考古研究所、中国文物研究所、北京大学历史学系编,文物出版社 2008 年出版。发表竹简万余枚。

长沙走马楼简牍研究

高敏著,广西师范大学出版社 2008 年 5 月出版。

简牍帛书通假字字典

白於蓝编著,福建人民出版社 2008 年 1 月出版。本书为战国楚简帛古书通假字的汇编,资料来源:楚帛书、信阳简、郭店简、九店简、上博简(1—5)等。原整理者的意见直接引录,与整理者意见不同的,加按语说明。

简帛语言文字研究(第三辑)

张显成主编,巴蜀书社 2008 年出版。西南大学于 2006 年 10 月召开了"中国训诂学研究会 2006 年学术年会暨庆祝刘又辛教授从教 60 周年学术研讨会",大会的主要议题之一是"出土文献与训诂研究"。本辑在提交大会有关简帛研究论文的基础上,另外再吸纳了几篇有关文章而编成。

简帛研究(2005)

中国社会科学院简帛研究中心、中国社会科学院历史所秦汉魏晋南北朝室编辑;卜宪群、杨振红主编,广西师范大学出版社 2008 年 9 月出版。论文涉及郭店楚简、上博简、睡虎地秦简、马王堆帛书、张家山汉简、长沙东牌楼汉简等。

简帛研究(2006)

中国社会科学院简帛研究中心、中国社会科学院历史所秦汉魏晋南北朝室编辑;卜宪群、杨振红主编,广西师范大学出版社 2008 年 11 月出版。发表了《论郭店楚简形成的年代》、《试谈郭店楚简中不同手迹的辨别》等涉及郭店楚简、里耶秦简、马王堆帛书、张家山汉简、银雀山汉简、悬泉汉简、走马楼吴简等简帛文献的论文。另设有"悼念谢桂华先生专栏"。

出土文献与古文字研究(第二辑)

复旦大学出土文献与古文字研究中心编,复旦大学出版社 2008 年出版。本书包括《二十世纪以来古文字构形研究概述》、《敦煌籍帐文书释词》、《楚简中的一字形表多词现象》等文章。

新出简帛文献注释论说

杨朝明、宋立林等著,台湾书房 2008 年出版。选取郭店简、上博简、马王堆帛书的部分篇目,分篇进行注解、释义、论说。

简牍学综论

郑有国编著,华东师范大学出版社 2008 年 10 月出版。1989 年版后的新版。

简帛研究文稿

陈松长著,线装书局 2008 年 7 月出版。作者相关研究的论文集。

简帛文献论集

张显成著,巴蜀书社 2008 年 8 月出版。本书收作者最近十多年来所写的有关简帛研究的文章 32 篇,大致分为三类:简帛文献文本研究,12 篇。包括简帛文本字词考释的文章 9 篇,简帛文本语言文字规律研究的文章 3 篇。简帛文献理论研究,13 篇。包括论简帛在文献学、民俗学、汉语史、汉字史、中医药学史、文书档案史、语文辞书编纂、新词新义、词汇史、俗字史等方面研究价值的文章 11 篇,以及研究简帛书籍标题和简帛标点符号的文章各 1 篇。简帛文献其他研究,7 篇。包括利用简帛新材料订正传统观点的文章 4 篇,利用简帛来研究《说文》的文章 1 篇,利用简帛研究名实问题的文章 1 篇,最后 1 篇是关于建立简帛数据库的设想和实践方面的文章。

汉书新证

陈直著,中华书局。1959 年天津人民出版社版本之后的新版。

宇宙的起源:《楚帛书》与《夏小正》新考

何新著,中国民主法制出版社 2008 年 8 月出版。讲述了中华远古文明对宇宙起源的思考,以及古代历法等。是对 2002 年出版的《宇宙的起源——长沙楚帛书新考》的修订。

文物中的古文明

李学勤著,商务印书馆 2008 年 10 月出版。是作者近几年来的学术论文结集，根据内容辑成古史研究、甲骨学研究、青铜器研究、战国文字研究、简帛学研究、年代学研究、学术史研究七个部分，及时介绍了考古的最新发现并做了精深的探讨，其中既有对古代文明研究的宏观认识，也有关于某一专题深入细致的辨析，基本上涵盖了作者关于古代文明研究的最新成果。

中国思想史前沿——经典、诠释、方法

梁涛主编，陕西师范大学出版社2008年12月出版。书中有《"诸子百家"与"九流十家"》、《〈几何原本〉的传入与焦循易学解释学》、《关于中国思想史研究的几点思考》等内容。对郭店楚简《老子》、上博简《周易》经传等有深入解读。

儒家思孟学派论集

山东师范大学齐鲁文化研究中心、美国哈佛大学燕京学社编，齐鲁书社2008年12月出版。本书是2007年8月召开的由山东师范大学齐鲁文化研究中心、美国哈佛大学燕京学社、北京大学儒学研究中心、山东大学儒学研究中心、山东省邹城市人民政府联合举办的"儒家思孟学派国际学术研讨会"的论文结集。收录《谈〈圣贤群辅录〉八儒三墨之说》、《思孟学派简论》、《〈性自命出〉的思想特征及其与思孟学派的关系》、《〈五行〉经说分别为子思、孟子所作论——兼论郭店楚简〈五行〉篇出土的历史意义》等33篇论文，并收录《二十世纪以来大陆孟子与思孟学派研究综述》、《二十世纪以来思孟学派研究目录索引编年》。

出土文献与先秦儒道哲学

郭梨华著，万卷楼图书有限公司2008年出版。尝试借由出土文献所带来的资料讯息，与传世文献结合，思考战国时期哲学思想在论题与哲学概念之辨析中，是否有被忽略甚至未能提出的部分。主要关注的是战国时期的儒家、道家在这一时期究竟有过何种哲学思辨。

华学(第九、十辑)

泰国华侨崇圣大学中华文化研究院、清华大学国际汉学研究所、中山大学中华文化研究中心、香港大学饶宗颐学术馆共同主办，饶宗颐主编，上海古籍出版社2008年8月出版。一本有关中国古典文献的刊物。第九、十辑中有关简帛文献研究的论文有：《饶宗颐先生与睡虎地秦简〈日书〉研究》、《饶宗颐先生与马王堆帛书研究》、《帛〈易〉源流蠡测》、《〈论语〉"民可使由之"章的再研究——以郭店楚简〈尊德义〉篇为参照》、《战国楚简〈孔子诗论〉与〈诗经〉类序考析》、《〈孔子诗论〉"让人之害"众说评议》、《简帛文献与〈楚辞〉研究》、《谈楚帛书读"厌"之字》、《长沙走马楼吴简所反映的户类与户等》、《说〈鲁邦大旱〉"抑吾子如重命丌欤"句》、《全球定位系统(GPS)、3D卫星影像导览系统(Google Earth)与古代边塞遗址研究——以额济纳河烽隧及古城遗址为例》等。

《简牍学报》20 期

台北简牍学会编,2008 年出版。所收论文有:《关于汉居延县"里"之地理问题》等。

2009 年

楚地出土战国简册(十四种)

陈伟等著,经济科学出版社 2009 年 9 月出版。本书是 2003 年立项的教育部哲学社会科学研究重大课题攻关项目"楚简综合整理与研究"的最终成果。对包山简、望山简等十四种楚简的照片、释文进行了全面清理,取得部分简的红外线照片,纠正了多处过去的误释,且补释过去没有发现的文字。对过去的缀合、编连也有一些重要改进,形成了新的释文、考释,使十四种楚简有了更准确的释文和注释。

老子及其遗著研究——关于战国楚简《老子》、《太一生水》、《恒先》的考察

谭宝刚著,《儒道释博士论文丛书》之一,巴蜀书社 2009 年 11 月出版。主要内容包括:导论学术史回顾及本书研究旨趣,第一章老子其人、其思想源流及《老子》称"经"问题,第二章郭店楚简《老子》思想探微,第三章《太一生水》探索、第四章《恒先》考论、余论等。

《上海博物馆藏战国楚竹书(一)》读本

季旭升主编,北京大学出版社 2009 年 1 月出版。包括《孔子诗论》、《缁衣》、《性情论》三篇的释文、注释、讲解、今译等，并附隶定及摹字。

葛陵楚简研究

邴尚白著，《台湾大学文史丛刊》中的一种。台湾大学出版中心2009年12月出版。葛陵简的基础性研究涉及释读、编连、标点、拼接缀合、卜筮方式、祭祷用语等。

天水放马滩秦简

甘肃省文物考古研究所编，中华书局2009年8月出版。本书以图文结合的形式，完整发表1986年在甘肃省天水市北道区党川乡放马滩一号秦墓出土的全部简牍，并以考古发掘报告收录与此同时发现的十四座秦汉墓的文物资料。

里耶古城·秦简与秦文化研究——中国里耶古城·秦简与秦文化国际学术研讨会论文集

科学出版社2009年10月出版。为总结、交流里耶古城及秦简近年来考古发现和研究的最新成果，进一步推进秦文化的研究，更好地弘扬中华民族的优秀传统文化，在里耶古城和秦简发现五周年之际，由中国社会科学院考古研究所、中国社会科学院历史研究所、湖南省文物考古研究所共同主办，中共龙山县委、龙山县人民政府承办的"中国里耶古城·秦简与秦文化国际学术研讨会"，于2007年10月17日至19日在湖南省龙山县举行。本书筛选参会学者论文中的29篇以及相关讲话、会议纪要结集出版，内容以里耶古城、秦简、秦文化为主。这些研究从一个侧面反映了当今秦代考古学的研究动向，针对里耶古城、秦简和秦代历史文化等方面提出了非常重要的新观点和新认识。

帛书《要》篇校释

刘彬著，光明日报出版社2009年9月出版。马王堆帛书《易传·要》的整理释读。

秦汉简牍文书分类辑解

李均明著，文物出版社2009年1月出版。

张家山247号墓汉简法律文献研究及其述评

李力著，东京外国语大学亚非言语文化研究所2009年出版。

存目。

悬泉汉简研究

郝树声、张德芳著，甘肃文化出版社2009年8月出版。这本书是2002年国家社会科学基金项目的最终成果。在悬泉汉简尚未完全公布的情况下，利用已有的材料，对悬泉汉简中的纪年简、里程简、涉及中外关系的各类简牍进行了剖析，创获颇多。

中国古代诉讼制度研究

[日]籾山明著，李力译，上海古籍出版社2009年12月出版。日文本是京都大学学术出版会于2006年出版的。包括：序论出土法制史料与秦汉史研究，第一章对李斯的审判，第二章秦汉时期的刑事诉讼，第三章居延出土的简册与汉代的听讼，第四章爰书新探，第五章秦汉刑罚史的研究现状，结语司法经验的再分配。

出土简牍与秦汉社会

杨振红著，广西师范大学出版社2009年12月出版。利用新出简牍材料，与传世文献相结合，对秦汉史研究中长期争论不决、关系秦汉社会结构与性质的三个重大问题——秦汉法律体系、战国秦汉土地制度、月令与秦汉政治关系——进行了深入探讨。论点或为作者首次提出，如秦汉律二级分类构造说，或为作者重新诠释和论证，如战国秦汉名田宅制说，受到海内外学者的广泛关注和好评。

荆州重要考古发现

荆州博物馆编，文物出版社2009年1月出版。介绍了湖北荆州重要的考古成果，从石器时代的遗址，到楚汉时期的墓葬等。其中谢家桥1号汉墓竹简、张家山汉简、印台汉简、松柏木牍等都是重要的简帛文献。

简帛文献语言研究

《简帛文献语言研究》课题组著，社会科学文献出版社2009年5月出版。本书是中国社科院语言研究所的一个集体项目的成果集。分简帛文献语法研究、简帛文献语义研究、简帛文献语音研究、简帛文献文字研究等几个方面，就战国秦汉简帛的语言文字做了个案研究。

古代和田——中国新疆考古发掘的详细报告

[英]斯坦因著，巫新华等译，山东人民出版社2009年7月出

版。这是斯坦因第一次中亚探险详细报告的第一个中译全本。

中国艺术研究院中国书法院创作研究丛书·渊源与流变：简帛书法

王镛、王文章著，荣宝斋出版社 2009 年 4 月出版。自简帛书法问世以来，这些自然流畅、充满活力的书写字迹就已经引起书法界有识之士的兴趣和关注。本书展示的 100 件作品，从不同的侧面反映了当代书法人对简帛书法积极思考、大胆融入的成果。

简帛（第四辑）

武汉大学简帛研究中心主办，上海古籍出版社 2009 年 10 月出版。本辑的内容有：秦简牍的综合整理与研究，有 7 篇论文及综述、目录等；上博简、孔家坡汉简、香港中文大学藏简牍、张家山汉简等研究论文多篇。

隶变研究

赵平安著，河北大学出版社 2009 年 3 月出版。这本书是 1993 年版的修订版，校改了初版排印的错误，文中增补的部分用方括号标出。附录二的相关论文由 4 篇增至 7 篇。附录三是 2004 年出版的英文版。

新出简帛与古文字古文献研究

赵平安著，商务印书馆 2009 年 12 月出版。这是作者对新出简帛文献研究的论文汇集，其中有关于简帛本体的，有以简帛研究文献、考释文字的，有探寻汉字结构、汉字演变、用字特点的。

金文简牍帛书中文书研究

孙瑞著，吉林文史出版社 2009 年 11 月出版。研究了睡虎地秦简、居延汉简、张家山汉简、马王堆帛书等有关文书的内容。

汉代物价新探

丁邦友著，中国社会科学出版社 2009 年 6 月出版。包括：《管子·轻重篇》物价研究、张家山汉简物价研究、《史记·货殖列传》物价研究、汉简中河西物价、汉代若干产品价格考述等。

古文字与古货币文集

黄锡全著，文物出版社 2009 年 5 月出版。文集内容主要包括四个方面：一是关于甲骨文与商周金文的，一是关于楚器铭文与楚简的，一是关于传抄古文的，一是关于先秦货币的。楚简部分涉及包山简、郭店简、上博简、里耶简等。

饶宗颐二十世纪学术文集·简帛学

饶宗颐著，中国人民大学出版社2009年9月出版。

2010 年

楚帛书诂林

徐在国编著，安徽大学出版社2010年8月出版。长沙子弹库楚帛书考释的汇集。全书按《说文解字》部首顺序编排，字头为楷书，下列字形、辞例，另合文一卷，附录二卷（楚帛书残字、楚帛书残片），及楚帛书论著目、检字表等。

新出楚简研读

陈伟著，武汉大学出版社2010年3月出版。《楚地出土战国简册研究》丛书的第一种，有简体字、繁体字两种版本。本书是作者2003年以后所写楚简研究文章的汇集，涉及包山简、望山简、九店简、葛陵简、上博简等。

郭店楚竹书《老子》校注

丁四新著，武汉大学出版社2010年3月出版。《楚地出土战国简册研究》丛书的第二种。本书分甲、乙、丙三编，分篇校注了目前最早的简本郭店《老子》。

战国楚竹书《周易》研究

陈仁仁著，武汉大学出版社2010年3月出版。《楚地出土战国简册研究》丛书的第三种。本书共分五编：第一编、概述与综论；第二编、战国楚竹书《周易》的版本、特殊符号及卦序问题；第三编、战国楚竹书《周易》相异文句研究；第四编、战国楚竹书《周易》校注；第五编、附录。对郭店简《周易》及相关文献进行了全面整理研究。

楚简与先秦《诗》学研究

曹建国著，武汉大学出版社2010年3月出版。《楚地出土战国简册研究》丛书的第四种。本书包括：序言、绪论楚简与先秦《诗》学研究、《孔子诗论》文字校释与简序编联、孔子与《孔子诗论》、子游学派与《孔子诗论》关系考论、《孔子诗论》论诗与汉代《诗》学比较、上博四逸诗《多薪》、《交交鸣鹭》考论、从出土楚简看"诗言志"命题在先秦的发展、先秦《诗》本与今传《诗》本关系考论等部分。

上博馆藏楚竹书《缁衣》综合研究

虞万里著，武汉大学出版社2010年3月出版。《楚地出土战国简册研究》丛书的第五种。本书包括：序言、前言、《缁衣》研究引论、《缁衣》简本与传本、石经异同疏证、《缁衣》诗本事、诗旨与《礼记·缁衣》之关系、《缁衣》简本与传本章次文字错简异同考证、《缁衣》正文与孔子之关系、《缁衣》引《诗》引《书》、《缁衣》作者与成书年代、《缁衣》与先秦君臣、君民关系索隐、传本《缁衣》第九、第十两章解析等部分。

新蔡葛陵楚简初探

宋华强著，武汉大学出版社2010年3月出版。《楚地出土战国简册研究》丛书的第六种。全书包括：序言、体例与说明、绪论、葛陵简的文本整理与内容分类、平夜君成的世系及葛陵简年代下限的考订、葛陵简卜筮内容若干问题的研究、葛陵简字词丛考、葛陵楚简释文分类新编等部分，对河南新蔡葛陵楚简进行了整理研究。

巫鬼与淫祀——楚简所见方术宗教考

晏昌贵著，武汉大学出版社2010年3月出版。《楚地出土战国简册研究》丛书的第七种。本书包括：序言、导论、楚卜筮祭祷简与《日书》简、神灵信仰、行为仪节、人员组织、结语等部分。

战国楚简地名辑证

吴良宝著，武汉大学出版社2010年3月出版。《楚地出土战国简册研究》丛书的第八种。本书包括楚简纪年资料所见国名、楚简中的都鄎地名、楚简所见楚国封君辑考、楚简所见县名考、附录等几个部分。对楚简中所见地名进行了全面梳理。

楚简文字研究

萧毅著，武汉大学出版社2010年3月出版。《楚地出土战国简册研究》丛书的第九种。本书包括：序言、凡例、绪论、构形规律、特殊构件、地域标志、文字考释等部分。

战国楚简语法研究

李明晓著，武汉大学出版社 2010 年 3 月出版。《楚地出土战国简册研究》丛书的第十种。本书包括：序言、凡例、前言、语法篇、句法篇等部分，语法篇中就各虚词词类作了列举分析，句法篇中就判断式、被动式、定语前置、处置式、兼语式、疑问句式等作了分析，并总结了楚简文本的句式特点。

岳麓书院藏秦简(壹)

朱汉民、陈松长主编，上海辞书出版社 2010 年 12 月出版。由湖南大学岳麓书院斥巨资从香港古玩市场抢救性收购了一批濒临损毁的秦简整理编纂而成。《岳麓书院藏秦简》共分为 5 卷。共有竹、木简 2098 枚，其中比较完整的有 1300 余枚，全部用彩色图版和红外线图版分别排列。第一卷内容主要包括《质日》、《为吏治官及黔首》、《占梦书》三种。

秦简逐字索引

张显成主编，四川大学出版社 2010 年 12 月出版。首先是做校释，对每一种简帛，均在充分吸收整理小组释文及时贤有关研究成果的基础上，严格查核图版，仔细校释原释文，订正其错误，并对原释文为便于排印而改为通行体的字一一恢复原字，力争使校订后的释文成为集大成的整理成果；在校释的基础上再进行逐字索引的编制。故既是简帛整理释读之集大成成果和构建简帛语料库的重要成果，又是简帛学界的重要工具书。内容包括：《睡虎地秦简》逐字索引、《放马滩秦简》逐字索引、《周家台秦简》逐字索引、《龙岗秦简》逐字索引、散见秦简逐字索引、秦简逐字索引总检字表。

秦简牍书法研究

王晓光著，荣宝斋出版社 2010 年 11 月出版。本书主要从书法艺术角度对秦简牍墨书进行探讨，从笔墨细节入手，细致入微地考察秦简牍墨书的风格特征、点画用笔、构形嬗变等因素，通过对里耶、睡虎地、龙岗、放马滩、周家台、青川等简牍的重点研究，以及对王家台、杨家山、岳山等秦简的简要探讨，力图勾勒出战国至秦代秦系手写书迹的纷繁形态及演变规律。研究的重点包括：秦简牍书法研究，楚、秦简牍比较，秦系手写体演进及隶变问题，书写材料、用具与简牍书写的关系，秦简牍书写的社会文化背景考察等。

银雀山汉墓竹简（贰）

银雀山汉墓竹简整理小组编，精装本，文物出版社 2010 年出版。20 世纪 70 年代，山东临沂银雀山汉墓出土了大批竹简。其中包括《孙子兵法》、《孙膑兵法》等先秦古籍。全部简牍资料拟分三辑公布，第一辑已于 1985 年出版。第二辑所收主要为古佚书，根据内容分编为"论政论兵之类"、"阴阳、时令、占候之类"和"其他"三部分。

张家山汉简《二年律令》与汉代社会研究

王彦辉著，中华书局 2010 年 8 月出版。充分吸收了前人的研究成果，着重探讨了《户律》与汉初土地制度、《置后律》与汉代继承制度、《杂律》与汉代的私债以及私奴婢的社会地位等问题。多有创获，体现了作者的独特视角，具有较高的学术价值。

敦煌悬泉置《四时月令诏条》整理与研究

黄人二著，武汉大学出版社 2010 年 8 月出版。本书首先对文本进行了校释，然后从诏书之形成与传达、其他月令、其时之政治与经学等方面进行了研讨，附录有：随州孔家坡汉代竹简《岁》篇试探等。

从简帛中挖掘出来的政治哲学

欧阳祯人著，《武汉大学学术丛书》中的一种，武汉大学出版社 2010 年 8 月出版。作者根据战国、秦汉简帛，总结上古政治统治方式等。本书主要内容包括：第一章、何故以得为帝，帝位传承的方式；第二章、君子慎六位以祀天常，原始宗教的内容等，共 8 章。

简帛数术与历史地理论集

晏昌贵著，商务印书馆 2010 年 8 月出版。辑录作者 2001 年至 2008 年的论文 25 篇。按内容可以大致分为三组：第一组是简帛《日书》和与《日书》有关的论文，共 11 篇。第二组是关于楚卜筮祭祷简的研究，共 6 篇。第三组是关于历史地理的论文，共 8 篇。

战国秦汉简帛丛考

刘乐贤著，文物出版社 2010 年出版。是作者近年有关简帛文献研究论文的汇集，分战国楚墓竹简字词考释、战国楚墓竹书初探、战国秦汉《日书》研究、马王堆汉墓帛书丛考、汉简丛考（上）、汉简丛考（下）、相关问题研究等几个部分。

斯坦因西域考古记

奥里尔·斯坦因著，杨镰主编，向达译。《西域探险考察大系》丛书之一。新疆人民出版社2010年4月出版。1936年上海中华书局版的再版书。简要叙述了英国探险家斯坦因三次中亚探险考古的历程。

游移的湖

斯文·赫定著，杨镰主编，江红译。《西域探险考察大系》丛书之一。新疆人民出版社2010年4月出版。记述了20世纪二三十年代中瑞西北科学考察团考察罗布泊的经历。

我的探险生涯

斯文·赫定著，杨镰主编，孙仲宽译。《西域探险考察大系》丛书之一。新疆人民出版社2010年4月出版。简要叙述了瑞典考古学家斯文·赫定在中国西北探险考察的经历。一译《亚洲腹地旅行记》，1934年开明书店出版。

简帛研究（2007）

中国社会科学院简帛研究中心、中国社会科学院历史所秦汉魏晋南北朝室编辑；卜宪群、杨振红主编，广西师范大学出版社2010年4月出版。收录论文24篇，如《上博竹书字词考释三题》、《居延汉简所见"明府"称谓》等，涉及上博简、张家山汉简、居延汉简、悬泉汉简、走马楼吴简等。

简帛研究（2008）

中国社会科学院简帛研究中心、中国社会科学院历史所秦汉魏晋南北朝室编辑；卜宪群、杨振红主编，广西师范大学出版社2010年9月出版。共收论文20篇，涉及郭店楚简、里耶秦简、张家山汉简、居延汉简、走马楼吴简等。

出土文献研究第九辑

中国文物研究所编，中华书局2010年1月出版。本辑中的文章有些是介绍新出土的简帛资料，如陈松长《岳麓书院藏秦简〈为吏治官及黔首〉略说》、熊北生《云梦睡虎地77号西汉墓出土简牍的清理与编联》、张春龙《沅陵虎汉山汉简选》、郑同修、刘绍刚《日照海曲简〈汉武帝后元二年视日〉研究》等。另有研究包山楚简、上博简、张家山汉简、走马楼吴简的多篇论文。

出土文献(第一辑)

清华大学出土文献研究与保护中心编,李学勤主编,中西书局 2010 年 8 月出版。本论文集以清华楚简研究为主,兼及殷墟甲骨、商周金文,以及郭店楚简、里耶秦简等简帛资料,附"红楼追忆"。

简帛语言文字研究(第四辑):简帛虚词研究专辑

张显成主编,巴蜀书社 2010 年出版。简帛文献虚词研究的论文集。如:《〈上海博物馆藏战国楚竹书(七)〉虚词初探》、《秦简介词"以"浅论》、《张家山医简虚词整理研究》等。

简帛语言文字研究(第五辑)

张显成主编,巴蜀书社 2010 年出版。简帛文献的考释及其词汇、语法、音韵等研究的论文集。如《汉简释词》、《说楚简"叚"兼及相关字》等。

出土文献与先秦儒家《诗》学研究

刘冬颖著,知识产权出版社 2010 年 12 月出版。综合运用传世文献、出土文献,采用多重证据法,研究先秦儒家《诗》学,并对儒家《诗》学传承体系和价值进行了重新认识。

出土文献与传世典籍的诠释(纪念谭朴森先生逝世两周年国际学术研讨会论文集)

复旦大学出土文献与古文字研究中心编,上海古籍出版社 2010 年 10 月出版。主要分为"出土文献与传世典籍的诠释"和"纪念谭朴森先生"两个主题,论文内容主要涉及出土文献与古文字的识读与考释、传世文献再次梳理、出土文献与传世文献的相互关系、新见出土文献对学术史的意义以及谭森先生的生平事迹及学术贡献等。内容涵盖殷墟甲骨文、西周春秋金文、战国文字、秦汉简帛以及魏晋出土文献。

出土文献与古文字研究(第三辑)

刘钊主编,复旦大学出版社 2010 年 7 月出版。古文字考释类的论文集。收录陈剑《释"山"》、赵平安《释"困"及相关诸字》、裘锡圭《复公仲簋盖铭补释》等 32 篇论文。涉及上博简、银雀山汉简、虎溪山汉简、睡虎地秦简、张家山汉简、阜阳汉简等简帛文献。

简帛与学术

臧克和著,大象出版社 2010 年 4 月出版。以出土文字资料为主体,研究涉及简帛文献学分类、楚简与《尚书》学史、楚简与《诗》学、楚简所见先秦自然观等领域,讨论诸如楚简所见《尚书》今文古文联系、楚简所见《商书》祭主及年代、楚简所见《尚书》文字,楚简所见《诗》论及中国现存最早诗学批评文献及基本范型,楚简所见日食、人与自然关系、禳灾方术、战国各地灾异观念比较,楚简所见祝由与治疗等专题,还考察了战国楚简祝词结构以及楚简所见部分异文。是作者近年来有关出土文字学术研究的总结。

出土文献与中国文学史研究

汤漳平主编,河南人民出版社 2010 年 11 月出版。是"第二届全国出土文献与中国文学史学术研讨会"的论文集。收录"如何利用出土文献进行古代文学研究"、"出土文献与楚辞研究"、"出土文献的贡献和学术史改写的困难"等 33 篇论文,以及会议的综述。涉及《诗经》、《楚辞》等作品以及出土的战国、秦、汉简帛文献。

战国秦汉简帛所见巫术研究

吕亚虎著,科学出版社 2010 年 12 月出版。巫术研究是古代历史文化和政治体制研究的重要课题。限于传世文献史料的不足,过去学术界对战国秦汉时期巫术发展情况的研究不够深入。本书以出土战国秦汉简帛文献资料为主,辅之以历史学、民俗学、民族学、文化人类学及其他考古遗物等资料,通过对战国秦汉简帛文献资料所见巫术内容、仪式、方法、灵物以及巫术活动中对时日方位的选择等问题的纵向历史考察和横向剖面分析,揭示了这一时期巫术发展的时代背景、主要特点及其对后世民生习俗所产生的深远影响。

楚地简帛思想研究(四)

丁四新、夏世华主编,崇文书局 2010 年 12 月出版。内容包括:简帛哲学研究、简帛《周易》校释与研究、禅让类楚简集释、礼学类竹简研究与集释、简帛研究述评等部分,汇集了多篇学术论文。

1900—2009 百年易学菁华集成(出土易学文献)(套装共 4 册)

刘大钧主编,《百年国学研究文献大系》,上海科学技术文献出版社 2010 年 4 月出版。内容分为《〈周易〉经传》等八类,本册为出土易学文献的辑录。

大谷文书集成（第四卷）

[日]小田义久主编，京都法藏馆 2010 年 3 月出版。刊布大谷光瑞在中国西北大漠探险考察所获文物。

东亚资料学的可能性探索

[韩]权仁瀚、[韩]金庆浩、[韩]李承律编，广西师范大学出版社 2010 年 10 月出版。20 世纪以来，中国、日本、韩半岛均发现了以简牍为主体的出土文献资料，对整个东亚历史文化的研究意义重大，为东亚史研究的深入开展提供了新的可能。2008 年 8 月 28、29 日，韩国东亚资料学研究会、成均馆大学东亚学术院、人文韩国事业团主办的"东亚资料学的可能性探索——以出土资料为中心"国际学术研讨会在成均馆大学召开，提出以出土资料为中心开拓东亚史研究新局面的主题。本书为这次研讨会论文集。全书分为出土资料研究的可能性、文字和文化、地域和社会三编，共收录论文 11 篇。反映了当前东亚史和简牍学研究的前沿。

汗简、古文四声韵

《汗简》四卷，（宋）郭忠恕编。《古文四声韵》五卷，（宋）夏竦编。李零、刘新光整理，中华书局 2010 年 7 月第 2 版。整理者对 1983 年的版本作了修订。这两部书都是研究战国文字的重要资料，集录了当时所见古文字材料，与出土的战国文字多可参校。书后有李零《出版后记》及检字表。

2011 年

上海博物馆藏战国楚竹书（第八册）

马承源主编，上海古籍出版社 2011 年 8 月出版。共收录 10 篇佚书：子道饿、颜渊问于孔子、成王既邦、命、王居、志书乃言、李颂、兰赋、有皇将起、鹠鹠。

清华大学藏战国竹简（壹）

李学勤主编，中西书局 2011 年 1 月出版。2008 年 7 月，清华大学校友赵伟国从境外拍卖得到 2100 枚战国时期的竹简，捐赠给清华大学。清华大学藏战国竹简，是继郭店简、上博简之后又一批珍贵的战国书籍。清华简的特点是数量大，其内容多为经、史类典籍。如清华简中有多篇《尚书》及体裁与《尚书》相类的文献。第一辑收录简文9篇：《尹至》、《尹诰》、《程寤》、《保训》、《耆夜》、《周武王有疾周公所自以代王之志》（金縢）、《皇门》、《祭公之顾命》、《楚居》等。

清华大学藏战国竹简（贰）

李学勤主编，中西书局2011年12月1日。第二辑收录简文1篇《系年》。有简138枚，保存较好，仅有个别残缺。除最后一简外，其余简背都有序号。记事始于西周初年，止于战国。可补史书之阙。

走近清华简

刘国忠著，《清华简研究丛书》之一，李学勤主编，高等教育出版社2011年4月出版。以近年来在国内外受到高度关注的清华简整理研究工作为基础，结合中国自古以来有关竹简的各种发现，探讨了有关中国古代学术发展中的许多重要问题，如《尚书》的流变与古文《尚书》真伪的千古之谜、文王受命与周公居东的真相、《逸周书》中的新知等。并对目前已公布的9篇简文的内容进行了释读。

浙江大学藏战国楚简

曹锦炎主编，浙江大学出版社2011年12月出版。2009年浙江大学接受校友捐献入藏一批楚简，本书公布了这批材料。共分为图版、放大图版、释文注释、附录四部分，主要内容包括：春秋左氏传、玉勺、卜筮祭祷、遣策等。

郭店楚简老子集释

彭裕商、吴毅强著，《中国文化与历史典籍研究学术系列丛书》之一，巴蜀书社2011年11月出版。是校释和研究郭店楚简《老子》的集大成之作，作者在广泛采纳前贤时人之说的基础上，对郭店楚简《老子》进行了系统、深入的探讨，释出或隶定了一些难字，对一些简文提出了新的解释，对简序也作了一些调整，并由此探讨了《老子》故书的原貌，分析了各种异文形成的原因，评述了前贤时人的工作。对研究《老子》、老学和道家思想，具有重要的意义。

楚系简帛释例

刘信芳编著，安徽大学出版社2011年12月出版。辑出楚简帛中的各种文例并展开深入讨论，主要章节有：职官名例、地名例、器物名例、卜筮祭祀例、纪年与月名例、先王及家族祀谱例、楚公族姓氏例、连绵字例、古文字歧读例、简帛书写例等，对"三楚先"、"楚先"、"荆王"，古文字研究中的"错别字"等问题有专题讨论。对文史研究、文物考古研究、古文字研究具有重要参考价值。

楚简帛通假汇释

刘信芳编著，高等教育出版社 2011 年 9 月出版。汇集楚简帛通假字以及异文、古文、异体字、古今字、俗字、歧读字、讹误字等各种用字之例，并作简明解说，带有工具书的性质，目的在于从历史文献学的角度，结合楚简帛与典籍中的文例研究古人的用字惯例，分析本字与通假字的关系，定其读音，释其含义，以读懂读通简文为主要目的，收字范围涵盖了迄今所能见到的绝大多数楚简帛。

曾侯乙墓竹简释文补正暨车马制度研究

萧圣中著，《武汉大学简帛丛书》之一，科学出版社 2011 年 7 月出版。1978 年出土的曾侯乙墓竹简共有 215 支，是我国经考古发掘的时代最早的竹简，也是丧葬类简中数量较多的一批，其主要内容是关于随葬仪而陈列的车马兵甲的记录，包含的内容主要有车名、马名、御者及其官职、车的构件与配件、马用器具、车与马的配驾、赗赠车马的种类与数量、兵器与甲胄的配置及木俑等方面，并蕴涵一些关于车政、马政及车战阵形方面的信息。这本论著在充分吸收其他学人的研究成果的基础上，对竹简文本进行了综合整理（含编联调整与文字补释），同时以简文内容的解读与阐释为基础，从车马兵甲的对应关系、车名与马名、车马器、车与马的配驾、兵车编队五个方面入手，结合传世文献、其他出土文献材料及考古发掘材料，对简文所蕴含的车马制度进行了综合考察与研究，是一部关于楚系简牍文字与先秦车马制度的力作。

楚系简帛中字形与音义关系研究

陈斯鹏著，中国社会科学出版社 2011 年 3 月出版。这是第一部全面深入进行汉语断代分域语料字词关系研究的学术专著。它选取战国楚系简帛这一时代和地域都较明确的语料为考察对象，对其中字形和音义之间错综复杂的关系作了较为系统的研究。研究建立在大量字形、音义个案的穷尽性调查基础上，尤其注重高频字形的读法和常用词、基本词的用字考察，故能较好反映楚系简帛字词关系的主要特点。在文字学理论探索和疑难字词考释等方面均有不少创获。

中国文化知识读本：云梦睡虎地秦简的发现

侯旭、金开诚编著，吉林出版集团有限责任公司2011年5月出版。这本书介绍了湖北云梦睡虎地秦简发现的经过，并由秦简讨论了秦国的法律、秦国的婚姻伦理观念和婚姻制度、睡虎地秦简的意义等。

岳麓书院藏秦简(贰)

朱汉民、陈松长主编，上海辞书出版社2011年12月出版。发表了数学类的简文《数》236枚及18枚残简，简文原有篇题，主要有租税类算题、面积类算题、营军之术、合分与乘分、衡制、谷物换算类、衰分类算题、少广类算题、体积类算题、赢不足类算题、勾股算题等。是迄今发现的最早的数学问题集。与张家山汉简《算术书》互有异同。

楚竹书与汉帛书周易校注

丁四新著，上海古籍出版社2011年4月出版。本书先为郭店简之《周易》，次为马王堆出土之帛书古易，及"要"、"缪和"、"昭力"等传易之文。是作者系列简帛《周易》、《老子》研究论著之一。

尹湾汉墓简牍校理

张显成、周群丽编著，天津古籍出版社2011年3月出版。本书包括上篇尹湾汉墓简牍校释和下篇尹湾汉墓简牍字表。

肩水金关汉简(壹)

甘肃简牍保护研究中心、甘肃省文物考古研究所、甘肃省博物馆、中国文化遗产研究院古文献研究室、中国社会科学院简帛研究中心编，中西书局2011年8月出版。是1994年中华书局出版的《居延新简——甲渠候官》的姊妹篇，收录1973年在肩水金关出土的全部简牍，计划分5卷出版，第1卷收录简牍2351枚，出土于1—10探方。共3册，上册为彩色图版，呈现简牍原物形状、大小、色彩、文字、书体、格式等，图侧附释文；中册为红外线图版，呈现原来模糊不清的字迹，图侧附释文；下册为释文，没有标点注释。

地不爱宝——汉代的简牍

邢义田著,中华书局 2011 年 1 月出版。

长沙走马楼三国吴简·竹简(肆)上中下三册

整理小组编,文物出版社 2011 年 11 月出版。收录走马楼三国吴简万余枚。

汉魏法律与社会:以简牍、文书为中心的考察

韩树峰著,中国人民大学《汉唐研究丛书》之一,社会科学文献出版社 2011 年 5 月出版。以政府、民间互动为视角,对汉魏时期法律、社会领域发生的重大变化进行了深入的探讨。有关秦汉刑名、刑罚级别构成等旧问题得到新的解释,魏晋法律体例的玄学化,汉唐户主称谓、身份以及户籍分合、同居概念的变迁等学界未曾措意的新问题得到揭示。在此基础上,分析了法律、社会领域发展变化的原因,指出法律自身发展规律的要求,经济制度如土地、赋税制度的演变以及政府与民众的博弈才是造成这些变化的主要动力,从而对学界视为定谳的"法律儒家化"学说提出了质疑,为进一步认识中国古代法律和社会的变迁提供了新的视角。

吴简研究(第 3 辑)

长沙简牍博物馆、北京大学中国古代史研究中心、北京吴简研讨班编,中华书局 2011 年出版。本书收录了《走马楼吴简师佐及家属籍注记"见"考》、《走马楼简所见未成年"户下奴""户下婢"》、《试论走马楼吴简所见"中妻"》、《试论吴简中的客》等文章。

伯希和西域探险记

伯希和著,耿升译。湖北人民出版社、人民出版社 2011 年 10 月出版。叙述了法国探险家伯希和历次中亚考古探险的历程。

西域考古记举要 中国西部考古记

郭鲁柏、格鲁赛、色伽兰著,冯承钧译。《文津文库》丛书之一。北京图书馆出版社 2011 年 3 月出版。《西域考古记举要》为法国学者郭鲁柏所著,我国著名西域学者、翻译家冯承钧先生所译。该书不仅简要记载了 20 世纪初斯坦因三次考察西域地区的发现,而且也记述了斯坦因以前诸考察团在新疆考察之经过。《中国西部考古记》系法国学者色伽兰所著。记述了 1914 年考古队历时半年实地考察四川一省古物的情况。作为考古队员之一的色伽兰全程参与并详细记录了20世纪初存在于四川地区的古代之石刻、四川之崖墓、四川之古代佛教艺术和古代中国之封墓艺术等。《西域考古记举要》据中华书局1957年版重排,《中国西部考古记》据中华书局1955年版重排。

简帛研究(2009)

中国社会科学院简帛研究中心、中国社会科学院历史所秦汉魏晋南北朝室编辑;卜宪群、杨振红主编,广西师范大学出版社2011年11月出版。重点发表了一组安徽天长纪庄汉墓木牍的考释文章,如《纪庄汉墓"贲且"书牍的释读及相关问题——纪庄汉墓木牍所反映的西汉地方社会研究之一》、《天长纪庄汉墓所见"奉谒请病"木牍——兼谈简牍时代的谒和刺》等。其他文章涉及上博楚简、秦简、汉简、走马楼吴简等,以及4篇国外学者研究简帛文章的译文、1篇综述文章。

出土文献(第二辑)

李学勤主编,中西书局2011年出版。《出土文献》是清华大学出土文献研究与保护中心的大型学术集刊。本辑收录出土文献研究论文二十余篇,内容涉及以清华简为主的简牍文献研究、甲骨金文研究、简牍保护研究等。本辑还附有"红楼追忆"专栏。

出土文献研究(第十辑)

中国文化遗产研究院编,中华书局2011年7月出版。收录的论文主要涉及清华楚简、郭店楚简、包山楚简、岳麓书院藏秦简、放马滩秦简、居延汉简、张家山汉简、悬泉汉简等简帛文献,以及敦煌遗书等其他出土文献。反映了学术界近年的研究热点。

写在简帛上的文明:长江流域的简牍和帛书

廖明春、张岩、张德良著,浙江大学出版社2011年4月出版。介绍了长江流域出土的子弹库楚帛书、慈利楚简、郭店楚简、上博楚简、包山楚简、睡虎地秦简、王家台秦简、里耶秦简、马王堆汉帛书、张家山汉简、阜阳汉简、长沙吴简等。

中国简帛书籍史

耿相新著,生活·读书·新知三联书店2011年6月出版。一本从书籍的角度来论述简帛文献的著作。有书籍的起源、简帛书籍的外观形制、简帛书籍的书写与缮写、简帛书籍的内部结构、简帛书籍的著作形式、简帛书籍的内容分类、简帛书籍时期的作者群体、简帛书籍的编校方法、简帛书籍的传播方式、简帛书籍的阅读群体、国家对简帛书籍的管理、简帛书籍的文化影响力等章节。

简牍学教程

李宝通、黄兆宏主编,甘肃人民出版社 2011 年 7 月出版。全书有简牍概论、简牍出土概况、出土简牍文字与书法艺术、简牍中的政治与法律制度、简牍中的经济制度、简牍中的军事活动、简牍典籍与思想文化、简牍中的民族政策及民族关系、简牍中的社会生活等 9 章。对简牍及简牍学、我国简牍的出土历史、简牍文字流变,简牍中的政治法律、经济文书、军事活动、民族关系、思想文化、古代社会生活等各方面作了较为明晰的阐述,并附简牍图版多幅。是西北师范大学历史学本科教材建设工程的成果。

台湾简牍研究六十年

郑有国著,福建人民出版社 2011 年 10 月出版。论述了台湾简牍研究的分期,认为 1949—1974 年为第一时期,1974—1991 年为第二时期,1991 年以后为第三时期。重点介绍了劳榦、马先醒、吴福助等学者的简牍研究成就,以及简牍学会等学术活动,旧居延简的整理等,展现出简牍学研究在台湾的发展状况。

当代中国简帛学研究(1949—2009)

李均明、刘国忠、刘光胜、邬文玲著,中国社会科学出版社 2011 年 12 月出版。

简牍法制论稿

李均明著,广西师范大学出版社 2011 年 4 月出版。本书是作者在长期从事简牍整理的过程中,对涉及法制史的资料进行收集整理研究的成果。在传世古籍中,有关秦汉法制史的资料不甚多。近数十年来,在出土简牍中却涌现出了大量秦汉至三国时期的律令条款及司法文书、司法书证等,引起了国内外学者的广泛关注。本书较多地涉及秦汉时期的刑法、诉讼法,亦涉及民事关系、行政关系以及物权关系。其中,对相关简牍史料的释读、分类、编连尤其细致入微。

散见战国秦汉简帛法律文献整理与研究

李明晓、赵久湘著,《西南大学人文社科青年论丛》之一种,西南师范大学出版社 2011 年 10 月出版。收录历年出土散见战国秦汉简帛法律文献 21 批,其中楚简 1 批,秦简 4 批,汉简 16 批,不包括包山楚简、睡虎地秦简与张家山汉简等资料集中的文献。每批简册包含出土时间、资料整理和发表的介绍、释文与注释、主要参考文献,其中部分简帛还附有译文。

出土战国文献虚词研究

张玉金著,《国家哲学社会科学成果文库》中的一种。人民出版社 2011 年 3 月出版。本书是作者承担的同名国家社科基金项目的最终成果。全面收集出土战国文献,对其中的虚词进行穷尽性研究。成果在事实发掘和理论探讨方面都有所突破。

战国秦汉简牍虚词研究

李明晓、胡波、张国艳著,四川大学出版社 2011 年 10 月出版。首先,材料方面,依据最新研究成果,对原释文进行重新整理,力争语料可靠。同时,注意语料内部的选择,努力判别语体的差异与时代的层次。全书分副词、连词、介词、助词、语气词五章。综合描写与局部考察相结合。

汉唐历史与出土文献

王素著,《故宫博物院学术文库》中的一种。故宫出版社 2011 年 12 月出版。本文所说的汉唐,是指汉唐之际,也就是从秦汉到隋唐这一历史时期。汉唐之际,包括魏晋南北朝,既是中华民族由大动荡走向大融合的时期,也是我国政治、经济、军事、文化等各项制度,包括社会形态甚至意识形态,发生重大变革的时期。本文利用出土文献,主要是简帛文书、碑志、敦煌吐鲁番文书等,对有关的政治、经济、军事、文化等进行了有益的探讨。

出土文献与楚史研究

罗运环著,商务印书馆 2011 年 11 月出版。包括论楚文字的演变规律,甲骨文金文"鄂"字考辨——湖北省简称"鄂"字溯源,论楚国金文"月"、"肉"、"舟"及"之"、"止"、"出"的演变规律，楚金币"寽"字新考，富字考辨，楚简帛字体分类研究，论失传已久的垂露篆，金文简帛考论篇，论乖伯簋的年代及其国别，安居新出鄂侯诸器与楚熊渠所伐之鄂，嘉鱼所出楚公逆钟新论，楚王含章镈铭文疏证，论郭店一号楚墓所出漆耳杯文及墓主和竹简年代等内容。

出土文献与君子慎独：慎独问题讨论集

梁涛、斯云龙主编，漓江出版社2011年12月出版。本书主要收录了当代学者利用马王堆帛书和郭店楚简等出土文献对"慎独"进行系统研究与反思的重要文章，几乎囊括了当前学界关于"慎独"的所有重要见解，是一部难得的有关"慎独"问题的争鸣集，有助于拓展和深化儒家思想发展史的研究，是中国思想史研究的重要参考资料。

2012 年

上海博物馆藏战国楚竹书(第九册)

马承源主编，上海古籍出版社2012年12月出版。共收入完残简100余枚，包括《成王为城濮之行》(甲、乙本)、《灵王遂申》、《陈公治兵》、《举治王天下(五篇)》、《邦人不称》、《史蒥问于夫子》和《卜书》7篇。其中《成王为城濮之行》、《灵王遂申》、《陈公治兵》、《邦人不称》为有关楚史之佚文，《举治王天下(五篇)》和《史蒥问于夫子》则记述了古公、文王与太公望，齐吏之子史蒥与孔子分别就举贤用才、治国安邦等相关论题进行的问答。诸篇所记历史事件和历史人物或可与史籍互为参证，或可补史籍之阙，而《卜书》篇更是目前所发现的最早卜书。

上博藏战国楚竹书字汇

饶宗颐编，安徽大学出版社2012年10月出版。据《上海博物馆战国楚竹书》1至7册，汇编原简字形，所收字形，据原书彩色图版复制，避免摹写失真，只要书中不残的形体全部收录。所收字之部首顺序、归字按《汉语大字典》部首顺序编排。每一字头，从上往下分两栏，依次为隶定、原简字形。

清华简研究(第一辑)——清华大学藏战国竹简(壹)国际学术研讨会论文集

清华大学出土文献研究与保护中心编,中西书局2012年12月出版。收录的学术论文有:《试释清华简〈尹至〉的"一勿遗"》、《由清华简〈尹诰〉论〈古文尚书·咸有一德〉之性质》、《尹挚与伊尹学派——以出土文献为考察中心》、《清华简〈尹诰〉篇的内容与思想》、《清华简〈尹至〉"镣至在汤"解》等。

郭店楚简先秦儒书宏微观

顾史考著,上海古籍出版社2012年10月出版。这是2006年台湾学生书局同名书的大陆版。

战国楚简研究

黄人二著,《华东师范大学中文系学术丛书》,上海古籍出版社2012年11月出版。本书分为战国楚简文字释读;战国楚简、汉代帛书与传世文献;战国楚简与中国经学、先秦史、古书体式三部分。汇集了作者的有关论文。

楚简册概论

陈伟、刘玉堂编著,《荆楚文库》中之一种,湖北教育出版社2012年9月出版。全书共分九章,分别是:绪论,发现与研究,整理与解读,中央与地方,身份、名籍与土地制度,司法制度,卜筮与祷祠,丧葬记录,典籍等。本书研究范围包括楚简册、政治、法律、礼仪、思想、学术、文学、地理、农业、水利、交通、饮食、服饰和名物等。本书概括了楚简帛研究的成果,力图从总体上把握楚简帛的概貌,为楚学研究提供一份新的资料。

楚国铜器与竹简文字研究

李天虹著,湖北教育出版社2012年9月出版。上编楚国铜器铭文,收录并研究了出土的楚地铜器铭文;下编楚国竹简文字,释读了已公布的楚简,并介绍了尚未完整公布释文的楚简。

里耶秦简(壹)

湖南省文物考古研究所编,文物出版社2012年1月出版。里耶战国—秦代古城遗址位于湖南省龙山县里耶镇,位于沅水主要支流酉水岸边。1996年由湘西土家族苗族自治州文物处文物调查时发现。

湖南省文物考古研究所于2002年4月开始对古城遗址进行抢救性发掘。在古井(J1)中发现大批秦简，其中有字简共17000余枚，绝大多数为木质秦简，只有表面有少量竹质楚简。长度多为23厘米。宽度在1.4至5厘米，一般一简一事，随字数多寡决定简的宽度。也见少量宽至10厘米，长至46厘米的异形简牍。纪年从秦王政二十五年至秦二世元年，记事详细到月、日，十几年连续不断。内容多为官署档案，涉及当时社会政治、经济、文化的各个层面。里耶秦简计划分五卷出版，第一卷分图版和释文两部分，公布了第五层、第六层、第八层出土的简牍。

里耶秦简牍校释(第1卷)

陈伟主编，武汉大学出版社2012年1月出版。陈伟主编的《里耶秦简牍校释(第1卷)》为教育部哲学社会科学研究重大课题攻关项目"秦简牍的综合整理与研究"(08JZD0036)成果，是在湖南省文物考古研究所编著《里耶秦简》五卷本的基础上，进一步推敲释文，加以断句、缀合和编连，尽可能读通简文，并与传世和出土的战国秦汉文献相比照，以探明简牍文献语文和历史层面的含义。里耶秦简牍主要是秦代迁陵县廷与上级洞庭郡府和下层司空、仓官、田官诸署以及都乡、启陵、贰春三乡的往来文书和各种簿籍，涉及郡县与官署设置、官吏的考试陟黜、赋税徭役、诉讼、廪食、符传、作务、邮传等，透射出鲜活、细腻的历史场景。本书可为这些珍贵文献的解读、研究提供重要参考。

秦简词汇初探

朱湘蓉著，国家社科基金后期资助项目。中国社会科学出版社2012年12月出版。研究涉及秦简的单音词、复音词、秦简的新词新义，法律类词汇、日书类词汇、文书类词汇、医药类词汇等。

肩水金关汉简(贰)

甘肃简牍保护研究中心、甘肃省文物考古研究所、甘肃省博物馆、中国文化遗产研究院古文献研究室、中国社会科学院简帛研究中心编，中西书局2012年12月出版。收录金关汉简2334枚，7个探方出土(其中T24只收录1—500，501—1006将收入第三卷)。分三册，上册为彩色图版，中册为红外线图版，下册为释文。

居延汉简虚词通释

张国艳著,国家社科基金后期资助项目。中华书局 2012 年 6 月出版。这是一本居延汉简、居延新简、额济纳汉简的虚词词典。采用词条后加案语的形式,对一些词语进行专题研究,分别系联、讨论了特点突出和历时发展脉络清晰的虚词或相关虚词组,明确揭示了它们的源流及历史地位。

居延敦煌汉简出土遗址实地考察论文集

张德芳、孙家洲主编,上海古籍出版社 2012 年 12 月出版。这是甘肃文物考古研究所等组织 2006 年、2008 年两次汉代烽燧遗址考察的论文集。除论文外,还有考察的照片及日记。

行役戍备——河西汉塞吏卒的屯戍生活

赵宠亮著,科学出版社 2012 年 11 月出版。本书据作者的博士学位论文修订而成。以戍边的吏卒为核心,讨论了吏卒的来源、工作、奖惩、物质生活、精神文化生活、卫生医疗状况等问题。全书约 50 万字。

江陵凤凰山西汉简牍

湖北省文物考古研究所编,中华书局 2012 年 11 月出版。本书公布了 1973 年至 1976 年在湖北省荆州市春秋战国时期楚都纪南城遗址八、九、十、一六七、一六八、一六九等六座西汉墓里发掘的一批简牍,采用原简照片、摹本、释文、注释相配合的体例,便于释文与照片的比对。

北京大学藏西汉竹书(贰)

北京大学出土文献研究所编,上海古籍出版社 2012 年 12 月出版。北京大学于 2009 年初承校友捐赠,从海外获得一批珍贵的西汉竹简。这一册公布的是其中的竹简本《老子》,首次发现有《老子上经》和《老子下经》的篇题,比过去发现的简帛本《老子》都完整,共 218 枚简,5300 多字。

易学考古与中华文明:帛书周易疏证

连劭名著,中华书局 2012 年 6 月出版。对马王堆帛书《周易》的系统整理,吸收了前贤的整理成果,是一部集大成著作。

战国秦汉简帛古书通假字汇纂

白於蓝编著,福建人民出版社 2012 年 5 月出版。在《简牍帛书通假字字典》的基础上,增补了上博简第六册、第七册,以及青川木牍、睡虎地秦简等十五种秦汉简帛材料,按三十韵部编排,整理了简帛文献的通假字。吸收了最新的研究成果,并有一些自己的独立见解。

帛书史话

陈松长编,《中国史话·思想学术系列》之一种。社会科学文献出版社 2012 年 3 月出版。帛书是中国古代书籍的一种特殊形式,它常与简牍并列而称为"竹帛"。迄今为止,经考古发现出土的帛书原物主要有:英国人斯坦因于 1908 年在敦煌发现的两件帛书;长沙蔡季襄于 1942 年在长沙获得的著名的楚帛书;湖南省博物馆经科学考古发掘,于 1973 年在长沙马王堆三号汉墓中发现的大批西汉帛书;1990 年至 1992 年,甘肃省文物考古研究所在悬泉遗址发掘的 10 件私人信札帛书。全书紧紧围绕帛书原物对其出土、流传、整理、研究的历史作了细致的回顾和描述。全书共分为三部分,第一部分"帛书概说",主要介绍帛书的名义、撰抄年代、形制、内容、性质等,其中以马王堆帛书的内容介绍为重点;第二部分"帛书的发现、流传经过",主要介绍楚帛书的发现与流传始末;第三部分"帛书研究综述",重点概述楚帛书和马王堆帛书的研究成果和研究动态。

简牍史话

王子今、赵宠亮著,社会科学文献出版社 2012 年 3 月出版。介绍了简牍的形制、文化内涵、历代简牍发现、简牍研究的历史等。

简牍与秦汉社会

于振波著,湖南大学出版社 2012 年 3 月出版。第一编、田制与赋税;第二编、职业、身份与阶层;第三编、基层行政制度;第四编、法律与社会;第五编、简牍杂考。利用传世文献与简牍、金石等文物考古资料,以秦汉基层社会为主要研究对象,通过选取燧长与候长、邮人、工匠、赀家、贫民和官奴婢等几个"点",对秦汉时期职业、身份与社会阶层问题做了深入分析;对秦汉基层官吏的考绩制度、秦汉文吏的地位变迁、都官与离官的关系以及邮驿制度等问题提出了自己的看法；在法律与社会关系方面，探讨了秦汉时期"公室告"与"家罪"所反映的立法精神，循吏、酷吏与人治、法治的关系，"无任"、"五任"所体现的邻里担保制度，《月令》中的环保理念及保护生产可持续发展思想对秦汉法律的影响。

走马楼吴简经济文书研究

蒋福亚著，国家图书馆出版社2012年12月出版。本书针对魏晋南北朝经济史特别是三国经济史研究中的薄弱环节，对租佃关系、屯田制度、若干直接劳动者的身份地位和商品货币经济等方面进行了探索；并涉及吴国的户籍制度、赋役制度、财务制度和官府手工业等吴国经济史研究中的空白。

简牍与古代史研究

吴荣曾、汪桂海编，北京大学出版社2012年1月出版。教育部人文社会科学重点研究基地北京大学中国古代史研究中心重大项目"战国秦汉简牍所见社会制度综合研究"的阶段成果，收录有关战国至魏晋简牍的研究论文14篇。论文利用简牍资料与传世文献，在官制、法制和社会经济、文化等方面展开研究，对于认识战国秦汉魏晋历史与社会的相关问题具有一定价值。

基于简牍的经济、管理史料比较研究

李孝林等著，社会科学文献出版社2012年4月出版。属国家社科基金后期资助项目成果。内容：第一章 简牍概述、第二章 睡虎地秦简和凤凰山汉简探索、第三章 简牍商业经济史料研究、第四章 简牍兵物管理史料研究、第五章 简牍赋税史料研究、第六章 简牍统计史料研究、第七章 简牍审计史料研究、第八章 简牍会计史料研究。对一些重要历史问题的研究，做到了以史为据，翔实考证，对史料的应用力求准确。挖掘了简帛文献中的经济、管理史料，对中国经济史研究有重要参考价值。

出土文献与古文字研究（第四辑）

刘钊主编，上海古籍出版社2012年2月出版。收录出土文献与古文字研究方面的相关论文，内容涉及甲骨、金文、简帛、玺印、敦煌文书以及其他古器物等，如《说殷墟卜辞的特殊叙辞》、《据楚简释读甲骨卜辞一例》、《说清华简〈程寤〉篇的"敕"》、《楚简韵文分类探析》、《缪篆新考》、《敦煌写本异文释例》等。

出土文献与儒道关系

《出土文献与思想史研究丛书》之一，漓江出版社2012年1月出版。这本书收集了曹峰、黄朴民、梁涛等所作30多篇有代表性的论文，通过"孔老孟庄之辨"、"儒道互补与影响"、"出土文献新视野"三个板块加以呈现，希望读者借此对以往儒道关系研究的发展脉络与框架有总体的把握。

古代简牍保护与整理研究

清华大学出土文献研究与保护中心、北京大学出土文献研究所、荆州文物保护中心编，李学勤等主编，中西书局2012年6月出版。国家科技支撑计划项目课题"古代简牍保护与整理研究"的部分成果的结集，内容有三部分："清华简整理研究专题"有《清华简九篇综述》、《清华简〈系年〉及有关古史问题》等33篇文章。涉及清华简的历史研究、文字研究、释文研究等。"北大简整理研究专题"有《北京大学藏西汉竹书概说》、《北大汉简〈苍颉篇〉概述》等14篇文章。涉及北大汉简的内容及其价值等。"简牍文物保护研究专题"有5篇关于简牍等竹木文物保护的文章，如《饱水简牍糟朽成因研究及脱水事例》、《竹样品老化程度对比分析》等。

简帛语言文字研究（第六辑）

张显成主编，巴蜀书社2012年5月出版。本辑共收文章28篇，包括战国秦汉简帛的文字研究、释文研究、音韵研究、词汇研究、语法研究等。如《释上博简〈凡物流形〉中的"及"》、《〈居延新简〉校释二则》、《〈清华简（壹）〉人称代词研究》等。还选刊了《尹湾汉墓简牍》专名索引三种，即"兵器名称索引"、"人名索引"、"遣册名物索引"。还有一篇综述类文章《建国以来秦简的发现与研究》。

简帛（第六辑）

武汉大学简帛研究中心主办，上海古籍出版社2012年3月出版。收录了"中国简帛学国际论坛2010"部分会议论文及其他约稿、投稿40余篇，涉及战国秦汉时期简牍材料的简序编连、文字释读、内涵解析等诸多方面，较为全面的反映了现今简帛学研究的基本面貌。书中另收有"日本秦简研究现状"、"西文秦代简牍研究概要"及2010年度古文字与战国秦汉魏晋简牍发现与研究综述3篇。

简帛(第七辑)

武汉大学简帛研究中心主办,上海古籍出版社2012年11月出版。本辑共收录楚简帛、秦汉简帛及其他出土文献研究论文29篇,涉及简序编连、文字释读、内涵解析及相关历史问题的诸多研究,较为全面地反映了现今简帛学研究的基本面貌。书中另收有银雀山汉简《天地八风五行客主五音之居》及2011年甲骨、金文与战国秦汉魏晋简牍研究的综述4篇。

简帛研究(2010)

中国社会科学院简帛研究中心、中国社科院历史所秦汉魏晋南北朝室编,卜宪群、杨振红主编,广西师范大学出版社2012年3月出版。收录了近年来简帛研究的前沿成果,涉及战国秦汉简帛的释文考订、文字研究、历史研究、语言研究、法制研究等。如《郭店简中所见非文字记号蠡测数则》、《评"传置与行书无关"说》、《西北汉简所见人种肤色再探讨》等。另有2篇研究目录:"韩国的战国秦汉简帛研究论著目录(1975—2010.10)"、"简帛研究西文论著目录"。

出土文献与法律史研究(第1辑)

王沛主编,上海人民出版社2012年6月出版。主要收录第一届"出土文献与法律史研究"学术研讨会论文。以简帛类文献为主,如:《岳麓简〈为吏治官及黔首〉分类研究》、《从张家山汉简看汉代继承问题》、《张家山汉简〈奏谳书〉编排商榷两则》、《从〈二年律令〉看御史大夫秩级与属官的变化》等。

胡平生简牍文物论稿

胡平生著,中西书局2012年12月出版。这本论文集收录作者1981年至2011年三十年间所写的50篇论文,涉及阜阳汉简、敦煌汉简、居延汉简、走马楼吴简、马王堆帛书等,是作者2000年在台湾兰台出版社所出论文集的扩充。

甘肃省第二届简牍学国际学术研讨会论文集

张德芳主编,上海古籍出版社2012年12月出版。2011年8月在甘肃兰州召开了第二届简牍学国际学术研讨会。与会代表180多位,提交论文115篇。论文集收录65篇,涉及简帛研究的各个方面。书后有会议综述及与会代表名单。

裘锡圭学术文集

裘锡圭著,复旦大学出版社 2012 年 10 月出版。裘锡圭的第一个学术文章的总集。共 6 册:甲骨文卷、简牍帛书卷、金文及其他古文字卷、语言文字及古文献卷、古代历史思想民俗卷、杂著卷。

中国出土简帛文献引得综录·郭店楚简卷

刘志基主编,上海人民出版社 2012 年 12 月出版。这是一套大型的工具书,以检索出土简帛文献的字词为目的。全书以已公布的历代简帛文献为材料范围,由"释文"、"引得"、"检字"三大部分构成,"释文"、"引得"以楷字释文和简帛文真实原形对照呈现,并辅以网络检索等诸多现代科技手段。由"秦简引得"、"楚简引得"、"汉代简帛文献引得"三大板块组成。本卷为郭店楚简卷。

2013 年

包山楚简综述

朱晓雪著,福建人民出版社 2013 年 12 月出版。总结了包山楚简目前的研究状况,对全文作了集释,给出了新的释文,并作了文字编。是包山楚简研究很好的参考资料。

清华大学藏战国竹简(肆)

清华大学出土文献研究与保护中心编,中西书局 2013 年 12 月出版。收录"筮法"、"别卦"、"算表"3 篇竹书,有原大图版、放大图版、释文注释等内容。

初识清华简

李学勤著,中西书局 2013 年 6 月出版。关于清华简的论文集。包括:《初识清华简》、《论清华简〈保训〉的几个问题》、《清华简中的周文王遗言〈保训〉》、《周武王周公的饮至诗歌》、《清华简〈保训〉释读补正》、《清华简整理工作的第一年》等。

清华二《系年》集解

苏建洲主编,《出土文献译注研析丛刊》之一种,万卷楼图书公司 2013 年 12 月出版。针对《清华大学藏战国竹简(贰)·系年》作出集解，内容包含"章旨"、"释文"、"语译"、"集解"四部分。读者可以由此了解到学界对于《清华大学藏战国竹简（贰）·系年》的最新研究成果，并对于《清华大学藏战国竹简（贰）·系年》所记载的西周至战国的重要史实以及战国文字的形体结构有一定认识。书末附有"系年人物表"及"系年大事表"，方便读者查询。

清华大学藏战国竹简(壹)读本

季旭升主编，艺文印书馆2013年11月出版。对清华简（壹）进行释读今译，并作了新的隶定和摹写。

上博战国楚竹书(一)文字考辨

吴建伟著，齐鲁书社2013年12月出版。在战国楚文字语料库的基础上，考辨了《孔子诗论》、《缁衣》和《性情论》中的90余字。先列出考辨的字所属竹简的拓片，其后列出拓片的释文，最后是作者对所考辨的文字的观点和看法。

战国竹书论集

陈剑著，上海古籍出版社2013年12月出版。是作者近些年在战国竹书方面的最新研究成果，反映了学术界近年竹书热的特点。主要涉及上博简、清华简、郭店简等的字词新释、竹简拼合、简序调整，以及用这些出土竹书内容校读古书而纠正长期以来的误解。

楚简楚文化与先秦历史文化国际学术研讨会论文集

罗运环主编，湖北教育出版社2013年8月出版。是2011年在武汉召开的会议的论文集。115篇论文分为18组，涉及上博、包山、新蔡、望山、九店、秦家咀、清华简等楚简及相关楚国历史文化研究。还有一些金文、甲骨文等出土文献及考古文物资料的研究。

天水放马滩秦简集释

张德芳主编，孙占宇著。甘肃文化出版社2013年3月出版。《甘肃秦汉简牍集释》丛书四种之一。对1986年出土于天水放马滩的秦简甲乙种日书（共461枚）进行了深度整理，内容包括图版、说明、释文、集释。图版以红外线照片为主，忠实呈现简牍原貌，完整呈现文献信息。在已有学术成果的基础上进行释文合校，据清晰图版改释、补释，为学界提供最新、最准确的释文。并依据内容重新归类分篇，在认读和理解方面，也有很多新内容。

岳麓书院藏秦简(叁)

上海辞书出版社2013年6月出版。共计收录了秦王政时代的司法文书类竹、木简252枚,主要内容为上奏的谳书,江陵、州陵等各地守丞对有关刑事案例奏谳、审议和裁决的记录。根据内容及原有标题"为狱状"、"为复奏状"、"为乞鞫奏状"定名为《为狱等状四种》。按内容分为4大类15件案例:第一类内容属于狭义的奏谳文书,共有杀人、诈骗、胁迫、分赃等6件案例;第二类内容分为盗杀人、通奸、强奸未遂等6件案例;第三类内容为伪造书信的案例1件;第四类内容为因临阵脱逃造成官员士卒阵亡的案例1件。

《日书》图像研究

黄儒宣著,中西书局2013年12月出版。《复旦出土文献与古文字研究博士丛书》之一。首先介绍了相关的出土简帛及其研究的概况,然后就"《日书》表示时空的图式"、"《日书》表示时空的图画"、"楚帛书表示时空的图式"等方面,讨论了简帛文献中有关择日、宜忌的图像资料。

流沙坠简

王国维、罗振玉编著,何立民点校。《浙江文丛》之一。浙江古籍出版社2013年7月出版。这是《流沙坠简》的第一个点校本。前面有一篇长文,介绍了《流沙坠简》的内容,对其贡献及缺失等作了评价。

罗振玉学术著作集·流沙坠简

罗振玉著,罗继祖编。上海古籍出版社2013年10月出版。主要收录了《流沙坠简》中罗振玉考释的部分,以及有关石经、碑别字的论著,为作者研究敦煌文献和汉简汉碑的学术著作,从中可见作者的学术视野和学术眼光。

肩水金关汉简(叁)

甘肃简牍博物馆、甘肃省文物考古研究所、甘肃省博物馆、中国文化遗产研究院古文献研究室、中国社会科学院简帛研究中心编,中西书局2013年12月出版。共收录金关汉简2066号,包括T24:501—1006、T25:1—248、T26:1—305、T27:1—242、T28:1—146、T29:1—135、T30:1—267、T31:1—242、T32:1—75。其中有 19 简，整理缀合为 9 简（T26∶167+T26∶201、T27∶15+T27∶16、T30∶7+T30∶19、T30∶27+T26∶21、T30∶42+T30∶69、T30∶124+T30∶96+T30∶123、T30∶128+T30∶130、T30∶215+T30∶127、T31∶44+T30∶55），实际收录 2056 简（背面不计）。

居延新简释校（上下）

马怡、张荣强主编，天津古籍出版社 2013 年 12 月出版。依据居延新简的简影图版，以《居延新简·甲渠候官》（中华书局 1994 年）的释文为底本，以《居延新简·甲渠候官与第四燧》（文物出版社 1990 年）、《中国简牍集成·居延新简》（敦煌文艺出版社 2001 年）的释文为参校本，对居延甲渠候官（破城子）、甲渠塞第四燧出土的汉简进行释校。尽可能完整地反映居延新简的原貌（如形制特征、断简、刻齿、重文、合文、垂笔及各种符号等）。重作释文，并出校记。

敦煌马圈湾汉简集释

张德芳著，甘肃文化出版社 2013 年 12 月出版。就马圈湾出土的 1217 枚敦煌汉简，提供了原色原大的彩色图版以及重新拍摄的红外线照片，释出了很多过去未释、漏释、错释的文字，改释、补释皆出校记，极大提升了这批汉简的研究价值。在每条简文释文之后，以"校释""集解"和"今按"的形式发表了作者的研究心得，多有创见。后附参考文献、词条索引，便利读者查阅。

马王堆帛书《周易》释文校注

于豪亮著，《于豪亮著作 2 种》丛书之一。上海古籍出版社 2013 年 12 月出版。对马王堆汉墓帛书《周易》的《六十四卦》、卷后佚书、《系辞》等做了释文，并与传世几个《周易》版本（包括汉石经、《周易集解》、唐石经、敦煌写本、宋本、阮本等）进行了校勘与注释，可以让我们更清楚地了解到《周易》在流传过程中所经历的整理加工、删节编排、改字润色等方面的演变。

帛书老子通解

张骏龙著，广陵书社 2013 年 12 月出版。原文是以马王堆汉墓帛书《老子》甲本为底本，参照帛书乙本，郭店楚简本、北大藏西汉竹简本，及通行本《老子》进行校勘。校正、补充了帛书甲本《老子》中残缺的文字，修正了其中的文字错误。除少数地方参考楚简本《老子》校正外，基本保留了帛书甲本《老子》的原貌。收集了大量简帛《老子》资料，参考了历代专家学者对《老子》的注释解说。

长沙走马楼三国吴简·竹简（柒）

文物出版社 2013 年 12 月出版。长沙走马楼 22 号井出土三国吴简，根据出土情况分为二大类：一大类为采集简，一大类为发掘简。采集简系施工搅乱后，从井窖四周及十里以外湘湖渔场卸渣区抢救捡回的简，这种简相对残断，发掘简系吴简正式发掘后，现场得到保护，经过科学发掘出土的简；这种简相对完整。《长沙走马楼三国吴简·竹简》第一卷至第三卷为采集简，第四卷至第八卷为发掘简。本书所收竹简，按长沙原始编号，起四九一九九号，止五五三五一号；按本书整理编号，起一号，止六一五三号。

长沙走马楼三国竹简研究

沈刚著，社会科学文献出版社 2013 年 5 月出版。从经济和社会史的角度对已经发表的长沙走马楼三国吴简中的竹简部分内容做了较为系统的考察。具体包括三个方面：一是通过梳理户籍、师佐籍、吏民叛走籍等各类名籍以及乡吏等问题，揭示了这一时期临湘地区人口控制、手工业管理，以及基层胥吏活动等基层行政制度；二是分析了政府对钱、布、皮等财物的征收时间，复原账目形式，并进而讨论了财税征缴体系、流程和赋税性质等问题；三是通过对吴简中出现的公乘、士五、私家奴婢、邮卒、客等几种社会身份的定位，指出其相对于秦汉时期的变化。比较全面地展示出孙吴前期长沙地区基层管理模式和社会阶层的变迁，为深入了解中国中古早期社会提供了帮助。

秦汉简牍研究存稿

杨剑虹著，厦门大学出版社 2013 年 4 月出版。这是作者的论文集，内容可分为两部分，第一部分是关于居延汉简的探讨，有 10 篇文章，如《从居延汉简看西汉在西北的屯田》、《刘秀与窦融——从〈居延汉简〉看窦融治理河西》等。第二部分是关于湖北与江苏所出秦汉简牍的探讨，也有 10 篇文章，如《睡虎地秦简〈编年记〉作者及其政治态度》、《秦简〈语书〉窥测——兼论〈编年记〉作者不是楚人》等。主要是揭示简帛文献反映的秦汉历史。

西域考古记

斯坦因著,向达译。《汉译世界学术名著丛书》之一。商务印书馆 2013 年 2 月出版。据 1936 年上海中华书局《斯坦因西域考古记》再版。叙述了斯坦因前三次中亚考古探险的经历。

简帛·经典·古史

陈致主编,上海古籍出版社 2013 年 8 月出版。为 2011 年 11 月 30 日香港浸会大学"简帛·经典·古史"研究国际论坛会议论文集,收录裘锡圭、李零、池田知久、夏含夷等与会学者论文 35 篇。论文围绕郭店简、上博简、清华简、马王堆帛书等出土文献及相关传世典籍,从文本释读、内涵解析、历史研究等诸多角度作了深入探讨。

简帛研究(2011)

卜宪群、杨振红主编。广西师范大学出版社 2013 年 6 月出版。收入了《论上博八〈成王既邦〉为几种不同文本被整理者误合为一篇》、《西北汉简所见廪盐制度蠡测》、《走马楼吴简师佐家属籍注记"屯将行"及"单身"与孙吴军法》、《长沙吴简研究的新视野——中日长沙吴简学术研讨会论文评述》等论文。

简帛研究(2012)

卜宪群、杨振红主编。广西师范大学出版社 2013 年 10 月出版。收录了简帛研究的一批新成果,如《读清华简札记》等。

简帛(第八辑)

武汉大学简帛研究中心主编,上海古籍出版社 2013 年 10 月出版。内容涉及北京大学藏秦简、里耶秦简、岳麓书院藏秦简、睡虎地秦简、周家台秦简、天水放马滩秦简、银雀山汉简,以及其他简帛综合研究。

秦汉简帛讹字研究

刘玉环著,中国书籍出版社 2013 年 8 月出版。全面收集并深入分析秦汉简帛中的讹字现象。第一章是绪论,介绍秦汉简帛及讹字研究的概况,阐述研究对象、研究目标、研究意义和研究方法。第二章和第三章对二十多种秦汉简帛中的 311 例讹别字和 127 例讹错字做细致分析,分别从判定、分类、整体特征、致误原因和心理学阐释等几个方面对讹别字和讹错字做探讨。第四章是综合比较研究。

简帛文献词语历时演变专题研究

赵岩著,中国社会科学出版社2013年9月出版。主要利用简帛文献作为语料,结合传世文献及其他出土文献语料,采用专题研究的方式,考察战国至西汉时期词汇系统的历时演变问题。从新词新义的产生、基本范畴词的演变、复音词的演变等角度对简帛文献的语言事实进行描写分析,揭示了若干词语历时演变的轨迹。既有对若干个体词语的出现时间、语源、语义发展、词语分化、语用演变等的描写,又有对词语更替性演变的描写,还从秦帝国的统一、秦方言的东渐等角度分析了简帛文献词语历时演变的动因。解决了一些简帛文献释读问题,并利用简帛文献词语的历时演变研究的成果讨论了一些辞书学与文献学问题。

文书行政的汉帝国

[日]富谷至著,刘桓武、孔李波译,《凤凰文库·海外中国研究系列》之一。江苏人民出版社2013年9月出版。作者主要根据汉代简牍资料,深入剖析了汉王朝的文书行政体系及其运行机制。全书由"简牍的形态与功能——视觉简牍之观察"、"文书记录及其相关背景"、"汉代行政制度考证"三部分构成。作者指出,简牍这种书写材料使汉代的文书行政得以实现,而汉王朝集权帝制的确立与巩固很大程度上归因于文书行政的贯彻实行。

出土文献(第四辑)

清华大学出土文献研究与保护中心编,中西书局2013年12月出版。收录研究清华简等论文数十篇,如:《出土文献与古典学重建》(裘锡圭)、《清华竹简〈耆夜〉的饮至礼》(李家浩)、《〈蟋蟀〉诗主旨辨——由清华简"不喜不乐"谈起》(李均明)、《〈楚居〉"必夜"与商代的"夕"祭》(罗琨)、《谈〈楚居〉中"及"字的一个特殊用法》(刘丽)、《读〈系年〉第三章及相关铭文札记》(李学勤)等。

出土材料与新视野

李宗焜主编,"中央研究院"2013年9月出版。2012年6月召开的第四届国际汉学会议论文集之一,收录了朱凤瀚《清华简〈系年〉所记西周史事考》、李峰《清华简〈耆夜〉初读及其相关问题》、陈伟《试说简牍文献的年代梯》等简帛研究论文。

出土法律文献丛考

张伯元著,上海人民出版社2013年11月出版。有关战国、秦汉出土文献中法律文书的研究文集,涉及包山楚简、睡虎地秦简牍、张家山汉简等。

出土文献与法律史研究(第2辑)

王沛主编,上海人民出版社2013年11月出版。主要收录第二届"出土文献与法律史研究"学术研讨会论文。以简帛类文献为主,如:《竹简秦汉律与〈周礼〉比较研究(二)》、《里耶秦简所见的"牢监"与"牢人"》、《〈里耶秦简·壹〉所见法律文献校读(二则)》等。

湖南出土简牍选编

郑曙斌、张春龙、宋少华、黄朴华编,岳麓书社2013年11月出版。从湖南出土战国楚简、里耶秦简、长沙汉简、长沙走马楼三国吴简及郴州晋简中精选具有代表性的部分,图版与释文相对照,揭示其史料价值和艺术价值。

中国简帛书法大字典(第1部)

吴巍编,清华大学出版社2013年7月出版。收录的简帛文字主要由两部分组成:一部分是来源于现已公布的出土简牍文献中整理出的可辨识的简帛单字;另一部分则是依据对甲骨文、金文、大篆和简帛文字的考证研究,对简帛文字进行的增补。计划收字约8400个,分四部出版。

2014年

新出楚简中的楚国语料与史料

魏慈德著,《出土思想文物与文献研究丛书》之一,五南图书出版公司2014年1月出版。是作者近年来研究楚简的论文集。

战国竹书研究方法探析

牛新房著,台湾花木兰文化出版社2014年3月出版。是《古典文献研究辑刊》(潘美月、杜洁祥主编)第18编第20册。研究战国楚简,主要是典籍类的一些基本问题,诸如竹简复原、文字考释、文献比勘等。

楚帛书研究(十一种)

李零著，中西书局 2014 年 2 月出版。本书是作者自 20 世纪 80 年代之后研究长沙子弹库楚帛书的 11 种论著的合集，包括：《长沙子弹库战国楚帛书研究》、《〈长沙子弹库战国楚帛书研究〉补正》、《楚帛书目验记》、The Chu Silk Manuscript and Shitu、《楚帛书与"式图"》、Reconsidering the Chu Silk Manuscripts、《楚帛书的再认识》、Translation of the Chu Silk Manuscript、《热气寒气以为其序》、《中国古代的墓主画像——考古艺术史笔记》、《楚帛书与日书：古日者之说》。

晚周缯书考证

蔡季襄，中西书局 2014 年 2 月出版。据 1945 年初版影印，前有李零作"出版说明"，简述此书出版背景及再版情况。

楚地战国简帛与传世文献对读之研究

单育辰著，中华书局 2014 年 5 月出版。阐述了利用先秦传世文献与先秦出土文献进行对照、整理和释读的意义，可以验证、比较传世文献的真伪，考辨简帛文字等。概括性描述了楚地出土战国简帛的研究及先秦典籍的辨伪历史，并列举了多例对读文献，以显示出土战国简帛的特殊价值。

出土简帛与中国早期藏书研究

傅荣贤著，知识产权出版社 2014 年 1 月出版。根据出土的殷商时代的甲骨文，以及出土的战国至魏晋时期的简帛文献，初步勾勒了中国早期文献收集、整理、保存和利用等方面(所谓"藏书")的基本史实及其演进规律。

出土文献研究第十二辑

中国文化遗产研究院编，中西书局 2014 年 3 月出版。内容涉及清华简、包山楚简、里耶秦简、岳麓书院藏秦简、阜阳汉简、走马楼汉简、马王堆帛书、悬泉汉简、孔家坡汉简、张家山汉简等。

东亚木简学的构建

[日]角谷常子主编，2014 年 3 月由日本汲古书院印刷、奈良大学发行。内容为日本学者撰写的中、韩、日三国出土简牍的介绍、研究。

简帛文献考释论丛

董珊著,《出土文献与中国古代文明研究丛书》之一。上海古籍出版社 2014 年 3 月出版。是作者十年来研究简帛文献的论文集,收录论文 20 余篇,其中半数论文是首次正式发表。涉及上博简、新蔡简、清华简、信阳简、包山简、马王堆帛图、北大汉简、敦煌汉简等。运用古文字学和古文献学的方法,在诠释简帛文本的基础上,从学术思想史和制度史,历史地理以及考古学等多个方面探讨了这些简帛资料的学术价值。

战国秦汉出土术数文献之基础研究

[日]大野裕司著,日本北海道大学出版会 2014 年 6 月出版。首先介绍了中国目前已出土的术数类简帛文献的概况,然后是《从睡虎地秦简〈日书〉看鬼神与时日禁忌的关系》、《中国古代的神煞——战国秦汉术数文献所见另一种天道观》、《〈日书〉之禹步与五画地的出行仪式》、《关于玉女反闭局法》等专论。

简帛学百年大事记

凡例：

1. "大事记"始于1900年，止于2013年。
2. 一事尽量系于一年之下，与多年相关的，系于最早的年份。
3. 跨年份的，也系于第一年之下。如"1906—1908，斯坦因第二次中亚考察"。

1900 年

◇10月，斯坦因开始第一次中亚考察。

1900年10月，在印度和英国政府的批准及支持下，斯坦因开始了中亚的考察探险。主要发掘了和田和尼雅两地的古代遗址，在丹丹乌里克、尼雅等地出土了一批汉文简牍，以及佉卢文木牍，梵文、于阗文等文书，还有大量其他文物。现收藏于伦敦的英国国家图书馆。

◇12月，斯坦因在丹丹乌里克发现一枚汉文木简。

斯坦因的探险队在丹丹乌里克清理一座房屋遗址时，首次发现了汉文文书。那是根红木棍，长约14英寸，宽约1英寸，两面都削平了一部分，各有几竖行大约12个汉字。据研究，这是一枚唐代的木简。内容是缴纳青麦的记录。这是现代简帛学史上第一次发现汉文简牍。

1901 年

◇1月，斯坦因在尼雅发现50枚汉文简牍，属汉魏时期。这是现代简帛学历史上出土的第一批汉魏时期简牍，标志着现代简帛学的发端。

◇斯文·赫定第二次中亚探险。

瑞典人斯文·赫定（Sven Anders Hedin 1865—1952）在楼兰、尼雅、罗布泊等遗址发掘了一批汉文简牍、纸文书及大批佉卢文木简，计36张汉文纸文书及120枚汉文木简。这是现代简帛学史上最早出土的汉文简牍之一。所获简牍曾委托德国人卡尔·希姆莱（Karl Himly）研究，后因希姆莱去世，又转由另一德国学者奥古斯特·孔好古(August Conxady)完成。1920 年，孔好古在斯德哥尔摩出版了《斯文·赫定在楼兰发现的汉文写本及零星物品》，公布了这批文书。

◇7 月，斯坦因结束第一次中亚考察，返回英国伦敦。

1903 年

◇斯坦因出版了第一次中亚考察个人旅行记《沙埋和阗废址记》。

1904 年

◇斯坦因加入英国籍。

1905 年

◇《纸未发明前之中国书》发表。

法国汉学家沙畹(Edouard Chavannes，1865—1918)在接受释读斯坦因在中国西北发掘的汉文简牍后，根据中国典籍撰写了这篇文章向欧洲人介绍中国纸发明前书籍的状况。发表于《亚洲人杂志》10 卷 5 期。

1906—1908 年

◇斯坦因第二次中亚考察。

除重访和田和尼雅遗址外，斯坦因还沿塔里木盆地南沿，发掘了楼兰(Lou-lan)和米兰(Miran)遗址。1907 年在敦煌附近长城沿线掘得汉简 705 枚。这批简牍属西汉武帝后至东汉时期的遗物。

1907 年

◇《丹丹乌里克、尼雅、安迪尔发现的汉文文书》发表。

斯坦因第一次中亚考察所获汉文简牍由法国人沙畹(Edouard

Chavannes，1865—1918）整理，撰成《丹丹乌里克、尼雅、安迪尔发现的汉文文书》一文，附于《古代和田》一书后出版。成为现代简帛学的标志性成果之一。

1908 年

◇日本大谷光瑞考察团第二次中亚考察。

大谷光瑞派橘瑞超和野村荣三郎进行第二次中亚考察。橘氏负责丝绸之路南道，野村负责考察北道，1909 年两人在库尔勒分手。橘瑞超南行考察楼兰、尼雅一带遗址，核查斯文·赫定发现的楼兰古城遗址。途中，于该城西南 50 公里处无意发现了海头故城，掘获了木简 5 枚，纸文书 39 件。包括著名的"李柏文书"。

1910 年

◇日本大谷光瑞考察团第三次中亚考察。

大谷光瑞派橘瑞超和吉川小一郎两人进行第三次中亚考察。先在吐鲁番阿斯塔那墓地发掘，获取大批汉文文书和丝绸残片。然后南下楼兰等地发掘，获取了一些汉文文书。香川默识将大谷文物编为两卷本的《西域考古图谱》(1915 年），以图片形式介绍了大谷收集品。

1912 年

◇王国维《简牍检署考》日文稿发表在日本京都文学会的杂志《艺文》上。

1913 年

◇《斯坦因在东土耳其斯坦沙漠中所获汉文书》出版。

斯坦因第二次中亚探险所得汉简，由法国人沙畹整理，于 1913

年出版《斯坦因在东土耳其斯坦沙漠中所获汉文书》，成为现代简帛学的标志性成果之一。

1913—1915 年

◇斯坦因第三次中亚考察。

斯坦因的第三次中亚考察，沿塔里木盆地南沿东行，发掘和田、尼雅、楼兰等遗址，而后进入甘肃，发掘敦煌酒泉间的长城烽燧，获得大量汉简，于烽燧遗址掘得 48 枚，于安西、酒泉采得 104 枚。第三次探险所得汉文简牍，由沙畹的学生马伯乐（Henri Maspero, 1883—1945）整理。1928 年斯坦因出版其考古报告《亚洲腹地考古记》（全四卷）。1933 年出版《西域考古日记》，历述三次探险。

1914 年

◇罗振玉、王国维《流沙坠简》出版。

当时在日本的罗振玉和王国维，根据沙畹所寄赠照片整理研究，在日本出版了著名的《流沙坠简》。后来陆续有修订。成为现代简帛学的标志性成果之一。

◇王国维《简牍检署考》中文稿发表。

王国维《简牍检署考》中文稿刊于《云窗丛刻》，仿古香斋本。成为现代简帛学的标志性成果之一。

1918 年

◇沙畹去世。

1920 年

◇周炳南掘得木简 17 枚。

周炳南在敦煌小方盘古城玉门关外的沙滩中掘得木简 17 枚。17 枚木简中仅有 1 枚完整，余皆残断。木简以松木为之，长 23 厘米，宽 1 厘米。木简时代系西汉末至东汉时期。其内容为屯戍记事，已不能连贯成册。原简现藏敦煌博物院。这也是中国目前收藏的发掘时间最早的汉文简牍。1990 年文物出版社出版的由李均明、何双全合编的《散见简牍合辑》及 1991 年甘肃人民出版社出版的由吴礽骧、李永良等释校的《敦煌汉简释文》均收录了该批木简的内容。

1926 年

◇西北科学考察团成立。

北平中国学术协会与瑞典人斯文·赫定等联合组成西北科学考察团，赴蒙、甘、新、宁考察。

1930 年

◇黄文弼掘获木简。

中国考古学家、西北考察团团员黄文弼在罗布淖尔的默得沙尔得木简 71 枚。为西汉遗物。此后他又在额济纳河畔的一个古堡中获得汉代简数枚、在吐鲁番城西 20 公里的古交河的雅尔岩获木牍数枚、在木札特河畔的拜城和色尔佛洞得版牍 10 枚。1948 年黄氏出版了《罗布淖尔考古记》一书，比较详细地介绍了这次考察的情况，并首次发表了本次考察活动所获的 71 枚汉简内容。

◇4 月，居延汉简出土。

西北考察团成员、瑞典考古学家贝格曼（Folke Bergman）在额济纳河流域发现一枚木简，此后考察团又在古居延旧地进行大规模的考古发掘。这次考察，范围在北起宗间阿玛、南至毛目约 250 公里及布肯托尼至博罗松治约 60 公里间，共发掘了 32 处遗址，开挖了 586 个坑位，其中 20 处 463 个坑位出简、12 处无简，获简总数达一万余枚，是 20 世纪上半叶出土数量最多的一批，震惊海内外。

1930—1931 年

◇斯坦因的第四次中亚考察。

斯坦因的第四次中亚考察。由美国哈佛大学和英国大英博物院联合资助。这次考察开始于 1930 年 8 月 11 日，受到中国学术界的反对和中国各级政府的多方阻拦。在 1930 年 11 月 11 日至 1931 年 4 月 25 日最后一次绕行塔克拉玛干大沙漠之后，斯坦因看到实在无法按照原定方案实施他的考古发掘和其他考察计划，只好离开新疆。在尼雅掘获一些汉文文书等文物，共计一百余件。斯坦因当时只带走文物的照片，文物寄存在英国驻喀什领事馆。后迫于各方压力，将文物交给了新疆地方政府。但之后这些文物就下落不明了。

1931 年

◇《汉晋西陲木简汇编》出版。

上海有正书局出版了张凤《汉晋西陲木简汇编》，分初编、二编，初编是经沙畹考释过的简牍，只发表了照片；二编是首次公布的斯坦因第三次考察所得，张凤做了考释说明，并介绍了出土地的情况。

1942 年

◇长沙子弹库楚帛书出土。

1942 年初，一群盗墓者在长沙子弹库发掘出土了著名的楚帛书。澳大利亚学者巴纳德称他 1967 年、1973 年曾访问过一个当年参加过盗掘帛书而现在住在中国大陆之外的人说，帛书的出土时间为 1934 年；钱存训称发现于 1936—1937 年；美国方面称至今他们还保存着文字凭证，可以证明帛书是 20 世纪 30 年代出土的。1946 年美国人柯强将帛书及部分残片带到美国。1949 年寄存于美国纽约大都会博物馆(The Metropolitan Museum)，残片放在华盛顿的一个库房。1964 年，寄存期满后，售予纽约古董商戴润斋。1966 年，戴氏将帛书售予赛克勒，1966—1987 年，存放于美国纽约大都会博物馆。1987 年至今存放于赛克勒美术馆。

1943 年

◇劳榦根据反体照片在四川整理出版了石印本《居延汉简考释·释文之部》。

◇10 月，斯坦因卒于阿富汗。

1944 年

◇夏鼐、阎文儒掘获 76 枚汉简。

西北科学考察团历史考古组赴河西地区进行考古调查时，夏鼐、阎文儒在敦煌西北之小方盘城遗址附近掘得 76 枚汉简，后来夏鼐对所获汉简进行了考释，写出了《新获之敦煌汉简》一文，1948 年连同原简照片一并发表在《中央研究院历史语言研究所集刊》第 19 本上。收入《考古论文集》。汉简出土情况见阎文儒《河西考古杂记》（1953 年）。这批汉简原藏台北图书馆，现存台北"中央研究院历史语言研究所"。

◇劳榦《居延汉简考释·考证之部》出版。

◇蔡季襄《晚周缯书考证》出版。

1949 年

◇11 月，劳榦在上海商务印书馆出版了两册铅字本《居延汉简考释·释文之部》。

1951 年

◇10 月，长沙五里牌 406 号战国墓出土楚简 38 枚。

中国科学院考古研究所派遣夏鼐等组成工作队前往长沙进行考古

发掘，在五里牌406号战国墓出土竹简38枚，属遣策。1957年科学出版社出版《长沙发掘报告》，公布了竹简的照片、摹本、释文和考释。

1953 年

◇7月，长沙仰天湖出土楚简。

在湖南省长沙市南门外仰天湖战国楚墓中出土竹简43枚。简文内容为遣策类。1953年第12期《文物参考资料》上刊登了湖南省文物管理委员会写的《湖南省文管会清理长沙仰天湖木椁楚墓发现大量竹简彩绘木俑等珍贵文物》一文，公布了该墓墓葬及出土文物情况。

◇马伯乐《斯坦因第三次中亚探险所获汉文文书》出版。

1957 年

◇3月，信阳长台关出土楚简。

河南省信阳长台关楚墓出土竹简148枚，其内容可分为两组。其中第1组共119枚。第2组共有竹简29枚，属遣策类。1959年第9期《文物参考资料》刊登了河南省文物工作第一队所写的《我国考古史上的空前发现——信阳长台关发掘一座战国大墓》，初步介绍了该墓出土的竹简及其他文物情况。1959年河南人民出版社出版了由河南省文化局文物工作队编的《河南信阳楚墓图录》一书，集中刊布了该墓出土的器物及竹简图录。1986年，文物出版社出版了由中国社会科学院考古研究所编的《信阳楚墓》一书后才完整详细地公布了该墓出土的文物、竹简情况及器物竹简的图版、竹简释文等。

◇劳榦在中国台湾出版《居延汉简·图版之部》。

1959 年

◇《居延汉简甲编》出版。

中国科学院考古研究所在陈梦家的主持下，依据马衡的148版图片，由科学出版社出版了《居延汉简甲编》，包括 2555 枚简牍的照片、释文和索引。

◇甘肃武威磨嘴子 6 号汉墓《仪礼》简出土。

共出土竹木简 600 余枚，出土时已经散乱。其中完整的有 385 枚，残简约有 225 枚。除少量为竹简外，多数为木简。经过整理，发现该批木简的内容为古代文献《仪礼》的部分篇章。文物出版社 1964 年出版中国科学院考古研究所、甘肃省博物馆编《武威汉简》。

◇甘肃武威磨嘴子 18 号汉墓出土"王杖十简"。

1960 年

◇劳榦在台湾出版了《居延汉简·考释之部》。

1965 年

◇居延汉简由美国回到中国台湾。

由胡适经手，美国将居延汉简归还中国台湾。现藏于台北"中央研究院历史语言研究所"。

1965—1966 年

◇湖北江陵望山楚墓出土竹简。

湖北江陵望山 1 号楚墓、2 号楚墓出土一批竹简，1 号楚墓竹简总数共 207 枚，内容为卜筮祭祷的记录；2 号楚墓竹简总数共 66 枚，内容为记载随葬物品的遣策。1966 年第 5 期《文物》杂志刊发了湖北省文化局文物工作队写的《湖北江陵三座楚墓出土大批重要文物》一文，较详细地报道了这次发掘的重要成果，同时还刊登了部分竹简的照片和摹本。1995 年中华书局出版了由湖北省文物考古研究所和北京大学中文系合编的《望山楚简》一书，完整地公布了这批竹简的照片和释文，并附有对简文的考证。

1972 年

◇银雀山汉墓竹简出土。

山东临沂银雀山汉墓出土了一批兵书竹简,包括《孙子兵法》、《孙膑兵法》、《尉缭子》、《晏子》、《六韬》等。

◇11 月,甘肃武威旱滩坡汉墓出土医简。

甘肃省武威旱滩坡发现了一座东汉墓葬,出土简牍 92 枚。内容为医方类。1975 年 10 月,文物出版社出版了由甘肃省博物馆和武威县文化馆合编的《武威汉代医简》一书,发表了这批医简材料,包括图版、摹本、释文、注释以及由中医研究院医史文献研究室撰写的《武威汉代医药简牍在医学史上的重要意义》一文。

◇长沙马王堆 1 号汉墓出土遣策。

湖南长沙马王堆 1 号汉墓出土竹简共 312 枚,木楬 49 枚。其内容为记载随葬器物的清单(遣策),这是迄今所见遣策中简数最多的一种。

1972—1974 年

◇甘肃出土居延新简。

由甘肃省文化厅文物处、甘肃省博物馆文物队、酒泉地区及当地驻军等单位组成了居延考古队,对额济河流域的居延汉代遗址进行了发掘,共出土汉简 19400 枚。这次新出土的居延简就其数量和内容而言,都远远超过了以往出土的居延汉简。

1973 年

◇江陵藤店 1 号楚墓出土竹简。

湖北江陵藤店 1 号楚墓出土竹简 24 支,内容为遣策。1973《文物》第 9 期有介绍。

◇定县汉墓出土《论语》。

河北定县 40 号汉墓(西汉中山怀王刘修墓)发掘出大批竹简。内容有：①《论语》620 枚简，多为残简。②《儒家者言》共存竹简 104 枚。还有《太公》、《文子》、《六字王朝五凤二年正月起居记》、《日书》、占卜等残简。

◇江陵凤凰山西汉墓出土竹简。

湖北江陵凤凰山西汉墓(8、9、10 号墓)共出土竹简 428 枚，8、9 号墓简文内容是记录随葬器物的清单。10 号墓内容大致可分为两类，一类为田租账，一类为商业账。

1973—1974 年

◇湖南长沙马王堆 3 号汉墓出土简牍帛书。

3 号汉墓共出土竹木简 600 多枚，除 220 枚为古代医书外，其余皆为记录随葬器物的清单。帛书约为 28 件，44 篇。计有：（1）《老子》甲本，《老子》甲本卷后佚书 4 篇。（2）《老子》乙本卷前佚书 4 篇，《老子》乙本。（3）《周易》，《周易》卷后佚书 1 篇。（4）《周易·系辞》，《系辞》卷后佚书 4 篇。（5）《战国纵横家书》。（6）《春秋事语》。（7）丧服图。（8）《五星占》。（9）《相马经》。（10）关于刑德的佚书之一。（11）关于刑德的佚书之二。（12）关于刑德的佚书之三。（13）《天文气象杂占》。（14）《足臂十一脉灸经》、《阴阳十一脉灸经甲本》、《脉法》、《阴阳脉死候》、《五十二病方》。（15）《阴阳十一脉灸经乙本》、《却谷食气》、《导引图》。（16）《养生方》。（17）《杂疗方》。（18）《胎产书》。（19）关于阴阳五行的佚书之一，无篇题。（20）关于阴阳五行的佚书之二，无篇题。（21）木人占（杂占图）。（22）太一避兵图。（23）地形图一幅。（24）驻军图一幅。（25）神图一幅。（26）符箓。（27）筑城图。（28）园寝图。马王堆汉墓是汉初长沙国丞相軑侯利苍及其妻、子的墓葬。

1974 年

◇《简牍学报》创刊。

马先醒在台北创办《简牍学报》，专门刊布简牍研究成果。

1975 年

◇11 月，湖北云梦睡虎地 11 号秦墓出土竹简。

湖北云梦睡虎地 11 号秦墓中出土了大量的秦代竹简，该墓为秦始皇三十年左右的墓葬，墓主是一个叫喜的人。竹简原藏棺内，保存较好，字迹清晰，出土时只有少数残断。经整理，总计有 1155 枚（另残片 80）。内容有如下十种：①《编年纪》、②《语书》、③《秦律十八种》、④《效律》、⑤《秦律杂抄》、⑥《法律答问》、⑦《封诊式》、⑧《为吏之道》、⑨《日书》甲种、⑩《日书》乙种。其中《语书》、《效律》、《封诊式》、《日书》四种书简上原有书题。1990 年文物出版社又出版了由秦简整理组编的《睡虎地秦墓竹简》八开精装本，收录了睡虎地 11 号秦墓出土的十种竹书。

1975—1976 年

◇云梦睡虎地 4 号秦墓出土木牍。

1975—1976 年，湖北省博物馆在湖北云梦睡虎地 4 号秦墓中发掘出土木牍 2 枚。牍文内容为士卒黑夫与惊写给中的家信。这是我国目前发现的最早的两封家信实物。据考证，这两封家信均写于秦始皇二十四年（公元前 223 年）。

1977 年

◇阜阳双古堆 1 号汉墓出土竹简。

安徽阜阳双古堆 1 号汉墓，墓主是西汉第二代汝阴侯夏侯灶。阜阳汉墓出土有竹简、木简和木牍，大部分非常破碎，但是它包含的内容却相当丰富，经过清理，发现有《诗经》、《周易》、《苍颉篇》、《年表》、《大事记》、《万物》、《作务员程》、《行气》、《相狗经》、辞赋、《刑法》、《日书》等。此外还出土了一些干支表残片。

◇台北简牍学会成立，这是中国第一个简牍研究的专门社团。

1978 年

◇3 月，湖北随县曾侯乙墓出土竹简。

湖北随县发掘擂鼓墩 1 号墓，即曾侯乙墓，出土的竹简共 240 多枚，约 6600 字，大都保存完整，内容记载了用于葬仪的车马以及车上配件、武器、甲胄和驾车官吏。这是目前发现的时代最早的简牍，为战国早期。《文物》杂志 1979 年第 7 期刊登了随县擂鼓墩 1 号墓考古发掘队写的《湖北随县曾侯乙墓发掘简报》，此后文物出版社 1981 年又出版了由湖北省博物馆编的《随县曾侯乙墓》一书，详细介绍了该墓出土文物及竹简的情况。

◇江陵天星观 1 号楚墓出土竹简。

湖北江陵天星观 1 号楚墓，邸阳君潘胜墓，出土竹简 70 余支，内容为卜祷与遣策，《考古学报》1982 年第 1 期有介绍。

1979 年

◇青海大通县上孙家寨汉墓出土木简。

青海大通县上孙家寨 115 号汉墓出土了一大批木简，共计有 240 枚之多。内容为兵法类、军法、法令、军爵类等。

◇甘肃敦煌马圈湾汉代烽燧遗址出土木简。

甘肃敦煌马圈湾汉代烽燧遗址共出土简牍 1217 枚，绝大多数是用红柳和胡杨木做成的木简，竹简极少，共 16 枚。

◇武威磨嘴子汉墓出土《王杖诏书令》。

甘肃武威磨嘴子收集到近年在磨嘴子汉墓出土的《王杖诏书令》木简 26 枚。

◇美国加州大学伯克利分校举行"马王堆帛书工作会议"。

1979—1980 年

◇1979—1980 年，四川省博物馆和青川县文化馆在四川省青川县郝家坪发掘 50 号战国墓时出土了两块木牍，均为战国晚期文物。两面书写，其中一块文字清晰可辨。其正面内容为秦王颁布的《更修田律》，背面记除道日干支，总共 121 字。另一块字迹残损，无法辨认。《文物》1982 年第 1 期刊登了四川省博物馆、青川县文化馆合写的《青川县出土秦更田律木牍——四川青川县战国墓发掘简报》，公布了这份材料。

1980 年

◇湖南临澧九里楚墓出土竹简。

湖南临澧九里 1 号楚墓出土竹简 100 余支，内容为遣策及占卜等。1995 湖北教育出版社《楚系简帛文字编》有简介；1999 文物出版社《新中国考古五十年》有介绍。

◇《居延汉简甲乙编》出版。

中国科学院考古研究所编辑，中华书局出版《居延汉简甲乙编》。分上、下两册。上册为甲乙两编的图版，共计 475 版，包括 1930 年出土的全部居延汉简影本。下册为释文以及附录和附表，包括有关情况的说明文字。

1981 年

◇5 月，湖北江陵九店楚墓出土竹简。

湖北省博物馆江陵工作站在江陵九店公社发掘 56 号墓，发现 205 枚竹简，有文字简 146 枚。内容分为两个部分：一、记载了与农作物有关的内容，12 枚简。疑为遣策。二、数术方面的内容，134 枚简。与云梦秦简《日书》的性质相同。这是目前发现的写作年代最早的"日书"。九店 621 号墓中发掘出一批残断的竹简。经初步整理，共有残简 127 枚，有字简 88 枚。其中字迹清晰的简有 34 枚，字迹不清楚的简有 54 枚，无字的简 39 枚。可辨字形 95 个。这批竹简已不能缀连成文，目前还难以判定其内容性质。此外在 411 号墓墓葬的棺椁间东侧南部也出土了竹简 2 枚。一简完整，一简残缺，字迹不清。

这批竹简现藏江陵博物馆。1985年荆州博物馆编的《江陵九店东周墓》出版,全面报导了该墓及出土竹简的情况,公布了释文和照片。同时该书中也报导了M621及M411的墓葬时代、形制以及出土文物的情况。2000年湖北省文物考古研究所、北京大学中文系编《九店楚简》,公布了全部图片、释文及考释。

◇《居延汉简新编》出版。

台北简牍学会马先醒等在劳榦《居延汉简》图版及释文之部的基础上,对释文做了校订与补充,在《简牍学报》第9期以专刊的形式刊布《居延汉简新编》。

1982 年

◇湖北江陵马山砖厂1号楚墓出土竹简1枚,为签牌。《文物》1982年第10期有报道;1985年文物出版社《江陵马山一号楚墓》刊布了有关内容。

1983 年

◇湖南常德德山夕阳坡2号楚墓出土竹简2枚,2001年岳麓书社《早期文明与楚文化研究》介绍了有关内容。

1983—1984 年

◇湖北江陵张家山汉墓出土竹简。

湖北江陵张家山汉墓247号墓出土竹简,经过整理,共计1236枚,内容:(一)二年律令、(二)《奏谳书》、(三)《盖庐》、(四)《脉书》、(五)《引书》、(六)《算数书》、(七)历谱。

1986 年

◇江陵岳山出土秦牍。

1986年年初,江陵岳山岗地以北44号墓出土木牍2方,均两面墨书，内容为日书，其年代大致与睡虎地秦简同时。相关材料见《考古学报》2000年第4期：《江陵岳山秦墓》。

◇3月，甘肃天水放马滩1号秦墓出土竹简。

甘肃天水市放马滩1号秦墓出土460枚竹简，大多数保存完整，字迹清晰。内容为《日书》和志怪故事两类。《日书》为甲、乙两种。《文物》1989年第2期发表由甘肃省文物考古所和天水市北道区文化馆合写的《甘肃天水放马滩战国秦汉墓群的发掘》一文。同期《文物》还刊登了由何双全撰写的《天水放马滩秦简综述》一文，较全面地介绍了放马滩出土简文的情况及内容。2010年中华书局出版《天水放马滩秦简》，公布了全部简牍的图版、释文。

◇湖北江陵秦家嘴出土楚简。

湖北江陵秦家嘴1号楚墓、13号楚墓、99号楚墓，分别出土竹简7枚、18枚、16枚，内容为卜祷一类。《江汉考古》1988年第2期有介绍。

1987年

◇1月，湖北荆门包山2号楚墓出土竹简。

湖北省荆沙铁路考古队在湖北省荆门市十里铺镇王场村的一座名叫包山大冢的土岗上共发掘墓葬9座，其中2号楚墓出土竹简444枚，其中有文字的计278枚，竹牍1枚。总字数12626字，其中31合文。竹简的文字内容可分为卜筮祭祷记录、司法文书、遣策等几类。这批竹简保存较好，字迹清晰。对于研究楚国历史和文化具有重要意义。1991年文物出版社出版了《包山楚简》一书，详细介绍了包山简牍的出土情况和简牍形制及其主要内容，刊布了简牍图版，并作了释文和考释，后附字表。

◇4月至8月，湖南张家界古人堤出土汉简。

湖南省文物考古研究所和湘西土家族苗族自治州文物工作队、大庸市文物管理所联合对古人堤遗址进行了发掘，出土简牍共计90片，内容涉及汉律、医方、官府文书等。

◇《居延汉简释文合校》出版。

谢桂华、李均明、朱国炤在《居延汉简甲乙编》的基础上做了释文校订，由文物出版社出版了《居延汉简释文合校》上、下册。

◇湖南慈利出土楚简。

湖南省文物考古研究所和慈利县文管所对该县城关石板村墓地进行了发掘，从其中的 36 号战国墓中出土了一批竹简。残简共有 4371 枚（一作 4557 片），无一完整。它们原来放置在竹笥当中。这些竹简中保存最长者 36 厘米，短者不足 1 厘米。其内容则可分为两类，一类是有传世文献可资对勘的，如《国语·吴语》和《逸周书·大武》等，但残损严重；另一类是《管子》、《宁越子》等书的佚文或古佚书。《文物》1990 年第 10 期发表《湖南慈利石板村 36 号战国墓发掘简报》。张春龙《慈利楚简概述》载《古代文明研究通讯》总第 6 期，2000 年；又载《新出简帛研究》，文物出版社 2004 年出版。

1988 年

◇台北成立简牍整理组。

台北"中央研究院历史语言研究所"成立简牍整理组，对藏于该所的居延汉简重新进行整理，工作中利用了红外阅读仪及电脑。

1989 年

◇10—12 月，湖北云梦龙岗 6 号秦墓出土竹简。

湖北省文物考古研究所和地、县文物考古工作者在湖北省云梦县龙岗进行了一次发掘，共掘得秦汉墓九座。其中 6 号墓出土了木牍 1 方、竹简约 150 余枚。简牍严重残断，内容属秦法律文书。中华书局 2001 年出版中国文物研究所、湖北省文物考古研究所编《龙岗秦简》。

◇武威旱滩坡东汉墓出土木简。

出土木简 16 枚，残鸠杖一。简文内容与高龄授鸠杖有关。《文物》1993 年第 10 期刊登武威地区博物馆《甘肃武威旱滩坡东汉墓》。

1990 年

◇江陵杨家山出土秦简。

湖北江陵杨家山 135 号秦墓出土竹简共 75 枚,内容为遣策。相关材料见《文物》1993 年第 8 期《江陵杨家山 135 号秦墓发掘简报》。

1990—1992 年

◇甘肃敦煌悬泉汉简。

甘肃敦煌悬泉遗址出土 2 万多件简牍、帛书、纸文书,以及泥墙上的墨书"月令诏条"。内容属汉代屯戍简牍。这一遗址前后被评为 1991 年度全国"十大考古发现"、"八五期间全国十大考古发现"。

1991 年

◇7 月 29 日至 8 月 2 日,首届"中国简牍学国际学术研讨会"召开。

在甘肃兰州召开了首届"中国简牍学国际学术研讨会"。来自日本、美国、中国的 130 多位代表参加了会议,提交论文 80 多篇。

1992 年

◇日本关西大学举办"汉简研究国际学术会议"。

1993 年

◇3 月,湖北江陵王家台 15 号秦墓出土竹简。

湖北省江陵县荆州王家台发现了一批墓葬。其中王家台 15 号墓出土了大批秦代竹简,数量达 800 余枚(编号 1-813)。主要内容为《效律》、《日书》和易占。《文物》1995 年第 1 期刊登了荆州地区博物馆写的《江陵王家台 15 号秦墓》一文，全面报导了该墓出土的文物及简牍情况，并发表了少量竹简内容和照片。

◇6 月，湖北荆州沙市区关沮周家台秦墓出土简牍。

湖北省荆州市周梁玉桥遗址博物馆（原沙市市博物馆）发掘了周家台 30 号秦墓，出土竹简 381 枚，木牍一方。按内容可分为三组：1. 竹简 130 枚，木牍一方，历谱，为秦始皇三十四年全年日干支，以及秦始皇三十六、三十七年月朔日干支及月大小等。2. 竹简 178 枚（包括空白简 10 枚），日书，有"二十八宿占"、"五时占"、"五行"等。3. 竹简 73 枚，有医药病方、祝由术、择吉避凶占卜、农事等。2001 年中华书局出版湖北省荆州市周梁玉桥遗址博物馆《关沮秦汉墓简牍》。收录萧家草场 26 号汉墓和周家台 30 号秦墓出土的简牍（萧家草场 26 号汉墓 1992 年十一月发掘。竹简 35 枚，内容为遣策）。并收录了两墓的发掘简报。

◇湖北荆州郭店 1 号楚墓出土竹简。

荆州博物馆组织考古工作人员对被盗的郭店 1 号楚墓进行了清理发掘。出土竹简 804 枚。竹简的内容丰富，包含有多种古籍，出土时各篇皆无篇题。经清理发现，简本《老子》残本有三组（整理组称为甲、乙、丙），是目前发现的最早的《老子》写本。另有《太一生水》、《缁衣》、《五行》、《鲁穆公问子思》、《穷达以时》、《唐虞之道》、《性自命出》、《成之闻之》、《尊德义》、《六德》、《语丛》等儒家、道家著作。1998 年 5 月文物出版社出版了由荆州市博物馆编的《郭店楚墓竹简》一书，刊布了竹简的图版、释文、考证等。

◇江苏连云港东海县尹湾出土汉简。

江苏连云港东海县尹湾汉墓出土 24 枚木牍和 133 枚竹简，总字数约四万余字，内容包括东海郡上计集簿、东海郡吏员簿、东海郡下辖长吏名籍、东海郡下辖长吏不在署未到官者名籍、东海郡属吏设置簿、武库永始四年（前 13 年）兵车器集簿、赠钱名籍、神龟占、六甲占雨、博局占、元延元年（前 12 年）历谱、元延三年（前 10 年）五月历谱、《君兄衣物疏》、名谒、元延二年（前 11 年）日记、刑德行时、行道吉凶、神乌傅（赋）等。

1994 年

◇上海博物馆收藏一批楚简。

1994 年春,上海博物馆从香港古玩市场收购了一批竹简。1994 年秋,又发现一批竹简,与前一批有关,香港友人朱昌言等 5 位先生每位出资 11 万港币,以 55 万元港币买下了这批竹简 497 枚,捐赠给上海博物馆。经鉴定,竹简年代属战国后期。共计 1200 余枚,字数达 35000 余字,内容总共有 80 余种古书。2001 年,上海古籍出版社出版《上海博物馆藏战国楚竹书(一)》。分图版、释文考释两部分。图版有每篇排列图版和放大 3.5 倍的彩色图版。凡与《郭店楚简》重篇的,释文后都附有《上博简》与《郭店楚简》对照的图版。2002 年出版《上海博物馆藏战国楚竹书(二)》。2004 年出版《上海博物馆藏战国楚竹书(三)》、《上海博物馆藏战国楚竹书(四)》。2006 年出版《上海博物馆藏战国楚竹书(五)》。2007 年出版《上海博物馆藏战国楚竹书(六)》。2008 年出版《上海博物馆藏战国楚竹书(七)》。2011 年出版《上海博物馆藏战国楚竹书(八)》。2012 年出版《上海博物馆藏战国楚竹书(九)》。

◇5 月,河南新蔡葛陵楚墓(平夜君)出土楚简。

河南省文物考古研究所等在河南省驻马店市新蔡县葛陵村东北部发掘一座楚墓,墓主为"平夜君成"。出土竹简 1300 余枚。内容较为丰富,大致可分为卜筮祭祷记录和遣策两类。2003 年郑州大象出版社出版《新蔡葛陵楚墓》,发表了全部竹简的照片和释文。

1995 年

◇3 月,简帛研究中心成立。

中国社会科学院成立简帛研究中心,挂靠历史研究所。第一任主任谢桂华。编辑出版《简帛研究》杂志等。

◇8 月,"弱水简牍研读会"成立。

中国台湾成立"弱水简牍研读会",第一期由文化大学史学系陈文豪负责，邀请海峡两岸知名学者主讲；第二期由中兴大学吴昌廉负责。研读会坚持至今，进行了大量有价值的研究，培养了一批年轻学者。

1996 年

◇7月11日，湖南长沙走马楼出土三国简。

在长沙市中心五一广场东侧的平和堂商业大厦工地发掘自战国至明清的古井61口，其中在编号为J22的古井中发现了数量惊人的三国孙吴纪年简牍，确切数量为139578枚，简牍内容大致可分为符券类、簿籍类、书檄类和信札及其他杂类等。1999年文物出版社出版《长沙走马楼吴简——嘉禾吏民田家莂》，收录发掘报告，公布了2141支木莂的释文和图版。2003年文物出版社出版《长沙走马楼三国吴简·竹简(壹)》，公布了万余枚竹简的释文和图版。2007文物出版社出版《长沙走马楼三国吴简·竹简[贰]》。2008年文物出版社出版《长沙走马楼三国吴简·竹简(叁)》，2011年文物出版社出版《长沙走马楼三国吴简·竹简(肆)》。

◇8月11日，台北简牍学会马先醒等9人在甘肃省博物馆何双全的陪同下，实地考察了居延简出土地额济纳河流域汉代烽燧遗址。

1997 年

◇走马楼出土东汉简牍。

在编号为J3、J4、J5、J18、J21、J25六座古井中均发现东汉简牍，数量不一，有数百枚。有木简和竹简两种。木简保存较好，形制规整，长度一般为23厘米左右，相当于汉代一尺；宽3厘米至5厘米，厚0.3厘米至0.8厘米。内容大体可分为三类：1.官府文书；2.名刺；3.习字简。其中一块简牍书有"延平元年二月甲辰(月平)十日庚申长沙太守君丞卿叩"字样，"延平元年"为汉殇帝刘隆的年号，即公元106年。从而可以断定这批简牍的时代为东汉中期。

1998 年

◇5 月 22—26 日，美国达慕思大学举办"郭店老子国际研讨会"。

◇8 月，台北简牍学会学者第二次探查额济纳汉代烽燧遗址。运用 GPS 定位系统测量了烽燧的经纬度，以及烽燧间的距离。

◇8 月 20—22 日，国家文化部批准、连云港市政府主办的"中国连云港东海尹湾汉墓简牍学术研讨会"在连云港召开。

◇《居延汉简补编》出版。

台北"中央研究院历史语言研究所"简牍整理组公布了阶段性成果《居延汉简补编》，收录了劳榦《居延汉简》图版之部及考释之部未收或刊布不全的部分，还包括居延地区以外的一些简牍，计有：一、劳书未发表者。二、劳书有释文，缺漏图版者。三、台北图书馆所藏居延汉简。四、1930 年、1934 年黄文弼发现，现藏于该所的 58 枚罗布淖尔简。五、1944 年夏鼐、阎文儒在敦煌小方盘城北郭小丘上所掘，现藏于该所的 76 枚汉简。六、1945 年 11 月夏鼐、阎文儒于武威南山剌麻湾所获，现藏于该所的 7 枚木简。

◇台湾文化大学成立简帛研究中心。

台湾地区文化大学成立简帛研究中心，由陈文豪负责。先后于 1999 年、2001 年、2005 年举办了三届简帛学术研讨会。

1999 年

◇7 月，台北简牍学会第三次实地考察汉代烽燧遗址。参加者罗仕杰、陈中龙、徐菁莲三人。

◇10 月 14 日至 17 日，在湖北武汉大学召开"郭店楚简国际学术研讨会"。

◇12 月 10 日至 12 日，"第一届简帛学术讨论会"召开。

台北中国文化大学举办"第一届简帛学术讨论会"，出席会议的两岸学者有 150 人左右，共提交 41 篇论文。2003 年出版了《第一届简帛学术讨论会论文集》。

◇湖南省沅陵虎溪山出土汉简。

共出土竹简 1336 枚，内容可分为"黄簿"、"日书"和"美食方"三类。以"日书"为主。

1999—2002 年

◇额济纳汉简出土。

内蒙古考古研究所在额济纳旗出土汉简 500 多枚，属汉代屯戍简牍。2005 年广西师范大学出版社出版《额济纳汉简》，刊布了有关内容。

2000 年

◇7 月，德国汉堡大学主办"出土文献研讨会"。

◇8 月 19—22 日，在北京达园宾馆召开"新出简帛国际学术研讨会"。

◇湖北随州孔家坡汉墓出土简牍。

出土汉简 785 枚。其中《日书》703 枚，文物出版社 2006 年出版《随州孔家坡汉墓简牍》。

2001 年

◇5 月 28 日至 29 日，"第二届简帛学术讨论会"召开。

在台北举办了"第二届简帛学术讨论会"，由中国文化大学史学系主办。会议主题为"简帛学名家与简帛学——二十世纪简帛学研究回顾"。

◇8 月 16—19 日，"长沙三国吴简暨百年来简帛发现与研究国际学术研讨会"召开。

在湖南长沙召开"长沙三国吴简暨百年来简帛发现与研究国际学术研讨会"。此次研讨会共收到论文 110 余篇，内容涵盖了战国至三国两晋时期的哲学思想、经济、文化、军事等各个领域，取得了丰硕的成果。

◇《香港中文大学文物馆藏简牍》出版。

陈松长编著的《香港中文大学文物馆藏简牍》由香港中文大学出版。其中战国楚简 10 枚，内有 1 枚书写《缁衣》文字，1 枚书写《周易》文字。其余绝大部分为汉简，包含日书、奴婢廪食粟出入簿、河堤、序宁、遣策 5 种。

2002 年

◇3 月 31 日至 4 月 2 日，"新出楚简与儒学思想国际学术研讨会"召开。

在北京清华大学召开"新出楚简与儒学思想国际学术研讨会"，由台湾辅仁大学文学院和北京清华大学思想文化研究所合办，有海内外学者 93 人出席会议。

◇4 月，湖南龙山县里耶出土秦简。

湖南省文物考古研究所在湖南省龙山县里耶镇发掘了古井数座，1 号古井(J1)出土木质秦简 37000 余枚。其中有字简 17000 余枚。内容为秦始皇至秦二世时期的官府档案资料。《文物》2003 年第 1 期发表《湖南龙山里耶战国秦代古城一号井发掘简报》。2012 年 1 月文物出版社出版湖南省文物考古研究所《里耶秦简(壹)》。

◇11 月 16 日，长沙简牍博物馆成立。

长沙简牍博物馆正式批准成立。是长沙市政府为专题保护 1996 年长沙出土的 14 万枚三国吴简而建。2007 年开始免费对外开放。

◇12 月，湖北枣阳九连墩战国古墓出土竹简。

湖北枣阳九连墩 2 号战国古墓发现了竹简，有 1359 枚。竹简蔑黄一面空白，蔑青一面绘画。简策画的性质待研究。《考古》2003 年第 7 期发表湖北省文物考古研究所《湖北枣阳市九连墩楚墓》，《简帛》第 2 辑(上海古籍出版社 2007 年)发表胡雅丽《九连墩"简策"画概述》。

2002—2004 年

◇荆州印台出土汉简。

荆州博物馆在 9 座西汉墓葬中清理出竹木简 2300 余枚，木版 60 余方，内容分为文书、卒簿、历谱、编年记、日书、律令以及遣策、器籍、告地书等。

2003 年

◇7 月，上海大学古代文明研究中心举办"新出土文献与古代文明研究国际学术研讨会"。

◇10 月，吉林大学边疆考古研究中心、内蒙古自治区文物考古研究所联合主办的"居延考古学术研讨会"在内蒙古额济纳旗召开。

◇走马楼出土西汉简牍。

湖南长沙走马楼出土西汉简牍，总量约为三四千枚。内容涉及汉代的诉讼制度、法制改革、上计制度、交通邮驿制度以及汉长沙国的历史、法律、职官、郡县、疆域等诸多方面。

◇教育部 2003 年度哲学社会科学研究重大课题攻关项目"楚简综合研究与整理"立项，首席专家为武汉大学陈伟。

2003—2004 年

◇湖南郴州苏仙桥出土汉晋简。

湖南郴州苏仙桥在古井中发掘出简牍，总量在 1000 枚左右。初步清理，J4 发现三国吴简 140 枚，J10 发现西晋木简 940 枚。多残断、削衣类。属官符文书。

2004 年

◇长沙东牌楼出土汉简。

长沙东牌楼古井发现汉简，共有 426 枚简牍，其中 218 枚有字，208 枚无字。可分为木简、木牍、封检、名刺、签牌以及异形简六类，其中封检和木牍较多。长沙市文物考古研究所、中国文物研究所《长沙东牌楼东汉简牍》，文物出版社 2006 年出版。

◇安徽天长出土汉简。

安徽天长 19 号汉墓出土木牍 34 片，书写约 2500 字左右。内容有户口簿、算簿、书信、木刺、药方、礼单等。《文物》2006 年第 11 期刊文《安徽天长西汉墓发掘简报》，介绍了木牍的情况。

2004—2005 年

◇广州出土西汉南越国木简。

广州南越国宫署遗址的一口古井内清理出一百多枚南越国木简，这是岭南考古史上第一次出土古简。内容属官府文书。《考古》2006 年第 3 期发表广州市文物考古研究所、中国社会科学院考古研究所、南越王宫博物馆筹建处《广州市南越国宫署遗址西汉木简发掘简报》。

2005 年

◇5 月 17 日至 22 日，"第三届简帛学术讨论会"召开。

在台北召开了"第三届简帛学术讨论会"。近百名学者出席了会议。会议围绕"简帛与历史·地理"进行了学术交流。20 位学者就张家山汉简、上博楚简、银雀山汉简、里耶秦简、长沙吴简、悬泉汉简、居延汉简的相关问题提交了论文，并作了大会发言。

◇9 月 15 日，武汉大学人文社会科学校级重点研究基地"简帛研究中心"成立。

◇10 月 27 日，在北京大学哲学系会议室召开了为期一天的"郭店竹简与思孟学派研究"座谈会。

◇12 月 2 日至 3 日，在台湾政治大学行政楼七楼第一会议室召开了"出土简帛文献与古代学术国际研讨会"。

◇复旦大学出土文献与古文字研究中心成立，创办《出土文献与古文字研究》集刊。

2006 年

◇6月16日至17日，位于韩国大邱市的庆北大学召开了由韩国中国古中世史学会主办、庆北大学承办的"简牍所见中国古代史"国际学术研讨会。

◇6月25日至29日在武汉大学珞珈山庄召开了由哈佛大学燕京学社 Harvard-Yenching Institute、武汉大学中国传统文化研究中心、武汉大学简帛研究中心、武汉大学哲学学院、武汉大学历史学院、武汉大学孔子与儒学研究中心、武汉大学中西比较哲学研究中心主办的"新出楚简国际学术研讨会"。

◇8月23日至25日，在台北召开了由台湾师范大学数学系主办的"《算数书》及相关简牍国际讨论会"，来自中国、美国、日本、法国、俄罗斯等国家的几十位学者参加了这次会议。

◇11月8日至10日，在武汉大学举行了由武汉大学简帛研究中心、台湾大学中文系、芝加哥大学顾立雅中国古文字学中心共同主办的"中国简帛学国际论坛2006"。来自中国、美国、法国、德国、日本、韩国、俄罗斯等国共50位学者出席会议。

◇11月湖北云梦睡虎地77号汉墓发现一批西汉简牍。编号简牍总数为2137枚，内容有质日、日书、书籍、算术、法律五大类。《江汉考古》2008年第4期发表湖北省文物考古研究所、云梦县博物馆《湖北云梦睡虎地M77发掘简报》。

◇中国社会科学院简帛研究中心主办"中国社会科学院简帛学国际论坛"。

2007 年

◇10月6日至7日，在日本爱媛大学法文学部8楼大会议室召开"古代东亚出土资料与社会"公开研讨会。

◇10月18日，甘肃简牍保护研究中心成立揭牌。

◇11月10日至12日，在台湾大学举行了由武汉大学简帛研究中心、台湾大学中文系、芝加哥大学顾立雅中国古文字学中心共同主办，台湾大学中文系承办的"中国简帛学国际论坛2007"。来自中国、美国、法国、德国、日本等国的60多位学者出席会议。

◇11月，湖北荆州谢家桥汉墓发现一捆竹简、三片竹牍。属遣策。总数有200余枚。该墓下葬年代为"五年十一月庚午"。据考证，为西汉吕后五年(前183年)十一月二十八日。

◇湖南大学岳麓书院入藏一批秦简，这批简共编号2098个，其中比较完整的简1300余枚。另外，2008年8月，香港一收藏家将其所购藏的少量竹简捐赠给岳麓书院，经过技术处理后，发现这些简(76个编号，较完整的30余枚)的形制、书体和内容都与新收藏的秦简相同，应属同一批出土。

2008 年

◇1月12日至13日，在中山大学历史系永芳堂举行了由中山大学人文学院主办的"简帛文献与思想史研究"读书班研讨会。来自中国、日本的30多位学者出席会议。

◇4月7日到9日，"出土数术文献国际学术研讨会"在武汉大学简帛研究中心举行。

◇7月，清华大学入藏战国竹简。

清华大学校友赵伟国从境外拍卖得到2100枚战国时期的竹简，捐赠给清华大学。多为经、史类古书，如《尚书》的篇章等。《清华大学藏战国竹简(壹)》2011年1月5日在京发布，由上海文艺出版集团中西书局出版。2011年12月《清华大学藏战国竹简(贰)》出版。

◇8月，清华大学成立出土文献研究与保护中心。

◇8月28日、29日在韩国成均馆大学东亚学术院召开了由成均馆大学东亚学术院人文韩国事业团主办的"东亚资料学可能性的探索——以出土资料为中心"国际学术研讨会，韩国学者与来自中国、日本的学者40多人与会。

◇10月31日至11月2日，由武汉大学简帛研究中心、台湾大学中文系、芝加哥大学顾立雅中国古文字学中心共同主办，芝加哥大学顾立雅中国古文字学中心承办的"中国简帛学国际论坛2008"在芝加哥大学国际学社举行。来自美国、法国、韩国、中国的30多位学者以及十多位研究生出席会议。

◇甘肃省永昌县水泉子汉墓出土木简,较为完整者有700多枚,连同残损严重的残片共大约1400余枚,内容大致可分为两部分,一部分为七言本《苍颉篇》,另一部分为日书。

2009 年

◇6月,湖北武汉江夏区山坡乡光星村丁家嘴湾出土楚简。

湖北武汉江夏区山坡乡光星村丁家嘴湾武咸城际铁路工地的战国楚墓出土9枚竹简,这些竹简长30厘米,宽0.8厘米,单面有字,发现时对折放置。上面有红色,篆体手写字迹,目前已经交由武汉大学简帛研究中心主任陈伟教授及荆州市文物保护中心主任吴顺清解读。

◇6月4日至5日,湖南大学岳麓书院召开"《岳麓书院藏秦简(壹)》国际研讨会"。

◇6月29日至7月4日,由武汉大学简帛研究中心、芝加哥大学顾立雅中国古文字学中心共同主办,武汉大学简帛研究中心承办的"中国简帛学国际论坛2009"在武汉丰颐大酒店举行。

◇9月12日、13日在爱媛大学法文学部8楼大会议室举行日本爱媛大学"资料学"研究会2009年度公开研讨会"东亚交通遗迹与出土资料"。

◇11月5日,北京大学藏西汉竹书情况通报暨座谈会在北京大学中关新园召开。

会议由北京大学社会科学部、北京大学文博学院、北京大学中国古代史研究中心主办,北京大学出土文献研究所承办。高明、李学勤、裘锡圭、曾宪通、林沄等几十位简牍和古文字专家出席会议。年初北京大学由海外捐赠而入藏赛克勒博物馆一批汉代简牍。共有3346个编号,其中完整简1600余枚。估计经过进一步拼缀复原,完整简应在2300枚以上。这是目前所见战国秦汉古书类竹简中数量最大、保存质量最好的一批。竹书中最引人注目的文献是《老子》与一篇中国最早小说，《老子》是继马王堆帛书本、郭店楚简本后出土的第三个古本，也是迄今为止保存最完整的汉代古本。此外还有《日书》、医药类古籍、《苍颉篇》等。

◇北京大学成立出土文献研究所。

2010 年

◇1月，湖北沙洋严仓出土楚简。

湖北省文物考古研究所在严仓古墓群发现一些竹简。共有700多枚，主要是遣策和占卜祭祷简。

◇3月，荆州博物馆主办的"荆州出土古代简牍文字展"正式开展。

荆州（江陵）的古墓葬中出土了大量战国、秦代、西汉时期的简牍，内容涉及政治、法律、经济、军事、历史、哲学、数学、历法、医学、巫术、丧葬等多个领域。该展的展品主要为历年来在荆州（江陵）地区考古发掘出土的简牍资料的代表性篇章，数量近300枚。按时代分为"楚""秦""汉"三个单元。此外，还展出有出自楚墓的漆木柄铜锯、铜锛、铜凿、铜刮刀、铜削刀，出自西汉墓的毛笔、竹笔管、砚石等文书工具。

◇3月21日至22日，"中国出土简牍的生态研究"学术座谈会在日本东京大学山上会馆举行。来自中国、德国、日本的24名学者与会。

◇5月17日至5月18日，"竹简雅集：出土文献与古代中国文化的再评价"研讨会在美国宾夕法尼亚州立大学召开。

◇8月17日至26日，"简帛文献与思想史研究计划"工作坊（workshop）在香港中文大学中国文化研究所成立。这项研究计划旨在汇总简帛思想文献的研究成果，编辑《简帛文献析读研究》（暂定名），为思想史研究提供较可靠、方便的资料。计划由香港中文大学哲学系教授、中国哲学与文化研究中心主任刘笑敢先生主持，中国人民大学梁涛教授、台湾大学郑吉雄教授参与主持，中国和日本的二十多位学者参与工作。

◇9月22日至23日，由湖南大学岳麓书院举办的"《岳麓书院藏秦简（第二卷）》国际研读会"在岳麓书院明伦堂举行。

◇10月9日至10日在日本爱媛大学法文学部8楼大会议室召开"东亚出土资料与情报传达"国际学术研讨会。会议由爱媛大学"资料学"研究会、爱媛大学研究开发支持经费特别推进研究会主办，爱媛大学法文学部人文学会协办。日本、中国、韩国约30位学者参加会议。

◇10月24日，北京大学藏秦简牍情况通报座谈会在英杰学术交流中心召开。

北京大学接受香港冯燊均国学基金会的捐赠，入藏一批海外回流的秦简牍。竹简762枚，其中约300枚两面写字，木简21枚，木牍6枚，竹牍4枚，木觚1枚。共计794枚。另有骰子1枚，算筹61根，残片若干。

◇10月28日，湖南龙山县里耶镇里耶（秦简）博物馆正式开馆。

◇12月4日台湾师范大学国文系举行由台湾师范大学国文系与简帛资料文哲研读会共同主办的"2010简帛资料文哲研读会成果发表暨简帛资料研讨会"。

◇12月6日至8日，由武汉大学简帛研究中心、芝加哥大学顾立雅中国古文字学中心共同主办，武汉大学简帛研究中心承办的"中国简帛学国际论坛2010"在武汉大学珞珈山庄举行。来自中国、美国、法国、英国、韩国、日本、加拿大的30多位学者出席。

2011 年

◇3月15日，中日长沙吴简国际学术研讨会在长沙举办，来自日本吴简研究会、北京吴简研究会和长沙简牍研究会的约40名专家参会。

◇6月28日至29日，《清华大学藏战国竹简（壹）》国际学术研讨会在北京达园宾馆举行，来自各国的70多位专家与会。

◇8月25日至26日，甘肃省第二届简牍学国际学术研讨会在兰州召开。

由甘肃省文物局主办,甘肃简牍保护研究中心、甘肃省文物考古研究所、甘肃省博物馆、西北师范大学承办的甘肃省第二届简牍学国际学术研讨会在兰州召开。来自中国、日本、韩国、美国等地的140多名学者与会,共提交论文111篇。大家围绕楚简、秦简、汉简、三国吴简及马王堆帛书等发表各自的观点,交流最新的研究成果,探讨简牍学未来的发展之路。

◇9月24日至25日,由湖南大学岳麓书院主办的"《岳麓书院藏秦简(叁)》国际学术研读会"在岳麓书院文昌阁举行。来自德国、日本、韩国、中国的20多名学者参加了此次研读会。

◇10月15日至16日,由芝加哥大学顾立雅中国古文字学中心组织的"2011中国古代书写之兴起"学术研讨会在芝加哥举行,来自美国、加拿大、英国、德国、中国、以色列等国家的近30名学者参加了此次研讨会。

◇10月29日至31日在武汉大学召开"楚简楚文化与先秦历史文化国际学术研讨会"。

◇11月5日至6日,由西南大学研究生部主办,西南大学汉语言文献研究所承办的西南大学"2011全国博士生学术论坛"(出土文献语言文字研究与比较文字学研究领域)在重庆举行。来自国内外的近百名博士、硕士研究生参加了此次论坛。

◇11月30日,香港浸会大学召开"简帛·经典·古史研究国际论坛"。

◇中国社会科学院简帛研究中心主办"中国社会科学院中国古代史论坛:出土简帛与地方社会"。

2012年

◇10月27日至28日,"简牍与早期中国"学术研讨会暨第一届出土文献青年学者论坛在北京大学召开。

◇11月17日至19日,"中国简帛学国际论坛2012·秦简牍研究"在武汉市珞珈山麓、东湖之滨的珞珈山宾馆召开。本次论坛由武汉大学简帛研究中心和北京大学出土文献研究所共同主办,武汉大学简帛研究中心承办,来自中国、日本、韩国、美国、德国、加拿大的四十余位学者出席了会议。

◇12月9日上午,第二届"出土文献与法律史研究"学术研讨会在上海华东政法大学长宁校区召开。来自中国政法大学古籍所、武汉大学简帛研究中心、湖南大学岳麓书院、华东政法大学等单位的十多位学者参加了会议。

◇2012年12月12日,甘肃省简牍博物馆成立。

2013年

◇6月25日至26日,台湾大学召开"先秦两汉出土文献与学术新视野国际研讨会"。

◇8月31日至9月2日,由美国达特茅斯学院和清华大学共同举办的清华简国际学术研讨会在美国达特茅斯学院召开。来自世界13个国家和地区的汉学家共读共赏清华简。会议期间,还特别举办了清华简展览,这是清华简首次走出国门召开的研讨会。

◇10月19日,复旦大学召开了"简帛文献与古代史"学术研讨会暨第二届出土文献青年学者论坛。

◇10月19日,由西南大学研究生部主办,西南大学汉语言文献研究所承办的西南大学"2013全国博士生学术论坛"(出土文献语言文字研究与比较文字学研究领域)在重庆举行。

◇11月30日,第三届"出土文献与法律史"研讨会在华东政法大学松江校区召开。本次会议以"岳麓书院藏秦简"为主题,来自湖南大学岳麓书院、武汉大学简帛研究中心、吉林大学古籍整理研究所、中国政法大学、厦门大学、东京外国语大学、汉堡大学等大学及研究机构的30余位国内外专家学者发表了相关的学术报告、论文和评议,并在现场作了讨论交流。

后　　记

　　简帛学百年，迄今也有一些总结性的论著出现，大家从不同的角度，展示了简帛学百年的发展历程，给我们很多启发。陈文新教授提出新的学术史阐释路径，以学术发展为主线索，突出各阶段具有重要意义论著的评介，辅以百年来学术论著提要，百年来学术史大事记，各部分相辅相成，构建一个学术史长龙。

　　接触简帛文献也有二十余年，但多是作专书式的语言研究。这次梳理简帛学百年学术史，对我来说也是系统的学习过程，收益颇多。其间查阅了几乎所有能接触到的资料，其中，沈颂金《二十世纪简帛学研究》（学苑出版社 2003 年），骈宇骞、段书安《二十世纪出土简帛综述》（文物出版社 2006 年），李均明、刘国忠、刘光胜、邬文玲《当代中国简帛学研究（1949—2009）》（中国社会科学出版社 2011 年）等著作给我的教益最多，谨向这些著作的作者表示感谢。遗憾的是很多中国台湾、香港以及国外的论著未曾寓目，多是凭二手资料编写的，希望以后能有机会弥补这一缺憾。

　　简帛学虽然较之甲骨学、敦煌学的发展，繁荣期来得有些晚，学科建设也有诸多不尽如人意之处，但大有后来居上之势。近年来的成果数量激增可以说明这一点。而学科的基础研究仍待加强。我们的这本小书，也算是赶上了简帛学勃兴的大好时机，希望能给学科的发展充当一块铺路石。

　　首都师范大学的刘乐贤先生是简帛研究的专家，给了我很大的帮助，在篇目的选定上给予了具体指导，我非常感激。

　　选录论文全文的部分作者，胡平生先生、李均明先生、李家浩先生、陈伟先生、张德芳先生、张显成先生、刘乐贤先生，都慨然应允使用他们的大作，谨表谢忱！

后 记

  武汉大学的张思齐教授乃同窗好友，知我在简帛语言研究上努力多年，于是力荐于陈文新教授。陈教授慨然委以重任，嘱作简帛学百年学术档案，并在体例、结构等方面进行指导。我唯有尽己所能，希望不辜负二位的厚爱。为了本书的出版，博士生梁超帮助查找、录入了一些资料，谨表真诚的谢意。

  本人于简帛学造诣不深，虽然尽了自己最大的努力，文中一定还存在这样那样的失误，望读者不吝赐教。

魏德胜
2014 年 6 月于北京语言大学